DE PROCHE EN PROCHE

Une famille ordinaire dans l'histoire de France

EMMA ROTHSCHILD

DE PROCHE EN PROCHE

Une famille ordinaire dans l'histoire de France

TRADUIT DE L'ANGLAIS
PAR JOHANNA BLAYAC

OUVRAGE TRADUIT AVEC LE CONCOURS
DU CENTRE NATIONAL DU LIVRE

ÉDITIONS DU SEUIL
*57, rue Gaston-Tessier, Paris XIX*ᵉ

Ce livre est publié dans la collection
L'UNIVERS HISTORIQUE
fondée par Jacques Julliard et Michel Winock
et dirigée par Patrick Boucheron et Paulin Ismard.

ISBN 978-2-02-151679-1

www.seuil.com

À Kate, et à la mémoire d'Iris

INTRODUCTION
Flux et reflux de l'existence

Ce livre retrace l'histoire de trois mille ou quatre mille personnes en des temps agités. Il suit l'histoire – à travers quatre-vingt-dix-huit *petites histoires* – d'une ville moyenne et d'une femme curieuse et illettrée, Marie Aymard, qui y a vécu toute sa vie. L'ouvrage reconstitue ainsi l'évolution d'une vaste famille dans l'espace et dans le temps, au fil des XVIIIe et XIXe siècles : la famille de Marie Aymard, sur cinq générations, à travers les vies improbables de ses différents membres, jusqu'à la mort de son arrière-arrière-petite-fille, en 1906. En tout, il s'agit d'une enquête sur les possibilités toujours évolutives de l'investigation historique et sur l'infinité de sources ou de traces témoignant des vies passées.

La ville dont il est question est Angoulême, dans le sud-ouest de la France. Du vivant de Marie Aymard, cette ville était connue pour être un lieu d'« inquiétude », de repli sur soi et d'« affaires » juridico-financières interminables[1]. Deux générations plus tard, comme l'a écrit Balzac dans la série de romans constituant *La Comédie humaine*, ce « drame à trois ou quatre mille personnages », elle présentait encore une société de « la plus funeste immobilité » ; dans *Illusions perdues*, son roman sur l'univers du papier et de l'imprimerie, pour ne plus être provincial, il fallait « se désangoulêmer[2] ».

L'histoire débute à l'hiver 1764, avec deux documents. Le premier est une procuration par laquelle Marie Aymard atteste avoir appris, dans le cadre de ses « recherches » (selon son propre terme) sur le sort de son défunt mari, un menuisier parti travailler sur l'île de la Grenade, que ce dernier était devenu propriétaire, à ce qu'elle avait entendu dire, d'« une certaine quantité de nègres ». Le second est un contrat prénuptial signé quelques semaines plus tard à Angoulême par quatre-vingt-trois personnes, à l'occasion du mariage de la fille de Marie Aymard avec le fils d'un tailleur[3]. Ces deux actes rédigés par un notaire de la ville constituent le point de départ d'une histoire qui s'étend d'un individu à ses relations, puis aux relations de ses relations, jusqu'à former le cadre d'une vaste enquête historique : une histoire de la modernité par contiguïté. On rencontre ainsi entre autres, dans la génération des arrière-arrière-petits-enfants de Marie Aymard, une couturière impécunieuse et sa sœur marchande ambulante à Montmartre, à Paris ; un pharmacien de la marine à Tahiti ; la veuve d'un banquier discrédité au Mans ; et le cardinal-archevêque de Carthage[4].

Les vies des membres de la famille prennent des tours inattendus, tout comme celles de leurs connaissances et de leurs voisins ; c'est en somme une histoire dans l'esprit de la *gazza ladra*, la pie voleuse qui s'envole avec des petites cuillers, des assiettes et des pièces de monnaie flambant neuves[5]. Elle est infinie, ou tend à l'être, dans la mesure où les données, les frasques et les péripéties de la vie ordinaire sont sans fin. L'enquête procède par contiguïté dans l'espace, notamment celui des relations sociales : elle s'ouvre sur la famille de Marie Aymard, s'élargit au réseau social des quatre-vingt-trois signataires du contrat de mariage de 1764, puis au cercle encore plus vaste des 4 089 individus figurant dans les registres paroissiaux de la ville au cours de la même année. Elle procède aussi par contiguïté dans le temps, voyant les générations se succéder par chevauchement à mesure que l'histoire familiale se déploie pendant la période mouvementée de la Révolution française et au cours du XIXe siècle, marqué par les mutations économiques. En tout, cette histoire relève d'un intérêt nourri pour la vie d'autrui – savoir ce qui est arrivé par la suite et ce que cela a signifié – et d'une certitude enjouée et éprouvée quant aux possibilités de la recherche historique, même si elle induit un travail parfois épuisant.

L'histoire de Marie Aymard et de sa famille constitue un voyage dans l'espace et dans le temps, et elle reflète aussi mon propre cheminement. Il se trouve qu'au cours de l'été 1980, je suis entrée dans une librairie de Florence où j'ai remarqué la revue d'histoire *Quaderni Storici*, dans laquelle était publié un article – le manifeste de Carlo Ginzburg et Carlo Ponti pour une prosopographie par le bas, c'est-à-dire pour une histoire (ou une « micro-histoire ») regorgeant d'individus et de « petites » histoires, qui ne serait pas nécessairement celle des grands personnages célèbres –, et qu'en le lisant j'ai voulu devenir historienne[6]. Quinze ans plus tard, à Angoulême, près de la gare de chemin de fer, dans le cadre si peu romantique des Archives départementales de la Charente, j'ai été captivée par les documents, et je n'ai plus jamais voulu laisser le charme se rompre un seul instant.

La technologie a presque transformé du tout au tout la manière de faire de l'histoire au cours des quarante années qui se sont écoulées depuis 1980, et cela fait également partie de l'histoire de ce livre. Depuis le printemps 2012, j'ai passé 795 jours dans l'espace virtuel, tantôt absorbée et tantôt distraite, sur le site internet des Archives municipales d'Angoulême, et j'ai pris 1 348 pages de notes manuscrites qui sont désormais scannées et se présentent sous forme d'images. Mais le sentiment de toucher du doigt l'histoire de ces individus est toujours là, et de même la certitude de possibilités infinies. J'ai tant de joie à me perdre dans cet océan : « *e il naufragar m'è dolce in questo mare*[7] ».

En outre, cette histoire a été du début à la fin jalonnée de rencontres avec les romanciers, et avec le roman. De fait, il s'agit d'une série de récits inachevés, comme le roman sans fin de Lawrence Sterne intitulé *Voyage sentimental*. L'une des quatre-vingt-dix-huit histoires de ce livre concerne le petit chien tacheté de Lydia, la fille de Sterne, dérobé dans une rue tranquille d'Angoulême en 1769[8]. Les événements les plus poignants des *Illusions perdues* se déroulent quant à eux à l'angle de la même rue, où six des petites-filles de Marie Aymard vivaient en 1837. Suivre la vie des membres de cette famille au XIXe siècle revient, comme dans *Les Rougon-Macquart*, la propre grande comédie humaine d'Émile Zola, à retracer l'histoire des enfants et petits-enfants d'une matriarche établie dans une ville de province apparemment isolée, parvenant, en cinq générations, à se frayer un chemin dans d'autres régions de la France.

De proche en proche est dépourvu de toute idée de destin ou d'évolution des personnages au fil du temps. C'est une histoire « plate » et « positiviste », comme le roman naturaliste tel que défini par Zola : c'est une « étude exacte des faits et des choses[9] ». L'enquête part d'une observation du présent et d'une hypothèse concernant les individus du passé, selon laquelle chacun, sans exception, se trouve au cœur de réseaux de relations ou d'échanges de nouvelles et d'informations. « Il est impossible de comprendre le passé » sans s'intéresser au présent, écrivait Marc Bloch en 1940, et pour l'historien des campagnes médiévales, observer la forme des champs est aussi primordial qu'être capable de lire de vieux documents[10]. De la même manière, il est important, à notre époque, d'être attentif aux conversations et aux silences que l'on peut surprendre dans les rues, de regarder autour de soi, ici et maintenant, de comprendre que tout le monde, sans aucune exception, raconte des histoires, regarde des images et envoie des messages, et de se demander au fond : et s'il en avait toujours été ainsi ?

C'est le contrat de mariage de la fille de Marie Aymard établi en 1764, plus encore que la procuration, qui a constitué le point de non-retour pour ce voyage historique et pour ce livre. Il y avait quelque chose d'infiniment distrayant dans cette liste de noms. Sur les deux pages de signatures, on constate la présence d'encre et d'écritures différentes, de noms d'enfants (« Rosemarin ») et de noms imposants (« Marchais de la Chapelle »), de noms regroupés et d'autres impossibles à lire : comme si les quatre-vingt-trois signatures et les signataires surgissaient de la page. Comme l'a écrit Adam Smith à propos du « grand jeu des sociétés humaines » : « chaque partie a un principe de mouvement qui lui est propre[11]. »

La première phase d'élargissement de l'histoire de Marie Aymard à une histoire plus vaste de la modernité a donc d'abord consisté à enquêter sur les signataires du contrat de mariage, et sur leurs propres relations sociales. Qui étaient toutes ces personnes et pourquoi étaient-elles réunies en ce sombre après-midi de décembre 1764 ? Retracer l'histoire des signataires a été une entreprise pleine de rebondissements. Retrouver les individus à partir de simples noms a conduit à des erreurs, à des répétitions et, aussi, à d'heureux hasards ; cela a impliqué de relire les mêmes pages de registres à maintes et maintes reprises. C'était une sorte de jeu de piste pour lequel il a fallu déployer un intérêt presque inconvenant pour la vie d'autres personnes, et veiller à ne pas confondre les identités dont il était en outre impossible de comprendre les relations sans remonter et avancer loin dans le temps. Cela m'a ensuite amenée à élargir le champ de l'investigation aux relations sociales dans la ville d'Angoulême, ce qui de prime abord m'a semblé être un moyen détourné de remettre un peu d'ordre. J'ai ainsi établi une liste et pu réaliser une visualisation du réseau social formé par toutes les personnes présentes ou mentionnées dans les registres des paroisses catholiques d'Angoulême en 1764 : une société virtuelle de 4 089 personnes. Cet effort était indispensable pour parvenir à une certaine exhaustivité, ou en tout cas une vue d'ensemble de la population dans laquelle les histoires de Marie Aymard et des quatre-vingt-trois signataires du contrat de mariage s'inscrivaient[12].

Ensuite, mes recherches – et la majeure partie du livre – ont consisté à étendre l'enquête historique non dans l'espace ou dans l'espace des relations sociales, mais dans le temps. Au bout du compte, découvrir qui étaient toutes ces personnes est revenu à découvrir ce qui s'était passé par la suite. Les *petites histoires* sont donc devenues une histoire des années précédant directement la Révolution française, marquées à Angoulême par les affaires juridiques des années 1760, 1770 et 1780, puis celle des années de la Révolution française, et de même de la trajectoire des petits-enfants de Marie Aymard durant la période révolutionnaire et napoléonienne, et ainsi de l'économie du crédit, des impôts, des colonies et de l'Église au XIXe siècle, le tout à partir d'un lieu obscur et d'une famille inconnue. Il s'agit donc d'une histoire semblable à de nombreuses autres histoires du XIXe siècle, touchant à la politique révolutionnaire, à l'émigration, aux changements sociaux et aux opportunités économiques, mais il s'agit dans le même temps d'une histoire de l'immobilité. Il s'agit en somme, à travers les vies de ces individus et des personnes qui leur sont liées, d'une histoire des mutations de l'époque moderne et du XIXe siècle, à l'échelle d'individus inconnus.

Une histoire d'informations et de données

« Tout est grave, sérieux & important » dans les actes de l'état civil, déclare le petit-fils de Marie Aymard en 1826, dans une note inscrite dans la marge du registre des naissances du port de Bayonne, sur l'Atlantique : il faut que « toutes les énonciations qu'ils contiennent soient conformes à la plus exacte vérité »[13]. Ce sont ces archives collectives, sur deux siècles – les registres et les actes de la vie ordinaire – qui forment le cœur de cette enquête. Elles ne présentent parfois rien de plus que des listes de noms et des dates[14]. Mais elles regorgent d'*histoires* ; elles peuvent être lues à la fois comme de la littérature et comme de l'histoire. On peut les réduire à des chiffres, et on peut les parer de l'appareil critique dévolu aux sources par l'érudition historique, avec des notes de bas de page et une analyse[15].

Les registres des naissances, des mariages, des divorces et des décès m'ont menée à d'autres archives plus austères encore, à savoir aux sources de la vie économique – les registres des impôts, indiquant qui vivait près de qui dans les anciennes *isles* fiscales d'Angoulême ; les « registres », « liasses » et « sacs » de rapports des juridictions subalternes qu'un des archivistes de la Charente a retrouvés dans un grenier en 1858, couverts d'une « poussière incommode » ; les actes notariés, récits des droits et des espérances, les registres des biens révolutionnaires signalant qui a acheté la maison de qui – jusqu'aux recensements, cadastres, hypothèques et actes de succession du XIXe siècle[16].

Dès le début, cette histoire est entrée en résonance avec les technologies dominantes de la société de l'information actuelle. Elle parle de « liens personnels », ou « d'amis, de famille et de groupes », comme les réseaux sociaux d'aujourd'hui, visant à « rapprocher les gens de leur famille et de leurs amis, à les rassembler autour d'événements importants dans le monde »[17]. Les archives générales de la vie des XVIIIe et XIXe siècles témoignent également des liens et des événements du monde. Mais si elles donnent à voir les occasions de conversations ou d'échanges, le contenu de ces échanges, lui, l'« influence personnelle » de tel ou tel, les « opinions » et les idées – les données qui font l'objet de la sociologie des réseaux sociaux d'aujourd'hui – restent invisibles[18].

Dans l'économie des réseaux sociaux, qui est l'une des sources d'inspiration de ce livre, les ressources disponibles pour l'enquête historique se déploient à une échelle inimaginable. Pour une récente étude, des chercheurs « ont demandé à tous les adultes de trente-cinq villages [indiens] de nommer, dans leur propre village, la personne la mieux à même d'initier la diffusion de l'information[19] ». Il n'y a rien de tout cela dans l'histoire de Marie Aymard et de sa famille, dont les membres se trouvent au cœur d'un échange permanent de nouvelles et d'informations qui s'étend dans le temps et l'espace, par-delà l'océan Atlantique.

Les archives de la ville regorgent d'« informations » au sens juridique du terme : on y trouve des rapports sur des insultes, des préjudices et d'affreuses chansons calomnieuses. Mais aucune source d'information n'était publiée chez les imprimeurs et les papetiers d'Angoulême au milieu du XVIIIe siècle, et seulement très peu de livres[20]. Même au XIXe siècle, les membres de la famille de Marie Aymard – à l'exception du cardinal et de sa cousine au deuxième degré, qui tenait un restaurant bon marché à Paris avec ses deux fils – ont laissé très peu de traces[21]. Je n'ai pu retrouver qu'une poignée de lettres personnelles écrites dans les années 1880 par la sœur du cardinal, Louise Lavigerie – avec qui le livre s'achève –, et celles-ci sont conservées dans les archives du cardinal à Rome. Dans ces circonstances, c'est la multitude de toutes petites histoires qui rappelle le flux inexorable et incessant de nos échanges contemporains.

L'histoire de la famille de Marie Aymard est également entrée en résonance avec une autre technologie importante sur le marché actuel, à savoir la technologie de la recherche généalogique, par laquelle les particuliers cherchent à reconstituer leur lignée en remontant le plus loin possible jusqu'à leurs ancêtres, et restituent ainsi « un enchaînement d'histoires d'unions[22] ». Il s'agit là aussi d'une industrie océanique de notre époque, avec des « milliards » de documents et des « millions d'arbres généalogiques », « regroupant science et découverte de soi » afin d'aider « tout un chacun, partout, à découvrir l'histoire qui a conduit jusqu'à lui »[23]. Sous sa forme actuelle, c'est un produit développé depuis les années 1990, et cela constitue une archive qui ne cesse d'évoluer et de s'enrichir au fil du temps[24].

Les technologies de la généalogie m'ont accompagnée tout au long de cette enquête, même si l'histoire retracée ici, qui est surtout matrilinéaire, n'est qu'en partie une histoire d'unions. Au XIXe siècle, la figure centrale de l'histoire financière de la famille est la fille aînée du couple du contrat de mariage, Jeanne Allemand Lavigerie, et celle-ci ne s'est jamais mariée : elle a vécu avec ses quatre sœurs, elles aussi célibataires, et est morte en 1860 à l'âge de quatre-vingt-onze ans, à quelques minutes à pied de l'endroit où elle était née. L'histoire de cette famille est une histoire du temps au sens où elle suit (ou essaie de suivre) les enfants et petits-enfants à mesure qu'ils évoluent dans le temps historique, et au fil de leurs propres vies, vers un avenir inconnu et imaginé qu'ils traversent étape après étape. Je la raconte dans une certaine mesure depuis leur propre perspective, ou depuis la perspective des individus parmi lesquels ils ont vécu. Mais c'est en somme une histoire bien différente de celle que pourraient reconstituer leurs éventuels descendants après dix générations ou plus. C'est une histoire horizontale et historique, pas verticale et généalogique : il s'agit de savoir *comment* les choses étaient vraiment, pas de déterminer une identité et de répondre à la question « qui suis-je » (le « je » n'étant rien d'autre que l'inconnue d'un futur insoupçonné).

Malgré tout, à certains égards, l'enquête de l'historien et celle du généalogiste ne sont pas si dissemblables. Les sources sont similaires, voire identiques ; Marie Aymard et ses enfants ont aujourd'hui encore des descendants – dont je ne fais pas partie. Celui qui fait sa propre généalogie se demande : « Qui suis-je réellement ? » (ou « d'où je viens ? »), mais il se demande aussi : « Qui étaient-ils vraiment ? », ces lointains aïeux, dans ce monde si distant et si différent. Ces interrogations conduisent également à une forme de connaissance historique. C'est une manière de restituer le passé, de l'imaginer, de découvrir les rues dans lesquelles les ancêtres ont grandi et les individus parmi lesquels ils ont vécu. Les relations dépendent des circonstances historiques, des affinités électives, et aussi de l'ascendance. Le plus jeune petit-fils de Marie Aymard a épousé une limonadière dans une petite ville industrielle située au confluent de la Seine et de l'Yonne en 1839, et à cette occasion, il a déclaré que tous ses grands-parents étaient décédés et qu'il ne savait ni où ils avaient vécu ni quand ils étaient morts[25]. Les cinq sœurs célibataires ont quant à elles joué un rôle déterminant dans l'histoire de la famille en raison de leur situation économique et de leurs liens avec leurs nièces et petites-nièces.

Ce livre est le fruit d'un processus de découverte et de « recherche » presque aléatoire, détourné, impliquant la distraction et l'itération, qui correspond bien aux usages contemporains de navigation consistant à regarder ou à voir, à trouver par hasard des images et à envoyer des messages. À ce titre, l'histoire de famille qu'il retrace est aussi l'histoire (toute romantique) des archives provinciales, d'Angoulême et d'ailleurs. Cette histoire fourmille en effet de descriptions de documents peu lisibles et parfois difficiles à photographier. Mais elle se fonde aussi sur d'autres sources, en particulier pour le XIXe siècle : des articles de presse sur des tragédies survenues dans les gares ferroviaires ; des ouvrages d'histoire sur la Mésopotamie et des études pointues sur les propriétés colorantes des plantes ; les annuaires commerciaux et les arrêts relatifs à la jurisprudence du contrôle des opérations bancaires – autant de textes-sources que l'on peut consulter et examiner en ligne. De nombreux registres paroissiaux et la plupart des registres d'état civil sont eux aussi accessibles en ligne, et certains (leur proportion ne cesse d'augmenter avec le temps) sont même retranscrits et indexés.

Ce sont des sources familières, mais elles soulèvent des questions peu ordinaires. L'aîné des fils de Marie Aymard ayant survécu à la petite enfance, Gabriel Ferrand, a été pour un temps, dans les années 1790, archiviste de la Charente. La page du registre paroissial sur laquelle son baptême est enregistré ne se trouve pas parmi les images du registre mises en ligne[26]. Il s'est marié à Angoulême en 1763 ; une grosse tache d'encre masque le nom de la mariée[27]. En 1793, au beau milieu de la tourmente révolutionnaire, au moment de la vente des biens ecclésiastiques, il a acheté une concession sur

« l'ancienne église » ; la page sur laquelle la transaction est enregistrée est absente du registre des baux mis en ligne[28]. Il existait aussi autrefois une image de lui (ou le portrait d'un portrait), mais on ne l'a plus revue depuis 1910[29].

Même dans l'univers (en constante évolution) des sources imprimées, les limites de l'enquête – sur une seule famille, dans une petite ville de province – sont difficiles à cerner[30]. L'histoire circonstancielle est donc elle-même un reflet de l'époque contemporaine. Il y a tant de voyages historiques possibles aujourd'hui, virtuels ou non, et tant de possibilités, aussi, de se laisser distraire et d'emprunter des détours longs et sinueux. Il s'agit d'une histoire locale à l'échelle micro, qui s'élargit par contiguïté – en suivant les individus au sein de leurs familles, parmi leurs amis et leurs voisins, et dans leurs propres voyages dans l'espace et dans le temps. Il s'agit d'une histoire plate et positiviste au sens où elle est parée de très (ou trop) nombreuses notes (dont beaucoup des références proviennent des Archives municipales d'Angoulême). Mais il s'agit aussi d'un récit opportuniste, sur des individus aperçus du coin de l'œil sur le bord de l'écran. C'est une histoire, comme si souvent dans le cyberespace, de solitude – « voyageant pour toujours sur les mers étranges de la pensée, seul » –, et d'agoraphobie[31].

Un récit historique

L'histoire de Marie Aymard et de sa famille forme un vaste récit de la longue Révolution française et de la révolution économique du XIXᵉ siècle. Comme beaucoup des recherches historiques menées au XXᵉ siècle, et en particulier des travaux cherchant à raconter une histoire plus large ou plus importante à travers la vie d'un individu, d'un lieu, d'une famille ou d'une profession, elle entend « regarder les événements d'en bas[32] ». C'est un genre bien établi englobant déjà de nombreux sujets, diverses époques et différents lieux : l'une des sources d'inspiration de ce livre est la microhistoire de l'Italie de l'époque moderne, et une autre est l'histoire universelle du village mexicain de San José, avec ses registres paroissiaux, ses « faits minuscules » et son regard « dans toutes les directions »[33]. L'inspiration puisée dans le roman réaliste (et naturaliste), de Shanghai à Montmartre, est plus considérable encore[34]. Les changements intervenus dans l'accès à l'information, y compris sur la vie des individus, sans lesquels ce livre n'aurait pu voir le jour, concernent de fait, littéralement, le monde entier.

L'histoire est spécifiquement française, et ce, de manière idiosyncratique puisqu'elle s'appuie sur l'étonnante quantité de documents et d'archives français. En 1764, à Angoulême, on comptait dix-neuf notaires en exercice (mais indolents si l'on en croit un édit royal de l'année suivante), et ceux-ci ont produit au moins un millier d'actes notariés au cours de l'année ; comme l'a écrit un ministre de l'Intérieur dans une circulaire envoyée aux Archives départementales de la Charente en 1829 : « des Archives régulièrement tenues sont, à tous égards, infiniment précieuses[35]. » Elle s'inspire aussi par ailleurs d'une (ou plusieurs) génération d'histoires de vies ordinaires dans les provinces françaises – paradis « des données certaines [et] vérifiables » où est née la conviction qu'un millier de pages sur un individu qui « a existé » peuvent en définitive constituer un voyage dans l'histoire de la modernité[36]. Elle s'inscrit ainsi dans la lignée des microhistoires qui varient en échelle, en exemplarité et en représentativité, et tente de donner du sens aux « trajectoires de milliers de personnes » dans une enquête à mi-chemin entre le micro et le macro, ou pour ainsi dire « méso[37] ». Il s'agit d'« une histoire sociale des individus » et des multiples sources documentant la vie familiale[38]. Elle s'appuie sur les efforts déployés pour lier les histoires micro et macro via les relations des individus eux-mêmes, en incluant les réseaux d'amitié, de proximité spatiale et de parenté[39].

Dans le même temps, les quatre-vingt-dix-huit histoires qui composent ce livre s'inspirent d'une historiographie toute différente concernant l'histoire de la vie économique. Le récit commence par une personne exceptionnelle (illettrée) et s'achève de manière tout à fait inattendue dans les milieux de la finance et de l'Église du XIXe siècle. Il s'inscrit ainsi dans l'esprit de la nouvelle histoire économique appelée de ses vœux par Marc Bloch, dans laquelle le politique, l'économique et le religieux se combinent et s'interpénètrent, par opposition à une histoire « un peu exsangue » relevant d'« un monde sans individus »[40]. La nouvelle histoire de Bloch, avec ses matériaux de « caractère merveilleusement disparate », est aujourd'hui une branche florissante, éclectique et représentée dans le monde entier, dans laquelle les économistes utilisent « [toutes] sortes de preuves », les historiens de l'économie des sources « non économiques » et les historiens de la vie économique des sources juridiques, visuelles et économiques, dans une multitude d'enquêtes différentes[41].

L'histoire par contiguïté que cet ouvrage expérimente – l'histoire de trois mille ou quatre mille personnes – constitue un effort pour relier l'individuel et le collectif, l'économique et le politique, l'histoire vue d'en bas et l'histoire des grands événements de la modernité. C'est une enquête sur les conditions d'existence des individus, et de même sur le « pourquoi » ainsi que le « comment » des mutations économiques et des événements politiques[42]. Les histoires causales rejettent la condition la plus fondamentale de l'enquête historique, qui consiste justement à essayer de comprendre la vie des individus du passé et à produire une histoire des « consciences humaines[43] ». Mais tout le monde pense en *pourquoi* et en *comment*. Le livre traite donc d'une multitude de toutes petites histoires, afin d'essayer de se rapprocher de manière très progressive, par tout petits pas (un peu comme dans le jeu « un, deux, trois, soleil »), d'une compréhension et d'une explication possibles.

Le choix de l'échelle historique est affectif et idéologique dans la mesure où l'on répartit ainsi le nombre incommensurable de personnes qui peuplent les cimetières en deux catégories : les gens importants (des individus avec des idées et des sentiments), et les autres à propos desquels rien ou presque ne subsiste, que l'on peut dénombrer mais que l'on ne peut pas comprendre. S'il opte pour l'histoire des individus, qui relève de la petite histoire, l'historien s'attache à comprendre les changements de petite envergure et de peu d'importance (hormis quand les individus concernés sont eux-mêmes importants, comme l'arrière-arrière-petit-fils de Marie Aymard, le cardinal). À l'inverse, s'il opte pour l'histoire de l'économie sociale, l'historien choisit de vivre dans un monde révolu dépourvu d'idées, d'espérances et d'amitiés, et cherche à appréhender les changements importants, comme les causes des révolutions ou l'essor de l'économie contemporaine. Mais ce ne sont pas les seules issues, et à certaines époques – comme la nôtre – il est important, si ce n'est urgent, d'essayer de comprendre les transformations politiques et économiques à partir de la perspective des individus et des familles, c'est-à-dire en partant de la vie quotidienne.

Les individus de cette histoire – qui se veut donc une histoire de la vie économique – ont vécu durant la période de bouleversements de la longue Révolution française, événement politique découlant de questions économiques ayant eu à son tour des conséquences économiques, et également au cours du XIXe siècle, durant une période de révolution économique résultant de conditions politiques et entraînant de la même manière des conséquences politiques[44]. Or, le point de vue « d'en bas », qui est ici le point de vue d'une famille singulière (et obscure), est déconcertant eu égard à certaines des distinctions établies par l'histoire à grande échelle. Car les vies des individus ne se divisent pas de manière naturelle et spontanée entre domaines économique, personnel et politique. Chacun porte en lui un méli-mélo d'idées tantôt élevées, tantôt banales. La religion constitue à la fois une foi, une pratique et une institution économique. Les échanges économiques sont tout à la fois intéressés et désintéressés, publics, privés et intimes. Les individus sont dans la vie soit mobiles, soit immobiles, et de même en matière d'imagination – selon les informations ou les fausses informations qu'ils reçoivent à propos de lieux lointains et d'amis perdus depuis longtemps.

À Angoulême, très peu de choses se sont passées pendant la Révolution française – du moins dans l'historiographie de la Révolution –, et les membres de la famille de Marie Aymard sont restés invisibles (à une exception près, tout à fait marginale). Mais l'histoire des années révolutionnaires depuis la perspective d'un lieu obscur et d'une famille inconnue constitue elle-même, comme va le montrer ce livre, un grand récit. Une sorte de héros de la Révolution a grandi au coin de la rue où vivait la famille, ainsi qu'une héroïne de la contre-Révolution. Les trajectoires des petits-enfants de Marie Aymard sont aussi à leur manière une histoire de l'évolution des conditions de vie au cours de la période révolutionnaire.

L'histoire racontée dans ce livre déconcerte également eu égard aux grands présupposés sur l'époque contemporaine[45]. Au XIXe siècle, les membres de la famille de Marie Aymard, ou certains d'entre eux, ont été entreprenants et industrieux, mais ils étaient davantage impliqués dans la vaste économie de l'État (et de l'Église) que dans l'économie de marché, et ils entretenaient toute une série de relations économiques relevant indistinctement du marché et de l'État. Ils étaient « non économiques » dans la mesure où ils trouvaient de l'avancement dans les services publics et privés qui, à l'époque comme aujourd'hui, occupaient une place très importante dans la vie économique. Leur situation économique dépendait de temps à autre des choix effectués par des femmes industrieuses et prévoyantes qui restaient toujours au même endroit – comme les petites-filles de Marie Aymard, les cinq sœurs célibataires, dont les vies (et les économies) sont au cœur du récit au XIXe siècle. Une seule personne de la famille a occupé une place importante dans la grande histoire de l'économie française : le petit-fils du petit-fils de Marie Aymard, Charles Martial Allemand Lavigerie, à Carthage, visionnaire de la communication humanitaire, opposant à la traite négrière transsaharienne et, selon ses détracteurs, « commerçant merveilleusement adroit », « millionnaire, archimillionnaire »[46].

Les histoires de Marie Aymard et des membres de sa famille sont par-dessus tout déconcertantes dans la mesure où elles subvertissent l'asymétrie du temps. En général, les historiens en savent plus que les personnes du passé : ils savent ce qui est arrivé par la suite. Mais n'avoir pour ainsi dire aucune autre trace que les archives les plus communes oblige à suivre le rythme de la vie ordinaire, à vivre dans le présent (celui de ces personnes du passé) selon la connaissance (approximative) que l'on peut en avoir, et à ne rien savoir ni de leur avenir, ni des grandes révolutions auxquelles elles ont participé. Cela revient à ne presque rien savoir de plus que ce qu'elles-mêmes savaient ou anticipaient ; ces personnes savaient au milieu de qui elles vivaient, elles connaissaient leurs voisins, et il en va de même pour l'historien qui travaille à partir de ces archives. Toutefois, il s'agit là aussi d'une histoire de données qui évoluent au fil du temps.

En tout, l'histoire de Marie Aymard et de sa famille est une expérience de pensée avec les chiffres – dans un monde saturé d'informations – et une expérience de pensée avec des histoires, dans un monde de flux narratifs incessants. Elle est mue par la volonté d'éprouver la nature à la fois incomplète et illimitée des sources historiques, de retrouver tous les individus (appartenant à la génération des arrière-arrière-petits-enfants et figurant dans les registres paroissiaux d'Angoulême pour l'année 1764), et les limites évidentes des archives les plus universelles. Il s'agit donc également d'une histoire infinie à cet égard. La seule consolation, chemin faisant, est d'essayer d'être aussi claire que possible quant aux sources et aux statistiques, et d'espérer que d'autres trouveront davantage de liens, de sources et d'hypothèses à explorer[47]. Le moment est bien choisi pour raconter une histoire où l'on vit dans l'incertitude et dont on ne peut anticiper la fin. C'est une histoire de temps qui changent, du point de vue d'une seule grande famille très disparate. Une histoire qui dit surtout à quoi ressemble la vie au beau milieu d'événements sur lesquels on n'a aucune prise.

Chapitre 1
Le monde de Marie Aymard

Les données historiques

Marie Aymard est née à Angoulême en 1713 et morte dans cette même ville en 1790[1]. Elle était fille unique. Ses parents, lors de leur mariage en 1711, ont déclaré qu'ils étaient incapables de signer de leurs noms. Sa mère était la fille d'un cordonnier originaire d'une petite commune située au sud-ouest de la ville et établi à Angoulême ; son père est décrit comme un marchand[2]. Ce dernier est mort quand elle était encore petite fille, et sa mère s'est remariée lorsque Marie avait cinq ans à un veuf qui était maître-charpentier[3]. En 1735, Marie a épousé Louis Ferrand, un apprenti menuisier qui fabriquait des meubles. À leur mariage, comme à de multiples reprises par la suite, elle a déclaré qu'elle était incapable de signer son nom. Son mari, qui a quant à lui signé le registre, était un nouveau venu dans la ville, un immigré ; il était fils d'un sabotier du diocèse de Tours, à quelque deux cents kilomètres, c'est-à-dire à plusieurs jours de marche au nord d'Angoulême[4].

Au cours des quatorze années suivantes, Marie a eu huit enfants, dont deux sont morts en bas âge. Il est possible, mais peu probable, qu'elle n'ait jamais quitté Angoulême. Son mari et elle ont fréquemment changé de domicile au sein des petites paroisses de la ville : en six ans, entre 1738 et 1744, elle a donné naissance à six enfants dans quatre paroisses différentes du centre ancien d'Angoulême[5]. Louis y est resté un étranger : on le désigne comme « Ferrand dit tourangeau », l'homme de Tours, dans l'acte de baptême de son dernier enfant, Jean ou Jean-Baptiste[6]. Mais il est devenu maître-menuisier, et en 1744, il était « sindic », c'est-à-dire représentant élu de la communauté (la petite corporation) des menuisiers d'Angoulême[7]. Les connaissances ou les parents choisis pour être les parrains et marraines des huit enfants de Louis et Marie appartiennent au même milieu : un menuisier, un chapelier, trois serruriers, l'épouse d'un tonnelier, et l'épouse d'un autre serrurier encore[8].

En juin 1753, il y a eu dans la vie de la famille un grand événement. Angoulême abritait un célèbre collège qui était également à l'époque une fondation jésuite et qui dispensait une instruction gratuite aux garçons de la localité. En 1753, le fils aîné du couple, Gabriel, a fait un premier pas pour accéder à la prêtrise en devenant clerc tonsuré ; il avait quinze ans[9]. C'est en décembre de la même année que Louis Ferrand est parti faire la fortune de la famille à l'étranger avec un charpentier. Les deux hommes ont signé un contrat les engageant à travailler durant deux ans sur l'île de la Grenade, pour la somme annuelle de 500 livres, plus tous les frais pour se nourrir, se loger et se vêtir, « tant en santé qu'en maladie ». Leur employeur était un aspirant planteur, Jean-Alexandre Cazaud, né en Guadeloupe et établi à Angoulême, où il avait épousé la fille d'un marchand de soie ; le contrat a été signé pour Cazaud par son beau-père, qui fut plus tard l'un des protagonistes – le principal « capitaliste » – de la plus célèbre des affaires juridico-financières ayant agité la ville dans le cadre de la « révolution » commerciale survenue à Angoulême à partir de 1769[10].

Marie Aymard avait six jeunes enfants âgés de quatre à quinze ans au moment où son mari est parti. Son beau-père est décédé deux ans plus tard, en 1755, et sa mère en 1759 ; le charpentier, parti avec Louis pour l'île de la Grenade, a lui aussi perdu la vie avant le mois de septembre 1757[11]. Puis, à un certain moment avant mai 1760, Marie a appris la mort de son mari. Elle est présentée comme la veuve de Louis Ferrand dans un acte passé avec son fils Gabriel, rédigé par un notaire connu pour son « mauvais caractère » – dans une ville où le nombre de notaires en exercice était « si excessif » que la profession finit par faire l'objet d'une régulation royale[12].

À ce moment-là, Gabriel n'était plus sur la voie de l'ordination. L'acte notarié commence par relater ses intentions, qui étaient graves et dignes : « ledit Ferrand ayant formé le dessein d'être maître ès arts pour instruire la jeunesse auroit en conséquence [décidé] de former une maison en cette ville [...] où il fait actuellement sa demeure et qu'il a meublée à ses dépenses. » Ensuite, Gabriel livre un récit empreint de sentiments. Il savait « les obligations étroites dont sont tenus les enfants envers ceux de qui ils tiennent le jour », et il souhaitait démontrer à sa mère que « ses sentiments [étaient] de la soulager autant qu'il [était] en lui, et de lui rendre la vie moins dure ». « Voyant sa mère hors d'état de vivre et de s'entretenir sans son secours », il l'avait donc priée de venir vivre chez lui[13].

La réponse de Marie Aymard – d'après les mots qu'elle ou son fils a dictés, ou en tout cas que le notaire a consignés – est détachée. « Voulant profiter du bon cœur de son fils », et supposant « qu'il lui continuera cette bonne volonté [et] ne l'abandonnera pas au sort [où] une triste détresse la mettroit », elle avait décidé d'accepter son offre et de s'installer chez lui. Elle apportait son mobilier avec elle, par ailleurs décrit dans l'acte notarié. Celui-ci consistait en deux vieux lits en bois garnis d'une serge verte très usée, de deux moitiés d'armoire ou garde-robes en peuplier, d'une table carrée « cassée » accompagnée de « dix vieilles mauvaises chaises », de douze assiettes, six cuillers en étain ordinaire, six fourchettes en fer et six draps. « Les parties » – Marie Aymard et son fils – convenaient que la valeur des biens était de 130 livres, et « qu'elles ne form[aient] directement [ou] indirectement aucune sorte de société ni communauté, [ni] tacite [ni] coutumière »[14].

Le nouveau foyer qui n'était donc pas une société continua de mener une vie difficile, et lorsque Gabriel fut sur le point de se marier – avec Marie Adélaïde Devuailly, issue d'une famille de teinturiers d'Amiens récemment arrivée à Angoulême – en octobre 1763, il déclara que sa mère « n'a[vait] actuellement aucun bien, meuble [ni] immeuble en sa possession[15] ». Néanmoins, quelques semaines plus tard, le mobilier de Marie Aymard fit de nouveau l'objet d'un acte notarié. En janvier 1764, Gabriel et elle se présentèrent devant un autre notaire, Jean Bernard, connu pour « instrument[er] beaucoup pour les petites gens ». Sur ce document, Gabriel est présenté comme un maître écrivain[16]. En outre, cette fois-ci, Gabriel Ferrand et Marie Aymard racontent tous les deux une histoire. Depuis 1760, indiquent-ils, Gabriel était obligé de payer « de ses deniers particuliers » un certain nombre des créanciers de sa mère, qui voulaient saisir « lesdits meubles ». Marie devait de l'argent à un cordonnier, à un faiseur de lessive, à un marchand graissier et à un sergier ; ses dettes s'élevaient au total à 290 livres[17].

Souhaitant être au moins en partie remboursé de ses débours, Gabriel avait, déclare-t-il, envisagé de faire émettre une ordonnance contre sa mère pour que le mobilier fût saisi et mis en vente judiciaire. Mais celle-ci lui avait expliqué qu'une fois déduit le coût d'une vente forcée, le mobilier ne rapporterait quasiment rien. Elle lui avait alors proposé de lui vendre son mobilier « *a la miable* », et en 1763, il lui avait tout acheté pour 130 livres[18]. Le lendemain, devant un autre notaire encore, Marie Aymard reconnut en outre que l'employeur de feu son mari avait lui aussi réglé une dette de 150 livres en son nom, à quoi s'ajoutait encore 606 livres – une somme substantielle, supérieure au salaire annuel de son mari – dues à deux familles de boulangers de la ville[19].

La procuration

En octobre 1764, Marie Aymard se présenta devant le notaire Jean Bernard et s'identifia comme la veuve du « maître-menuisier » Louis Ferrand, par ailleurs mère de cinq enfants mineurs. Elle « nous a dit et remontré que ledit Louis Ferrand son mari serait parti de cette dite ville d'Angoulême et auroit passé avec Mr Cazaud à la Martinique en l'année mille sept cent cinquante-trois », écrit alors le notaire, et « qu'il [est allé] ensuite établir sa résidence en l'île de Grenade ». Au cours des années suivantes, Marie Aymard avait « appris que son mari avait acheté une certaine quantité de nègres, et quelques mulets, qu'il gagnait vingt-quatre livres par jour outre environ quinze livres que ses nègres lui procuraient aussi par jour ». Il avait gagné « une petite fortune pendant [les] quatre à cinq ans qu'il [avait demeuré] à la Grenade » et il s'était ensuite « rend[u] à la Martinique avec l'idée d'en partir pour se rendre auprès de sa famille ». Mais il avait été « attaqué d'une maladie de laquelle il [était] décéd[é] le troisième jour chez les Pères de la Charité »[20].

Le but de la déclaration de Marie Aymard et de la procuration qu'elle sollicitait était de découvrir ce qui était advenu de ladite petite fortune. Son mari, avant de mourir, avait, d'après ce qu'on lui avait dit, « déposé sa fortune entre les mains de M. Vandax, armateur ou négociant vivant sur la Promenade du Mouillage [en Martinique] ou au Fort Saint-Pierre » – « tels sont les faits dont la comparante a été instruite en différents temps par quelques personnes de la ville d'Angoulême ». Les informateurs avaient « en même temps rapporté [à Marie Aymard] que ledit M. Vandax auroit répondu obscurément aux interpellations qu'ils lui [avaient] faites verbalement à ce sujet, lui faisant néanmoins espérer qu'elle auroit satisfaction à la majorité de ses enfants »[21].

Les choses en étaient restées là pendant quelque temps. « Cette espérance, son indigence et l'éloignement », déclarait Marie Aymard, l'avaient « forcée de différer jusqu'à présent les recherches », et de même ses efforts pour récupérer son héritage, « sans le secours duquel [elle ne pouvait] plus subsister ». Néanmoins, elle avait appris qu'un sous-lieutenant de la marine marchande du nom de Pascal Chauvin était sur le point de partir pour la Martinique. La procuration était destinée à cet homme, son représentant, « procureur général et spécial », et le document s'achevait par une profusion d'arguties juridiques. Chauvin était habilité à la représenter devant « tous juges, notaires, greffiers et autres personnes publiques », à « former toutes demandes contre ledit Sieur Vandax et tous autres qu'il [jugerait bon] » et à « requérir, plaider, opposer, défendre et contredire ». « Promettant d'approuver et approuvant » tout ce qu'il ferait, elle le garantissait contre tout préjudice qu'il pourrait subir, et s'engageait ainsi à « oblig[er] et hypothéqu[er] tous et chacun [de] ses biens et ceux de ses dits enfants »[22].

Marie Aymard ne savait pas écrire : la « constituante a déclaré ne [pas] savoir signer ». Mais elle évoluait dans un nuage d'informations. Elle était informée de certains faits, disposait de rapports sur les obscures enquêtes menées en Martinique ; elle avait mené des recherches et avait appris certaines choses. Elle avait fait écrire des lettres en son nom, et son mari et elle avaient échangé des nouvelles de part et d'autre de l'Océan ; elle savait qu'il avait à la Grenade fait la « connaissance particulière » d'un certain M. de Flavigné dans la paroisse du « Marquis a la Cabeste », et d'un certain M. Herbert du Jardin, négociant à Saint-Pierre, en Martinique, auxquels elle adressait ses lettres. Elle avait connaissance de deux lieux de résidence possibles pour M. Vandax. Elle connaissait les noms, les adresses, et elle pouvait estimer la fortune de son mari avec les « environ quinze livres que ses nègres lui procuraient aussi par jour[23] ».

Voilà donc le contenu de la procuration, écrite sur une seule page de papier pliée. L'histoire de Marie Aymard m'a beaucoup intriguée au début parce qu'elle semblait offrir une vue d'ensemble des multiples sources d'information plus ou moins fiables existant au XVIIIe siècle sur le monde extérieur, même au fin fond de la France. Cela m'a semblé intéressant eu égard à la question que tous les historiens se posent, à savoir : « comment les choses étaient-elles vraiment ? » Marie Aymard décrit de fait, dans la langue formelle des notaires, les échanges oraux, les faits, les nouvelles et les obscures enquêtes qui constituaient les modes d'information de l'époque moderne, et qui n'apparaissent que de manière intermittente dans les archives et les bases de données numériques de la science historique.

L'histoire qu'elle raconte m'a aussi intriguée relativement à une autre question fondamentale en histoire : « que s'est-il réellement passé ? » Le récit de Marie Aymard a un point de départ bien identifié, en 1753, quand son mari quitte la ville d'Angoulême, mais on ne sait pas comment il s'achève. Qu'a donc découvert le sous-lieutenant, est-il même jamais parti pour la Martinique ? Qui était M. Cazaud, l'employeur de son mari, qui avait réglé les dettes qu'elle avait elle-même contractées auprès des boulangers locaux ? On sait qu'il était le gendre du principal « capitaliste » ou créancier de la crise financière de 1769, et on verra qu'il sera reconnu coupable de « cruauté », « violence », « acharnement », « avidité » et « atrocités » dans un jugement sans rapport avec cette affaire rendu en 1779[24]. Qui était par ailleurs M. Vandax ? Qui étaient les « nègres » de son mari, s'ils étaient bien à lui ? Et qui était-elle, elle, cette pauvre et pressante Marie Aymard ?

Nous connaissons peu ou prou sa situation économique : ses possessions, en 1764, à cause de ses dettes, étaient estimées avec une rare précision à moins 160 livres. Il existe en outre une description des meubles et des objets parmi lesquels elle vivait, les vieilles et mauvaises chaises et les six fourchettes en fer, et de même des individus avec qui elle avait des relations d'échanges, de crédit et de dettes. La procuration évoque ses sources d'information : « les faits » dont elle a été « instruite », ses « recherches », les personnes qui lui ont « rapporté » que le négociant de la Promenade [du Mouillage] en Martinique avait « répondu obscurément » à leurs questions, les rapports selon lesquels on lui avait lu des lettres et on en avait écrit en son nom. Le contrat prénuptial de sa fille, signé par quatre-vingt-trois personnes un jour de décembre 1764, fournit quant à lui une liste des personnes qu'elle connaissait. Voilà en somme les données historiques relatives à Marie Aymard. De son vivant, vingt-deux petits-enfants lui sont nés à Angoulême ; l'un d'eux – le futur grand-père de Louise Lavigerie et du cardinal Lavigerie – était déjà marié lorsqu'elle est morte. Marie Aymard a connu les neuf premiers mois de la Révolution française ; elle est décédée dans la paroisse du Petit-Saint-Cybard à l'âge de soixante-dix-sept ans et a été inhumée dans une autre paroisse, celle de Notre-Dame-de-Beaulieu[25].

Huit enfants

Même la vie des enfants de Marie Aymard, ou de la plupart d'entre eux, est difficile à reconstituer. Son premier enfant, *Anne Ferrand*, est né en 1736 et mort à l'âge de dix-neuf mois, en mars 1738[26]. *Gabriel Ferrand*, son deuxième enfant, le premier à survivre à la petite enfance, est né quelques jours plus tard, en avril 1738 ; il est le seul de ses enfants dont la vie est, du moins pour un temps, abondamment, si ce n'est obsessionnellement, documentée[27]. Gabriel a passé toute sa vie dans le monde des mots, et il a réalisé son intention première qui était d'« instruire la jeunesse ». Il a épousé une femme nommée Marie Adélaïde Devuailly et ils ont eu ensemble six fils, tous nés à Angoulême. Au moment du baptême de son dernier fils, en 1775, il est « maître écrivain et de pension ». À sa mort à Angoulême en 1816, il est présenté comme le « chef du bureau des Archives de la préfecture du département de la Charente[28] ».

Le troisième enfant de Marie Aymard et Louis Ferrand, *Léonard Ferrand*, a lui aussi perdu la vie en bas âge ; il est né en 1739 et mort peu après son deuxième anniversaire[29]. *Françoise Ferrand*, la future mariée du contrat prénuptial, est leur quatrième enfant, et le deuxième à survivre à la petite enfance. Elle est née en novembre 1740 et a mené une vie qui, comme celle de Gabriel, est bien documentée[30]. À l'âge de quinze ans, elle est devenue la marraine de la fille d'un garçon menuisier de la paroisse de Saint-Martial, et elle a signé l'acte de baptême de sa filleule dans une écriture ample et assurée : « Françoige Ferant[31] ». Elle a épousé Étienne Allemand Lavigerie et a eu avec lui treize enfants, tous baptisés à Angoulême ; elle a été témoin au mariage de son fils aîné Martial en 1790, ainsi qu'à son divorce par consentement mutuel en 1796 et lors de son second mariage en 1801, avec Bonne ou Bonnite, une jeune femme originaire de Saint-Domingue ; elle a également signé le contrat prénuptial du ménage, dans lequel Bonnite engage elle aussi tous ses « biens et droits », et toutes « autres choses », « pour s'en emparer, en faire la recherche et le recouvrement, en jouir, user et disposer »[32]. Françoise Ferrand est morte à Angoulême en 1805. Ce sont ses enfants, petits-enfants et arrière-petits-enfants – les descendants matrilinéaires de Marie Aymard – qui sont au cœur de ce livre pour le XIXe siècle.

Il n'existe presque aucune trace de l'existence du troisième enfant de Marie Aymard ayant survécu à la petite enfance, *François Ferrand*.

Celui-ci a été baptisé en 1742 et il est mentionné dans la procuration concernant la fortune disparue comme l'un des cinq enfants mineurs de Marie Aymard ; il a également signé le contrat de mariage de son frère Gabriel en 1763, mais il n'est pas signataire du contrat de mariage de sa sœur l'année suivante[33]. Il était encore à Angoulême en 1766, puisqu'il était présent au baptême du troisième fils de Gabriel et Marie Adélaïde ; le parrain, qui était absent, était l'oncle maternel de l'enfant, et François figure sur l'acte en tant que son représentant : « François Ferrand aussi son oncle[34]. » Les données s'arrêtent là (du moins pour ce que j'ai pu trouver pour l'instant). Il est possible que François soit le « François Ferand » répertorié dans un rôle d'imposition établi pour l'année 1763, réputé vivre non loin de chez les Allemand et les Ferrand et « domestique » de l'aubergiste du Cheval Blanc ; l'aubergiste ainsi que sa femme font partie des signataires du contrat de mariage de Françoise[35]. Néanmoins, on trouve quelque 19 000 entrées d'arbres généalogiques pour le nom « François Ferrand » sur les sites internet dédiés, et aucune de ces personnes ne correspond au domestique du Cheval Blanc ou au fils de Marie Aymard[36].

Le quatrième enfant de Marie Aymard ayant survécu, *Mathurin Ferrand*, a laissé encore moins de traces. On sait qu'il a été baptisé en 1743, et il figure parmi les ayants droit de la fortune dans la procuration ; c'est tout[37]. Il a lui aussi signé le contrat de mariage de son frère en 1763 – d'une main hésitante – mais pas celui de sa sœur l'année suivante[38]. Il n'apparaît ni dans les registres paroissiaux ni dans les rôles d'imposition, ni (pour ce qui est disponible pour l'instant) sur les sites généalogiques. On trouve dans deux des listes de « garçons fugitifs » établies au moment du tirage au sort de la milice d'Angoulême en 1758 un « Tourangeau » apprenti d'un coutelier. Comme « Tourangeau » était le nom par lequel le mari de Marie Aymard était connu, il est possible que Mathurin Ferrand se soit lui aussi fait appeler « Tourangeau », et qu'il ait disparu des archives parce qu'il a lui-même souhaité disparaître[39]. Quoi qu'il en soit, si le caractère fragmentaire de l'existence historique est avéré à Angoulême, Mathurin présente un cas extrême, à l'opposé de celui de son frère archiviste.

Marguerite Ferrand, le cinquième enfant de Marie Aymard à avoir survécu, est presque tout aussi invisible. Celle-ci a été baptisée en 1744 et figure parmi les ayants droit de la fortune disparue dans la procuration (mais après coup, dans la marge)[40]. En 1767, elle est devenue la marraine du fils aîné de Françoise, et, en 1768, celle du quatrième fils de Gabriel ; elle a été la seule à assister aux funérailles de la toute petite fille de Françoise en 1767 ; elle a signé les registres d'une main hésitante : « Margerite Ferrante » ou « Ferrainte »[41]. Nous n'en savons pas plus, de nouveau. Sur les sites de généalogie en ligne, il y a presque autant d'arbres généalogiques pour « Marguerite Ferrand » que pour « François Ferrand », et aucune de ces Marguerite n'a de lien avec la famille de Marie Aymard. Il y avait de nombreuses manières de disparaître des registres de l'histoire aux XVIIIe et XIXe siècles : être un domestique, être pauvre, être un fugitif, mener une vie sans histoires, être incapable d'écrire son propre nom sur un acte, rester célibataire (ou n'avoir aucun enfant susceptible de prolonger sa vie dans une généalogie). Nous ne savons donc rien, jusqu'ici, du sort de François, Mathurin et Marguerite, les trois enfants intermédiaires de Marie Aymard. « Il est toujours désagréable de dire : "je ne sais pas", "je ne peux pas savoir" », a écrit Marc Bloch, et il est tout aussi déconcertant, d'un autre côté, de savoir que l'on pourrait finir par savoir[42].

Le dernier enfant de Marie Aymard, *Jean-Baptiste Ferrand* ou *Jean Ferrand*, est le seul des six enfants dont la vie a été bouleversée par les grandes révolutions de l'époque, et le seul pour lequel nous avons la preuve qu'il a bel et bien quitté la France. Celui-ci a été baptisé en 1749, et il a signé le contrat de mariage de sa sœur Françoise, d'une écriture ornée, à l'âge de quinze ans[43]. En 1774, il a épousé Élisabeth Boutoute, la fille d'un poêlier (un fabricant de poêlons), dont la famille avait comme la sienne des liens avec le monde lointain des colonies françaises ; il est lui-même présenté comme un horloger[44]. Élisabeth et lui ont eu quatre enfants, dont un mort en bas âge[45]. Quelque temps après la mort de ce fils, en 1777, la famille est partie pour Saint-Domingue, où elle a vécu jusqu'aux événements de la Révolution haïtienne en 1793-1794. Jean-Baptiste avait un magasin au Cap-Français (Le Cap, ou Cap-Haïtien aujourd'hui) ; il y vendait entre autres des cafetières et des huiliers ; d'après ses déclarations ultérieures, il possédait quinze esclaves noirs[46]. En 1795, tous les membres de la famille étaient rentrés à Angoulême en tant que réfugiés sans ressources ; Jean-Baptiste est mort à Paris, « dans l'indigence », en 1831[47].

Sur l'île de la Grenade

Voilà l'histoire de Marie Aymard et celle de ses enfants. Mais la question qui la préoccupait – à savoir, ce qui était arrivé à son mari – reste sans réponse claire. Ici, l'asymétrie entre le sujet historique et l'historien(ne), c'est-à-dire la possibilité de savoir quelque chose que Marie Aymard voulait savoir mais ne pouvait pas découvrir, est inévitable[48].

Or, en tout état de cause, d'après ce que j'ai pu trouver pour l'instant, rien ne prouve qu'il existait effectivement une fortune, et si celle-ci existait, qu'elle n'a jamais été restituée à la famille restée en France. Personne parmi les enfants et les petits-enfants de Marie Aymard n'a vécu dans une quelconque opulence (la situation est différente à la génération suivante, mais cela relève de l'histoire du XIXe siècle). Louis Ferrand s'était engagé à travailler sur l'île de la Grenade pendant deux ans ; s'il a rempli ce contrat, il aurait donc dû être libre de son engagement au début de l'année 1756. À ce moment-là, son employeur était, quant à lui, revenu à Angoulême : Jean-Alexandre Cazaud a signé l'acte de baptême de son propre fils dans l'église paroissiale de Saint-Jean en avril 1756[49]. La nouvelle vie de Louis Ferrand, devenu propriétaire d'esclaves à la Grenade, aurait donc commencé juste au moment où l'univers des colonies caribéennes allait subir de plein fouet les bouleversements engendrés par la guerre de Sept Ans.

Dans les années 1750, la population de la Grenade était essentiellement composée d'esclaves. En 1755, on comptait sur l'île 12 608 Africains asservis, 347 mulâtres et Noirs affranchis, et 1 077 Blancs : une société, ou une prison, dans laquelle 90 % des « âmes », selon l'expression utilisée dans les recensements français, étaient réduits en esclavage. S'il était à la Grenade en 1755, Louis Ferrand était donc l'un des 247 « garçons [blancs] portant les armes » répertoriés dans le recensement[50]. Le régime de production fondé sur le travail des esclaves était en outre encore en pleine expansion. S'il y avait sur l'île à peu près le même nombre de Blancs en 1740, 1755 et 1782, la population d'esclaves a, pour sa part, augmenté de plus de 350 % au cours de la même période, passant de 7 107 individus en 1742 à 12 608 en 1755 et 26 147 en 1782[51].

La guerre de Sept Ans a commencé en mai 1756. Par conséquent, la période durant laquelle Louis Ferrand est supposé avoir amassé sa petite fortune et être parti pour la Martinique « avec l'idée d'en repartir pour se rendre auprès de sa famille » était une période de conflit naval, économique et existentiel. D'après la procuration établie par Marie Aymard en 1764, Louis aurait vécu à la Grenade « quatre à cinq ans ». Si tel a été le cas, il aurait donc quitté l'île en 1758 ou 1759 : des années de guerre intense, durant lesquelles le blocus des ports, la saisie des navires transportant des esclaves et la famine orchestrée des populations asservies étaient des techniques très prisées. Des officiers français postés à la Grenade rapportent ainsi en juillet 1758 la prise de trois bâtiments commerciaux : un navire transportant de la farine de Cadix vers les Bermudes, un autre transportant du beurre de Dublin jusqu'à Antigua, et un « petit navire à trois mâts [...] ven[ant] de la côte d'Angole [d'Angola], [avec] à son bord 414 nègres ». Un autre rapport envoyé de la Martinique en mars 1758 fait état de la prise d'un navire contenant des dents d'éléphant, de l'or et « 1 007 esclaves » dont 364 étaient morts « pendant la traversée »[52]. Les Britanniques ont envahi la Martinique en janvier 1759, sans succès, puis la Guadeloupe en mai 1759, avec davantage de succès ; ils se sont emparés de la Grenade et ont envahi à nouveau la Martinique en 1762.

Les informations fournies par Marie Aymard dans la procuration de 1764, au lendemain de la guerre, sont partiellement avérées. Les deux individus que Louis mentionnait dans ses lettres comme ses « connaissance[s] particulière[s] » – M. de Flavigné dans la paroisse du « Marquis a la Cabeste » à la Grenade, et M. Herbert du Jardin, négociant de Saint-Pierre de la Martinique – existaient bel et bien. Après la prise de la Grenade par les Britanniques en 1762, le premier recensement mentionne un M. de Flavigny propriétaire de 167 esclaves « sur lesquels un impôt est levé » dans la paroisse du Marquis ; Cazaud, lui, est recensé dans la paroisse voisine, avec 50 esclaves[53]. Léon Marie Herbert du Jardin était un négociant de la Martinique. Il y est mort en septembre 1764, quelques semaines seulement avant que Marie Aymard fasse établir sa procuration à Angoulême ; quelques semaines plus tard, la fille de du Jardin, qui était alors encore une enfant, est devenue la figure centrale de l'une des interminables affaires judiciaires de l'époque concernant le règlement des successions dont l'actif était constitué de plantations d'esclaves de la Grenade selon les jurisprudences française et anglaise[54].

L'obscur M. Vandax ou Vandas, l'« armateur ou négociant » entre les mains duquel Louis Ferrand avait déposé sa fortune, et qui avait répondu de manière si insatisfaisante aux demandes qu'on lui avait faites verbalement, existait lui aussi. Deux frères, Bernard Vandas (également connu comme Vanda, Wanda, Vvanda ou Uranda) et Pierre Vandas, apparaissent de temps à autre dans les registres de la paroisse de Saint-Pierre le Mouillage en Martinique. Tous les deux sont présentés comme des négociants ; ils étaient originaires des Landes, très exactement de Mont-de-Marsan, où Bernard (« Vanda ») a été baptisé en 1707 et Pierre (« Ouanda » ou « Wanda ») en 1709[55].

Pascal Chauvin, le sous-lieutenant à qui Marie Aymard déléguait sa quête de vérité, est une figure plus mystérieuse. Il n'était pas présent à la petite cérémonie de signature de la procuration par laquelle Marie Aymard hypothéquait tous ses biens et ceux de ses enfants ; il devait « aller séjourner à la Martinique », mais rien ne prouve qu'il y soit arrivé. « Jean Pascal Yrvoix Chauvin » était le fils d'un épicier d'Angoulême, dont la mère était marchande de graisserie dans la paroisse de Saint-André, à quelques minutes à pied de l'endroit où vivaient les Allemand et les Ferrand. Il y avait été baptisé le dimanche de Pâques 1738 ; il avait presque exactement le même âge que Gabriel Ferrand[56]. Il est effectivement parti vivre dans les Indes occidentales, et il est mort sur l'île de Sainte-Lucie ; il était alors négociant, lieutenant d'artillerie et capitaine de milice[57].

L'établissement de la mission dominicaine, les pères (ou frères) de la Charité, dans lequel Louis Ferrand serait mort au troisième jour de sa maladie, se trouvait bien là, près du front de mer, à Saint-Pierre de la Martinique. C'était un hôpital pour les « Gens de Mer et ouvriers », les « passagers ou artisans arrivants ou domiciliés dans les Colonies [y étaient] traités gratuitement par les Religieux »[58]. Toutefois, au cours des mois et des siècles qui suivirent la mort de Louis Ferrand, Saint-Pierre subit aussi une série inimaginable de catastrophes naturelles : le « Mouillage » sur lequel M. Vandax ou Vandas a peut-être ou peut-être pas vécu fut réduit en cendres dans un terrible incendie en septembre 1759 ; il fut une nouvelle fois dévasté par le « grand ouragan » d'octobre 1780, lors duquel un millier de personnes perdirent la vie à Saint-Pierre même ; et un siècle plus tard, Saint-Pierre se trouva au cœur de la catastrophe naturelle la plus cataclysmique de l'histoire française après l'éruption de la montagne Pelée en mai 1902, durant laquelle l'hôpital dominicain, les archives, la population de quelque 30 000 personnes et l'ensemble de l'univers cosmopolite de la ville furent anéantis[59]. De fait, Saint-Pierre n'est plus aujourd'hui qu'une ville fantôme dans laquelle l'histoire de Louis Ferrand, et celle de milliers d'autres personnes, a été engloutie dans les cendres du temps.

L'atroce employeur

Même l'histoire de Jean-Alexandre Cazaud, qui avait engagé Louis Ferrand par les termes du contrat de 1753, n'apporte aucune précision sur les dernières années de la vie de son ancien employé. En fait, elle permet surtout de constater le caractère insaisissable et fantasmagorique de l'identité personnelle dans le contexte des empires interchangeables du XVIIIe siècle. Cazaud est né dans la paroisse de Basse-Terre, en Guadeloupe, en septembre 1727[60]. Son père exerçait le métier d'avocat à Bordeaux et il avait épousé la fille d'un propriétaire de plantation nommé Bologne ou Boulogne, commandant de la milice de Guadeloupe. Cazaud père s'était rendu en Guadeloupe dans le cadre d'un différend inextricable avec son beau-père concernant le paiement de la dot de sa femme. En définitive, les administrateurs de l'île sollicités pour intervenir dans cette affaire avaient estimé que Cazaud n'avait « pas autant de sujets de se plaindre du S[ieur] Bologne qu'il a[vait] voulu [...] le faire entendre », et le « S. Bologne souhait[ait] encore plus voir son gendre en France que le S. Cazeaud ne souhait[ait] y aller »[61].

À un certain moment au début des années 1730, la famille était rentrée en France, puis à Angoulême. Au moins un de leurs domestiques-esclaves les accompagnait. En juillet 1733, un grand nombre de spectateurs, « attirés [...] par la rareté de cette cérémonie », s'étaient réunis dans l'église de la paroisse de Saint-André à l'occasion du baptême de Jean-François-Auguste, un « nègre de [la] nation de la côte de Juda » (Ouidah, aujourd'hui au Bénin). D'après le registre paroissial, Jean-François-Auguste avait été amené « *des illes* » par le vieux Cazaud, père de l'employeur de Louis Ferrand, « dans le dessein de l'y ramener » ; son employeur ou propriétaire avait déclaré qu'il pouvait « être âgé d'environ seize ou dix-sept ans ». Le parrain et la marraine étaient Jean Cazaud, chanoine de la cathédrale d'Angoulême, et Marie Cazaud ; le baptême avait été célébré par un autre Cazaud encore, curé de la paroisse de Notre-Dame-de-Beaulieu. La vue de ce « jeune prosélyte », vêtu d'un surplis et portant sur la tête un cierge de cire, avait été si « édifiante », a écrit le curé Cazaud dans le registre de la paroisse, que de nombreux fidèles avaient alors demandé à être dans ses prières[62].

Plus tard, Jean-Alexandre Cazaud, l'employeur de Louis Ferrand et fils du propriétaire de Jean-François-Auguste, s'était engagé dans les forces armées dans un régiment d'infanterie montée servant en Bohême, ce qui lui permit de s'identifier pour le reste de sa vie comme « cy devant [c'est-à-dire ancien] officier des dragons[63] ». Il revenait alors assez souvent à Angoulême, et, en 1752, il avait épousé la fille d'un riche négociant en soie et agent de change de la ville, Silvie Calixte Benoit des Essarts, âgée de dix-sept ans[64]. Un peu plus d'un an plus tard, avec la caution de son beau-père, il avait engagé un menuisier (Louis Ferrand) et un charpentier, et il était parti pour l'île de la Grenade[65].

Au cours des années suivantes, Cazaud allait et venait entre son nouvel établissement à la Grenade et Angoulême, où son fils et sa fille ont été baptisés en 1756 et 1757 ; il commença alors à utiliser un nouveau nom qui en imposait : « Cazaud de Roumillac[66] ». Au cours de l'année 1759, en pleine guerre, il s'installa définitivement à la Grenade, et en 1761, il y « fit quelques acquisitions considérables » (selon le récit qu'il livra lui-même quelques années plus tard lors d'une action en justice concernant les termes du testament de sa femme Silvie) ; après cela, il amena Silvie sur l'île « pour la mettre à la tête de ses établissements »[67]. Il figure de fait en 1763 dans le recensement des habitants de l'île comme propriétaire de cinquante esclaves[68]. Néanmoins, après la conquête de la Grenade par les Britanniques, Silvie était rentrée à Angoulême, où elle donna naissance à une autre fille en 1764[69]. Cazaud, lui, fut naturalisé sujet britannique. Il fit par la suite revenir sa femme à la Grenade, mais se sentant « toujours Française d'inclination & d'affection, [celle-ci prétexta] des raisons de santé pour revenir en France en 1770 », où elle resta jusqu'à sa mort en 1781. Durant le procès autour du testament de Silvie, les avocats de Cazaud firent valoir qu'elle était en réalité rentrée chez elle pour « satisfaire son goût pour la dissipation & le plaisir »[70].

Au cours des décennies suivantes, Cazaud fut tantôt britannique, tantôt français, voire les deux en même temps. D'après une pétition pleine de mélancolie adressée par son fils à un fonctionnaire britannique en 1811 (« j'ai été si déplorablement affecté par les troubles nerveux toute ma vie que j'ai été contraint de changer très fréquemment de résidence »), Cazaud prêta serment de fidélité et d'obéissance à la Couronne britannique en 1767[71]. Il reconnut également le *Test Act* afin d'affirmer son allégeance à l'Église anglicane et sa répudiation de la foi catholique, mais cela fit plus tard l'objet d'une controverse : quand les Français reprirent la Grenade en 1780, il déclara qu'il y avait souscrit par inadvertance – « parce qu'on me présenta sans y faire attention un papier au lieu d'un autre, et que je le signai sans y faire plus d'attention que celui qui me le présentait », écrivit-il au nouveau gouverneur français de l'île. Néanmoins, la conclusion de l'enquête officielle menée par la nouvelle administration française fut sans appel : « si cette inscription n'est que la suite d'un manque d'attention, c'est une erreur d'autant plus malheureuse qu'elle est peu vraisemblable[72]. »

« L'île tout entière [était alors] dans le plus grand état de violence et de dérangement », avait écrit l'un des nouveaux propriétaires britanniques de la Grenade au début de la période de domination anglaise, et Cazaud était pleinement engagé dans la tumultueuse vie politique de l'époque[73]. À un certain moment, au cours d'un différend portant sur l'élection de la nouvelle Assemblée générale de la Grenade, Cazaud avait été accusé de « mépris et outrage à la dignité de l'autorité et de la justice » du « Conseil de Sa Majesté » ; il y avait eu un « grand chahut » au milieu duquel il s'était mis « à lire de manière tapageuse un papier français qu'il appelait une protestation ». Il avait été emprisonné dans la prison de la ville de Saint-Georges, à la Grenade, « avec des fugitifs nègres et des malfaiteurs de tous ordres, enfermé dans une petite pièce où se trouvaient plusieurs prisonniers dont un était aux fers » ; l'endroit avait une « odeur très déplaisante », et il était « continuellement obligé de brûler du tabac et du papier et de [tout] asperger de vinaigre ». Ensuite, après avoir signé un acte de soumission par lequel il reconnaissait la « justice et la modération du Conseil », Cazaud partit pour l'Angleterre[74].

En 1770, Cazaud est décrit dans une plainte adressée au Conseil privé de Londres par des propriétaires britanniques comme « un *gentleman* fortuné et estimé » envoyé par une « série de procédures des plus tyranniques, confuses et illégales » dans la « plus répugnante prison ». Il avait entre-temps été « nommé par les nouveaux sujets d'adoption », c'est-à-dire par les propriétaires français ayant pris le statut de sujets britanniques, « pour présenter leurs doléances » à Londres[75]. Au cours des années suivantes – toujours selon les documents de l'action en justice intentée plus tard par Cazaud concernant le testament de Silvie – il

« allait & venait, tantôt en France, à la Grenade, en Italie, ou ailleurs, selon les affaires de son commerce », mais il conservait un domicile permanent à la Grenade, « siège de sa fortune » – ou, selon ses avocats, de l'« immense fortune qu'il acquérait de jour en jour »[76].

En 1779, Cazaud était à Paris. Il louait une maison où il logeait avec sa fille aînée, Marie Marthe, et un esclave connu sous le nom de Jean-Alexandre James. Jean-Alexandre, identifié tantôt comme « natif de la côte d'or [Côte de l'Or], comptoir Juida en Afrique, près le Royaume de Bénin » et tantôt comme un « nègre du Royaume de Timor », avait été amené à la Grenade lorsqu'il était enfant, et « livré au Sieur Cazeau » ; il avait une vingtaine d'années[77]. Cazaud l'avait d'abord emmené à Paris, puis à Londres, en tant que valet de chambre. En juin 1779, après avoir subi durant une longue période les « traitements les plus inhumains » infligés par Cazaud et sa fille, Jean-Alexandre se présenta à la cour de l'Amirauté de Paris, où il réclama sa liberté. Ses avocats dénoncèrent « le caractère dur & altier de cette Demoiselle, qui domin[ait] son père d'une manière étrange, [et] expos[ait] souvent ce malheureux serviteur à des excès inouïs » ; ils soulignèrent « qu'il [leur] en coût[ait] de rendre compte de pareilles atrocités » et exposèrent le « traitement barbare » auquel le domestique était exposé : tiré de son lit de malade en plein hiver, et séquestré dans une cave sombre et insalubre sans nourriture. Selon le récit des avocats, les autres domestiques de Cazaud étaient horrifiés de ce spectacle et avaient quitté son service[78].

La cour accepta d'entendre l'affaire, mais Jean-Alexandre avait entre-temps été arrêté et emprisonné sur la base « des Mémoires secrets et calomnieux » préparés pour Cazaud. En septembre 1779, la cour de l'Amirauté accéda à la demande d'affranchissement de Jean-Alexandre et lui accorda 500 livres de dommages et intérêts ; tout comme les avocats de l'affaire Somerset plaidée à Londres six ans plus tôt avaient invoqué la jurisprudence française, les avocats de Jean-Alexandre avaient invoqué la jurisprudence anglaise[79]. Cazaud fit appel du jugement et contesta l'affranchissement de Jean-Alexandre. En avril 1780, Jean-Alexandre fut violemment battu dans la rue lors d'une tentative d'enlèvement à laquelle il échappa de justesse grâce à une « espèce d'émeute excitée » ; le même jour, deux autres Africains furent attaqués « par méprise » par « des satellites » de Cazaud à Paris. Dans un mémoire pour Jean-Alexandre se fondant sur les plus hauts principes de la jurisprudence de l'esclavage dans les empires britannique et français, le procureur général français qualifia la conduite de Cazaud d'« odieuse » et de « révoltante ». Accepter les arguments de Cazaud serait revenu à dire qu'il suffisait, en France, d'être africain et d'être réclamé par quelqu'un pour être un esclave ; « il était donc temps que la Justice vengeât ce serviteur [...] venu se réfugier dans son sanctuaire »[80].

Toutefois, à cette époque – en fait exactement au même moment –, Cazaud était encore une fois en train de se forger une toute nouvelle identité. En février 1779, un certain « Mr. Cazaud » de l'île de la Grenade présenta un long article technique à la Société royale de Londres, intitulé *Account of a New Method of Cultivating the Sugar Cane* (« Compte-rendu sur une nouvelle méthode de culture de la canne à sucre »). L'article, qui s'intéressait entre autres choses aux « quatre plans » [*four sets*] de racines de canne à sucre – « le second ordre de racines composé de son premier plan *aa*, du second *bb*, du troisième *cc*, du quatrième *dd* » –, fut publié au cours de la même année, à la fois en anglais et en français[81]. En avril 1780, Cazaud fut élu membre de la Société royale[82]. En 1785, il avait acquis un nouveau nom ainsi qu'une nouvelle existence, dans le domaine philosophique, cette fois. Ses *Considérations sur quelques parties du méchanisme des sociétés* – une étude composée de quatorze « hypothèses » accompagnée d'exemples quantitatifs comme : « Comment enlèverez-vous au capitaliste territorial £3,333,333 : 13 : & 4 : de la portion *qu'il étoit obligé* d'avoir libre pour que la taxe fût payée par sa consommation ? » – sont présentées comme l'ouvrage du « Marquis de Casaux, de la Société Royale de Londres »[83].

Une personne parmi des centaines

C'est par ce personnage que Louis Ferrand avait été engagé selon les termes du contrat de décembre 1753, et c'est lui qu'il était parti retrouver à Bordeaux pour un long et en définitive funeste voyage vers les Amériques. Cazaud / Casaux a rencontré des milliers de personnes au cours de sa déplorable vie, et il avait des centaines de serviteurs et d'esclaves ; il n'est pas surprenant qu'un menuisier solitaire d'Angoulême ait laissé si peu de traces dans l'existence de son employeur. Selon l'action en justice concernant la validité du testament de sa femme Silvie, Cazaud se trouvait à Angoulême en octobre 1764, au moment de la rédaction de la procuration de Marie Aymard, mais il n'y est mentionné qu'en lien avec le contrat initial de 1753[84]. Aucun membre de la famille élargie de Cazaud ne figure parmi les signataires du contrat de mariage de la fille de Marie Aymard et Louis Ferrand, même si Silvie résidait alors au sein de la même petite « isle » de maisons que le père du futur marié, que le notaire qui a rédigé le contrat et que seize des signataires[85]. Au cours des dernières années de sa vie, Louis Ferrand n'était plus qu'une figure accessoire dans l'univers tourbillonnant de Cazaud.

Chapitre 2

Le contrat de mariage

Quatre-vingt-trois individus

Revenons maintenant aux relations sociales plus paisibles d'Angoulême. Le contrat de mariage de la fille de Marie Aymard et Louis Ferrand a été rédigé quelques semaines après la procuration, en décembre 1764. Françoise Ferrand, qui avait alors vingt-quatre ans, était fiancée à Étienne Allemand, fils d'un tailleur de la ville ; il avait lui aussi vingt-quatre ans et était « *m*^e^ *ès arts* ». Dans le contrat, les deux fiancés se constituent « société et communauté » selon le droit coutumier. Ils versent chacun une avance de 50 livres. La promesse d'Étienne est simple : il engage « tous ses biens et droits tant échus qu'à échoir ». Celle de Françoise, en revanche, est un tissu d'expectatives : elle inclut « tous ses biens et droits qui lui sont échus par le décès de son père en quoi qu'ils puissent consister, et en quel[que]s lieux [qu']ils se pourront trouver et ceux qui lui pourront échoir à l'avenir par la mort de sa mère et autrement à quelque titre que ce soit ». La fortune disparue, donc, et les éventuels esclaves[1].

Françoise engageait également une somme d'argent qui lui était due, disait-elle, par son frère Gabriel Ferrand. En présence du notaire, elle avait présenté à son futur époux, à son futur beau-père et aux autres parents présents, un billet à ordre d'un millier de livres émis par Gabriel et sa femme en date du 26 mars 1764, à payer intégralement en juillet 1765. (C'était une somme importante, équivalant presque au dixième du prix d'une « maison bourgeoise » d'après un ingénieur vivant dans la même paroisse que le futur marié[2].) Il s'agissait de son propre argent, déclarait Françoise, le produit de son industrie et de ses économies, et elle le constituait en dot[3].

Mais la part la plus remarquable du contrat est sa partie finale : le document a été signé, un après-midi du mois de décembre, au domicile de Gabriel Ferrand, par quatre-vingt-trois personnes. Une sorte de charivari hivernal, un défilé de parents et de voisins, de jeunes filles et de grands-pères, de boulangers, de quincailliers et de lingères : une assemblée exceptionnellement vaste[4]. Marie Aymard n'a pas signé le contrat de mariage ; comme à bien d'autres occasions, elle a déclaré qu'elle en était incapable[5]. Néanmoins, les quatre-vingt-trois signataires constituaient son propre milieu social, au moins pour un temps. Elle était la mère de la future mariée, et la cérémonie se déroulait dans son propre foyer, ou du moins dans la maison où elle vivait avec son fils.

Les quatre-vingt-trois signatures offrent un instantané d'un moment dans le temps, par un dimanche après-midi du mois de décembre 1764. Elles témoignent de l'existence de quatre-vingt-trois personnes dont la vie a commencé bien avant le 9 décembre 1764 et s'est poursuivie par la suite, qui se sont trouvées liées les unes aux autres ne serait-ce que le temps d'un après-midi. Elles évoquent également des conversations, des échanges. Les quatre-vingt-trois signataires et les autres personnes présentes qui n'ont pas signé, dont la mère de la future mariée, se sont parlé chez Gabriel Ferrand, elles ont échangé des informations. Il ne s'agissait pas d'une procession de silhouettes muettes attendant sagement en rang pour inscrire leurs noms.

Jusque-là, l'histoire de Marie Aymard a relevé d'une enquête dans le temps et dans l'espace, tout comme sa propre quête pour savoir ce qui était arrivé à son mari et à sa fortune. Avec le contrat de mariage, il s'agit désormais d'une enquête dans l'espace des relations sociales : de Marie Aymard, nous passons à ses connaissances, ses amis et ses voisins au sein des petites paroisses d'Angoulême, en nous inspirant des réseaux sociaux de notre propre époque et en nous appuyant sur les visualisations (et partant les explications) rendues possibles par les technologies actuelles. Les signatures sur le contrat de mariage ne sont qu'une représentation approximative et transitoire du réseau social de Marie Aymard – ou des réseaux sociaux entremêlés des deux futurs mariés[6]. Mais elles n'en sont pas moins des traces tangibles, qui peuvent être mises en image et envisagées comme un réseau.

Les quatre-vingt-trois signataires, parmi lesquels j'ai pu jusqu'ici identifier quatre-vingt-une personnes avec quelque certitude, avaient assez peu en commun au-delà du fait d'être réunis sous le même toit en ce dimanche de décembre 1764. Le plus vieux, tailleur et grand-père du futur marié, avait soixante-dix-neuf ans ; la plus jeune, « Rosemarin », avait dix ans et était la fille d'un quincaillier, proche voisin du père du futur marié[7]. On dénombre parmi ces signataires quarante-trois femmes et filles, soit plus de femmes que d'hommes. Il s'y trouve trois tailleurs, deux chapeliers, deux boulangers, un boucher, un cirier, deux lingères et une tailleuse, un artisan boutonnier, un musicien, deux sœurs vendant de la graisse de cuisson et de la vaisselle, une veuve marchande de tabac, deux commis, un aubergiste, un sellier, une marchande de quincaillerie et son beau-frère, lui aussi quincaillier, un marchand de sel, les deux filles d'un fonctionnaire de police de la ville, un orfèvre à la retraite, deux élèves pensionnaires, deux enseignants et deux maîtres écrivains, un receveur des impôts et son épouse[8]. L'orfèvre, qui était l'homme le plus riche de la ville, est mort quelques mois plus tard, en 1765 ; un garçon âgé de douze ans au moment de la signature du contrat, fils d'un autre receveur des impôts, est mort dans le village d'Aigre en 1839[9].

Identifier tous ces individus a impliqué de mener un travail pour le moins répétitif. Il a fallu pour chacun d'eux lire les registres paroissiaux (puis les relire pour retrouver quelqu'un d'autre), rechercher d'autres événements (actes de mariage et de baptême, avec les signatures des parrains et marraines), déterminer quand chacun était mort et à quel âge, retrouver ses descendants dans le monde postrévolutionnaire grâce au nouvel état civil détaillé, et enquêter sur la vie de grands-parents disparus depuis longtemps. L'unique moyen de découvrir qui étaient les signataires du contrat de mariage, et de savoir pourquoi ils étaient là, était de retrouver leurs liens dans le temps et dans l'espace et de retracer leur vie familiale : savoir quand ils étaient nés et quand ils étaient morts, qui étaient leurs parents et leurs enfants, qui ils avaient choisi comme parrains et marraines de leurs enfants, et de qui ils étaient eux-mêmes les parrains et les marraines.

Le processus d'investigation a donc conduit, chemin faisant – c'est-à-dire au cours des longs moments passés dans l'univers virtuel des Archives municipales d'Angoulême – à recueillir des informations sur un groupe d'individus encore plus vaste, composé des quatre-vingt-trois signataires et de leurs propres proches parents et amis. C'est ce groupe plus vaste qui a permis de réaliser une visualisation du réseau social du contrat de mariage. Bien sûr, il est difficile d'imaginer un réseau social de quatre-vingt-trois personnes plus leurs propres relations sociales ; cela représente un groupe beaucoup trop important pour pouvoir en garder chaque composante à l'esprit. Mais le réseau lui-même et les liens entre les individus qui le composent, les « nœuds » et les « arêtes » qui les relient, ont été ensuite le point de départ d'une enquête sur la vie économique de la ville d'Angoulême au XVIIIe siècle, sur les révolutions politiques et économiques du long XIXe siècle et sur l'influence du monde extérieur sur l'arrière-pays français.

Une seule personne parmi les quatre-vingt-trois signataires – la plus jeune, « Rosemarin » – est devenue une figure politique au sens restreint où la police a ouvert un dossier à son nom au cours de la Révolution française ; dans ce dossier, un député de la Charente à la Convention nationale qui la voyait « presque tous les jours » atteste qu'elle est « d'un patriotisme connu »[10]. Toutefois, les signataires du contrat de mariage, dont au moins trente-six ont connu la période révolutionnaire, n'en ont pas moins vécu le quotidien de la Révolution ; plusieurs d'entre eux sont toujours là, avec leurs relations, dans les archives historiques de la Révolution française à Angoulême.

Qui étaient les signataires ?

Les quatre-vingt-trois signataires peuvent être répartis en cinq groupes : la famille de la future mariée, la famille élargie du futur marié, les proches voisins du frère de la future mariée (dans la maison duquel le contrat a été signé), les proches voisins du père du futur marié, et les « autres ». (L'Annexe II présente une liste de tous les signataires, incluant un nom – « Racom » – dont on ne peut guère dire grand-chose pour le moment[11].)

Du côté de la mariée, les signatures sont peu nombreuses. Son frère Gabriel a signé, de même que son plus jeune frère, Jean ou Jean-Baptiste ; en revanche, ses deux autres frères et sa sœur, mentionnés quelques semaines plus tôt dans la procuration au sujet de la fortune disparue, n'ont pas signé (ou n'étaient pas présents). Marie Aymard est identifiée dans le contrat comme un personnage important, tout comme le père veuf du marié ; néanmoins, quand le cérémonial des signatures a commencé, elle « a déclaré ne [pas] le savoir » (signer son nom)[12]. Les seuls membres de la famille élargie de la mariée sont un chapelier de la paroisse périurbaine de Saint-Ausone, petit-cousin de Marie Aymard, accompagné de son père et de sa femme, et l'épouse de Gabriel, Marie Adélaïde Devuailly, accompagnée pour sa part de sa sœur Dorothée et de son beau-frère Gabriel Lemaitre, peintre et petit-fils d'un cuisinier nommé Klotz (ou Clod, ou Kloche).

Le deuxième groupe de signataires est beaucoup plus fourni : au moins trente-cinq des personnes qui ont signé faisaient partie de la famille élargie du marié, Étienne Allemand. Étienne, fils d'un maître tailleur, avait été un élève brillant. En dehors de son acte de baptême, il apparaît pour la première fois dans les registres paroissiaux d'Angoulême à l'âge de onze ans, alors qu'il signe l'acte de baptême de l'une de ses cousines avec autant de soin que d'assurance[13]. Dans son contrat de mariage, il est présenté comme un « *me ès arts* » ; il était devenu ce que son beau-frère Gabriel aspirait à être. Sur l'acte de mariage d'Étienne et Françoise, établi quelques semaines après la signature du contrat de mariage, il est dit maître de pension ; sur l'acte de baptême de son premier enfant, il est « *me d'école*[14] ».

Le père d'Étienne, Marc Allemand, tailleur, était le petit-fils de « Guillaume Allemand dit Lavigerie », lui aussi tailleur et né vers 1630 ; selon les conventions de la ville, comme nous l'avons vu avec l'appellation « Tourangeau », ce dernier était un immigré, car il avait quitté le petit village de Lavigerie, à dix kilomètres à l'ouest d'Angoulême, pour venir s'y établir[15]. (Il y avait encore une famille Allemand à Lavigerie plus de deux siècles plus tard ; une Marguerite Allemand, fille d'un autre Guillaume Allemand, y est morte en 1808, et Pierre Allemand, cultivateur, fait partie des soixante et onze individus recensés à Lavigerie en 1841[16].) Marc Allemand lui-même signait parfois « Lavigerie » ; dans le rôle d'imposition de 1763, il est répertorié sous le nom « *~~Lavigerie~~ allemand dit lavigerie*[17] ».

Marc Allemand avait huit enfants, et en ces temps de forte mortalité maternelle, il était deux fois veuf[18]. Sa première épouse était morte des suites d'un accouchement, tout comme sa seconde épouse, la mère d'Étienne, alors que ce dernier avait cinq ans. Le grand-père maternel d'Étienne, également tailleur, avait eu seize enfants de deux épouses ; il est l'un des signataires du contrat de mariage, avec sa seconde femme, la grand-mère par alliance d'Étienne[19].

La famille élargie entretenait des relations qui remontent loin dans le temps. Vingt-huit des signataires sont des descendants des arrière-grands-parents paternels d'Étienne ; ils pratiquaient une exogamie impressionnante et se trouvent liés à des familles représentant toutes les professions artisanales de la ville. Une des filles (Madeleine) a épousé un boulanger, et une autre (prénommée elle aussi Madeleine) un marchand de sel ; Marguerite était mariée à un drapier. La cadette des deux Madeleine a eu deux filles dont l'une a épousé un boucher, et l'autre un sellier. Ce sont ces deux familles dans la filiation matrilinéaire – mêlant les boulangers Godinaud, les marchands de sel Glaumont, les drapiers Joubert, les bouchers et ciriers Yrvoix et les selliers Dumergue – qui constituent l'essentiel des cousins parmi les signataires du contrat de mariage[20].

Le troisième groupe de signataires, formé par les proches voisins de Gabriel Ferrand, le frère de la mariée, présente des profils très différents. Deux rôles d'imposition détaillés, répertoriant les individus soumis aux impôts royaux (ou exemptés), ont été préparés à Angoulême en 1763 et 1766 dans le cadre des efforts déployés pour augmenter les recettes fiscales au lendemain de la guerre de Sept Ans, et ceux-ci constituent l'une des principales sources à notre disposition pour cette histoire. Les rôles (qui concernent 1 319 foyers au sein de la ville en 1766, plus 1 229 autres dans les faubourgs) répertorient les résidents par « isle » d'habitation, l'« isle de maisons » désignant dans l'urbanisme du XVIIIe siècle un groupe de maisons contiguës. Grâce à ces listes, il nous est possible de savoir qui était voisin de qui, et d'observer les changements survenus au fil du temps (même sur une courte période)[21]. On peut ainsi voir qui était encore là pendant la Révolution, moment où les habitants ont été répertoriés dans un autre registre de contributions et de foyers fiscaux, également conservé aux Archives municipales d'Angoulême[22].

La « pension » dans laquelle Gabriel vivait avec sa mère (où le contrat de mariage a été signé et où les garçons qui étudiaient au collège d'Angoulême étaient logés) se trouvait dans un quartier prospère et studieux de la ville[23]. Selon une étude dédiée aux anciennes paroisses d'Angoulême par un archiviste charentais du XIXe siècle, la petite paroisse de Notre-Dame de la Peine, avec « ses rues étroites et ses maisons resserrées », abritait des magistrats, des commis, des procureurs et des receveurs des tailles « cantonnés » avec « des petites gens – nécessaires à différents titres » : des horlogers, des « maîtres ès arts libéraux » et des imprimeurs regroupés autour du palais épiscopal leur procurant une grande partie de leur travail[24]. Tels étaient donc les voisins de Gabriel. Cinq des signataires étaient de proches voisins de Gabriel Ferrand dans l'Isle de la Place du Collège et l'Isle du Collège : la veuve d'un avocat, qui vivait dans la maison adjacente ; la fille du directeur des Postes, son père et son mari procureur ; la fille d'un imprimeur[25].

Les proches voisins de Marc Allemand, le père du marié, forment le quatrième groupe de signataires, plus disparate. Ils vivaient à seulement quelques minutes de distance, immédiatement à l'est de la place du Mûrier (aujourd'hui place Francis-Louvel), dans le centre-ville. La maison de Gabriel et sa mère se trouvait au sud de la place du Mûrier, qui était (et est toujours) une place triangulaire, et qui fut plus tard une scène privilégiée des événements révolutionnaires, le théâtre d'une tragédie domestique et le siège d'une profusion de transactions autour des biens expropriés. Avant la Révolution, les grands propriétaires, sur et autour de la place du Mûrier, étaient les religieuses des Tiercelettes (les sœurs de Saint-François) et les Dominicains (ou pères Jacobins). La famille du futur marié, à l'est de la place, vivait dans une autre paroisse, Saint-Antonin, elle aussi constituée autour d'un édifice palatial – en l'espèce, le château d'Angoulême, avec ses casernes pour les soldats invalides et les prisonniers de guerre et les commerçants qui leur fournissaient biens et services.

Dix-huit des signataires ou leurs proches parents sont répertoriés dans la même isle que Marc Allemand, connue en 1766 comme l'Isle de la Cloche Verte. On trouve parmi eux l'épouse d'un marchand d'étoffes et ancien cordonnier, qui a signé avec trois de ses filles ; la fille d'un fonctionnaire de police, qui a signé avec sa sœur et sa nièce ; une marchande de graisse de cuisson ; un quincaillier qui a signé avec ses deux filles, toutes les deux nommées Rose Marin ; un enseignant ou « régent » ; Rose Rezé, également quincaillière ; un commis au greffe, qui a signé avec sa sœur et son fils de onze ans. Jean Bernard, le notaire qui a rédigé le contrat de mariage, vivait lui aussi dans cette isle[26].

Enfin, le cinquième groupe, résiduel, contient tous les autres signataires, soit également dix-huit personnes. On compte parmi eux deux élèves pensionnaires qui ont aussi signé le registre paroissial de Notre-Dame de la Peine en tant que témoins du mariage d'Étienne et Françoise quelques semaines plus tard[27] ; six membres de la famille élargie de l'ancien orfèvre Jean-Baptiste Marchais[28] ; une veuve qui vendait du tabac, âgée de quelques années de plus que Marie Aymard et comme elle liée à l'administration pénitentiaire de la ville (son père, comme le grand-père maternel de Marie Aymard, était « concierge des prisons royales »)[29]. On trouve aussi un autre haut fonctionnaire, receveur des aides (des impôts indirects), avec son épouse et sa sœur, qui ont signé avec les notables à la fin du contrat[30] ; un négociant nommé

Yrvoix, sans lien de parenté avec les Allemand ; une tailleuse ; la petite-fille d'un autre avocat, âgée de quatorze ans ; « St Mexant De Crevecœur », le garçon de douze ans mort en 1839, issu d'une famille de collecteurs d'impôts et d'officiers militaires d'Aigre (et de Guadeloupe), qui a signé le contrat de mariage de Gabriel en 1763 sous le nom de « F. Crevecœur[31] » ; l'un des six individus nommés « Jean Roy » à Angoulême en 1764 ; et « Racom » ou « Racomp ».

Une visualisation du réseau social

Ces individus ont constitué le réseau au moins éphémère de Marie Aymard. Comme déjà souligné, ils entretenaient eux-mêmes des liens amicaux, familiaux, professionnels et de proximité avec « leurs proches – parents et amis », selon le langage des commis des paroisses de la ville, et ils constituaient aussi, selon le parallèle opéré entre ce réseau inscrit dans la ville d'Angoulême au XVIIIe siècle et les réseaux sociaux de notre époque, les « principaux vecteurs d'informations, d'opinions et de comportements » des signataires[32]. Nous pouvons par conséquent, à travers eux, visualiser un ensemble d'individus – les signataires et leurs propres relations – sous la forme d'un réseau social plus vaste : le réseau social des Quatre-Vingt-Trois.

Le réseau des Quatre-Vingt-Trois comprend les signataires ainsi qu'un sous-ensemble constitué de tous les autres individus qui leur sont liés : toutes les personnes qui entretenaient avec l'un des signataires une relation « étroite » telle que décrite dans les registres paroissiaux et l'état civil d'Angoulême (et d'ailleurs)[33]. Les signataires étaient liés les uns aux autres, et ils avaient aussi leurs propres relations, au sein de la ville et au-delà, dans le monde extérieur. Nous pouvons les considérer comme le « réseau Aymard » dans la mesure où ces individus étaient rassemblés autour de Marie Aymard au cours de cet après-midi de décembre 1764. En faisant appel à l'histoire des mathématiques, nous pouvons attribuer à leurs propres proches un « nombre d'Aymard » égal à 1, comme certains des mathématiciens du XXe siècle ont un « nombre d'Erdös » de 1 parce qu'ils ont coécrit un article scientifique avec le mathématicien hongrois Paul Erdös : les proches des signataires avaient un certain degré de proximité avec le « réseau Aymard[34] ».

Le réseau est historique, ou diachronique : il offre une représentation des relations que les quatre-vingt-trois individus rassemblés ponctuellement le 9 décembre 1764 ont entretenues tout au long de leur vie. Néanmoins, la visualisation se limite aux individus apparentés qui ne sont pas morts durant leur petite enfance et qui étaient en vie du vivant de Marie Aymard, entre 1713 et 1790. Pour dire les choses autrement, de manière plus sentimentale, il s'agit d'un réseau d'individus se trouvant sur terre au même moment que Marie Aymard. Ce livre n'est pas une histoire de Marie Aymard en tant que telle, et le réseau n'était pas son réseau dans un sens immuable. Dans sa forme étendue, incluant les quatre-vingt-trois et leurs proches, ce n'était pas du tout *son* réseau. Mais l'enquête a débuté avec Marie Aymard, et il se trouve qu'elle a été une fois, un après-midi de décembre, dans la paroisse Notre-Dame de la Peine à Angoulême, le centre de la société formée par ce réseau.

Comme l'ont écrit Claire Lemercier et Paul-André Rosental, les réseaux sont « un simple outil » pour la recherche historique : ils permettent en particulier de réfléchir à la vie des individus « en reliant le micro et le macro[35] ». La sociologie des réseaux s'intéresse aux liens entre le micro et le macro depuis près d'un demi-siècle, et l'économie des réseaux sociaux et de l'information est à cet égard un champ encore prometteur[36]. Le réseau des Quatre-Vingt-Trois est donc dans cette optique un outil. C'est un moyen parmi d'autres de situer Marie Aymard et sa famille dans la plus vaste société d'Angoulême (et d'ailleurs). Il fournit ici quelques indications sur les liens des signataires du contrat de mariage avec l'outre-mer, et sur la manière dont ces liens ont infusé plus largement dans le réseau. Il permet aussi d'obtenir une vue d'ensemble de la génération suivante au sein du réseau, à mesure que la vie de ces individus se déploie dans le temps historique : on entrevoit ainsi leurs liens, lorsqu'ils en ont, avec les événements de la Révolution française, et de même leur (prodigieuse) mobilité durant la période révolutionnaire. Bien sûr, cette vue d'ensemble est incomplète, comme bien d'autres choses dans cette histoire.

Pourquoi étaient-ils tous là ?

Que peut-on dire alors, à partir de ces histoires et de cette visualisation, de la vie de ces quatre-vingt-trois personnes et de la raison de leur présence ? Dans une histoire qui est (comme Marc Bloch pense que toute histoire devrait l'être), même de manière embryonnaire, une histoire de la conscience humaine, il est plus facile de dire pourquoi elles étaient là que de savoir qui elles étaient[37]. Les quatre-vingt-trois étaient là parce qu'ils s'interrogeaient : ils étaient curieux de l'ensemble de cette obscure affaire. Ils s'intéressaient (comme tout le monde le fait, d'après Adam Smith) aux « caractères, [aux] intentions et [aux] actions les uns des autres », et à l'histoire du possible héritage perdu (les droits qui étaient annoncés dans le contrat de mariage, « en quoi qu'ils puissent consister et [où qu'ils puissent] se trouver », et la « certaine quantité de nègres » identifiée dans la procuration), qui était sans conteste intéressante[38].

Plus de la moitié des signataires étaient soit des parents soit de proches voisins de Marc Allemand, le père du futur marié, et il est peu probable qu'ils n'aient pas du tout entendu parler de l'étrange histoire de sa future belle-fille dans les petites rues populeuses des paroisses du centre d'Angoulême. Bien sûr, on pourrait penser que la présence des signataires relève en partie de l'intérêt économique, que tous les petits-cousins et grands-mères par alliance espéraient eux aussi pouvoir peut-être un jour hériter d'une part de cette hypothétique fortune. Mais l'explication que nous avons déjà avancée est beaucoup plus évidente : ils étaient là parce qu'ils voulaient savoir ce qui s'était réellement passé.

Le réseau des Quatre-Vingt-Trois n'offre qu'une image approximative des échanges d'informations dans l'Angoulême du XVIIIe siècle. Si nous nous demandons, comme l'ont fait en Inde les théoriciens des réseaux sociaux actuels, qui est le mieux à même de lancer la diffusion de l'information, on remarque que plusieurs individus du réseau avaient de multiples opportunités pour échanger des nouvelles, des opinions et des informations[39]. Jusqu'ici, le tailleur Marc Allemand apparaît comme une figure centrale de l'histoire car c'est la relation avec lui, qu'elle soit familiale ou de proximité spatiale, qui détermine la présence de nombreux signataires, et il occupe de fait une position centrale dans le réseau des Quatre-Vingt-Trois sur le plan formel : dans la visualisation des « nœuds » entre les individus représentés, les signataires et leurs proches, Marc Allemand est de loin celui qui a le plus d'« arêtes », c'est-à-dire de liens, avec les autres personnes. C'était une figure socialement très intégrée, exerçant un métier impliquant nécessairement la sociabilité, et sa demeure était un point de repère dans la localité[40]. Sur une période de cinquante-cinq ans, entre 1715 et 1770, il a signé à Angoulême les registres de neuf paroisses distinctes, à quarante-quatre occasions différentes[41].

La vie économique des provinces

Dans l'ensemble, les signataires du contrat de mariage ne sont ni très pauvres ni très riches. Ils constituent un sous-ensemble des connaissances des futurs mariés – un sous-ensemble pour ainsi dire *sui generis* dans la mesure où il s'agit de parents et d'amis capables d'écrire leurs noms. Seule une personne parmi les cinq frères et sœurs d'Étienne et deux des frères et sœur de Françoise ont signé, et les individus qui ont participé à la cérémonie de signature du contrat de mariage avaient en général mieux réussi que ceux qui n'étaient pas en mesure d'écrire (ou qui « ne le sav[aient pas] »)[42]. Même Marie Aymard, qui était si inquiète après la mort de son mari du « sort [où] une triste détresse la mettroit », et qui disait elle-même vivre dans l'« indigence », n'était pas pauvre. Ses dettes, durant l'année du mariage de sa fille, étaient certes supérieures à la valeur de ses biens (les fourchettes et les chaises), mais elle vivait chez son fils ; elle ne faisait pas partie des individus, pour la plupart des femmes, dont les foyers sont qualifiés de « pauvres » dans le rôle d'imposition concernant l'année 1766.

D'après les données des rôles d'imposition, plusieurs signataires avaient une vie difficile : le veuf de la tante d'Étienne, un ancien musicien qui vivait avec sa belle-sœur et ses filles, toutes lingères ; la belle-sœur et les filles de ce dernier, après sa propre mort ; Rose Rezé, la quincaillière voisine de Marc Allemand dans l'Isle de la Cloche Verte, qui était la personne la plus pauvre de cette isle d'après les estimations établies au titre de la collecte de la taille en 1766[43]. La personne la plus riche, d'après la répartition des contributions du petit groupe de maisons, est le notaire qui a rédigé le contrat de mariage, Jean Bernard ; la suivante est le marchand de draps et ancien cordonnier dont l'épouse et les trois filles ont signé le contrat[44].

Mais aucun des signataires n'était vraiment riche non plus, même selon les standards d'Angoulême. Aucun n'est répertorié dans les registres parmi les « nobles », et seulement deux d'entre eux sont exemptés d'impôts en raison de leurs fonctions : Brillet, le receveur des aides, en 1763, et Gralhat, le voisin de Gabriel et directeur des Postes, en 1766[45]. Les signataires les plus riches appartenaient à la famille de l'ancien orfèvre Jean-Baptiste Marchais et de son frère cadet Pierre Marchais, l'aubergiste du Cheval Blanc. Jean-Baptiste Marchais père est mort en 1765 ; sept ans plus tard, son fils Pierre fut en mesure d'acheter la charge de maire d'Angoulême pour 15 000 livres, devenant ainsi un membre de la noblesse[46].

À de multiples égards, la vie des signataires était précaire. Sur les cinq jeunes femmes mariées de l'âge de Françoise ayant signé le contrat, deux sont mortes au cours des années suivantes des suites d'un accouchement[47]. L'épouse de l'aubergiste du Cheval Blanc, Magdelaine Dumergue, était l'une des personnes les mieux connectées du réseau : au cours d'un demi-siècle, elle a signé de multiples registres paroissiaux d'une main ample et assurée[48]. Elle avait mis au monde treize enfants entre 1728 et 1750, dont sept étaient morts en bas âge ou durant l'enfance, ce qui donne à l'échelle de la famille un taux de mortalité infantile supérieur à 50 %[49]. Les mois estivaux étaient particulièrement meurtriers à Angoulême. Au cours du terrible été 1740, quinze jeunes enfants sont morts dans la seule paroisse de Saint-André aux mois d'août et septembre ; on compte parmi eux la sœur de l'un des signataires, deux des frères d'un autre et un des fils de Magdelaine Dumergue[50].

Les professions déclarées par les intéressés dans les registres paroissiaux, ou celles qu'on leur attribue dans les rôles d'imposition, sont dans bien des cas imprécises ou seulement révélatrices de leurs ambitions. Les déclarations effectuées pour l'établissement des actes notariés sont particulièrement fantaisistes et sujettes à caution. Dans l'inventaire réalisé en prévision du mariage de son beau-frère en octobre 1763, Étienne Allemand se définit comme un « bourgeois » ; Gabriel, quant à lui, se présente comme le fils d'un « marchand[51] ». Toutefois, presque tous les signataires viennent de familles impliquées dans trois groupes de professions. Le groupe le plus important relève des « communautés » ou « corporations » restrictives de la ville. Le père du futur marié ainsi que le défunt père de sa promise étaient parties prenantes des petites sociétés que l'économiste Turgot, à l'époque intendant de la généralité dont Angoulême dépendait, a plus tard dénoncées comme de fâcheux résidus de l'âge de l'ignorance : les communautés de tailleurs, menuisiers, boulangers et autres, régulées par l'État, qui percevaient des « contraventions » lorsque leurs membres dérogeaient à leurs règles[52]. Au moins trente-cinq des signataires étaient issus de familles d'artisans de la ville, dont beaucoup étaient dans une situation précaire ; en 1789, les notables chargés de rédiger les cahiers de doléances ont déclaré que « la plupart des artisans d'Angoulême [étaient] dans la plus grande indigence », et ils le déploraient : « à peine en s'établissant peuvent-ils se munir d'ustensiles nécessaires à leur profession[53]. »

Viennent ensuite les signataires qui travaillaient dans les petits commerces de la ville, dans bien des cas en lien avec les familles des communautés artisanales : le chandelier qui vivait avec sa femme marchande de graisserie et la sœur de cette dernière, elle aussi marchande ; un boutonnier dont l'épouse était fripière ; deux sœurs lingères ; les signataires identifiés simplement comme « marchands » ; un quincaillier avec ses deux filles et sa belle-sœur, la quincaillière Rose Rezé. Auxquels s'ajoutent encore un épicier et un drapier accompagné de sa femme dont le père était perruquier, la fille d'un autre perruquier, la fille d'un tonnelier et la fille d'un blanconnier.

Le troisième groupe de signataires, dont font partie les voisins de Marie Aymard et son fils, se compose de procureurs, de commis et de fonctionnaires. On y trouve le directeur des Postes, avec son gendre procureur qui prit sa suite après sa mort, et sa fille, qui devint à son tour directrice des Postes après la mort de son mari[54] ; la veuve d'un autre avocat ; les deux filles et la petite-fille d'un fonctionnaire de police ; le commis au greffe de la ville, avec sa sœur et son fils ; et enfin le receveur des aides, avec son épouse et une autre femme qui était peut-être sa sœur. Il s'agissait de personnes de pouvoir, conviées à un événement qui était aussi une occasion de célébrer les liens sociaux – en l'espèce avec de potentiels bienfaiteurs pour les Allemand et les Ferrand[55].

Mobilité et immobilité

Les signataires appartenaient à la société immobile de la ville : soixante-deux d'entre eux sont nés à Angoulême et ont été baptisés dans les paroisses catholiques de la ville[56]. Néanmoins, leurs vies n'en ont pas moins été affectées par des transformations économiques et sociales incessantes. L'Église, qui était le plus important employeur et propriétaire de la localité, en plus d'être un fidèle client des tailleurs et des chandeliers, a elle-même été une source de mobilité pour les signataires et leurs familles. Quatre des signataires étaient enseignants, et l'Église était à cet égard la voie tout indiquée pour améliorer sa condition[57]. C'est le collège d'Angoulême, fondé en 1516 et doublé d'une fondation jésuite entre 1622 et 1762, qui a changé la vie de la famille de Marie Aymard. Les postes de « régents » ou professeurs n'étaient certes pas très bien rémunérés, mais l'offre éducative s'étendait à toutes les paroisses de la ville. Grâce aux archives du diocèse, on sait que dix-sept garçons issus des familles élargies des signataires ont, comme Gabriel Ferrand, franchi la première étape vers l'ordination au cours des décennies du milieu du XVIIIe siècle[58].

L'administration royale était elle aussi de temps à autre une source de mobilité. Le commis au greffe, proche voisin de Marc Allemand dans l'Isle de la Cloche Verte, était le fils d'un menuisier, et il avait épousé la fille d'un poêlier[59]. Le grand-père maternel de Marie Aymard, Pierre Queil, venait de La Couronne, au sud d'Angoulême. En 1676, il avait épousé la fille d'un tailleur de la paroisse de Saint-Antonin, une jeune fille de quinze ans instruite et endurante, qui allait mettre au monde quinze enfants en dix-sept ans. Pierre Queil est présenté en 1682 comme un maître cordonnier, en 1687 comme le « concierge des prisons du château », en 1688 comme marchand, en 1695 comme « concierge du château », et en 1696, 1697 et 1699 de nouveau comme marchand[60]. À sa mort en 1702, il est identifié comme le « Sr. La Couronne, concierge du château royal ». En comptant les émoluments du sacristain, du diacre et des sous-diacres, ainsi que le coût de vingt messes, sa veuve a payé 30 livres pour ses funérailles ; elle se présente alors comme « Madame de La Couronne[61] ». En 1708, leur fils, l'oncle maternel de Marie Aymard, a repris la fonction de son père en tant que « concierge du château » ; en 1716, il est marchand, et, en 1718, commis aux aides au bureau des impôts[62].

Les deux frères de l'orfèvre Jean-Baptiste Marchais étaient pour commencer respectivement perruquier et pâtissier ; le perruquier est par la suite devenu négociant en eau-de-vie, et le pâtissier aubergiste. Jean-Baptiste lui-même a épousé la fille du fonctionnaire qui agréait l'impression de cartes à jouer dans la généralité de Limoges ; son deuxième fils, Pierre, est celui qui a acheté pour 15 000 livres un titre de noblesse avec la charge de maire d'Angoulême[63]. Son fils aîné, lui aussi nommé Jean-Baptiste Marchais et époux de l'une des signataires du contrat de mariage, est devenu négociant en eau-de-vie et a fait faillite trois fois ; en 1765, il a convenu de rembourser à ses créditeurs des dettes s'élevant à plus de 67 000 livres[64].

La famille de la signataire Rose Rezé a elle aussi connu une grande mobilité dans la ville. Les Rezé faisaient partie des familles d'imprimeurs qui « s'étaient groupées auprès du palais épiscopal, sous l'égide de l'évêque et dans le voisinage des Jésuites[65] ». À partir de 1633, ils ont imprimé et publié le *Proprium SS. Ecclesiae et diocesis Engolismensis*, l'*Arte rhetorica* du collège jésuite, et d'autres ouvrages de dévotion et de droit, dont, en 1741, un volume de poésie dédié au fils de Louis XV par « Monsieur de Boulogne de l'Amérique », l'oncle de l'employeur de l'époux de Marie Aymard, l'insaisissable Jean-Alexandre Cazaud[66].

Néanmoins, l'histoire des Rezé du XVIIIe siècle telle qu'elle se déploie dans les registres paroissiaux offre un tableau plus hétéroclite. Rose Rezé était l'une des treize enfants du petit-fils du premier Rezé venu s'établir à Angoulême. Son père vendait des cartes à jouer, et sa mère était la belle-sœur du signataire Jean-Baptiste Marchais. Un des frères de Rose poursuivait la carrière d'imprimeur ; deux autres, tous deux prénommés Pierre, étaient respectivement pâtissier et musicien (et plus tard marchand drapier) ; sa sœur (qui s'appelait également Rose Rezé) et elle étaient toutes les deux marchandes de quincaillerie, tout comme le mari de sa sœur, un autre des signataires[67]. Son neveu, Claude, était imprimeur et fournisseur officiel du collège jésuite ; il imprimait notamment les ordonnances municipales, les passeports et les billets pour le logement des troupes[68].

Rose avait deux nièces, toutes deux également nommées Rose Rezé ; l'une d'elles a épousé un « écrivain de la marine » du port de Rochefort[69]. Un neveu prénommé Simon était « marchand de modes », et un autre neveu, lui aussi prénommé Simon, « maréchal des logis du régiment de la Reine »[70].

Les Rezé avaient semble-t-il une propension toute particulière pour les conflits. En 1767, le neveu de Rose, Claude Rezé, imprimeur des ordonnances municipales, a poursuivi ses parents en justice car ils s'opposaient à son mariage avec une de ses cousines germaines, une autre nièce de Rose, Rose Marin, également signataire du contrat de mariage (et sœur aînée de « Rosemarin », si patriote en 1793) ; celle-ci avait dix-huit ans et Claude quarante-deux ans quand ils se sont finalement mariés[71]. Ensuite, en 1769, Claude s'est vu attaqué en justice par un voisin pour avoir menacé de le tuer en utilisant des termes au « sens criminel et mystérieux », l'avoir entrepris sur le seuil d'une boulangerie et l'avoir frappé à la tête avec un bâton[72]. La même année, l'une des jeunes Rose Rezé a elle aussi porté plainte dans une affaire criminelle : un triste après-midi, alors qu'elle se promenait avec sa belle-sœur (la signataire Rose Marin), le fils du voisin l'avait insultée

« au-devant de la maison de Lavigerie tailleur d'habits », la traitant de « garce », de « putain » et de « chienne » tout en essayant de lui casser le pouce[73].

L'influence du monde extérieur

Les relations des signataires s'étendaient bien au-delà d'Angoulême. Certes, un seul des quatre-vingt-trois signataires, Jean-Baptiste Ferrand, a fini par quitter la France métropolitaine pour s'établir à Cap-Français dans la colonie de Saint-Domingue, où sa bijouterie a périclité. Mais un groupe plus important d'individus parmi les quatre-vingt-trois signataires et leurs proches était lié de diverses manières à l'outre-mer, et tous étaient reliés au monde extérieur par des flux de personnes, de marchandises et de crédit, de contrats et d'informations, d'héritage et d'espérances[74].

Ces échanges invisibles avec le monde extérieur donnaient de l'épaisseur au réseau social des Allemand et des Ferrand. Certains, comme les frères et sœurs de Jean-Baptiste, avaient un proche parent en dehors de France. D'autres étaient impliqués dans l'économie de guerre de l'époque, ou ont dû participer au tirage au sort de la milice, impliquant de se retrouver peut-être face à des ennemis étrangers. D'autres encore achetaient ou vendaient des produits coloniaux (ou pseudo-coloniaux). D'autres vivaient dans le voisinage immédiat de personnes originaires d'outre-mer. D'autres, enfin, attendaient un héritage provenant des colonies. Il s'agit là de l'univers informationnel que Marie Aymard évoque dans sa procuration à propos de la fortune disparue – les lettres qu'elle a fait écrire en son nom et les rapports des obscures enquêtes menées en Martinique –, et les informations se diffusaient dans l'ensemble du réseau des signataires du contrat de mariage comprenant leurs familles et leurs amis.

L'économie de guerre

La guerre de Sept Ans – une guerre presque mondiale, entre 1756 et 1763 – a eu de profonds retentissements dans la vie quotidienne d'Angoulême. La paroisse de Saint-Antonin, au sein de laquelle Marc Allemand vivait dans l'Isle de la Cloche Verte, abritait des casernes pour soldats invalides et a accueilli des prisonniers de guerre anglais dès les premiers mois du conflit[75]. Deux des boulangers de la ville – parents de plusieurs des signataires – ont conclu en 1757 « un marché verbal » avec le lieutenant de marine du port de Rochefort afin de « fournir tous les vivres nécessaires aux prisonniers anglais détenus au château ». Mais le pain qu'ils fournissaient s'avéra immangeable : brunâtre, « d'une qualité défectueuse », probablement frelaté avec de l'eau froide. Le marché se solda donc par un arbitrage et une inspection menée par des professionnels, une « visite du pain » durant laquelle les provisions incriminées furent pesées, goûtées et finalement disculpées (par deux autres familles de boulangers de la ville)[76].

La présence de l'armée et de la marine fut en fait manifeste à Angoulême avant, durant et après la guerre[77]. Angoulême permettait d'accéder à l'arrière-pays de la base navale de Rochefort et du dépôt naval de Saint-Jean-d'Angély, et elle disposait d'importantes réserves de bois, d'eau-de-vie et d'artillerie. C'était un port fluvial situé juste à l'endroit où la Charente devenait navigable ; des officiers de la marine étaient postés dans la ville, affectés au quai de la paroisse de Saint-Jacques-de-l'Houmeau. En 1765, le frère de l'un des signataires a déposé une plainte officielle contre une personne « se disant commissaire de marine audit port » à propos d'une instruction stipulant de charger « [des] canons et [des] bûchers » au lieu de l'eau-de-vie prévue pour les clients d'outre-mer[78]. En 1766, un autre signataire, sellier de son métier, a été impliqué dans un litige complexe concernant deux cabriolets loués au « commissaire inspecteur de marine [...] pour le conduire à Nantes » et endommagés en chemin au cours de « quelques contestations »[79].

La guerre elle-même est arrivée à Angoulême au début de l'année 1758. Le tirage au sort solennel visant à constituer la milice – dont Turgot a écrit qu'« il n'y en a point qui fasse sentir plus fortement au peuple son abaissement et sa servitude » – s'est tenu au sein du palais royal de la ville au mois de février, puis de nouveau en octobre 1758[80]. Claude Rezé, imprimeur des billets pour le logement des troupes et des « billets d'invitation » pour « les cérémonies publiques », a profité de cette occasion pour demander une augmentation de ses émoluments en raison d'un surcroît imprévu du volume de papier requis et du nombre de participants à ces « assemblées »[81].

Au mois de février, quatre-vingt-onze jeunes hommes de la ville ont été répertoriés par les « sergents » de chaque quartier pour être soumis au tirage au sort. Soixante-quatorze d'entre eux, soit plus de 80 %, ont été notés « absents » et ainsi « fugitifs » ; sur les dix-sept qui se sont présentés, sept ont tiré des billets marqués du terrible « M » et ont été sommés de se présenter pour servir dans la milice. En octobre, cent quatre-vingt-cinq individus ont été déclarés éligibles au tirage au sort ; cent trois, qui ne se sont pas présentés, ont été considérés comme déserteurs, et vingt-six ont tiré des billets marqués « M ». Trente-trois habitants supplémentaires ont été choisis pour contribuer aux frais de déplacement de la nouvelle milice vers Limoges puis vers le théâtre de la guerre en Europe[82]. Le protocole comprenait en outre un rituel des plus cruels, donnant lieu à ce que Turgot a décrit comme « une espèce de guerre civile » : les nouveaux conscrits disposaient d'un délai pour « poursuivre à main armée [et] enlever les fuyards », qui pourraient, une fois remis aux autorités, servir à leur place ; ils étaient autorisés à employer la « force » « pour veiller au bon ordre »[83].

L'incertitude suscitée par le tirage au sort a touché presque tous les foyers et toutes les familles d'Angoulême. Les fils et apprentis étaient contraints, selon l'expression toute romantique de Turgot, de « s'exposer à un sort dont la seule idée les met[tait] au désespoir[84] ». Les nobles en étaient exemptés, et de même leurs serviteurs ; les étudiants l'étaient aussi « pourvu qu'il n'y ait aucune présomption qu'on les ait faits écoliers pour les exempter » ; les maîtres du collège d'Angoulême étaient également exemptés[85]. Mais l'écart entre la norme et la pratique concernant les exemptions alimentait l'anxiété : lors de la procédure d'octobre 1758, un des jeunes hommes qui se trouvaient sur la liste en fut exclu parce qu'« il [pouvait] être considéré comme bourgeois » ; un autre, un jardinier âgé de dix-huit ans, fut « renvoyé par M. l'intendant » au motif qu'on avait découvert qu'il était « le domestique de Madame l'abbesse »[86].

Le nom « Lavigerie » figure sur une des listes du mois d'octobre concernant deux enfants, « dont un au service du Roy, l'autre étudiant » ; celui qui poursuivait des études a présenté un certificat établi par un professeur et a été déclaré exempt. Gilles Yrvoix, boucher qui se trouvait parmi les signataires en tant que cousin du futur marié, apparaît deux fois dans les registres de la milice de 1758 ; son domestique était sur la liste des garçons fugitifs, et il fut tenu de participer aux frais de la (difficile) marche vers Limoges. Ce fut également le cas de la mère de Marie Bonnard, veuve et boulangère signataire du contrat de mariage[87]. Le neveu d'une autre signataire, Élisabeth Glaumont, fit partie des jeunes hommes sélectionnés par le tirage au sort ; il présenta aux autorités un homme venu s'installer dans la ville depuis un village du Jura pour servir à sa place[88]. Une liste de « ceux présents sur qui le sort a été tiré » comprend un autre signataire encore, fils de Gilles Yrvoix et membre de la famille Glaumont, sellier. Un autre Glaumont, marchand de sel, figure quant à lui sur la liste « des absents[89] ». On trouve aussi parmi les absents le fugitif « Tourangeau », qui était peut-être, ou peut-être pas, le fils de Marie Aymard, Mathurin, qui a laissé si peu de traces dans les registres paroissiaux de la ville[90].

Marie Aymard elle-même pourrait figurer dans les archives du tirage au sort de 1758, très enclines à la confusion des identités, sous les traits d'une femme identifiée comme « la veuve Tourangeau ». Dans la procuration de 1764, Marie Aymard rapporte que son mari est parti pour l'île de la Grenade en (décembre) 1753 et y a vécu pendant « quatre à cinq ans » avant de partir pour la Martinique dans l'optique de rentrer chez lui[91]. S'il n'est resté que quatre ans à la Grenade et qu'il s'est rendu en Martinique au beau milieu de la guerre navale de 1758, il est possible qu'elle ait déjà été veuve au moment du tirage au sort de la milice à Angoulême. En octobre 1758, on attribue à « la veuve Tourangeau » trois fils dont l'un est précepteur ou tuteur, et deux sont âgés de « treize à quatorze ans » ; une note marginale indique : « vérifier la qualité et l'âge », et sur un autre document, une note signale que le fils aîné, précepteur, vit dans un village situé à l'est d'Angoulême et que les autres fils sont « tous en bas âge »[92].

Les couleurs de la vie

Marie Aymard et les membres de sa famille, tout inquiets qu'ils étaient, n'étaient pas impliqués dans l'autre économie locale relevant des échanges internationaux, à savoir le commerce des marchandises coloniales. On considère de manière tout à fait convaincante que la diffusion de nouveaux produits a constitué l'un des principaux moyens par lesquels le Nouveau Monde a influé sur la vie des provinces françaises (et d'autres pays d'Europe)[93]. Parmi les signataires du contrat de mariage, plusieurs personnes étaient en contact quotidien avec les produits exotiques. Jean Dumergue, le sellier entré en conflit avec un commissaire inspecteur de la marine, fut impliqué en 1768 dans une autre querelle avec un roulier (c'est-à-dire un charretier) qui avait perdu deux de ses chevaux en transportant de Bordeaux à Orléans « quarante-deux ballots de coton » et « trente [et] une autres pièces de marchandises, café, oranges & autres »[94]. Catherine Bonvallet vendait pour sa part du tabac[95]. Et lorsque Paul Faveraud, dont la mère, la tante et la sœur ont signé le contrat de mariage, s'est marié en 1775, l'inventaire de la boutique d'apothicaire de sa femme, sur la place du Mûrier, comprenait du bois brésilien de Pernambouc, de l'alun de Smyrne, du riz de Caroline, neuf livres de chocolat, dix-huit livres de thé, quarante-cinq livres anglaises de café de la Martinique et soixante-huit livres anglaises de café de Saint-Domingue[96].

Dans les années 1760, les *indiennes* et les *siamoises*, textiles dont les noms évoquent de lointains pays, étaient en vente à Angoulême, et même fabriquées dans la généralité. La prolifération de fausses cotonnades indiennes était une préoccupation constante, au moins eu égard aux exportations des ports atlantiques[97]. En 1760, deux marchandes de la paroisse de Saint-André ont renvoyé un ballot d'indiennes à un fournisseur de Limoges au motif que les étoffes n'avaient ni la « couleur » ni la « qualité » (*demi-fin*) des produits commandés[98]. Mais les consommateurs de vêtements de couleurs vives – deux générations avant « la grande et capitale révolution » de l'indienne de Jules Michelet – étaient bien souvent issus des familles de fonctionnaires prospères d'Angoulême[99]. D'après l'inventaire dressé pour sa succession, la veuve d'un officier de la marine de Saint-Domingue qui vivait dans la paroisse de Saint-Antonin et dont la fille était la voisine immédiate de l'un des signataires du contrat de mariage, possédait une robe de batiste indienne doublée de taffetas rose et une jupe de siamoise brodée. L'épouse du maire d'Angoulême qui présida au tirage au sort de la milice était elle-même une héritière martiniquaise : elle possédait cent vingt-quatre chemises de différentes étoffes, une robe en satin indien et une mousseline indienne brodée[100].

Les registres paroissiaux et l'état civil qui se trouvent au cœur de ce récit sont pleins d'histoires, d'échappatoires et de mensonges. Mais ils sont ternes, littéralement sans couleur, tout comme le sont les registres fiscaux de la ville. Ce sont les actes notariés contenant les inventaires qui mentionnent les siamoises et les taffetas roses ; ce sont eux qui racontent ainsi une histoire d'inégalité permanente eu égard aux couleurs de la vie. Or il existe très peu d'inventaires pour les Allemand et les Ferrand avant le XIXe siècle ; ceux-ci détenaient très peu de biens et ne possédaient pas de boutiques remplies de marchandises.

Marie Aymard avait deux lits garnis de serge verte très usée ; Élisabeth Boutoute, la fille du poêlier, disposait en 1774, au moment de son mariage avec Jean-Baptiste, d'un lit pourvu d'« une courte pointe d'Indienne[101] ». Gabriel, avant son propre mariage, avait requis un inventaire détaillé de la demeure qu'il partageait avec sa mère et sa sœur, qui était aussi son lieu de travail puisqu'il s'agissait de la pension accueillant les étudiants du collège voisin : il possédait huit lits et cinquante-huit draps ; un lit était garni de « petites pentes de siamoise » et d'un « ruban jaune », un autre était paré d'un ruban bleu, et un autre encore d'une « couverte d'indienne piquée »[102].

Résidents temporaires et visiteurs

Dans l'Angoulême du XVIIIe siècle, la présence étrangère la plus visible était celle des résidents temporaires venus des colonies. Les dix-huit signataires voisins de Marc Allemand dans l'Isle de la Cloche Verte étaient également les proches voisins de Jean-Alexandre Cazaud, qui ne cessait d'aller et venir entre Angoulême et l'île de la Grenade et dont la maison à Angoulême se trouvait dans la même isle fiscale[103]. Jean-François-Auguste, le « nègre de la nation de la côte de Juda » que le père de Cazaud avait ramené « *des illes* », a été baptisé dans la ville en 1733. Mais il y avait aussi d'autres individus venus d'Afrique dans les paroisses d'Angoulême. En 1758, l'évêque de la ville a présidé au baptême d'« un *naigre* [de la] nation de Capélaou de la Guinée [Cap Lahou, en Côte d'Ivoire] âgé d'environ quinze ans » dans la même église paroissiale de Saint-André. L'enfant a été prénommé Claude ; son parrain était Claude Benoit des Essarts, « à qui il appart[enait] »[104]. Benoit des Essarts habitait la même isle fiscale que quatre des signataires du contrat de mariage (le musicien, les deux lingères et le boulanger Godinaud) ; il était le beau-frère à la fois de Jean-Alexandre Cazaud et du maire d'Angoulême qui a mis en œuvre le tirage au sort de la milice cette même année[105].

On trouve aussi mention de François Martin Aliquain, « âgé d'environ douze ans », « fils de père et mère inconnus » originaire de « *laguinne en affrique* » : en 1775, alors qu'il vivait depuis des mois dans la paroisse de Saint-Jean, il a « abjur[é] le paganisme à la porte de l'église de cette paroisse » de son plein gré et « sans aucune contrainte » ; son parrain, François Martin de Bourgon, était un ancien officier de l'armée dont l'un des fils était major dans un régiment de Martinique, et un autre, qui finirait par devenir gouverneur de la Guyane française, se trouvait dans l'armée de Guadeloupe[106]. Thomas Toussaint Bracher, quant à lui, est décrit comme un natif de la Guadeloupe, domestique auprès d'un certain « M. de Rouffignac » : au cours des années 1770, il vivait avec sa femme « Marie Anne » dans la paroisse du Petit-Saint-Cybard ; deux de ses enfants y ont été baptisés en 1773 et 1775[107].

Anne Faure, signataire du contrat de mariage et fille d'un cordonnier, a signé l'acte de baptême d'un autre enfant amené d'Afrique à Angoulême. Il s'agissait de « Jean L'Accajou », « natif d'Afrique, âgé de quinze ans », baptisé dans la paroisse du Petit-Saint-Cybard et « arrivé en France sur le vaisseau *La Cigogne*, capitaine Delage, ainsi qu'il apparaît et qu'il est déclaré à l'amirauté de La Rochelle », en 1773[108]. Le négrier *La Cigogne* a entrepris cinq voyages entre 1769 et 1778. En juin 1771, il a quitté La Rochelle et pris à son bord quatre cent quatre-vingt-quinze esclaves à Ouidah, dans l'actuel Bénin ; quatre cent trente esclaves ont alors été débarqués à Cap-Français, Saint-Domingue (Haïti) en avril 1772, et le navire est rentré à La Rochelle en septembre 1772. Le capitaine était Michel Delage ; celui-ci est reparti trois mois plus tard pour un autre voyage négrier et est mort en Afrique en mars 1773[109].

Héritage

Les relations familiales des quatre-vingt-trois signataires offrent une vision intime des occasions – litiges autour des successions, procurations, lettres envoyées à la mauvaise adresse – d'échanges longue distance. Élisabeth Boutoute, qui a épousé Jean-Baptiste Ferrand et est partie s'installer à Saint-Domingue, avait sa propre histoire familiale de deuil et d'expectatives, liée à l'attribution des patentes de la ville[110]. En 1772, son oncle s'est constitué partie dans une affaire complexe portant sur la succession de son défunt beau-frère, Louis Deschamps, perruquier d'Angoulême. Louis Deschamps faisait partie des neuf mille hommes, femmes et enfants qui, ayant émigré vers « la France Équinoxiale » (c'est-à-dire la Guyane française) au lendemain de la guerre de Sept Ans, en 1764-1765, avaient trouvé la mort au cours de la tragique expédition de Cayenne[111]. La succession concernait le frère de Louis, marchand à Bordeaux, ses deux sœurs et leurs époux, respectivement maître maréchal et marchand poêlier, ce dernier étant l'oncle d'Élisabeth ; le patrimoine sur lequel portait l'affaire consistait en un droit de « ferme », c'est-à-dire de bail, sur la charge de perruquier d'Angoulême, pour la somme de 50 livres[112].

Le signataire Jean Dumergue, fournisseur peu conciliant de cabriolets à l'inspecteur de la marine, était l'un des douze fils d'un sellier, par ailleurs petit-cousin du futur marié[113]. Dans les années 1760, il prit une part active dans un conflit familial concernant la succession de ses défunts parents, et lui aussi avait un frère dans les colonies. François Dumergue, né à Angoulême en 1732, était à l'époque commerçant à Fort-Dauphin, Saint-Domingue (aujourd'hui Fort-Liberté sur la côte atlantique d'Haïti, près de la frontière avec ce qui était alors la colonie espagnole de Santo Domingo)[114]. Les deux frères entretenaient une correspondance. Dans une lettre de 1769, que Jean a déposée chez le notaire Caillaud, François évoque l'héritage, le « bon naturel » de l'un de leurs frères, la générosité (ou non) des autres, le fardeau fiscal des dépenses militaires et la révolution imminente dans l'île : « deux tiers de cette Isle sont déjà dans un grand trouble », dit-il ; il n'y avait qu'une petite chance d'éviter « une guerre civile ». Il proposait aussi de trouver un emploi à l'un de ses neveux, qui pourrait devenir commis dans la colonie s'il savait écrire. Mais il n'était pas encore en position de rentrer en France, écrivait-il en février 1769, car les « affaires du commerce [allaient] bien mal[115] ».

Quelques mois plus tard, en septembre 1769, François Dumergue fit paraître dans les *Affiches américaines*, le journal commercial de la colonie, une petite annonce appelant à retrouver une esclave créole en fuite nommée Nannette et « parlant très bien espagnol & français ». Celle-ci était « estampée sur les deux seins, DUMERGUE » et portait « sur ses épaules [les initiales] FD »[116]. En avril 1770, il repassa une annonce plus détaillée pour : « Une Négresse créole, estampée au-dessus des deux seins DUMERGUE, couturière, prête d'accoucher, si elle n'est déjà accouchée[117]. » Dans l'intervalle, ses affaires commerciales ne s'étaient pas arrangées, et en juillet 1770, François Dumergue, « ci-devant Marchand au Fort-Dauphin », n'était plus, de fait, qu'un ancien marchand. Ses possessions – des mouchoirs, des chapeaux, des bas, du tissu pour vêtir les esclaves, que les Français appelaient « ginga » – furent mises en vente « à la réquisition de ses Créanciers[118] ».

Une autre histoire, celle de l'héritage (éventuel) des enfants d'un maître de danse de la ville, Marc-René Lefort Latour, permet d'avoir une vision plus précise des échanges d'informations entre Angoulême et le monde extérieur, de Berlin à Saint-Domingue. Marc-René était un ami proche de deux des signataires du contrat de mariage : Jean Joubert, marchand drapier (un cousin Allemand) et son épouse Marguerite Durousot (fille d'un perruquier)[119]. Marc-René et sa femme ont eu douze enfants entre 1730 et 1751. Quelques années après la mort de son épouse, en 1763, il s'avéra que ceux de leurs enfants qui étaient encore en vie pouvaient hériter de son frère, un marchand d'Angoulême. Marc-René, qui avait alors soixante-neuf ans, se chargea de retrouver tous les documents et papiers des potentiels héritiers. Mais ce fut une entreprise difficile : trois de ses enfants qui vivaient à Paris lui firent parvenir des procurations rédigées par un notaire parisien ; un de ses beaux-frères, perruquier à Berlin, envoya une procuration détaillée certifiée par un fonctionnaire de l'ambassade de France[120]. Un de ses fils, Louis Gabriel, se trouvait quant à lui à Saint-Domingue, et ses échanges avec Marc-René fournissent de nombreux détails sur les modalités d'échange d'informations dans le cadre de ces procédures complexes concernant (dans ce cas) des héritages extrêmement modestes.

Louis Gabriel Lefort Latour était presque analphabète et digressait beaucoup. Il était chirurgien dans une plantation d'esclaves d'Artibonite, à Saint-Domingue, et correspondait donc avec son père ; la lettre relative à l'héritage subsiste parce qu'elle a été déposée chez le notaire Caillaud. Elle fait état d'une série de mésaventures concernant la transmission des informations. La lettre de Marc-René avait été envoyée à une mauvaise adresse ; les réponses de Louis Gabriel avaient par conséquent été retardées, et le pli de son père avait en outre été ouvert par un autre chirurgien de l'île portant également le nom de « Latour » ; l'adresse exacte était « maître en chirurgie demeurant sur les Biens de messieurs les héritiers de Laville à la plaine de l'Artibonite cartier de St Marc ille St Domaingeue ».

Louis Gabriel se trouvait lui-même dans une situation difficile. Il avait besoin d'un cheval pour son travail ; ses frères n'avaient pas tenu leurs promesses, et tout ce qu'il pouvait envoyer à son père était un lot de café qui devait être vendu en son nom par un négociant de La Rochelle. Louis Gabriel jouait aussi un rôle d'intermédiaire dans les échanges d'informations longue distance, mais il n'avait pas réussi à trouver les réponses à toute une série de questions que son père lui avait adressées de la part d'autres personnes de la ville. Il envoyait ses meilleurs vœux à « Mlle de Boisnoble » ; il avait pu découvrir que « l'habitation de Mr. son frère consist[ait] dans une caféière avec quelques nègres et quelques animaux », et il avait envoyé de plus amples détails à ce sujet à un certain « M. Deraix » ; il faudrait cinq ans pour liquider la plantation ; il n'avait pas encore reçu de réponse à une lettre demandant des précisions ; il n'avait pas vu « M. Leconte », qui était à Port-au-Prince, pour lui donner la lettre de « David » ; il avait écrit à Cap-Français pour obtenir des renseignements sur un dénommé Dusouchet, mais il avait été impossible de s'en procurer[121].

Concernant son propre héritage, et la procuration requise pour le faire valoir, la situation n'était pas moins problématique. Louis Gabriel avait parlé à un notaire de Saint-Domingue qui « pour cela [lui] a[vait] demandé soixante-douze livres ». Il décidait donc de ne rien faire, se disant très raisonnablement que la procuration coûterait au bout du compte plus cher que ce que lui rapporterait la succession : « Je ne puis vous Envoyer ma procuration atandu que Sela me couteroit plus que La Sucsaitions ne vos[122]. » La succession s'élevait de fait à 7 livres, 14 sols et 3 deniers par personne[123].

Informations et espérances

On retrouve donc ici l'univers de bribes d'informations évoqué par Marie Aymard dans sa procuration – les paroles échangées au moment de la signature d'un registre paroissial, en livrant du pain aux prisonniers de guerre, en s'enquérant de lettres arrivées de Saint-Domingue ou lorsqu'on décide de fuir le tirage au sort de la milice (« un sort dont la seule idée [met] au désespoir »). C'était aussi l'univers des signataires du contrat de mariage et de leurs relations.

Considérer les quatre-vingt-trois signataires ainsi que leurs propres relations immédiates et leurs amis sous la forme d'un seul et même réseau social permet de visualiser certains de ces échanges. Même les indices les plus élémentaires de l'influence étrangère – concernant les émigrants (en tant que part de la population) ou le commerce extérieur (en tant que part de la consommation ou de la production) – sont difficiles à déceler dans les sources statistiques ou archivistiques des empires coloniaux du XVIIIe siècle, et ceux concernant les échanges invisibles de l'époque, les échanges d'informations liées aux espérances, sont plus insaisissables encore. Mais leur histoire est théoriquement complémentaire de l'histoire générale de l'influence étrangère, et elle raconte quelque chose d'analogue[124].

Le réseau des Quatre-Vingt-Trois, comme tant d'autres choses dans cette histoire, est partiel. Il concerne un univers bien défini (les quatre-vingt-trois individus et les personnes qui leur sont liées par des relations spécifiques) et relève d'un processus potentiellement infini consistant à rechercher les autres personnes. Mais il fournit malgré tout un outil permettant de visualiser l'influence du monde extérieur – la probabilité qu'un individu dispose de certaines informations ou d'informations erronées à propos d'événements lointains – telle qu'elle s'est propagée au sein du réseau. Sur la représentation visuelle du réseau, le nom des individus qui ont voyagé en dehors de France – Jean-Baptiste Ferrand parmi les signataires, et d'autres personnes parmi les relations de ces derniers – a donc été ombré dans une teinte foncée, et le nom de ceux dont un membre de la famille a vécu à l'extérieur de la France a été ombré plus légèrement. Les individus dont les noms sont simplement grisés ont quant à eux au moins un des liens suivants avec l'étranger : eux-mêmes ou un de leurs parents travaillaient pour l'armée ou la marine ; eux-mêmes ou un membre de leur foyer ont été répertoriés pour le tirage au sort de la milice à Angoulême en 1758 ; ils étaient voisins ou ont signé un acte concernant un résident originaire d'Afrique dans la ville ; ils étaient les voisins immédiats, résidant dans la même isle ou groupe de maisons, d'une personne ayant vécu hors de France. L'influence du monde extérieur telle que décrite ici est invisible dans la mesure où elle n'est pas matérielle et n'implique ni la circulation d'individus ni l'échange de marchandises, mais elle est visible et figurée dans les connexions qui forment le réseau.

En pratiquant d'autres boucles itératives, les informations contenues dans le réseau des Quatre-Vingt-Trois peuvent aussi être utilisées pour évaluer la mobilité au sein de la société d'une petite ville de province : on peut déterminer par exemple, par le biais des relations familiales, quelle était la probabilité pour que les individus aient des liens avec les villages aux alentours d'Angoulême, ou avec Paris. Les quatre-vingt-trois signataires et leurs relations réapparaîtront à de multiples occasions à mesure que cette histoire progresse en s'attachant aux enfants et petits-enfants de Marie Aymard dans le temps historique de la Révolution française ; de fait, le réseau des Quatre-Vingt-Trois peut aussi servir d'outil pour mettre en relief la diffusion des sentiments révolutionnaires (ou contre-révolutionnaires) parmi les familles et les amis.

Les liens entre la famille de Marie Aymard et les individus qui ont signé le contrat de mariage étaient divers et inégaux : ils n'avaient pas tous la même intensité, n'impliquaient pas la même continuité dans la relation, et en outre, tous les participants n'avaient pas le même pouvoir, le même prestige. Par ailleurs, les relations se sont transformées au fil du temps. Le patronage de la famille du riche orfèvre a toujours cours du temps des petits-enfants de Marie Aymard. En 1790, la principale source de capitaux pour son petit-fils Martial provient des économies des deux lingères qui avaient signé le contrat de mariage alors qu'elles vivaient dans la pauvreté avec leur tante et leur père veuf. L'histoire de ces quatre-vingt-trois personnes est donc en soi une grande histoire. Les signataires du contrat de mariage étaient abreuvés de nouvelles et d'informations ; ils constituaient la société, ou l'une des sociétés, au sein de laquelle Marie Aymard et les membres de sa famille évoluaient.

Chapitre 3
Une vue d'ensemble

1764

L'histoire de Marie Aymard et de sa famille se présente sous la forme d'une suite d'histoires : c'est une histoire connectée de vies individuelles et familiales. Pas une histoire type ni une étude de cas. Il s'agissait de procéder de manière méthodique en partant de l'histoire d'une personne avant d'élargir le champ à sa famille, puis au réseau social évoqué par le contrat de mariage de sa fille (ou semblant de réseau social, puisqu'il ne s'est réuni qu'une seule fois un après-midi de décembre 1764), et enfin aux relations des signataires de ce contrat.

Néanmoins, il est possible d'obtenir à partir de là d'autres points de vue historiques plus cohérents, ou moins incomplets. On peut de fait inverser toute la procédure : partir d'une vue d'ensemble (ou presque) de la société d'Angoulême en 1764, et procéder ainsi, non plus de l'individu vers la famille et le réseau social, mais de la « société » vers le ou les individus et leurs histoires. Cela implique un travail de recherche très différent, car si la traque sans relâche des quatre-vingt-trois signataires convient bien à la solitude (et mobilise des compétences qui ne dépareraient pas chez un détective privé indélicat travaillant seul et spécialisé dans les événements de la vie de famille), la transcription des éléments pour visualiser l'information concernant cette « société » de 1764, composée de 4 089 individus, a été une entreprise collective[1].

Le chiffre de 4 089 individus correspond à toutes les personnes mentionnées dans l'ensemble des registres des paroisses catholiques d'Angoulême au cours de l'année 1764[2]. Il s'agit d'une population fortuite dans la mesure où Angoulême était beaucoup plus peuplée que cela à l'époque (elle comptait quelque 12 000 habitants, dont près de

8 000 dans les paroisses du centre)[3]. Ces personnes sont mentionnées dans les registres en raison d'un événement, prévu ou inopiné. Certaines ont été baptisées, d'autres se sont mariées, ont eu un enfant ou sont décédées ; certaines sont simplement nommées dans les actes relatifs à ces événements. Parfois, les parrains et signataires des registres ne sont que de passage dans la ville ; la liste des 4 089 individus comprend toutes les personnes mentionnées dans les registres, même celles qui sont mortes et celles qui vivaient loin.

Considérer seulement les individus mentionnés dans les registres qui vivaient bel et bien à Angoulême en 1764 fournirait une liste trop parcellaire pour prétendre représenter la population de la ville. Beaucoup d'autres personnes vivaient là, à qui il n'est rien arrivé au cours de l'année, ou en tout cas rien qui ait été consigné dans les registres paroissiaux. En outre, tous les habitants d'Angoulême n'étaient pas catholiques, et les non-catholiques n'apparaissent que sporadiquement dans les registres paroissiaux. La ville avait une longue histoire de conflits religieux : le registre de la paroisse de Saint-Antonin concernant la période 1731-1735 était conservé dans un parchemin daté de 1680 enjoignant aux mères, aux pères et aux maîtres de la ville d'empêcher leurs enfants et leurs domestiques de jeter de la boue et des pierres aux personnes de « la religion prétendue réformée[4] ». Par ailleurs, certains individus présents à ces événements passent complètement inaperçus car on ne prend pas forcément la peine de les mentionner pour dire qu'ils ne savaient pas signer. Les jeunes mariés accompagnés de leurs familles et de leurs amis sont surreprésentés ; les enfants, eux, apparaissent surtout au moment de leur naissance, et les personnes âgées lorsqu'elles meurent.

Les prêtres des diverses paroisses de la ville avaient des pratiques extrêmement variées eu égard à la somme d'informations qu'ils consignaient, et les petites paroisses prospères et alphabétisées sont elles aussi surreprésentées. Elles regroupaient de fait beaucoup de personnes capables de signer, et ces signataires disposaient de beaucoup d'espace dans les registres, non seulement pour signer avec toutes sortes de fioritures, mais aussi pour raconter leur vie et énumérer les exploits de personnes parfois disparues depuis longtemps (un officier de la marine dont la veuve a été enterrée dans la paroisse de Saint-Antonin en 1764 est ainsi célébré comme le « chevalier de St Louis et chef des escadres et armées navalles[5] »). Ces sources, comme toutes les sources, ont leurs particularités et leurs insuffisances. Mais elles sont tout ce dont nous disposons pour nous faire une idée de l'ensemble de la population catholique d'Angoulême l'année où le contrat de mariage de la fille de Marie Aymard a été signé.

4 089 individus

La liste des 4 089 individus offre donc une vue d'ensemble de la ville d'Angoulême en 1764 : une vue aérienne, comme si on se trouvait loin au-dessus des toits des maisons. Elle fournit un instantané des vies des individus de la ville, et comme la liste, certes plus courte, des signataires du contrat de mariage, augmentée de leurs amis et leurs relations, elle constitue une source donnant le type d'informations ou de données susceptibles d'être mises en image pour obtenir une visualisation de réseau social. Grâce à la visualisation, il est possible de voir qui était lié à qui, et par ailleurs d'identifier, à partir des « arêtes » et des « nœuds », qui était particulièrement sociable ou connecté, c'est-à-dire relié à beaucoup d'autres individus. (Ces personnes sont pour l'essentiel celles qui se sont mariées au cours de l'année, qui avaient beaucoup de relations instruites ou qui ont participé à plusieurs événements différents.)

La vue d'ensemble des 4 089 individus de 1764 complète en outre les autres sources documentant l'histoire de la ville d'Angoulême au XVIIIe siècle : les deux rôles d'imposition de 1763 et 1766 ; les listes préparées pour le tirage au sort de la milice en 1758 ; trois listes concurrentes de débiteurs et de créanciers établies en lien avec l'affaire juridico-financière qui débute en 1769 ; le millier d'actes rédigés durant la seule année 1764 par les dix-neuf notaires en activité dans la ville ; les registres de la juridiction criminelle d'Angoulême. Dans les archives, les individus apparaissent et disparaissent : ils deviennent fugitifs, réclament des exemptions, se partagent un héritage ou, dans le cas de la juridiction criminelle, poursuivent leurs voisins en justice pour calomnie, tentative de meurtre ou chansons infamantes. La vue d'ensemble établie à partir de la liste des 4 089, elle, permet de situer ces figures intermittentes.

Cette vue d'ensemble nous donne aussi la possibilité de zoomer, de passer de la vue aérienne de la « société » à l'échelle de l'individu, puis de dézoomer pour reprendre le point de vue sociétal, c'est-à-dire celui des données. Les individus de la liste des 4 089 sont réels, et historiques dans la mesure où des traces de leur existence ont été consignées et peuvent être vérifiées[6]. Les événements qui ont jalonné leur vie se sont réellement produits. Certaines données peuvent être inexactes, voire relever de la falsification, et certaines ont été « rectifiées », souvent bien des années plus tard. (C'est à l'occasion d'une demande de rectification que le petit-fils de Marie Aymard déclare en 1826 à Bayonne qu'en matière de registres d'état civil « tout est grave, sérieux & important[7] ».) Mais les « données » des registres sont en général « pauvres, sèches et formelles » comparées aux « sources plus loquaces » et plus riches des archives notariales et judiciaires[8].

Dans les actes notariés, au fil des discours épisodiques fournis par les contrats, les plaintes ou les déclarations, les individus se décrivent eux-mêmes tels qu'ils souhaitent être décrits. Il en va de même des plaignants auprès de la juridiction pénale : ils racontent une histoire, comme Rose Rezé (l'une des Rose Rezé) qui dit qu'elle se promenait dans la rue avec sa belle-sœur. Les individus décrits dans les rôles d'impôts peuvent eux aussi être perçus comme un produit de l'imagination ou de l'appréciation subjective des commis, las de dresser des listes sur lesquelles on voit leur écriture se dégrader à mesure qu'ils parcourent les rues et les registres de la ville[9]. Les listes préparées pour le tirage au sort de la milice présentent quant à elles des descriptions visuelles détaillées – les seules descriptions qui existent, ou que j'ai pu trouver, de tel ou tel parmi les milliers de femmes et d'hommes qui se trouvaient à Angoulême au milieu du XVIIIe siècle et qui sont le sujet de ce livre –, et ces descriptions sont là parce que les personnes décrites étaient des fugitifs, ou parce qu'on s'attendait qu'elles le deviennent[10].

À cet égard, la possibilité de zoomer sur les 4 089 « nœuds » jusqu'à atteindre l'échelle individuelle et, à partir d'un seul acte notarié isolé, de parvenir à reconstituer un réseau social de cinq mille trois cent vingt-neuf « arêtes », est déconcertante. Cette variation d'échelle entraîne aussi une variation du type d'histoire et du type de relation aux individus du passé. L'enquête historique recouvre toujours différents types de réalité, et s'attache à différentes sources historiques pour différentes sortes d'individus : elle suit l'approche quantitative, macro ou sociale pour « la masse des familles qui subsistent presque en entier de leur travail », comme le philosophe Condorcet l'augurait dans les années 1790 – « la plus obscure, la plus négligée et pour laquelle les monuments nous offrent si peu de matériaux » –, et elle adopte l'approche qualitative ou micro pour les individus dont la vie s'est inscrite dans l'histoire, et qui ont par conséquent mené des vies intéressantes[11]. Certains individus peuvent ainsi être inclus dans des histoires, et d'autres seulement comptés, dénombrés. Les registres paroissiaux permettent de combiner au moins quelques-unes de ces différentes sortes d'histoires. Ils sont universels (pour la population catholique), même si l'égalité des destinées, face aux événements de la vie que sont la naissance, le mariage et la mort, n'est que superficielle : tout le monde y est représenté, les puissants, les faibles, les obscurs inconnus.

L'interminable dénombrement

Comme l'a écrit l'historien Pierre Goubert en 1954, il suffit de se pencher sur les registres paroissiaux de la France du XVIIIe siècle pour être intrigué par les chiffres : « Allons-nous, comme tant d'autres, nous mettre à compter furieusement, interminablement[12] ? » Voici donc les chiffres. Commençons par les naissances : 505 nourrissons ont été baptisés dans les douze paroisses d'Angoulême au cours de l'année 1764[13]. Il n'y a eu cette année-là aucun baptême d'hérétique, de païen ou d'anglican, même si en juillet, une petite fille de deux ans prénommée Marie, « née d'un mariage protestant » et dont la mère était « depuis quelque temps vagabonde », a été baptisée dans la paroisse de Saint-Martin[14]. Une jeune femme de la paroisse de Saint-André – sœur cadette de Pascal Chauvin, auquel Marie Aymard a délégué l'enquête à mener en Martinique – a donné naissance à un fils baptisé « Pierre » en janvier 1764, puis à un autre, également baptisé « Pierre », en décembre 1764[15].

Sur les 505 enfants nés et baptisés en 1764, 50 ont été inhumés au cours de la même année[16]. Il y avait parmi ces nouveau-nés plus de garçons que de filles : 36 des 271 garçons baptisés sont morts dans l'année, et 14 des 234 filles. Le taux de mortalité infantile – soit la proportion d'enfants décédés avant leur premier anniversaire – à Angoulême en 1764 est ainsi de 9 % pour les filles et de 15 % pour les garçons[17]. La vie était des plus précaires pour les 31 nourrissons, 13 filles et 18 garçons, présentés dans les registres comme « inconnus », « bâtards », « illégitimes » ou « exposés », c'est-à-dire placés dans la « boîte », une sorte d'enclos dans un mur, où les nouveau-nés étaient abandonnés aux soins de la paroisse, de la ville ou de l'État. De manière générale, la ville n'avait pas connu de problèmes de santé majeurs cette année-là[18].

Les mois estivaux étaient les plus dangereux car la ville n'était pourvue d'aucun système fiable d'approvisionnement en eau ; les personnes aisées, elles, s'arrangeaient pour se faire monter de l'eau sur la colline. (D'après une transaction conclue devant le notaire Jean Bernard, la veuve d'un tisserand a ainsi passé un accord avec un marchand de la ville concernant l'usage occasionnel d'une chèvre noire et l'obligation de livrer de l'eau chez lui[19].) Au cours des mois d'août, septembre et octobre 1764, « seulement » 48 enfants âgés de cinq ans ou moins ont été inhumés dans la ville. L'année suivante, qui fut en particulier meurtrière dans les paroisses de Saint-André, Saint-Jacques et Saint-Martial, 205 enfants ont été enterrés au cours des mêmes mois[20]. Cinquante-quatre des 505 enfants nés à Angoulême en 1764 sont morts au cours de l'année 1765, presque tous durant les trois funestes mois estivaux.

Pour ce qui concerne les unions, on dénombre 122 actes de mariage dans les paroisses d'Angoulême en 1764 ; 9 couples parmi ceux qui se sont mariés ont eu un enfant au cours de l'année. Moins d'un tiers de ces 122 actes de mariage indique l'âge des mariés ; l'âge moyen des femmes est de vingt-neuf ans, et celui des hommes de trente et un ans. Le plus vieux est un veuf de soixante ans, originaire d'Agen, qui épouse une veuve de cinquante-cinq ans, originaire de La Rochefoucauld. Le plus jeune est dit âgé de quinze ans et être le fils d'un tonnelier ; il avait en réalité douze ans et six mois, et épousait une femme de vingt ans[21]. Parmi ces mariés, 14 femmes et 37 hommes venaient de l'extérieur d'Angoulême. La plupart d'entre eux vivaient dans les paroisses semi-rurales de Saint-Martial et Saint-Jacques, et presque tous venaient des provinces voisines ; un homme est dit natif de Turin. Seuls 39 femmes et 56 hommes ont signé les registres en écrivant leurs noms, et 22 ont déclaré ne pas pouvoir le faire.

Seules deux des 122 femmes qui se sont mariées au cours de l'année ont déclaré leurs professions : elles étaient toutes les deux domestiques. Sur les 122 hommes, 70 ont déclaré une profession : il y avait parmi eux 16 journaliers, 4 tonneliers, 4 cordonniers, 4 tailleurs, 3 laboureurs, 3 tisserands, 2 poissonniers, 2 charpentiers, 2 chapeliers, 2 menuisiers, 2 hommes qui se qualifièrent d'écuyers, un officier militaire, un ancien chirurgien de l'armée, un boulanger, un maréchal, un relieur, un chaisier (ou porteur de chaise), un sergier, un faiseur de peignes, un commis, un aubergiste, un « chevalier », un avocat, un intermédiaire juridique ou *praticien*, un serrurier, un marchand, un peintre, un cartier (c.-à-d. un fabricant de cartes à jouer), un sergent, un négociant, un tailleur de pierre, un maître écrivain. Une seule personne travaillait dans les industries métallurgiques de la révolution industrielle naissante : un « ouvrier en fil de fer » de la paroisse suburbaine de Saint-Yrieix.

Enfin, pour en venir aux décès, les individus morts à Angoulême au cours de l'année étaient pour la plupart des enfants et des personnes âgées. Sur les 327 sépultures, 122 concernent des enfants âgés de quinze ans ou moins, et 71 des personnes âgées de cinquante ans ou plus ; il reste 93 personnes dont on ne connaît pas l'âge. Les enfants décédés vivaient pour la plupart dans les quartiers les plus pauvres de la ville, 27 % d'entre eux dans la paroisse de Saint-Martial, contre seulement 15 % des personnes âgées disparues. Les hommes sont là aussi plus nombreux que les femmes, mais sur les 41 individus morts en tant que jeunes adultes ou assez jeunes adultes – c'est-à-dire en âge de procréer – 25 étaient des femmes et 16 des hommes. Quelques personnes avaient au contraire vécu très longtemps. La personne la plus âgée répertoriée dans les registres paroissiaux s'appelait Marguerite Cassaud. Elle est morte à l'hôpital de l'Hôtel-Dieu et a été inhumée dans la paroisse de Notre-Dame-de-Beaulieu alors qu'elle était « âgée d'environ cent ans[22] ».

Conditions économiques

Ces 1 026 personnes – les nourrissons qui ont été baptisés, les hommes et les femmes qui se sont mariés et les personnes qui ont été inhumées – sont les personnages principaux de la vue d'ensemble des 4 089 individus se trouvant à et autour d'Angoulême en 1764. Viennent ensuite les 3 062 autres individus apparaissant dans les registres paroissiaux au cours de l'année : les mères et la plupart des pères des enfants baptisés ; les parrains présents aux baptêmes, qui ont signé les registres ; les autres signataires et témoins présents aux divers événements ; et quelques personnes qui, comme Marie Aymard au baptême de son premier petit-fils, le fils de Gabriel et Marie Adélaïde, étaient présentes mais n'ont pas signé.

Ces autres personnes sont simplement mentionnées. Mais elles étaient manifestement importantes dans la vie des 1 026 protagonistes, sinon elles n'auraient pas été là. La vue d'ensemble d'Angoulême en 1764 représente un point dans le temps. (Un moment durable, comme c'est souvent le cas dans les sciences sociales qui s'attachent aux séries chronologiques : ici une séquence d'hiver, de printemps, d'été et d'automne durant laquelle des individus comme Jeanne Nouel, épouse d'un aubergiste, se marie en janvier, pleure la mort d'un enfant en février et accouche en octobre[23].) Mais la vue est aussi par moments diachronique : elle donne à voir l'ombre des parents dont on célèbre le souvenir lors du mariage des enfants, ou celle du mari défunt de la veuve morte à Saint-Antonin, décrit par les connaissances qui ont organisé ses funérailles solitaires.

La grande enquête sur ces 4 089 individus fournit aussi un aperçu des conditions économiques de l'époque. D'après les professions déclarées dans les registres paroissiaux, Angoulême était une ville d'artisans commerçants, de journaliers, de juristes et de domestiques. Les cordonniers, au nombre de 39, forment le groupe le plus important parmi les 671 personnes dont la profession est répertoriée ; on trouve aussi parmi elles 34 journaliers et 23 domestiques. Vingt et un individus se décrivent comme des « procureurs » – c'est-à-dire des juristes et des personnes associées au monde du droit – et 8 comme des avocats. On compte 12 négociants et 32 « marchands » de diverses sortes : des bouchers, des poêliers, des éperonniers. Il y a 11 charpentiers, 8 menuisiers et 7 tailleurs de pierre, à quoi s'ajoutent 2 individus présentés comme des « entrepreneurs » (au sens contemporain de maîtres d'ouvrage en construction).

Les registres paroissiaux qui constituent la base de l'enquête – et en particulier les registres qui concernent les « autres individus », ceux qui ne sont pas nés, ne sont pas décédés et ne se sont pas eux-mêmes mariés en 1764, c'est-à-dire les signataires et les témoins – présentent un biais en faveur des personnes instruites et capables de se décrire elles-mêmes. (Les paroisses remplies de juristes et d'ecclésiastiques sont généralement celles où les registres présentent les plus longues entrées et les plus longues listes de signataires.) On trouve 9 maîtres écrivains parmi les individus figurant dans les registres de 1764, ainsi que 6 notaires, 2 maîtres ès arts, 2 écoliers et 3 étudiants, 3 enseignants (dont l'un était « professeur par intérim des humanités » au collège dont les Jésuites avaient été expulsés en 1762). On trouve aussi tout un éventail de professions liées à la grande entreprise diocésaine locale : acolyte, aumônier, archiprêtre, chanoine, enfant de chœur, choriste, curé, diacre, moine, prieur, sacristain, trésorier de l'église cathédrale.

Mais les archives des 4 089 donnent aussi un aperçu de la diversité de la vie provinciale. Les deux grandes paroisses semi-rurales de Saint-Martial et Saint-Jacques comprenaient, avec les paroisses suburbaines, plus de la moitié de la population de la ville. La majorité des 29 ouvriers agricoles, 7 tailleurs de pierre et 17 tonneliers se trouvaient dans le port fluvial de Saint-Jacques. Même les paroisses intérieures, où vivaient presque tous les signataires du contrat de mariage, étaient en partie agricoles. La paroisse de Saint-Martial, dans laquelle Françoise Ferrand est née, s'étendait loin à l'extérieur des murs de la ville, jusqu'aux champs et aux carrières. En 1782, les habitants se plaignaient de cet endroit peuplé de « journaliers, [de] mendiants, [d'] habitants des cavernes » : c'était à leurs yeux le « rendez-vous de toutes les victimes de la misère et de l'indigence non seulement de la province d'Angoumois mais encore des provinces circonvoisines[24] ».

Les forces armées étaient importantes dans la ville : on trouve alors dans les registres 8 officiers, 7 sergents et 15 soldats dont 11 invalides. Il y avait aussi tout un contingent de commis et de fonctionnaires, œuvrant surtout dans l'administration fiscale : un commis, 2 commis aux recettes fiscales, 5 fonctionnaires du greffe, 6 huissiers, un commis aux aides, un receveur des impôts. Les industries manufacturières de la généralité apparaissent de manière marginale : on compte 5 jeunes hommes apprentis cartiers, 14 hommes et 2 femmes tissant, filant ou triant la laine, et 10 sergiers ; un homme de Saint-Jacques travaillait les fibres de chanvre utilisées pour confectionner des emballages. D'après la classification qui commençait à devenir familière aux économistes de l'époque – selon laquelle seuls les emplois dans l'agriculture ou les manufactures étaient productifs – la ville était « stérile[25] ». Il y avait 13 aubergistes et cabaretiers, 12 perruquiers et 8 chirurgiens. Tel était le monde du travail à Angoulême en 1764 ; tel était le contexte dans lequel les Allemand et les Ferrand menaient leur propre vie économique.

Le travail des femmes

Parmi les 4 089 individus mentionnés dans les registres paroissiaux de 1764, seules 22 femmes ont déclaré une profession : 9 d'entre elles étaient domestiques, mais il y avait aussi 2 couturières, une marchande, une cuisinière, une nourrice, une sage-femme, une religieuse, une poissonnière, 2 tailleuses, une lingère, une cardeuse et une fileuse. La moitié de ces 22 femmes apparaissent dans les registres en tant que marraines des enfants déposés dans la « boîte » de la paroisse de Saint-Paul – c'est le cas par deux fois au cours de l'année pour Jeanne Chenaud, couturière. Seules quatre se trouvent au cœur de l'événement consigné : Hippolyte Binet, domestique, épouse un tonnelier en juillet 1764 ; Élisabeth Coste, également domestique, épouse un journalier ; Marie Julie Laroque, présentée comme une tailleuse au moment où elle devient marraine en août, épouse un tonnelier six jours plus tard ; Anne Tabuteau, religieuse, meurt au mois d'octobre[26].

Les données des registres sur ces vingt-deux femmes ne sont qu'une minuscule partie de l'histoire économique des femmes d'Angoulême – un brin de matière, comme les rubans qu'on attachait une génération plus tard aux poignets des nourrissons abandonnés dans la ville. Les deux rôles d'impôts établis durant la période fournissent un point de vue complémentaire sur la vie économique des paroisses intérieures et des faubourgs environnants – de même qu'un autre volet indispensable à l'enquête historique méthodique. 119 des 2 548 foyers répertoriés dans le rôle d'impôts de 1766 étaient dirigés par des femmes dont la profession est précisée, ou alors comprenaient des femmes qui travaillaient. En tout, 128 femmes indiquent une fonction, car plusieurs foyers, comme celui de « Marguerite et Geneviève Courlit loueuses de chaises », regroupaient deux ou trois femmes dont la profession est précisée. Dans le rôle d'impôt de 1763, 120 foyers comprennent des femmes exerçant un métier, ce qui fait alors en tout 135 femmes, dont 40 figurent encore dans le rôle d'impôts deux ans plus tard.

Néanmoins, seules deux femmes dont les professions sont spécifiées parmi les 4 089 individus présents dans les registres paroissiaux se trouvent également dans les registres fiscaux. Jacquette Couprie, « marchande », apparaît en 1763 et de nouveau en 1766 dans l'une des isles d'imposition très peuplée de la paroisse de Saint-André sous la dénomination de veuve L'Esparvin, limonadière. Elle était veuve d'un marchand de draps et était elle-même assez prospère, puisqu'en 1763, la somme sur laquelle elle était imposable était estimée à 400 livres. (L'oncle du futur marié du contrat de mariage, qui vivait dans la même isle, était imposé à hauteur de 150 livres[27].) La couturière marraine de deux des nouveau-nés déposés dans la « boîte » figure elle aussi dans le rôle d'impôt de 1763 sous le nom de « la Chenaude couturière », avec une valeur imposable de 15 livres[28].

En fait, l'ensemble de la société des femmes industrieuses d'Angoulême – les 223 répertoriées dans les registres fiscaux de 1763, 1766, ou les deux – offre un tableau beaucoup plus diversifié. Les femmes listées dans les rôles d'impôts jouissaient d'une relative prospérité, même si les rôles incluent plusieurs individus ne possédant « rien ». On ne trouve qu'une seule domestique dans la liste de 1766, « Marie Charité ». Toutefois, ces rôles d'impôts ne font aucune allusion au travail non rémunéré qui dominait la vie économique de tant et tant de femmes d'Angoulême, comme on peut le voir dans l'inventaire des dettes de Marie Aymard en janvier 1764 pour 74 livres de lessive, 49 livres et 11 sols de tissu, 94 livres de graisserie[29].

Les femmes dont la profession est identifiée dans les rôles d'imposition étaient pour la plupart soit célibataires, soit veuves ; moins d'un quart d'entre elles sont réputées vivre avec un mari. Certains foyers regorgeaient de femmes : celui des sœurs Courlit, loueuses de chaises ; celui des trois sœurs tailleuses ; celui composé d'une veuve et de ses filles couturières ; celui du musicien retraité signataire du contrat de mariage, qui vivait avec ses filles et sa belle-sœur, toutes lingères[30]. Les femmes qui travaillaient étaient regroupées dans certains quartiers de la ville. La petite isle fiscale où vivait la couturière Jeanne Chenaud abritait aussi une blanchisseuse, une cardeuse, une fileuse et une femme présentée comme « servante en ville » ; 13 des 27 foyers de l'isle étaient dirigés par des femmes[31]. Dans l'isle du Petit-Maure, qui comptait 14 foyers, il y avait une aubergiste, « la veuve Croiset », 3 fripières, 3 marchandes, une lingère et une marchande de graisserie – qui était la mère de Pascal Chauvin, en partance pour la Martinique[32].

Les femmes qui exerçaient des professions impliquant sociabilité et volubilité étaient concentrées dans les paroisses du centre-ville : la limonadière, les deux sœurs loueuses de chaises, l'aubergiste, et huit cabaretières. Mais les professions les plus représentées chez les femmes ont trait aux travaux ou à la sphère domestiques : on compte 17 tailleuses ; 15 lingères ; 10 marchandes de graisserie ; 8 blanchisseuses ;

4 sages-femmes ou « matrones » ; 11 boulangères, par ailleurs toutes veuves ; 9 marchandes de fruits et une marchande « de raisinne » ; 4 cocassières, c'est-à-dire des marchandes d'œufs ; une poissonnière et une détaillante de sardines ; une vendeuse d'herbage. Certaines vendaient des biens ménagers au détail : on dénombre ainsi 13 fripières et 3 marchandes de *clincaillerie*, dont Rose Rezé, la signataire du contrat de mariage. Il y avait aussi une « marchande colporteuse », une laboureuse possédant ses propres bœufs, une papetière et 2 marchandes de papier, une marchande de fer, une bouchère, 2 sœurs marchandes de fourrage et 2 maîtresses d'école. Bien sûr, les registres paroissiaux sont trop peu descriptifs pour nous donner plus qu'une idée partielle de cette vaste société de femmes laborieuses, mais elles étaient là, en 1764, et elles jouaient un rôle dans la vie économique d'Angoulême[33].

Les signataires et la population

Voilà donc la vue d'ensemble des 4 089 individus figurant dans les registres paroissiaux d'Angoulême en 1764. Regardons maintenant de plus près les familles de la ville. Trente-trois des signataires du contrat de mariage figurent dans les registres paroissiaux de cette année-là. Deux d'entre eux, la belle-sœur de Gabriel Ferrand, Dorothée Devuailly, et le peintre Gabriel Lemaitre, se sont mariés en septembre 1764 dans la paroisse de Notre-Dame-de-Beaulieu : un grand événement, rassemblant seize signataires dont cinq des quatre-vingt-trois signataires du contrat de mariage de Françoise Ferrand et Étienne Allemand[34]. Une autre de ces signataires, Marguerite Godinaud, fille d'un boulanger, s'est aussi mariée en 1764, au mois de juin, dans la paroisse de Saint-André : c'était là aussi une autre grande occasion, avec dix-huit signataires dont quatre font partie des signataires du contrat de mariage[35]. Mais l'union n'a pas duré. Marguerite est morte juste après avoir accouché en 1769 ; son veuf s'est remarié avant de mourir à son tour peu après, en 1771 ; la veuve de ce dernier a épousé Jean Abraham Rodriguez Sarzedas, un marchand de Bordeaux ayant renoncé au judaïsme en 1773, dans la paroisse de Saint-Jean ; elle est morte en 1776, et Sarzedas s'est remarié l'année suivante ; il est mort sept ans plus tard, en 1783[36].

Même au sein de la vaste population de la ville, les signataires du contrat de mariage étaient des individus très sociables : ils apparaissent dans les registres en tant que signataires et témoins, parrains-marraines et amis. Marie Aymard est présente en tant que marraine de son premier petit-fils, et elle est l'une des rares personnes, parmi les 4 089, pour lesquelles il est indiqué : « [elle] a déclaré ne [pas] savoir signer[37]. » Marc Allemand, le père du futur marié, a signé le registre de mariage d'un cordonnier et de la veuve d'un tailleur en janvier 1764 ; Louis Dupard, le boutonnier, a signé un registre de mariage en mai, et est devenu parrain en octobre[38]. Marie Chaumont Gautier, la voisine de Gabriel Ferrand, est devenue la marraine d'un bébé baptisé dans la paroisse de Notre-Dame de la Peine en juillet, né de l'union de deux domestiques[39]. Rose Marin est devenue la marraine d'une enfant baptisée dans la paroisse de Saint-André au mois de novembre, fille posthume du domestique de l'un des « théologues » locaux[40].

Les quatre-vingt-trois signataires étaient en outre parmi la population d'Angoulême relativement prospères : aucun journalier, laboureur ou domestique ne faisait partie de leurs relations familiales (à l'exception peut-être du frère de la mariée, dont on ne sait pas très bien s'il était oui ou non le domestique de l'aubergiste du Cheval Blanc). Beaucoup étaient tailleurs et lingères, des professions très représentées dans les registres. Cinq des signataires étaient fille de cordonnier, fille d'un ancien cordonnier ou mariée à un cordonnier ; Marie Aymard était la petite-fille et l'arrière-petite-fille de cordonniers. Il s'agissait de travailleurs, et leurs foyers multigénérationnels et multiprofessionnels reviennent constamment dans les rôles d'impôts : Louis Dupard, le boutonnier, vivait avec son beau-père, son épouse fripière, sa sœur tailleuse et le frère de son épouse ; Jean Faure, le musicien, avec ses filles et sa belle-sœur, lingères ; Jean Yrvoix, le chandelier, vivait avec sa femme Jeanne Chabot, boutiquière marchande de graisserie et de poterie, et sa belle-sœur, également marchande, et ils ont tous les trois signé le contrat de mariage[41].

Les relations des autres : Magdelaine Faure

Les signataires du contrat de mariage n'avaient rien d'exceptionnel non plus en ce qui concerne leur discursivité et leurs nombreuses et diverses sources d'information. Il y a de multiples histoires à explorer dans la vue d'ensemble des 4 089 : d'autres rues, d'autres maisons, d'autres habitants à l'intérieur de ces maisons, qui se projetaient dans leur vie future. La personne la plus connectée parmi ces 4 089 individus

– au sens strict du nœud qui possède le plus d'arêtes, ou a noué le plus de liens au cours de l'année – est une jeune femme de vingt et un ans nommée Magdelaine Faure qui vivait dans la paroisse de Saint-Jacques, non loin des quais. En octobre 1764, celle-ci a épousé Jean Roy, identifié comme relieur dans le registre paroissial, et comme journalier dans son contrat de mariage, la veille. Dix-neuf personnes ont signé l'acte de leur mariage, et vingt-huit leur contrat de mariage[42]. Magdelaine Faure est devenue la marraine de la fille d'un tailleur de pierre en septembre 1764, également dans la paroisse de Saint-Jacques ; elle a signé l'acte de baptême de la fille d'un fournier (personne qui tient un four public) dans la paroisse centrale de Saint-Paul en octobre ; et en novembre, elle a signé un autre acte de baptême dans la paroisse de Saint-Martial[43].

L'univers de Magdelaine Faure en matière d'échanges d'informations était loin de celui des relations des signataires du contrat de mariage. Son père était messager entre Angoulême et Bergerac, en Dordogne, et avant cela il avait travaillé pour le service de messagerie reliant Bordeaux et Angoulême. Une de ses sœurs, Luce Faure, était tapissière. Son mari avait été taillandier avant de devenir relieur ; son beau-frère (qui était à la fois le mari de sa sœur Marguerite et le frère de son mari) fut quant à lui successivement tonnelier, emballeur et relieur. Ses sœurs et elle étaient des figures de la vie sociale, elles savaient lire et écrire, et on les retrouve souvent en tant que signataires dans les registres des différentes paroisses de la ville. En 1760, alors qu'elle avait seize ans, Magdelaine Faure est devenue marraine, et son futur mari parrain dans la paroisse de Saint-Paul ; Luce Faure a elle aussi signé le registre de ce baptême, à l'âge de douze ans. Les trois sœurs ont toutes signé l'acte de baptême du fils d'un apprenti messager en mai 1765, dans la paroisse de Saint-Jacques[44].

L'isle fiscale dans laquelle Magdelaine Faure et son mari vivaient était un quartier regroupant de multiples métiers, comme beaucoup d'autres dans la ville : on y trouvait un bonnetier, un tonnelier, un peintre sur poterie, un cordonnier, un taillandier, un riche négociant et un ancien perruquier (par ailleurs père de l'un des quatre-vingt-trois signataires du contrat de mariage et frère de l'orfèvre Jean-Baptiste Marchais). Le père de Magdelaine Faure, le messager, figure dans le rôle d'impôt de 1763 avec un revenu imposable de 300 livres ; son futur mari, lui, est alors répertorié comme « pauvre[45] ».

De par son entourage et sa sociabilité dans le milieu des imprimeurs et des relieurs, milieu si sensible, aux yeux des adversaires des

Lumières, aux charmes de la modernité, Magdelaine Faure s'inscrit dans l'histoire des Lumières d'Angoulême[46]. Mais elle s'inscrit aussi dans l'histoire de l'insécurité sociale. Sa fille Marguerite Roy a vu le jour le 14 août 1765 et a été baptisée le jour même dans la paroisse de Saint-Jacques ; elle est morte quatre jours plus tard. Magdelaine Faure a survécu neuf jours à sa fille. Elle a été inhumée dans la paroisse de Saint-Jacques le 27 août 1765, une semaine après son vingt-deuxième anniversaire, victime, avec sa fille, des funestes mois d'été. Son mari, Jean Roy, s'est remarié en 1767 dans la paroisse de Saint-André. La mère et la sœur de Magdelaine ont alors signé le registre. Il a eu neuf autres enfants, et il a donné naissance à une dynastie d'imprimeurs, de négociants en papier et de lithographes angoumoisins[47].

Les mariages des autres : Jacques Thinon

La famille de Marie Aymard n'était à son tour pas exceptionnelle dans sa propension à faire établir des contrats de mariage et autres actes notariés. La cérémonie de signature du contrat de mariage de Françoise Ferrand et Étienne Allemand était extraordinaire en raison du nombre de participants (les quatre-vingt-trois signataires et tous ceux qui étaient présents sans pour autant avoir signé, comme la mère de la future mariée). Mais il existe des contrats de mariage pour la plupart des 122 couples qui se sont mariés dans la ville en 1764[48]. Jean Bernard, qui a rédigé le contrat de Françoise Ferrand et Étienne Allemand et « instrumentait beaucoup pour les petites gens », a préparé les contrats de onze de ces couples. Il y avait parmi les mariés deux laboureurs venus des communes voisines de Magnac et Dirac, le fils d'un fournier, qui épousait la fille d'un tailleur de pierre, un tisserand qui épousait la fille d'un journalier, un commis habitant le port militaire de Rochefort, fils d'un tapissier de Boulogne-sur-Mer, et Jacques Thinon, un mendiant, qui épousait la fille d'un mendiant[49].

Jacques Thinon et Marie Léger se sont mariés dans la paroisse de Saint-Martial en juillet 1764[50]. Jacques Thinon est alors réputé venir de la petite paroisse de Coulonges, qui comprenait trente-sept foyers, au nord d'Angoulême[51]. Dans le contrat de mariage, Jacques et Marie se constituent « société en communauté » conformément au droit coutumier de la province de l'Angoumois ; ils versent chacun la somme de 5 livres. L'accord impliquait aussi des provisions pour les dettes et charges à venir, et stipulait les prérogatives personnelles de la future mariée eu égard à « ses habits, bagues, joyaux, linges » ; le contrat, « remboursé », avait coûté 39 sols[52].

Au cours des seize années suivantes, Jacques Thinon et Marie Léger ont eu deux filles et cinq fils, tous baptisés dans l'église paroissiale de Saint-Jacques. Seuls deux des quatorze parrains et marraines de leurs enfants ont pu signer de leurs noms[53]. Mais entre-temps, en février 1776, la famille s'était retrouvée partie prenante d'un autre contrat, de nouveau rédigé par Jean Bernard. Ce contrat-là visait à la résolution d'un litige qui avait commencé en 1748 dans la paroisse de Balzac, au nord d'Angoulême, au sujet des biens des grands-parents maternels de Marie Léger, impliquant alors son grand-oncle et le cousin germain de sa mère[54]. En 1776, les parties impliquées étaient le petit-fils du grand-oncle, laboureur de Balzac, Marie et Jacques, et les deux filles du cousin germain, qui portaient toutes les deux le nom de Marie Godinaud et vivaient dans deux villages distincts ; la sœur cadette était la domestique d'un homme nommé Godard. Jacques Thinon est dit à ce moment-là « sans profession [car] il est aveugle[55] ».

Dans ce litige qui court sur vingt-huit ans, l'objet de la succession était dérisoire : « [le] peu de valeur [des biens] et leur mauvais état les réduisaient à peu de chose. » Pourtant, quinze membres de la famille sont identifiés dans l'accord, plus l'employeur de la cadette Marie Godinaud et un juge de Balzac[56]. Marie Léger est morte à Angoulême quatre ans plus tard, à l'âge de quarante ans, après la naissance de son septième enfant. Trois mois après cela, en février 1781, Jacques Thinon s'est remarié. Sa nouvelle épouse vivait depuis vingt ans dans la paroisse de Saint-Paul et était domestique ; elle avait aussi quarante ans. Ils ont eu une fille, née en avril 1783 ; sur l'acte de baptême, Jacques est de nouveau identifié comme un mendiant[57]. La fille aînée de Jacques Thinon et Marie Léger a épousé un matelot en 1790 ; elle est morte à Angoulême en 1850, à quatre-vingt-cinq ans[58].

Pascal Chauvin et autres

Les signataires du contrat de mariage ne détonnent pas non plus parmi les 4 089 individus des registres paroissiaux en ce qui concerne leurs liens avec des pays lointains. Pascal Chauvin, ou Jean Yrvoix Chauvin, qui s'apprêtait à partir vivre en Martinique et qui est devenu le dépositaire de la procuration de Marie Aymard, n'apparaît pas dans les registres paroissiaux de 1764. Mais sa famille y figure pour les événements de la vie ordinaire. Sa grand-mère, veuve d'un boulanger, est morte au mois de mai, à « environ quatre-vingt-trois ans », dans la paroisse de Saint-Jean[59]. Sa mère était l'une des neuf femmes industrieuses de l'isle fiscale du Petit Maure, répertoriée dans le rôle d'impôt en tant que marchande de graisserie[60]. Marie Yrvoix Chauvin, qui a donné naissance à deux enfants dans la paroisse de Saint-André au cours de l'année 1764, était sa sœur cadette ; son beau-frère, qui était très endetté, est identifié tantôt comme un cirier, tantôt comme un marchand, et tantôt comme un épicier[61].

Pascal Chauvin a trouvé la mort sur l'île de Sainte-Lucie, à environ quatre-vingts kilomètres au sud de la Martinique. Il était négociant et capitaine de milice, et il a légué ses biens – surtout composés de créances non recouvrées sur l'île – à ses frère et sœur d'Angoulême. Toutefois, le legs ne put être exécuté, notamment parce que l'un des plus gros des soixante-deux débiteurs était l'administrateur chargé de faire appliquer la loi sur le plan local, et que les huissiers « n'os[èrent] pas » poursuivre la procédure. L'histoire des colonies françaises regorge de ce type de successions compliquées. Pour y faire face, Marie Yrvoix Chauvin et son mari sollicitèrent alors la protection du gouverneur militaire d'Angoulême : celui-ci écrivit pour plaider la cause de « ces malheureux » que « les principaux héritiers de cette succession demeur[ai]ent à Angoulême et [étaient] véritablement dans le besoin »[62].

D'autres personnes parmi les 4 089 individus des registres paroissiaux avaient des histoires d'espérances et de deuil, et des liens familiaux avec l'économie esclavagiste des colonies. Deux des filles du maître de danse, les sœurs du chirurgien de la plantation d'Artibonite à Saint-Domingue, apparaissent dans les registres à l'occasion d'un baptême célébré dans la paroisse de Saint-Martial en août 1764[63]. La sœur du perruquier parti pour la Guyane française a fait baptiser sa fille en juin dans la paroisse de Saint-André[64]. Rose Civadier, qui a signé en 1764 un acte de mariage dans la paroisse de Saint-Paul, a elle-même épousé en 1766 un « maître [de] chirurgie reçu au Conseil souverain de Cap-Français[65] ». La fille du patron de François Martin Aliquain, qui a par la suite abjuré le paganisme à « environ douze ans », est devenue marraine au mois d'octobre dans la paroisse de Notre-Dame de la Peine[66]. Le capitaine du négrier sur lequel Aliquain est arrivé à La Rochelle ne se trouve pas dans les registres paroissiaux d'Angoulême de 1764 (il préparait alors un voyage négrier sur un autre navire, le *Constant*, qui a quitté La Rochelle en février 1765), mais quatorze autres personnes nommées « Delage » y figurent, à l'occasion de quatre événements différents[67].

Même l'ombre des navires pénitentiaires planait sur les paroisses d'Angoulême en cette année 1764. L'un des 4 089 individus était Marc Gestraud, un forgeron qui est devenu le parrain d'un garçon baptisé dans la paroisse de Saint-Yrieix en novembre 1764. Avant cela, le 16 septembre 1764, Marc Gestraud avait signé un contrat de mariage avec Mathurine Rippe, veuve d'un messager[68]. Six jours plus tard, le 22 septembre, la mère de Gestraud s'était présentée devant le notaire Jean Bernard et avait fait rédiger un « acte d'opposition » au mariage. Elle n'expliquait pas son opposition au mariage (et elle faisait référence à sa potentielle belle-fille en la nommant « Rose Ripe »), mais elle faisait remarquer que son mari Jean Gestraud, également forgeron, était « absent de la province [depuis] plus de quinze ans »[69].

Marc Gestraud avait alors produit un autre document : un acte notarié signé par son père à Toulon, le 28 août 1764, qui donnait à son fils Marc son consentement pour qu'il « s'établisse en mariage avec telle fille ou veuve qu'il lui plaira ». Jean Gestraud était « détenu aux galères » dans le port militaire de Toulon « pour crime de désertion », un crime puni à l'époque du « bagne », c'est-à-dire des travaux forcés. Il avait été amené dans les fers à l'étude de l'un des notaires de la ville par le pertuisanier de la prison, un garde qui restait en temps normal enchaîné à dix prisonniers durant la journée de travail. Au moment crucial de la procédure, celui-ci avait « deferré et mis en liberté ledit Gestraud – [le] constituant avec un chapeau sur la tête ». Gestraud avait ensuite été remis aux fers et « rétabli au même état qu'il étoit avant la passation de la présente »[70]. Marc Gestraud et Mathurine Rippe finirent par se marier en février 1765 dans l'église paroissiale de Saint-Yrieix[71].

Klotz, Clod ou Kloche

Les liens des 4 089 individus mentionnés dans les registres paroissiaux s'étendaient vers la mer, mais aussi vers l'est, dans les terres allemandes. Trois sœurs, Marie Anne, Marie et Françoise Klotz, parentes par alliance de Gabriel Ferrand, apparaissent dans les registres de 1764. Marie Anne et Marie ont signé l'acte de mariage de deux des signataires, à savoir celui de la belle-sœur de Gabriel et du peintre Gabriel Lemaitre[72]. Gabriel Lemaitre était leur neveu et le filleul de Marie Anne ; il était le fils de leur sœur aînée, également nommée Marie Anne Klotz, morte en 1748[73].

Les sœurs Klotz étaient les filles d'un personnage insaisissable appelé Johann Georg Klotz, qui apparaît pour la première fois dans les registres paroissiaux d'Angoulême à l'occasion de son mariage avec une femme de la ville, Moricette Bourdage, en novembre 1717. Il est alors décrit comme le cuisinier de « M. De Torsac », et il se marie avec le consentement de son employeur. Le premier enfant de Johann et Moricette, Marie Anne l'aînée, fut baptisé quelques mois plus tard ; Johann est alors de nouveau présenté comme un cuisinier. La marraine de sa fille est Marie Anne Janssen de Torsac, l'épouse de son employeur[74]. Cette dernière était l'héritière d'un papetier hollandais qui s'était installé à Angoulême au milieu du XVIIe siècle et était devenu l'un des fondateurs de l'industrie papetière moderne dans la ville. Le frère de Marie Anne Janssen, né à Angoulême en 1654, était le célèbre « Sir Theodore Janssen M. P. » qui a émigré à Wimbledon et a participé à la création de la Banque d'Angleterre et de la Compagnie des Indes orientales avant de tomber en disgrâce de manière spectaculaire en 1721 à cause de la fameuse affaire de la bulle des Mers du Sud ; il était alors directeur de la Compagnie des Mers du Sud, établie pour acheminer les esclaves vers les colonies espagnoles d'Amérique[75].

Johann Georg Klotz apparaît de manière régulière dans les registres d'Angoulême au cours des années qui suivent son mariage. En tant que parrain, en tant que signataire, ainsi qu'à l'occasion des baptêmes de ses enfants. À partir de 1719, il est décrit comme un aubergiste. Son nom peu familier entraîne aussi des erreurs de la part des commis chargés des registres paroissiaux. Si sa signature, grande et élaborée, évolue très peu au fil du temps, son nom est quant à lui retranscrit de manière très différente dans les registres des paroisses de Notre-Dame-de-Beaulieu et de Saint-Jean, où il est successivement nommé Klocq, Blocq, Clod, Bloch, Bloth, Kloche, Kloz, Klotz, Cloth, Cloche, Klots, Kloss et Kloste[76].

Après le milieu des années 1720, Johann disparaît pour un temps des registres de la ville. Au moins trois de ses enfants sont baptisés ailleurs ; au moment de sa mort en 1813, sa fille Marie, qui a signé les actes de deux mariages en 1764, est dite née dans un village de Dordogne, non loin du domaine de la belle-sœur de Marie Anne Janssen[77]. Quand sa fille aînée, Marie Anne, se marie en 1737, il est de nouveau présenté comme un cuisinier vivant à Angoulême, et au moment du mariage de la cadette Marie Anne, en 1751, il n'est plus en vie[78].

Malgré ces vicissitudes, Johann Georg Klotz a donné naissance à Angoulême à une grande et imposante lignée. Vingt-deux de ses petits-enfants ont été baptisés dans la ville, et six autres, nés de son fils Jacques, sont nés près de Paris. Jacques Klotz, né à Angoulême en 1723, est décrit à l'occasion de son mariage en 1755 comme un « bourgeois de Paris ». Il était le « valet de chambre » d'un militaire de haut rang, le « Prince Casimir Pignatelli, Comte d'Egmont », et il a passé la majeure partie de la guerre de Sept Ans « en campagne » ; Egmont et sa sœur, dame de compagnie de l'épouse de Louis XV, sont devenus les parrain et marraine du premier enfant de Jacques[79]. Egmont était un membre de l'Assemblée nationale constituante sous la Révolution, et il a quitté la France en 1792. Jacques Klotz, lui, est revenu à Angoulême avec l'une de ses filles, Élisabeth Sophie, qui est devenue la propriétaire d'une grande maison située rue du Minage ayant autrefois appartenu à une famille de militaires ; à cette occasion, elle est dénommée « Klootz fille majeure acquéreur[80] ».

Les procès de Silvie Cazaud

Voilà pour les aventures des « petites gens » figurant parmi les 4 089 individus des registres paroissiaux de 1764, et des familles avec lesquelles les enfants de Marie Aymard se sont liés par mariage. Celles de la bourgeoisie d'Angoulême ont pour leur part un caractère spectaculaire bien à elles. Silvie Calixte Benoit des Essarts, l'épouse de l'atroce employeur du mari de Marie Aymard, Jean Alexandre Cazaud, fait partie des 4 089. Sa fille Mélanie Gabrielle a été baptisée en septembre 1764 dans la paroisse de Saint-André, en l'absence de Cazaud. Le parrain de Mélanie était son oncle maternel, Claude Benoit des Essarts, le propriétaire de « Claude », natif de la « nation de Capélaou » baptisé dans la même église six ans plus tôt ; sa marraine était la « Dame Appollonie Usson femme de Mr de Bologne »[81].

Au cours des années suivantes, Silvie est repartie pour la Grenade, puis revenue en France en 1770 ; elle a ensuite été emprisonnée sur ordre de son mari ; elle est morte à Paris en mai 1781. À cette époque, elle louait un appartement rue des Petits Augustins et était connue sous le nom de « Madame la Marquise de Cazot ». Sa mort a donné lieu à l'une des longues procédures de la vie judiciaire métropolitaine, entraînant la pose de scellés sur sa résidence afin que les biens dévolus à la succession restent sur place. À quatre heures trente le matin du 22 mai 1781, des commissaires du Châtelet de Paris furent chargés de se rendre à l'appartement, où ils trouvèrent « un cadavre du sexe féminin » et entreprirent d'« apposer » les scellés. Au cours des neuf mois suivants (car les scellés ne furent levés qu'en février 1782), il s'ensuivit un défilé de créanciers, de portiers et de femmes de chambre, de parents, d'avocats de passage (venus d'Angoulême) et de généreux amis, en nombre suffisant pour peupler toute une comédie humaine de la vie parisienne. Au cours de la procédure, le nom de Silvie fut successivement retranscrit comme Cazot, Cazeau, Caseau, Casseau, Cazaud, Decazeaux et De Cazeauld[82].

En tout, quarante-deux requêtes distinctes ont été déposées par des individus souhaitant faire valoir leurs droits eu égard à la levée des scellés ; parmi ces individus se trouvaient un serrurier, 2 parfumeurs, un joaillier, 2 tapissiers, 2 traiteurs, un menuisier, 3 couturières, un apothicaire, 2 tailleurs, une garde-malade, un docteur en médecine, un peintre, un maréchal, un marchand de mode de la reine, un fabricant de papier, un cordonnier, un domestique, un marchand, un mercier, un marchand de vin, la personne qui veillait sur les scellés, un perruquier et la femme de chambre de Silvie, qui lui avait prêté de l'argent durant les derniers jours de sa vie, et qui avait aussi, sur ses fonds personnels, payé le prêtre, le fossoyeur et le porteur, ainsi que « la nourriture du perroquet[83] ».

En août 1781, le propriétaire de Silvie, marchand de vin, ainsi que sa femme de chambre, informèrent les commissaires qu'on avait écrit à Cazaud, ou au « marquis de Casseau, mari de la défunte », mais qu'il n'y avait aucune réponse « depuis plus de trois mois ». En septembre, le frère de Silvie arriva avec un avocat d'Angoulême (qui était l'oncle de l'un des signataires du contrat de mariage de 1764), logé au « Grand Hôtel de Toulouse[84] ». Cazaud se présenta finalement au mois de novembre, et fut identifié comme « Jean Alexandre de Cazeau Ecuyer, cy devant député des Français de la Grenade à la cour de Londres » et « ancien officier des Dragons ». Il était la quarantième personne à faire enregistrer ses droits d'opposition à la levée des scellés, en son nom et en celui de ses trois enfants ; lui aussi résidait dans un hôtel situé à proximité (« l'hôtel d'Espagne garni »).

C'est alors qu'un autre personnage entra en scène : un officier de cavalerie dit « Comte de Gamaches », qui avait envoyé son représentant légal. M. de Gamaches, d'après son avocat, prêtait assistance à Silvie de sa propre bourse et avec des garanties de crédit depuis le 28 février 1779, « jour de révocation de la lettre de cachet que M. de Cazeau avoit obtenue contre elle » – le jour, en d'autres termes, où Silvie avait été libérée de la détention arbitraire ordonnée par son mari, conformément à la pratique de l'Ancien Régime permettant aux pères et aux maris de faire emprisonner leurs enfants et leurs épouses avec l'approbation du roi. Au moment où Cazaud donnait sa conférence sur la canne à sucre à la Société royale de Londres, et où son esclave Jean-Alexandre James croupissait dans une cave, Silvie arrivait quant à elle au terme de sa réclusion[85].

M. de Gamaches comptait désormais lui aussi parmi les créanciers de la succession de Silvie. Ses débours, tels que répertoriés dans les livres de comptes de divers fournisseurs, comprenaient le coût de 150 mètres de damas blanc (avec un « dessin à la rose ») et de 8 500 clous dorés. Mais il y avait aussi des souvenirs de temps plus heureux. La femme de chambre, lorsqu'elle fut interrogée à propos des bijoux de Silvie, répondit que cette dernière en avait très peu hormis « deux bagues de cheveux montées en or », dont « elle a[vait] imaginé que ladite feue De Cazeau a[vait] pu les remettre à M. le Comte de Gamaches ». Le portier de l'immeuble, également interrogé sur les bijoux de Silvie, déclara qu'il n'avait aucune connaissance particulière de ce qui se trouvait dans son appartement ; tout ce qu'il savait, c'était qu'« en un des jours [des courses] de Longchamps, il l'a[vait] vue sortir en carrosse avec M. le comte de Gamaches, et qu'elle avoit [aux] oreilles des Boucles de Diamant qui lui [avaient] paru de toute beauté[86] ».

Le procès intenté par Cazaud au sujet de la succession de Silvie fit suite à la levée des scellés sur l'appartement. Durant l'été ayant précédé sa mort, Silvie avait en effet rédigé un testament selon lequel elle léguait la somme de 50 000 livres à l'un de ses vieux conseillers juridiques, à qui elle avait emprunté de l'argent, à condition qu'en plus de se rembourser, celui-ci fasse des legs à ses deux filles et à sa femme de chambre[87]. C'est dans le cadre du procès intenté par Cazaud pour faire invalider ce testament que la justice chercha d'une part à déterminer à quels moments Cazaud se trouvait à la Grenade, « en Italie, ou ailleurs » et avait fait venir Silvie pour diriger ses plantations, et d'autre part à établir si oui ou non Silvie s'était toujours profondément sentie française[88].

L'affaire portait – comme bien d'autres choses dans la vie de Cazaud et dans l'univers des îles conquises au sein duquel Marie Aymard devait enquêter – sur l'intersection des lois françaises et anglaises. « Cette Françaïse, par le fait seul de son Mari, qui a transporté son domicile en pays étranger, a-t-elle pu perdre son domicile en France, qu'elle n'avoit jamais eu l'intention de quitter ? », demandait la *Gazette des Tribunaux* dans son compte rendu sur l'action en justice de Cazaud. Silvie n'avait jamais eu l'intention de quitter la France, disait-on en reprenant l'argument du vieil avocat (qui avait transmis le legs peu convaincant de Silvie à une nouvelle partie connue sous le nom de « Dlle. Lucie ») : les voyages de Silvie à la Grenade « n'avoient été que momentanés & déterminées par la seule volonté de son mari » ; « son mari n'avoit pu la forcer de le suivre en pays étranger, & d'abdiquer sa Patrie ». Cazaud lui-même, en tout état de cause, n'était jamais devenu anglais, puisqu'il était rentré à Angoulême au cours de l'interlude légal de dix-huit mois permettant (selon les termes du traité de Paris mettant fin à la guerre de Sept Ans) aux sujets français de quitter les colonies anglaises et de se « retirer en toute Sûreté & Liberté[89] ».

Toutefois, au bout du compte, l'affaire fut jugée selon des critères plus importants encore : à la demande de Cazaud, elle fut requalifiée en une cause concernant les droits (ou plutôt l'absence de droits) des femmes et la nature du mariage. Le testament de Silvie devait être invalidé, plaidait Cazaud, au motif que « selon les Loix Anglaises, loix de leur domicile commun, toute femme, en puissance de mari, ne peut rester sans sa permission & autorisation ». C'est à cet argument que les adversaires de Cazaud répliquèrent qu'il n'avait jamais été domicilié en Angleterre, et que même s'il l'avait été, ce n'était pas le cas de Silvie. Cazaud répondit à son tour qu'il s'agissait là aussi d'un droit que les femmes mariées ne possédaient pas : « il a établi qu'une femme, en puissance de mari, ne pouvoit avoir un domicile différent de celui de son mari. » L'affaire fut tranchée en appel en faveur de Cazaud[90].

Marie Marthe à Rome

Lorsque l'affaire du testament de Silvie fut jugée, en septembre 1783, Cazaud était déjà parti pour une autre juridiction. Il vivait à ce moment-là avec sa fille aînée, Marie Marthe, née à Angoulême en 1757, la « Demoiselle » au « caractère dur & altier » que Jean-Alexandre James a décrite dans sa pétition de 1779[91]. En octobre 1782, Cazaud et Marie Marthe s'étaient établis dans l'enclave papale d'Avignon. Deux mois plus tard, la jeune femme avait épousé une figure locale, le marquis de Roux. Le mariage n'avait pas duré plus de quelques semaines, et en mars 1783, Marie Marthe, qui était enceinte, avait obtenu une séparation provisoire. Elle avait déclaré que son mari était violent et jaloux ; lui, pour sa part, avait dit qu'elle était froide ; elle lui avait alors demandé : « Seroit-ce de l'amour que vous exigeriez ? Dites, Monsieur, dites, vous en ai-je jamais promis ? Je vous ai dit affirmativement avant mon mariage, que j'en étois incapable. » Marie Marthe était censée disposer d'une dot de 600 000 livres ; son mari déclara (via ses représentants) qu'au moment du mariage, elle était déjà enceinte de quelqu'un d'autre. Ces événements sont racontés par Cazaud lui-même dans un récit de 245 pages, publié à Londres en 1784 sous son nouveau nom : *Mémoire justificatif du Marquis de Casaux, de la Société Royale de Londres*[92].

Selon ce *Mémoire justificatif*, en avril 1783, Cazaud et Marie Marthe avaient fui Avignon pour trouver refuge dans la demeure d'un cousin de Guadeloupe qui se trouvait non loin de là[93]. En mai, l'époux de Marie Marthe avait engagé des poursuites pénales contre Cazaud, l'accusant d'enlèvement et de manquement à son engagement concernant le versement de la dot. En août, Cazaud et Marie Marthe, désormais en fin de grossesse, avaient de nouveau pris la fuite, cette fois-ci pour Rome, la plus haute juridiction des cours d'Avignon. Au mois de septembre, « neuf mois & trois jours après celui de son mariage », Marie Marthe était morte en couches, à Rome[94].

Le *Mémoire* relate une sinistre histoire de violence conjugale (dont sont témoins le banquier et le perruquier de Cazaud) ; il y est une fois encore question de droit du domicile (car Cazaud insiste auprès de son gendre sur le fait qu'il était sujet de « la Grenade », qui était française en 1782 quand le mariage a été contracté, et anglaise quand il s'est terminé en 1783), et de même du droit des femmes à faire des testaments (en vertu du droit pontifical d'Avignon). Les dernières scènes du récit sont saisissantes d'horreur. « Si je meurs, ne perd-il pas tout ? », aurait demandé Marie Marthe. À quoi on lui aurait répondu : « Vous vous trompez, Madame ; si vous mouriez dans un temps où votre grossesse seroit assez avancée pour que votre enfant eût vie, l'on vous ouvriroit, & un seul mouvement du doigt de votre enfant, suffiroit pour assurer sa succession à votre mari[95]. »

À son retour de Rome, Cazaud s'installa tranquillement dans sa nouvelle vie de philosophe, d'économiste et de figure des Lumières. Même dans le *Mémoire justificatif* sur le mariage de sa fille, Cazaud se lance dans de grandes réflexions sur la « main invisible » du destin, la possibilité d'une « Police maritime, universelle » pour les droits de propriété dans les colonies américaines et sur l'avenir des empires atlantiques ; « dans 80 ou 100 ans », écrit Cazaud en paraphrasant une célèbre remarque d'Adam Smith dans *La Richesse des nations*, la Grande-Bretagne « seroit donc obligée de transporter le siège de son empire en *Amérique*, & l'ancienne métropole ne seroit plus qu'une Province *Américaine* »[96]. Son traité *Thoughts on the Mechanism of Societies. By the Marquis de Casaux, F.R.S.*, constitué d'enquêtes triviales (pour savoir « si les importations et les exportations ne sont pas qu'un sport aussi innocent qu'une partie de tennis ») fut jugé « excentrique », pourvu de « l'apparence du calcul, et [du] semblant de la raison » par la *Critical Review*[97]. Entre 1786 et 1792, cette publication fut suivie de dix-huit autres, sur des sujets allant de la dette publique à la Constitution française et aux avantages du commerce colonial.

Durant les premières années de la Révolution française, Cazaud était de nouveau en France. Il fut une figure prolifique des Lumières conservatrices, un homme de « grand esprit » qui soutenait la monarchie et « défend[ait] l'esclavage, la traite des Noirs, l'aristocratie de la couleur de peau »[98]. Mirabeau lui-même a vu dans l'un de ses pamphlets un « ouvrage de génie [produit par] la révolution », « une mine inépuisable d'idées saines et profondes »[99]. Dans les controverses sur le coût des colonies de 1791-1792, Cazaud devint un auxiliaire du théoricien de l'esclavage Pierre-Victor Malouet (dont il avait réussi à obtenir un certificat de moralité dix ans plus tôt lors des interminables discussions visant à déterminer s'il était anglais ou français)[100]. Selon Cazaud, en 1791, « l'existence civile & politique de l'Europe » dépendait du commerce colonial, et « une fausse mesure, à cet égard, seroit infailliblement suivie d'une scène universelle de dévastations, dont l'idée seule fait frémir ». Les échanges économiques des colonies – les supposées « extravagances européennes » –, affirmait-il, fournissaient un emploi à neuf ou dix millions de personnes en Europe, et « détourn[aient] de l'idée d'une lanterne [forme de justice populaire] »[101]. Jean-Alexandre Cazaud est mort en Angleterre en 1796 et a été inhumé à Woodford, dans l'Essex, en tant que « The Marquis de Cassaux, Jean Alexandre[102] ».

La longue vie de Mélanie Gabrièle Sophie

Mélanie Gabrièle Sophie, le dernier enfant de Silvie – la fille dont la naissance fut par la suite invoquée comme preuve de la fluctuation de domicile et de nationalité de ses parents – figure parmi les « protagonistes » des registres paroissiaux d'Angoulême en 1764 : elle est l'un 454 nourrissons qui ont été baptisés cette année-là (et qui ont survécu à leur premier anniversaire). Dans ce contexte familial pour le moins conflictuel, elle mena une vie dépourvue d'affection, mais longue. Elle apparaît brièvement dans le rapport de 1783 concernant les poursuites judiciaires intentées au sujet de la succession de sa mère : dans le testament contesté que son père réussit à faire annuler, sa mère entendait léguer 10 000 livres à sa fille aînée, 1 000 livres à sa fille cadette (Mélanie) et 4 000 livres à sa femme de chambre[103]. Mélanie fut abandonnée à son sort lorsque son père et sa sœur Marie Marthe partirent pour Avignon puis Rome ; on ne trouve qu'une seule allusion à elle dans les 245 pages du mémoire que son père a écrit pour exposer les problèmes de sa fille aînée, « seule au milieu des tigres & des panthères » : à Rome, Marie Marthe aurait « prétendu » répondre à une « lettre de sa sœur[104] ».

Selon ses dires, Cazaud avait fourni à Marie Marthe une dot de 600 000 livres. À Mélanie, d'après le testament du frère de ses filles, Jean-François (qui était né à Angoulême en 1756 et fut « si déplorablement affecté par les troubles nerveux toute [s]a vie »), il versait « la somme annuelle de 80 livres sterling[105] ». Jean-François hérita de la plantation de sucre de la Grenade, à laquelle s'ajoutait désormais une plantation de coton sur l'île de Saint-Vincent ; il acquit aussi un nouveau nom de famille : « John Francis Dugout, Marquis de Casaux, de River Sallee en l'île des Indes britanniques occidentales de la Grenade ». Dans son testament, dévoilé à Londres en mars 1832, il léguait

200 livres sterling par an à sa sœur « Mélanie Gabrièle Sophie ». (Il ordonnait aussi que son cœur fût enseveli dans la bière de son « amie Ann Smith » dans un cimetière de Bruges, en Belgique, et que les « autres parties de [s]es restes mortels » fussent « déposées aux pieds » de feu son père à Woodford, dans l'Essex[106].)

Le temps s'écoula. Mélanie survécut à la Révolution française, aux journées révolutionnaires de juillet 1830, à la révolution de 1848 et à la fin de l'esclavage sur l'île de la Grenade. Dans le testament de sa nièce Henriette, fille du souffreteux Jean-François, enregistré à Nantes en janvier 1852, figure un autre legs : une pension annuelle de 30 livres sterling à « notre chère bonne tante Sophie Mélanie Gabrièle Dugout de Casaux ». Il s'agit là aussi d'un testament excentrique, qui correspond bien à l'esprit tout extravagant de cette famille. Henriette était sujette à des « évanouissements », et par conséquent, craignant qu'on ne la tienne à tort pour morte, elle demandait qu'une incision fût pratiquée dans son talon gauche ou droit, huit heures au moins « après qu'on [l]'aura[it] crue morte ». Sa fortune était pour l'essentiel « investie dans des obligations russes », mais comme son exécuteur testamentaire fit faillite, le testament dut être amendé par un codicille ; dans un autre codicille rédigé à Nantes, elle déclarait : « puisque je ne vis plus en Angleterre, j'annule tous les dons que j'ai faits aux chapelles catholiques de ce pays. » Elle investit alors dans un « dépôt-titre russe » ; elle dota « mille messes basses pour le repos de [son] âme »[107].

Mélanie Cazaud est morte en 1852 à l'âge de quatre-vingt-sept ans. Elle se présentait comme « Sophie de Casaux », « anciennement de Paris en France, mais maintenant de George Street, Portman Square », à Londres. Son testament à elle fut simple : elle légua tout ce qu'elle possédait au « révérend Pierre Wailly » de la chapelle française, Little George Street, Portman Square.

La dame au petit chien

La marraine de Mélanie, répertoriée dans le registre paroissial de Saint-André sous le nom de « Dame Appollonie Usson », fait pour finir le lien entre le monde provincial des 4 089 individus des registres de 1764 et l'éternité de la renommée littéraire. Son nom exact était Bénédictine Husson, et elle était mariée depuis 1738 à un poète de Guadeloupe nommé Pierre de Bologne. Pierre de Bologne était l'oncle de

Jean-Alexandre Cazaud ; son père était propriétaire d'une plantation et commandant de milice en Guadeloupe[108].

Bénédictine Husson, « la dame de Bologne », était la logeuse d'Elizabeth et Lydia Sterne à Angoulême. Laurence Sterne est mort à Londres en 1768, et sa veuve et sa fille sont après cela parties pour la France à la recherche d'un climat plus ensoleillé et d'un mode de vie moins dispendieux. Elles ont fini par s'installer à Angoulême, où elles louaient des chambres aux « Sieur et dame de Bologne », dans leur maison de la rue des Cordeliers (aujourd'hui rue de Beaulieu), près du centre-ville. Les Bologne étaient eux aussi dans une situation difficile : c'est une dette de 8 600 livres qu'ils avaient contractée auprès d'un aubergiste et de son fils (parents des sœurs Klotz) qui a précipité la crise juridico-financière des années 1760 et 1770 à Angoulême[109].

L'histoire du petit chien débute dans la matinée du 4 octobre 1769, lorsqu'on s'aperçoit que le chien de Lydia Sterne a disparu ; il s'agissait d'« un chien Barbet, poil Blanc, une grande tache noire sur le dos, de petites taches également noires parsemées[110] ». Un domestique d'Elizabeth Sterne fut envoyé pour se renseigner ; plus tard dans la journée, le crieur public parcourut le centre d'Angoulême en battant du tambour pour poser des questions sur le chien[111].

Le 9 octobre 1769, Elizabeth Sterne déposa plainte auprès de la juridiction criminelle de la ville. Le chien était « des plus rares dans son espèce », déclare-t-elle, et il avait été « l'objet de la convoitise de certains quidams ». Il avait été volé autour de onze heures le matin du 4 octobre, et malgré tous ses efforts, elle avait été incapable de le retrouver ; le chien avait sans doute été emmené hors d'Angoulême par « l'auteur du vol, ses adhérents et complices ». Elle demandait qu'une « information » fût ouverte sur les faits et circonstances de l'affaire. Sa fille était extrêmement attachée au chien, disait-elle ; il avait un collier floral de cuivre jaune doublé de maroquin rouge et estampillé « Mlle Sterne anglaise[112] ».

L'« information » fut ouverte le lendemain, 10 octobre. C'était une semaine chargée pour les juridictions subalternes d'Angoulême car la crise juridico-financière des « usuriers d'Angoulême » commençait à agiter la ville. Mais un coupable fut néanmoins rapidement identifié dans l'affaire du chien disparu : le domestique de Silvie Benoit des Essarts, « la dame Cazaud ». Un fournier avait témoigné qu'en traversant le pont pour pénétrer dans la ville, il avait vu un homme grand et blond qu'il ne connaissait pas, transportant quelque chose sous le bras gauche, enveloppé dans un linge sale ; la chose en question gigotait, et il avait pensé que ce devait être « un chien ou un chat ». Un perruquier avait quant à lui vu quelqu'un qu'il connaissait, le domestique de « la dame Cazeaud », ramasser un chien qui passait par là, entre la rue des Cordeliers et la halle aux grains (le Minage), et l'emporter ; il avait reconnu le chien, qui était un « chien barbet » récemment tondu qu'il voyait souvent se promener avec les dames anglaises sur les Champs de Beaulieu[113].

Et ce n'était pas tout. Un coutelier qui se trouvait alors devant chez lui, en face de la halle aux grains, avait vu un homme qu'il avait pris pour un domestique, vêtu d'une redingote et transportant un chien sous le bras gauche. Il avait reconnu le chien à sa tête (non tondue), qui dépassait de sous le manteau ; quelques jours auparavant, il avait vu la dame anglaise se promener avec ce chien qui marchait devant elle. Le fils de quatorze ans d'un avocat qui se trouvait devant la maison de son père avait pour sa part vu le domestique de « la dame Cazeaud » s'éloigner de la halle aux grains avec un chien sous le bras gauche. Il avait lui aussi reconnu le chien dont la tête dépassait de sous la redingote ; il avait vu à maintes reprises le chien se promener avec la dame anglaise à proximité de la prison. Un commerçant qui se trouvait sur le seuil de sa boutique en face de la halle aux grains avait vu un homme qu'il ne connaissait pas de l'autre côté de la rue, portant sous le bras gauche un chien qu'il avait reconnu ; lui aussi avait de nombreuses fois vu le chien avec la dame anglaise. Plus tard ce jour-là, alors que le crieur public parcourait la ville en battant le tambour pour le petit chien, le commerçant avait raconté ce qu'il avait vu, et une jeune fille qu'il ne connaissait pas lui avait dit que l'homme en question était le domestique de « la dame Cazeaud[114] ».

Les témoignages concordaient, et Alexandre Prévaut, présenté comme le domestique de la dame Cazaud, « domicilié à Angoulême et demeurant chez Madame Cazeau rue des Cordeliers », fut arrêté et emprisonné. Il n'avait rejoint le ménage de la rue des Cordeliers que récemment. En juin 1769, au moment de son mariage avec une femme de Brive nommée Liberalle Langlade, il était décrit comme un menuisier originaire d'un village de Dordogne. En octobre 1769, lors du baptême de sa fille Jeanne dans la paroisse de Saint-Jean, quelques jours après son arrestation, il est présenté comme le « valet domestique » de « Mme Cazeaud[115] ». Il fit appel de son emprisonnement ; le 9 décembre 1769, l'affaire fut renvoyée devant le Parlement de Paris[116].

Ainsi s'achève l'histoire du petit chien de la fille de Laurence Sterne, et avec elle celle des 4 089 individus mentionnés dans les registres paroissiaux d'Angoulême en 1764 – comme il est dit à la fin d'*Un voyage sentimental* : « De façon que, lorsque j'étendis la main, je saisis la femme de chambre par –[117]. » En mars 1770, Lydia Sterne a écrit à sa cousine d'Angleterre depuis la maison de la rue des Cordeliers d'Angoulême, en parsemant sa lettre de mots et d'expression en français : « la ville, quoique mal bâtie, est très agréablement située, les perspectives sont belles, les promenades magnifiques. – Mais quant aux habitants, excepté un petit nombre d'entre eux – *n'en disons rien*. Pourtant, jusqu'ici, je dois en faire l'éloge, ils comprennent la nourriture & l'amusement mieux que n'importe quel peuple au monde [...] il y a cinquante-neuf *traiteurs* dans cette petite ville, qui portent des manteaux festonnés & des *couteaux de chasse*, [mais] seulement un libraire, & lui, le pauvre homme est dans le besoin & ressemble à l'apothicaire affamé de Shakespeare. Cette gloutonnerie rend le marché très cher [et] par conséquent nous avons l'intention d'aller un peu plus au sud où nous pourrons vivre à meilleur marché, aussi courtoises que les gens le sont avec nous[118]. »

Chapitre 4
La première révolution

Temps historique et temps familial

L'histoire de Marie Aymard et de sa famille relève jusqu'ici d'une enquête sur les relations de contiguïté dans l'espace (les petits quartiers d'Angoulême) et dans l'espace social des réseaux familiaux (les signataires du contrat de mariage et les personnes mentionnées dans les registres paroissiaux de 1764). Mais il s'agit aussi d'une histoire constituée d'épisodes, et de fait, d'un récit qui se déploie dans le temps – avec par exemple l'histoire de la quincaillière et de sa belle-sœur, celle du fils du maître de danse à Saint-Domingue, ou encore celle de la longue vie de Mélanie Cazaud, privée de l'affection de ses parents. C'était en définitive le seul moyen de découvrir qui étaient les individus des différents réseaux, et cette entreprise est devenue un voyage sans fin.

Le reste de l'histoire consiste en une enquête sur les relations au fil du temps : le temps historique de la longue Révolution française, et celui de la modernité du XIXe siècle. Il s'intéresse à la contiguïté dans le temps familial et plus largement relationnel, et à ce qui est arrivé par la suite aux enfants de Marie Aymard et à leurs propres familles. Comme si les individus de l'histoire prenaient un virage à quatre-vingt-dix degrés et passaient dans une autre dimension, celle du temps historique. Il s'agit de fait d'un passage vers une autre sorte d'histoire. Tout le monde vit dans le temps (même si personne jusqu'ici, dans ce récit, n'est une figure historique, c'est-à-dire un personnage important dans l'histoire de France ou du monde). Il y a le temps de la vie de famille, le temps du travail et celui des passions amoureuses, le temps des dettes et celui des espérances. Mais tout le monde à Angoulême en 1764 – tous les signataires et chacun des 4 089 individus figurant dans les registres paroissiaux – existait aussi dans le temps de l'histoire politique, et c'est le sujet de cette nouvelle partie du livre.

Marie Aymard est morte à Angoulême en avril 1790. Elle est née en temps de guerre et a connu deux guerres quasi mondiales ; elle se trouvait à Angoulême pendant la première année de la Révolution française. Son troisième fils, Mathurin, qui a peut-être pris la fuite pour ne pas intégrer la milice, est né à Angoulême en 1743 : la même année que Marat, Condorcet et Toussaint Louverture. Sa bru Élisabeth, fille du poêlier dont un des parents est mort à Cayenne, est née en 1755, la même année que Marie-Antoinette. Comme beaucoup des personnes parmi lesquelles elle a vécu, Marie Aymard appartient à la génération de la longue Révolution française.

Tout débute au cours de l'année durant laquelle le contrat de mariage a été signé, pendant la période de transformation des années 1760, 1770 et 1780 que Tocqueville a présentée dans *L'Ancien Régime et la Révolution* comme les prémices de la « longue Révolution », en s'appuyant notamment sur les documents administratifs de la généralité de Limoges[1]. Et le récit se poursuit dans l'histoire (exiguë) de la Révolution française à Angoulême et jusqu'à l'époque des guerres révolutionnaires (qui touchent surtout la génération des petits-enfants de Marie Aymard). Localement, on considère, et ce, de manière persistante, qu'il ne s'est pas passé grand-chose à Angoulême au cours de ces années de turbulence. En 2019, le site internet de la préfecture actuelle indiquait encore lui-même : « pendant la révolution, la Charente [a] reç[u] le contrecoup des grands événements se déroulant à Paris et aux frontières en évitant les abus et les dérèglements[2]. »

Les Allemand et les Ferrand sont presque complètement invisibles dans cette histoire en apparence insignifiante. Personne dans la famille élargie n'a joué un rôle important dans les événements de l'époque, et l'historiographie de la Révolution ne contient qu'une seule allusion énigmatique au deuxième fils de Gabriel[3]. Au sein du réseau social des Quatre-Vingt-Trois signataires du contrat de mariage, seules trois personnes ont été des figures politiques, en l'occurrence mineures, au cours de la Révolution. Mais l'histoire de la Révolution du point de vue des familles et de leurs relations est en soi une histoire politique. Il s'agit de savoir ce qui s'est réellement passé, d'observer les événements de la vie quotidienne – les opportunités, les déconvenues, les rencontres – qui ont découlé des changements apportés par la Révolution. Or, à cette époque, presque tout dans l'existence publique et privée, y compris l'idée du public et du privé, de l'économique et du politique, a été modifié par les nouveaux modes d'administration, la nouvelle position de l'Église et la guerre généralisée.

La première période de la Révolution française a été, selon les termes de Tocqueville, une époque de « tressaillement intérieur » durant laquelle « chacun s'[est] inqui[été] et [agité] dans sa condition et [a] fait [un] effort pour en changer[4] ». L'histoire d'Angoulême entre 1764 et 1789 se compose dans ce qui suit de quatre scènes et donne à voir des temps troublés. La première concerne l'affaire juridico-légale, ou la « révolution » du commerce, qui a débuté en octobre 1769, au moment, et dans les mêmes petites rues autour de la place du Mûrier, où le chien d'Elizabeth Sterne a été volé. Cet épisode a fini par valoir à Angoulême une notoriété nationale, et même internationale. Les autres scènes, elles, se rapportent à la famille de Marie Aymard, dont les membres cherchaient à améliorer leur condition. Il y est question de l'Église et de ses établissements éducatifs, des échanges coloniaux et de l'administration fiscale, dans laquelle Martial Allemand Lavigerie, le fils aîné du couple du contrat de mariage de 1764, a trouvé un emploi à la toute fin de l'Ancien Régime.

Les petits-enfants de Marie Aymard

On peut raconter l'histoire des vingt-cinq années qui séparent 1764 de 1789 sous l'angle de l'histoire familiale. Au cours de ces années-là, les enfants de Marie Aymard se sont mariés et à leur tour ont eu des enfants. Françoise et Étienne, le couple du contrat de mariage de 1764, ont eu neuf filles et quatre fils ; Gabriel et Marie Adélaïde six fils ; Jean-Baptiste est devenu l'apprenti d'un horloger et a émigré à Saint-Domingue. Étienne a trouvé un poste lui permettant d'enseigner les humanités au collège (anciennement jésuite) d'Angoulême. Le fils aîné de Françoise et Étienne, Martial Allemand Lavigerie, a été le premier petit-enfant de Marie Aymard à se marier, quelques jours avant qu'elle meure, en 1790[5].

Les petits-enfants ont grandi dans un espace restreint. Les six fils de Gabriel sont tous nés dans la toute petite paroisse de Notre-Dame de la Peine, dans laquelle le contrat de mariage de sa sœur a été signé en 1764. Après leur mariage, Étienne et Françoise ont vécu quelque temps dans la paroisse voisine de Saint-Antonin, où se trouvait l'échoppe du père d'Étienne, le tailleur Marc Allemand. Ils ont ensuite déménagé pour s'installer dans la paroisse de Notre-Dame de la Peine, près de Gabriel et de sa famille. En 1783, Marie Aymard était ainsi entourée d'au moins dix-sept petits-enfants qui vivaient tous à quelques pas les uns des autres. D'un bout à l'autre du registre paroissial, la profession de Gabriel est « maître écrivain » ; en 1755, il est « maître écrivain et de pension ». Étienne, lui, est présenté comme un « maître ès arts », un « m[aître] d'école », un « régent » et un « m[aître] de pension »[6].

Les deux jeunes familles étaient très étroitement liées, voire repliées sur elles-mêmes. Sur les trente-huit individus choisis par Gabriel, Marie Adélaïde, Étienne et Françoise pour être les parrains et marraines de leurs enfants, vingt-huit sont des membres de la famille immédiate : des frères, des sœurs, des cousins. Les autres sont des écoliers et des patrons d'une sorte ou d'une autre : « Sieur Pierre Louis Martin Grand de Luxollière », écolier, en 1778, ou la veuve d'un propriétaire de plantation récemment arrivée de Saint-Domingue, « Dame Marie Catherine Mandrou veuve Berthoumieu delamerique » en 1779[7]. Comme si Gabriel, Françoise et Étienne avaient définitivement tourné le dos à l'univers de sociabilité de leurs parents : les menuisiers, les chapeliers et les épouses de serruriers qui avaient été choisis pour être les parrains et marraines des enfants de leur propre génération, dans le vieil Angoulême[8]. À partir de 1771, Étienne adopte le nom composé « Allemand Lavigerie » ; les administrateurs du collège le connaissaient sous le nom de « Lavigerie »[9].

Les familles étaient aussi étonnamment résilientes. Françoise a eu treize enfants dont sept en six ans, entre 1765 et 1771, et au moins onze ont survécu à la petite enfance. Au moins cinq des six enfants de Gabriel et Marie Adélaïde, et trois des quatre enfants de Jean-Baptiste et Élisabeth ont eux aussi survécu à la petite enfance[10]. Sur les neuf filles de Françoise, cinq vivaient encore à Angoulême dans les années 1850. Sa fille aînée, qui se faisait appeler « Jeanne *ainée* », et qui est devenue la plus importante source de capital pour la famille au XIXe siècle, est morte à Angoulême en 1860, à quatre-vingt-onze ans. Sa benjamine, Louise Mélanie, est morte en 1865 près du Mans, alors qu'elle rendait visite à sa petite-nièce établie dans la Sarthe. Le fils aîné de Françoise, Martial, grand-père du cardinal Allemand Lavigerie, est mort à Angoulême en 1856, à quatre-vingt-huit ans[11]. Le dernier petit-enfant de Marie Aymard est décédé dans une petite ville de

Normandie en 1873, au lendemain de la guerre franco-prussienne[12]. Ces enfants et petits-enfants, et leurs propres familles, sont les figures centrales de la suite de cette enquête.

Les capitalistes et les cabalistes

L'épisode de l'inquiétante crise commerciale, qui finit par se révéler si décisif, a commencé à Angoulême en 1769 et s'est poursuivi en deux phases jusqu'en 1789. D'après Turgot, qui a consacré un mémoire à cette « révolution », Angoulême était une ville non économique : elle aurait dû être « commerçante », mais elle ne l'avait jamais été. Même les familles qui réussissaient, déplorait Turgot, cherchaient à se retirer du commerce dès qu'elles le pouvaient, et à acheter une charge pour entrer dans la petite noblesse de la fonction publique (comme le fils du signataire du contrat de mariage Jean-Baptiste Marchais)[13]. Le commerce était entre les mains de personnes disposant de très peu de capitaux, et sur les trois principaux secteurs économiques d'Angoulême et des environs (la manufacture de papier ; le négoce de l'eau-de-vie ; et l'industrie de la fonderie et de la forge de métaux dévolue à approvisionner la marine) ceux de l'eau-de-vie et de la forge étaient tous les deux soumis à de grands périls. C'est dans ce contexte économique que s'est déroulée l'« affaire d'Angoulême », dite aussi « affaire des usuriers »[14].

La procédure judiciaire a donc débuté en octobre 1769 lorsqu'une « cabale » de débiteurs (selon l'expression de Turgot) a accusé ses créanciers, les « capitalistes », de pratiquer des taux d'intérêt usuraires. Marie Anne Klotz, figure mineure du réseau social des signataires du contrat de mariage, marraine du beau-frère de Gabriel et fille de Johann Klotz, était l'épouse du meneur de la cabale. Turgot, venu en visite à Angoulême quelques semaines plus tard pour « y faire son département », c'est-à-dire son inspection de la généralité, trouva alors la ville dans un état de « terreur », prise d'une « espèce de vertige ». Les cabalistes, bénéficiant de l'assistance d'un avocat local et du soutien tacite du procureur général, avaient exigé que les capitalistes leur restituent leur argent en invoquant la prohibition de l'usure, qui, depuis longtemps, n'était quasiment plus appliquée. Sur le conseil « imprudent » de son avocat qui était aussi son cousin germain, un des capitalistes incriminés avait pris la fuite ; le fils d'un autre capitaliste, le marchand de papier Abraham François Robin, était accusé de tentative de meurtre ; « toutes les spéculations du commerce » étaient à l'arrêt[15].

L'affaire fit l'objet de huit décrets successifs du Conseil d'État du roi entre 1770 et 1776, et elle s'acheva (pour un temps) par la justification des capitalistes. Elle fit aussi l'objet de récits historiques concurrents. Le mémoire de Turgot, qui entendait faire « un récit de ce qui s'est passé à Angoulême » et esquissait une théorie du risque, des anticipations et de la liberté des marchés financiers, a fait office de version officielle et fini par être publié en 1789 ; aux yeux des économistes ultérieurs, cette théorie a été le fondement de toute la réforme des institutions financières qui a suivi[16]. La version des capitalistes – expliquant « le trouble, la crainte et la frayeur [survenus] dans l'esprit des banquiers » – est relatée par Abraham François Robin dans un « recueil secret » sur la « révolution arrivée dans le commerce de la ville d'Angoulême » écrit pour ses enfants[17]. La version des cabalistes, dans laquelle ces derniers déplorent l'imminence d'une « révolution des plus funestes », a fini par être censurée (« supprimée ») par le Conseil d'État en 1776 car « téméraire, injurieuse & contraire au respect dû à Sa Majesté[18] ». Ces récits s'accompagnaient en outre de listes présentant le nom des individus impliqués dans les transactions de capitaux opérées dans la ville : celles-ci constituent des énumérations concurrentes des dettes et des créances à Angoulême.

Les principaux capitalistes concernés par l'affaire étaient au nombre de cinq, et il faut noter qu'ils utilisaient eux-mêmes le terme assez neuf de « capitalistes » pour se définir[19]. Les deux plus importants étaient des parents de Silvie Cazaud : son père, signataire du contrat de l'époux de Marie Aymard au nom de son gendre en 1753, et son frère, Claude Benoit des Essarts, le propriétaire de « Claude ». Le capitaliste qui s'était enfui était leur cousin par alliance ; on comptait aussi parmi eux le receveur de la taille Pierre Marot, et le marchand de papier Abraham François Robin. Ce dernier était un ancien échevin et « grand juge » de la cour consulaire des marchands de la ville, qui « faisait un peu de banque avec ses propres fonds[20] ». Claude Benoit des Essarts est le seul des cinq à figurer parmi les 4 089 individus des registres paroissiaux de 1764 – en tant que parrain de sa nièce, Mélanie Cazaud[21].

Du côté des conjurés, ou des « cabalistes » pour reprendre l'expression d'Abraham François Robin, les deux principaux instigateurs se trouvent dans les registres paroissiaux de 1764 : il s'agit d'un aubergiste nommé Pierre Nouel et de son fils Jean-Louis – auxquels s'ajoutent le petit-fils de Pierre et un autre de ses fils, Guillaume[22]. Pierre Nouel est une figure centrale dans tous les récits concernant l'affaire. Turgot le présente comme un « ancien aubergiste d'Angoulême qui, depuis [qu'il s'est] jeté dans une foule d'entreprises mal concertées, se trouve réduit aux abois[23] ». Robin, lui, indique que le fils de Nouel, Jean-Louis, était négociant en eau-de-vie et « chef de la cabale ». En 1770, Pierre et Jean-Louis furent condamnés par le Conseil d'État à restituer 18 314 livres aux capitalistes ; ils contestèrent manifestement le jugement en publiant avec leur avocat le mémoire supprimé par le Conseil d'État en 1776, intitulé *P.-J.-L. Nouel, l'ainé & fils, & Drou, Au roi, et à nosseigneurs de son conseil*[24].

Dans les registres paroissiaux, Pierre Nouel apparaît en tant que patriarche à l'occasion du mariage de son fils cadet Guillaume dans la paroisse de Saint-Jean ; Jean-Louis Nouel était quant à lui présent avec son épouse Marie Anne Klotz (une « Aymard-1 » dans le vaste réseau du contrat de mariage) au mariage de son frère, et leur fils Pierre a été baptisé en février dans la paroisse de Notre-Dame-de-Beaulieu[25]. La nouvelle belle-sœur de Jean-Louis Nouel – parent lié de près à tout l'épisode – était la sœur de l'avocat qui fut au cœur dans la conjuration suivante, choisi, d'après Abraham François Robin, parce que c'était « un homme dur et impitoyable, sans foi et sans honneur[26] ».

Plusieurs figures mineures de l'histoire – des commerçants répertoriés dans les différentes listes de débiteurs – font également partie de la société des 4 089. L'époux de Marie Yrvoix Chauvin – laquelle a eu deux fils prénommés Pierre au cours de l'année et était la sœur de Pascal Chauvin supposé parti pour la Martinique – avait, d'après une des listes, emprunté de l'argent aux cinq capitalistes, et a été condamné par le Conseil d'État à leur verser 60 livres afin de leur restituer l'argent qu'ils lui avaient remis sous la contrainte en remboursement des intérêts qu'il avait payés précédemment[27]. Jean-Pierre David, marchand de draps et intermédiaire financier occasionnel vivant place du Mûrier, et par ailleurs parrain, avec l'une des Rose Rezé, d'une petite fille née dans la paroisse de Saint-Jean en novembre 1764, figure quant à lui sur une liste dressée par les cabalistes pour avoir refusé de chercher restitution des intérêts qu'il avait payés, et avoir ensuite été obligé de signer à l'un des capitalistes une garantie contre toute réclamation future[28].

Tous les récits consacrés à cet épisode de crise entre les capitalistes et les cabalistes montrent qu'il a suscité un vif intérêt à Angoulême et dans les environs. Selon Turgot, ce fut une période d'« inquiétude et [de] discrédit » généralisés, marquée par « le défaut absolu d'argent sur la place[29] ». Un des capitalistes, le receveur de la taille, déplore que l'on « répand[ait alors] par des voix sourdes » des « clameurs » et « des bruits également faux »[30]. Selon Robin, une « désolation affreuse » régnait parmi les créanciers, et les cabalistes « répand[aient] dans les places publiques et les carrefours d'Angoulême, dans les villes voisines et la campagne, des libelles et des chansons où chacun des banquiers étoit nommé avec les épithètes les plus affreuses[31] ». Une autre figure des registres paroissiaux de 1764, un orfèvre dont le fils a été baptisé dans la paroisse de Saint-André, intenta un procès à un autre capitaliste parce que ce dernier avait tenu des propos injurieux à son encontre : le jugement finalement rendu en sa faveur fut « affich[é] et placard[é] à Angoulême[32] ».

Marie Aymard et sa famille immédiate n'apparaissent ni dans ces récits, ni dans les différentes listes de débiteurs et de créanciers. La famille vivait de fait dans un milieu économique différent : une société segmentée pourvue de très peu de capitaux et possédant très peu de biens. Même les créanciers de Marie Aymard, les marchands de potasse et de graisse de cuisson qui la menaçaient de saisir son mobilier, et les intermédiaires qu'ils employaient, avaient des moyens bien trop modestes, ou étaient trop peu entreprenants pour figurer sur ces listes[33]. Au sein du vaste réseau des signataires du contrat de mariage, trois personnes étaient impliquées dans cette histoire, toutes du côté de la cabale. Gabriel Lemaitre, beau-frère de Gabriel Ferrand, était le neveu par alliance de Jean-Louis Nouel. Jean Dumergue, sellier dont le frère se trouvait à Saint-Domingue, figure sur la liste des trente-quatre principaux marchands ayant pratiqué des « extorsions » dressée par Abraham François Robin ; Robin indique par ailleurs que Dumergue avait « failli et [était] séparé de biens avec sa femme[34] ». L'époux de la signataire Marie Durand, fils du riche orfèvre Jean-Baptiste Marchais, fait quant à lui partie « des autres marchands qui avaient fait banqueroute avant leurs extorsions aux banquiers en 1769[35] ».

Pour autant, dans les petites rues bondées du centre-ville d'Angoulême où Marie Aymard et les membres de sa famille vivaient, le « vertige » était bel et bien perceptible : les rumeurs allaient bon train, et le spectacle de la crise financière était omniprésent. Claude Benoit des Essarts vivait sur la place du Mûrier, et Abraham François Robin tout près, à quelques pas de chez Étienne Allemand et Françoise Ferrand. Benoit des Essarts l'aîné et l'imprudent avocat vivaient dans la même petite isle fiscale (l'Isle de la Cloche Verte) que Marc Allemand et nombre des signataires du contrat de mariage[36]. Un des cabalistes était un maître de forge de Dordogne, qui, lorsqu'il se trouvait à Angoulême, séjournait chez son beau-frère, dans la rue du Collège, non loin de la maison de Gabriel Ferrand[37].

En octobre 1769, la demeure de la rue du Collège fut même le théâtre d'un affrontement. Au début de la crise, Jean-Louis Nouel avait proposé à Robin de l'y rencontrer en tête à tête. Robin s'y était rendu seul, et il s'était alors retrouvé face à Nouel, son frère et le beau-frère de ce dernier (le dur et impitoyable avocat). Dans son recueil secret, Robin note que personne ne l'aurait entendu crier car la chambre du maître de forge était « sur le derrière d'une maison située dans le quartier le plus isolé de la ville. On l'avoit choisie exprès, et il était neuf heures du soir, au mois d'octobre[38] ». Quelques jours plus tard, la maison fut mentionnée dans une plainte déposée auprès de la juridiction criminelle de la ville contre le fils de Robin, accusé de tentative de meurtre par le maître de forge : d'après la déposition de ce dernier, le jeune homme s'était présenté chez lui en pleine fureur et avait alors un objet dans la poche qu'il « a[vait] présumé être un pistolet » ; le beau-frère du maître de forge déclarait quant à lui que la visite du fils de Robin avait été suivie, un peu plus tard le même jour, de celle de sa sœur, « *fort espleurée* », qui gémissait qu'« il [était] trop sensible pour des enfants de voir leur père dénoncé »[39].

Période agitée dans le diocèse

Le milieu économique dans lequel Gabriel, fils aîné de Marie Aymard, a entrepris de poursuivre sa vocation en 1760 – « instruire la jeunesse » – était à l'époque bien plus paisible[40]. L'Église, avec ses écoles, ses séminaires et ses collèges, était alors le plus important acteur économique d'Angoulême, même si, selon la classification de Turgot et d'autres économistes, c'était un secteur non économique, puisque cet ensemble d'institutions pourvoyait emplois et opportunités de profit sans produire de marchandises. Dans les années 1750, le collège jésuite était une entreprise florissante regroupant quelque 280 élèves et 15 à 20 professeurs. Il se composait d'un bâtiment entouré de jardins d'hiver et d'été, d'une cour avec des tilleuls et d'une vaste bibliothèque. Le collège organisait des représentations théâtrales pour les habitants de la ville et remettait des prix lors de réjouissances publiques[41]. Seuls 25 élèves (dont quelques-uns recevaient une bourse de la fondation) résidaient au sein du collège, dotés de leurs propres domestiques et appartements. Les autres étaient soit des enfants de la localité vivant chez leurs parents, soit des enfants logeant dans l'un des « pensionnat[s] » regroupés autour du collège ; les maîtres ou « précepteurs » des pensions, comme Gabriel, les aidaient dans leurs études et étaient autorisés à enseigner le français et le latin[42].

Cela formait dans le centre d'Angoulême une importante population d'adolescents et une impressionnante microéconomie. Les élèves, avec leurs professeurs, leurs domestiques, les aumôniers et les jardiniers, engendraient un marché pérenne pour écouler les services et les marchandises. Le collège achetait des chandelles, des livres, du vin et du beurre ; il disposait d'une blanchisserie et d'un tailleur, et il sollicitait les services d'apothicaires, de notaires et de chirurgiens. Il avait ses propres fournisseurs, comme le neveu de la quincaillière Rose Rezé, imprimeur officiel du collège. Les élèves de l'établissement, qui apparaissent régulièrement dans les registres paroissiaux de la ville – en tant que parrains aux baptêmes des enfants de leurs maîtres, ou en tant que témoins des décès de personnes isolées – étaient essentiels pour l'économie locale[43].

La période de « désorganisation », d'« anarchie » et de « décadence » qui fit suite à l'expulsion des Jésuites en 1762 – la « misérable agonie » du collège, selon les termes des historiens du XIXe siècle – constitua une excellente opportunité pour les jeunes hommes de la ville. Les professeurs jésuites (qu'on autorisa à emporter leurs lits et dix-huit chemises) furent remplacés par des « régents », c'est-à-dire des maîtres de pension laïcs qui se présentaient eux-mêmes comme des maîtres ès arts ; deux pétitions de 1766 évoquent « la faiblesse de l'enseignement, l'insuffisance et l'incapacité de plusieurs des maîtres ». Les régents furent à leur tour remplacés, ou suppléés, par de nouveaux maîtres de pension[44].

C'est au cours de ces années de mutation que Gabriel Ferrand est devenu maître d'une pension, et qu'Étienne Allemand, le marié du contrat de 1764, est successivement décrit comme maître ès arts, régent et « professeur de philosophie et de rhétorique ». Ces fonctions n'étaient pas bien rémunérées. Les régents comptent parmi les personnes les plus pauvres des rôles d'imposition, et comme nous le verrons, Étienne a signé au cours de son existence toute une série de pétitions en vue d'obtenir une augmentation des émoluments et le paiement de soldes qui n'étaient jamais versées. Sur les quatorze hommes et une femme répertoriés dans les rôles d'imposition en tant que régents, « pédants » ou maîtres de pension, une seule personne jouit d'une certaine aisance, et il s'agit d'un ancien « homme d'affaires[45] ». Néanmoins, la fonction assurait une certaine stabilité, et elle était toujours signe d'ascension sociale.

Le mouvement de réorganisation permanente enclenché par le départ des Jésuites toucha également l'architecture du vieil établissement, qui commençait à se dégrader. En janvier 1774, on informa le « bureau » du collège, composé de notables locaux, qu'il manquait des croisées et que des volets étaient en train de pourrir ; en juin, les membres dudit bureau apprirent que plusieurs murs s'étaient affaissés sous l'effet des pluies du printemps ; en septembre, les murs du jardin s'effondrèrent ; le 11 novembre, le professeur de la troisième classe du collège (qui était le fils d'un tailleur de la ville et le gendre de Johann Georg Klotz) trouva subitement la mort à l'âge de quarante ans ; le 25 novembre, le bureau invita Étienne, « Sieur Lavigerie, enseignant les humanités dans cette ville », à le remplacer[46].

Toutefois, quelques années plus tard, les derniers élèves résidant sur place quittèrent le collège, et les boursiers de la fondation furent envoyés vivre avec Étienne et sa famille ; un des fils d'Étienne se vit lui-même attribuer une bourse d'études[47]. Un des fils de Gabriel s'engagea sur la voie de l'ordination, comme son père l'avait fait trente ans plus tôt[48]. En 1786, Étienne Allemand et un autre professeur s'adressèrent à l'administration pour faire état d'une « révolution » qui avait commencé environ douze ans auparavant. Il s'agissait d'une révolution économique, prenant la forme d'une subite augmentation des prix des produits de première nécessité : « cette révolution diminu[e] considérablement la valeur relative de nos honoraires. » On avait promis aux professeurs, ou du moins l'avaient-ils cru, qu'ils recevraient un dédommagement quelconque si les prix restaient élevés. Mais rien n'avait été fait, écrivaient-ils, et « cette même révolution se fortifie de plus en plus[49] ». Quatre ans plus tard, Étienne écrivit de nouveau à l'administration, notant que les prix continuaient à augmenter, pour réclamer une hausse du montant des bourses octroyées aux élèves de la pension pour compenser l'augmentation du coût de la vie ; il consacrait lui-même son temps et ses efforts aux boursiers, et il était désormais obligé de sacrifier même les « petits produits » de sa propre « industrie »[50]. Alors que le collège comptait 280 élèves au moment de l'expulsion des Jésuites, il n'en restait plus que 15 en 1790[51].

Le triste sort du vieil établissement n'était qu'une des manifestations des difficultés plus importantes que rencontrait l'économie locale de l'instruction religieuse. L'autre principal centre d'enseignement d'Angoulême était un séminaire dédié à l'instruction des futurs membres du clergé. Celui-ci se trouvait dans la paroisse de Saint-Martial, et il était dirigé depuis 1704 par une autre congrégation religieuse : les prêtres de la mission de Saint-Lazare, ou Lazaristes[52]. Comme les Jésuites, les Lazaristes furent rattrapés, au cours du siècle, par les multiples conflits engendrés par les réformes royales concernant l'autorité municipale, les industries locales, la modernisation du clergé et l'estimation des biens, c'est-à-dire de la propriété foncière de l'Église. Or, ces différends étaient eux-mêmes liés au conflit ouvert entre les capitalistes et les cabalistes, qui déclencha la « révolution » commerciale de 1769.

Abraham François Robin, l'auteur de l'histoire secrète de la crise de 1769, a été successivement imprimeur des décrets parlementaires concernant le collège, inventoriste des possessions jésuites et délégué de la ville au bureau du collège[53]. L'ennemi juré de Robin, le procureur général de l'affaire de 1769, faisait lui aussi partie des délégués, tout comme l'imprudent avocat, ou « avocat et parent » du capitaliste qui avait pris la fuite[54]. Au cours des années 1760, 1770 et 1780, les délégués s'inquiétèrent d'une prolifération extraordinaire de disputes religieuses. Dans les années qui suivirent le départ des Jésuites, les prêtres d'un autre ordre éducatif, les Dominicains, proposèrent de combler le vide en dispensant une instruction en philosophie et en théologie. L'évêque s'y opposa, soupçonnant les Dominicains de nourrir des vues réformatrices. La municipalité approcha alors les Bénédictins puis les Lazaristes, qui acceptèrent d'enseigner la philosophie et les mathématiques (et finalement la théologie). Néanmoins, comme le Parlement de Paris était opposé aux Lazaristes, la municipalité se tourna de nouveau vers les Bénédictins, puis pour finir vers un petit ordre italien, les Théatins, mieux connus pour leurs missions à Bornéo et en Arménie[55].

En 1779, le séminaire d'Angoulême devint à son tour le théâtre d'un nouveau conflit inquiétant. Les Lazaristes qui administraient l'établissement étaient comme les autres ordres concernés par les réformes royales de l'époque (qui comprenaient, en 1768, un projet précoce d'abolition des droits de propriété sur certains types de biens ecclésiastiques)[56]. Le séminaire dispensait une formation aux jeunes hommes du diocèse avant leur ordination en tant que prêtres, mais au cours de la période de « décadence » du collège, il institua également des cours de philosophie auxquels les élèves externes pouvaient assister[57]. Lors d'une chaude soirée de l'été 1779, quelques garçons ou quelques hommes jetèrent des pierres contre les fenêtres du bâtiment du séminaire. En réponse, les prêtres qui se trouvaient à l'intérieur firent feu dans la rue, et un garçon fut tué. Cinq Lazaristes furent inculpés de meurtre ; la personne qui avait tiré était le cuisinier du séminaire, le « frère cuisinier[58] ».

Le jeune homme décédé était connu sous le nom d'« abbé Mioulle ». Il avait vingt et un ans, et il était aussi – dans la complexe économie ecclésiastique de l'époque – titulaire d'une charge religieuse assez importante, celle de chanoine de la cathédrale d'Angoulême. Il vivait, comme nombre des signataires du contrat de mariage de 1764, au sein de l'Isle de la Cloche Verte, dans la paroisse de Saint-Antonin[59]. L'histoire, telle qu'elle se fit jour, était la suivante : le soir du 18 juillet, un des amis de Mioulle, également chanoine, se baignait dans la rivière lorsqu'il avait rencontré un autre ami, avocat de son métier ; ils avaient décidé de rendre visite à Mioulle, qui était chez lui avec son frère et un autre jeune juriste, en train de jouer de la flûte. Ils avaient commandé de la bière et du sirop d'orgeat dans une auberge voisine, et vers onze heures du soir, ils avaient décidé de sortir se promener. Ils étaient passés devant la maison de Marc Allemand, devant la prison, et ils avaient pris la direction des remparts. À un certain moment, l'abbé Mioulle avait pris quelques pas de retard sur les autres car il s'était arrêté « pour quelques besoins » devant la maison d'un certain « M. Ogerdias ». Quelques minutes plus tard, les jeunes hommes s'étaient trouvés devant le séminaire, et on avait fait feu[60].

L'information judiciaire fut ouverte sur ordre du procureur général le 21 juillet : elle impliquait 98 témoins et elle se prolongea jusqu'en septembre. Dix témoins parlèrent des troubles survenus au cours de l'été, durant lesquels les fenêtres du séminaire avaient été brisées à plusieurs reprises par des groupes de jeunes hommes qui vociféraient : « Va-t'en dans ton pays de f... gueux », « il faut envoyer ces b... de Lazaristes à Rochefort ». Une tailleuse certifia que deux nuits avant le meurtre, elle avait entendu des jets de pierre contre les fenêtres du séminaire, le bris du verre, et quatre personnes crier : « Va-t'en à

Bordeaux. » La nuit du meurtre, elle avait de nouveau entendu crier : « F… gueux ! F… la guenille ! » et des bris de verre, mais elle était terrifiée et elle avait « réveill[é] sa sœur pour se rassurer » ; ensuite elle était allée se coucher. Une fileuse de coton déclara quant à elle qu'elle avait croisé quelques personnes qui se dirigeaient vers le séminaire, dont elle avait pensé, d'après leurs coiffures, qu'il s'agissait d'ecclésiastiques ; néanmoins, d'après un autre témoin, la femme de l'exécuteur des hautes œuvres, il ne fallait pas se fier à la fileuse, qui « raconte tantôt blanc, tantôt jaune ». Le fils d'un aubergiste avait pour sa part entendu un jeune homme dire qu'il voulait aller manger une soupe à l'oignon ; en tout, cinq aubergistes ou traiteurs différents sont mentionnés dans l'histoire[61].

Cinq Lazaristes furent donc poursuivis pour meurtre, mais il s'avéra que seuls deux d'entre eux étaient bel et bien des prêtres de cet ordre : les autres étaient un « professeur de philosophie » de passage, le cuisinier et le sacristain de la paroisse de Saint-Martial. Tous furent graciés par le roi l'année suivante[62]. Le professeur invité, qui avait déclaré que les jeunes hommes s'amusant à jeter des pierres étaient « des jeunes gens de [bonne] famille » et portaient des gilets de clercs, était aussi l'aumônier de l'ancien collège jésuite d'Angoulême ; on le retrouvera vingt ans plus tard sous le nom de Jacques Roux, « curé rouge » de la Révolution française[63].

Quelques jours après les troubles de juillet 1779, le maire d'Angoulême (Pierre Marchais ou Marchais Delaberge, fils du riche orfèvre et signataire du contrat de mariage de 1764, acquéreur de la charge d'édile pour 15 000 livres) et les échevins, dont le marchand de papier Abraham François Robin, décidèrent d'instituer une garde de nuit (une « compagnie de guet ») pour répondre à la violence[64]. Selon un rapport établi par le capitaine de cette compagnie : quelques mois plus tard, un groupe de jeunes hommes se présenta près du cimetière de la paroisse de Saint-André et se mit à jeter des pierres aux guets en criant : « F… gueux ! F… manants ! F… b… ! Soldats de mon cul ! » Le maire rejoignit alors les gardes et observa le groupe « près de la maison de M. Desessard » (le frère de Silvie Cazaud, un des « capitalistes », qui vivait à l'angle de la place du Mûrier). Les jeunes hommes se remirent à jeter des pierres dont certaines « tombèrent au pied dudit Sr maire et d'autres frappèrent plusieurs desdits soldats »[65].

Voyant cela, « ledit sieur Maire s'écria [qu'] il va[lait] mieux tirer que de se laisser assassiner », et ses hommes ouvrirent le feu. Un des perturbateurs fut légèrement blessé, et deux furent arrêtés. Un autre fauteur de troubles revint et déclara : « Deux de mes camarades sont là-dedans, je veux qu'ils sortent et je les aurai de gré ou de force. » Un autre encore, dit le rapport, s'approcha du maire avec une bouteille dans une main et un « sabre ou couteau de chasse » dans l'autre : il lâcha la bouteille et se baissa pour ramasser quelques pierres, après quoi le maire cria : « je suis blessé, faire feu ! » Les soldats firent donc de nouveau feu, et l'homme avec la bouteille et le couteau de chasse fut tué ; quelques membres du groupe s'enfuirent en direction de la place du Mûrier, d'autres en direction de l'église des Jacobins (ou Dominicains) ; la garde de nuit raccompagna le maire chez lui, et le lendemain, le « procès-verbal des blessures » révéla qu'il avait « deux contusions considérables » sur deux des doigts de la main droite[66]. Le jeune homme décédé était Jean Yrvoix, fils d'un juriste local et neveu de l'un des signataires du contrat de mariage. Il fut inhumé le lendemain, à quelques pas de là, dans la paroisse de Saint-André[67].

Les échanges coloniaux

Les opportunités offertes par le commerce colonial dans lequel le plus jeune fils de Marie Aymard, Jean-Baptiste, a entrepris de faire fortune, étaient à première vue bien plus prometteuses. L'année 1764 marque en effet le début, après la guerre, d'une période d'expansion dans les îles américaines, et la première révolution française, dans les années 1770 et 1780, fut de fait l'époque la plus « brillant[e] » de la colonisation française[68]. « Ô prodige de l'industrie ! Un espace de terre égal à celui qu'enferme le parc de Versailles, produit plus de richesses que la moitié de l'empire de Russie ! » écrit un ancien intendant de Cayenne (par ailleurs patron de Jean-Alexandre Cazaud) à son arrivée à Saint-Domingue en 1776[69]. Entre 1764 et 1790, le nombre d'esclaves transportés sur les navires français passa de 17 400 à 54 400 ; plus de 260 000 esclaves furent débarqués dans la seule colonie de Saint-Domingue au cours de la phase d'expansion économique de 1784-1792 : sur une population d'un peu plus de 500 000 âmes, 450 000 personnes étaient réduites en esclavage[70]. Ces années de prospérité, de guerre et de violence ont eu des répercussions jusque dans la France la plus profonde, et notamment dans les familles d'Angoulême.

Jean-Baptiste Ferrand s'est marié à Angoulême en 1774 et a émigré avec sa famille à Saint-Domingue en 1779[71]. Au début du moins, il fut beaucoup plus chanceux que son père décédé en Martinique ou que son oncle par alliance, mort à Cayenne. D'après ses propres souvenirs, racontés bien des années plus tard, il fit florès dans la profession d'horloger grâce à « un magasin assez considérable » « composé d'orfèvrerie, bijouterie et horlogerie » à Cap-Français. En outre, après quinze années passées sur l'île, comme il l'écrivit en 1822, on paraissait « devoir le faire considérer plutôt comme créole que comme Européen[72] ». Son magasin se trouvait dans un quartier commercial très fréquenté de Cap-Français, et à la fin de l'expansion économique des années 1780, il était devenu dans la ville un point de repère et un lieu d'exposition pour les entrepreneurs de passage. En 1789, Jean-Baptiste annonça qu'il était devenu « marchand bijoutier » aussi bien qu'horloger ; il vendait notamment des cafetières, des porte-huiliers et des chaînes en or. Un de ses locataires était un coiffeur récemment arrivé de Paris avec « les modes les plus nouvelles », et un autre était un musicien donnant des leçons de guitare, de chant et de harpe[73]. Le magasin de Jean-Baptiste accueillit même en mai 1789 un « Cabinet de Figures » créé par un imprésario du Massachusetts avec une collection de figures de cire grandeur nature de George Washington, de l'amiral Keppel et de George III, « costum[é] avec les habits dont Sa Majesté Britannique a[vait] fait présent à l'Artiste[74] ».

À Angoulême, l'économie des colonies américaines était de plus en plus visible. La crise commerciale de 1769 était elle-même en partie liée à l'administration navale et coloniale. Comme le relate l'histoire secrète d'Abraham François Robin, elle avait commencé avec la « longue guerre de 1740 » (c'est-à-dire avec la guerre de succession d'Autriche), et elle avait été précipitée en 1759, quand « l'État, épuisé par une guerre ruineuse », avait suspendu le paiement de ses dettes aux fournisseurs d'armes. Plusieurs des cabalistes complices des Nouel avaient une activité périphérique au commerce longue distance. Ils avaient contracté des emprunts risqués ; ils dépendaient des contrats gouvernementaux. L'un d'eux, originaire d'un village de Dordogne, était « fournisseur d'artillerie » à l'armée ; un autre, « mort failli et obéré » selon Robin, était maître de forge et fournissait des canons aux armées française et espagnole[75]. Un autre membre de la cabale, gendre de l'orfèvre signataire du contrat de mariage, était en

1773 « banqueroutier et expatrié à la Martinique »[76]. Le fournisseur de canons, qui se trouvait à Paris en 1770, pensait que « quelque âme vile et basse » avait répandu des rumeurs sur ses dettes ; il attendait un paiement imminent de « cent vingt mille livres que [lui] devait l'Espagne pour [l']artillerie fournie au port de Rochefort » ; il pensait pouvoir rentrer chez lui dès qu'il « aurai[t] arrangé quelque chose avec l'Espagne », une fois l'artillerie livrée à Carthagène et Cadix[77].

Les capitalistes de la crise commerciale avaient eux aussi des liens avec les colonies et ce qui s'y passait. Deux des principaux banquiers – et les parents du malheureux abbé Mioulle – furent à partir de 1760 les protagonistes d'une longue procédure autour d'un héritage de Martinique impliquant vingt et un des descendants d'un chapelier d'Angoulême, voisins de Gabriel Ferrand et Marie Aymard dans la paroisse de Notre-Dame de la Peine[78]. Le litige débute à la mort de François Trémeau, un des fils du chapelier, qui avait émigré en Martinique et était rentré chez lui pour mourir ; il s'achève par un concordat familial en 1768. Les deux capitalistes et Mioulle père avaient épousé des petites-filles du fondateur de la lignée, qui avait quitté la Loire pour s'établir dans la paroisse suburbaine de Saint-Ausone, où il avait épousé en 1674 la fille âgée de douze ans d'un chapelier local[79]. En 1768, ses descendants étaient soit des marchands, soit de hauts fonctionnaires : des avocats, des « notaires royaux » et des juges auprès de la juridiction consulaire[80].

Un seul parmi les vingt et un héritiers plus leurs enfants adultes partit vivre en Martinique où il hérita de son oncle des vêtements, un cheval et une plantation nouvellement acquise, pourvue d'esclaves. Le reste de la fortune devait être divisé entre les frères et la sœur restés à Angoulême, et celle-ci comprenait un éventail extraordinaire d'obligations, de marchandises et d'instruments financiers. Au cœur de l'affaire se trouvait une dette de 5 333 livres que François Trémeau devait rembourser à une femme connue seulement sous le nom d'« Henriette mulâtresse ». Plus exactement, l'argent appartenait à Henriette car il était le produit d'« une somme [reçue] pour elle » d'un autre négociant de Martinique (en l'occurrence le père de l'héritière aux 124 chemises)[81]. Il devait lui être versé « sur les plus clairs biens de la succession », mais Henriette ne le reçut qu'après une série d'ordonnances du tribunal et la saisie par huissier des meubles et effets de l'un des héritiers récalcitrants. Quatre des plaignants moururent au cours de la procédure[82].

Les quarante-sept pages de l'accord venant clore l'affaire offrent une vision d'ensemble des relations économiques au sein des familles prospères de la ville – et au sein de l'univers du commerce longue distance. On y trouve des obligations de guerre émises en 1758 pour « les dépenses extraordinaires des colonies », sur lesquelles certains bons ne seraient réglés qu'après tirage au sort et d'autres étaient suspendus, dans un contexte de « discrédit entier ». On y trouve aussi une comptabilité détaillée distinguant « les capitaux des revenus intérêts et avances », et encore des marchandises – ballots de riz et barriques d'huile, caisses de fruits de mer ou de coquillages, olives de Marseille, malles et valises envoyées par voie terrestre depuis Cadiz – et la promesse d'autres marchandises à venir, devant être envoyées de Martinique.

Mais il y avait aussi des dettes familiales, comme les 146 livres et 2 sols que la sœur du défunt avait dépensées pour acheter des médicaments à son frère tout au long des onze années qui avaient précédé sa mort, 6 livres pour le blanchissage, ou encore le dernier versement de l'une des dernières transactions que François avait réalisées avant son décès afin d'acheter un brevet d'apprentissage à un jeune homme d'Angoulême, Noël Virol, fils d'un perruquier[83]. On y trouve également mention du produit de la vente d'une plantation et d'esclaves, soit 4 000 livres, et de même des pièces de monnaie que François avait en sa possession en Martinique en 1755 : quatre pagodes (des monnaies chinoises), une pièce d'or vénitienne, cinq louis d'or de Malte, des piastres et des doublons, et des pièces portugaises. Les héritiers assuraient pour finir qu'ils étaient tous des « parents bien nés et qui se connoiss[ai]ent ». Les tout derniers mots, sur la dernière page du document signé dans la demeure de la belle-mère du principal capitaliste, ont été ajoutés après coup par l'un ou l'autre des signataires : « ainsi que [l]es quatre boîtes [de] coquillages[84] ».

Abraham François Robin, l'historien de la révolution de 1769, avait lui aussi des parents dans les colonies. Un plus jeune Abraham François Robin devint « chirurgien major de l'île de St. Vincent » (un des territoires des Indes occidentales que les Français et les Britanniques s'échangèrent en 1763, 1779 et de nouveau en 1783). Celui-ci épousa une femme anglaise de l'île, Elizabeth Stubbs, et devint le gérant de la très endettée plantation d'esclaves de sa belle-famille. Ensuite – d'après l'irrité créancier flamand de sa belle-famille – il prit la fuite, « emmenant avec lui 40 ou 50 des meilleurs nègres, avec généralement tous les bestiaux : il a emporté jusqu'aux chaudières et cuves de cuivre, servant aux manufactures de sucre et taffia ». Il fut emprisonné en Martinique en 1783, et assez chanceux pour reprendre le chemin d'Angoulême avec son épouse anglaise en 1785 ; à Angoulême, il vivait dans le même quartier que Gabriel et la famille Trémeau, et il était identifié comme « Mr. Robin amériquin[85] ».

Les échanges avec l'étranger faisaient en réalité partie intégrante du quotidien d'Angoulême pendant les vingt-cinq années de la première révolution française. L'une des affaires traitées par le notaire Caillaud en 1765-1766 impliquait une victime de la tragédie de Cayenne, un petit garçon de huit ans (arrière-petit-neveu de l'héritière hollandaise qui employait Johann Georg Klotz). Celui-ci était représenté par cinq de ses oncles : son père était mort au Canada, sa mère et sa grand-mère durant l'expédition de Cayenne, et il était partie prenante dans l'affaire d'« un paquet contenant des lettres de change » envoyé de Cayenne au « garde magasin de la marine » de Rochefort dans le cadre de la « succession de feue Madame sa mère[86] ». Une jeune femme originaire de Saint-Domingue – dont le défunt père était un propriétaire de plantation « habitant et commandant au quartier du port au prince isle st domingues », et la mère retirée au couvent des Tiercelettes sur la place du Mûrier – se maria quant à elle dans la paroisse de Saint-André en avril 1765. Plus tard dans la même année, la veuve d'un chirurgien de Saint-Marc à Saint-Domingue se maria dans la paroisse de Notre-Dame-de-Beaulieu ; les deux époux ont déclaré à cette occasion qu'ils n'étaient pas en mesure de signer[87]. En 1766, un journalier fut renversé par les chevaux d'un attelage qui s'était emballé et eut la jambe cassée ; le propriétaire de l'attelage est identifié comme l'ancien chirurgien « du chef de l'armée de l'empereur ottoman[88] ».

Dans une tout autre tonalité, une femme vivant dans la paroisse de Saint-Antonin conclut en 1770 un accord avec son mari, selon lequel ce dernier devait se rendre à Saint-Domingue pour « procéder en justice ou à l'amiable au partage en divisions de tous les biens » qu'elle possédait avec son frère – « biens, meubles et immeubles, nègres, bestiaux, créances et autres objets quelconques »[89]. Il s'avéra qu'elle était également propriétaire de la moitié d'une plantation hypothéquée à son petit-fils au moment de son premier mariage, ainsi que de la moitié des « Nègres échus en partage[90] ». Son mari resta à Cap-Français durant deux ans. L'ultime règlement, signé en 1772 dans la maison des deux époux dans la paroisse de Saint-Antonin, stipule que le mari devait à sa femme la somme de 170 159 livres, plus 60 000 livres supplémentaires de revenus, « déduction faite des frais de voyage de jours[91] ».

En 1780, une femme de Saint-Domingue vivant à titre provisoire dans la paroisse de Saint-Martial conclut quant à elle un accord détaillé avec un « bourgeois » de Fort-Dauphin, Emery Chaloupin, qui vivait dans une auberge de la paroisse de Saint-Jacques, concernant la somme de 70 000 livres qu'il lui prêtait en « or, argent et monnaie » ; elle s'engageait à le rembourser en trois versements qui interviendraient respectivement un an, deux ans et trois ans après « la paix de la présente guerre ». (Les Chaloupin étaient une famille de négociants de Fort-Dauphin qui vendait des médicaments brevetés et des esclaves, dont, en 1779, une « négresse de 36 ans » accompagnée de ses filles et de sa petite-fille : une fille de deux ans, une autre plus âgée et une petite-fille de huit mois[92].) Sir Thomas Sutton, directeur de la Compagnie française des Indes orientales, propriétaire à Saint-Domingue et acteur du commerce d'esclaves dans l'océan Indien, est mort à Angoulême en 1782 à l'âge de soixante ans, alors qu'il séjournait à l'hôtel de la Table royale[93]. Une jeune femme de vingt-sept ans, Marie Lenoir, est morte quant à elle en 1786 « chez M^{r}. Merilhon M^{e} en chirurgie à son passage en cette ville » ; elle était la veuve d'un officier « mort au Sénégal il y a environ deux ans[94] ».

L'histoire familiale de Rose Civadier, qui figure dans les registres paroissiaux de 1764 et a épousé en 1766 un chirurgien de Cap-Français, Saint-Domingue, a pour sa part pris des allures de drame des échanges économiques et matrimoniaux pendant plus de trente ans. Rose venait d'une lignée de commis de police, de juristes et d'ecclésiastiques de la paroisse de Saint-Paul. En 1770, son frère partit s'installer à Saint-Domingue en tant que secrétaire du gouverneur, et il y mourut en 1771, léguant tous ses biens à sa mère. Son frère cadet, Louis-Michel Civadier, né dans la paroisse de Saint-Paul en 1741, se trouvait alors lui aussi à Saint-Domingue et fut chargé de représenter leur mère « sur toutes contestations nées ou à naître[95] ». Il devint par la suite « receveur des confiscations » à Jacmel, Saint-Domingue (parmi lesquelles « 19 têtes de Nègres, dont 4 très-bons matelots »), et finalement propriétaire, également à Jacmel[96].

Durant les premiers mois de la Révolution française, Louis Michel Civadier revint à Angoulême. Peu après son retour, dans le village de Balzac et avec une dispense spéciale du pape obtenue de manière accélérée grâce à une maison de banquiers de Paris, il épousa sa jeune nièce, Marie Charlotte, fille de sa sœur Rose et du défunt mari de cette dernière, le maître chirurgien de Cap-Français[97]. Marie Charlotte et lui repartirent ensuite pour Saint-Domingue, et celle-ci mourut en couches à Jacmel en juillet 1790. En 1796, Louis Michel Civadier se remaria, épousant, également à Jacmel, sa belle-sœur et nièce, l'autre fille de Rose, présentée comme « mineure » et « native de la ville d'Angoulême ». Il avait cinquante-quatre ans, elle en avait dix-huit[98].

Une figure des Indes orientales s'installa même à Angoulême pour y occuper des fonctions dans l'administration locale. « M. Ogerdias », devant la maison duquel l'abbé Mioulle s'est arrêté la funeste nuit de juillet 1779, était le « maître particulier des eaux et forêts » du district, charge qu'il avait acquise en 1773[99]. Claude Ogerdias était arrivé en France en 1772 sur un navire du Bengale, précédé, quelques semaines plus tôt, de sa femme, de leurs deux enfants et de cinq « domestiques noirs[100] ». Au Bengale, il était « inspecteur des bâtiments et fortifications » pour la Compagnie néerlandaise des Indes orientales, en particulier expert des douves ; il résidait dans le comptoir hollandais de Chinsurah (aujourd'hui Chuchura), sur le fleuve Hooghly, au nord de Calcutta. En 1762, il se trouvait dans l'établissement de la Compagnie française des Indes orientales de Chandernagor, à cinq kilomètres au sud, où il avait épousé Michel Guenois, la fille de dix-huit ans d'un « subrécargue » ou contrôleur des marchandises sur les vaisseaux de la compagnie[101].

À Chandernagor, Ogerdias était devenu le partenaire commercial du gouverneur de la colonie en « diverses cargaisons ou Aventures », et en particulier dans l'acheminement des esclaves vers les Indes orientales ; au moment du baptême de son fils à Chandernagor en 1768, il se présente lui-même comme un « négociant de cette colonie[102] ». Quelques années plus tard, Ogerdias intenta un procès devant la Cour de la Chancellerie à Londres contre deux officiers de la Compagnie anglaise des Indes orientales qui, selon lui, l'avaient escroqué pour assurer un navire transportant des esclaves vers « la côte de Mallay, les détroits de Malacca et Bornéo », qui avait fait naufrage. Les sommes impliquées étaient importantes : il chiffrait « les traites assurées en l'Angleterre à 190 000 livres sterling ». Il y avait par ailleurs un associé supplémentaire, « Mr. Mizzapour » ; les officiers anglais nièrent toute connaissance de ces transactions[103].

À son arrivée en France en 1772, dans le port de la Compagnie française des Indes orientales de Lorient, Ogerdias était recherché par les agents du gouvernement français et il leur échappa (lesdits agents se lancèrent par erreur à la poursuite d'un autre fonctionnaire de retour dans le pays, ancien trésorier de l'île Maurice)[104]. Au printemps 1773, il acheta donc l'office de « conseiller du roi maître particulier des eaux et forêts d'angoumois » pour 40 000 livres au procureur général de l'affaire opposant cabalistes et capitalistes à partir de 1769, et, dès l'été, il présidait aux audiences publiques de la maîtrise d'Angoulême[105]. En 1775, il accepta de reprendre le bail de l'une des plus grandes demeures de la ville, résidence de Pierre Marot, « capitaliste » et receveur de la taille. La maison, qui faisait face aux remparts et à la prison, était la propriété des sœurs Carmélites ; elle devint plus tard l'Hôtel de France[106]. Michel Guenois demeura à Angoulême pour le restant de ses jours ; elle y est morte en 1830, à quatre-vingt-cinq ans[107].

Troubles dans l'administration fiscale

Le premier des petits-enfants de Marie Aymard à trouver une position bien établie à Angoulême fut Martial Allemand Lavigerie, le fils aîné du couple du contrat de mariage de 1764. Au moment de son mariage avec la fille d'un apothicaire, en avril 1790, il s'est présenté comme commis à la recette des tailles. Il était encore commis à la recette des tailles au moment du baptême de son premier enfant en 1791[108]. La même année, alors que la taille, « appellation honnie » car cet impôt était levé uniquement sur le peuple, fut finalement supprimée par la législation révolutionnaire, Martial était locataire d'une maison située en face de celle de l'ancien employeur de son grand-père, Jean-Alexandre Cazaud, et il est identifié comme commis à la recette du district ; au moment du baptême de son deuxième enfant, en 1792, il était caissier à la recette du district[109]. Toutefois, en 1795, sa carrière dans l'administration fiscale était terminée, et il se présentait lui-même comme un marchand[110].

L'administration des impôts est au cœur de l'histoire de Tocqueville sur les « détail[s] » de l'Ancien Régime[111]. À Angoulême, elle fut aussi le théâtre de la plus longue des affaires financières de l'époque. La crise commerciale déclenchée en 1769 a pris fin à l'été 1776 avec la justification des capitalistes. Le Conseil du roi a alors interdit aux « cabalistes » d'intenter d'autres actions en justice au sujet de cette affaire et ordonné la suppression de « ladite requête signifiée » par les Nouel et leur avocat – une brochure de 72 pages « téméraire, injurieuse et contraire au respect dû à Sa Majesté » dans laquelle, « sous le prétexte de lui adresser de respectueuses représentations » concernant le jugement, les plaignants rendaient publique toute l'histoire et déclaraient que la décision royale « consacr[ait] l'usure, l'astuce et la mauvaise foi ». L'avocat des Nouel s'était vu interdire de « signer de semblables requêtes » à l'avenir, sous peine de radiation[112].

L'affaire en était donc restée là à l'été 1776. Mais les choses étaient plus compliquées qu'il n'y paraissait, comme souvent dans les petites révolutions de la vie angoumoisine. Les « capitalistes » le savaient : avec l'évolution du droit public et privé, il n'était pas exclu que les décisions prises en leur faveur fussent une nouvelle fois infirmées. En 1777, Abraham François Robin reçut une série de lettres anonymes évoquant une autre crise de l'usure survenue dans la ville d'Orléans, à l'issue de laquelle un groupe de banquiers avait été condamné pour le même type de prêts qui avait valu un procès aux banquiers d'Angoulême. Le fils de Robin lui écrivit alors de Paris : « Je puis vous avouer que sur l'affaire d'Orléans c'est à peu près le ressentiment de l'affaire d'Angoulême qui a dicté à l'arrêt rigoureux dont on vous a donné avis[113]. » Puis, à l'été 1778, une nouvelle affaire commença à se faire jour, impliquant bon nombre des mêmes protagonistes, au sein de l'administration fiscale d'Angoulême.

Les cinq capitalistes justifiés en 1776 étaient tous, sauf un, des figures respectables, des négociants bien établis et par ailleurs très impliqués dans le commerce extérieur. On comptait parmi eux le beau-père et le beau-frère de l'employeur de Louis Ferrand à la Grenade, dont l'un était le propriétaire de « Claude », ainsi que leur cousin par alliance, protagoniste de l'affaire de l'héritage contesté de Martinique[114]. On y comptait aussi Robin, l'échevin[115]. Seul le cinquième, Pierre Marot, avait une position moins établie, et c'est dans son bureau que la nouvelle affaire a commencé. Les parents de Marot étaient cabaretiers dans une petite ville située au sud d'Angoulême, et lui-même avait commencé sa carrière dans la finance en tant qu'employé de bureau : « c'est du fond d'une taverne que Marot s'est élancé dans les affaires », écrivaient ses détracteurs[116]. En 1749, au moment du baptême de son fils à Angoulême, Marot est présenté comme un commis : il était très exactement commis à la recette des tailles[117]. Mais en 1771, il était désormais titulaire de la charge de conseiller du roi et était l'un des deux collecteurs d'impôts chargés du recouvrement dans l'ensemble de la région[118].

Nous avons déjà rencontré Marot : lors de l'affaire des années 1769-1776, il s'était plaint auprès de son avocat des « voix sourdes », des « clameurs » et des « bruits [...] faux[119] ». En 1784, on le présente comme « l'homme le plus riche de l'Angoumois » et « le plus riche capitaliste peut-être de l'Angoumois »[120]. En l'espace d'une génération, il avait fait fortune en travaillant dans l'administration fiscale et en développant un système de prêts auprès des marchands de la province – ses adversaires répertorient quatre-vingts transactions distinctes impliquant soixante et un emprunteurs locaux, avec des taux d'intérêt allant de 7 à 72 %. Au total, sa fortune était estimée entre 1 500 000 et 1 800 000 livres[121].

La nouvelle affaire débuta en 1771, lorsque Marot nomma un jeune homme de dix-neuf ans, François Laplanche, commis à la recette des tailles. Marot avait lui-même été nommé à ce poste vingt-deux ans plus tôt, et Martial Allemand Lavigerie le serait à son tour dix-huit ans plus tard[122]. Laplanche, fils d'un aubergiste d'Angoulême, venait lui aussi d'une famille réputée « subalterne[123] ». Il fait partie des 4 089 individus figurant dans les registres paroissiaux de 1764 car il a signé un acte de baptême dans la paroisse de Saint-Jacques alors qu'il avait douze ans[124]. Ses activités au sein de l'administration fiscale étaient peu rémunérées : durant ses trois premières années au bureau de la taille, il n'a perçu aucun salaire ; après cela, il a touché 300 livres en 1778[125]. Mais il s'épanouissait dans ses fonctions, et Marot le trouvait assidu et honnête ; en 1772, Laplanche est devenu le parrain de la fille du cuisinier de Marot[126]. En 1775, il a épousé la fille d'un cordonnier, et sa propre fille est née plus tard au cours de l'année[127]. Néanmoins, si l'on en croit le récit de Marot, en 1776, tout commença à changer : alors que Marot s'était absenté pour se rendre à Paris (c'était l'été de la dernière et tumultueuse audience sur les prêts usuriers au Conseil d'État), Laplanche avait commencé à détourner de petites sommes d'argent[128].

En août 1778, toujours d'après le récit de Marot, celui-ci découvrit que les comptes du bureau des impôts présentaient un déficit de 15 830 livres. Son fils et lui, ainsi que le commis principal du bureau, qui était aussi le trésorier ou caissier, déterminèrent que le coupable était Laplanche. Ils décidèrent de l'interroger en se faisant assister de deux juristes, un notaire et trois officiers de la juridiction locale en robes de magistrat[129]. D'après le récit de Laplanche, Marot le garda ainsi enfermé dans le bureau de la taille d'Angoulême durant trois jours et deux nuits ; il fut agressé par le fils de Marot, le caissier et le notaire, et son épouse fut quant à elle séquestrée à leur domicile tandis qu'on procédait à un inventaire et une estimation de leurs possessions, y compris les sous-vêtements de sa femme, afin de les mettre en vente ; lui-même avait alors signé des aveux qu'il dut plus tard rétracter. Après cela, Laplanche partit pour Paris, où il sollicita les conseils de l'avocat qui avait accompagné les cabalistes au cours de la première affaire (celui dont le mémoire avait été supprimé en 1776). Il revint à Angoulême et attaqua Marot et son fils pour calomnie et détention abusive ; Marot répliqua en accusant Laplanche de vol et falsification de registres. L'affaire fut plaidée devant sept juridictions judiciaires distinctes, passant d'Angoulême à Paris, puis de Paris à Angoulême ; Laplanche fut par deux fois condamné à mort, mais en 1789, après onze ans de procès, la dernière juridiction le disculpa[130].

L'affaire du commis des impôts d'Angoulême, qui n'est rien d'autre que le prolongement de la crise de 1769, est devenue l'une des dernières causes célèbres de l'Ancien Régime. Tout le monde dans la ville était au courant : « toute la ville instruite », selon le récit de Marot[131]. Les événements se sont en effet déroulés publiquement, à commencer par la procession d'officiers en tenue d'apparat jusqu'au domicile de Marot. La fripière chargée de faire l'inventaire des possessions de Laplanche appartenait à la société laborieuse de la ville : elle était mariée à Louis Dupard, le boutonnier qui a signé le contrat de mariage[132]. D'après Marot, l'épouse de Laplanche était « jeune & jolie », et deux de ses sœurs étaient également impliquées dans le drame : alors que la femme de Laplanche était séquestrée chez elle, on avait vu l'une de ses sœurs jeter par la fenêtre de la maison un paquet de sous-vêtements confisqués à l'autre sœur qui se trouvait dans la rue[133]. Il y avait des curieux partout. Un des domestiques de Marot rapporta que Laplanche avait mangé « une côtelette & un biscuit » le deuxième jour de sa détention, et les officiers de la cour, d'après les avocats de Laplanche, s'étaient vu servir « un gâteau, du fruit et du vin »[134]. Au cours de la procédure judiciaire de 1779, Marot fit comparaître quarante-trois témoins[135]. À Paris, Laplanche fut pendu en effigie ; à Angoulême, il fut condamné à être « attaché à un Poteau planté sur la place publique [...] avec inscription devant & derrière, portant commis faussaire & infidèle », fouetté, marqué au fer, puis envoyé aux galères pour le restant de ses jours[136].

Même en dehors d'Angoulême, l'affaire « avoit fait un bruit étonnant[137] ». Au moins vingt-huit avocats étaient impliqués. Six des mémoires judiciaires furent publiés en volumes in-quarto à Paris ; les rapports de la seule procédure de novembre 1778 – l'information initiale contenant les témoignages en faveur de Laplanche contre Marot et la détention que ce dernier lui avait fait subir – recouvrent à eux seuls dix-huit cahiers[138]. Pour les *Mémoires historiques*, cette histoire était « un amphigouri de dépositions équivoques et inconséquentes », largement repris dans les périodiques et les correspondances de l'époque ; dans les *Mémoires secrets*, elle est jugée « étonnant[e] par les contradictions » révélées par les divers jugements et décrets[139]. Près d'un siècle plus tard, l'affaire opposant Laplanche à Marot était encore citée comme l'un des épisodes les plus étranges de l'histoire du droit pénal de l'Ancien Régime, avec ses « effrayants anachronismes » et sa « législation compliquée, arbitraire, presque barbare »[140].

L'intérêt obsessionnel suscité par l'histoire du commis des impôts s'explique en partie par la spécificité des personnages impliqués dans les événements. Laplanche est décrit par ses propres avocats comme « un misérable individu maltraité par la nature », d'une stature « tout au plus de quatre pieds huit pouces, et [...] bossu par-devant et par-derrière »[141]. Néanmoins, il comptait aussi de nombreux amis et « protecteurs ». Au cours du procès, Marot accusa notamment Laplanche de vivre dans un confort inconvenant, dans « une maison d'un certain ton[142] ». Or, la manière dont Laplanche expliquait sa prospérité n'était pas très convaincante. D'après ses dires, il avait été lié alors qu'il était jeune garçon à un riche Anglais de Bordeaux (ou du moins quelqu'un qui était « comme un Anglais ») qu'il refusait de nommer ; ce dernier lui avait donné « une belle garde-robe, beaucoup d'argent & des bijoux ». Par ailleurs, il avait un oncle fortuné en Guadeloupe, qui avait des relations à Nantes, et qui lui avait envoyé de grosses sommes d'argent. À un moment donné, il s'était même agi de déterminer si l'oncle était riche ou pauvre (comme lui-même le prétendait dans une lettre que Marot avait trouvée) ; Laplanche avait alors expliqué : « mon oncle avoit un grand nombre de parents pauvres, qui l'accabloient de demandes. Pour se débarrasser de leurs importunités, il m'écrivoit des lettres ostensibles, où il se disoit pauvre. Il m'écrivoit en particulier de montrer ces lettres à ses autres parents. Mais il n'étoit pauvre que pour eux ; à mon égard il étoit riche et bienfaisant[143]. »

Au cours de ses trois jours de détention au bureau de la taille, Laplanche avait en outre été en mesure d'emprunter d'importantes sommes d'argent à deux autres amis : un négociant de Bordeaux, et un ancien officier de l'armée qui était autrefois le locataire de Laplanche. L'officier raconta qu'il était descendu de fiacre à Angoulême alors qu'il rentrait d'un séjour thermal dans les Pyrénées au moment exact où, en août 1778, Laplanche avait été fait prisonnier par Marot et son fils. Par compassion et à cause de « son peu d'expérience », il avait alors fourni de l'argent à Marot afin d'obtenir la libération de Laplanche, et il avait aussi acheté à Marot les sous-vêtements de l'épouse de Laplanche, pour 600 livres. Il avait ensuite déposé plainte contre les Marot père et fils pour diffamation et calomnie ; les Marot avaient riposté par « des digressions diffamantes sur la naissance, la personne, la fortune, les mœurs & les alliances » de la défunte mère de l'officier[144]. Dans les *Mémoires historiques*, l'officier est décrit comme le « protecteur de l'épouse de Laplanche », et dans les *Mémoires secrets*, comme son « amant prétendu »[145].

L'affaire suscitait aussi l'intérêt parce qu'elle concernait les registres et l'écriture. Une fois Laplanche fait prisonnier, Marot s'empressa de saisir tous ses papiers – « cette propriété sacrée, qui, presque toujours, renferme les secrets les plus importants et les plus inviolables », selon Laplanche[146]. Des commissaires de la cour des aides de Paris se déplacèrent à Angoulême afin de chercher des documents ; Marot invoqua le contrat de mariage de Laplanche et l'acte notarié établi après le décès de son père. L'officier de l'armée dépêcha ses propres agents dans la province, et ceux-ci trouvèrent le certificat de naissance de Marot, l'acte de décès de son père et deux certificats émis par des inspecteurs des impôts itinérants afin de déterminer si les parents de Marot étaient des marchands vendant des bouteilles de vin, ou bien des taverniers vendant du vin provenant de bouteilles débouchées[147].

Laplanche était selon ses propres dires commis aux écritures[148]. Marot l'accusait notamment d'avoir dissimulé ses vols en falsifiant les chiffres au bas des pages des registres fiscaux ; Laplanche, lui, accusait Marot d'avoir procédé à ces falsifications au cours des trois années durant lesquelles les registres étaient en sa possession. Des experts en écriture furent mobilisés afin d'examiner « deux notes hiéroglyphiques ». Les mémoires judiciaires de l'affaire présentent des disquisitions sur la pratique des récapitulatifs mensuels, sur l'« identité grammatique » des noms et sur la nature essentielle des lettres et des chiffres. « Un corps d'écriture », écrivent les avocats de Laplanche, « contient des rapports et des liaisons multiples » ; « les chiffres, au contraire, ne sont composés que de dix figures isolées et sans liaisons »[149].

En fait, l'affaire suscitait surtout un intérêt obsessionnel parce qu'elle concernait le quotidien du monde de l'imposition. « Ces registres, ces bordereaux et ces comptes répandent la lumière la plus vive sur tout le travail d'un bureau de recette des tailles », écrit le dernier avocat de Laplanche – comme si l'affaire révélait les rituels quotidiens du système fiscal. À dix-neuf ans, Laplanche avait été « introduit dans une maison où l'or et l'argent circuloient sans cesse », écrit Marot dans l'introduction à son récit. Mais « un bureau de recette est ouvert à tout le monde », rappelaient les avocats de Laplanche : « environ trois cents collecteurs viennent verser les deniers de leur recette au bureau du sieur Marot », et « ces deniers, qu'ils apportent par petits acomptes, multiplient à l'infini leurs démarches et leurs versements »[150].

Il n'y avait que deux commis pour s'occuper de tous ces dépôts : Laplanche et le caissier. Ces derniers étaient sans cesse interrompus ; la campagne et la ville se pressaient dans leur bureau. La première fois que Laplanche avait ouvert le tiroir contenant les pièces d'argent dans le bureau des impôts, raconte Marot, il avait par mégarde laissé la clef dans la serrure, s'étant précipité en bas dans la cour, distrait par l'arrivée d'un marchand de bestiaux amenant quelques veaux qu'il espérait acheter pour son domaine rural. Il y avait de l'argent partout : « on compte de l'argent sur une table embarrassée de papiers. » Il y avait « des sacs de toile rousse remplis d'argent », d'autres sacs que Laplanche était censé avoir cachés derrière le coffre-fort (ou derrière l'armoire), et il fallait respecter un protocole élaboré. Laplanche fut à un certain moment accusé d'avoir cherché à s'établir dans le commerce des grains : il avait noté quelque chose sur un bout de papier à propos de « 9 sacs d'avoine », et c'était une référence évidente, écrivait Marot, aux « neuf sacs de 1 200 livres [qu'il] a[vait] pris dans la caisse »[151].

À la fin de l'affaire, on s'inquiéta même de la disposition des meubles à l'intérieur du bureau des impôts. Il s'agissait pour l'essentiel de savoir où Laplanche aurait pu dissimuler les sacs de pièces (ou « sacs d'avoine ») mis sous séquestre : derrière le coffre-fort, ou derrière le bureau. Toutefois, en 1783, les Marot avaient déménagé et il y avait dans les locaux un nouvel occupant, le négociant autrefois impliqué dans l'acheminement des esclaves vers le détroit de Malacca : « le sieur Ogerdias en étoit locataire : tout avoit pris une forme nouvelle. Plus de caisse, plus de bureau. Où donc aller chercher les vestiges de ce prétendu délit[152] ? »

Il régnait surtout au sein du bureau un perpétuel sentiment d'inquiétude. Les collecteurs étaient « toujours débiteurs de Marot, toujours craignant la contrainte, l'emprisonnement », écrivent les avocats de Laplanche. Le caissier redoutait d'être accusé du vol ; le fils de Marot cachait à son père l'étendue de ses dettes ; le bureau était plongé dans un « abîme de secrets »[153]. Certaines figures d'autorité pouvaient s'arroger un nouveau rôle d'un moment à l'autre. Le notaire, qui le premier avait mandé les officiers en tenue, et qui avait agressé Laplanche, était le beau-frère du caissier ; d'après Laplanche, c'était « le plus vindicatif de tous les habitants d'Angoulême[154] ».

Laplanche et ses amis utilisaient le langage impérieux de la justice politique. Dans le récit de l'officier de l'armée, en 1785, les financiers étaient devenus des « despotes », et selon ses avocats la même année, Laplanche avait été maltraité en dépit des « droits les plus sacrés de l'homme & du citoyen[155] ». Mais le bureau des impôts n'en était pas moins un monde d'opportunités économiques. En août 1778, quand la crise avait commencé, Laplanche jouissait de l'estime de ses concitoyens, rappelaient ses avocats dans leur dernier mémoire, et il pouvait encore espérer de l'avancement : « il se voyait dans une position semblable à celle de Marot l'aîné, quand celui-ci, après une longue application, de l'état subalterne, était parvenu à une condition plus lucrative[156]. »

En tout, l'affaire du commis du bureau de la taille d'Angoulême permet d'observer dans les plus infimes détails l'inquiétude que Tocqueville a dépeinte au sein de l'administration dans les provinces de l'Ancien Régime. Les « environ trois cents collecteurs » qui se présentaient dans le bureau de Marot avec leurs sacs de pièces figurent en effet dans l'histoire de Tocqueville : « cet emploi cause le désespoir et presque toujours la ruine de ceux qu'on en charge », « armé[s] pourtant d'un arbitraire immense », « presque autant tyran[s] que martyr[s] ». La scène d'arrestation décrite par les avocats de Laplanche correspond elle aussi à l'univers des commis et receveurs de Tocqueville, rendus « impitoyable[s] » par leur propre terreur : « le receveur des tailles est un tyran dont la cupidité se sert de tous les moyens pour vexer les pauvres gens[157]. » L'histoire de Laplanche illustre aussi l'autre grand thème de Tocqueville dans *L'Ancien Régime et la Révolution*, à savoir l'inquiétude des individus de manière générale, et les opportunités économiques qu'ils pouvaient rencontrer. Dans ce monde d'opportunités et d'avancement, « le plus riche capitaliste peut-être de l'Angoumois » – c'est-à-dire Marot, la figure qui sert de modèle à Laplanche – avait fait fortune (ou était réputé avoir fait fortune) grâce à de petits prêts et à son travail dans l'administration fiscale.

Une famille par temps troubles

La révolution des sentiments qu'a évoquée Tocqueville – une révolution qui a précédé et rendu possible la révolution politique – coïncide avec d'innombrables observations contemporaines. Turgot a qualifié la crise survenue à Angoulême en 1769 de « révolution », de même que le marchand de papier Abraham François Robin. Le gendre de Marie Aymard, Étienne Allemand, déplorait la « révolution » des prix des années 1780. Même les Nouel père et fils se plaignaient en 1776, dans l'idiome de leur avocat parisien, d'un chaos de « systèmes modernes & destructeurs » annonçant « une révolution des plus funestes dans les lois et les mœurs de la nation française »[158]. Le mot « révolution », comme le constat de l'évolution des mentalités, faisait de fait partie du quotidien.

Dans la vaste historiographie qui s'est développée depuis au sujet de *L'Ancien Régime et la Révolution*, on considère que la première révolution, ou la révolution préalable de Tocqueville, a été une période de transformation culturelle et intellectuelle au cours de laquelle les idées des philosophes des Lumières se sont répandues jusque dans les provinces les plus reculées[159]. Dans l'ensemble, l'insistance de Tocqueville sur les changements survenus au sein de l'économie sociale et sur les « détail[s] » de l'histoire financière, n'est pas prise très au sérieux. Pour François Furet : « sur l'économique, [Tocqueville] reste toujours superficiel et vague [...] aussi bien n'a-t-il pas dépouillé de sources proprement économiques sur l'Ancien Régime » ; « l'évolution économique de la société française [est] ignorée pour elle-même »[160]. Les épisodes sur lesquels cette étude nous a amenée à nous pencher – l'émoi suscité par la crise du crédit, la fin du collège jésuite et l'affaire du bureau de la taille – sont en effet, dans cette optique, « proprement » non économiques : ils ne sont pas liés à la « météorologie économique » qui gouvernait au milieu du XXe siècle les histoires consacrées aux origines économiques de la Révolution française, « Révolution de la misère ou de la prospérité[161] ». Toutefois, si l'on donne au terme « économique » un sens un peu plus large, et plus moderne, l'histoire de la première révolution française à Angoulême peut être envisagée comme une histoire hyperéconomique, et même, comme une histoire des vicissitudes des choix économiques.

Les individus impliqués dans les épisodes que nous avons considérés étaient inquiets de leur condition, tout comme les hommes économiques de Tocqueville : ils s'évertuaient sans relâche à la changer[162]. Dans cette histoire, ils ne faisaient d'ailleurs pas mystère de leurs aspirations : Gabriel Ferrand souhaitait instruire la jeunesse, et François Laplanche s'imaginait jouir d'un « état bien plus lucratif ». Néanmoins, ils cherchaient à améliorer leur condition dans les secteurs économiques « improductifs » qui régentaient leur quotidien, c'est-à-dire dans la sphère de l'Église et dans l'administration fiscale. Ils cherchaient à progresser tout en étant non économiques dans la mesure où ils contrevenaient à ce qui était devenu ou était en train de devenir la règle (implicite) de l'échange économique : ils cherchaient à s'assurer un patronage, à obtenir des rentes, tiraient profit des changements de réglementation ou, dans le cas de la crise du crédit de 1769, enfreignaient les lois ainsi que les normes de l'échange. Les listes de créanciers et de débiteurs dressées lors de la crise de 1769 donnent à voir une société économique de petits commerçants et de petits détenteurs de capitaux pour lesquels les plus grandes opportunités, c'est-à-dire l'exportation vers les colonies et les contrats navals, étaient aussi les plus risquées. La microhistoire d'Angoulême telle qu'établie via ces récits est en fait complémentaire des grandes conclusions de l'histoire économique récente. Elle corrobore la remarquable expansion de l'activité financière – et en particulier du crédit notarié – que Philip Hoffman, Gilles Postel-Vinay et Jean-Laurent Rosenthal ont mise au jour pour les dernières décennies de l'Ancien Régime[163]. Elle confirme aussi le rôle essentiel des échanges avec l'étranger dans l'histoire de l'expansion économique de la fin du XVIIIe siècle – la « prospérité publique » et « les routes, les canaux, les manufactures, le commerce », chez Tocqueville[164]. Enfin, elle vient également étayer et compléter l'histoire récente des origines économiques de la Révolution française en ce qui concerne l'économie politique de l'imposition et l'incapacité de la monarchie à augmenter les impôts[165]. Elle donne en fait à voir l'envers de la séquence (ou du bilan comptable), et permet d'esquisser une histoire des dépenses publiques relatives aux contrats navals, aux colonies et aux juridictions, auxquelles correspondaient, ou ne correspondaient pas, les revenus de la Couronne. En définitive, ces histoires doivent avant tout être envisagées comme ressortant d'une histoire de la volatilité. Rien n'était jamais stable, ni les taux d'intérêt, ni les prix, ni les opportunités à l'étranger, ni les obligations – qui pouvaient en outre être suspendues. Au début de la Révolution, les habitants de Châlus, un village situé à quelque quatre-vingts kilomètres à l'est d'Angoulême, ont employé une métaphore saisissante pour décrire les maux de l'Ancien Régime. Ils appartenaient, disaient-ils, à une « race audacieuse et infatigable, par laquelle sont étendues au loin nos communications et notre gloire », mais ils étaient troublés par ce qu'ils décrivaient comme la ruine de l'« économie de la santé » et des « vues d'économie publique » provoquées par « les décroissances et [...] bouffissures » de la vie publique[166].

L'histoire qu'ils racontent là est aussi celle d'Angoulême entre 1764 et 1789. Dans cette perspective – qui est donc celle d'une histoire de la vie économique –, ces épisodes angoumoisins doivent être compris comme des incidents dans l'histoire du début de la Révolution française et de ses ultimes origines économiques. Il ne s'agit pas d'une histoire de l'économie « en soi », comme dans la terminologie de François Furet, mais d'une histoire des événements de l'existence économique ordinaire. Les événements, dans cette histoire, étaient publics. Ils se sont déroulés dans les rues et sur les places d'Angoulême, et ils ont eu des conséquences sociales. Ils étaient visibles. On a pu voir, par exemple, les Jésuites quitter le collège avec leurs lits, les affiches placardées à propos des crimes des capitalistes ou les officiers de la cour se rendant en grande tenue au bureau de la taille. Et ils étaient aussi audibles. On a pu entendre les lamentations de la fille « *fort espleurée* » de l'auteur de l'histoire secrète dans la rue du Collège, non loin de chez Marie Aymard, ou le coup de feu et les cris devant le séminaire, ou les jeunes gens qui jetaient des pierres en direction du maire sur la place du Mûrier. Il s'agit en somme d'une histoire des mutations de l'économie sociale à travers un microcosme : un moyen de donner du sens et une réalité à l'histoire générale de Tocqueville.

Chapitre 5
La Révolution française à Angoulême

Une révolution sans histoires

Angoulême n'a pas pris une part active à la Révolution ; comme dans beaucoup d'autres domaines, c'était un coin tranquille. L'unique histoire substantielle consacrée à la période révolutionnaire dans la ville indique qu'elle « n'est guère citée dans les chroniques événementielles de la Révolution » et qu'elle « a traversé la période révolutionnaire d'une manière moins dramatique et moins sanglante que ses voisines ». Angoulême était le chef-lieu d'« un département qui n'a connu ni événements exceptionnels ni personnalités devant figurer au panthéon révolutionnaire », et elle est également insignifiante dans le panthéon de la contre-révolution[1].

Seuls deux individus d'Angoulême – un des fils du marchand de papier auteur du recueil secret sur la crise commerciale de 1769, et la nièce de l'apprenti perruquier impliqué dans l'affaire de l'héritage de Martinique – ont joué un rôle un tant soit peu important dans l'histoire politique plus large de la Révolution, et tous deux avaient quitté la ville pour Paris des années auparavant. Rosemarin, la signataire patriote du contrat de mariage, est pour sa part partie s'installer à Tours en 1792. Mais pour autant, les mutations de la période révolutionnaire en matière de propriété, concernant le sort de l'Église, l'organisation des forces armées, l'impôt et l'enregistrement des naissances, des mariages et des décès, ont affecté tout le monde à Angoulême, comme partout ailleurs en France. C'est dans ce contexte que les enfants et petits-enfants de Marie Aymard ont vécu et sont morts[2].

Une multitude de commis

La Révolution a commencé à Angoulême de manière pour ainsi dire provinciale, en février 1789. Les doléances enregistrées en vue de la convocation des États généraux portent surtout, et ce, de manière frappante, sur les institutions administratives dans lesquelles les Allemand et les Ferrand cherchaient à faire fortune[3]. Ces institutions sont justement celles de la première révolution française de Tocqueville et des multiples « affaires » des années 1760, 1770 et 1780, c'est-à-dire la crise du crédit impliquant capitalistes et cabalistes, les drames du collège et du séminaire, et l'affaire du bureau de la taille.

Les toutes premières réunions furent organisées par les petites communautés de métiers ou corporations de la ville le 24 février 1789 : les menuisiers, les chapeliers, les serruriers, les selliers et les drapiers. Puis les boulangers, les tailleurs et les notaires (dont le vindicatif beau-frère du caissier du bureau de la taille dans l'affaire qui opposait Laplanche à Marot). Gabriel Ferrand et Étienne Allemand font partie des 468 individus, sujets relativement respectables, « nés Français » et « compris aux rôles des impositions », qui ont participé à la première grande assemblée de la ville. Ils comptaient aussi parmi les 182 « desdits habitants qui savent signer », et qui ont donc signé le procès-verbal des débats[4].

Au cours de ces premières réunions, seuls les selliers se sont montrés ouvertement révolutionnaires. Dans leur cahier de doléances, ils déclarent qu'ils sont victimes des préposés qui viennent fouiller leurs ateliers et font des saisies sur des emprunts qu'ils ont eux-mêmes faits : « si nous voulons nous défendre, on nous entraîne dans le désastre de la plus abominable chicane [...] nous avons parmi nous de tristes victimes de ces horribles tyrans. » Un des signataires du contrat de mariage de 1764, petit-cousin d'Étienne – et par ailleurs frère du négociant en faillite de Saint-Domingue qui a fait publier des petites annonces pour retrouver son esclave enceinte – a signé le procès-verbal de l'assemblée avec son fils ; les selliers y dénoncent entre autres l'injustice de la taille, les multiples « tours [et] chicanes » qui menacent la « justice distributive », et affirment ce faisant que « dans notre administration municipale, tout est illégal »[5]. Les serruriers, qui se sont réunis le même jour, se plaignent de « l'excès des tailles et des impôts de toutes espèces ». Ils brossent un tableau effrayant et mettent en garde contre l'insécurité qui viendrait à régner si leur profession était ouverte à « toutes sortes de personnes », car « les serruriers ont à leur disposition les clefs de toutes les maisons, de toutes les armoires, et de tout ce qui est mis sous la clef, dans toutes les villes et dans toutes les contrées où ils travaillent »[6].

Les cahiers de doléances d'Angoulême et de l'Angoumois, comme partout en France, sont le reflet d'un compromis ; ils présentent une juxtaposition de récriminations immédiates et de réflexions philosophiques sur l'autorité royale, municipale et ecclésiastique. Le collège, le diocèse et le bureau de la taille sont, comme lors de la première révolution dans la ville, l'objet de dissensions permanentes. Les tailleurs d'Angoulême – dont le beau-frère d'Étienne, qui a signé le procès-verbal – exigent que les officiers de l'administration municipale soient choisis publiquement et non plus « clandestinement », et « que le collège qui fut très florissant il y a trente ans soit mis dans son premier état »[7]. Les cordonniers, dont l'oncle de la jeune épouse de Laplanche, le malheureux commis du bureau des impôts, demandent que le nombre de curés soit réduit, et que les revenus des anciennes abbayes soient distribués « au profit des collèges » de la ville[8]. Ils soulignent collectivement que « le nombre de jeunes élèves envoyés dans les différentes pensions d'Angoulême était une ressource pour les habitants » ; d'après l'éditeur qui s'est chargé de publier le texte au début du XXe siècle, les paragraphes relatifs aux revenus du séminaire et à l'administration du diocèse avaient alors fait l'objet de révisions très élaborées[9].

Le « vice du régime des finances », et en particulier le fardeau de la taille, est un thème récurrent dans les cahiers de doléances de l'Angoumois et des autres provinces. Le langage utilisé à cet égard est éloquent : la taille est un « système injuste et meurtrier », elle est « imposée despotiquement », et les receveurs inspirent l'« horreur à toutes les paroisses ». Les serruriers se plaignent de l'« excès des tailles et des impôts de toutes espèces ». Les « communes de la ville d'Angoulême » demandent l'abolition de seize impôts différents dont la collecte est devenue « arbitraire », et de même, « la suppression des intendants » : « une charge de moins pour l'État et une branche de l'autorité despotique détruite ; c'est le vœu général[10]. »

L'administration locale et individuelle des impôts est de fait la principale préoccupation des plaignants, et, dans cette optique, la figure du commis – l'officier subalterne, comme Laplanche dans l'affaire des sacs d'argent disparus, ou Martial Allemand Lavigerie en

1790 – devient l'ennemi numéro un. Les habitants d'un village situé au sud d'Angoulême dénoncent « la légende énorme des commis [qui] fait frémir ; partout elle jette l'effroi ». Ceux d'un village voisin estiment qu'il existe « un établissement de commis aux aides [d'une] exactitude et [d'une] vigilance surnaturelles » ; dans un autre village encore, au sud de la ville, on réclame la suppression de tous les commis. À Angoulême même, les tailleurs déplorent les « vexations » et l'« injustice » exercées par les commis ; les cordonniers sont « journellement » dérangés par les commis ; les selliers demandent « la suppression de tous les commis » et autres employés ; la ville dénonce collectivement les « vexations continuelles » d'une « multitude de commis », et raconte une sinistre histoire de commis rapaces, observant « du haut des remparts » les paysans en train de couper le foin dans les champs situés en contrebas[11].

En 1790, une jeune veuve d'un village proche d'Angoulême, Marie Sauvo, « chargée de la procuration de toutes les dames de [s]on canton », a rédigé un Cahier des doléances et réclamations des femmes du département de la Charente. Le texte de ce cahier ne diffère pas vraiment de celui des autres. Il présente une version légèrement remaniée des doléances déjà formulées et combine sentiments philosophiques issus des pamphlets de l'époque et griefs détaillés contre les « injustes impositions », « les défectuosités monstrueuses de la loi » et « les sinuosités qui égarent, chaque jour, les officiers chargés de les faire exécuter ». Marie Sauvo s'est inspirée d'un cahier imprimé en 1789 écrit par une certaine « Madame B*** B*** » du pays de Caux, en Normandie. Dans les siècles d'ignorance, écrivent Marie Sauvo et Madame B*** B***, « la devise des femmes est de travailler, obéir et se taire », mais « dans le moment d'une Révolution générale », il est « permis à chaque individu de porter des réclamations, de communiquer ses idées, de traiter, discuter par la voie de la presse »[12].

Marie Sauvo a apporté environ soixante-dix modifications, pour la plupart mineures, au texte de Madame B*** B***. En 1789, cette dernière disait : « Il est, dit-on, question d'accorder aux nègres leur affranchissement ; le peuple presque aussi esclave qu'eux, va rentrer dans ses droits. » Marie Sauvo – dont la maison familiale à Angoulême était immédiatement voisine de celle de « *Mr. Robin amériquin* », le propriétaire qui avait pris la fuite avec des esclaves, des chaudières et des cuves de cuivre – propose en 1790 une version différente : « L'on *a*, dit-on, *accordé* aux nègres leur affranchissement ; le peuple, étant aussi esclave qu'eux, *est rentré* dans ses droits[13]. » Elle y ajoute par ailleurs son propre plaidoyer en faveur des veuves, un appel à la fraternité (« point de marques de distinction »), ainsi qu'une impérieuse péroraison : « Qu'il nous soit permis de former une troupe vigilante ; nous avons assez d'ardeur pour les armes, comme dans tous autres travaux, pour demander d'y être admises[14]. »

Scènes de la vie révolutionnaire : L'administration

À Angoulême, les changements révolutionnaires ont donc d'abord concerné l'économie locale de l'administration publique. Dès le mois de mai 1788, dans une lettre envoyée depuis Paris, le fils d'Abraham François Robin, Léonard (qui l'avait déjà averti des années auparavant du « ressentiment de l'affaire d'Angoulême »), annonçait à son père : « notre ville d'Angoulême siège d'un nouveau grand bailliage et beaucoup d'autres villes dans le même cas vont grandement profiter de la révolution[15]. » La réorganisation débuta en décembre 1789 et aboutit en mars 1790 à la création de quatre-vingt-trois nouveaux départements divisés en districts, cantons et municipalités ou communes ; elle devait constituer le fondement d'« un vaste mécanisme gouvernemental dans lequel devaient se combiner, comme autant de rouages mus par un même principe d'action, les divers pouvoirs administratifs, militaires, ecclésiastiques, judiciaires et financiers[16] ». Angoulême, chef-lieu du nouveau département de la Charente, fut dotée d'une Assemblée élue, d'un Conseil et d'un Directoire permanent : autant d'opportunités pour les juristes, les écrivains et les commis au greffe de la ville.

Une nouvelle administration municipale fut mise en place, avec de nouveaux comités et de nouveaux commissaires, de nouvelles fêtes et de tout nouveaux « certificats de civisme ». Un grand « Plan Directeur » fut tracé, représentant toutes les rues et toutes les maisons d'Angoulême, numérotées d'après un système établi en 1769 (en lien avec le logement de la milice)[17]. En 1791, des « matrices foncières » furent établies, répertoriant chaque maison avec les noms des propriétaires et des locataires, la superficie, la « contenance » des propriétés et une estimation du revenu net imposable du foyer[18]. On recensa les ânes (il y en avait 268)[19]. Il y eut aussi un recensement général des chevaux sur la place du Mûrier, entre la maison familiale d'Étienne Allemand dans l'Isle de la Cloche Verte et l'Isle de la place du Collège, où son contrat de mariage a été signé en 1764[20]. On trouve également dans l'« inventaire » des registres de l'an IV un « état des sacs », un « recensement des laines » et un « état des huiles de poisson existant dans le district »[21]. Un registre consacré à la « contribution personnelle, mobiliaire et somptuaire » présente des déclarations relatives aux loyers, aux voitures et aux domestiques[22]. Les dons patriotiques étaient aussi comptabilisés : en mars 1793, 198 paires de chaussures, 181 paires de guêtres, 27 paires de bas, 8 chemises et un chapeau furent ainsi donnés par la ville à la nation[23]. La nation faisait aussi des dons à la ville : en mars 1795, chaque chef de famille a ainsi reçu une morue[24].

Le département de la Charente créé en 1790 avait un goût prononcé pour la « marche fixe et régulière » des affaires. Selon un document préliminaire non daté mais abondamment annoté dans le plus vieux dossier concernant l'administration du département des archives, « les lettres et paquets adressés au D^re^ [Directoire] » devaient être « déposés sur le Bureau, ouverts par le Président, lus au D^re^ assemblé, enregistrés et distribués sans délai entre les B^aux^ [Bureaux] en raison de leur attribution respective[25] ». Quelques années plus tard seulement, on trouve un nouveau sous-département au secrétariat du département, ainsi que quatre autres bureaux : un bureau des émigrés, un bureau de comptabilité, un bureau des commissaires et un bureau des archives[26].

La période révolutionnaire fut aussi riche en manifestations publiques, sources de « joie » pour les nouveaux fonctionnaires. La célébration des nouvelles abstractions politiques débuta en 1793, lorsque « 400 citoyennes vêtues de blanc » défilèrent pour « la fête de l'unité et de l'indivisibilité » avec une bannière sur laquelle « une statue colossale représentant le peuple français, écras[ait] de sa massue le fédéralisme[27] ». Quelques semaines plus tard, « les députés des administrations » se rendirent en cortège jusqu'à la maison d'une jeune fille de dix-huit ans « que l'opinion publique avait désignée pour représenter la Raison[28] ». Plus tard, pour la fête de la « souveraineté », on érigea une statue foulant aux pieds « le monstre du despotisme » ainsi que les « capitulaires, décrétales, maximes du droit royal, pamphlets de Burke », et des professeurs de l'ancien collège jésuite marchèrent en direction de la place du Mûrier avec les commissaires de police, « maudissant l'antique esclavage » au son de la musique militaire[29].

Sur le plan de la vie ordinaire néanmoins, c'est une nouvelle procédure administrative de portée plus universelle qui eut les répercussions les plus manifestes. Celle-ci modifia la manière de consigner les événements jalonnant la vie des individus, et de fait les archives qui constituent jusqu'ici la principale source de cette enquête. En novembre 1792, la ville d'Angoulême abandonna la procédure d'enregistrement sur les registres paroissiaux pour adopter l'état civil : en quelques heures, on passa de l'enregistrement paroissial des baptêmes, mariages et sépultures, à celui des naissances, mariages, décès et divorces par des agents de l'État. Le divorce fut légalisé en France en septembre 1792, et le nouveau calendrier promulgué par le gouvernement républicain arriva à Angoulême en 1793[30]. Le premier nouveau-né à être déclaré sous cette nouvelle ère – « le vingt-huit du premier mois de l'an 2e de la République », c'est-à-dire le 19 octobre 1793 – fut la petite-fille du cabaliste Pierre Nouel et du pâtissier Johann Georg Klotz ; Pierre Nouel fils, l'un des 4 089 individus figurant dans les registres paroissiaux de 1764, né dans la paroisse de Notre-Dame-de-Beaulieu, était le principal témoin de l'événement[31].

Le passage à la nouvelle rhétorique de la vie civile se fit presque sans heurt en novembre 1792[32]. On utilisa même pour commencer les mêmes volumes, l'état civil prenant la suite du registre paroissial[33]. Dix des douze anciennes paroisses de la ville avaient été supprimées en 1791 dans le cadre d'un processus défini par le nouvel évêque constitutionnel du diocèse ; ce dernier était le neveu par alliance du maître de danse Marc-René Lefort Latour, et le cousin germain du chirurgien de la plantation d'esclaves d'Artibonite, à Saint-Domingue[34]. Dans la nouvelle paroisse de Saint-Pierre, on trouve sur la même page un acte d'un baptême daté du 5 novembre 1792 et l'enregistrement d'une naissance par l'« officier public de cette municipalité » ; un des signataires du contrat de mariage de 1764, Jean Godinaud, était ce jour-là témoin avec son frère[35]. Quelques jours plus tard, le 14 novembre, le « registre de St.-Pierre » enregistra le premier divorce d'Angoulême ; le neveu de la signataire du contrat de mariage Rose Rezé en fut témoin[36].

Les nouveaux registres de l'état civil tenus par les officiers publics de la ville firent leur apparition quelques semaines plus tard, le 1er janvier 1793. Les mois révolutionnaires, eux, sont utilisés avec quelque hésitation à partir de novembre 1793 ; pour des naissances et des décès en brumaire (novembre), puis pour des mariages en frimaire (novembre / décembre)[37]. Ces nouveaux mois, tout comme le nom des événements enregistrés, étaient peu familiers : brumaire est ainsi écrit *brumere*, et décès *deceais* ou *dessert*[38]. Le deuxième divorce prononcé dans la ville est enregistré dans le registre des mariages le jour de la

Saint-Valentin 1793 ; il implique deux des 4 089 individus figurant dans les registres paroissiaux de 1764 : le fils d'un tailleur, baptisé en janvier 1764, et la fille d'un agent de police, baptisée en août 1764[39].

Quatre-vingt-seize divorces ont été prononcés à Angoulême au cours des vingt-quatre années durant lesquelles le divorce était légal en France, dont un quart en raison de l'émigration de l'une des parties (à chaque fois le mari)[40]. Les autres divorces étaient dus, pour la plupart, aux difficultés inhérentes à la vie. On compte parmi les divorcés : quatre agriculteurs, deux perruquiers, un marchand de chevaux et une « marchande épicière » qui, divorcée d'un cirier, épousa quelques jours plus tard un autre épicier[41]. Le beau-frère de Françoise Klotz divorça en 1793 après dix-huit ans de mariage ; il déclara « ne [pas] vouloir signe[r] » le registre[42]. Deux sœurs, filles d'un laboureur, épousèrent deux frères, fils d'un cultivateur, en l'an II de la Révolution ; elles divorcèrent en l'an IX au motif que les frères étaient « absent[s] » depuis environ huit ans et ne donnaient pas de « [leurs] nouvelles » ; elles ont ensuite épousé deux autres frères, fils d'un taillandier, dont l'un fait partie des 4 089 individus des registres de 1764[43].

La fille d'un apprêteur d'étoffes de Saint-Ausone, Jeanne David, épousa en 1795, à l'âge de quatorze ans, Bartélémi Raimond, présenté comme un « Déserteur d'Espagne », dont les parents vivaient en Suisse[44]. Un peu plus d'un an plus tard, alors qu'elle avait quinze ans, elle demanda le divorce « pour cause d'incompatibilité d'humeur et de caractère ». Dans le procès-verbal de l'arbitrage préliminaire (inscrit « par erreur » sur le registre des mariages), les amis des deux parties indiquent que Bartélémi n'avait « pas été éloigné de [renouer] avec son épouse, mais que cette dernière n'a[vait] jamais voulu [lui] tendre la main » et avait prorogé la procédure de deux mois ; après trois demandes supplémentaires, le divorce fut prononcé en juin 1797[45]. Jeanne David, marchande, est morte trois mois plus tard, en septembre 1797, à l'âge de seize ans[46].

La tâche la plus éprouvante pour les nouveaux officiers publics était d'aller constater le décès des personnes déclarées mortes ; « je me suis sur-le-champ transporté audit hôpital », ou audit domicile[47]. Il fallait aussi enregistrer les « enfants trouvés ». Une sage-femme de la paroisse de Saint-Jacques « m'a présenté une fille âgée d'environ huit jours », écrit l'un des officiers le 1er mars 1793 ; on l'avait trouvée au cours de la nuit précédente, et elle a été « inscrite au registre desdits enfants trouvés sous le numéro trois cent soixante-cinq » ; « j'ai donné [à la fille] le prénom de Catherine (laquelle dite Catherine est marquée à la tête d'un ruban rose au côté droit de longueur de trois pouces et de deux pouces et un quart de largeur et découpé par un bout[)] ». Jean Glaumont, signataire du contrat de mariage de 1764, est témoin de l'enregistrement de la petite, et du ruban[48].

Le sort des enfants illégitimes ou naturels n'avait rien d'enviable à Angoulême, à la fin de l'Ancien Régime. Le registre de la paroisse suburbaine de Saint-Martin contient pour le mois d'avril 1789 une pétition de huit pages, adressée à l'évêque par un garçon charpentier ayant besoin d'un certificat de baptême afin de se marier. Celui-ci ignorait qui étaient ses parents et ne savait pas où il était né ; il se rappelait qu'à l'âge de cinq ou six ans, il vivait avec une femme dans un village du Périgord, mais qu'à sept ou huit ans, la femme l'avait chassé de la maison « sans lui donner autre chose que des coups de verge pour lui faire passer la porte ». Il avait alors erré de paroisse en paroisse en essayant de gagner sa vie, jusqu'à ce qu'il rencontre par hasard un entrepreneur en bâtiment d'Angoulême qui l'avait reconnu et pris comme apprenti. En février 1789, le garçon était retourné dans le Périgord, avait retrouvé la femme avec qui il avait vécu, et en présence de témoins l'avait appelée à « déclarer qui il était, où il était né et baptisé ». Elle avait refusé ; deux autres ouvriers en bâtiment certifiaient qu'ils le connaissaient depuis l'enfance mais qu'ils ne savaient pas qui il était. Il fut baptisé dans la paroisse de Saint-Martin en mai 1789 et s'y maria trois jours plus tard[49].

La gestion, ou plutôt la mauvaise gestion du sort des « enfants naturels de la patrie » a pris une dimension pour ainsi dire industrielle au cours des années révolutionnaires : les officiers publics de la commune d'Angoulême ont enregistré 689 décès d'enfants abandonnés ou naturels entre 1793 et 1802, et plusieurs centaines d'autres sont morts dans la ville ou dans les villages environnants sans que leur décès fût enregistré[50]. Cette situation désolante s'est poursuivie durant la période napoléonienne. Ursule, un an, a été inscrite dans le registre sous le numéro 1340 en 1804, et « marquée d'un morceau de velours noir de vingt-quatre centimètres de long sur un de large attaché au col ». Denis, inscrit le lendemain sous le numéro 1341, avait quant à lui un morceau de soie rayée jaune attaché au poignet droit ; Laure, le numéro 1342, avait un ruban rouge attaché au bras gauche. Ursule, le numéro 1340 identifiée par le morceau de velours noir, est morte âgée de dix-huit jours au « dépôt des enfants abandonnés[51] ». Même les noms attribués aux nourrissons à la fin de la période dénotaient une forme de brutalité : Christine Désolée, Cyprien Almanach, Ischyrion Vert, Olympiade Lunette, Omer Papier, Onésine Perdrix, Privat Privé, Rustique Coq[52].

Scènes de la vie révolutionnaire : L'Église

À la fin du XVIIIe siècle, l'Église et ses différentes institutions dominaient de fait la vie économique d'Angoulême : elles détenaient un important patrimoine immobilier dans les vieilles paroisses de la ville et elles employaient les acolytes qui apparaissent dans les registres paroissiaux de 1764. La destruction des institutions religieuses pendant la Révolution a ainsi donné lieu à un véritable spectacle public. Les petites isles de maisons dans lesquelles les Allemand et les Ferrand vivaient, dans le centre de la vieille ville, étaient organisées autour de ces institutions. L'Isle de la Cloche Verte, où vivaient le notaire Jean Bernard, l'abbé Mioulle et dix-huit des signataires du contrat de mariage, était bordée d'un côté par le couvent des Jacobins. L'Isle de la Place du Collège, où le contrat de mariage a été signé en décembre 1764, était délimitée par l'ancien collège jésuite, la cathédrale et le couvent des Filles de la Foi[53].

L'ordre des Tiercelettes (les sœurs de Saint-François) comptait parmi les plus importants propriétaires fonciers de la ville, et son couvent dominait la place du Mûrier. Abraham François Robin habitait l'Isle des Tiercelettes, tout comme le capitaliste Claude Benoit des Essarts et l'oncle musicien d'Étienne Allemand, qui vivait avec ses filles lingères. Les archives notariales de la ville étaient entreposées dans un local loué aux Tiercelettes[54]. La rue des Cordeliers (rebaptisée alors rue de Beaulieu) où Elizabeth et Lydia Sterne vivaient avec leur petit chien, dans la maison de la « dame de Bologne », abritait les résidences des chanoines et du chapitre cathédral. Même le tristement célèbre Bureau de la taille, derrière l'armoire duquel on avait (ou non) caché les sacs de pièces de monnaie, la demeure du receveur Marot et plus tard d'Ogerdias, l'ingénieur de Chandernagor, appartenait à l'ordre religieux des Carmélites, situé dans l'Isle de la Grande Maison des Carmélites[55].

Au fil des années révolutionnaires, les transactions et les tragédies engendrées par la réforme se sont déroulées dans les espaces publics d'Angoulême. Au début de l'année 1790, on annonça aux nonnes et aux moines de la ville qu'ils étaient libres de quitter leurs ordres. Au mois de mai, trois officiers municipaux se rendirent au couvent des Tiercelettes afin de mesurer les lieux et de faire l'inventaire de ses biens ; l'ensemble des vingt et une sœurs présentes déclarèrent alors que « leur désir le plus ardent était de continuer de vivre ensemble sous la règle de leur ordre[56] ». D'autres inspections et d'autres inventaires furent organisés, donnant lieu à l'établissement de plusieurs listes énumérant les biens des sœurs, leur capital, « intérêt » et « revenu » ; en juillet 1791, un relevé des dimensions exactes de l'église des Tiercelettes fut signé au nom de l'ordre par « Sœur Rosalie », la mère supérieure, et « Sœur Félicité », l'économe ou gestionnaire de l'ordre[57].

La vente des biens et possessions du couvent débuta en 1791 avec la mise aux enchères de parcelles de terre et de lots de chapelles, d'ornements en argent et de meubles de cuisine. En septembre 1792, les sœurs furent chassées de leur couvent avec « un peu de linge » (comme les Jésuites trente ans auparavant) ; on leur promettait, si elles prêtaient serment d'allégeance à la liberté et à l'égalité, une possible pension[58]. Les possessions des Tiercelettes, y compris les ornements, les assiettes, les meubles et les textiles, furent vendues en plusieurs jours en 1793 : on trouve ainsi mention d'un « paquet [de] bonnets », un « paquet de damas violet » et un « paquet [de] vieux damas cramoisi et velours propre pour un dedans de lit ». Tout le voisinage semblait vouloir un souvenir : un acheteur identifié comme « Robin » fit l'acquisition d'une chaise pour 5 livres ; « la citoyenne Mimi » acheta un « pupitre » et une « grosse paire de chenets de cuisine »[59]. Les ouvrages composant les bibliothèques des ordres religieux furent transportés jusqu'à l'ancien monastère des Capucins, et les cloches des chapelles descendues des remparts jusqu'au fleuve, où elles furent placées sur une barge pour être emportées à Rochefort et à La Rochelle[60].

Ce fut un flux ininterrompu de personnes et d'objets. L'argenterie du couvent des Dominicains, qui dominait la place du Mûrier, fut transportée en charrette via la rue de Beaulieu pour être entreposée dans les archives du couvent des Cordeliers[61]. Les archives et les actes du diocèse furent emportés au couvent des Filles de la Foi[62]. Le séminaire de Saint-Martial, où l'abbé Mioulle avait été abattu, fut vendu à Jean-Théodore Henry, un papetier de Saint-Jacques, par ailleurs beau-frère du nouvel évêque[63]. Les séminaristes s'installèrent dans l'ancien collège jésuite. Les prêtres réfractaires (qui avaient refusé de signer le serment de loyauté envers la République) les plus âgés furent emprisonnés au couvent des Carmélites[64]. Les bureaux du nouveau Directoire furent installés dans l'ancien monastère des Dominicains (ou Jacobins). Le couvent des Ursulines devint une prison, et le monastère des Capucins un dépôt pour les prisonniers de guerre. Le couvent des Tiercelettes se distinguait par « la facilité [qu'il] donn[ait] pour la vente au détail[65] ».

Les biens nationaux

Au milieu de toute cette agitation, ce fut la vente des biens fonciers de l'Église qui eut les conséquences les plus durables sur la vie économique d'Angoulême. Le nouveau marché des biens nationaux s'étendit à l'ensemble du département de la Charente, et partout ailleurs en France[66]. Dans le centre ancien d'Angoulême, la mise en vente fut immédiate, et incontournable. Les nouvelles « matrices foncières » comprennent une colonne « pour indiquer les mutations qui surviendront dans le nom des propriétaires pendant l'année 1791 », et celle-ci fut abondamment annotée au cours des années suivantes : la période révolutionnaire entraîna de fait une frénésie de transactions dans l'espace urbain. D'après ces matrices, environ quatre-vingts propriétés appartenaient aux institutions ecclésiastiques aux abords immédiats de la place du Mûrier, et les « acquéreurs », dont beaucoup étaient des officiers de la nouvelle administration, furent nombreux et enthousiastes. Si l'on reporte les données des matrices foncières sur le « Plan Directeur » en ombrageant toutes les propriétés réputées appartenir à la nation durant les premières années de la Révolution, on constate que très peu de rues ont échappé au nouveau régime de la propriété publique et privée dans le vieux quartier des Allemand et des Ferrand, des capitalistes et des cabalistes[67].

Le sort des biens nationaux a été consigné avec beaucoup de détails : il existe des listes de propositions d'achat, des listes d'enchères indiquant les multiples offres, et des listes répertoriant les ventes parachevées – dans lesquelles figurent les signataires du contrat de mariage et leurs relations. Même le futur marié du contrat de 1764, Étienne Allemand Lavigerie, qui se plaignait avec tant d'amertume du coût de la vie, a été en mesure d'acheter une maison dans l'ancienne paroisse de Notre-Dame de la Peine, propriété de l'ancien chapitre des chanoines du diocèse d'Angoulême. La maison lui a été « adjugée » en septembre 1791 pour la somme de 4 620 livres, à payer en douze versements, sur douze ans. Il a effectué les paiements successifs (pour commencer en assignats, le papier-monnaie émis par les législatures révolutionnaires) et l'opération est parvenue à son terme en 1812. La maison, qui se trouvait près de la cathédrale, était alors devenue un gage essentiel de la sécurité financière de la famille[68].

L'achat le plus important, pour 446 000 livres, concerne une maison qui appartenait à l'ancien collège jésuite, donnant sur la place du Mûrier ; la nouvelle propriétaire était la « Dlle Marchais », de la famille de l'orfèvre signataire du contrat de mariage[69]. Le petit-fils de l'orfèvre a pour sa part acheté le fameux hôtel particulier des Carmélites, encore assujetti au bail de la veuve de Claude Ogerdias, fille du subrécargue de Chandernagor[70]. Un autre de ses petits-fils a quant à lui fait l'acquisition d'une autre maison appartenant au collège, dont l'usufruit revenait à « la demoiselle Caliche amériquaine », également connue sous le nom de « citoyenne Caliche St. Mimi », la voisine qui avait acheté un pupitre lors de la vente des biens des Tiercelettes. Il s'agissait de Catherine Saint-Mesmy, « née en Amérique » ; elle est morte à Angoulême en 1827, à quatre-vingt-dix-neuf ans[71].

Barthélemi Thibaud, fils du commis au greffe, et signataire du contrat de mariage à l'âge de onze ans, a acheté une maison qui avait appartenu aux Filles de la Foi, et puis, quand un nouvel ensemble de propriétés fut mis en vente (confisquées à des propriétaires émigrés), une autre située près des remparts[72]. Dupard, de la famille du boutonnier, a acheté un pré qui avait appartenu à l'abbaye de Beaulieu, et une maison dans la rue de Genève (dont le précédent propriétaire était le procureur du roi dans l'affaire du commis du bureau des impôts)[73]. Les « héritiers de Pierre Nouel », principal cabaliste de 1769, ont acheté la « Chapelle de St. Augustin »[74]. Le propriétaire d'esclaves en fuite de l'île de Saint-Vincent – « *Mr. Robin amériquin* » – a acheté une maison qui, comme celle d'Étienne, faisait autrefois partie du chapitre des chanoines[75].

En Charente, la toute première offre d'achat a été faite par Abraham François Robin, le capitaliste et historien de la crise de 1769 (qui avait alors soixante-quatorze ans) : il avait l'intention d'acheter un domaine appelé Chantoiseau situé en bordure du fleuve, ancienne propriété des Cordeliers d'Angoulême[76]. Henry *l'aîné*, nouveau propriétaire du séminaire, voulut acquérir un autre domaine situé en bordure du fleuve et pourvu de moulins, propriété de l'abbaye de la Couronne[77]. Il y eut pléthore d'autres opportunités de ce type. Un jardin sis près de l'ancien château – qu'Étienne louait depuis 1782 – fut mis aux enchères en l'an III à 3 375 livres : six acquéreurs potentiels firent successivement monter les prix, et le jardin fut finalement vendu pour 30 200 livres[78].

Gabriel Ferrand, le fils aîné de Marie Aymard, s'est lui aussi impliqué pour un temps sur le marché des biens confisqués pour des transactions relativement abordables, consistant à acquérir des baux de courte durée sur les biens nationaux. Au début de l'année 1793, les locaux de l'abbaye de Beaulieu furent proposés en propriété locative : le 26 février, Gabriel acheta un bail de trois ans sur une « partie de bâtiment » (pour 170 livres) ; le 5 mars, il en acquit un autre concernant une autre partie de bâtiment, et l'année suivante, il fit l'acquisition d'un autre lot encore, « un bâtiment donnant sur la place » (pour 90 livres). Son beau-frère Étienne Allemand Lavigerie se porta garant pour lui pour le premier bail[79]. Gabriel participa même de façon modeste à la frénésie collective autour de la propriété des Tiercelettes, sur la place du Mûrier : le 5 mars 1793, avec la garantie du « c^{n} Raby, m^{d} » (c'est-à-dire le citoyen Raby, marchand), il acheta un bail sur une partie d'un des lots du couvent, pour 26 livres ; il s'agissait de l'ancienne église, « la cy d^{t} église[80] ».

Raison et solitude

Au milieu de tous ces échanges de biens ecclésiastiques, Marguerite Aubert, figure du vaste réseau du contrat de mariage de 1764, fut l'héroïne improbable du plus pittoresque spectacle de désacralisation. Celle-ci était la filleule (et la petite-fille) de l'une des signataires, la petite-fille d'un autre, et la jeune fille « que l'opinion publique avait désignée pour représenter la Raison » en novembre 1793 ; un cortège des « députés des administrations » était à cette occasion venu la chercher chez elle[81]. La procession, menée par un représentant de la Convention et accompagnée de citoyennes vêtues de blanc, se dirigea ensuite vers la cathédrale, ou plutôt l'ancienne cathédrale Saint-Pierre : « La Raison prit la route de son temple. » La cathédrale, ou le temple, était alors ornée de vases, de torches et de statues. Marguerite reçut l'ordre de monter sur l'autel, où le représentant de la Convention s'adressa à elle et aux femmes d'Angoulême « au nom de cette sainte nature » : « Ne fais à personne ce que tu ne voudrais pas qui te fût fait[82]. » Marguerite Aubert était, disait-on, d'une beauté à ravir. En 1807, elle a épousé un fonctionnaire des impôts ; elle est devenue drapière, comme son grand-père, et a ouvert une boutique près de la place du Mûrier[83].

La fête de novembre 1793 fut, comme les célébrations de l'Ancien Régime, une aubaine pour les entreprises locales. Le représentant de la Convention consentit à verser 690 livres à un entrepreneur « pour [les] dépenses et ouvrages faits au temple de la Raison », impliquant trois menuisiers, cinq tailleurs de pierre, deux plafonneurs et leur plâtre, deux serruriers, un peintre, un sculpteur, un cirier et un marchand de suif. Le travail des ouvriers pour « démonter les grilles du temple de la Raison », lui « fournir un dôme » (un ouvrage « *pour la nassiont* ») et « ferm[er] la porte des élus » eut aussi un coût (« deux jours et deux nuits à trente sous par jour »). Il y eut en outre une dotation distincte pour couvrir les frais du bal du théâtre comique de la ville, pour célébrer la fête elle-même : il fallut rémunérer quatre musiciens, acheter des clous « pour tendre les tapisseries », des bougies et de la cire, louer des chaises, offrir un « rafraîchissement » aux artistes, et rétribuer encore un menuisier chargé de réparer les chaises cassées et « un homme qui a passé la nuit ». La famille Yrvoix du contrat de mariage de 1764 se trouve parmi les contractants pour la vente de suif et de cierges[84].

Une autre figure du réseau du contrat de mariage, issue de la jeune génération, faisait partie des personnes chargées de surveiller l'événement, et veilla donc à la désacralisation. Jean Lecler dit Larose, également connu sous le nom de Lecler-Raby, a été une personnalité politique mineure mais tenace à Angoulême. Son père était blanconnier ; sa tante (qui était aussi sa marraine), son oncle, sa grand-mère et son grand-père (qui était aussi son parrain) comptent tous parmi les signataires du contrat de mariage de 1764[85]. Jean a commencé sa carrière révolutionnaire, comme beaucoup d'autres, en tant qu'officier public, « membre du Conseil général de la commune d'Angoulême » chargé d'enregistrer les déclarations de naissance, de mariage et de divorce, et d'inspecter les corps des défunts[86]. Il est vite devenu un spécialiste des « visites domiciliaires » et de ce qu'il décrit comme les « pénibles opérations » consistant à aller inspecter les écoles suspectes. En l'an VII, il a ainsi visité une école où une ancienne sœur devenue institutrice lui a annoncé « d'un ton ferme et positif » qu'elle emmenait ses élèves aux vêpres ; sa classe était pleine de « livres consacrés au fanatisme », rapporte-t-il ; « les noms de citoyen et de citoyenne sont si étrangers dans cette maison, qu'il ne nous a pas été possible malgré nos invitations réitérées, de les arracher, si nous pouvons parler ainsi, de la bouche de cette institutrice et de ses élèves ». Un autre enseignant refusait d'enseigner autre chose que le latin, les mathématiques et la biologie : « Ô comble de la perfidie[87] ! » Lecler-Raby exerçait toujours une charge publique en 1805. Il survécut à l'Empire et à la Restauration, et fut de nouveau fonctionnaire municipal après la révolution de juillet 1830 ; il est mort à Angoulême en 1848[88].

La fille de la dame de Bologne, logeuse de Lydia et Elizabeth Sterne, était une sœur bénédictine prénommée Bénédictine, et elle fut expulsée de l'abbaye Notre-Dame-de-Beaulieu. En avril 1795, elle eut la chance de trouver à se loger dans une partie de la maison de l'Isle de la Cloche Verte appartenant à un membre de sa famille, Jean-Alexandre Cazaud, théoricien de l'esclavage et ancien employeur du mari de Marie Aymard. Elle l'identifie de manière plutôt approximative comme « Jean-François Cazaud » (nom du fils de Jean-Alexandre), ancien habitant de l'« isle de —— » (nom laissé en blanc). Cazaud vivait alors en exil en Angleterre, où il est mort quelques mois plus tard[89]. L'environnement immédiat de Bénédictine était peu engageant : dans sa chambre, le sol était pourri, de nombreuses planches étaient cassées, et les murs délabrés ; il n'y avait qu'un loquet en bois moisi pour fermer. Mais elle vivait toujours là quatre ans plus tard, désormais avec une servante. En 1801, elle était à la tête d'une pension de neuf élèves ; elle est morte à Angoulême, toujours rue de la Cloche Verte, en 1841[90].

Une maison située à l'angle de la place du Mûrier révéla au cours du même mois d'avril 1795 une destinée plus sombre. La maison en question était l'une des plus grandes de la place, juste en face de l'entrée de l'ancien couvent des Tiercelettes – c'était « la maison qui fait le coin de la place du Mûrier », autrefois propriété des Dominicains –, et son propriétaire était un marchand d'étoffes du nom de Jean-Pierre David, beau-père de l'un des signataires du contrat de mariage, Jean-Baptiste Marchais fils[91]. Dans la soirée du 13 avril, David et son propre beau-père, un ancien boulanger, se présentèrent au bureau de la municipalité pour déclarer qu'une femme identifiée comme « la citoyenne Marie Billiard, ex-religieuse [du couvent des] [T]iercelette[s] âgée d'environ cinquante-sept à huit ans [venait d'être] tirée noyée du puy dudit David ». On fit appel à un juge local, qui rédigea un rapport ; l'officier de la municipalité vint faire sa propre inspection ; sur ces documents, la défunte est présentée comme la fille de feu le directeur des Postes de la ville de Saintes. Il s'agissait de Marie Eustelle Billard, et elle était entrée au couvent des Tiercelettes au cours de l'été 1762. Elle y avait vécu trente ans, et elle est morte à quelques pas de là, en l'an III[92].

Scènes de la vie révolutionnaire : L'armée

L'armée, comme l'Église et l'administration fiscale, était à Angoulême un secteur économique résilient. Dans la localité, on avait commencé à se préparer à la guerre civile dès l'été 1789, quand les rumeurs de « la Grande Peur » des premiers mois de la Révolution, annonçant l'arrivée d'une armée de mille, deux mille ou dix-huit mille brigands, étaient parvenues depuis Ruffec, au nord de la ville. « Les uns disent que ce sont les Anglais, d'autres que ce sont des Pandours [des soldats croates], des Maures, des échappés des galères », écrit alors le curé d'un village situé à l'est d'Angoulême dans le registre paroissial[93]. Peu de temps auparavant, le nouveau « Comité permanent » de la municipalité d'Angoulême avait eu vent de nouvelles alarmantes et ordonné la formation immédiate d'« une garde nationale » (ou « garde patriotique ») et d'un « Comité militaire » ; le commandant de cette garde était un officier militaire intempérant qui avait été blessé durant la guerre de Sept Ans au sein de la Légion étrangère autrichienne[94].

Dès le début, la garde patriotique avait été soucieuse d'organiser des cérémonies publiques. Au début du mois d'août 1789, elle avait préparé une fête pour célébrer « l'abandon des privilèges du clergé et de la noblesse », et en avril 1790, une grande cérémonie impliquant « la fédération » de la cavalerie, de l'infanterie, de l'artillerie et des groupes militaires, qui avaient défilé dans la ville jusqu'à une île de la Charente où tous avaient juré obéissance sur « l'autel de l'union » récemment érigé. L'ultime mobilisation pour engager la guerre totale qui commença en 1792 fut un événement public plus spectaculaire encore : « Quel spectacle [...] pour ceux qui se souviennent encore de la consternation profonde que répandait la nouvelle de la guerre sous un régime corrompu ! », écrivent les dignitaires de la ville au commandant de la garde patriotique, désormais membre de l'Assemblée nationale à Paris : « aujourd'hui c'est le peuple qui la fait lui-même, pour lui[95]. »

L'anticipation de la guerre et la demande des tricolores révolutionnaires suscitèrent un certain enthousiasme parmi les commerçants d'Angoulême. « Nous avons eu le plaisir de souper avec vos voyageurs vendredi dernier », écrit une marchande nommée Marguerite Allemand en octobre 1791 à la firme de Baignoux et Quesnel, des négociants de Bordeaux spécialisés dans le vin, les étoffes, le papier et les « produits coloniaux », et par ailleurs impliqués dans les voyages négriers au Mozambique. Elle demandait s'il était possible de lui faire parvenir « 6 douzaines de cocardes en poil de chèvre – que la couleur soit fine et bien vive et de trois couleurs », et voulait également « 12 plumes aux trois couleurs qui soient bien [belles] », « 12 douzaines de boutons [d']uniforme », « 12 douzaines d'épaulettes rouges avec la dragonne » et « 4 douzaines de pompons de grenadier »[96].

Sur les dix-neuf députés représentant le nouveau département de la Charente aux Assemblées révolutionnaires de 1789-1799, seuls quatre venaient d'Angoulême[97]. Deux d'entre eux ne firent aucune intervention, comme on peut le voir dans les *Archives parlementaires* ; l'officier militaire intempérant, quant à lui, est surtout resté dans les annales pour avoir annoncé en avril 1792 des « dons patriotiques » de la part de sa femme et de ses jeunes fils : « *(Applaudissements)*... "notre tendre jeunesse ne nous permet point d'écouter notre courage [...] nous avons résolu de vous envoyer 12 livres que notre papa nous donne chaque mois pour nos menus plaisirs[98]." » Au sein de la Convention, trois des quatre députés venant d'Angoulême ont voté pour l'exécution de Louis XVI, et le quatrième a voté à la fois pour et contre. « Louis mérite la mort », a déclaré l'officier militaire ; « anathème à l'esclavage assez vile pour en douter »[99]. En novembre 1793, un de ces députés, un avocat nommé Guimberteau, a été envoyé comme représentant à Tours, où avait eu lieu « un grand attentat contre la liberté ». « Des scélérats, sans doute soudoyés par l'or de Pitt et de Cobourg [c'est-à-dire de l'Angleterre] [avaient] eu l'audace de crier dans la salle de spectacle : "*À bas le bonnet rouge !*" ». « Deux des prévenus [ont été] arrêtés », rapporte Guimberteau à la Convention : « je viens d'établir une Commission militaire pour juger sur-le-champ les coupables, la guillotine sera demain [active] en permanence » ; « la [T]erreur est ici à l'ordre du jour et *ça ira* »[100].

La conscription impliquée par le début officiel des hostilités en 1792 entraîna à Angoulême à la fois un mouvement de fuite et la mobilisation d'une foule de volontaires cherchant à « voler aux frontières » pour défendre la nation. On réquisitionna les chemises (au-delà de six par personne), le suif de bœuf, les cendres pour faire office de lessive, ainsi qu'un important lot de fèves découvert dans un entrepôt de Saint-Jacques. Il y eut aussi une « réquisition des jeunes gens de 18 à 25 ans[101] ». La grande cloche de l'église Saint-André fut « descendue du clocher » (« ou pour mieux dire [indique le maire] jetée du haut en bas sans être cassée »), et transportée en charrette jusqu'à l'entrepôt d'une manufacture de papier dans le port de L'Houmeau, « dans le dessein [de la] condui[re] aux fonderies à canon[102] ». La ville devint « un dépôt de chevaux de remonte pour les armées de la République » qu'on « logeoit dans le couvent des Capucins & dans l'église des cy devant Jacobins »[103].

Comme lors des précédentes guerres mondiales du XVIIIe siècle, la ville accueillit des prisonniers de guerre. À l'été 1792, les vieilles geôles situées juste en face de l'hôtel particulier du collecteur de la taille n'étaient « plus qu'un cloaque empestiféré[104] ». Le couvent des Carmélites, l'abbaye de Beaulieu et le couvent des Ursulines furent tous transformés en prisons ; on enferma également des prisonniers dans le couvent des Capucins avec les chevaux de la cavalerie, ainsi que dans l'ancien collège jésuite, l'église Saint-André et l'église Saint-Jean[105]. En février 1795, une petite fille de deux ans nommée Louise Robertson est morte dans la ville, présentée comme la fille de deux « prisonniers anglais », et « native de nord Leith »[106]. Cette année-là, des prisonniers espagnols étaient employés dans une fonderie aux abords de la ville ; il y avait aussi des prisonniers portugais, des Autrichiens « insubordonnés » maraudant la nuit et, en 1807, un corps auxiliaire de douze mille soldats espagnols vêtus d'uniformes blancs crasseux[107].

Les prisonniers de guerre et les soldats qui les surveillaient avaient besoin de nourriture, de logements, de fourrage et de vêtements. Une série de lettres écrites par différents « commissaires de guerre » au cours de l'été 1794 donne une idée des difficultés et des opportunités engendrées par la nouvelle économie de guerre. Pour commencer, un certain citoyen Flotte écrit depuis Bordeaux au maire et aux autorités municipales afin d'accuser bonne réception d'une missive concernant l'arrivée récente de 345 prisonniers espagnols dans le dépôt de « votre commune », et annoncer l'arrivée de 53 autres prisonniers. Un mois plus tard, un autre commissaire les informe que 423 prisonniers supplémentaires arriveront dans les prochains jours et leur conseille de trouver « un local suffisant pour les contenir », étant donné que le couvent des Capucins est « déjà occupé par quatre cents autres de ces prisonniers ». Quelques jours s'écoulent encore, et le 5 fructidor an II, un autre groupe d'officiers annonce l'arrivée de 900 prisonniers espagnols dans la commune d'Angoulême, qui « y séjourneront le huit et en partiront le neuf[108] ».

Cela représentait un nombre considérable de nouveaux arrivants pour une ville qui ne comptait jusque-là pas plus de 12 000 habitants, et il fallait répondre à des exigences immédiates. Le 7 fructidor an II, soit deux jours après sa première lettre, le même commissaire écrivit une nouvelle fois pour formuler une requête précise : un capitaine suisse avait été capturé avec les prisonniers espagnols, à qui l'on avait pris tous ses vêtements, et les autorités étaient invitées à lui fournir, à titre tout à fait exceptionnel, une chemise et une paire de bas : « il ne lui reste sur le corps qu'une chemise pleine de vermine[109]. » L'officier municipal Lecler-Raby, parent de nombre des signataires du contrat de mariage de 1764, était chargé dans le cadre de ses fonctions d'inspecter les prisons ; en l'an VIII, il découvrit ainsi que plus d'un quart des détenus souffraient d'une maladie « morbifique » affectant le pharynx et les glandes maxillaires : « notre premier soin a été de rassurer l'imagination[110]. »

Même la place du Mûrier fut alors le théâtre d'un affrontement militaire, ou du moins d'une émeute. Durant la crise de la guerre civile de Vendée, en 1793, les canons que l'on avait sortis pendant la « Grande Peur » de 1789 avaient été redéployés pour protéger la ville[111]. Il y avait aussi une « comédie » sur la place, un théâtre qui avait été fondé dans l'ancien couvent des Tiercelettes. Un soir de l'été 1797, en l'an V, des soldats pénétrèrent dans un café sis sur la place (le Café des Électeurs) et entreprirent d'inspecter les locaux pour s'assurer qu'ils n'abritaient pas de contre-révolutionnaires ; une fois qu'ils eurent terminé, ils repartirent en déclarant : « il n'y a point de chouans [c'est-à-dire de royalistes] ici. » À ce moment-là, la représentation théâtrale touchait à sa fin. Les spectateurs sortaient du théâtre et furent soudain assaillis sur la place par un important groupe de soldats armés de sabres et de bâtons qui entonnaient *La Marseillaise* ; d'après un passant, ils « chantoient avec violence, l'hymne des marseillois, [et] répétoient avec un air menaçant le refrain : *aux armes Citoyens*[112] ».

Tous les habitants du quartier fermèrent leurs portes et leurs commerces ; la peur se répandit dans toute la ville. Les personnes qui avaient assisté à la représentation théâtrale se mirent alors à riposter ; des gendarmes sortirent en trombe de la caserne voisine en faisant grand bruit et en tirant des coups de feu ; les soldats accusèrent par la suite le commandant des gendarmes d'avoir à cette occasion qualifié ses propres troupes de « braves royalistes ». Le compte rendu des événements fut envoyé au ministère de la Justice à Paris, accompagné du témoignage de la belle-sœur du marchand d'étoffes Jean-Pierre David, selon laquelle un jeune serrurier qui « avoit l'air fort inquiet » avait « présenté avec mystère un papier »[113]. Une longue lettre anonyme fut également adressée au ministère sur l'histoire des récentes émeutes militaires d'Angoulême et les différents rôles que pouvaient jouer certains individus dans la ville : « dénoncés d'abord, ils [finirent] par être dénonciateurs[114]. »

Rosemarin

Rosemarin, c'est-à-dire Rose Marin, ou Rose Marin du Rozier, signataire du contrat de mariage à l'âge de dix ans, était la nièce de la signataire Rose Rezé et la cousine germaine de la jeune Rose Rezé (qui s'était vue insultée « au-devant de la maison de Lavigerie tailleur d'habits »). Rosemarin avait trente-cinq ans au début de la Révolution, et elle était propriétaire d'une petite maison dans le « quartier neuf » de la ville[115]. Au cours de l'été 1792, elle a vendu sa maison à un officier de la gendarmerie révolutionnaire et a quitté Angoulême pour Tours. Elle a alors eu le malheur d'être dénoncée en tant qu'« émigrée », accusée d'avoir quitté la France. Ses démarches pour être retirée de la « maudite » liste des émigrés (« *cette modite licite* ») ont débuté l'année suivante et ne se sont achevées qu'à l'été 1798 ; elles sont consignées dans le dossier que la police a constitué sur elle[116]. On trouve ainsi dans ce dossier des pétitions, des certificats de résidence, des certificats de non-émigration, des certificats d'impossibilité de voyager, des témoignages quant à ses opinions politiques et de multiples descriptions d'elle (« cheveux noirs », « yeux noirs », « cheveux et sourcils brun foncé, cinq pieds, nez aquilin », « front large et ouvert ») ; sa signature, « Rosemarin », ressemble étrangement à la signature qu'elle a apposée alors qu'elle était encore enfant sur le contrat de mariage de 1764, sous l'Ancien Régime[117].

Le dossier présente une série de méprises et d'ambiguïtés, et offre un voyage dans les procédures paperassières de l'époque révolutionnaire.

On y trouve des « pièces » qui « n'ont pas le caractère d'authenticité », des documents « défectueux », certains mal datés, des certificats « viciés » par des « irrégularités ». Les biens de Rosemarin furent mis sous « séquestre » ; une certaine « citoyenne Labatud » lui devait de l'argent[118]. À un certain moment, Rosemarin écrit depuis Tours qu'elle est tout près de mourir de faim (« *à la veille de mourir de fin* [*sic*] »)[119]. Le conventionnel montagnard Guimberteau, qui a joué un rôle essentiel dans le dénouement de l'affaire, supposait que Rosemarin avait été dénoncée par les personnes qui lui devaient de l'argent afin d'éviter d'avoir à la rembourser[120].

Guimberteau était semble-t-il un ami de la famille : dans les lettres qu'elle lui adresse pour solliciter son aide, Rosemarin, qui s'identifie comme « Rozede », lui envoie des vœux de la part de « votre cher frère » et conclut en lui disant « je vous embrasse de tout mon cœur »[121]. Elle vivait à Tours au moment où Guimberteau dut y superviser la commission militaire de novembre 1793, durant laquelle la terreur était « à l'ordre du jour ». C'était une période chargée pour le député : « [J'ai] renversé une cabale dictatoriale », écrit-il alors au comité de Salut public à Paris ; il avait « épuré » la société populaire et « recompos[é] le gouvernement révolutionnaire ». « L'esprit public est aujourd'hui à la hauteur révolutionnaire », rapporte-t-il en février 1794, « je pars demain matin » pour Cherbourg (afin de fournir des chevaux à l'armée)[122]. Néanmoins, au beau milieu de ces activités, en décembre 1793, il envoie une lettre aux officiers municipaux d'Angoulême pour soutenir la cause de Rosemarin : « Vous pouvez ajouter foi à cette déclaration parce qu'elle est sincère. » « Pendant les quatre mois que j'ai demeuré à Tours, écrit-il encore plus tard, je l'y ai vue presque tous les jours[123]. » Son témoignage, tel que résumé par le bureau municipal d'Angoulême, attestait que « cette citoyenne [était] d'un patriotisme connu ». Rosemarin fut retirée de la liste des émigrés au cours de l'été 1798 ; elle vivait alors près du Palais-Royal à Paris[124].

Louis Félix

Louis Félix, baptisé en novembre 1765 dans la paroisse de Saint-Marc à Saint-Domingue, appartient au réseau élargi des signataires du contrat de mariage et a été l'unique personne, au sein de ce réseau, à devenir une figure importante de la Révolution à Angoulême.

Il apparaît dans le registre de Saint-Marc sous le nom de « Louis mulâtre », fils de père inconnu et d'Elizabeth, une esclave noire ; le propriétaire de sa mère l'avait affranchi à la naissance[125]. À quinze ans, il se trouvait à Angoulême et vivait dans une pension de la paroisse du Petit-Saint-Cybard, où il a reçu sa confirmation en avril 1780[126]. En 1785, il était apprenti orfèvre et vivait dans la paroisse de Saint-André ; son premier enfant a été baptisé la même année[127]. Il s'est marié en novembre 1789 et est présenté à cette occasion comme le « fils naturel de Sieur Jacques Orillac et de Marie Elizabeth »[128]. Sa femme est morte en 1798, et plus tard cette année-là, il a épousé la fille de deux signataires du contrat de mariage de 1764 : Marthe Dumergue, cousine d'Étienne Allemand et fille du sellier et cabaliste dont le frère vivait à Saint-Domingue, qui nourrissait par ailleurs des vues radicales en 1789 (à ses yeux : « dans notre administration municipale, tout [était] illégal »)[129].

Au cours de la Révolution, Louis Félix est devenu une figure de la vie politique municipale. Lui aussi a un temps servi en tant qu'« officier public de la Commune d'Angoulême » et signé les déclarations de naissance, de mariage et de divorce tout en s'empressant d'aller constater les décès[130]. À l'été 1797, il est l'un des « patriotes » en vue impliqués dans l'affaire de l'émeute de la place du Mûrier : à cette occasion, un témoin certifie, dans l'idiome de cette période marquée par la dénonciation et la contre-dénonciation, qu'une personne du village de Champniers lui a raconté que trois individus de la ville étaient venus dans leur commune et « avaient dit aux paysans : *mes amis, on veut vous mettre dans les fers et vous donner des prêtres et des nobles. Il faut vous tenir sur vos gardes pour que vous soyés à même à la première nouvelle de nous seconder* » ; le voisin du témoin l'avait informé que les trois hommes en question s'appelaient « Blandeau, Latreille et Félix[131] ».

En septembre 1797, après un coup d'État « antiroyaliste » à Paris, le gouvernement municipal d'Angoulême fut remplacé, et Louis Félix attaché à la nouvelle administration ; il déclara alors n'être apparenté à aucun émigré et prêta « serment de haine à la royauté et à l'anarchie[132] ». En janvier 1798, il fut nommé au poste encore plus important (et bien rémunéré) de « commissaire du Directoire exécutif près la municipalité d'Angoulême » ; il occupa cette fonction au-delà de la période révolutionnaire, pendant une bonne partie de l'époque napoléonienne[133]. Au cours de ces années, Louis Félix se préoccupa en particulier des festivités et des chansons. Il voulait qu'il y ait davantage de jours de fêtes révolutionnaires (pour remplacer les célébrations « créées par la monarchie et le fanatisme »), et une observation plus stricte de la nouvelle semaine de dix jours ; il fit mener des enquêtes dans la ville et organisa des « visites domiciliaires » afin de débusquer les prêtres insoumis qui se cachaient ; en 1800, son ami apothicaire et lui se chargèrent eux-mêmes de la longue et minutieuse visite domiciliaire de l'ancien séminaire de l'ancienne paroisse de Saint-Martial, devenue la propriété de Henry, le papetier (modérément) révolutionnaire de la paroisse de Saint-Jacques[134]. Sous la Restauration, Louis Félix renoua avec la vie bourgeoise en tant que marchand orfèvre[135]. Il est mort à Angoulême en 1851, trois ans après l'abolition définitive de l'esclavage dans l'Empire français ; il avait quatre-vingt-cinq ans et était alors réputé « rentier[136] ».

Figures de la Révolution française : Léonard Robin

Léonard Robin, troisième des treize enfants du marchand de papier et capitaliste Abraham François Robin, est la seule personne d'Angoulême à avoir joué un rôle un tant soit peu important dans l'histoire politique de « la Révolution d'en haut, du point de vue des assemblées et des partis[137] ». Il a fait ses études au collège jésuite d'Angoulême et est parti pour Paris en 1763, à dix-huit ans[138]. Après cela, il est devenu un brillant avocat, spécialiste des questions épineuses concernant les titres fonciers, la fraude bancaire, les domaines du frère cadet de Louis XVI et la jurisprudence municipale des marais ; il a remporté une affaire primordiale pour le futur roi Charles X eu égard aux droits des communautés locales sur les « terrains vains et vagues ». Il a également prêté assistance à son père face aux nombreuses répercussions de l'« affaire d'Angoulême », c'est-à-dire la révolution opposant cabalistes et capitalistes[139].

Les lettres que Léonard Robin a adressées à ses parents restés à Angoulême au cours des années 1788 et 1789 content une histoire de réinvention publique et privée. Dès janvier 1788, il décrit les appels au changement – « les troubles publics » –, et en mai 1788, il écrit à son père : « Nous voilà enfin dans une révolution. » « N'avons-nous [donc] acquis aucun droit » depuis le XIVe siècle ? se demande-t-il au cours de ses « petites réflexions, personnelles et particulières, sur la révolution actuelle » ; et puis : « Que vais-je devenir ! Que deviendront mes frères ? » En décembre 1788, il exprime une « terrible » crainte en songeant à ce qui va arriver : « L'avenir me semble encore plus effrayant que le passé[140]. »

Les lettres présentent de part en part une juxtaposition de nouvelles familiales et politiques. Léonard envoie de Paris à Angoulême des ballots de libelles et des copies de ses propres mémoires judiciaires ; il rend compte, au milieu de l'agitation publique, de son activité florissante. Il présente une affaire de fraude bancaire survenue à Rouen en 1788 comme « le plus beau triomphe de [s]a vie ». Il s'occupait aussi d'un client particulièrement exigeant, dont il parle dans chacune de ses lettres : un dignitaire ottoman de religion catholique originaire de Smyrne, connu sous le nom de Méhémet-Aly ou Boullon-Morange, propriétaire de marais contestés qui faisaient l'objet depuis 1781 d'une succession de procédures délicates impliquant le Conseil du roi[141].

En retour, le père de Léonard envoyait d'Angoulême à Paris des colis de vivres. En ouvrant un de ses colis en 1788, Léonard fait une découverte alarmante, liée, comme souvent, aux déprédations des commis :

> J'ai reçu cette semaine le pâté que vous m'avez annoncé [...] il s'est trouvé en bon état et je crois qu'il sera fort bon ; mais les coquins de commis à la messagerie ou autres m'ont paru y avoir touché ; la croûte de dessus s'est trouvée brisée et j'ai remarqué dans le pâté un vide qui ne peut venir que de ce qu'on a ôté des truffes[142].

Au mois de janvier 1789, les échanges relevant de la vie quotidienne se poursuivent. Léonard demande alors un « pâté de quatre perdrix aux truffes » soigneusement ficelé et cacheté, selon « les précautions nécessaires pour qu'il [lui] parvînt sûrement, attendu que celui de l'année dernière avoit été ouvert et qu'on en avoit pillé les truffes » ; « je crois [ajoute-t-il] que la meilleure précaution seroit de faire plomber la boîte à Angoulême ; j'en payerai volontiers la dépense[143]. »

Mais au moment où Léonard envoie la lettre suivante, datée d'août 1789, tout a changé. Depuis « le matin du fameux treize juillet » (jour des émeutes parisiennes qui ont précédé la prise de la Bastille et ont précipité la formation d'une milice bourgeoise), écrit-il, il est tout entier investi dans le quotidien de « révolutions à jamais mémorables ». On vient de l'élire « l'un des lieutenants du bataillon », et il a troqué son col blanc d'avocat contre « tout l'attirail d'un officier d'infanterie ». Il s'est impliqué dans les « assemblées générales du district, [les] assemblées particulières des commissaires militaires, [les] corps de garde, comités particuliers, députations, [et il lui a fallu] être de tout et partout ; rédiger le procès-verbal un mois de suite, en délivrer les extraits, faire imprimer les délibérations, composer les discours, les motions écrites, recevoir une foule de visites »[144].

Léonard a aussi découvert une autre facette de sa personnalité, jusqu'alors insoupçonnable. Il était avocat depuis dix-neuf ans, écrit-il à son père, et il s'était toujours cru « hors d'état de parler sans préparation et sans écrit », mais il venait « d'éprouver mille fois le contraire, et dans les circonstances majeures où il falloit émouvoir, persuader, ramener, entraîner, déterminer des assemblées de quatre, cinq, six cents personnes ou plus ; tout cela est un peu glorieux, mais très ruineux »[145].

En septembre 1789, Léonard fut élu président de son district et député de la ville de Paris[146]. À cette date, il vivait rue de Beaubourg dans le Marais, et son district – connu plus tard comme celui des Carmélites – était un centre commercial, manufacturier et politique ; l'immeuble dans lequel il habitait abritait un atelier qui fabriquait des casseroles, des couverts, des lampes et des harnais d'ornement[147]. La toute première Déclaration des droits de la Commune de Paris émana de l'Assemblée du district, sur une motion de Léonard, en juillet 1789[148]. Le district fut aussi le premier de Paris, là encore sur une motion de Léonard, à déposer une pétition en faveur des droits des juifs à accéder à la citoyenneté : « Considérant enfin que le district des Carmélites, celui qui renferme dans son sein le plus de juifs a été, comme il l'est encore, le plus à portée de connaître leur conduite publique », le district décide unanimement de demander que « les juifs dont il atteste la bonne conduite, et l'entier dévouement à la chose publique, jouissent désormais des droits de citoyens actifs »[149].

En novembre 1789, Léonard écrit à sa mère en réponse à une lettre qu'elle lui a envoyée d'Angoulême : il indique que ce sont des « temps malheureux de troubles intestins, d'alarmes perpétuelles, d'horribles exécutions, de danger de toute espèce » ; sans une sorte de providence, « nous nous serions vingt fois tous égorgés dans Paris depuis quatre mois ». La lettre de sa mère avait, dit-il, apaisé « l'effet des serrements de cœur continuels que tout ce qui se passe ici ne cesse de reproduire, je ne sais plus où nous en sommes, ni ce que nous deviendrons »[150].

Au cours des trois années suivantes, Léonard Robin est devenu une des figures incontournables de la Révolution. Quoi qu'il fût « moins connu que les deux autres », pour reprendre la litote d'un historien de la fin du XIXe siècle spécialiste de la Commune de Paris, il siégeait en effet dans un comité composé de trois personnes avec Jacques Pierre Brissot et Condorcet, qui composa en mai 1790 le rapport le plus fouillé sur la question des droits des juifs et posa ainsi les bases de l'émancipation des juifs de France[151]. En septembre 1790, il fut sélectionné parmi les « notables » de la ville. En novembre, il rédigea un rapport sur l'organisation de l'approvisionnement de la région de Paris par voie d'eau et les principes de l'administration locale, et, en décembre 1790, un autre rapport concernant l'organisation d'un gigantesque concours pour « tous monuments & ouvrages publics de la Ville de Paris, en peinture, sculpture, gravure, médailles, architecture, ponts, quais, chaussées, & généralement pour tous objets relatifs aux belles-lettres, sciences & arts[152] ».

Peu avant Noël 1790, Léonard fut choisi pour être l'un des deux commissaires civils envoyés par l'Assemblée nationale pour « rétablir la paix » dans le département du Lot, au sud-est d'Angoulême. Ce département subissait alors une série d'insurrections liées à l'abrogation des rentes féodales, impliquant l'attaque des châteaux, des « maisons des Citoyens aisés et des administrateurs », une multiplication des mâts de mai dont certains ressemblaient à des potences, trente gentilshommes contre-révolutionnaires à cheval et une « troupe villageoise » estimée regrouper plus de quatre mille personnes. Léonard et son co-commissaire parcoururent le département en calèche, accompagnés de leurs deux secrétaires (dont l'un était le frère cadet de Léonard) au début de l'année 1791, sans armes et « sans aucune escorte ni militaire ni civile » ; ils prononcèrent des discours, signèrent des exemplaires de décrets gouvernementaux et cherchèrent à rétablir « l'empire de la persuasion et de la loi ». Leur intention initiale, rapportent-ils, était de contenir les instigateurs de l'insurrection « par la terreur » et leurs aveugles partisans « par la raison ». Néanmoins, au lieu de devoir persuader qui que ce soit, ils avaient trouvé partout des « signes de repentir » : « Nous avons embrassé avec transport l'idée d'un grand peuple, qui n'obéira désormais qu'à l'empire de la raison[153]. »

Au moment où le rapport fut publié, en mars 1791, Léonard était de nouveau sur les routes, envoyé, après le succès rencontré dans le Lot, dans un autre département récalcitrant du sud de la France : le

Gard. Comme Léonard le révéla à Nîmes, les limites septentrionales du département du Gard avaient vu l'attroupement de « 30 à 40 000 catholiques » dont certains criaient : « *À bas la Nation !* » Il voyageait alors avec les deux mêmes secrétaires et deux nouveaux co-commissaires issus, comme précédemment, des rangs des élus de la ville de Paris ; ils se présentaient comme les « Organes de l'Assemblée Nationale et du Roi ». La « tyrannique inégalité » de l'Ancien Régime « soumettant à une poignée d'hommes privilégiés toute la masse de la Nation », déclaraient-ils, nécessitait « non de simples réformes, mais une régénération entière »[154].

Au cours de l'été 1791, Louis XVI et Marie-Antoinette s'enfuirent de Paris et furent arrêtés à Varennes. Au lendemain de leur fuite, Léonard se vit assigner une nouvelle tâche délicate : il fut l'un des six commissaires chargés par la municipalité de Paris de se précipiter aux Tuileries le 21 juin 1791 pour mettre sous scellés les appartements du roi, enquêter sur la manière dont la famille royale s'était échappée et arrêter quiconque se trouvait encore à l'intérieur du palais. C'était une mission difficile : « ils y ont passé la nuit entière à y apposer les scellés », et ensuite ils ont dû obtenir une permission spéciale pour vendre les « comestibles qui se trouvaient dans le château » et permettre aux deux mille personnes arrêtées, ou environ, d'avoir accès à leurs vêtements (tout « en s'assurant qu'il n'y a[vait] rien de caché dans ces vêtements »)[155].

Toutefois, les juges du quartier des Tuileries dénoncèrent la procédure et firent valoir leurs propres prérogatives eu égard à la pose de scellés ; Léonard et ses collègues commissaires se virent alors assigner une autre tâche, consistant à retrouver « un [certain] nombre de chevaux [qui avaient] été distraits des écuries du roi et dispersés dans différentes parties de la capitale ». Le 25 juin 1791, la famille royale fut de retour au palais des Tuileries et placée sous haute surveillance. Léonard et les autres commissaires furent réaffectés au palais pour lever les scellés qu'ils avaient placés quatre jours plus tôt, et trouver les carrosses utilisés pour la fuite à Varennes ; leur dernière besogne fut de superviser l'enlèvement des papiers découverts dans les carrosses et les appartements pour les faire déposer aux nouvelles Archives nationales[156].

La vie politique de Léonard parvint à son apogée en septembre 1791, moment où il fut élu membre de la nouvelle Assemblée nationale par les électeurs de Paris. Il fut le vingtième des vingt-quatre candidats élus (il récolta à cette occasion davantage de voix que Condorcet, qui fut pour sa part classé vingt-deuxième)[157]. À l'Assemblée, Léonard se préoccupa, comme dans sa vie précédente, de processus et de procédures. Il s'exprima longuement sur l'organisation des comités et sur la classification des documents parlementaires ; il fut lui-même élu au comité des domaines ; il défendit ses électeurs, « pauvres rentiers qui sont dans la grande indigence » et officiers publics mal rémunérés (commis de bureau ou commis d'administration). Il proposa de mettre en œuvre une procédure sophistiquée pour décider de la déportation des prêtres réfractaires ; il conçut également le dispositif, si pesant pour des générations et des générations d'employés de l'hôtellerie, selon lequel il incombait aux propriétaires de déclarer la présence d'étrangers passant la nuit dans leurs locaux[158].

Mais c'est en définitive en créant une autre procédure que Léonard a fait sa contribution la plus durable à la Révolution française. Celle-ci est à peine évoquée dans les éloges funèbres prononcés par ses amis, et complètement passée sous silence dans la poignante notice biographique que son père lui a consacrée après sa mort[159]. Pourtant, Léonard Robin est bel et bien le principal auteur de la fameuse loi du 20 septembre 1792 : la première loi de l'époque moderne sur le divorce. Léonard a rédigé, négocié et défendu son texte de loi au cours de huit débats successifs, et celui-ci a finalement été adopté par l'Assemblée : « Votre amour pour la liberté vous faisait désirer depuis longtemps de l'établir au milieu même des familles, et vous avez décrété que le divorce avait lieu en France. » Divorce par consentement mutuel, divorce pour incompatibilité, divorce pour raisons spécifiques : telle fut désormais la loi en France, et elle était indispensable car « la liberté individuelle ne peut jamais être aliénée d'une manière indissoluble par aucune convention »[160].

La loi sur le divorce proposée par Léonard fut adoptée au cours de la session nocturne le tout dernier jour d'existence de l'Assemblée législative, qui fut alors remplacée par la Convention nationale ; les dispositions du texte furent incorporées dans une autre loi votée le même jour sur l'enregistrement civil des naissances, mariages et décès[161]. Mais l'ardeur de Léonard pour la législation civile ne s'arrêta pas là. La session nocturne fut suspendue à une heure du matin le 21 septembre 1792 ; quelques instants plus tôt, il avait soumis un autre projet de loi relatif aux droits des enfants naturels. Ce projet, présentant une déclaration des « droits des enfants naturels aux affections et aux biens de leurs père et mère » pour défendre les « victimes innocentes du dérèglement des mœurs, des préjugés barbares, et des lois injustes », est le plus percutant de tous ses écrits[162].

La Convention qui succéda à l'Assemblée législative se réunit pour la première fois le jour même, et la carrière parlementaire de Léonard prit fin. Il revint à la pratique du droit en tant qu'avocat et juge. Il prépara aussi une nouvelle « Instruction » sur le divorce, encore plus longue que la précédente, sorte de glose sur sa première loi, qu'il adressa à la Convention en février 1793, au beau milieu de la guerre qui sévissait en Europe et alors que la Terreur s'abattait sur Paris. On trouve dans ce texte des formules correspondant à l'humeur de l'époque : « Trop longtemps cet esclavage, le plus dur de tous, lorsque le dégoût, la discorde et la haine s'établissent dans le ménage a paru consacré par des solennités religieuses. » On y trouve aussi une hauteur de vue philosophique rappelant Adam Smith – « Sur la loi qui détermine les causes, la nature et les effets du Divorce » – et la résolution de questions laissées en suspens. On y trouve même une étiologie intime de l'« incompatibilité » domestique, définie comme « une continuité de petits faits, de petits torts insensibles pour tous autres que pour l'époux qui en souffre »[163].

D'après la notice biographique rédigée par son père, Léonard était « très bien connu de Robespierre » ; il avait très tôt fait partie du club des Jacobins[164]. Comme tant d'autres vieilles connaissances de Robespierre, il fut arrêté au cours de la Terreur qui débuta en 1793, emprisonné, relâché puis emprisonné de nouveau – sous la plume de ses panégyristes, il est tantôt « juge de paix et de ses concitoyens », tantôt « l'habitant des cachots de la tyrannie ». Il fut finalement libéré en juillet 1794[165]. Un des mémoires sur les prisons de l'époque relate l'arrivée de Léonard à la prison de Port-Libre [ex-couvent de Port-Royal de Paris], également connue sous le nom de prison de la Bourbe ou de la Suspicion, le 4 janvier 1794. D'après ce mémoire, Léonard avait des choses à raconter sur le monde extérieur ; il savait notamment que douze cents mandats d'arrêt avaient été signés par le comité de Salut public. On comptait alors parmi les prisonniers de Port-Libre Lamoignon de Malesherbes, protecteur d'Abraham François Robin dans l'affaire des capitalistes d'Angoulême, ainsi que sa fille et le mari de cette dernière, les futurs grands-parents d'Alexis de Tocqueville[166].

Au cours de ces années révolutionnaires, sans que l'on sache vraiment comment, Léonard parvint à devenir un riche propriétaire terrien.

En 1788, son très exigeant client ottoman (qui vivait dans un monastère capucin situé rue Saint-Honoré et se faisait aussi appeler le « très révérend père ») l'avait désigné légataire universel de ses domaines contestés. À la mort de Méhémet-Aly, intervenue peu après, Léonard avait annoncé à son père : « Ce sera pour moi une fortune très grande si les affaires réussissent[167]. » En août 1789 – dans la lettre concernant sa nouvelle vie politique et la capacité qu'il venait de se découvrir pour convaincre « des assemblées de quatre, cinq, six cents personnes ou plus » –, il était encore optimiste quant à l'issue du procès : ses adversaires, disait-il, étaient « maintenant dans le plus grand désarroi », et « je vois aujourd'hui dans le ministère les personnes qui peuvent m'être le plus favorables »[168].

À un certain moment de l'année 1793, Léonard revint aux affaires de feu Méhémet-Aly. Le litige, qui fit encore l'objet d'un nouveau procès longtemps après la mort de Léonard, portait sur la valeur d'un bien immobilier dans les marais de Normandie, passé de Méhémet-Aly à une famille de la petite noblesse, puis de ladite famille à Louis XVI ; Méhémet-Aly soutenait que la famille lui devait une immense somme d'argent, à savoir au moins un million de livres[169]. En 1792, les adversaires de Léonard s'étant exilés, la propriété (sise dans le département de l'Yonne en Bourgogne) était en vente en tant que bien national confisqué à un ennemi de l'État[170]. En 1793, Léonard plaida une fois de plus la cause devant la cour de Paris, à laquelle les affaires de l'ancien Conseil royal laissées en suspens étaient confiées, et il remporta la mise[171].

Au cours de ces mêmes mois, en pleine effervescence révolutionnaire, Léonard commença à racheter la propriété de l'Yonne confisquée à ses anciens adversaires : les créanciers de la succession de Méhémet-Aly. Il acquit ainsi pour commencer un moulin à vent près de Sens en novembre 1793, puis le vignoble attaché au château de la famille en février 1794, alors qu'il était prisonnier à Port-Libre, et pour finir le château et son parc, en février 1797. Il avait récemment épousé sa compagne de longue date, Marie Élisabeth Émilie Aubourg, fille d'un négociant de Fontainebleau ; Léonard était désormais lui-même un propriétaire terrien, jouissant d'« un fort joli château » et d'un vignoble, et un chef de famille. Comme le demandait en 1915 un historien de la Révolution française dans l'Yonne : « Quel était donc ce citoyen Robin si âpre au gain[172] ? »

À Paris, Léonard recommença à s'intéresser comme il le faisait avant la Révolution à la jurisprudence domaniale, et en 1799, il fut nommé au poste lucratif, par ailleurs mentionné dans les *Scènes de la vie de province* de Balzac, de « conservateur des hypothèques » du département de la Charente[173]. « Il se rendit [donc] à Angoulême, sa patrie », écrit Abraham François Robin, mais l'enregistrement des hypothèques fut bientôt incorporé à celui des domaines, et Léonard repartit pour Paris, où il finit par retrouver une fonction politique : il fut nommé « Premier commissaire du gouvernement » auprès du tribunal civil de la Seine par le Premier Consul Napoléon Bonaparte, puis en février 1802, il devint l'un des cent membres du Tribunat, l'une des quatre assemblées du Consulat[174]. Pourtant, il continua presque jusqu'à la fin de sa vie à vivre dans une certaine insécurité. Une seule des lettres qu'il a écrites à sa femme nous est encore accessible. Elle est datée du mois d'août 1801 et parle en particulier d'un nouveau cheval. Léonard écrit depuis Paris à sa femme Émilie restée en Bourgogne, et il semble qu'elle vient de faire l'acquisition d'un cheval de Hesse :

> [...] parce que je ne suis point écuyer, je ne monte point à cheval, je n'en ai ni l'habitude ni l'envie, et je n'aime [pas] le cheval.
> Nous n'avons point besoin de cheval à la maison, tu sais que j'ai constamment rejeté l'idée d'en avoir un ; lorsque j'aurai d'autres fonctions, et un traitement de dix, douze ou quinze mille livres, je te promets que nous aurons cariole, cabriolet et cheval ; jusque-là je désire continuer d'aller à pied [...] Sans doute le cheval pourrait procurer du plaisir aux frères et aux amis hommes ou femmes que nous pouvons avoir à la maison mais je leur en souhaite. Ainsi je te prie de te défaire tout de suite et le plus avantageusement que tu pourras dudit cheval d[e] Hessen tout sellé et bridé [...] Rien de nouveau. Ma santé va toujours de mieux en mieux. Je t'embrasse de tout mon cœur et tous les parents et amis[175].

Léonard Robin est mort dans son château de l'Yonne quelques mois plus tard, en juillet 1802[176]. Il n'a été qu'une figure sans importance au cœur de la Révolution française. Il était là, un peu à l'écart, invisible ou presque, lors des grands événements de l'époque : au sein de la Commune de Paris en 1789, avec Condorcet pour les déclarations libérales de 1790, au palais des Tuileries après la fuite de Louis XVI et Marie-Antoinette en 1791, lors du scrutin de l'Assemblée législative à la fin de l'année 1791, lors des dernières heures désespérées de l'Assemblée en 1792, avec son projet de loi sur le divorce, dans la prison de Port-Libre avec Malesherbes, au sein du Tribunat de Bonaparte[177].

Mais il n'a jamais véritablement eu de poids ; il était simplement présent : il a pris part à l'histoire en menant sa propre vie, en traçant son chemin dans le monde.

Figures de la Révolution française : Marie Madeleine Virol

L'autre personne originaire d'Angoulême à s'être inscrite dans la grande histoire de l'époque était quant à elle une ennemie de la Révolution. Marie Madeleine Virol a été baptisée dans la paroisse de Saint-Martial en 1768[178]. Elle était la fille d'un perruquier, et la nièce de l'une des figures périphériques de l'histoire d'Angoulême : Noël Virol, fils de perruquier et bénéficiaire d'un brevet d'apprentissage dont l'achat était lié à la fois à l'affaire des capitalistes et à l'héritage contesté de Martinique[179]. Le grand-père de Marie Madeleine, également perruquier, vivait dans la pauvreté dans une petite échoppe louée aux pères Jacobins, juste derrière la place du Mûrier[180]. Son oncle, Noël Virol, devenu chirurgien, était parti s'installer à Paris[181].

Quelque temps avant la Révolution, Marie Madeleine vint elle aussi s'établir à Paris, où elle travailla jusqu'en 1792 comme femme de chambre au sein de la famille d'un officier militaire, « ci-devant » comte de la campagne de l'ouest d'Angoulême et fils d'un officier royal de Martinique. Elle trouva après cela divers autres postes et, si l'on en croit son propre témoignage, « voyage[a] dans différents endroits[182] ». Elle travailla pour une autre « ci-devant », une marquise, jusqu'en mars ou avril 1794. À ce moment-là, elle était devenue coiffeuse et vivait rue Coquillière, non loin de l'ancien Palais-Royal de Paris[183]. Elle avait vingt-cinq ans.

À vingt-trois heures trente dans la nuit du 2 mai 1794, Marie Madeleine et son amie Félicité Mélanie Hénouf, vingt et un ans, se présentèrent au poste de police de la section de l'ancien monastère des Feuillants, non loin du palais des Tuileries et du Palais-Royal. Elles y produisirent ce qu'elles appelaient leurs « cartes » : deux textes qu'elles avaient écrits la veille. « Voici ma carte de citoyenne », indiquait Marie Madeleine dans son manifeste, écrit sur une simple feuille de papier pliée :

> Toute la convention est un tas de scélérats, un tas de gueux. Robespierre est un aboyeur ; dans les tribunes il fait son bon républicain ;

> mais la République est une chose infâme […] Les Jacobins [ont] jeté de la poudre dans les yeux du pauvre peuple […] Il faut un roi, il le faut c'est nécessaire pour le salut public […] Vive mon bon roi ! J'ai son portrait dans mon sein, je le conserverai jusqu'à la mort ! Vive louis 17 ! vive louis 16. Venez, rentrez, prendre toutes vos propriétés qui sont dans les mains de scélérats. Fait par moi-même. Vous êtes tous des *pla bougre*, des mâchoires d'âne[184].

Au verso, elle avait noté : « Je ne suis point citoyenne, je suis royaliste[185]. »

« Peuple, ouvrez les yeux », écrivait quant à elle Félicité Mélanie, qui travaillait dans une boutique de vêtements pour femme :

> Ne vous laissez pas induire en erreur plus longtemps par les brigands qui sont à la tête du gouvernement, car c'est pour régner et vous serez toujours malheureux. Ceux que l'on vous dit [être] malveillants sont pour la bonne cause, tournez[-vous] vers eux et vous serez heureux, j'aime mon roi, je le regrette tous les jours, et veux le suivre et me jeter dans les mains de ces vils sarrasins. Ils aiment les victimes, qu'ils s'abreuvent du sang pur des agneaux[186].

Marie Madeleine et Félicité Mélanie furent arrêtées ; selon le rapport de police, les officiers présents, « ayant examiné ledit papier, […] ont reconnu que ledit papier manifestoit le désir du rétablissement de la royauté[187] ». Elles furent interrogées durant les deux jours suivants. Marie Madeleine, qui portait un habit d'homme, donna son nom et dit qu'elle était née à Angoulême ; quand on lui demanda où elle habitait, « elle [répondit] qu'elle ne sa[vait] pas trop où elle demeur[ait] » ; « quant au nom de famille », elle répliqua : « c'est un secret pour moi. » Qui avait écrit cela ? lui demanda-t-on ; « C'[était] elle ». Où avait-elle écrit ? « Dans un café. » Où se trouvait le café ? « Elle l'ignor[ait]. » Lorsqu'on la fouilla, on découvrit qu'elle avait sur elle un morceau de papier contenant un carré de satin blanc avec un médaillon de la famille royale ou, selon le vocabulaire des officiers, « les trois figures du tyran, de sa femme, et de son fils »[188].

On demanda également à Félicité Mélanie qui avait écrit le texte qu'elle avait présenté : « C'[était] elle-même. » Pourquoi elle avait écrit « Vive louis 17 » ? « Pour qu'il monte sur le trône pour qu'il règne. » Avait-elle émigré ? « Non. » Pour quelle raison voulait-elle un roi ?

« Parce que je les aime. » Pourquoi aimait-elle mieux un roi que la République ? « Parce qu'on sera plus heureux. » Elle refusa d'abord de donner son nom et son adresse ; elle déclara que chez elle, c'était dans les bois, et qu'elle y vivait depuis deux mois, avec ce qu'elle pouvait y trouver. « Quelle intention avez-vous eue en écrivant cet écrit » ? lui demanda-t-on ; « L'intention de manifester mon opinion et d'être arrêtée[189]. »

« Quelles étoient vos intentions ? », demanda-t-on de nouveau à Marie Madeleine lors de l'interrogatoire suivant : « Leur intention étoit de se faire arrêter, ne pouvant pas souffrir le Régime actuel », et le « papier démontre aisément quelle étoit son intention ». Pourquoi persistait-elle à dissimuler sa situation réelle alors qu'il était inconcevable qu'une femme de la classe à laquelle elle prétendait appartenir pût souhaiter avoir un roi ? « Elle persist[ait] à en vouloir toujours un, parce que la France seroit plus heureuse et qu'on ne tuerait pas tant de monde. » Lorsqu'on lui demanda si elle avait erré avec sa camarade dans les bois autour de Paris, elle le nia ; sa dernière employeuse était partie trois semaines auparavant, et depuis lors elle séjournait chez la personne avec laquelle elle avait été arrêtée, dont elle ne connaissait que le prénom, « Émilie ». Qui étaient « les personnes qui les [avaient] déterminées à la Rédaction des Écrits incendiaires », leur demanda-t-on encore : « elles [persistèrent] à soutenir que c'étoit elles et qu'elles n'avoient été suscitées par qui que ce soit »[190].

Le 5 mai 1794, Marie Madeleine et Félicité Mélanie furent déférées devant le tribunal révolutionnaire (établi « pour juger sans appel les CONSPIRATEURS »)[191]. « Les sentiments contenus dans cet écrit sont-ils bien les vôtres, et jouissiez-vous de toute votre présence d'esprit lorsque vous vous êtes permis de critiquer le gouvernement républicain ? » demanda-t-on à Félicité Mélanie. « Mes sentiments n'ont jamais varié, et je jouissois de toute ma présence d'esprit lorsque je les ai déposés dans l'écrit qui m'est présenté. » « Quelles sont les disgrâces qui ont pu vous affecter au point de devenir une ennemie déclarée de notre patrie ? » « Il est vrai que j'ai éprouvé quelques disgrâces, mais elles n'ont jamais influé sur les opinions que je devois avoir de ma patrie, et ces disgrâces sont mon secret avec lequel je dois mourir[192]. »

« Qui vous a suggéré ces opinions ? » demanda l'accusateur public à Marie Madeleine : « Ces opinions sont les miennes ; elles ont toujours été les mêmes, et je n'en suis redevable à personne. » « De qui êtes-vous née ? » « Celui qui m'a donné le jour étoit un perruquier, et je ne compte aucun noble dans ma famille. » « Quels sujets aviez-vous de vous plaindre de la Convention nationale et des autorités constituées ? » « J'ai vu sacrifier des personnes qui m'étoient chères, et je n'ai pu voir de bon œil une révolution qui m'en privoit ; d'ailleurs je ne dois compte de mes sentiments qu'à moi-même. » « Comment avez-vous donc pu cesser d'aimer votre patrie ? » « J'ai détesté Robespierre depuis le commencement de la révolution ; j'abhorre ses principes, et je ne reconnois d'autre autorité légitime que celle d'un roi. » « Vous n'ignorez sans doute pas quelle est la récompense réservée à de pareils sentiments ? » « J'ai fait le sacrifice de mon existence, elle m'est odieuse, et je bénirai la main qui saura m'en délivrer »[193].

Marie Madeleine et Félicité Mélanie furent déclarées coupables d'« avoir […] composé des écrits […] tendant au rétablissement de la monarchie » et guillotinées le jour même[194]. D'après le rapport officiel de la prison de la Conciergerie, elles mesuraient toutes les deux quatre pieds six pouces de haut. Félicité Mélanie avait les cheveux châtains et les yeux bleus ; Marie Madeleine les cheveux bruns et les yeux marron[195].

Noël Virol, l'oncle de Marie Madeleine originaire d'Angoulême, était lui-même emprisonné dans l'ancien couvent des Carmes depuis le mois de décembre 1793[196]. Dans le cadre de son activité de chirurgien à Paris, il avait eu la chance, ou le malheur, de devenir le médecin de « plusieurs personnes de la Convention »[197]. Au cours des six mois qu'il passa aux Carmes, Virol devint l'« officier de santé » de la prison et passa ses journées à converser dans les jardins du couvent ; ses ennemis considéraient qu'il accordait une attention particulière aux prisonniers fortunés « tandis qu'il laissoit les indigents dans leurs souffrances[198] ».

Au printemps 1794, alors que Marie Madeleine et Félicité Mélanie vivaient peut-être dans les bois et que Robespierre élaborait une théorie de la vertu et de la terreur, le comité de Salut public développa une obsession pour la prétendue conspiration des prisons. Un groupe de prisonniers des Carmes fut soupçonné de vouloir passer par-dessus les murs du couvent à l'aide d'une corde ayant autrefois servi à suspendre les cloches dans l'ancien clocher, et d'une autre corde utilisée pour attacher les matelas. Trois officiers de police furent envoyés à la prison par le comité de Salut public « pour entendre les dénonciations » ; ils identifièrent Noël Virol comme l'un des meneurs de la conspiration[199].

Divers témoins s'étaient en effet présentés, dont l'un avait déclaré que Virol, tout en se promenant dans le jardin, avait dit que « *Robespierre* étoit un scélérat qui imaginoit toujours de nouvelles conspirations » et que « *Saint-Just & Collot-d'Herbois étoient de foutus gueux* ; qu'il avoit guéri de la vérole un de ces *coquins*, qui ne l'avoit pas encore payé ». Le témoin, « autant qu'il se rappell[ait], croi[yait bien] qu'il a[vait] nommé Saint-Just[200] ». Un deuxième témoin, qui disait avoir connu Virol à Angoulême, avait déclaré qu'il avait lui aussi discuté avec Virol dans le jardin, et que ce dernier, au « mot *Robespierre* [s'était répandu] en propos injurieux » ; Virol avait également dit que « la Convention a[vait] outrepassé ses pouvoirs », et « qu'il arriveroit par l'ambition de la Convention, ce qui est arrivé à Rome »[201]. Un troisième témoin avait décrit Virol comme « un des chefs des contre-révolutionnaires », à la « conduite aristocratique », et rapporté qu'il « disoit publiquement, dans la maison, que ceux qui menoient le gouvernement étaient des scélérats ; que c'était son mot favori ». Un quatrième témoin avait raconté que Virol ne « disait rien moins chaque jour que *Robespierre était un scélérat* », « provoquant [ainsi] toute la haine des détenus contre les comités de Salut de public & de Sûreté générale »[202].

Lors de son propre interrogatoire, Virol nia presque tout. Il déclara qu'il avait « traité plusieurs personnes de la Convention, mais il ne se rappe[lait] plus s'ils [étaient] membres du comité de Salut public » ; il n'était pas prêt à dire pour quelle sorte de maladie il les avait traités ; « ils ne l'[avaient] pas encore payé » ; il pensait que Robespierre était « un fort honnête citoyen » ; « il avait traité le citoyen Bellegarde [un député d'Angoulême] qui ne l'avait [pas] payé [et] plusieurs autres, dont il ne se rappe[lait] pas aussi les noms ». « Quelles [étaient] les personnes avec lesquelles il a[vait] le plus de liaisons dans la maison d'arrêt ? » lui demanda-t-on : « Il s'entretenoit indifféremment avec tous les détenus, et [...] on avoit empoisonné ce qu'il avoit dit[203]. »

Juste après l'interrogatoire, Virol se jeta d'une fenêtre de la prison et trouva la mort sur le coup[204]. Quarante-six des autres prisonniers furent guillotinés cinq jours plus tard, déclarés coupables d'avoir pris part à la conspiration. Quatre jours plus tard, le 9 thermidor an II, Robespierre fut lui-même renversé. À l'été 1794, les Carmes, tout comme la prison de Port-Libre dans laquelle Robin était incarcéré avec les grands-parents de Tocqueville, regroupaient des ressortissants de la haute société comme de la société d'en bas ; on y trouvait mêlés amiraux, princes, femmes de chambre et anciens soldats de Cayenne. Alexandre de Beauharnais, président de l'Assemblée nationale au moment de la fuite du roi, fut l'un des participants à la supposée conspiration des Carmes à mourir sur la guillotine cet été-là ; sa femme, la future impératrice Joséphine, fut quant à elle libérée de la prison des Carmes en août 1794[205].

Chapitre 6
Une famille dans un monde en mutation

Les Allemand et les Ferrand

Revenons maintenant à l'histoire de la famille de Marie Aymard. Dans les années 1790, les Allemand et les Ferrand n'étaient ni des figures révolutionnaires comme Léonard Robin, ni des figures contre-révolutionnaires comme Marie Madeleine Virol : comme des millions d'autres individus en France, ils continuaient de vivre leur vie. Ils sont presque invisibles dans le monde des textes imprimés, car très peu des choses qu'ils ont faites ou qui leur sont arrivées ont été suffisamment importantes pour figurer dans les journaux, les livres ou les bulletins et les gazettes des tribunaux. Même dans l'océan de documents que la Révolution a produit – les vagues successives de déclarations de revenus, de matrices foncières, de registres des contributions somptuaires, de listes d'habitants, de dons patriotiques et de certificats de civisme – ils (ou plutôt certains d'entre eux) n'apparaissent que sporadiquement.

L'archiviste

L'existence de l'un des enfants de Marie Aymard se trouve documentée par une profusion de minuscules détails pour une courte période. En 1791, lorsque l'institution paroissiale a été abolie, Gabriel Ferrand vivait encore dans la vieille paroisse de Notre-Dame de la Peine, à l'ombre de la cathédrale. Il figure avec quatre de ses fils sur les listes de personnes pourvues de « certificats de civisme » établies en 1793. Son fils aîné, Gabriel, y est dit « capitaine des grenadiers » ; Étienne et Pierre Alexandre sont eux aussi répertoriés, ainsi que « Ferrand jeune instituteur » ; son cinquième fils Joseph est quant à lui mort à Angoulême en août 1793[1]. Gabriel lui-même jouissait d'une situation confortable. Dans la matrice foncière de 1791, la maison qu'il habite, louée à un chirurgien, est la plus grande et la plus chère du quartier[2]. Il s'est aussi porté acquéreur à cette époque de baux de courte durée sur des biens nationaux : la maison sur la place de Beaulieu et l'« église », sur la place du Mûrier[3]. En 1794, il était « assesseur » auprès des juges de paix de la juridiction subalterne de la ville[4], et quand la conscription a été décrétée à Angoulême, Gabriel, dont la plupart des fils étaient patriotes, a été membre du « jury pour le choix des conscrits » : il a donc contribué à choisir les nouveaux soldats partant pour le front, désignés comme les « heureux enfants » de la lutte entre l'esclavage et la liberté[5].

C'est en 1797, à l'âge de cinquante-neuf ans, que Gabriel a trouvé sa vocation. Le nouveau département de la Charente était friand de papier, et il était soucieux de suivre « une marche fixe et régulière » dans ses procédures[6]. En outre, il était aussi pris d'assaut par des citoyens cherchant à obtenir des documents provenant de ses nouveaux dépôts d'archives, qui regorgeaient d'actes, de parchemins et de titres fonciers, et renfermaient aussi une cloche d'église[7]. Gabriel a donc été recruté au nouveau bureau des archives, et son nom a commencé à apparaître sur des reçus et des notes : « le citoyen Ferrand, employé à la garde des archives du Département », était autorisé à fournir des transcriptions aux notaires locaux, ou à délivrer des documents relatifs à un transfert de terres « en retenant un inventaire » et en « remett[ant] sous son récépissé les pièces »[8]. On trouve même dans les documents relatifs au capitaine suisse privé de vêtements en 1794 une note griffonnée indiquant : « a autorisé Ferrand [à délivrer] une chemise et une paire de bas[9] ». En décembre 1797, Gabriel est présenté comme « Ferrand archiviste » ; en novembre 1799, il est « chef du bureau des archives »[10].

La courte période durant laquelle la vie de Gabriel est si bien documentée s'ouvre au printemps 1799. Le 12 germinal de l'an VII (1er avril de l'ancien calendrier), le département a instauré une nouvelle procédure en établissant un « registre destiné à constater la présence des employés ». Trente-neuf personnes étaient répertoriées, et, le premier jour, toutes ont signé à huit heures du matin puis de nouveau à trois heures de l'après-midi ; Gabriel figure au bas de la page. Le procédé a perduré un peu plus de trois mois, les signatures se faisant de plus en plus rares au fil des jours. Sur la dernière page du registre, seules six personnes ont signé. Gabriel, lui, a signé chacune des pages[11]. Plus tard au cours de l'année 1799, sur le registre somptuaire, il déclare ne posséder aucun bien, vivre dans une maison pour laquelle il paie un loyer de 240 livres et n'avoir aucun autre revenu que son « traitement d'archiviste à l'administration centrale du département sur lequel on [lui] retient le dixième[12] ». À sa mort en 1816, à soixante-dix-huit ans, il est présenté comme le « Chef du bureau des archives de la préfecture du département de la Charente[13] ».

Le prêtre constitutionnel

Le deuxième fils de Gabriel et Marie Adélaïde, Étienne Ferrand, est le seul membre de la famille élargie à avoir failli devenir une figure révolutionnaire, ou du moins une figure suscitant l'opprobre des ennemis de la Révolution. Comme son père l'avait fait trente ans plus tôt, il s'est préparé à entrer dans les ordres, et contrairement à son père, il a été ordonné prêtre au cours des premiers mois de la Révolution. En 1790, il est devenu le vicaire, c'est-à-dire le substitut du curé, de la paroisse de Jauldes, une petite commune située au nord d'Angoulême. Entre le mois de juillet 1790 et celui d'avril 1791, il a signé le registre paroissial de Jauldes à trente-neuf reprises : pour l'essentiel à l'occasion de baptêmes, de mariages et de sépultures d'individus venant des petits villages des environs de Jauldes[14].

Au cours des mois tumultueux qui ont suivi la promulgation de la Constitution civile du clergé en décembre 1790, la vie d'Étienne a de nouveau changé. Comme les trois quarts des prêtres de l'Angoumois, il est devenu prêtre assermenté, ou constitutionnel, et il a très vite été appelé à de plus hautes fonctions[15]. Les paroisses du diocèse dans lesquelles se trouvaient des prêtres « réfractaires » se mirent en effet bientôt en quête d'ecclésiastiques constitutionnels pour les remplacer. Au cours des semaines qui suivirent son élection, le nouvel évêque d'Angoulême, Pierre-Matthieu Joubert, neveu du maître de danse, lança une multitude de nouvelles nominations et de nouvelles ordinations[16] ; ces remplaçants furent qualifiés d'« intrus » par les fidèles.

Sur les douze curés des anciennes paroisses d'Angoulême, un seul, le curé de Saint-Martial, refusa de prêter serment[17]. Étienne Ferrand fut choisi en mai 1791 pour lui succéder. Il devint curé de la nouvelle paroisse élargie, et prêtre chargé du séminaire d'Angoulême, théâtre de tant d'agitation au cours de la première révolution française, et de la fusillade ayant coûté la vie à l'abbé Mioulle. Étienne, ecclésiastique depuis deux ans, avait alors vingt-cinq ans. Le vieux curé réfractaire partit à la fin du mois de mai, suivi par les derniers professeurs du séminaire le 12 juin ; Étienne officia pour la première fois dans la paroisse le jour même[18]. « L'intrus qui les remplaça à Saint-Martial [était] l'ancien vicaire de Jauldes, nommé Ferrand », écrit au XIXe siècle l'historien du séminaire. L'historien du clergé charentais, lui, est encore plus succinct : « S.-Martial [...] *Étienne Ferrand*, tr. du vic. de Jauldes. c.i. 12 juin 91 – TSS. *Séc.* » Étienne était ainsi un curé intrus, il avait prêté tous les serments constitutionnels requis, et il fut par la suite sécularisé ; telle est, à ma connaissance, l'unique référence à Étienne ou à un quelconque autre membre de sa famille dans l'immense historiographie de la Révolution française[19].

Au cours des mois suivants, Étienne a signé chaque entrée du registre paroissial de Saint-Martial, et il en a signé des centaines d'autres durant l'année suivante, marquée par les transformations de la Révolution : comme à Jauldes, pour des naissances, des mariages et des décès, concernant beaucoup des familles déjà présentes dans le registre paroissial de 1764[20]. Il a signé pour la dernière fois le 15 novembre 1792, pour la sépulture d'une petite fille de sept ans, « Rosalie, fille illégitime ». Plus tard ce jour-là, le Bureau municipal de la ville a clôturé le registre : l'enregistrement civil, conforme aux nouvelles normes révolutionnaires, a repris sur la même page pour le décès d'une autre petite fille, née de deux immigrés, étrangers à la ville[21].

Jean-Baptiste, l'Américain

Jean-Baptiste Ferrand, le dernier fils de Marie Aymard, apparaît quant à lui dans les archives angoumoisines de la Révolution en tant que pensionnaire de l'État révolutionnaire, contraint par de multiples vicissitudes à relater les détails de sa vie économique. Jean-Baptiste et son épouse Élisabeth Boutoute vivaient sur l'île de Saint-Domingue depuis quinze ans quand le grand incendie survenu à Cap-Français en juin 1793, après l'une des batailles les plus dévastatrices de la guerre civile de Saint-Domingue, leur avait enlevé tout ce qu'ils possédaient – notamment « un magasin assez considérable, composé d'orfèvrerie, bijouterie et horlogerie » (celui qui avait accueilli le cabinet de figures de cire) et « quinze Nègres »[22]. À Cap-Français, comme le montre une carte de la ville où « sont marqués en teinte noire les ravages du premier incendie [du 20 juin] », tous les bâtiments situés à l'angle de la rue Vaudreuil et de la rue Saint-Joseph, où se trouvait le magasin, avaient été détruits[23]. Le fils de Jean-Baptiste et Élisabeth, Martial, dix-huit ans, né à Angoulême en 1775, était en outre « mort pour le service de la colonie[24] ».

Quelques mois après la catastrophe, Jean-Baptiste, Élisabeth et leur fille Françoise étaient rentrés à Angoulême en tant que réfugiés sans ressources. Ils ont été admis aux secours d'urgence (les « secours déterminés ») le 27 avril 1795, avec « Rosalie, f^e^ [femme] de couleur »[25]. À cette occasion, Jean-Baptiste est décrit comme un « horloger ne pouv^t^ travailler à cause de la faiblesse de sa vue ». Leur fils Jean-Baptiste – le benjamin des petits-enfants de Marie Aymard et le seul à être né après qu'elle fut morte – est né à Angoulême au mois de janvier 1796 ; l'officier de l'état civil qui a enregistré sa naissance est Louis Félix, né trente ans plus tôt en esclavage à Saint-Domingue[26]. Jean-Baptiste père a ensuite trouvé un emploi au « dépôt des prisonniers [de guerre] portugais », dans l'ancien collège jésuite, mais en 1798, il « n'a[vait] pas été payé depuis 18 mois ». Élisabeth, Françoise, leur fils et lui, ainsi que Rosalie et son fils Alsindor, ont reçu des « certificats d'indigence » en septembre 1798. Ils faisaient partie des seize réfugiés de Saint-Domingue résidant à Angoulême et bénéficiant du soutien de l'État ; il y avait aussi des réfugiés d'autres îles : neuf de la Martinique, six de la Guadeloupe et quatre de l'île de Sainte-Lucie, tous nécessiteux, et la plupart d'entre eux encore enfants[27].

Au cours de l'été 1799 néanmoins, la situation de Jean-Baptiste s'est améliorée. Le 7 juillet 1799, le « registre destiné à constater la présence des employés » du département de la Charente (le fameux registre dont Gabriel a scrupuleusement signé chaque page) présente une nouvelle signature : celle de Jean-Baptiste, parmi les préposés au « 3e B^au^ » (le troisième Bureau), une vaste division administrative chargée de veiller aux « travaux relatifs au culte, au traitement du clergé, à la vente des biens nationaux, à la surveillance, au commerce, à l'agriculture, à la surveillance forestière, et à toutes les affaires particulières et contentieuses relatives à ce que dessus » ; Jean-Baptiste a signé « Ferrand jeune »[28].

Deux jours après cela, il a signé le nouveau registre fiscal, conformément à la loi relative au luxe. Il se présente alors comme américain, et signe de fait « Ferrand américain » ; il déclare : « Je soussigné Jean Baptise Ferrand américain que je suis employé au Département et ne sais point quelle [*sic*] seroit mon traitement. Je n'ai point de domestique et j'ai à ma charge une femme de couleur et son enfant. Je ne reçois rien des secours qui me sont dus comme réfugié de Saint-Domingue. Je loge au collège d'Angoulême[29]. » En 1805, il vit à Paris rue de la Ferronnerie, près du marché des Halles, avec Élisabeth et leur jeune fils Jean-Baptiste ; il sollicite alors une aide auprès des autorités, et six de ses voisins – un peintre de miniatures spécialiste des nombres maçonniques, un instituteur, deux employés, le maire de l'arrondissement et l'adjoint au maire – certifient qu'il n'a « aucune propriété en France », qu'il « n'exerce aucun état lucratif » et qu'« il est dans l'indigence »[30].

Françoise et sa famille

Françoise Ferrand, la fiancée du contrat de mariage de 1764, est pour sa part presque invisible dans les archives de la Révolution. Elle apparaît à trois reprises dans les registres de l'état civil pendant la période révolutionnaire : quand elle déclare le décès d'un des signataires du contrat de mariage, sa demi-belle-sœur Marie Allemand, en 1797 ; à l'occasion du mariage d'un de ses fils en 1801 ; et comme témoin de la naissance de sa petite-fille, également en 1801[31]. Étienne Allemand Lavigerie, son mari, figure en 1790 parmi ceux qui s'engagent à faire des dons patriotiques pour contribuer « aux besoins de l'État » ; dans son cas, il s'agissait d'un modeste don de 6 livres, à payer en trois versements. La même année, Louis Félix s'est engagé à donner 12 livres, et Jean-Baptiste Brillet, signataire du contrat de mariage d'Étienne et Françoise, a promis 225 livres ; le neveu de Françoise, le curé Étienne Ferrand, promettait 50 livres en un seul versement[32].

Étienne Allemand a reçu un certificat de civisme en 1793, et un autre en 1794 ; c'est aussi le cas de son fils Martial, identifié comme commis à la recette du district. Son troisième fils, Antoine, qui avait été l'un des derniers élèves boursiers de l'ancien collège, identifié comme commis, a lui aussi été certifié, ainsi qu'un autre fils, volontaire dans l'armée[33]. En octobre 1791, Étienne a fait l'acquisition d'une partie du patrimoine urbain diocésain dans le voisinage de la cathédrale où sa famille et lui vivaient depuis si longtemps : le bien national en question consistait en « une maison et cour du cy devant chapitre », qu'il a payées au cours des vingt et une années suivantes[34].

Les lamentations d'Étienne concernant les conditions de travail des professeurs exerçant au sein de l'ancien collège jésuite se sont par ailleurs poursuivies pendant la période révolutionnaire. Il n'était alors plus question de la « révolution » de 1786 qui « diminu[ait] la valeur relative de [leurs] honoraires », mais de l'agonie du collège lui-même. En 1791, deux autres professeurs et lui saisirent le « deuxième Bureau » du nouveau département de la Charente pour se plaindre, « comme Français et comme professeurs », des ordres contradictoires qu'ils recevaient. Le district d'Angoulême, disaient-ils, leur interdisait d'enseigner, tandis que l'Assemblée nationale les chargeait de le faire. « Dans un pareil conflit, ils croient seulement que c'est au département [de se] prononcer », écrivaient-ils ; « ils osent se flatter qu'il ordonnera la continuation du payement de leurs honoraires, que l'empêchement de remplir leurs fonctions, ne peut rendre moins exigibles. D'ailleurs c'est un trop faible dédommagement du sacrifice que les professeurs on fait à la chose publique, d'un état bien plus lucratif »[35]. En 1795, Étienne avait encore la charge de cinq élèves[36]. Mais il vivait alors dans ce que les historiens du XIXe siècle qui se sont intéressés à l'histoire du collège ont décrit comme « la plus noire misère[37] ».

Pendant les années révolutionnaires, Étienne et son fils Antoine furent rémunérés de manière intermittente pour leur travail de commis au sein du département de la Charente. La plupart de leurs tâches s'inscrivaient dans la vaste entreprise de production de listes et de certificats ; Étienne, ou « Lavigerie père », apparaît dans les registres de débours en tant que commis, commis aux écritures, commis expéditionnaire et « surnuméraire » chargé de préparer les registres ou rôles pour l'« emprunt forcé » payable en assignats en l'an IV[38]. Antoine, lui, était commis à l'administration des « domaines » du district d'Angoulême ; il était employé au bureau de correspondance, et lorsque celui-ci fut « supprimé », il fut transféré au bureau des émigrés – au moment où l'affaire de Rose Marin traînait en longueur à Tours[39]. Il ne s'agissait pas d'emplois stables et sécurisants. En l'an IV, Étienne a signé une autre pétition car les surnuméraires, supposés recevoir une rémunération en assignats, n'étaient pas du tout payés[40]. Quelques jours auparavant, le Directoire du département avait déterminé que les employés pourraient, en échange des assignats, étant donné « le peu de confiance qu'on y a », et pour des sommes allant jusqu'à dix francs, être payés en petite monnaie, c'est-à-dire avec les pièces d'un ou deux sous déposées dans les bureaux[41].

Au mois de décembre 1795, Étienne adressa une lettre au ministre de la Guerre, Jean-Baptiste Annibal Aubert-Dubayet, à propos d'une affaire complexe ayant entraîné la rétrogradation de son deuxième fils, Pierre. Celui-ci, injustement accusé d'avoir volé l'uniforme d'un ami blessé, était passé du rang de capitaine à celui de sous-lieutenant ; l'uniforme avait fini par être retrouvé dans une malle qui avait elle-même été égarée quelque part entre Nantes et Angoulême. Dans cette lettre, Étienne fait aussi de sa situation un « tableau affligeant ». Il était, disait-il, « sans biens, sans fortune, sans état, ayant perdu le sien dans la maison d'éducation du collège d'Angoulême », et il était « chargé en outre d[e] onze enfants, [d']une petite fille et [d']une [A]méricaine pour la pension de laquelle il n'a[vait] touché que très peu de choses depuis l'année 1784 »[42].

Finalement, Étienne avait dû se résoudre, comme d'autres personnes d'Angoulême, à renouer avec le mode de vie rural que ses arrière-grands-parents avaient eux-mêmes quitté plus d'un siècle auparavant[43]. Dans la lettre adressée au ministre de la Guerre, il se présente en effet comme le « régisseur de la terre de Gondeville près Jarnac », un domaine acheté en 1793 par le fils et le petit-fils de l'orfèvre Jean-Baptiste Marchais, signataire du contrat de mariage de 1764[44]. Au moment du mariage de son fils Pierre, en 1796 (ce dernier avait entre-temps retrouvé son rang de capitaine), Étienne est dit « cy devant professeur au collège d'Angoulême actuellement cultivateur[45] ». Dans le registre fiscal de 1799, il déclare une maison d'une valeur locative de 100 livres, et ajoute : « je n'ai aucun objet de luxe ni personne à mes gages, [j']observe en outre que je suis à la charge de ma famille[46]. »

Lavigerie *ainée*

Le registre fiscal de 1799 donne un aperçu de la vie économique d'Angoulême après dix ans de Révolution : il regroupe les déclarations de 522 chefs de famille plus ou moins prospères potentiellement assujettis à des impôts somptuaires. Pierre Marchais Delaberge, le fils de l'orfèvre, ancien maire et propriétaire de tant de biens nationaux, est la figure la plus opulente de la liste. Il a signé à côté d'Étienne et déclaré une maison d'une valeur locative de 500 livres, un cabriolet, deux chevaux d'attelage et quatre domestiques. Louis Félix, « C[re] [commissaire] du Directoire exécutif », a déclaré une maison d'une valeur locative de 430 livres et une domestique. Abraham François Robin a déclaré une maison d'une valeur de 200 livres et une domestique. Michel Guenois, « Ogerdias veuve », a déclaré une domestique et une maison (en fait une partie de maison puisqu'elle loue la majeure partie de la demeure – ancien bureau de la taille – située en face de la prison) d'une valeur locative de 200 livres[47].

Une seule des vingt-trois petits-enfants de Marie Aymard figure dans le registre de 1799. Dans la matrice foncière (annotée) de 1791, les filles de Françoise et Étienne, les « citoyennes Lavigerie », sont réputées vivre dans une maison située à l'angle de la place du Mûrier, appartenant au fils de Pierre Marchais Laberge (petit-fils du signataire du contrat de mariage de leurs parents) ; les autres locataires sont alors un traiteur, une coiffeuse et un orfèvre[48]. La petite-fille qui figure dans le registre fiscal huit ans plus tard est l'aînée des sept filles encore vivantes, Jeanne Lavigerie. Elle a signé d'une main assurée « Lavigerie *ainée* », et est présentée dans le registre comme une « marchande ». Elle était la personne la plus riche de la famille ; comme elle le déclare alors : « la valeur locative de mon habitation personnelle est de deux cent cinquante [francs] sur quoi [on] me consent de déduire 50 francs pour le loyer de ma boutique[49]. »

Nuptialité

Il ne s'agit là que de mentions incidentes, comme les débris d'une épave flottant à la surface de l'océan documentaire de l'époque révolutionnaire. Mais il existe encore moins d'éléments pour les autres enfants et petits-enfants de Marie Aymard. Dans le meilleur des cas, ces enfants et petits-enfants apparaissent dans les registres ordinaires qui constituent jusque-là la source la plus importante de cette histoire : les actes de naissance, de baptême, de mariage, de divorce, de décès et de sépulture. Ils ressortent donc d'un type d'histoire différent et à première vue anhistorique. La vie suit son cours : les vieux et les jeunes tombent amoureux ; il y a les grossesses, les décès et les deuils. Il s'agit en somme du type d'histoires que l'on entend répétées à la faveur des réminiscences des aïeux, qu'on lit dans les mémoires, les lettres et les journaux intimes laissés à la postérité (contrairement à ce que l'on observe pour les Allemand et les Ferrand), ou que l'on scrute dans les généalogies familiales. C'est une histoire distincte de celle du cours des événements politiques de la Révolution des années 1790, qui – au mieux – relève du temps historique de la condition humaine au sens large, des questions de natalité, de nuptialité et de mortalité, qui évoluent imperceptiblement au fil des générations.

Néanmoins, la « nuptialité » de la famille, c'est-à-dire les mariages célébrés durant la période révolutionnaire, constitue aussi une histoire de la modernité. À travers la transgression, l'exogamie, la mobilité sociale et la mobilité géographique en France, en Europe et dans les Amériques, on observe de fait la transformation de toutes les conditions de la vie sociale. Comme la plus vaste histoire politique d'Angoulême, la nuptialité conte à son échelle l'histoire d'une mutation des institutions religieuses et de l'organisation militaire.

Au moins vingt des vingt-trois petits-enfants de Marie Aymard ont survécu à la petite enfance. Vingt-deux d'entre eux sont nés à Angoulême entre 1764 et 1781, et le vingt-troisième, dernier des enfants de Jean-Baptiste et Élisabeth, est né en 1796, neuf mois après que ses parents ont été admis aux secours déterminés en tant que réfugiés après leur retour de Saint-Domingue ; dans les faits, ils n'ont pas été particulièrement « nuptiaux », c'est-à-dire disposés à se marier[50]. Les années de mobilisation de masse engendrées par la guerre et la Révolution étaient peu propices aux histoires d'amour, comme on peut le voir avec l'héroïne d'un autre roman de Balzac sur la vie provinciale, *La Vieille Fille*[51]. Seuls trois des huit petites-filles de Marie Aymard ayant survécu à la petite enfance, et sept de ses douze petits-fils se sont mariés. Or il se trouve que leurs mariages n'avaient rien de provincial.

Le premier mariage de Martial

Le premier des petits-enfants de Marie Aymard à se marier – le seul à se marier du vivant de son aïeule – fut Martial Allemand Lavigerie, le commis du bureau de la taille. Le mariage eut lieu au mois d'avril 1790, dans l'église paroissiale de Saint-André, juste en face du couvent des Tiercelettes que les sœurs avaient été invitées à quitter au mois de janvier ; Marie Aymard est morte moins de deux semaines plus tard[52]. Martial avait alors vingt-deux ans, et sa promise, Louise Vaslin, fille d'un apothicaire de la ville et petite-fille d'un perruquier, vingt ans[53]. Il s'agissait d'un mariage endogame, inscrit dans l'espace social d'Angoulême, et ce fut le dernier mariage de ce type au sein de la famille élargie des Allemand et des Ferrand. Comme ses parents, ses oncles et ses tantes avant lui, Martial a épousé une personne qui vivait au coin de la rue, dans le centre de la vieille ville[54]. La mère de Louise habitait rue de Genève, et sa grand-mère dans l'Isle des Tiercelettes ; son grand-père était le parrain de Louis Deschamps, le perruquier d'Angoulême mort pendant l'expédition de Cayenne, par ailleurs oncle par alliance de la bru de Marie Aymard, Élisabeth Boutoute[55].

C'était un mariage avantageux ressortant de l'univers économique des petits métiers d'Angoulême. Louise, comme en témoigne le contrat de mariage (signé par soixante-sept personnes dont les cinq frères et sœurs de Martial et l'employeur de ce dernier, le receveur de la taille), avait des espérances. Elle pouvait prétendre à une part de la valeur de la maison de ses grands-parents paternels, dans la paroisse de Saint-Jacques ; à la moitié des meubles de sa mère ; à un sixième des meubles de sa grand-mère ; à un quart d'une maison sise dans la rue de Genève ; à une partie du contenu de la maison (après déduction du coût du vin consommé) ; et à une part de la valeur du commerce de feu son père apothicaire, comme convenu avec sa sœur et son beau-frère. On trouve dans le contrat des allusions à l'« adjudication » du commerce de ses grands-parents, au contrat de mariage de sa sœur et de son beau-frère, à un accord passé devant notaire concernant les meubles de sa mère, et à l'inventaire domestique de son défunt père[56].

Les espérances de Martial, elles, étaient très différentes. Il avait une situation prometteuse, même si le système fiscal de l'Ancien Régime vivait ses derniers mois. Mais en matière de capital, ses perspectives étaient limitées. Deux sœurs célibataires soixantenaires, toutes deux signataires du contrat de mariage de ses parents en 1764, « Marguerite et Jeanne Faure, filles majeures, lingères », ses cousines au deuxième degré, ont signé le contrat de mariage à côté de la mère de Louise et déclaré qu'en raison de l'« amitié qu'elles port[ai]ent audit sieur futur époux », elles lui donneraient chacune 500 livres, à verser après le décès de la sœur survivante. Les promesses de ses parents, Françoise Ferrand et Étienne Allemand Lavigerie, étaient moins importantes : ils prévoyaient un don de 400 livres dans le cadre de leurs futures successions, et ils lui promettaient par ailleurs, en ce printemps révolutionnaire, l'« égalité avec ses autres frères et sœurs dans leurs futures successions »[57]. À terme, Martial aurait droit à un capital de 1 400 livres, dont 1 000 livres léguées par ses cousines, et Louise, à « différentes sommes et objets », pour une valeur de 9 885 livres[58].

L'ex-curé de Saint-Martial

Le mariage suivant impliquant un des petits-enfants de Marie Aymard eut lieu quatre ans plus tard, dans un univers social métamorphosé. Le futur marié était Étienne Ferrand, ex-vicaire de Jauldes et ex-curé de Saint-Martial. En juin 1794, alors que la Terreur s'acheminait vers sa fin, il épousa à Angoulême une de ses anciennes paroissiennes, Marie Chausse Lunesse. Celle-ci avait alors vingt-neuf ans et vivait avec sa famille dans les faubourgs de la paroisse de Saint-Martial[59]. La cérémonie religieuse fut célébrée après le mariage républicain – Étienne et Marie ont « déclaré à haute voix se prendre mutuellement pour époux » –, et si des membres de la famille du marié étaient là, aucun d'eux n'a du moins signé le registre. Trois des sœurs de la mariée l'ont pour leur part signé. Aux côtés d'Étienne se trouvaient un autre prêtre de Saint-Martial, qui s'était lui-même marié plus tôt dans l'année, et une figure de l'administration révolutionnaire de l'époque, présentée comme un « membre du comité de surveillance[60] ».

Le mariage d'Étienne était tout à la fois exogame et transgressif. En 1790, sur l'acte de mariage de la sœur de Marie, Françoise, son nouveau beau-père se décrivait lui-même comme un « conseiller du roi, juge, magistrat[61] ». Sur l'acte de mariage d'Étienne et Marie, il est dit « agriculteur » (une dénomination très utilisée à l'époque par la bourgeoisie d'Angoulême). En se liant par mariage à la famille des « Chausse de Lunesse », Étienne intégrait donc les classes privilégiées d'Angoulême, entre noblesse désargentée et bourgeoisie terrienne[62].

Un peu plus d'un an après son mariage, Étienne devint le propriétaire, ou le propriétaire supposé, d'une partie d'une vaste propriété, à savoir le domaine de Courances, à Marsac, au nord d'Angoulême : la propriété de la famille de sa femme, ou du moins une partie de la propriété appartenant à ses frères, désignés alors comme des émigrés. Étienne acheta le domaine pour la somme conséquente de 445 000 livres en septembre 1795, et il paracheva l'achat en assignats en décembre de la même année. Cela dit, rien ne prouve qu'il y ait vécu : dans le registre des biens nationaux, il est simplement dit « Ferrand fils, ci-devant curé de St. Martial[63] ».

À cette époque, comme ils le racontèrent plus tard, les nouveaux beaux-frères d'Étienne erraient dans les campagnes françaises. Jean Chausse Lunesse, comme Rose Marin, s'efforçait (sans y parvenir) de faire supprimer son nom de la « liste maudite » des émigrés, et il existe un dossier de police complet sur lui. D'après divers citoyens d'Angoulême qui témoignèrent en sa faveur en l'an IX, c'était un homme doux, modeste et pacifique qui, « n'ayant pas de fortune, ni la perspective d'en avoir », s'était établi dans « un petit commerce ». Il produisit un certificat attestant qu'il résidait à Fontenay, à l'est de Paris, entre 1792 et 1797 ; il avait des intérêts commerciaux à Francfort et à Hambourg ; son frère (également nommé Jean Chausse Lunesse) et lui avaient quitté la Charente « pour chercher dans les grandes villes de commerce les moyens de s'instruire », raconte-t-il, mais « les difficultés qu'ils [avaient] trouvé[es] à se placer leur [avaient fait] prendre le parti de colporter les marchandises d'un lieu à un autre pour se procurer des moyens d'existence »[64].

La belle-famille d'Étienne était aussi impliquée dans l'administration militaire des colonies. Un autre de ses nouveaux beaux-frères, Joseph Martin de Bourgon, époux de Françoise Chausse Lunesse depuis 1790, était « ancien major au régiment de la Martinique », et chevalier de l'ordre de Saint-Louis (une décoration militaire, ou quasi militaire, très prisée dans les colonies françaises)[65]. Les Martin de Bourgon faisaient partie de la vieille noblesse des paroisses du centre d'Angoulême ; en 1775, les parents de Joseph étaient devenus les parrains de François Martin Aliquain, le garçon de douze ans, originaire de « *laguinne en affrique* », qui avait renoncé au paganisme à la porte de l'église de la paroisse de Saint-Jean[66]. Le frère de Joseph, Jacques Martin de Bourgon, possédait quant à lui une plantation de sucre en Guadeloupe, et il avait été gouverneur militaire de Cayenne entre 1789 et 1791. À ce titre, il avait affronté une insurrection militaire, réussi (selon ses dires) à empêcher une mutinerie d'esclaves, fait ériger dans les jardins publics un buste monumental à son effigie, et il était entré en conflit avec l'Assemblée coloniale ; pour « arrêter les progrès du mal », il avait été obligé de commander « des écritures excessivement compliquées » pour lesquelles il cherchait à obtenir le remboursement du gouvernement révolutionnaire de Paris[67].

Le mariage de Françoise Chausse Lunesse et Joseph Martin de Bourgon, la nouvelle belle-famille d'Étienne, relevait lui-même d'une histoire de mutation sociale. Peu avant la Révolution, en octobre 1787, un nourrisson avait reçu en baptême le nom de « Jacques de Bourgon » dans l'église paroissiale de Saint-Paul. L'enfant était alors présenté comme le fils de Françoise Chausse et de Joseph Martin de Bourgon, « déclaré père par la sentence de la Juridiction de la Sénéchaussée et siège présidial d'Angoumois » ; mais la sentence, précisait le registre paroissial, faisait l'objet d'un appel[68]. Deux ans plus tard, en janvier 1790, Françoise et Joseph s'étaient mariés à l'église de la paroisse de Saint-Martial, où Étienne Ferrand allait bientôt officier ; ils avaient alors déclaré que « l'enfant né le vingt-neuf octobre mil sept cent quatre-vingt-sept et baptisé le trente dudit mois [était] de leurs faits et œuvres », et ils « l'[avaient] reconnu [...] pour leur enfant légitime »[69]. Après cela, Françoise et Joseph ont vécu heureux, et en tout cas donné naissance à cinq autres enfants. Tous leurs fils, neveux d'Étienne Ferrand par alliance, sont devenus officiers militaires : Jacques de Bourgon a servi dans la marine, son frère cadet est devenu général et a servi en Afrique du Nord, et le benjamin, également général, est mort à Paris au cours de la répression de la révolution de 1848[70].

Une idylle dans la Sarthe

Le troisième petit-enfant de Marie Aymard à se marier fut le cousin germain d'Étienne Ferrand, Pierre Allemand Lavigerie. Avec lui, la scène se déplace de trois cent cinquante kilomètres vers le nord, dans le nouveau département de la Sarthe. Nous avons déjà rencontré Pierre en évoquant la lettre que son père Étienne Allemand avait adressée au ministère de la Guerre pour se plaindre de sa rétrogradation, due à la disparition d'un uniforme et au mauvais acheminement d'une malle[71]. Pierre s'est marié le 1er février 1796 dans la petite commune de Sillé-le-Guillaume, au nord du Mans. Il avait rejoint l'armée révolutionnaire en tant que volontaire, et en 1796, il était capitaine du 1er bataillon de chasseurs de la Charente, stationné à l'époque à Sillé-le-Guillaume, alors que les troupes avançaient dans un vaste mouvement en direction des provinces atlantiques. À un certain moment de l'année précédente, Pierre avait rencontré une jeune femme nommée Adélaïde Charlotte Maslin, fille d'un ancien notaire et receveur d'impôts. Les parents de Charlotte faisaient preuve d'enthousiasme pour la nouvelle ère qui s'ouvrait, et ils avaient appelé leur fils né en 1794 « Décadi Montagnard Maslin[72] ». La mère de Charlotte était en correspondance avec le père d'Étienne (du moins c'est ce qu'Étienne dit au ministre de la Guerre) ; elle l'avait assuré que son fils, dont elle admirait beaucoup l'éducation, était pour elle comme l'un de ses propres enfants[73].

Le mariage, quoique célébré loin de l'Angoumois, réunit tout un microcosme de l'Angoulême en guerre. Vingt-cinq personnes ont signé le registre, dont cinq étaient apparentées à la mariée, et au moins neuf étaient des soldats du bataillon du régiment de la Charente auquel appartenait Pierre. On trouve notamment parmi eux B. G. Nouel, de la famille élargie des Nouel et des Klotz, cabalistes et pâtissiers d'Angoulême, identifié comme l'intendant du bataillon ; un jeune imprimeur, neveu de l'un des signataires du contrat de mariage des parents en Pierre en 1764 ; et un papetier, Pierre Auguste Henry, fils du nouveau propriétaire du séminaire, négociant dans l'entrepôt duquel la cloche de l'église Saint-André a été transportée en 1795[74]. Néanmoins, la pièce maîtresse de la cérémonie est une procuration rédigée à Angoulême par Françoise et Étienne, qui autorisaient ainsi le mariage et donnaient pouvoir au commandant du bataillon d'en être le témoin ; cet officier, dignitaire d'Angoulême dit alors « membre du comité de surveillance », avait été deux ans plus tôt le témoin du mariage transgressif de l'ancien prêtre Étienne Ferrand, cousin germain de Pierre[75].

Les sables de la guerre

L'aîné des petits-enfants de Marie Aymard, Gabriel Ferrand (le jeune), né en novembre 1764, figure dans un registre établi pour la garde nationale d'Angoulême en 1790 en tant qu'ancien horloger, et il a par ailleurs reçu un certificat de civisme de la ville en tant que « capitaine des grenadiers » en 1793[76]. Comme son cousin Pierre Allemand Lavigerie, Gabriel faisait partie des volontaires de la Charente envoyés pour combattre lors des guerres civiles successives de Vendée. En 1796, il vivait dans le petit port atlantique des Sables d'Olonne, ville de garnison des troupes d'Angoulême, et théâtre, selon les termes de l'un des commissaires de l'armée révolutionnaire, d'« une horrible boucherie[77] ». Les Sables d'Olonne, qui regroupaient quelque 2 000 foyers, étaient devenus le siège d'un massacre[78]. Le carnage est d'ailleurs visible dans les registres d'état civil de la ville. La « table alphabétique des sépultures et des décès » présente, pour les années révolutionnaires, des pages entières énumérant les victimes de la catastrophe et distinguant deux catégories : la population de la ville et les « militaires et réfugiés » ; les noms des « suppliciés sont indiqués par un *x*[79] ».

Gabriel Ferrand s'est marié aux Sables d'Olonne le 14 mai 1796 avec une femme de la région, Florence Scholastique Borgnet, issue d'une famille de poulieurs (des fabricants de poulies) et de forgerons[80]. Il est alors présenté comme un horloger résidant dans la ville depuis plus de six mois, et sa famille et lui restèrent aux Sables pendant plusieurs années supplémentaires, élisant domicile rue de la République (la ville, devenue patriote, avait aussi une rue du Peuple, une rue de l'Humanité et une rue de la Révolution)[81]. Par la suite, il partit s'établir loin à l'intérieur des terres, à Beaugency près d'Orléans, dans le Loiret ; il est mort à cet endroit en 1816, à l'âge de cinquante-deux ans[82]. Sa fille, Stéphanie Ferrand, s'installa plus tard à Paris où elle ouvrit une échoppe de vin dans une rue de réputation douteuse du 9e arrondissement, qui subit une faillite retentissante en 1871. Finalement, Stéphanie Ferrand fit le lien entre la famille d'Angoulême et le demi-monde littéraire et artistique du Second Empire.

Divorce et second mariage de Martial

L'événement suivant marquant l'histoire nuptiale des petits-enfants de Marie Aymard ne fut pas un mariage mais un divorce : Martial Allemand Lavigerie et Louise Vaslin signèrent la dissolution de leur union par consentement mutuel en octobre 1796[83]. L'institution du divorce avait été instaurée à Angoulême quelques semaines après que Léonard Robin eut prononcé son discours selon lequel « la liberté individuelle ne peut jamais être aliénée d'une manière indissoluble par aucune convention », en septembre 1792[84]. Martial et Louise furent le cinquante-cinquième couple à demander le divorce à Angoulême, et de fait le premier à divorcer « par consentement mutuel[85] ». Ils suivirent pour ce faire les étapes requises – une réunion avec les arbitres de la famille, un « *acte de non-conciliation* » –, et la procédure se déroula sans incident. Comme souvent, c'est Louis Félix, né à Saint-Domingue et gendre de deux des signataires du contrat de mariage de 1764, qui officiait. Martial se présentait alors comme un négociant. Aucun membre de sa famille ne figure parmi les témoins, et un seul des parents de Louise (un jeune cousin, étudiant en pharmacie) était présent. Martial et Louise étaient restés mariés six ans et avaient trois jeunes enfants ; leur dernier fils, Léon-Philippe, avait alors un an[86].

Le mariage suivant au sein de la famille fut célébré près de cinq ans plus tard et la cérémonie fut des plus complexes. Le 17 juin 1801, Martial Allemand Lavigerie épousa en secondes noces une jeune femme originaire de Saint-Domingue qui s'était établie, après la mort de sa mère (à Saint-Domingue) puis celle de son père (à Philadelphie), à Bordeaux puis à Angoulême. Celle-ci s'appelait (même si son nom a fait plus tard l'objet d'une controverse) Marie Louise Bonnite Raymond Saint-Germain[87].

De nombreuses contingences pesaient sur l'événement. À cette occasion, Martial se présente comme un commis négociant ; le défunt père de Bonnite est décrit quant à lui comme un « propriétaire ». Bonnite, née à Saint-Domingue en janvier 1776, avait alors vingt-cinq ans. Comme elle était réfugiée et se trouvait loin de chez elle, elle n'avait en sa possession ni son acte de naissance ni les actes de décès de ses parents ; elle put simplement produire un « acte de notoriété publique » signé à Bordeaux en 1797 par « huit citoyens » ayant connu ses parents à Jérémie, dans l'ouest de la colonie. La mère de Martial a signé le registre du mariage, de même que sa sœur aînée (« Lavigerie *ainée* », la prospère sœur qui tenait un commerce) et le plus jeune de ses frères, Antoine, ancien commis du bureau des émigrés, désormais lui aussi réputé commis négociant. Trois témoins étaient présents : un notaire, le papetier d'Angoulême Pierre Auguste Henry, signataire du registre de mariage de Pierre Allemand Lavigerie à Sillé-le-Guillaume cinq ans plus tôt, et un nouveau venu à la signature toute romantique, « Laurent Silvestre Topin, professeur de dessin à l'École centrale du département de la Charente[88] ».

Comme les parents de Martial en 1764, Martial et Bonnite avaient signé un contrat prénuptial quelques jours avant le mariage. Ce document est plein de sentiments. Le couple se constitue en effet en communauté de biens présents et futurs, « quels que soient les statuts ou coutumes des pays qu'ils habiteront ». En outre, le contrat précise les procédures complexes à suivre eu égard aux prêts hypothécaires à venir et aux enfants encore à naître, y compris dans l'éventualité où ces enfants mourraient du vivant de leur père. Bonnite exprime ainsi ses espoirs et ses craintes :

> Voulant dès à présent prouver d'une manière bien certaine et absolument irrévocable son attachement au futur époux, et prévoyant le cas où il [lui] survivroit sans enfants de leur union, elle déclare lui donner, et ce dernier accepte formellement avec reconnaissance, l'universalité des biens et droits mobiliers et immobiliers, créances, fruits, revenus, or, argent, effets et autres choses généralement quelconques dont sa succession pourra être composée, pour s'en emparer, en faire la recherche chaleureusement, en jouir, user et disposer en pleine propriété comme le donataire le jugera convenable aussitôt le décès de la donnante arrivé[89].

En fait – trente-six ans après que la nouvelle belle-mère de Bonnite avait elle-même décrit ses futurs droits dans son propre contrat de mariage, « en quoi qu'ils puissent consister, et en quel[que]s lieux [qu']ils se pourront trouver » – il était là aussi question d'une fortune disparue, et par conséquent d'un possible héritage de droits et d'esclaves. Les parents de Martial, Étienne Allemand et Françoise Ferrand, ont signé la dernière page du document, de même que son oncle et sa tante, Gabriel et Marie Adélaïde ; sept de ses sœurs et deux de ses frères ont également signé le contrat ; son cousin Gabriel était lui aussi présent, accompagné de son épouse des Sables d'Olonne (« Borgnet femme Ferrand »), ainsi que « Marchais Delaberge », un des hommes les plus riches d'Angoulême, logeur des sœurs d'Étienne et petit-fils du Marchais signataire du contrat de mariage de décembre 1764[90].

Bonnite Raymond Saint-Germain était enceinte d'environ quatre mois au moment de la signature du contrat de mariage, et ses mauvais pressentiments ne se vérifièrent pas : leur premier enfant est né à Angoulême en décembre 1801, et le couple a vécu heureux (en tout cas pendant quelques années)[91]. En 1803, la famille vivait dans le port atlantique de Bayonne, où elle a eu cinq autres enfants. Martial, qui avait été successivement commis à la recette des tailles, caissier à la recette du district, marchand, négociant et commis négociant au cours de la période révolutionnaire, était désormais à nouveau officier public : « receveur de la loterie impériale » de Bayonne[92].

Un obscur propriétaire

La première des petites-filles de Marie Aymard à se marier fut Françoise Ferrand, fille de Jean-Baptiste Ferrand et Élisabeth Boutoute, née à Angoulême en 1777. Ses parents avaient émigré alors qu'elle était encore en bas âge, et la famille était rentrée à Angoulême en 1795 ; en septembre 1798, Françoise avait reçu un certificat d'indigence en tant que réfugiée de Saint-Domingue[93]. En 1800, elle était à Paris, où elle épousa un homme du nom de Joseph Brébion. Celui-ci était soldat : il était très exactement « chef d'escadron ». En 1804, elle était à New York, où elle donna naissance à sa fille Clara Brébion[94]. En 1814, Françoise était veuve ; elle vivait à Paris avec trois jeunes enfants. D'après le témoignage du maire de l'ancien 7e arrondissement, elle se trouvait alors dans une situation de grande « détresse » : « elle n'a[vait] en France ni propriétés ni emplois[, elle était] dépourvue de tout moyen industriel de secours » et elle ne pouvait par conséquent pas subvenir à ses besoins[95].

Comme son père, Françoise avait fait appel au ministère de la Marine et des Colonies afin d'être reconnue « propriétaire de St Domingue, réfugiée en France ». Sa pétition avait été transmise au « Comité des Colons notables », créé pour évaluer les prétentions des réfugiés eu égard à leur possession de terres ou d'esclaves dans l'île, et celui-ci finit par conclure qu'elle était effectivement propriétaire. Elle fut admise dans « la 1re classe [des] secours » en août 1814[96]. Après cela, elle reçut une pension annuelle pendant les quarante-cinq années suivantes, jusqu'à sa mort en 1860, et même un peu au-delà[97]. Mais tout cela relève de l'histoire des Allemand et des Ferrand au XIXe siècle.

Pour le reste, le mariage de Françoise et Joseph reste un mystère. Il est possible que Joseph Brébion ait lui-même été un propriétaire de Saint-Domingue ; Jean-Baptiste Ferrand, le père de Françoise, a tenté à plusieurs reprises d'être reconnu propriétaire par le Comité des Colons notables, mais sans succès ; Joseph était dans l'armée, il possédait des biens, et il a eu des enfants et des petits-enfants : ces trois conditions devraient *a priori* permettre de le retrouver relativement facilement, quelque part dans les vastes archives de l'histoire familiale, mais il est mort en temps de guerre, et selon l'un des nombreux experts qui cherchaient à réformer le système arbitraire de secours aux réfugiés : « l'excès des désordres, le pillage, les massacres et les incendies ont fait disparaître dans la colonie tout ce qui pouvait servir à constater les valeurs et à faire reconnaître les propriétaires » ; beaucoup de registres attestant des naissances, des mariages et des décès s'étaient volatilisés, et avec eux la possibilité de « reconnaître » l'existence des individus[98].

Une femme de « grand art et adresse »

Le mariage de Françoise Ferrand avec un soldat de Saint-Domingue, tout comme ceux de ses cousins Pierre, dans la Sarthe, et Gabriel en Vendée, s'inscrit dans le contexte de la guerre généralisée des années 1790 et 1800. L'histoire militaire de son cousin Pierre Alexandre Ferrand fut beaucoup plus douloureuse. Pierre Alexandre était le plus jeune des six fils de Gabriel Ferrand et Marie Adélaïde Devuailly, et lui aussi s'est marié au beau milieu des bouleversements occasionnés par la guerre, dans des circonstances encore plus obscures. Il apparaît dans les registres d'Angoulême à trois occasions : pour son baptême, en 1775, à la mort de son épouse en 1839, et au moment de son propre décès, en 1841[99]. Entre ces dates, sa vie a été une succession de malheurs tous plus terribles les uns que les autres.

Pierre Alexandre a reçu un certificat de civisme à Angoulême en 1793[100]. D'après un dictionnaire biographique des armées napoléoniennes, il avait rejoint quelque temps auparavant le onzième bataillon de réserve du régiment de la Charente. En septembre 1792, il avait été nommé sergent-major, et en 1794, il fut élevé au grade de capitaine. Pierre Alexandre a d'abord servi dans l'armée du Nord, puis dans l'armée d'Italie. Néanmoins, en 1800, lors du passage du Mincio – féroce bataille de la deuxième campagne d'Italie durant laquelle, le jour de Noël 1800, les troupes françaises ont traversé la rivière Mincio et ouvert la voie vers Venise – il « fut blessé d'un coup de feu à la mâchoire supérieure ». Comme il avait « une gêne dans la mastication », il quitta l'armée en tant qu'invalide[101].

En 1810, Pierre Alexandre était rentré à Angoulême, où il s'était établi avec « une italienne qu'il a[vait] épousée à Venise ». Il avait très peu d'argent, et le couple vivait à la périphérie de la ville ; il finit par « tomb[er] dans la démence en raison de sa blessure reçue à la tête ». En 1831, il était « considéré comme un officier "aliéné" »[102]. Pierre Alexandre Ferrand est mort à Angoulême au mois de décembre 1841, à soixante-six ans[103].

L'épouse de Pierre Alexandre s'appelait « Auguste Silva de Villeneuve Solard » et elle est morte à Angoulême en 1839. Sur son acte de décès, elle est simplement présentée comme une « native de Venise » « âgée d'environ soixante-cinq ans »[104]. Son nom rappelle celui d'une figure haute en couleurs des années 1780 : « Clara Sophia Augusta de Cève de Villeneuve Solar. » En 1787, celle-ci avait traduit un baronnet anglais devant la justice de Londres, l'accusant d'avoir rompu un contrat conclu avec elle à l'Hôtel de l'Europe de Marseille en septembre 1784. Auguste ou Augusta avait alors déclaré qu'elle était née à Naples, et qu'elle était par ailleurs la veuve d'un comte du royaume du Sardaigne ; elle avait, disait-elle, donné 75 000 livres à l'Anglais en échange d'une annuité. Pour sa part, le baronnet avait répondu, lors d'une déposition faite sous serment à Saint-Pétersbourg, que cette femme était une « courtisane » qu'il avait « connue intimement » à Paris. C'était, disait-il, une femme de « grand art et adresse », et il avait conclu une fausse transaction avec elle afin de l'aider à retourner auprès de son mari et de « plusieurs enfants » dans une ville du nom d'« Oneille », sur « le littoral entre Marseille et Gênes »[105]. Si « Auguste Silva de Villeneuve Solard » était « Augusta de Cève de Villeneuve Solar », elle aurait été septuagénaire au moment de sa mort à Angoulême en 1839 – une vieille dame, loin de Naples.

Un artiste à Angoulême

L'unique petite-fille de Marie Aymard à s'être mariée à Angoulême est Jeanne Allemand Lavigerie, surnommée Mariette, la sixième des neuf filles d'Étienne et Françoise. Elle s'est mariée en juillet 1801, et son mari était le nouveau venu à la signature romantique, Laurent Silvestre Topin. Silvestre était arrivé à Angoulême en 1796. En 1792, alors qu'il étudiait l'architecture à Paris, il avait remporté un concours pour concevoir « un hôtel pour un particulier riche » (chose assez invraisemblable si l'on songe au contexte de cet été révolutionnaire marquant la chute de la monarchie)[106]. Il avait été admis comme élève auprès de l'architecte David Le Roi, célèbre pour son projet de navire destiné à naviguer en eau douce comme en mer, le « naupotame », et quand l'Académie royale d'Architecture avait été fermée en 1793, il était passé sous le patronage du grand peintre de la Révolution Jacques Louis David. Le plan de Silvestre pour l'édification d'une « Maison d'Éducation » a été exposé dans la section architecture du Salon de 1795[107].

En 1796, Silvestre Topin se porta candidat pour le nouveau poste de « professeur de dessin » de la toute nouvelle École centrale de la Charente, substitut laïc du collège jésuite dans lequel Étienne Allemand avait si longtemps et si tristement œuvré. Il présenta « un plan de façade à colonnes, un plan d'élévation d'un bâtiment, le plan géométral d'un édifice, une académie au crayon noir d'après nature » et fut ainsi élu à la chaire à l'âge de vingt ans. Il commença à enseigner au cours de la même année, et fut officiellement confirmé dans son poste en 1797[108]. Le cours de dessin rencontra un succès immédiat, attirant plus de la moitié de l'ensemble des élèves du collège. Silvestre constitua en outre au collège une collection de 545 dessins : « son but, di[sait-il], n'[était] pas de former exclusivement des peintres et des architectes, mais d'inspirer le goût des arts, surtout aux ouvriers » ; ses étudiants réalisèrent les plans d'un port et d'une Bourse, et reproduisirent des tableaux de Jean-Baptiste Greuze et de Charles André van Loo[109].

Néanmoins, au cours de l'été 1798, le destin de Silvestre prit un nouveau tour. Alors que les troupes révolutionnaires traversaient l'Italie, il fut nommé officier cartographe auprès de l'armée. En juin 1798, le ministre de l'Intérieur annonça aux administrateurs du département de la Charente que « le général de brigade Leclerc chargé de la confection de la carte des campagnes de l'armée d'Italie a[vait] un besoin pressant du citoyen Sylvestre Taupin professeur de dessin de votre École centrale pour concourir à cet important ouvrage », et Silvestre partit pour l'Italie[110]. Son périple à travers les Alpes dura un peu plus d'un an – il assurait « les fonctions provisoires de géographe » autant qu'il dessinait les plans de bataille – et, à l'été 1799, il fut de retour à Angoulême muni d'un décret l'exemptant de tout service militaire futur, à titre de « congé absolu ». Silvestre était désormais cartographe, et il avait des amis haut placés. Quand les administrateurs du département voulurent différer son retour parmi les professeurs au motif qu'il pourrait être de nouveau appelé pour des obligations militaires, ils reçurent en quelques jours des lettres du ministre de la Guerre et du ministre de l'Intérieur certifiant que Silvestre Topin « ne [pouvait] être inquiété pour rejoindre les armées[111] ».

Au retour de Silvestre, le cours de dessin rencontra un succès encore plus grand. Alors qu'il rentrait à Angoulême, il avait écrit depuis Lyon qu'il « apport[ait] d'Italie des gravures précieuses [...] faites pour inspirer les jeunes gens dans l'art du dessin[112] ». Il s'impliqua tout particulièrement pour choisir les prix devant récompenser les étudiants méritants : « *Les Sept Sacrements* de [P]oussin » pour le premier prix de dessin figuratif à l'automne 1799, et des « fragments antiques » pour le premier prix d'« ornements »[113]. L'École centrale se trouvait désormais établie dans l'ancienne abbaye de Beaulieu, et outre le flux familier d'objets à Angoulême durant la période révolutionnaire, on y comptait de nouveaux éléments : un jardin botanique, des menuiseries recherchées, un portail ornemental en fer venu de l'ancien couvent des Tiercelettes, sur la place du Mûrier. Les cours de dessin étaient dispensés dans une grande salle baignée de lumière, ancienne blanchisserie des sœurs bénédictines[114].

Jeanne Allemand Lavigerie et Silvestre se sont mariés à Angoulême en 1801. L'événement a donné lieu à une cérémonie modeste, comparée aux réjouissances familiales de l'époque. La mère de Jeanne, Françoise Ferrand, n'a pas signé le registre, et toutes ses sœurs (dont six avaient signé le contrat de mariage de Martial et Bonnite quelques semaines plus tôt) se sont elles aussi abstenues de signer. Son père Étienne et ses frères Martial et Antoine ont fait office de témoins, de même que le fidèle papetier Pierre Auguste Henry et le chef du département de l'Instruction publique, un ancien prêtre imprimeur des décrets révolutionnaires comptant parmi les nombreux héritiers potentiels impliqués dans le litige des années 1760 autour du fils du chapelier et du domaine de la Martinique[115].

Sur l'acte de mariage, Silvestre est décrit comme le fils de feu Nicolas Topin et de Marie Catherine Lacorne, de Paris, et il se trouve que c'est sa mère, plus que ses patrons militaires, qui le relie – lui, et partant les Allemand et les Ferrand – à la grande histoire politique de la Révolution française. Nicolas Topin avait été « un peintre de roi » : il avait en particulier peint des chaises dorées et du marbre en trompe-l'œil. C'était aussi un inventeur, capable de produire, via une méthode « secrète », des casques militaires légers[116]. Marie Catherine Lacorne était professeur de géographie et fille d'un maître de danse (auprès des pages d'un cousin du roi). C'était une figure libérale, et au début de la Révolution, elle fut choisie pour être la « sous-gouvernante » de l'une des dernières princesses royales de France, Louise-Eugénie-Adélaïde, fille du duc révolutionnaire « Philippe-Égalité », c'est-à-dire Philippe d'Orléans, et sœur du futur roi Louis-Philippe. Elle vivait sous le toit de la famille des Orléans au Palais-Royal, dans la « maison Égalité[117] ».

Or, au mois de mars 1793, « Madame Topin » avait eu le grand malheur d'être envoyée par le duc d'Orléans à Tournay, en Belgique, où la fille du duc vivait en exil, afin de régler ce que cette dernière devait et de la ramener si nécessaire en France. À son arrivée, la mère de Silvestre s'était trouvée au beau milieu d'une invasion militaire et d'une contre-révolution politique. Elle y avait retrouvé son élève, âgée de seize ans, le frère de la princesse et futur roi, dix-neuf ans, une gouvernante d'une tout autre envergure, à savoir la romancière Madame de Genlis, et le héros militaire des premiers mois de la guerre révolutionnaire devenu ennemi de la Révolution, le général Dumouriez.

Comme elle le raconta à son retour, Madame Topin avait alors remarqué, au cours de discussions politiques « échauffée[s] », « que le citoyen Égalité fils [le jeune prince], étoit ébranlé », et elle avait résolu de « le prévenir du dessein qu'avoit Dumouriez de l'attirer dans son parti [contre-révolutionnaire] & par conséquent [de] le perdre » ; elle espérait aussi trouver « les moyens de dérober au piège la citoyenne Égalité [la jeune princesse] ». Mais un soir, « un grand nombre de hussards » étaient arrivés et avaient emmené la princesse avec Madame de Genlis. Madame Topin était donc rentrée à Paris et, fidèle à « son devoir & [à] son civisme », elle s'était immédiatement rendue dans un commissariat de police. Elle y avait raconté les événements de son aventure belge, exposé les discussions subversives, et rapporté qu'elle avait entendu le jeune prince « chanter ce qui se chante à la messe ou aux vêpres » lorsqu'il était au calme[118]. Son témoignage avait été publié sous forme de brochure par l'imprimerie du *Républicain* en avril 1793, et Philippe-Égalité avait été guillotiné au mois de novembre : Madame Lacorne Topin était devenue l'emblème de la perfidie révolutionnaire[119].

C'est à la suite de cette histoire que Silvestre avait fui pour la tranquillité provinciale d'Angoulême. Ses relations avec sa nouvelle famille étaient cordiales. Comme sa belle-sœur Bonnite avant elle, Jeanne était enceinte le jour de son mariage, en juillet 1801. Le premier enfant du couple est né en octobre 1801 ; la mère de Jeanne, Françoise Ferrand, fut à cette occasion le principal témoin. Silvestre et Jeanne eurent une autre fille, Françoise Méloé, en janvier 1803, puis un fils en août 1804 ; le témoin de la naissance de leur fils est l'ancien chirurgien de l'île de Saint-Vincent[120]. À cette date cependant, il n'était plus question d'enseigner à l'École centrale d'Angoulême ni de dispenser des cours de dessin figuratif dans l'ancienne blanchisserie de la vieille abbaye. Les établissements laïcs qui avaient bénéficié de l'autonomie départementale et de l'aura révolutionnaire avaient été abolis par les réformes éducatives entreprises par Napoléon en 1802 ; à Angoulême, les derniers cours eurent lieu en septembre 1804[121].

Silvestre et Jeanne repartirent pour Paris, où ils eurent encore deux enfants, nés en 1807 et 1813[122]. Marie Catherine Lacorne Topin, la mère de Silvestre, se trouvait elle aussi à Paris, où elle est morte en 1810. Elle vivait dans une chambre située au troisième étage de l'immeuble destiné au logement des artistes du musée des Artistes, rue de la Sorbonne. Sa succession, estimée à 48 francs, a été déclarée par un résident de l'immeuble, lui aussi ancien professeur de peinture auprès des enfants de la famille royale, spécialiste des tableaux historiques ; dans cette déclaration, Marie Catherine est réputée « sans héritiers connus[123] ».

Dans les Pyrénées

Étienne, le douzième des treize enfants de Françoise Ferrand, était encore enfant quand la Révolution a commencé. Il a signé le registre du (premier) mariage de son frère Martial en 1790, alors qu'il avait neuf ans[124]. À un moment donné au cours des années révolutionnaires, il est devenu orfèvre. En 1806, il était à Pau, à plus de trois cents kilomètres au sud d'Angoulême, près de la frontière espagnole. Le 1er janvier 1807, il y a épousé une jeune fille de quinze ans, Marie Montesquieu, dont la mère était épicière[125]. Trois ans plus tard, en 1810, Étienne vivait dans la ville portuaire de Bayonne, à cent kilomètres à l'ouest[126]. Marie Montesquieu est morte à Pau en 1837[127].

Étienne était en vie quand Marie est morte ; ils n'avaient pas eu d'enfants (ou du moins aucun enfant né à Pau ou à Bayonne, d'après ce que j'ai pu trouver jusqu'ici sur les sites de généalogie toujours changeants). Les petits-enfants de Marie Aymard ont eu des destins inégaux, et il existe aussi une grande disparité en ce qui concerne l'information disponible quant à leurs mariages et à leurs vies. Aucune des lettres écrites par l'un ou l'autre de ces vingt-trois petits-enfants n'est parvenue jusqu'à nous (en tout cas, là aussi, d'après ce que j'ai pu trouver jusqu'à présent) ; seul l'un d'eux, Martial Allemand

Lavigerie, a fait une brève apparition dans un journal. Cela dit, les registres de l'état civil sont eux aussi diversement accessibles, et cela pose d'autant plus de difficulté pour les personnes, comme Étienne, dont la jeunesse a été marquée par le déplacement géographique et l'instabilité de la période révolutionnaire. Au moins vingt de ces petits-enfants ont survécu à la petite enfance ; pour deux d'entre eux – deux garçons – il nous est pour ainsi dire impossible de reconstituer une quelconque histoire[128].

Une pension à Bayonne

La dernière des petites-filles de Marie Aymard à se marier pendant la longue Révolution française fut Joséphine Lavigerie, la huitième des neuf filles de Françoise Ferrand et Étienne Allemand. Celle-ci est née à Angoulême en 1779 et a été baptisée « Josèphe » ; sa marraine était la veuve d'un propriétaire de plantation de Saint-Domingue. Comme de nombreuses jeunes femmes de l'époque, durant les premières années du XIXe siècle, elle se faisait appeler « Joséphine », comme l'impératrice, première épouse de Napoléon[129].

À un certain moment entre 1803 et 1807, Joséphine est partie pour Bayonne afin de rejoindre son frère aîné Martial et sa nouvelle famille. En septembre 1807, elle a épousé Joseph Alexandre César Ponsard, un instituteur de Marseille. Elle était alors réputée vivre chez son frère, le receveur de la Loterie impériale. Les témoins du mariage étaient issus du milieu administratif de la Bayonne en guerre : il s'agissait d'un colonel, d'un négociant, du « contrôleur principal des droits réunis », du « payeur de la marine impériale ». Le fils de Joséphine et Alexandre est né en avril 1809, et à ce moment-là, un autre des frères de Joséphine était arrivé à Bayonne : les deux témoins pour l'enregistrement de la naissance sont Martial Allemand Lavigerie et Pierre Allemand Lavigerie ; ce dernier, ayant quitté l'armée, avait été embauché au département de la Sarthe et est alors identifié comme « employé à la trésorerie[130] ».

Loin d'Angoulême, Joséphine était revenue au mode de vie de son père et de son oncle. Son mari, présenté comme un « instituteur », fut, en 1810, témoin de la naissance de Charlotte Ursule, la fille de Martial et Bonnite ; l'autre témoin était Pierre Allemand Lavigerie, alors « adjoint du payeur de la guerre[131] ». Par la suite, Alexandre Ponsard est devenu, comme son beau-père et l'oncle de sa femme, « maître de pension », puis « membre de l'université » ; au mois d'octobre 1824, il fut témoin au mariage de Léon Philippe Allemand Lavigerie, le plus jeune des enfants issus de l'union de Martial et Louise Vaslin, né à Angoulême en 1795 et « receveur aux déclarations de la douane royale de Bayonne »[132]. Joséphine, contrairement à son frère, n'est jamais revenue à Angoulême. Son mari est mort à leur domicile du centre ancien de Bayonne en 1847, et elle y est elle-même morte en 1855, à soixante-quinze ans[133].

Le dernier petit-enfant

Le benjamin des petits-enfants de Marie Aymard, Jean-Baptiste Ferrand, né à Angoulême une fois ses parents rentrés de Saint-Domingue en tant que réfugiés, est devenu soldat à la toute fin des guerres napoléoniennes. Il a été enrôlé dans l'infanterie de la garde impériale au mois de février 1814, a été lancier pendant la campagne de France, et a finalement été démobilisé cinq mois plus tard, en juillet 1814. Il est le seul des petits-enfants pour lequel il existe un semblant de description : d'après son livret militaire, il mesurait un mètre soixante-treize, avait un long visage ovale, des yeux marron, une bouche petite et des cheveux châtain foncé[134].

Jean-Baptiste Ferrand était peintre. Il était marié ou en tout cas vivait avec une femme nommée Élisa Collet, et ils avaient une fille, Rose Calista Ferrand, née à Paris en 1833 ; Élisa Collet est morte à Paris en 1836. Jean-Baptiste s'est remarié en 1839 avec Anne Thiriot, marchande et limonadière. Ils vivaient dans la petite ville de Montereau, un port fluvial, comme Angoulême, au confluent de la Seine et de l'Yonne, par ailleurs centre de production de faïence. Au moment de ce mariage, il avait quarante-trois ans et se présentait comme veuf. Il a fait préciser dans le registre des mariages que ses parents étaient morts à Paris quelques années plus tôt ; il était incapable de se rappeler la date ou le lieu de décès de ses grands-parents. Anne Thiriot était elle aussi veuve ; Jean-Baptiste est présenté comme un artiste peintre[135]. Il se trouvait toujours à Montereau vingt-cinq ans plus tard, et il était toujours artiste ; il est devenu veuf une deuxième fois en 1861[136]. Jean-Baptiste Ferrand est mort au lendemain de la guerre franco-prussienne, en 1873, au domicile de son gendre, l'époux de Rose Calista, ferblantier dans la ville de Vimoutiers, en Normandie[137].

Une révolution familiale

Voilà les événements qui ont jalonné la vie ordinaire au sein du vaste réseau des petits-enfants de Marie Aymard : les circonstances qui ont présidé à l'amour, à l'amitié et à la mort. À cet égard, l'histoire des Allemand et des Ferrand constitue aussi une histoire de la Révolution française. Elle donne à voir ce qui s'est véritablement passé dans la vie des individus à l'époque révolutionnaire, et conte une histoire de mutation permanente.

Si l'on prend le terme « révolutionnaire » dans son acception la plus large, les Allemand et les Ferrand ont été une famille révolutionnaire. Deux des enfants de Marie Aymard, son gendre et deux de ses petits-fils ont été employés par la nouvelle administration révolutionnaire d'Angoulême ; un autre petit-fils a travaillé pour le département de la Sarthe ; six de ses petits-fils (et petits-fils par alliance) ont servi dans les forces armées révolutionnaires et napoléoniennes, et deux ont été fonctionnaires du gouvernement impérial ; un autre était un ancien prêtre[138]. Étienne et Françoise vivaient dans le bien national qu'Étienne avait acheté en 1791, ancienne propriété du chapitre cathédral[139]. Gabriel a détenu un bail de trois ans sur l'église des Tiercelettes, et son fils était propriétaire (ou propriétaire supposé) du bien national ayant précédemment appartenu aux frères de son épouse.

Les réseaux sociaux des petits-enfants, tels qu'ils apparaissent dans les registres de leurs mariages, regorgent de personnes favorables aux changements apportés par la Révolution : un « officier municipal révolutionnaire », un « membre du comité de surveillance », un nouveau beau-père qui appelle son fils Décadi dans la Sarthe, le papetier et révolutionnaire Pierre Auguste Henry[140]. Même les individus du plus vaste réseau du contrat de mariage de 1764 – les quatre-vingt-trois signataires et leurs relations – faisaient preuve d'équanimité face aux évolutions de l'époque. De fait, le réseau des Quatre-Vingt-Trois ne compte aucun émigré, aucun prêtre réfractaire, aucun ennemi de la Révolution, mais il comprend trois révolutionnaires actifs à l'échelle locale : Louis Félix, Marguerite Aubert et Lecler-Raby.

Jusqu'ici, personne dans cette histoire n'a laissé de traces archivées de ses sentiments politiques (à l'exception de Rose Marin). Seuls le législateur Léonard Robin et la contre-révolutionnaire Marie Madeleine Virol ont joué un rôle un tant soit peu important dans le cours des événements révolutionnaires et pourraient ainsi prétendre figurer dans une histoire de la Révolution abordée sous l'angle biographique ou prosopographique. Marie Madeleine Virol a fait l'objet d'une enquête sommaire cherchant à déterminer pourquoi et comment une personne comme elle, fille des classes laborieuses, avait pu devenir contre-révolutionnaire – question caractéristique des tribunaux révolutionnaires de 1794. Léonard Robin, lui, a décrit avec beaucoup de détails la découverte de ses propres capacités dans le contexte révolutionnaire : au début, il avait eu peur de ne pas être capable de prendre la parole sans s'y être préparé, mais il « [venait] d'éprouver mille fois le contraire[141] ».

L'histoire des Allemand et des Ferrand n'est pas non plus, tant s'en faut, une histoire politique au sens où elle permettrait d'aborder la plus vaste question de l'histoire révolutionnaire, et en particulier des raisons pour lesquelles la Révolution a eu lieu. C'est une histoire vue d'en bas, et ses sources sont pour la plupart les sources traditionnelles de l'histoire sociale. Les registres relatifs à l'emploi, aux impôts et aux biens des vingt-cinq années de la première révolution française, entre 1764 et 1789, et des vingt-cinq années suivantes, marquées par les transformations révolutionnaires, documentent la vie économique. Il s'agit d'un type de sources en principe bien adapté aux enquêtes historiques à grande échelle, dans lesquelles « les facteurs s'empil[e]nt les uns sur les autres et p[è]sent sur les événements » politiques découlant de « forces établies depuis longtemps qui échappent au contrôle des acteurs du jeu politique »[142]. Mais l'histoire amorcée avec Marie Aymard est devenue une histoire de vies individuelles – pour ainsi dire le type d'histoire opposé.

Il a été impossible d'intégrer les individus qui composent cette histoire – des personnes dont on connaît les noms, les adresses et les contrats prénuptiaux – dans une histoire de facteurs et de forces. Les traces de leur existence sont trop abondantes ; ils nous sont, d'une certaine manière, devenus trop familiers. Penser que sa propre vie est subsumée dans une « force » – chercher à déterminer l'influence des variations de prix ou de la montée du nationalisme sur les sentiments collectifs dont nos propres opinions politiques font partie – a quelque chose d'incommodant, et l'exercice est tout aussi malaisé en ce qui concerne les autres. Ce n'est même pas une question d'échelle, car l'ampleur de l'échelle de l'enquête historique dédiée à la vie des individus dépend en fin de compte de l'endurance des historiens (exténués) qui s'y consacrent. On pourrait envisager (en supposant que les ressources le permettent) d'étendre l'investigation portant sur l'histoire de quelques centaines ou quelques milliers d'individus d'Angoulême aux campagnes environnantes, aux régions voisines et à l'ensemble de la France. Mais cela ne changerait rien. Cette vaste histoire serait toujours une histoire d'individus, et elle ne constituerait pas une histoire causale.

Pourtant, il s'agit malgré tout d'une histoire des grands événements fondateurs de l'époque contemporaine. En partant d'un individu ou d'une famille pour s'étendre à ses amis et ses relations, et aux endroits où toutes ces personnes ont vécu, l'histoire par contiguïté peut de fait permettre de constituer une histoire des espaces sociaux au sein desquels les idées et les opinions étaient échangées. C'est ce que l'on peut entrevoir dans l'histoire des Allemand et des Ferrand au cours de la Révolution française : ils sont invisibles dans l'historiographie de la Révolution, mais ils sont bel et bien là dans l'histoire vue d'en bas, et dans les archives de la vie économique quotidienne – parfois même les archives les plus éphémères, comme les reçus qu'ils ont signés, sur de petits morceaux de papier, pour les traitements versés par l'administration révolutionnaire. Leurs amis et leurs voisins sont là eux aussi, dans les listes de baux et d'achats de biens nationaux. Leur histoire est aussi l'histoire de la vie économique de la Révolution.

L'économie sociale

Les Allemand et les Ferrand sont des figures de la première révolution française ; pour en revenir à l'histoire causale de l'« économie sociale » de Tocqueville, ils étaient mus par « l'ardeur de changer sa position [qui] agitai[t] le peuple[143] ». Même les trois enfants de Marie Aymard qui ont disparu des registres paroissiaux après 1764 et ne font donc plus partie de cette histoire (mais dont on pourra peut-être retrouver la trace un jour) étaient en quête d'une sorte de changement : ils ont vraisemblablement quitté Angoulême et sont allés mourir ailleurs. Les données des réseaux sociaux de la famille sont elles aussi tocquevilliennes dans la mesure où elles évoquent les échanges d'idées, d'opinions et l'influence.

L'hypothèse avancée par Tocqueville dans les années 1850 quant aux origines de la Révolution française est à la fois évidente et un peu abstruse. Elle est indéniable dans la mesure où elle synthétise les innombrables témoignages produits après la révolution politique de 1789 et les efforts de toute une génération (celle, justement, des grands-parents de Tocqueville, emprisonnés à Port-Libre avec Léonard Robin) pour tâcher de comprendre les causes les plus profondes de la Révolution via l'identification d'une mutation préalable dans « la condition et [les] sentiments » d'un grand nombre de personnes. Comme si la Révolution avait été par trop considérable pour n'être que le résultat de circonstances politiques. Il devait y avoir eu une « révolution des idées » avant la « révolution des lois » : une époque toujours accessible par la mémoire ou par l'imagination durant laquelle l'« industrie était grande, mais l'inquiétude était plus grande encore », où « il n'y avait de constant que le changement perpétuel des choses »[144].

Cette hypothèse d'une mutation préalable dans les sentiments reste pour autant énigmatique parce qu'il est difficile de voir les sentiments et de les chercher en tant que tels dans les archives. Tocqueville s'est attelé pour son exploration du monde disparu de l'Ancien Régime à combiner deux approches : il a d'une part, comme les auteurs contre-révolutionnaires des années 1790, essayé de repérer l'influence des idées philosophiques, c'est-à-dire des « livres qui ont fait les révolutions[145] », mais il a aussi d'autre part, comme il l'a lui-même annoncé, enquêté sur les détails de l'histoire administrative et financière de la période[146]. Pour Georges Lefebvre, il a ainsi produit une histoire de « l'économie sociale », c'est-à-dire une histoire de l'influence de l'économie sur le social et des « conséquences sociales de l'évolution économique[147] ». Elle est incomplète dans la mesure où l'on trouve très peu de traces des idées et des sentiments, ou encore des mécanismes par lesquels l'influence sociale s'exerce et entraîne les échanges d'idées. Or, chez Lefebvre en 1934, il y a « constitution » de modes de pensées collectifs (nourris d'inquiétude et de désirs ardents), et cette constitution « s'intercale » entre « les conditions de la vie économique, sociale et politique » appréhendées comme les causes, et les « événements » politiques appréhendés comme les effets[148].

L'histoire des Allemand et des Ferrand, qui se situe elle-même à une échelle intermédiaire entre le micro et l'immense, relève donc d'une histoire de l'économie sociale telle que définie par Tocqueville et, aussi, d'une histoire intercalée entre les conditions de vie (économiques et sociales) et les événements (publics ou privés). Les enfants et petits-enfants de Marie Aymard étaient des individus économiques au sens où ils achetaient et vendaient, empruntaient et prêtaient, calculaient et progressaient (ou essayaient de progresser) selon leurs propres intérêts. Ils étaient industrieux, et ils n'étaient pas, pour la plupart d'entre eux, des figures de l'industrie moderne des canaux, des manufactures et du commerce. La distinction entre le marché et l'État, si essentielle depuis l'époque des écrits de Turgot sur la crise du crédit survenue à Angoulême pour définir une « économie », n'était pas très perceptible dans leurs vies, et il en allait de même de la distinction entre l'économie nationale et l'économie internationale puisque la société provinciale dans laquelle ils vivaient était traversée par un va-et-vient incessant d'obligations et d'espérances entre les colonies et la patrie. Les possessions de la famille et de ses amis – leur « capital » – étaient surtout constituées de meubles, de biens ménagers (les fourchettes en fer de Marie Aymard, les nombreux lits de Gabriel Ferrand) et de droits hérités pour exercer tel ou tel métier, jugé peu honorable, si ce n'est tout à fait baroque, par les réformateurs de l'époque[149].

Les membres de la famille, comme beaucoup d'autres personnes du réseau des signataires du contrat de mariage, ont trouvé de l'avancement dans l'économie ecclésiastique, dans l'administration fiscale et dans les colonies d'outre-mer, secteurs économiques qui relevaient indistinctement du politique et de l'économique. Or, ces secteurs ont justement été le théâtre des multiples « affaires » qui ont agité la ville au cours des années 1760, 1770 et 1780, de la crise du crédit et de la jurisprudence de l'usure jusqu'au possible meurtre du jeune abbé devant les murs du séminaire et à l'affaire du commis du bureau du receveur des tailles. Si la vie économique d'Angoulême faisait de cette ville un espace d'échanges d'informations, d'espérance et d'insécurité, c'est aussi en son sein, au cours de la première révolution française, que la Révolution a commencé.

Comme le poète Giacomo Leopardi l'a écrit en 1832, « tous les siècles ont été et seront peu ou prou des siècles de transition », et toutes les époques ou presque connaissent des périodes d'agitation[150]. À Angoulême, les décennies qui ont précédé la Révolution française ont surtout été marquées par des changements dans les relations entre intérêts politiques et intérêts économiques. L'évolution économique a eu des conséquences politiques (ou sociales), et l'évolution politique des conséquences économiques ; certains événements, ou certaines séquences d'événements étaient eux-mêmes des « conditions de la vie économique » correspondant aux mutations du monde extérieur et des mutations internes sur le plan des idées et des sentiments, c'est-à-dire des manières de penser collectives, ou partagées, au sein des espaces sociaux de la ville.

Couper le temps en deux

Pour Tocqueville, les Français de 1789 ont cherché à « couper pour ainsi dire en deux leur destinée », à « séparer par un abîme ce qu'ils avaient été jusque-là de ce qu'ils voulaient être désormais »[151]. Mais son ouvrage *L'Ancien Régime et la Révolution* a justement démontré la continuité des institutions et des sentiments de l'Ancien Régime dans la France révolutionnaire et postrévolutionnaire. L'histoire d'Angoulême est elle aussi une histoire de continuité. Cinq des filles de Françoise Ferrand ont passé toute leur vie dans les mêmes petites rues étroites du vieux centre d'Angoulême, des années 1760 aux années 1860. (Louise Mélanie était en visite chez sa petite-nièce dans la Sarthe au moment de sa mort en 1865, mais cela fait partie de l'histoire du XIXe siècle.) « Notre ville » va grandement profiter de la Révolution, prédisait Léonard Robin à son père en mai 1788, et sur le plan économique, avant, pendant et après la Révolution, Angoulême regorgeait de bureaux, d'employés et de commis[152]. Les petites entreprises de la ville continuèrent de prospérer, notamment grâce aux commandes d'ornements militaires (épaulettes rouges et pompons de grenadiers), de portails en fer et de cierges déposés « *pour la nassiont* » dans l'ancienne et future cathédrale[153].

Mais la Révolution a aussi presque tout changé pour les Allemand et les Ferrand, et à cet égard leurs vies n'avaient rien de tocquevillien. Car c'est dans le cours ordinaire de la vie – dans la « nuptialité » de la famille – que l'histoire des Allemand et des Ferrand raconte le plus manifestement une histoire de révolution. Tous les mariages de la famille s'inscrivent dans la mobilité, spatiale et sociale, de la période révolutionnaire. Seul le premier mariage de Martial, avec Louise, qui vivait tout près de chez lui, était pour ainsi dire provincial. Trois des petits-fils de Marie Aymard ont épousé des femmes qu'ils avaient rencontrées loin de chez eux, alors qu'ils se battaient dans les nouvelles forces armées révolutionnaires constitutives de la transformation sociale ; sa petite-fille a quant à elle épousé un chef d'escadron de Saint-Domingue. Étienne Ferrand s'est uni à son ancienne paroissienne, et Martial a divorcé. La seconde épouse de Martial était arrivée à Angoulême de Saint-Domingue, via Bordeaux et Philadelphie ; Laurent Silvestre Topin avait pour sa part quitté Paris pour trouver un emploi de professeur de dessin, et il a fait un détour par la cartographie auprès des troupes d'Italie ; Joséphine est partie à Bayonne pour rejoindre son frère qui poursuivait une nouvelle carrière dans l'administration impériale, et elle y a rencontré son mari, l'instituteur marseillais.

On envisage généralement l'histoire de la vie familiale comme un processus lent et naturel, presque biologique, c'est-à-dire sous l'angle démographique. De la même manière, on considère que la vie économique évolue au rythme souverain des moyennes mobiles et des méthodes statistiques[154]. Mais dans l'histoire familiale des petits-enfants de Marie Aymard, au cours des décennies 1790 et 1800, tout a changé. Dans les actes de naissance, de mariage et de décès (c'est-à-dire dans les traces de la vie quotidienne, vue d'en bas), on constate que les événements de la Révolution provoquent une coupure dans les rituels : dans le registre paroissial de Saint-Pierre, en novembre 1792 ; avec le premier divorce d'Angoulême, sur le même registre ; dans le registre de la paroisse de Saint-Martial, dont le prêtre Étienne Ferrand avait la charge. La nuptialité de la famille est aussi le reflet de la transformation de l'espace, du temps et de la condition sociale.

La Révolution sur la place du Mûrier

Même pour les cinq petites-filles de Marie Aymard restées célibataires, qui ont passé toute la période révolutionnaire dans les rues où leurs parents avaient eux-mêmes grandi, autour de la place du Mûrier, les événements de la Révolution ont été un spectacle permanent et incontournable. C'était là l'environnement du réseau des signataires du contrat de mariage : le petit monde de rues dans lesquelles tant de témoins ont vu le grand domestique blond de Silvie Cazaud prendre la fuite avec le petit chien de Lydia Sterne qui se tortillait sous son bras gauche. Et c'est aussi à cet endroit que se déroule l'histoire imaginée par Balzac de l'Angoulême révolutionnaire dans les *Illusions perdues* : « l'imprimerie [est] située dans l'endroit où la rue de Beaulieu débouche sur la place du Mûrier. » Dans le roman, le vieil imprimeur se voit confier « à la désastreuse époque de 1793 » l'impression des décrets du gouvernement révolutionnaire, comme le témoin de mariage de Jeanne (Mariette) Allemand Lavigerie en 1801[155].

D'après la matrice foncière annotée de 1791, en arrivant sur la place du Mûrier par la rue où Étienne Allemand a grandi, on pouvait voir à l'angle de la rue la maison du frère de Silvie Cazaud, puis l'entrée du couvent des Tiercelettes, l'église que Gabriel Ferrand avait prise à bail en 1793, et enfin, au début de la rue de Beaulieu, la maison du père de Léonard Robin, l'imprimeur Abraham François Robin. Sur le côté sud de la place se trouvaient la maison de l'apothicaire dont la mère, la tante et la sœur ont signé le contrat de mariage de 1764, puis celle louée par Louis Félix, et enfin la propriété du marchand d'étoffes Jean-Pierre David, dont la fille a épousé un autre des signataires, et dans le jardin duquel Marie Eustelle Billard a trouvé la mort en 1795. En quittant la place en direction de la maison d'enfance de Françoise Ferrand, on pouvait voir la propriété de Marchais Delaberge, occupée, au moment de l'établissement du registre, par le traiteur, la coiffeuse et les petites-filles de Marie Aymard, les « c^{nnes} [citoyennes] Lavigerie »[156].

L'époque de la Terreur a été l'occasion de plusieurs manifestations et événements dans le quartier : la fête de la souveraineté célébrée sur la place avec les professeurs du collège « maudissant l'antique esclavage » ; le recensement des chevaux, au même endroit ; le départ des conscrits vers les frontières ; une émeute, en l'an IV, pour l'anniversaire de la chute de Robespierre, qui a entraîné la fermeture du café de la « citoyenne Rezé » ; et un an plus tard, la « rixe » de l'an V[157]. Sous l'Ancien Régime, les exécutions publiques avaient lieu place du Mûrier, et en 1793, la guillotine fut installée au même endroit. Comme l'a rapporté un représentant de la Convention venu à Angoulême : « la guillotine, aussitôt mise sur place, a coupé le mal dans sa racine et les a fait rentrer dans le devoir par le seul aspect ; ils sont devenus aussi souples et aussi honnêtes que peuvent l'être des meuniers[158]. »

La mise en vente des biens expropriés a elle aussi été, en soi, un spectacle. L'inspection puis la vente aux enchères de la propriété des Tiercelettes sise sur la place du Mûrier – avec « la facilité [qu'elle] donn[ait] pour la vente au détail » – fut un événement public[159]. Il en allait de même des allées et venues effectuées dans la rue de Beaulieu pour emporter les portails en fer, la bibliothèque et les ornements d'église des anciennes propriétaires. Les annotations de la matrice foncière de 1791 signalent les transactions impliquant des meubles, ainsi que les déménagements – encore une fois, il était impossible de ne pas voir ce qui se passait[160]. La maison numérotée 1000, sur le côté sud de la place, juste à côté de la maison du marchand d'étoffes David, est ainsi répertoriée comme la propriété successive des « héritiers du feu… » (le nom est si vivement biffé qu'il est illisible), de « Marchais aîné, propriétaire » (également biffé), « occupée par la ve Rezé, marchande » (biffé), puis « David, propr[iétaire] » et « Félix, locataire ». Il s'agissait donc du domicile de Louis Félix, orfèvre, révolutionnaire et fils d'« Elizabeth négresse esclave »[161].

Les rues d'Angoulême ont elles aussi fait l'objet d'un réaménagement à l'époque révolutionnaire. Un inventaire des rues fut réalisé en 1792, devant fixer les « alignements » de la ville. Pour mener à bien cette procédure complexe, des commissaires se sont réunis autour d'une grande carte pendant deux mois, se référant de temps à autre à l'article 17 de la Déclaration des droits de l'homme et du citoyen définissant la propriété comme un droit inviolable et sacré. Les modifications envisagées – et péremptoires – sont indiquées « par une ligne au crayon noir sur le plan ». Les propriétés concernées incluaient celle d'une des belles-sœurs du commis impliqué dans l'affaire du bureau de la taille de 1778 (la belle-sœur qui avait jeté les sous-vêtements confisqués par la fenêtre), celle du frère de Silvie Cazaud, qui vivait à l'angle de la place du Mûrier, et celle du propriétaire d'esclaves qui avait pris la fuite, l'omniprésent « *Mr Robin amériquin*[162] ».

La vie des individus qui nous sont désormais familiers a elle aussi été affectée par ces changements. Bénédictine de Bologne, âgée de seize ans lorsque Elizabeth et Lydia Sterne étaient logées dans la maison de ses parents dans la rue des Cordeliers (par la suite rue de Beaulieu), a été expulsée du couvent Notre-Dame-de-Beaulieu, à quelques pas de là, dans la même rue ; elle a trouvé à se reloger non loin de la place du Mûrier. Jeanne Françoise Ogerdias, fille de Claude Ogerdias, née en Inde, à Chandernagor, et arrivée à Angoulême à l'âge de cinq ans, était entrée dans l'ordre des sœurs soignantes de Sainte-Marthe. Elle aussi a été expulsée d'un hôpital de la rue de Beaulieu ; sa mère vivait encore dans l'ancien bureau de la taille, à quelques pas au nord, devant lequel l'abbé Mioulle s'est arrêté lors de la funeste nuit de 1779[163].

Il était impossible de ne pas être vu dans les rues encombrées du quartier, et il était tout aussi impossible de ne pas voir la révolution qui s'opérait à travers les nouvelles façades, les nouveaux alignements de rues et la présence de nouveaux propriétaires. La vie quotidienne, le défilé sous les fenêtres des petites-filles de Marie Aymard, avait une tonalité différente. Tout comme les liens familiaux et la nuptialité qui était elle-même un spectacle. Le grand-père de la famille, mort bien avant la naissance de ses petites-filles, possédait une obscure fortune dans les îles esclavagistes de l'Amérique, et c'était aussi le cas de la nouvelle belle-sœur de l'an IX. Les petites-filles de Marie Aymard avaient désormais un beau-frère issu d'une famille de maîtres de danse de Versailles, et une cousine germaine par alliance originaire de Venise (ou de Naples, ou de Nice). Leurs neveux et nièces se trouvaient à Bayonne et au Mans, et leurs petits-neveux finirent par se rendre à Beyrouth et à Carthage, à Tahiti, au Maroc et au Mexique. Tout cela fait partie de l'histoire de la famille au XIXe siècle, et de la longue Révolution française.

Chapitre 7
Vies modernes

Les petits-enfants des petits-enfants

Que s'est-il alors passé par la suite, et comment l'histoire finit-elle ? S'il s'agit même d'une histoire et que celle-ci a une fin. Jusqu'ici, l'histoire de la famille s'est déroulée dans les provinces françaises et a permis d'observer les réseaux d'information, d'amitié et de proximité dans lesquels ses membres ont vécu. Ces personnes, comme nombre de leurs voisins et de leurs amis, étaient informées avec plus ou moins d'exactitude de ce qui se passait outre-mer. Elles ont prospéré (et failli) dans l'administration, l'instruction et l'Église, c'est-à-dire dans des secteurs séculaires. La Révolution française et les mariages exogames et exogènes noués au cours des années révolutionnaires ont transformé leur existence.

La plupart des enfants et petits-enfants de Marie Aymard ont vécu au-delà de la période révolutionnaire et connu la modernité du XIXe siècle. Pour reprendre l'expression de Balzac, ils appartiennent, comme l'homme politique Brillat-Savarin, à la génération de « ces vieillards assis sur les deux siècles[1] ». Jean-Baptiste Ferrand est né à Angoulême en 1749 et mort à Paris en 1831 ; son fils, le plus jeune des petits-enfants de Marie Aymard, est mort en Normandie en 1873. Jeanne Allemand Lavigerie, la boutiquière qui figure dans la matrice foncière de 1799, est née en 1768 et morte en 1860. La dernière grande réunion des petits-enfants et de leurs familles respectives a eu lieu à Angoulême en 1855, à l'occasion de la signature d'un contrat de mariage entre la petite-fille du petit-fils de Marie Aymard, Louise Lavigerie, et un jeune homme de Paris, « vérificateur de comptabilité au chemin de fer » d'Orléans.

Seules les cinq filles célibataires d'Étienne Allemand et Françoise Ferrand, le couple du contrat de mariage de 1764, sont restées à Angoulême, et l'école pour filles dans laquelle elles enseignaient – une maison sur le Rempart du Midi, au bout de la rue de Beaulieu – se trouve au cœur des échanges familiaux au XIXe siècle. C'est sur leur foyer que la dernière partie de ce livre va se concentrer. Leur frère Martial, dont les fils sont devenus employés de l'administration douanière et fiscale, est revenu y vivre à la fin de sa vie, tout comme leur sœur et son mari, l'architecte itinérant et ancien cartographe ; le fils de Pierre Allemand Lavigerie, fondateur d'une nouvelle entreprise familiale dans le secteur bancaire, dans la Sarthe, s'est quant à lui installé au Rempart du Midi en 1848 ; leur petit-neveu Charles Martial, ordonné prêtre en 1849, y venait aussi fréquemment en visite. La sœur de Charles Martial, Louise, mariée au sein de l'école en 1855, finira par devenir, jusqu'à sa mort en 1906, la principale source d'information sur les relations familiales : la gardienne de la lignée, du patrimoine et de la mémoire.

Retracer l'histoire de la famille au cours du demi-siècle courant de 1764 à la fin de l'Empire napoléonien permet d'observer ce qui s'est véritablement passé durant la longue Révolution. Pendant ces années, les Allemand et les Ferrand ont évolué dans le temps (agité) de l'histoire politique. Dans la dernière partie du livre, ils entrent dans le temps de l'histoire économique – au fil de la lente et interminable transition vers la modernité.

Aucun membre de la famille élargie ne participe à l'économie moderne du XIXe siècle au sein des secteurs « de pointe » que sont alors le coton, le charbon, l'acier et les textiles[2]. Mais tous sont des figures économiques au sens plus moderne et plus universel où chacun a le « désir d'améliorer [sa] condition[3] ». L'histoire de leur vie économique constitue ainsi une histoire des révolutions économiques du XIXe siècle à l'échelle d'une famille inconnue. Là aussi, l'état civil, les archives notariales, les actes de succession et les registres fiscaux et fonciers sont les principaux documents disponibles, et ils mènent tour à tour aux secteurs non industriels de l'administration fiscale, de la banque et de l'Église, sources récurrentes d'opportunités pour les membres de la famille du XIXe siècle.

Les arbres généalogiques décoratifs que l'on offre en cadeau aujourd'hui, parfois peints en bleu ciel, s'ancrent dans le présent : ils partent du « je » et s'élèvent en rameaux de plus en plus minces de parents, grands-parents, arrière-grands-parents et arrière-arrière-grands-parents. En faisant preuve d'une patience infinie – selon le *mauvais infini* ou la *mauvaise infinité*, c'est-à-dire l'*inatteignable* défini par Hegel, puisque l'information se transforme continuellement au fil du temps – il serait possible d'inverser la perspective et de rechercher tous les descendants de Marie Aymard, même dans le présent (infinitésimal)[4]. Mais il s'agit d'une histoire centrée sur la famille, non d'une histoire de famille. La famille est envisagée ici comme un réseau parmi d'autres : un réseau d'information qui se déploie dans le temps, de la même manière que les liens avec les amis et les voisins constituent des réseaux d'information qui se déploient dans l'espace. L'histoire s'achèvera donc avec la génération des petits-enfants des petits-enfants, c'est-à-dire les arrière-arrière-petits-enfants – les enfants liés par les relations immédiates de la mémoire familiale à leurs grands-parents, eux-mêmes liés par les mêmes relations à Marie Aymard[5].

Si l'histoire de la « nuptialité » des petits-enfants de Marie Aymard est pour partie une histoire de l'information familiale et de son évolution au cours de la Révolution française, l'histoire des arrière-arrière-petits-enfants présente une trame différente et moins mouvementée. Elle est moins complète, en partie en raison de la mobilité incessante – dans l'espace, les classes et la situation sociales – qui caractérise les Allemand et les Ferrand pendant de très nombreuses années. Elle est aussi inégale, et constitue une histoire des inégalités, car les destins divergent au sein de la famille et présentent à la fois une mobilité sociale ascendante et une mobilité sociale descendante.

L'histoire des arrière-arrière-petits-enfants est en outre inégale en raison de la disparité des sources ou des traces documentant leurs existences respectives. Le XIXe siècle, marqué par l'essor de la presse écrite et l'impression des recueils de jurisprudence et des annuaires de commerce, offre de manière générale une documentation plus riche sur l'ensemble de la population. Une des filles de Martial figure en tant que professeur de musique à Bayonne dans un annuaire de 1832, et un des fils de Pierre en qualité de marchand de « sacs en tout genre » au Mans dans un annuaire de 1842 ; la pension du Rempart du Midi d'Angoulême se trouve quant à elle répertoriée dans l'*Annuaire du commerce* de 1857[6]. La petite-fille de Gabriel Ferrand a également été répertoriée comme marchande de vin à Paris[7]. Mais en ce qui concerne les filles et petites-filles de Françoise Ferrand Brébion, il n'existe rien de plus que des demandes d'aide et la longue et tragique litanie de l'état civil : naissance, mariage, enfantement, décès des enfants, décès.

L'inégalité en matière de sources et de traces est encore plus flagrante en ce qui concerne les petits-enfants issus du premier mariage de Martial avec la fille de l'apothicaire d'Angoulême. De fait, cette histoire vue d'en bas a amené à considérer à de nombreuses reprises la « partie la plus obscure » des événements lointains, et les vies qui étaient, selon Condorcet, « [les] plus négligée[s], et pour [lesquelles] les monuments nous offrent si peu de matériaux[8] ». Une figure de la famille du XIXe siècle a toutefois pour un temps attiré tous les regards, au niveau mondial. Le frère de Louise Lavigerie, Charles Martial, participait comme les autres à la vie ordinaire de la famille : en 1855, il a signé le contrat de mariage de sa sœur à Angoulême, avec les grands-tantes et les cousins ; il était aussi présent au mariage de sa petite-cousine en 1851 et il a encore assisté au mariage de sa cousine germaine en 1858. Mais il a fini par devenir l'une des personnalités les plus célèbres du XIXe siècle, et sa vie est très richement documentée. Il a lui-même été un auteur prolifique, et il a fait l'objet d'écrits, de photographies et de sculptures monumentales en marbre. Selon un de ses premiers biographes : « Il a déployé autour de lui la splendeur et la magnificence » ; il a connu une « popularité immense, universelle. Son nom [a été] glorifié dans toutes les langues ; son image [était] familière à tous »[9]. Le cardinal Charles Martial Allemand Lavigerie fait lui aussi partie de l'histoire de la famille – et il occupe de fait une place immense et disproportionnée.

Angoulême restaurée

Au XIXe siècle, l'histoire de la famille commence au beau milieu d'une entreprise de restauration, au sens matériel du terme. Le premier préfet du département de la Charente, nommé représentant des forces de l'ordre en 1800, logeait dans l'ancienne résidence épiscopale d'Angoulême jouxtant le bien national dans lequel Étienne Allemand et Françoise Ferrand vivaient depuis 1791[10]. L'ancien collège jésuite où Étienne avait enseigné pendant tant d'années, et dans les locaux duquel Jean-Baptiste Ferrand avait été logé en tant que réfugié de Saint-Domingue, avait été déplacé dans un autre bien national, à savoir l'abbaye située au bout de la rue de Beaulieu ; entre 1799 et 1803, le nouveau collège fut restauré, et dans les années 1840, il fut transformé en un imposant monument néoclassique dédié à l'instruction publique[11].

Le rétablissement de la monarchie, la Restauration, a vu à Angoulême comme ailleurs le triomphe de l'architecture municipale et diocésaine. Au printemps 1815, l'effacement de la mémoire historique par le conseil municipal était déjà bien engagé[12]. En août 1815, la fille de Louis XVI et Marie-Antoinette, connue alors sous le nom de duchesse d'Angoulême, fit une visite de quelques heures dans la ville : son passage fut célébré par une illumination générale, et une colonne ionique fut érigée au pied du Rempart du Midi[13]. Le concepteur de la colonne, Paul Abadie, était le fils d'un plâtrier de Bordeaux, et au cours des décennies suivantes, Abadie et son fils, également nommé Paul Abadie, ou « Paul Mallard surnommé Abadie », furent les architectes d'une reconstruction monumentale de la ville. Ensuite, jusque dans les années 1880, la vie des Abadie fut étroitement liée à celle des Allemand Lavigerie[14].

Au cours du demi-siècle qui débute avec la Restauration monarchique de Louis XVIII et Charles X (les frères cadets de Louis XVI) et se poursuit avec la monarchie de Juillet de Louis-Philippe (le jeune prince dénoncé par la belle-mère de Jeanne Lavigerie Topin pour avoir fredonné des cantiques en Belgique, devenu roi des Français en 1830) et le Second Empire de Napoléon III, les Abadie et leurs patrons entrepreneurs ont fait d'Angoulême une ville de façades claires, de bâtiments publics néoclassiques, et plus tard un haut lieu de l'historicisme néogothique. Pour un des biographes d'Abadie père, il s'agissait d'une « transformation presque totale », d'un « heureux caractère monumental »[15].

Angoulême est ainsi devenue une scène du nouvel ordre architectural. L'entreprise de construction a débuté sous le Premier Empire avec un ambitieux projet de dépôt de mendicité départemental conçu pour accueillir 900 hommes, femmes et enfants, à construire juste à côté de l'hôpital (sur un terrain dont une partie appartenait à la famille d'un signataire du contrat de mariage de 1764, Jean-Baptiste Marchais)[16]. Le premier projet d'envergure de Paul Abadie père, devenu architecte du département en 1818, fut la rénovation de la prison municipale, à l'époque un complexe composé de différents espaces pour les criminels, les personnes endettées, les femmes et les « condamnés[17] ». Un nouveau palais de justice édifié dans la coûteuse et lumineuse pierre locale domina bientôt la place du Mûrier[18]. Abadie conçut aussi en

1828 un austère palais néoclassique pour le préfet du département, pourvu d'un logement permettant d'accueillir ponctuellement les membres de la famille royale, à quelques pas de l'ancien palais épiscopal, le long des remparts[19]. Le dépôt de mendicité prévu devint temporairement le siège d'un nouveau collège royal de marine, lui aussi doté de locaux néoclassiques conçus par Abadie ; plus tard, le bâtiment abrita la gare ferroviaire de la Compagnie du chemin de fer de Paris à Orléans. (On rapporta à l'époque que le professeur d'hydrographie du collège avait acheté une copie du célèbre tableau de Géricault, *Le Radeau de la Méduse*, « afin de donner à ses élèves une idée de la mer » ; en 1826, soit dix ans après sa création, l'institution fut transférée sur un navire militaire au large de Brest[20].)

Les réformateurs de la fin de l'Ancien Régime et de la période révolutionnaire avaient déjà en horreur les rues étroites et les maisons collées les unes contre les autres dans le centre d'Angoulême. En 1774, les inspecteurs envoyés par le futur Charles X avaient trouvé les salles d'audience de la juridiction criminelle, en face de la maison d'enfance d'Étienne Allemand, « dans un état de délabrement absolu » ; sur le « Plan Directeur » de 1792, les rues qui devaient être « élargies » sont ombrées en rouge, et les parties « ombrées en jaune » devaient être réduites ou détruites[21]. On commença à paver les rues en 1806, à les éclairer en 1843, et à les approvisionner en eau[22]. Toutefois, comme le rappelait l'évêque d'Angoulême en 1852, la « percée de larges rues », le « pavé parfaitement uni », « la lumière, habilement distribuée par des canaux souterrains » et « l'eau du fleuve, forcée de s'élever jusqu'au sommet de la colline », n'étaient qu'une composante de la beaucoup plus vaste entreprise de reconstruction qui s'opérait alors[23].

En fait, la restauration architecturale consista surtout à remodeler les édifices religieux. En 1825, l'église paroissiale Saint-André, où les trois derniers enfants de Marie Aymard ont été baptisés, fut dotée d'une façade néoclassique conçue par Abadie père. La construction de la nouvelle église néoclassique Saint-Jacques-de-l'Houmeau, pourvue de quatre colonnes attiques et d'un toit en zinc, également conçue par Abadie, débuta en 1840[24]. L'église Saint-Martial, où Françoise Ferrand a été baptisée en 1740 et où le neveu de cette dernière a officié en tant que curé à l'époque révolutionnaire, fut démolie en 1851. Elle fut reconstruite sous la direction d'Abadie fils en pierre blanche éblouissante dans le style néoroman de l'époque[25]. L'église néogothique Saint-Ausone, également conçue par Abadie fils, fut érigée sur « trois mille mètres de vieilles pierres [de] deux anciennes églises », « noy[ées] dans un indestructible ciment[26] ». Comme l'évêque d'Angoulême le déplore dans une lettre adressée au futur empereur Louis-Napoléon en 1852, la façade de la cathédrale Saint-Pierre portait toujours « la trace des impiétés révolutionnaires », « offr[ant] encore [...] aux regards attristés des fidèles, la honteuse inscription : Temple de la Raison ». Lorsque la cathédrale restaurée par Abadie (dans le style gothique) fut inaugurée en 1869, les « profanations » étaient enfin « effacées »[27].

L'effacement de la mémoire

Pendant cette période de restauration, les figures de la longue Révolution française se sont pour la plupart coulées dans la routine de la vie bourgeoise. François Laplanche, le commis de l'affaire du bureau de la taille, avait survécu à la Révolution et trouvé la mort à Paris en 1802 ; sa fille, répertoriée dans la matrice foncière de 1791 en tant que propriétaire d'une maison située à proximité de l'église Saint-Martial, a épousé peu après un spécialiste de trigonométrie, « receveur des contributions directes », et s'est établie dans un village au nord de Paris, où elle vivait encore en 1851, en qualité de « pensionnée de l'État[28] ».

Robin l'Américain, revenu à Angoulême avec son épouse anglaise après avoir été emprisonné en Martinique pour le vol de quarante ou cinquante esclaves, s'était retiré à la campagne pendant la Révolution. Il avait acheté un bien national au centre d'Angoulême mais se décrivait en 1793 comme un « agriculteur[29] ». Sa femme et lui possédaient une propriété dans la forêt de Dirac, au sud d'Angoulême, où elle est morte en 1824, décrite comme une « native de Londres »[30]. Après cela, Abraham François ou François Abraham Robin est revenu s'installer à Angoulême dans l'ancienne rue de l'Évêché, désormais connue sous le nom de rue de la Préfecture. La famille de la veuve qui avait écrit la Déclaration des droits des femmes en 1790 vivait encore dans le voisinage[31]. Il est mort en 1833, identifié comme un « ancien receveur des contributions directes »[32].

Le révolutionnaire de la municipalité, Louis Félix, qui est né à Saint-Domingue en 1765 et vivait pendant la Révolution sur la place du Mûrier, est quant à lui revenu à son ancienne profession : en 1820, il est dit « marchand orfèvre » dans l'acte de mariage de son fils qui, lui aussi orfèvre, épousait la fille d'un autre orfèvre ; la famille vivait rue de la Cloche Verte[33]. Louis Félix signait alors encore fréquemment les actes de la vie familiale : il a signé l'acte de mariage de sa fille avec un imprimeur en 1821 ; ceux de ses nièces – petites-filles de signataires du contrat de mariage de 1764 – avec deux frères libraires de la place du Mûrier ; et celui de sa petite-fille avec un professeur de musique en 1841. Cette année-là, Louis Félix était à nouveau employé de la préfecture[34]. Son épouse et lui finirent par s'installer dans l'un des nouveaux faubourgs de la ville, où il est mort en 1851, réputé « rentier[35] ».

Lecler-Raby, l'inspecteur des prisons et des écoles suspectes, a lui aussi trouvé de l'agrément à la vie durant cette période de restauration. À la mort de sa femme en 1812, il est identifié comme propriétaire ; dans le premier cadastre de la ville d'Angoulême en 1827, ses fils et lui sont réputés nantis de huit propriétés distinctes dans les petites rues du centre-ville[36]. En 1846, il est présenté comme un « ancien négociant » vivant avec sa famille et deux domestiques dans une grande maison de la rue du Minage. Jean Lecler-Raby est mort à Angoulême en 1848, à quatre-vingt-deux ans, alors que le pays et l'Europe tout entière venaient de connaître un nouvel âge révolutionnaire. Il est alors identifié comme un « ancien négociant [et] ancien administrateur municipal[37] ».

Marguerite Aubert, la jeune fille qui incarnait la Raison sur l'autel de la cathédrale en 1793, est pour sa part devenue une figure respectable de la vie commerciale d'Angoulême. En 1807, elle a épousé un employé de la direction des impôts du département de la Charente ; à cette occasion, la mère du futur marié a refusé de donner son consentement à l'union au motif que son mari « ven[ait] de sortir de la maison[38] ». La marraine (et grand-mère) de Marguerite, signataire du contrat de mariage de 1764, vivait toujours à Angoulême à l'époque[39]. Sous la Restauration, Marguerite et son époux ont ouvert un commerce ; ils vivaient près de la place du Mûrier, dans la rue même où Étienne Allemand avait grandi un demi-siècle plus tôt. Au XIXe siècle, un chroniqueur désobligeant de la ville d'Angoulême, administrateur de la municipalité, rapporte qu'elle était drapière et qu'il ne subsistait plus rien de « l'admiration dont elle avait été jadis l'objet [en] raison de la beauté de son visage et de ses formes sculpturales[40] ». Marguerite est morte en 1842, à soixante-sept ans, dans une petite ville située au nord d'Angoulême où elle s'était installée chez sa fille et son gendre, notaire de la localité[41].

L'héritage de la Révolution

Marie Madeleine Virol et Léonard Robin, les deux figures d'Angoulême ayant pris part à la grande histoire de la Révolution, ne sont revenus chez eux qu'en esprit, ou dans l'imagination de leurs héritiers putatifs. À la mort de Léonard Robin en 1802, son père et deux de ses sœurs vivaient encore à Angoulême ; trois de ses frères lui survivaient aussi. Dans les jours qui suivirent son décès, son appartement parisien, rue des Grands Augustins, fut le théâtre d'une querelle inconvenante au sujet de l'inventaire de ses effets personnels. La veuve de Léonard était présente, ainsi que plusieurs notaires et deux des frères du défunt, qui s'identifièrent en incluant leurs sœurs restées à Angoulême ainsi que leur autre frère (un *payeur* ou trésorier de l'armée vivant à l'époque dans le département de l'Indre) comme les héritiers de Léonard. Mais un autre homme se présenta bientôt – résidant lui aussi dans l'Indre – qui prétendit être le « seul et unique héritier ». Cet homme s'appelait « Louis Léonard Robin », et il avait en sa possession un certificat de naissance daté de 1774 attestant qu'il était depuis lors, c'est-à-dire de nombreuses années avant le mariage de son père, reconnu comme le fils de Léonard Robin[42].

Les oncles de Louis Léonard s'opposèrent à ses prétentions et invoquèrent contre ce nouvel héritier et l'« espèce à laquelle [il] appart[enait] » les restrictions qui avaient été incluses dans le droit de la famille – la loi que Léonard avait contribué à faire promulguer, visant à protéger les « droits des enfants naturels[43] ». Les parties convinrent alors de faire dresser un inventaire ; l'opération se déroula sur seize jours. Les effets de Léonard étaient à l'image de l'époque révolutionnaire dans laquelle il avait vécu : il possédait cinq paires de pantalons noirs et un costume noir (qui d'après la veuve de Léonard devrait peut-être être retourné au Tribunal constitutionnel), deux petits bustes en bronze de Voltaire et Rousseau, cinquante-cinq volumes de l'*Encyclopédie méthodique*, une médaille en cuivre portant l'inscription « Droits de l'homme, Constitution », et « deux mauvais rideaux [...] en taffetas jaune ». Toutefois, ce fut l'inventaire des papiers de Léonard qui suscita le plus de controverse : à qui devait donc revenir les biens de feu son client ottoman Méhémet-Aly (ou Boullon-Morange) et le château de l'Yonne que Léonard avait acquis en tant que bien national[44] ? Un autre requérant nommé Amet-Mémis ou Canalès-Oglou, qui prétendait être le cousin germain de Boullon-Morange et le fils que le « pacha de Smyrne » avait eu avec une prisonnière catalane, se présenta à la propriété de l'Yonne quelques jours après le décès de Léonard : il s'opposa lui aussi aux prétentions de Louis Léonard Robin et de la veuve de Léonard (qu'il accusait de s'être fait passer pour une infirmière au chevet de son regretté cousin alors qu'il était mourant)[45].

Le litige impliquant les frères et sœurs de Léonard – et le vieux patriarche d'Angoulême – fit l'objet d'un procès retentissant autour des droits des enfants naturels. Le fils de Léonard reçut alors le soutien de sa belle-mère, la veuve de Léonard ; l'affaire a été décrite dans le recueil de jurisprudence de Sirey comme un « spectacle singulier » : « dans ce procès tout étrange, le *père* du défunt repousse l'enfant de son fils, tandis que l'épouse du défunt accueill[e] cet enfant et le protèg[e] de toutes ses forces. » Louis Léonard s'appuya sur son certificat de naissance pour faire valoir qu'il avait toujours été traité comme le fils de Léonard ; ses oncles répliquèrent que Léonard n'avait pas été marié à la mère de Louis Léonard, et que ce dernier n'avait jamais été traité – du moins par son grand-père – comme le fils de Léonard. Ils désavouèrent toute l'œuvre révolutionnaire de Léonard en invoquant la jurisprudence de 1566, 1579 et 1667 ; le père de Léonard, Abraham François Robin, auteur du recueil secret sur la crise financière de 1769, est mort à Angoulême en 1804, à quatre-vingt-huit ans, alors que l'affaire était encore en appel[46].

La cour d'appel finit par se prononcer en faveur de Louis Léonard, et ce dernier se retira alors avec sa belle-mère dans la propriété familiale de l'Yonne[47]. Mais la toute procédurière famille d'Angoulême ne désarma pas : à la mort de Louis Léonard en 1825, la propriété revint à ses oncles et à une tante encore en vie, qui la vendirent plus tard dans l'année. La veuve de Léonard resta dans la propriété pendant cinq années supplémentaires ; elle est morte à Paris en 1843. Marie Robin, la dernière de la fratrie de Léonard, devenue marraine du fils du propriétaire d'esclaves qui s'était enfui de Saint-Vincent de nombreuses années auparavant, est morte quant à elle à Angoulême en 1837, à quatre-vingt-huit ans[48].

Marie Madeleine Virol, héroïne de la contre-Révolution, n'avait pas de patrimoine. Mais ses vêtements ont fait l'objet d'une controverse au cours de l'été 1794. Le lendemain de son exécution sur la guillotine, un prisonnier d'un autre lieu de détention du Paris révolutionnaire (la prison Picpus, où le marquis de Sade était enfermé à l'époque), écrivit au procureur général pour affirmer qu'elle avait été sa servante et demander le droit d'inspecter ses effets : « Je viens d'apprendre par la voie du journal que la citoyenne Virolle vient de tomber sous le glaive de la loi. Elle a sans doute mérité son sort », écrit-il. « Depuis 5 mois j'ignore absolument quelle a pu être sa conduite depuis ce temps, mais la conformité de nom [et] de pays me fait croire malgré mon étonnement que c'est la même fille qui étoit à mon service[49]. »

« Cette fille logeoit chez moi où elle avait sa chambre qui doit être remplie de ses effets », ajoute-t-il, et ceux-ci « appartiennent aujourd'hui à la République » ; il exigeait d'être conduit chez lui afin de trier ses possessions. Deux semaines plus tard, il écrivit à nouveau en donnant des détails supplémentaires et décisifs : « La N^ée [nommée] Virolle a été punie de mort elle étoit en service chez moi. Ses hardes sont dans une chambre qui tient à mon appartement. Je demande à sortir 24 heures pour pouvoir les remettre à qui de droit, attendu qu'un fondé de procuration ne pourroit reconnoitre le linge de cette fille qui peut être mêlé avec le mien. Salut et fraternité[50]. »

Toutefois, Marie Madeleine a connu une sorte de vie après la mort dans les rapports patrimoniaux, autrement dit les espérances, d'Angoulême. La veuve de son oncle Noël Virol, qui avait sauté par la fenêtre de la prison des Carmes en juillet 1794, est morte à Paris en 1810, et sa succession a elle aussi fait l'objet d'une procédure judiciaire. À cette occasion, le frère cadet de Marie Madeleine, Hypolite, un tailleur demeurant dans une petite ville des Deux-Sèvres, a déclaré être « le seul et unique héritier » de la veuve de son oncle, qu'il identifie tantôt comme sa mère, tantôt comme sa sœur (sur l'acte notarié, « mère » est biffé et remplacé par « sœur »)[51].

Au moment de sa mort, la veuve de Noël Virol vivait dans une chambre de location sise dans la maison d'un tapissier établi rue Saint-Honoré, et ses possessions étaient modestes : elles comprenaient l'acte de décès de la mère de Marie Madeleine, et après remboursement de 903 francs de frais médicaux, leur valeur fut estimée à 189 francs[52]. Toutefois, une incertitude subsistait dans les registres paroissiaux d'Angoulême eu égard à ses liens de parenté. Sur l'acte de baptême d'Hypolite, daté de 1775, on trouve, « en vertu d'un jugement rendu le cinq avril mil huit cent onze par le tribunal de première instance du département de la Seine », une annotation valant « rectification » d'une faute d'orthographe à son nom (« Virole » pour « Virol ») ; les actes de baptême de Noël Virol (daté de 1736), de l'une de ses sœurs et de son demi-frère, le père de Marie Madeleine et Hypolite, ont eux aussi été corrigés[53].

La postérité de Gabriel

Les Allemand et les Ferrand ont fait partie de l'histoire angoumoisine du XIXe siècle jusqu'en 1841 dans la lignée masculine, et jusqu'à la fin du siècle dans la lignée des filles et petites-filles de Marie Aymard. Gabriel Ferrand, le seul des enfants de Marie Aymard à avoir passé toute sa vie au milieu des registres et des récépissés, par ailleurs devenu archiviste du département, est mort à Angoulême en 1816[54]. Il est la seule personne de la famille du XVIIIe siècle dont il existe, ou plutôt dont il a existé un portrait. Une note laconique dans les *Bulletins et mémoires de la Société archéologique et historique de la Charente* de 1910 indique que M. Biais, archiviste de la municipalité d'Angoulême au XIXe siècle, a « communiqu[é] une aquarelle représentant M. Ferrand, archiviste de la Charente, peinte d'après un portrait de M. Paillé[55] ». Mais l'aquarelle n'existe plus, pas plus que le portrait, et plus rien ne subsiste à Angoulême des tableaux de « M. Paillé[56] ».

Des six fils de Gabriel, au moins trois se sont mariés : Gabriel fils, aux Sables d'Olonne ; l'ancien prêtre Étienne ; et le malheureux capitaine invalide Pierre Alexandre, mort à Angoulême en 1841[57]. Néanmoins, sur ces trois, seul Gabriel a eu des enfants (du moins d'après ce que j'ai pu trouver pour l'instant). Son fils (Vincent) Gabriel est mort à vingt-huit ans, laissant un unique enfant, Pierre, qui a après cela vécu avec sa mère veuve à Paris, où celle-ci tenait un « cabinet de lecture » dans la rue du Cherche-Midi. Pierre Ferrand, qui était donc le petit-fils du petit-fils de Marie Aymard, est devenu commis voyageur et a épousé une lingère dont les parents étaient tous les deux vanniers[58]. (Le fils de Pierre, [Louis] Gabriel Ferrand, est quant à lui devenu « garçon de magasin » à Paris et a épousé une lingère[59]. Le dernier de la lignée des Gabriel Ferrand, le fils de Louis Gabriel, [Eugène] Gabriel Ferrand, a été tué à Verdun en 1916, lors de la bataille du Mort-Homme – *Toter Mann* en allemand[60].)

La fille de Gabriel Ferrand fils – c'est-à-dire la petite-fille de l'archiviste et arrière-petite-fille de Marie Aymard –, Stéphanie Ferrand, née au Sables d'Olonne en 1799, a pour sa part fait une brève apparition dans l'histoire littéraire du XIXe siècle. En 1820, elle a épousé un épicier du Loir-et-Cher[61]. Les deux époux sont eux aussi partis pour Paris, et en 1854, Stéphanie Ferrand se trouve répertoriée dans *l'Almanach-Bottin du commerce de Paris* en tant que « veuve Dinochau », propriétaire d'une échoppe délivrant du vin au détail située au n° 16 de la rue Bréda, dans l'actuel 9e arrondissement[62]. La rue Bréda se trouvait dans le quartier romantique et artistique de la ville – une « bréda », à l'époque, désignait une dame de petite vertu – et l'échoppe de Stéphanie Ferrand devint vite un lieu de rendez-vous pour les peintres, les photographes et les poètes lyriques[63]. Le mémorialiste Edmond de Goncourt se rappelle y avoir dîné en 1856 : « Un dîner à 35 sous, un dîner bourgeois dont le fond est la soupe et le bouilli ». De nombreuses années plus tard, il raconta qu'un peintre rococo qui œuvrait en tant que décorateur à proximité était entré pour boire de l'absinthe et, ayant humé l'arôme d'une soupe aux choux, avait demandé s'il pouvait rester pour le dîner : c'est ainsi qu'était né le célèbre cabaret littéraire de la rue Bréda[64].

Manet et Baudelaire comptaient parmi les clients de l'établissement, de même que Courbet et Alphonse Daudet, les photographes Nadar et Carjat, les journalistes du jeune et florissant *Le Figaro*, mais aussi Henri Murger, auteur des *Scènes de la vie de bohème*, et le jeune Léon Gambetta[65]. La « Grande Fête du réalisme » de 1859, dans le studio de Courbet, s'accompagna de festivités dans le cabaret de Stéphanie Ferrand[66]. On trouve même une entrée « Dinauchau » dans le dictionnaire Larousse de 1870 : « Établissement célèbre dans l'histoire littéraire de ce temps », fréquenté par des « gens de lettres, semi-bohèmes, semi-journalistes, millionnaires de l'esprit » ; « les dames sont admises »[67]. Stéphanie Ferrand tenait les comptes, cuisinait et faisait régner de temps à autre un ordre « austère ». Elle gérait la boutique avec ses deux fils, et Édouard Dinochau – petit-fils du petit-fils de Marie Aymard – est devenu connu en tant que « restaurateur des lettres[68] ». Stéphanie compte aussi parmi les rares membres de la famille élargie pour lesquels nous avons un semblant de description physique. D'après les frères Goncourt, elle avait « de gros yeux saillants comme des *tampons de locomotive*[69] ». Par ailleurs, « Édouard Dinochau […] semblait avoir hérité des yeux de sa mère : [c'était] un petit homme bedonnant, aux cheveux abondants et frisés, aux yeux en boules de loto » ; il existe une caricature de lui en chemise blanche et gilet noir ouvrant une bouteille de vin[70].

Stéphanie Ferrand est morte à Paris en août 1870, alors que les forces françaises battaient en retraite lors des premières batailles de la guerre franco-prussienne[71]. Édouard et son frère cadet Alfred Charles se sont alors retrouvés couverts de dettes, car la maison faisait depuis de nombreuses années crédit à ses impécunieux clients. En juin 1871, au lendemain de la défaite de la Commune de Paris, Édouard fut arrêté, « accusé d'avoir été utile aux insurgés qui défendaient la barricade de la place Pigalle ». Il fut relâché après avoir été interrogé : « on reconnut qu'il n'avait fait que verser du vin réquisitionné[72]. » En novembre 1871, le commerce des deux frères fit faillite[73]. Édouard Dinochau est mort célibataire le 9 décembre 1871, dans l'ancien hôpital dédié aux malades du choléra situé dans le 10e arrondissement, l'hôpital Lariboisière[74].

La « faillite Dinochau » a compté parmi les distractions littéraires de l'année 1872. Alfred Charles, qui résidait autrefois « rue Bréda 16 » était désormais « sans domicile connu[75] ». Il s'avéra que les deux frères ne possédaient plus que le produit des dettes que 282 de leurs clients avaient contractées auprès d'eux : en octobre 1872, la somme qui leur était due fut estimée à 107 548 francs. L'identité des clients, répertoriés par les juges chargés de la liquidation, fit bientôt l'objet d'un intérêt frénétique, et « les créances de Dinochau » furent mises aux enchères dans l'étude d'un notaire du boulevard de Sébastopol[76]. La presse parla à propos de la liste des débiteurs d'« une sorte de kaléidoscope » d'« artistes oubliés et [de] poètes célèbres », d'hommes d'affaires, de journalistes, d'employés et de « demoiselles du monde »[77]. La plupart vivaient dans le quartier de Pigalle : « Blanche », « Juliette » et « Mlle Henriette » ; un artiste du théâtre français de Saint-Pétersbourg et une blanchisseuse du 15e arrondissement se trouvaient aussi parmi eux[78]. L'ensemble des 282 dettes fut racheté pour la modeste somme de 4 350 francs par le propriétaire du *Figaro*, par « devoir envers ses amis » ; les comptes furent enfouis dans un « carton spécial » destiné à prendre la poussière devant servir de « tombe aux souvenirs »[79]. Alfred Charles Dinochau est mort célibataire en 1901, à l'hôpital public du Kremlin-Bicêtre[80].

La postérité de Jean-Baptiste

En 1805, Jean-Baptiste Ferrand, le plus jeune fils de Marie Aymard, et son épouse Élisabeth Boutoute, les réfugiés de Saint-Domingue, n'étaient plus à Angoulême. Ils étaient partis pour Paris et y ont vécu durant plus d'un quart de siècle ; Élisabeth y est morte en 1830, et Jean-Baptiste est décédé l'année suivante, à quatre-vingt-deux ans[81]. Les demandes d'aide de ce dernier révèlent une série d'épreuves : il était de fait contraint de passer d'un logement en location à un autre. En 1805, il vivait « dans l'indigence » rue de la Ferronnerie ; en 1822, il se trouvait rue du Faubourg-Saint-Martin, en 1824 rue du Temple, et en 1821 rue des Billettes, « mourant tous les jours de privations ». Comme il l'écrit en 1822, il se considérait lui-même comme créole. Mais le « Comité des Colons notables » qui supervisait la distribution des droits l'avait retiré de la liste des propriétaires éligibles à une indemnité car, disait-il, « la perte d'un magasin assez considérable, composé d'orfèvrerie, bijouterie et horlogerie, de quinze nègres, d'un fils mort pour le service de la colonie [et] quinze années de séjour au Cap-Français, [n'étaient plus] des titres valables pour obtenir ces secours » ; il n'était pas propriétaire de plantation, et il était incapable de « prouver la propriété d'un coin de terre »[82].

La fille qu'il a eue avec Élisabeth, Françoise Ferrand, née à Angoulême en 1777 et devenue maman d'une petite fille à New York, a vécu à Paris jusqu'à la fin de sa vie. Contrairement à son père, elle était reconnue en tant que réfugiée, et éligible aux secours car veuve d'un officier militaire. Néanmoins, elle aussi dut passer de location en location, en général dans les environs de la rue de Rochechouart, non loin du cabaret de sa cousine au deuxième degré sis dans la rue Bréda ; elle était passée maître dans l'art d'écrire des pétitions aux fonctionnaires chargés de répartir l'aide aux colons de Saint-Domingue. En 1848, elle se trouvait « dans une position déplorable » : elle vivait avec sa fille gravement malade, par ailleurs veuve elle-même, et subvenait aux besoins de ses deux petites-filles orphelines ; « sa vue [s'éteignait] de jour en jour par suite de trop d'application à un travail de broderie, sa seule ressource » ; en 1859, elle était « dans une détresse indicible »[83]. Au moment de sa mort en 1860, à quatre-vingt-deux ans, elle vivait rue Myrha dans ce qui était devenu le 18e arrondissement de Paris – scène, quelques années plus tard, de la tragédie du dénuement de Zola, *L'Assommoir*[84].

La dernière lettre du dossier regroupant les pétitions de Françoise est écrite par sa fille Clara Brébion Collet après la mort de sa mère. Clara, ayant perdu « la pension qu'elle [sa mère] avait », y demande de l'argent pour acheter des vêtements : « je ne sais comment me présenter pour avoir de l'ouvrage [car] sans vêtement je n'inspire pas de confiance[85]. » Après cela, pendant dix-neuf ans, Clara a eu un dossier à son nom rassemblant ses propres pétitions ; dans ce dossier, on indique qu'elle est née à New York en 1804 et qu'elle reçoit un « secours extraordinaire » du ministère de l'Intérieur « comme fille de colon ». Ses demandes, comme celles de sa mère et de son grand-père, font la chronique d'une détresse grandissante. Elle se trouve « dans la plus grande misère [et] sans vêtements », incapable de travailler à cause de sa vue défaillante et tourmentée par son propriétaire ; l'hiver de l'année 1875 a été, dit-elle, « bien dur » : « je ne puis vous dire tout ce que j'ai souffert. » Sur une des lettres, un fonctionnaire du ministère a noté au crayon : « dans la plus grande détresse[86] ».

Clara Brébion Collet est morte en 1889, à quatre-vingt-cinq ans, alors qu'elle vivait toujours dans le 18e arrondissement[87]. Ses filles appartiennent à la génération des petits-enfants des petits-enfants de Marie Aymard : elles étaient les cousines au troisième degré de Louise Lavigerie Kiener et du cardinal Lavigerie. Rosalie Collet était couturière, comme sa mère et sa grand-mère ; elle a épousé un voisin du 18e arrondissement, un ouvrier qualifié dans l'industrie du bâtiment[88]. Elle a eu dix enfants dont neuf sont morts en bas âge ou pendant l'enfance ; elle est morte en 1890[89]. L'unique fils qui lui a survécu était lithographe ; il a épousé une blanchisseuse et vivait à proximité de chez elle, rue de la Goutte-d'Or, là même où l'antihéroïne de Zola, Nana, grandit dans la blanchisserie de sa mère dans *L'Assommoir*[90]. La sœur de Rosalie, Louise Collet, a, comme son arrière-arrière-grand-mère Marie Aymard, épousé un menuisier ; à sa mort en 1899, à l'hôpital pour femmes Broca, elle est décrite comme « marchande ambulante[91] ».

Une lignée de filles et de sœurs

Sur les dix enfants de Françoise Ferrand ayant survécu, seules les cinq filles célibataires sont devenues propriétaires dans l'Angoulême de la Restauration. Le premier cadastre de la ville, réalisé en 1827, indique que les « sœurs Lavigerie maîtresses de pension » sont propriétaires d'une grande maison sur le Rempart du Midi. En quittant la place du Mûrier par la rue de Beaulieu – en passant devant la maison de feu l'imprimeur Abraham François Robin sur la droite, et devant l'imprimerie (imaginaire) des *Illusions perdues* sur la gauche – et en continuant jusqu'au bout de la rue, la maison des sœurs Lavigerie était la deuxième sur la gauche sur le Rempart du Midi, baignée de lumière le soir, et orientée au sud, au-delà des remparts, vers Bordeaux et la mer[92].

Il s'agit donc d'une histoire matrilinéaire : jusqu'ici, c'est la fille de Marie Aymard, Françoise Ferrand (Allemand Lavigerie), qui occupe la place centrale ; la fille de Françoise, Jeanne Lavigerie (épouse de Silvestre Topin), puis sa petite-fille, Françoise Topin (Lavigerie), sont les matriarches de l'histoire du XIXe siècle. Mais cette histoire relève aussi, plus que d'une lignée de mères, d'une lignée de sœurs, car les « sœurs Lavigerie », restées célibataires et sans descendance, ont constitué le centre de la famille élargie, éparpillée dans différentes régions de la France, et périodiquement regroupé autour d'elles, tel un champ gravitationnel, les différentes générations de Lavigerie. Dans le contrat de mariage établi en 1790, la fortune de Martial Allemand Lavigerie était fondée sur le capital, c'est-à-dire les économies, de ses deux cousines, les lingères Jeanne et Marguerite Faure. Des années 1810 aux années 1860, les économies des cinq sœurs célibataires ont à leur tour servi de soubassement à l'histoire financière d'une lignée entière de nièces, de tantes et de sœurs, comme on le voit dans les contrats de mariage ultérieurs et les très compliqués testaments successifs.

De fait, si le contrat de mariage de 1764 a constitué le point de départ de cette histoire, les sœurs du Rempart du Midi ont quant à elles présidé à quatre autres contrats de mariage : ceux de leurs nièces et petites-nièces, signés à Angoulême en 1836, 1851, 1855 et 1858. Les petits-fils de Françoise Ferrand ont pour un temps trouvé des emplois dans deux des plus importants secteurs économiques du milieu du XIXe siècle, à savoir l'administration des recettes publiques et la banque, et ses arrière-petits-fils dans l'armée et l'Église. L'une de ses arrière-petites-filles a occasionnellement séjourné en Algérie, et une autre, en plus d'être propriétaire d'une autre maison sur le Rempart du Midi d'Angoulême, détenait en 1902 des obligations brésiliennes, chinoises, grecques et ottomanes. Du point de vue de cette unique et vaste famille matrilinéaire, l'histoire de la vie économique au XIXe siècle est donc une histoire d'échanges privés (au sein du foyer ou de la famille) et d'économie mixte publique-privée : celle des services publics, de l'armée, de la banque et de l'Église.

La pension du Rempart du Midi

Françoise Ferrand est morte à Angoulême en 1805. En mars 1811, son veuf Étienne Allemand Lavigerie, qui vivait avec ses filles dans la maison qu'il avait acquise en tant que bien national, en vint à conclure un accord empreint de mélancolie avec ses dix enfants encore vivants. Il avait alors soixante et onze ans et il s'identifia comme un « ancien professeur de latinité ». Selon les termes de l'accord, il était « d'un âge avancé » et voulait « vivre tranquille » ; ses enfants, pour leur part, étaient désireux de « lui procurer une subsistance honnête ». À la mort de Françoise – survenue « depuis la promulgation du Code Napoléon » réglementant les droits successoraux des enfants – il n'y avait eu ni « inventaire, [ni] règlement ni partage ». Le temps était maintenant venu, avaient décidé les enfants, de régler la succession dont les contours avaient été esquissés plus d'un demi-siècle plus tôt, dans le contrat de mariage de 1764[93].

La maison sise dans l'ancienne propriété ecclésiastique – en face du jardin du préfet du département – fut estimée à 6 000 francs. Les meubles et effets de Françoise et Étienne valaient quant à eux 1 139 francs, les biens les plus précieux consistant en huit lits et trente-deux draps. Il y avait aussi « un cabinet fort ancien » et, comme dans l'inventaire des biens de Marie Aymard en 1764, une douzaine de cuillers en étain et « une douzaine de mauvaises chaises », le tout estimé à 5 francs. On entrevoit fugitivement dans cet inventaire les couleurs de la vie familiale : trois des lits étaient garnis de rubans verts, et l'un d'eux avait également un ruban jaune ; il y avait aussi un couvre-lit en cotonnade indienne[94].

Étienne Allemand Lavigerie a signé l'accord avec cinq de ses filles : Jeanne *ainée*, Jeanne Julie, Jeanne Henriette, Françoise et Louise Mélanie. Les cinq autres enfants encore en vie – Martial, Pierre, Joséphine et Étienne à Bayonne, et Jeanne (Topin) qui se trouvait à l'époque près de la frontière belge à Bar-le-Duc – ont envoyé des procurations ; ils étaient représentés par deux négociants locaux[95]. Selon le contrat, Étienne donne de manière irrévocable la moitié de la maison et tous les meubles à ses cinq filles célibataires, et les cinq autres enfants absents cèdent également leurs droits à leurs sœurs ; ces dernières, quant à elles, les prémunissent contre toute dette à venir en lien avec la succession de leurs parents, et s'engagent à ne faire aucune demande « contre lesdits cédants, sous quelque prétexte [...] que ce soit ». Par ailleurs, les sœurs promettent de fournir à leur père un toit, des vêtements, des chaussures, le chauffage, l'éclairage, le couvert et des soins, « tant en santé qu'en maladie », ou, s'il préfère, une pension de 700 francs par an. « D'après cela », selon les derniers mots du contrat, « elles se trouvent seules propriétaires de ladite maison et desdits meubles et effets » et pourront en user et en disposer comme elles le souhaitent, « dès aujourd'hui »[96].

Quelques jours plus tard, les sœurs ont conclu ce qui a de loin constitué la transaction la plus importante de l'histoire de la famille en matière de capital. En 1799, Jeanne *ainée* figurait dans le registre fiscal d'Angoulême en tant que « marchande » nantie d'une boutique[97]. En 1811, ses sœurs et elle sont présentées comme des institutrices, et le 26 mars 1811, elles achètent la maison dans laquelle elles vont fonder la pension du Rempart du Midi. Il s'agissait en réalité d'une vaste propriété : d'après la matrice foncière, elle s'étendait sur plus de 1 000 mètres carrés[98]. Le vendeur était un propriétaire de la localité (et fut plus tard, entre 1813 et 1816, puis de nouveau entre 1830 et 1833, maire d'Angoulême) ; il avait pour sa part acquis la maison grâce à un échange avec un ancien émigré (qui devint par la suite, sous le règne de Charles X, député de la Charente). Le contrat de vente a été signé « au domicile des acquéreuses », les sœurs Lavigerie. Celles-ci acceptaient de payer la somme de 20 000 francs en six versements, et de régler des intérêts de 5 % par an sur le solde ; l'ensemble des versements, capital et intérêts, devait être fait en « or ou en argent[99] ».

C'est cette propriété sur les remparts qui est devenue le centre de la vie de la famille élargie. Deux jours après la vente, Jeanne *ainée*, représentante des cinq sœurs, a été enregistrée comme titulaire d'une hypothèque d'une valeur de 22 000 francs sur la nouvelle maison[100]. L'autre maison en leur possession, c'est-à-dire la propriété qu'elles avaient reçue de leur père, fut quant à elle hypothéquée au profit du vendeur de la maison des remparts, et en 1817, elles contractèrent une hypothèque supplémentaire de 3 450 francs[101]. Il s'agissait de sommes très importantes – les hypothèques contractées par leurs parents dans les années 1790 s'élevaient à 952 francs et 660 francs ; de fait, les sœurs étaient devenues de riches propriétaires[102].

L'agitation qui régnait à Angoulême après la Révolution ne permet malheureusement pas de savoir d'où provenait le capital des cinq sœurs. Mais celles-ci ont à l'évidence été industrieuses en gérant la boutique de Jeanne *ainée* et par la suite leur école, et elles se sont montrées entreprenantes pour investir dans le patrimoine immobilier de la ville : elles étaient pleinement « économiques ». Elles ont prospéré grâce à l'économie « souterraine » du crédit notarial (le *dark matter credit*) en profitant des multiples nouvelles opportunités découlant de la libéralisation des marchés financiers à l'époque révolutionnaire[103]. Elles ont aussi perpétué jusqu'à leur mort la tradition familiale initiée par le contrat de mariage de Martial en 1790, consistant à s'appuyer sur le capital des tantes, des nièces et des cousines. De manière assez étonnante, elles ont limité leurs successions à leur parenté féminine. Jeanne Julie a été la première des cinq sœurs à mourir, en 1838, à soixante-sept ans, et elle a légué ses biens à trois de ses nièces. À ce moment-là, la maison du Rempart comprenait quinze parts, toutes détenues par les petites-filles et arrière-petites-filles de Marie Aymard[104]. Jeanne *ainée* elle-même est morte en 1860, à quatre-vingt-douze ans ; elle a fait de sa nièce Françoise Méloé Topin sa légataire universelle, et précisé que tout devait revenir ensuite à sa petite-nièce, la fille de Françoise Méloé[105].

La maison des remparts est vite devenue un centre d'attraction au sein de la famille, et ce, de manière très concrète. Dans le cadastre napoléonien, la propriété des sœurs portait le numéro 1 314, et en 1827, le voisin de gauche était un abbé, et le voisin de droite, à l'angle de la rue de Beaulieu, un boulanger[106]. Quelques années plus tard, leur sœur Jeanne s'installa dans la maison du boulanger avec son mari, l'architecte et cartographe militaire Laurent Silvestre Topin[107]. En 1844, Camille Allemand Lavigerie, le fils de leur frère Pierre établi dans la Sarthe, acheta la maison de l'abbé, la propriété n° 1 315[108]. Quelques années encore après cela, un autre neveu vint s'établir sur le Rempart du Midi : le veuf de leur nièce, fille de Martial, qui acheta la propriété n° 1 347, à quatre maisons de celle des sœurs ; il y vécut avec ses enfants et ses petits-enfants[109]. En outre, la pension elle-même était un succès ; en 1849, la municipalité répertorie « les Dames Lavigerie » comme propriétaires d'une école dispensant l'instruction secondaire à 36 filles logées sur place[110].

Mais la pension exerçait aussi une attraction sur le plan sentimental. Martial, qui s'était installé à Bayonne, est revenu à la pension du Rempart du Midi pour ses vieux jours. Sa femme Bonnite est morte à Bayonne en 1813, et les filles du couple encore en vie sont elles aussi venues vivre avec leurs tantes à Angoulême ; la benjamine, née à Bayonne, habitait dans la maison des remparts quand elle s'est mariée en 1836. La petite-fille de Martial a par la suite enseigné dans la pension. La petite-fille de Jeanne Lavigerie Topin a elle aussi vécu dans la pension ; la petite-fille de Pierre Allemand Lavigerie s'est mariée au Rempart du Midi[111]. Laurent Silvestre Topin, après tous ses voyages, est mort en 1860 dans la maison de la rue de Beaulieu[112].

Les cinq sœurs propriétaires de la pension, nées à Angoulême entre 1768 et 1783, étaient des figures de l'Ancien Régime. L'aînée, Jeanne, « Lavigerie *ainée* », avait vingt-deux ans lorsque sa grand-mère Marie Aymard est morte en 1790. L'histoire de la mémoire intime est évanescente, et il est impossible de savoir ce qu'elle se rappelait des inquiétudes de sa grand-mère ou des événements de la Révolution française tels qu'ils s'étaient déroulés sous ses fenêtres sur la place du Mûrier. Nous ne pouvons pas savoir non plus ce que ses sœurs et elle ont dit à leurs nièces et petites-nièces, ou à leur petit-neveu, le futur cardinal, sur la vie de leurs grands-parents et les débuts de la famille. Mais les occasions pour réunir la famille dans la pension des Remparts et raconter des histoires ne manquaient pas. Les contrats que Jeanne *ainée* a signés à Angoulême en 1836, 1851, 1855 et 1858 pour les mariages de sa nièce et de trois petites-nièces ont tous été, comme celui de 1764, des occasions de rassemblement donnant lieu à des échanges d'informations ; ils s'inscrivent dans l'histoire de la mémoire privée et publique.

Le mariage consanguin aux portes de la prison

L'histoire familiale des Allemand, ou des Allemand Lavigerie comme ils se faisaient appeler dans les années 1830, est une histoire complexe de liens entre générations, incluant le type de relations – entre des sœurs célibataires et leur cousin au deuxième degré, ou entre les sœurs de la pension et leurs nièces et petites-nièces – qui sont pour ainsi dire invisibles dans les histoires de l'ascendance, de la généalogie ou de la descendance, patrilinéaire comme matrilinéaire.

Elle est encore compliquée par la tendance très prononcée qu'avaient les membres de la famille à donner le même prénom à tant et tant de leurs filles : Françoise Ferrand a eu cinq filles baptisées « Jeanne », et trois des filles de Martial ainsi que la fille de sa sœur Jeanne (Mariette) ont reçu (ou finalement choisi de porter) le prénom « Françoise »[113].

Au milieu de toutes ces complexités, un mariage s'avéra néanmoins constituer un moment fondateur dans l'histoire de la famille du XIXe siècle. Celui-ci implique deux des petits-enfants de Françoise Ferrand, et il a eu lieu – même si rien ne devrait surprendre dans les trajectoires postrévolutionnaires des Allemand et des Ferrand – près d'une prison de haute sécurité, dans un village désolé de l'Aube, à six cents kilomètres au nord-est d'Angoulême.

Le Premier Empire a été une période de turbulences pour Jeanne (Mariette) Allemand Lavigerie (Topin) et son mari Laurent Silvestre Topin. Celui-ci, ancien élève de David, perdit son poste de professeur de dessin à Angoulême après les réformes éducatives de 1802-1804. Après cela, il fut employé pour un temps par le département de la Charente ; à l'occasion du sacre impérial de Napoléon, célébré à Paris en décembre 1804 et à Angoulême en février 1805, il fut chargé « de dirig[er] les décorations placées dans la salle des exercices des écoles secondaires pour la célébration de cette fête[114] ». Mais il ne put trouver de poste stable – tout comme son successeur Paul Abadie – qu'avec la mise en œuvre de la restauration visant à déployer un nouvel ordre architectural.

En 1810, au moment où ils ont signé la procuration qui a en définitive permis aux sœurs de Jeanne d'acheter la maison du Rempart du Midi en mars 1811, Jeanne et Silvestre étaient réputés vivre à Bar-sur-Ornain, c'est-à-dire, selon l'appellation antérieure et ultérieure de la commune, Bar-le-Duc, dans le département de la Meuse. (Compte tenu des restrictions s'appliquant aux droits des femmes mariées dans le Code napoléonien, les signatures de l'époux de Jeanne et de celui de sa sœur Joséphine établie à Bayonne étaient indispensables pour autoriser la transaction.) Sur la procuration, Silvestre est dit « architecte du département de la Meuse et du dépôt de mendicité du même département[115] ». Dans un décret portant « sur l'extirpation de la mendicité » émis en 1808, l'Empereur avait stipulé que « la mendicité sera[it] défendue dans tout le territoire de l'Empire », et que des dispositions seraient prises dans un délai d'un mois – comme ce fut le cas à Angoulême – pour édifier des lieux de réclusion dans chaque département de France[116]. La frénésie de construction qui en avait découlé avait permis à Silvestre de commencer une nouvelle vie professionnelle dans la Meuse.

En 1817, Silvestre occupait un poste stable dans le département voisin de l'Aube. Il était devenu l'architecte de l'une des plus célèbres prisons de France : l'en-tête de son courrier indiquait qu'il était « Architecte du Gouvernement, Directeur des travaux des Établissements publics de Clairvaux ». La maison centrale de Clairvaux était une prison de haute sécurité située dans le village de Ville-sous-la-Ferté, au milieu des forêts de l'est de la France. Elle avait été érigée sur le site d'une abbaye cistercienne et fut progressivement reconstruite à partir de 1808 dans le style néoclassique de l'époque. Silvestre et Jeanne vécurent dans la prison de 1817 à 1832, date à laquelle Silvestre fut remplacé par son fils Charles, alors âgé de vingt-cinq ans et lui aussi architecte (dix ans plus tôt, il se trouvait sur les bancs de l'éphémère collège royal de marine d'Angoulême en tant qu'étudiant)[117]. On trouve des centaines de plans réalisés par Silvestre dans les archives de la prison, des dessins d'enceintes et de portails, de clairières verdoyantes, d'ateliers et de nouvelles cellules pour les prisonnières. Il a signé les contrats et pensé chaque détail : comment assurer une meilleure ventilation de l'hôpital, comment construire dans la prison un quartier pour les sujets « turbulents », comment assurer l'hygiène des nouveaux « entrants »[118].

Silvestre et Jeanne ont passé quinze ans à Clairvaux, et la vie à la prison a offert à Silvestre quelques moments exaltants. En 1820, alors que Silvestre et d'autres officiers de la prison supervisaient la construction d'un nouvel atelier (où les prisonniers devaient fabriquer des chapeaux de paille italiens), ils découvrirent la tombe d'un archevêque du XIIe siècle, ornée d'une croix dorée, ainsi qu'une broche en or et un anneau pastoral (appartenant visiblement à « une personne qui avait de très gros doigts »)[119]. Mais dans l'ensemble, Clairvaux fut surtout un théâtre d'horreurs. L'état civil de Ville-sous-la-Ferté présente une succession de décès survenus entre les murs de la prison : 143 prisonniers pour la seule année 1830 – le défunt le plus âgé était une femme de Dijon de quatre-vingts ans, et le plus jeune un garçon des Vosges de dix-huit ans ; le directeur de la prison a signé le registre pour chaque décès[120]. Silvestre fut même témoin du drame qui inspira à Victor Hugo le court roman intitulé *Claude Gueux*, sur les conditions de détention[121]. Le véritable Claude Gueux fut admis à la maison de Clairvaux en 1830 et y assassina un gardien en 1831. D'après le directeur, en avril 1830, les cellules étaient en mauvais état mais les journaux exagéraient beaucoup, et il ajoutait : « j'appuierais de toutes mes forces le projet [de rénovation des cellules] qui a été présenté par M. Silvestre[122]. »

C'est dans ce décor désolé que le mariage des petits-enfants de Françoise Ferrand a donc été célébré en octobre 1830. La mariée était la fille de Jeanne Allemand Lavigerie Topin et Laurent Silvestre Topin, Françoise Méloé, réputée vivre à Angoulême. Le marié était Camille Alexandre Allemand Lavigerie, commis négociant vivant à Lille, fils de Pierre Allemand Lavigerie et Adélaïde Charlotte Maslin. C'était un mariage de « consanguinité du 4e degré » entre cousins germains. Les parents des mariés étaient tous les quatre présents ; les quatre témoins étaient le directeur de la prison, l'inspecteur de la prison, le greffier de la prison et l'entrepreneur en bâtiment choisi pour la reconstruction néoclassique[123].

Cette union consanguine nouée à l'automne 1830 à l'ombre de la prison fut un moment fondateur pour la fortune des Allemand Lavigerie du XIXe siècle. La fille du jeune couple, Marie Louise Allemand Lavigerie, devint par la suite l'héritière de ses cinq grands-tantes de la pension du Rempart du Midi. Elle se maria à Angoulême en 1851, et son contrat de mariage, signé sur le Rempart du Midi, fut à l'origine de la funeste entreprise connue sous le nom de « Banque Portet-Lavigerie » ; sa propre fille épousa quant à elle un homme issu de l'élite politique du Second Empire de Napoléon III, appartenant plus précisément à la famille de Georges-Eugène, baron Haussmann.

Chapitre 8

Histoires de la vie économique

Temps économique et histoire économique

Les Allemand Lavigerie sont des héroïnes et des héros improbables dans l'histoire de la transformation économique. Dans les années 1790, leurs vies sont à première vue trop calmes, ou trop obscures pour qu'ils émergent dans l'histoire politique de la Révolution française. Au XIXe siècle, elles sont au contraire presque trop riches en événements, voire trop picaresques pour qu'ils comptent dans l'histoire économique. Il y a tellement d'informations sur leurs mariages et leurs destinées divergentes qu'il est difficile de les envisager comme les figures d'un grand récit historique. En histoire, en général, le temps politique varie d'un instant à l'autre ; le temps économique, lui, avance, imperturbable, sur le long terme du développement économique et le moyen terme des cycles industriels (et agricoles)[1].

Les vies économiques des Allemand Lavigerie sont en fait elles-mêmes une anomalie dans l'histoire bien ordonnée du passage à la modernité. Les membres de la famille (du moins certains d'entre eux) ont prospéré. Mais leur progression n'était pas vraiment liée à l'industrie moderne, ou même aux activités « de caractère économique » telles que définies de manière stricte par les spécialistes de l'histoire économique au XXe siècle. Dans son ouvrage sur l'emploi et l'évolution sociale élaboré à partir des données du recensement de 1866, le sociologue et historien François Simiand indique que les personnes qui travaillent dans « [l'armée], [les] services publics administratifs, [les] professions libérales [et les] services domestiques à la personne […] n'entrent évidemment pas dans le personnel que nous voulons [considérer] », car ces personnes se trouvent en dehors de la « population active de caractère économique[2] ». Or, c'est justement dans ces secteurs supposément non économiques – dans lesquels quelque trois millions de personnes sur une population active totale de quinze millions d'individus travaillaient au milieu du XIXe siècle – que les Allemand Lavigerie ont entrepris d'améliorer leur sort[3].

L'histoire de l'évolution économique est nécessairement téléologique. On suit les transformations au fil du temps selon l'optique du point d'arrivée. L'expansion économique du long XIXe siècle, avec les améliorations spectaculaires (quoique inégales) qu'elle a entraînées en matière de conditions et d'espérance de vie, constitue de fait un récit passionnant. Mais ce récit a souvent été écrit du point de vue des secteurs de pointe, c'est-à-dire de l'activité économique productive telle que définie par Simiand. Or, l'activité de ces secteurs économiques a été mesurée par les contemporains, voire par les acteurs de ces secteurs eux-mêmes (on le voit notamment dans les « registres [publics des manufactures] dont on publie quelquefois les relevés avec tant d'étalage », pour reprendre Adam Smith, qui en outre ne tiennent très souvent pas compte de l'activité « des femmes »[4]).

Les Allemand Lavigerie, eux, ont dû effectuer des choix économiques dans des secteurs qui n'étaient que grossièrement pris en compte dans les registres de l'époque, et qui ont très peu compté dans l'histoire de la mutation économique. Ils épargnaient, recherchaient des postes, payaient des intérêts et essayaient de tirer profit des réglementations publiques. Ils imaginaient l'avenir en fonction de leur situation économique, comme Étienne qui s'est engagé en 1791 à payer sa maison en douze versements sur douze ans, ou ses cinq filles avec leurs multiples hypothèques. Cela correspond au temps microéconomique des individus en tant qu'individus-sujets maximisateurs. L'histoire de leurs vies économiques mène à des territoires méconnus de l'économie du XIXe siècle ; elle soulève des questions inhabituelles sur l'histoire économique de l'époque contemporaine.

L'idée, pour réaliser cette enquête micro-méso-macro, était de commencer par s'intéresser aux traces les plus indéniables et les plus accessibles de la vie des individus, et de les suivre où qu'elles conduisent, en nous interrogeant sur les différentes échelles de résolution, et de même, sur les différentes cadences de changement au fil du temps[5]. Pour les Allemand Lavigerie – la famille de Marie Aymard via la filiation matrilinéaire, celle du couple du contrat de mariage de 1764 – l'enquête a mené à trois secteurs de la vie économique correspondant aux branches de la famille élargie : l'administration des recettes gouvernementales et l'armée, dans lesquelles les enfants de Martial Allemand Lavigerie ont trouvé des postes plus ou moins pérennes ; la banque et le crédit, dont les Allemand Lavigerie et les Ferrand du XVIIIe siècle étaient très éloignés, et dans lesquels les enfants de Pierre Allemand Lavigerie, ancien trésorier, ont cherché à faire fortune ; et enfin l'Église, vaste secteur économique dans lequel Charles Martial Allemand Lavigerie, petit-fils de Martial, s'est distingué plus que tous les autres enfants, petits-enfants et arrière-petits-enfants.

La maison du Rempart du Midi a été le point fixe de toutes ces activités jusqu'aux années 1860. Les cinq sœurs célibataires restées à Angoulême étaient à leur manière des femmes entreprenantes. Elles enseignaient, comme leur père, leur oncle, et leur beau-frère installé à Bayonne, et elles étaient propriétaires de biens immobiliers ; comme leur beau-frère architecte (et leur grand-père longtemps auparavant), elles baignaient dans l'univers des transactions du secteur de la construction. Leur capital, ou leurs économies, a été d'une importance décisive pour établir les contrats de mariage par lesquels les Allemand Lavigerie sont entrés dans la bourgeoisie d'Angoulême ; elles ont présidé aux mariages et aux héritages de leurs nièces et petites-nièces.

Le changement survenu dans ces secteurs économiques est de fait très difficile à mesurer, en particulier en se fondant sur les statistiques nationales de l'emploi et de la production. Mais il n'en demeure pas moins qu'ils employaient des millions de personnes, qu'il y avait là des histoires de réussite aussi bien que d'échec, et qu'ils avaient par conséquent des répercussions au niveau national. Enquêter sur l'histoire de la vie économique conduit donc dans le cas des Allemand Lavigerie aux secteurs prétendument non économiques du XIXe siècle, mais aussi à des événements économiques qui outrepassent les limites entre public et privé, foyer et entreprise, capital et revenu. Il s'agit en somme d'une histoire qui vient compléter l'histoire économique traditionnelle : elle utilise les mêmes types de sources – les hypothèques et les registres de l'emploi, les actes de naissance, de mariage et de décès (qui indiquent aussi les professions), les inventaires et les notes de crédit, les archives judiciaires – pour poser une série de questions d'ordre divers, dans des idiomes ou selon des méthodes historiques multiples. C'est aussi l'histoire de ce qui s'est réellement passé.

Histoires de la vie économique : L'administration

En entrant au bureau de collecte des impôts au cours des premiers mois de la Révolution française, Martial Allemand Lavigerie, né en 1767, a été le premier membre de la famille à devenir fonctionnaire[6]. En 1803, Bonnite (son épouse de Saint-Domingue) et lui se trouvent à Bayonne, et il est de nouveau agent public : il est « receveur de la loterie nationale » sur l'acte de naissance de sa fille Adélaïde, puis « receveur de la loterie impériale » en 1806, et toujours attaché à la loterie dans les documents successifs jusqu'en 1826[7]. Par la suite, il devient « secrétaire de l'intendance sanitaire » dans la ville portuaire de Bayonne frappée de terribles épidémies arrivant par la mer. Il est encore identifié comme « secrétaire de l'intendance sanitaire » lorsque sa fille Élisabeth décède à Bayonne en 1838, et de nouveau, alors qu'il a lui-même soixante-dix-neuf ans, lorsque son beau-frère meurt en 1847[8].

Les connaissances de Martial œuvraient elles aussi dans le milieu de l'administration publique et des institutions impériales. Les témoins présents lors des événements de la vie familiale – les naissances des enfants de Martial et Bonnite, le mariage de Joséphine en 1807 – étaient des fonctionnaires et des marchands résidant comme eux dans la vieille ville de Bayonne : « contrôleur principal des droits réunis », « officier de l'administration de la marine impériale », « payeur de la marine impériale ». Parmi eux se trouvait Pierre Allemand Lavigerie, le frère cadet de Martial (et père de Camille Alexandre, l'époux du mariage consanguin). Lui aussi s'était installé à Bayonne et travaillait dans le secteur public, en pleine croissance sous le Premier Empire ; il est décrit comme un employé du trésor en 1809, secrétaire au bureau du trésorier-payeur général de la guerre en 1810, puis conseiller au bureau du trésorier-payeur en 1813[9].

Cette société, comme le réseau de témoins mobilisés par Martial dans l'Angoulême révolutionnaire, était favorable au changement politique. Martial et sa famille habitaient dans la rue du Pont-Majour (aujourd'hui rue Victor Hugo) reliant la vieille ville au port, par ailleurs rue de naissance, en 1801, de l'économiste ultralibéral Frédéric Bastiat[10]. Pierre Jean Audouin, le « contrôleur principal des droits réunis » témoin de la naissance du fils de Martial, Pierre, en 1806, et du mariage de Joséphine en 1807, était lui aussi un voisin de la rue du

Pont-Majour. Quelques années auparavant, il était journaliste à Paris et député de Seine-et-Oise à la Convention où il vota pour la mort du roi[11]. Il avait connu une période d'exil en tant que vice-consul à Messine, puis il s'était installé, comme Martial, dans l'ancien quartier révolutionnaire de la ville, le quartier des premières sociétés constitutionnelles de 1790-1793[12].

En 1806, Bayonne était une petite ville de province regroupant une population à peu près équivalente à celle d'Angoulême[13]. Mais elle était beaucoup plus ouverte sur le monde : proche de la mer, au confluent de deux rivières, l'Adour et la Nive, multilingue, donnant sur les Pyrénées et à proximité des frontières du pays, à la fois par mer et par terre[14]. Contrairement à l'Angoulême de la Restauration, elle présentait une société plurielle. Le nouvel hôtel de ville construit alors que Martial était secrétaire de l'intendance sanitaire se trouvait au bord de l'eau et abritait non seulement la mairie, mais aussi le bureau des douanes et un théâtre[15]. En l'espace de quelques années après son arrivée dans la ville, Martial y était à nouveau entouré de sa famille élargie : il y avait là les deux enfants issus de son premier mariage, les quatre issus de son second mariage, sa sœur Joséphine et son époux, son frère Pierre venu de la Sarthe et son frère orfèvre Étienne – une nouvelle Angoulême loin des vieux carcans de la ville natale.

À Bayonne, Martial finit lui-même par jouer un rôle dans la politique de réforme. En 1829, il devint éditeur et directeur d'un nouveau journal bi-hebdomadaire, le *Courrier de Bayonne et de la péninsule : journal politique, littéraire, commercial, maritime, d'annonces judiciaires et d'avis divers*. Le *Courrier* était imprimé en français et en espagnol ; il publiait des informations sur les événements survenus en France, en Espagne et au Portugal. Les tout premiers mots du premier numéro, publié en octobre 1829 alors que le gouvernement conservateur de Charles X vivait ses derniers mois en France et que l'opposition était réprimée en Espagne et au Portugal, font l'éloge de la liberté de la presse :

> La première qualité d'un journaliste c'est la véracité… Ne pas altérer les faits par des systèmes particuliers, ne pas vouloir faire l'opinion publique, mais l'exprimer […] défendre et soutenir nos libertés […] braver l'injustice, signaler les abus, secourir l'opprimé […] telle est, en politique, la marche qu'un journaliste doit suivre et celle dont la rédaction de cette feuille se fera un devoir de ne jamais s'écarter[16].

Le *Courrier* était en particulier critique vis-à-vis de « ces petits fonctionnaires inexpugnables », et parmi eux, surtout, des magistrats locaux et des curés de campagne : il appelait de ses vœux « une administration municipale » qui protégerait « contre l'arbitraire, l'ignorance, et le sot orgueil ». En mars 1830, il se fit le fer de lance de la cause des colporteurs qui allaient à pied de village en village pour vendre des ouvrages biographiques (par exemple les vies abrégées des généraux de Napoléon en « volumes in-18 ») : de « pauvres marchands qui ne les distinguent que par la forme et la couleur » et « qui luttent bien péniblement contre la triste destinée du pauvre »[17]. Mais Martial s'était alors déjà retiré. Il avait démissionné de ses fonctions de directeur en décembre 1829 et passé la main à un autre fonctionnaire local, Samuel Brutus Mendes. En mai 1830, le journal fut saisi pour « outrage à la morale publique et religieuse, et à la religion de l'État » ; en juin 1830, le directeur qui avait succédé à Martial fut condamné à trois mois d'emprisonnement, et la publication cessa[18]. Le *Courrier* avait tenu sept mois.

Au beau milieu de toutes ces péripéties, Martial finit par fonder une petite dynastie dans le secteur de l'administration publique, via des postes de fonctionnaires subalternes dans l'entreprise de collecte des impôts directs et indirects. Ses trois fils prirent en effet sa suite, avec plus ou moins de succès, dans l'administration fiscale et la surveillance des frontières françaises. Sa fille Élisabeth, née à Angoulême en 1791, fut néanmoins une exception : à Bayonne, où elle a vécu avec son père jusqu'à sa mort en 1838, elle était professeur de musique. Elle figure dans l'*Annuaire des artistes français* – « prof. de mus. Lavigerie (mademoiselle) » – et elle faisait partie des (rares) sommités du monde des arts dans les Basses-Pyrénées[19].

Léon Philippe Allemand Lavigerie, le fils aîné de Martial, né à Angoulême en 1795, est pour sa part devenu commis surnuméraire dans l'administration des douanes de Bayonne en 1817. Il a rapidement gravi les échelons de la hiérarchie de la vaste organisation nationale : il a été « visiteur » à Ustaritz, commis à Bayonne, « aide-vérificateur » à Vannes près de Lorient, « vérificateur » à Libourne près de Bordeaux, et en 1831, on le retrouve à Bayonne en tant que « commis principal de la navigation » ; en 1842, il est « contrôleur » des douanes à Marseille, et en 1860 « receveur principal de douanes » à Rochefort[20]. Entre-temps, en 1824, il avait épousé la fille d'un autre fonctionnaire, directeur de la production de l'hôtel des Monnaies en charge de la fabrication des pièces d'or, d'argent et de cuivre à Bayonne[21]. Léon Philippe et son épouse Louise Latrilhe sont les parents du cardinal Charles Martial Allemand Lavigerie et de Louise Lavigerie Kiener, la dernière dépositaire et ultime némésis de la mémoire familiale.

Le parcours des fils cadets de Martial – issus de son second mariage avec Bonnite, l'éternelle héritière putative de Saint-Domingue – fut plus chaotique. Pierre Jules Édouard, dont l'ancien révolutionnaire Pierre Jean Audouin a été témoin de la naissance à Bayonne, a intégré l'administration des contributions indirectes et été envoyé à Narbonne, dans l'Aude. Il s'est marié dans ce département et y a eu un enfant avant de devenir veuf. Il n'a participé à aucun des événements familiaux au cours des décennies suivantes. Il est mort en 1851 à quarante-cinq ans à l'hôpital naval de Rochefort ; il est alors présenté comme un commis de l'administration fiscale parcourant à cheval le département de la Lozère[22].

Victor Mamert, le benjamin de Martial, a eu un destin plus triste encore. Lui aussi a intégré l'administration des impôts indirects. Il est resté célibataire et s'est retiré dans un village des Landes où il est mort en 1885, à soixante-dix-huit ans. Sur son acte de décès, il est réputé « fils de père et de mère inconnus » ; l'acte est attesté par deux de ses voisins, des laboureurs dans l'incapacité de signer leur nom[23]. On y indique aussi qu'il était concessionnaire d'un petit bureau de tabac et qu'il passait son temps à jouer de la flûte[24]. Le jour de sa mort, sa logeuse a écrit à son neveu – Charles Martial Allemand Lavigerie, désormais archevêque d'Alger – pour lui demander quelles étaient ses instructions en qualité de « seul parent ». C'était une question de « délicatesse », écrivait-elle, « vu l'état précaire de fortune de [s]on locataire » ; les amis de Victor l'avaient informée que « ses habits, un fauteuil, la modique somme de quinze francs étaient, en ce moment, ses uniques possessions »[25].

Martial Allemand Lavigerie, le patriarche de ces fonctionnaires des recettes publiques, est revenu à Angoulême, et donc à la pension du Rempart du Midi, quelque temps après 1847 (date à laquelle il a signé à Bayonne l'acte de décès de son beau-frère, époux de Joséphine). En 1851, le recensement de la ville fait état d'un foyer conséquent regroupant trente-huit personnes : les quatre sœurs encore en vie qui dirigeaient la pension, âgées de soixante à quatre-vingt-deux ans (Jeanne, Henriette, Françoise et Louise Mélanie) ; Martial, réputé « rentier » et âgé de quatre-vingt-trois ans ; leur neveu Camille Alexandre Lavigerie (l'époux du mariage consanguin), son épouse Françoise Méloé Topin et leur fille Marie Louise, elle-même accompagnée de son mari ; plus quatre domestiques et vingt-cinq écolières (les « pensionnaires »)[26]. Martial est mort dans la maison du Rempart du Midi en 1856, à quatre-vingt-huit ans[27].

L'héritage perdu

Durant la dernière période de sa vie, en plus de l'administration municipale et de la publication du journal, Martial passa un temps considérable à se préoccuper de l'héritage dévolu à sa défunte épouse dans l'ancienne colonie de Saint-Domingue. Marie Louise Bonnite Raymond Saint-Germain est née dans les environs de Jérémie à Saint-Domingue, en ou vers 1776. Sa mère, décrite comme une « propriétaire », est morte à Saint-Domingue alors que Bonnite était encore jeune, et son père, comme tant et tant d'autres exilés, à Philadelphie. En 1797, Bonnite était arrivée à Bordeaux, après quoi elle s'était rendue à Angoulême. Elle est morte à Bayonne en 1813, après avoir donné naissance à son sixième enfant[28].

Dans le contrat de mariage signé à Angoulême en 1801, Bonnite avait promis ou rappelé l'existence d'une fortune depuis longtemps perdue : les « revenus, or, argent, effets et autres choses généralement quelconques dont sa succession pourra être composée[29] ». Toutefois, en 1813, suite à la proclamation de la République d'Haïti en 1804, Saint-Domingue était elle-même perdue pour les propriétaires français. En 1825, le nouveau roi de France Charles X émit à ce sujet une ordonnance restée tristement célèbre. Celle-ci fut signée au palais des Tuileries – d'où Louis XVI, frère de Charles X, s'est enfui en 1791, et dont Léonard Robin avait été brièvement le commissaire. Elle décrétait accorder « l'indépendance » aux « habitants actuels de la partie française de l'île de Saint-Domingue » en échange de 150 millions de francs, somme « destinée à dédommager les anciens colons qui réclamer[aient] une indemnité[30] ». L'« indemnité haïtienne » fut ainsi prélevée par une flotte de treize navires de la marine française sur la population d'Haïti pendant plus de cent vingt ans[31].

L'ordonnance d'avril 1825 a déclenché chez les colons – et « leurs héritiers, légataires, donataires ou ayants cause », selon les termes de la loi – un déchaînement compulsif de réclamations, de demandes reconventionnelles et d'enquêtes sur les registres qui, comme les paroisses, n'existaient plus depuis longtemps[32]. Un « propriétaire » du nom de « Lavigeris » figure parmi les signataires de l'un des tout premiers manifestes de colons, rédigé en 1819, et Martial Allemand Lavigerie, veuf de Bonnite, a pris une part active dans les discussions qui ont débuté en 1825[33]. Une nouvelle commission fut ensuite créée, chargée de répartir l'« indemnité attribuée aux anciens colons de Saint-Domingue » ; au bout du compte, entre 1828 et 1833, six volumes in-quarto ont été publiés, détaillant les réclamations, les accords, les documents notariés, les débours et l'orthographe exacte des noms, relatifs à plus de dix mille familles de propriétaires[34].

C'est justement en 1826 que Martial a glosé sur les archives publiques : « dans ces actes de l'état civil, où tout est grave, sérieux & important, il est de rigueur que toutes les énonciations qu'ils contiennent [soient] conformes à la plus exacte vérité. » Cette réflexion, insérée à la demande de Martial dans la marge du registre des naissances de Bayonne au mois de septembre de cette année-là, reproduisait le jugement d'un tribunal de Bayonne ; l'objectif était de rectifier la transcription des nombreux noms de baptême de sa défunte épouse, et de faire corriger ainsi cinq actes indiquant la date de son décès et celles des naissances de quatre de ses enfants[35].

En effet, comme Martial et son avocat l'expliquèrent alors, Bonnite avait été identifiée dans l'état civil sous le nom de « Marie Louise Philippine Aimée Bonne », alors que son véritable nom était « Marie Louise Bonnite ». « Il est facile d'apercevoir d'où provient l'erreur commise », notaient-ils : « Philippine » était le nom de sa mère, « Aimée » le nom de famille par lequel elle était connue depuis l'enfance, et « à l'égard du prénom de Bonne, il est évident qu'il ne lui [a été] donné que pour rendre & traduire en français celui de Bonnite qu'elle avoit reçu à St-Domingue ». Martial ajoutait qu'il avait été obligé de faire enregistrer ses noms sans pouvoir se référer aux documents originaux de leur mariage, qui à l'époque se trouvaient encore à Angoulême. Le tribunal avait autorisé la rectification dans un souci de vérité et « dans l'objet d'éviter à l'avenir des désagréments à ses enfants[36] ».

Mais les efforts de Martial ne donnèrent pas grand résultat. La famille dut attendre la dernière année d'une longue procédure pour voir sa demande d'indemnisation agréée. Pierre Jules Édouard et Victor

Mamert, ainsi que leurs deux sœurs encore vivantes, Charlotte Ursule et Adélaïde, furent déclarés cohéritiers de leur mère, « ancienne propriétaire » d'une plantation de cacao portant le nom de Fond-Clément au cap Dame-Marie, à l'extrémité ouest d'Haïti. On leur alloua à chacun 1 710 francs, qui furent versés le 1er juillet 1832[37]. C'était une somme modeste, même pour la diaspora angoumoisine. En 1832, la fille du chirurgien semi-analphabète qui correspondait avec son père maître de danse a elle aussi été reconnue légataire d'un possible héritage[38]. Marie Louise Lefort Latour, la petite-fille du maître de danse, a reçu une indemnité de 19 806 francs[39].

Le contrat de mariage de Charlotte Ursule

La famille des Allemand Lavigerie a malgré tout persisté à croire qu'il lui serait possible de récupérer l'héritage perdu. Après la mort de sa mère, Charlotte Ursule, la fille de Martial et Bonnite, née à Bayonne en 1810, a vécu chez ses tantes d'Angoulême, à la pension du Rempart du Midi. Elle y a rencontré un jeune homme du nom de Pierre Auguste Henry Lacourade, homonyme et héritier d'un ami de son père depuis l'époque révolutionnaire : Pierre Auguste Henry, papetier partisan du changement politique, par ailleurs signataire des actes de mariage de Pierre Allemand Lavigerie dans la Sarthe en 1796, de Martial Allemand Lavigerie à Angoulême en 1801, et de Jeanne Lavigerie Topin à Angoulême, également en 1801[40]. Le jeune Pierre Auguste était aussi le petit-neveu d'une autre figure de l'histoire révolutionnaire de la ville : Pierre-Matthieu Joubert, l'évêque constitutionnel, frère de sa grand-mère paternelle[41].

Pierre Auguste Henry Lacourade le jeune était papetier, comme son homonyme ; il vivait en dehors d'Angoulême, dans le moulin à papier familial de la Courade, dans la petite ville papetière de La Couronne. C'est de cette petite ville que le grand-père de Marie-Aymard était parti pour s'installer à Angoulême en tant qu'apprenti cordonnier en 1682. Le moulin avait été acquis par le grand-oncle de Pierre Auguste en tant que bien national auprès de l'abbaye de La Couronne. Pierre Auguste et Charlotte Ursule se sont fiancés au printemps 1836, ont signé un contrat de mariage en juin 1836 (dans la maison des cinq tantes, la pension du Rempart du Midi) et se sont mariés à Angoulême quatre jours plus tard. Comme de coutume dans la famille, le contrat de mariage a été signé par un nombre impressionnant d'amis et de relations : on dénombre en tout cinquante-quatre signataires, dont onze Lavigerie, trois Topin et seize jeunes pensionnaires à l'écriture appliquée et enfantine[42].

Dans le contrat, Charlotte Ursule promet, comme sa mère Bonnite en 1801 et sa grand-mère Françoise en 1764, une fortune dont elle ne dispose pas encore et qu'il faudra trouver : elle engage « ses biens et droits de toute nature recueillis ou à recueillir » sur l'héritage de sa mère, « qui était native de Saint-Domingue, quartier de Jérémie, et paraissait y posséder une fortune assez considérable[43] ». Même après le versement de la modeste indemnité de 1832 donc, la famille pensait qu'une fortune se profilait à l'horizon.

Toutefois, le contrat de mariage de Charlotte Ursule s'inscrit surtout dans la tradition familiale de par la confiance qu'il affiche eu égard au capital des cousines et des tantes. La part la plus importante des biens de la mariée consistait en effet en une autre promesse, faite par les cinq sœurs célibataires de la pension. Il n'y a en fait pas moins de neuf protagonistes dans ce contrat : la mariée, le marié, le père de la mariée, la mère du marié et les cinq tantes de la mariée. Jeanne, Jeanne Julie, Henriette, Françoise et Louise Mélanie Lavigerie, « pour prouver leur attachement » à leur nièce, lui faisaient don, de manière « irrévocable », d'un tiers des biens meubles et immeubles qu'elles pourraient laisser à leurs morts respectives, « l'instituant ainsi leur héritière universelle »[44]. Pierre Auguste était quant à lui un riche manufacturier ; la promesse d'un héritage disparu et les économies des cinq institutrices suffisaient à faire de Charlotte Ursule une épouse convenable.

Les temps modernes

Au milieu du XIXe siècle, Angoulême était une ville prospère et peu industrialisée. Dans la famille élargie des Allemand Lavigerie, seul Pierre Auguste Henry Lacourade peut être considéré comme une figure de la révolution industrielle. Ses oncles, avec leurs antécédents patriotiques, avaient été les premiers à introduire dans l'industrie papetière de la Charente le nouveau système de cuves cylindriques rotatives – et partant, le papier mécanique dont le héros des *Illusions perdues* parle si longuement à sa femme, place du Mûrier[45]. Ils avaient remporté la médaille de bronze des arts industriels ; ils avaient aussi été poursuivis en justice par un voisin pour avoir détourné l'eau de sa fontaine, et par d'autres voisins pour pratiques de travail déloyales, chose à quoi ils avaient répliqué par un procès pour diffamation (et cela avait donné lieu à une audience étrange au cours de laquelle l'oncle de Pierre Auguste avait, disait-il, renoncé à se défendre parce qu'il avait soudain remarqué la présence de véritables ouvriers dans la galerie du tribunal réservée au public)[46].

Pierre Auguste s'installa avec sa jeune épouse Charlotte Ursule Allemand Lavigerie au moulin de la Courade en 1836. C'était un moulin à papier fonctionnel, équipé de cuves mécaniques, de grandes roues en bois et de logements pour les ouvriers. Quarante et un ouvriers étaient réputés vivre dans les locaux de l'usine lors du recensement de 1841[47]. Mais Charlotte Ursule décéda en 1840, et en 1846, Pierre Auguste s'était déjà tourné vers un autre mode de vie, moins industriel. L'exploitation du moulin avait été confiée à un sous-traitant, et Pierre Auguste vivait avec sa famille rue de l'Arsenal, dans le centre d'Angoulême ; il se définissait comme négociant[48]. En 1861, après un nouveau déménagement, il était installé dans la maison qu'il avait achetée sur le Rempart du Midi, à quelques pas de la pension des sœurs Lavigerie[49].

Le vieux centre-ville regorgeait toujours de services et de petits commerces. Dans le recensement de 1846, celui dans lequel cinq des petites-filles de Marie Aymard sont réputées vivre à l'angle du Rempart du Midi, on compte 1 126 femmes pour lesquelles une « profession » ou une « fonction » est précisée, et 590 d'entre elles sont soit « servantes », soit « domestiques ». 112 étaient lingères (comme les petites-filles des petits-cousins de Paris et Vimoutiers) ; 72 tailleuses ; 63 journalières ; 61 marchandes ; 47 sœurs ; 11 enseignantes. Une femme, vivant place du Mûrier, était relieuse, une autre était ferblantière, et une autre encore, qui vivait sur les remparts, non loin de la pension des petites-filles Lavigerie, était dentiste (et italienne)[50].

Les actes de mariage signés à cette époque à Angoulême mentionnent eux aussi des métiers qui existaient déjà sous l'Ancien Régime. Cent soixante-quatorze couples se sont mariés au cours de l'année 1846, et pour ce qui concerne les 174 épouses, aucune profession n'est indiquée. (Cette année-là fut difficile sur le plan économique, et comme Adam Smith l'a remarqué en étudiant les registres du XVIIIe siècle, « les femmes » avaient dans ces moments-là tendance à « retourn[er] chez leurs parents »[51].) Néanmoins, parmi les 174 époux, on compte 15 cordonniers, la profession la plus répandue, comme dans les registres paroissiaux de 1764, 11 journaliers et 8 cultivateurs, et en tout 38 individus employés dans le secteur du bâtiment : des tailleurs de pierre, des menuisiers, des charpentiers, des plâtriers et des peintres. Comme au XVIIIe siècle, il y avait dans la ville d'Angoulême un va-et-vient incessant entre la ville et la campagne environnante. Quarante et une mariées étaient filles de cultivateurs, 70 sont nées en dehors d'Angoulême, dans des villages et des petites villes du département de la Charente. Mais il y avait aussi des mariées nées à Cap-Haïtien (anciennement Cap-Français), à l'île Maurice et en Guadeloupe, ainsi qu'à Vérone (la fille de la dentiste)[52].

La transformation économique était aussi bien visible autour des Allemand Lavigerie. Moins de vingt ans plus tard, en 1864, c'est-à-dire un siècle exactement après l'établissement du contrat de mariage de Françoise Ferrand et Étienne Allemand, beaucoup plus de femmes déclarent une profession. Sur les 188 femmes qui se sont mariées dans la ville, 120 exerçaient un métier. Le groupe le plus important est encore une fois celui des lingères, au nombre de 24 ; on compte aussi 20 cuisinières et 18 tailleuses. Quatre-vingt-dix travaillaient dans l'habillement, la préparation de nourriture ou les soins domestiques. Mais il y avait aussi 10 papetières, 6 journalières et 2 ouvrières. Une artiste peintre, fille d'un imprimeur lithographe, épousait un artiste peintre. Parmi les 188 mariés, 11 étaient tailleurs de pierre (le métier le plus représenté), 10 cultivateurs et 7 menuisiers ; on compte alors seulement 4 cordonniers et 3 employés de l'administration fiscale. En outre, il y avait aussi dans la ville gagnée par l'industrialisation, 4 employés du chemin de fer, 3 photographes, un lithographe, un employé du télégraphe et un « tisseur en toiles métalliques[53] ».

Les nouveaux secteurs industriels faisaient désormais partie du quotidien : depuis le Rempart du Midi, il suffisait de lever les yeux pour apercevoir la ligne de chemin de fer reliant Angoulême à Bordeaux et, au loin, la vaste manufacture royale dédiée à la fabrication d'explosifs, la Poudrerie. Les sœurs de la pension des remparts étaient entourées de voisins exerçant des métiers encore inimaginables dans l'Angoulême de leur enfance, dans les années 1770 et 1780. Dans le recensement de 1846, on trouve dans l'ancienne Isle de la Cloche Verte un « employé au chemin de fer » rue du Marché, ainsi qu'un « employé au télégraphe » et un « employé à l'usine de gaz ». Place du Mûrier, on dénombre un lithographe en 1846 et un photographe en 1861[54]. Le neveu des sœurs Lavigerie, Camille, s'est rendu du Mans à Paris à l'âge de quatre-vingt-un ans pour aller visiter le pavillon des Postes et Télégraphes du palais de l'Industrie. Sur place, comme le rapporte la rubrique « Faits divers » du journal *Le XIXe siècle*, il a eu le malheur de se faire bousculer par un voleur à la tire et de se faire dérober un portefeuille contenant cinq billets de banque, plusieurs lettres et sa carte d'électeur[55].

Histoires de la vie économique : L'armée

Le deuxième secteur dans lequel les Allemand Lavigerie ont cherché fortune après l'administration des recettes publiques est celui des forces armées, vaste entreprise du XIXe siècle. Au moment où la mobilisation de masse des années 1790 a débuté à Angoulême, Martial Allemand Lavigerie était marié, père d'une jeune famille et commis au bureau des impôts. Comme tous les Français de la génération de la Révolution et du Premier Empire, il a pu voir tout autour de lui les conséquences économiques de la guerre : la conscription, les mesures prises pour l'approvisionnement et les salaires, les uniformes et les réquisitions entraînées par la mobilisation générale. Son frère était membre du bataillon de la Charente, et son futur beau-frère accompagnait les forces armées en Italie. Parmi ses cousins germains, trois des fils de Gabriel se trouvaient dans l'armée, dont l'infortuné Pierre Alexandre, blessé à la bataille du Mincio ; le fils encore en vie de Jean-Baptiste finit par devenir lancier dans la Garde impériale, et son gendre de Saint-Domingue, chef d'escadron.

Pierre Allemand Lavigerie, le frère cadet de Martial, réussit pour sa part à passer du service dans l'armée à l'administration des finances militaires (et finalement à l'administration des finances en temps de paix). Au moment de son mariage dans la Sarthe, en 1796, il était capitaine ; à la naissance de son premier fils, Jules Étienne Scipion, en 1797, il était « payeur » ; et en 1799, à la naissance de Camille Alexandre, il était « employé au département » de la Sarthe, au Mans[56]. Au début des années 1810, alors que la campagne d'Espagne avait des répercussions importantes sur les plans matériel et humain, Pierre était employé au bureau du trésorier général ou « payeur de la guerre » à Bayonne[57]. Il a donc participé à la plus importante entreprise économique de la longue période révolutionnaire, à savoir la guerre générale – tout comme le frère rapace de Léonard Robin dans l'Indre et la famille du collègue révolutionnaire de Léonard, Jacques-Pierre Brissot, dont le frère travaillait au bureau du « payeur de la guerre » à Bourges, et le fils pour l'administration impériale des douanes à Bayonne[58]. Selon une estimation de 1842, 959 230 hommes combattaient dans les armées de la République en 1795, et 879 416 dans les armées impériales en 1812 : autant de soldats à rémunérer, vêtir, nourrir, répertorier et acheminer dans toute l'Europe et dans le monde[59].

L'économie militaire faisait partie intégrante de la vie de la famille. L'époux de Jeanne, Laurent Silvestre Topin, a conçu en tant que cartographe de l'armée une colonne de marbre noir destinée à être érigée à Angoulême en 1800 en l'« honneur de nos braves armées » ; elle devait orner la terrasse de Beaulieu, où Silvestre se retira bien des années plus tard[60]. Le fils de Jeanne et Silvestre, Charles, est devenu après sa (brève) formation navale à Angoulême architecte itinérant en Haute-Marne. Il a rénové un pont en pierre en 1836, construit un abreuvoir (défectueux) et participé à la restauration des églises romanes ; il a prénommé sa fille Marie Antoinette[61]. Le fils aîné de Charles Silvestre Topin, Louis, était en 1862 officier subalterne du corps des lanciers de la nouvelle Garde impériale, à Fontainebleau (il fut plus tard inspecteur au sein d'une compagnie d'assurances, le Progrès agricole)[62]. Le fils cadet de Charles, Henri, était employé à l'administration des télégraphes dans l'armée française ; il a été décoré pour son service au sein de l'« armée de Versailles », victorieuse de la Commune de Paris pendant la « campagne de l'intérieur [de] 1871 »[63].

Les fils de Léon Philippe Allemand Lavigerie, officier de l'administration des douanes, ont eu quant à eux des trajectoires militaires des plus aventureuses. L'administration des douanes était elle-même une institution semi-militaire – liée à la marine à Libourne et à Bayonne. C'était l'employeur public le plus important après l'armée, et elle avait ses propres uniformes[64]. Au mariage de Léon Philippe et Louise Latrilhe en 1824, les témoins comprenaient un ancien employé de la marine et un employé chargé du ravitaillement de l'armée[65]. Les enfants du couple ont grandi dans les villes portuaires de l'Atlantique et de la Méditerranée, et les trois fils, y compris le futur cardinal, ont fini par être décorés de la Légion d'honneur pour services rendus à l'étranger. Les cadets Pierre Félix et Léon Bernard ont en particulier été amenés à voyager très loin de chez eux au sein de l'armée et de la marine.

Pierre Félix Allemand Lavigerie, né à Saint-Esprit (Bayonne) en 1828, est entré dans le 10e régiment de chasseurs en tant que soldat en 1846 ; il est devenu sergent en 1849, puis sous-lieutenant en 1859. En 1865, il a intégré le régiment de la Légion étrangère au sein duquel il a servi de 1865 à 1867 pour « la campagne du Mexique » (cette invasion s'est terminée par l'exécution de l'empereur Maximilien Ier soutenu par les Français), puis de 1867 à 1873 pour « la campagne d'Afrique » (en Algérie). En 1867, il a été décoré dans l'ordre mexicain de Notre-Dame de Guadalupe et été autorisé à porter cette décoration étrangère. Il était capitaine de la ville de garnison de Mascara, en Algérie, lorsqu'il a été fait chevalier de la Légion d'honneur en 1872. En 1873, il s'est retiré dans les environs d'Angoulême ; il était alors domicilié à l'« usine Lacourade », la papeterie du mari de sa défunte tante[66]. Quelques années plus tard, il s'est installé dans la ville côtière de Capbreton, dans les Landes. Pierre Félix est mort en 1882 à cinquante-quatre ans, à l'hôpital militaire de Bayonne[67].

Nous avons accès à davantage de détails en ce qui concerne les aventures du dernier fils de Léon Philippe, Léon Bernard. Celui-ci est né en 1837 et a intégré la marine dans ses jeunes années. À vingt-trois ans, il était « pharmacien de 2e classe de [la] marine imp[ériale] », et il vivait chez son père dans le quartier de l'arsenal de Rochefort, sur l'estuaire de la Charente – lieu d'embarcation, une centaine d'années plus tôt, de la tragique expédition vers Cayenne, en Guyane française. En 1860, Léon Bernard a épousé une jeune femme de son milieu, fille d'un « courtier des navires », un des officiers qui servaient d'intermédiaires pour les formalités entre les navires étrangers et le service des douanes françaises. C'était un mariage pour ainsi dire dynastique, inscrit dans le contexte de l'économie navale de Rochefort : en plus du père du marié, principal receveur des douanes, un autre « courtier maritime » et deux hommes présentés comme des « pharmacien[s] en chef de la marine », dont l'un était l'oncle de la mariée, ont fait office de témoins[68].

Léon Bernard et son épouse ont eu une fille en 1861, et le jeune père est parti peu après pour l'autre bout du monde, envoyé en tant que pharmacien de la marine dans le protectorat français de Tahiti, où il s'est consacré à des expérimentations sur les propriétés colorantes des plantes locales. L'« Étude sur deux plantes tinctoriales de Taïti » de « M. L. Lavigerie, pharmacien de la marine » (premier et unique article scientifique dans l'histoire des Allemand, des Ferrand et des Lavigerie) a été publiée en 1862-1863 dans deux numéros consécutifs du journal officiel de la Polynésie française, le *Messager de Taïti*, puis réimprimée dans les *Archives de médecine navale* entre une note sur les poissons toxiques et un rapport sur le traitement chirurgical de l'ostéomyélite chez les recrues de la marine au Sénégal. L'article évoque avec un certain lyrisme la « belle teinte rouge-sang » de la laine préparée avec une solution de *Morinda citrifolia* (ou mûrier de plage), et le *Musa fehi* (une petite banane) qui, à première vue « rouge groseille », produit une soie bleue toute de « beauté [et de] solidité » avec une solution de sulfate ferreux[69].

Une romancière canadienne qui se trouvait à Tahiti à l'époque (elle était partie de San Francisco pour se rendre en Nouvelle-Zélande et faisait halte à cet endroit) fournit une description plus incarnée de l'escapade tahitienne de Léon Bernard. D'après son livre *Tahiti : The Garden of the Pacific*, Léon Bernard était jeune, beau, grand et bon musicien ; c'était « un homme marié, mais son épouse, enfant unique, s'était vue empêchée par ses parents de partir avec son mari si loin de la France pendant plusieurs mois ». « Heureusement pour eux, le jeune époux adorait sa femme » ; il en parlait tout le temps, ainsi que de sa fille, et il n'avait jamais été tenté, comme nombre de ses amis officiers, d'aller vivre dans une petite cabane sur la plage avec une « épouse locale ». Léon Bernard, dit-elle, parcourait l'île sur un cheval gris, jouait en duo et apporta même son piano avec lui lors d'une excursion en mer jusqu'à l'île volcanique de Moorea, à quelques kilomètres au large de la côte de Tahiti ; « c'était un bon camarade », et « il était toujours prêt, comme il le disait, à une bonne partie de rigolade »[70].

Léon Bernard est rentré à Rochefort en 1865, et en 1866, il fut lui aussi fait chevalier de la Légion d'honneur[71]. Mais sa brillante carrière prit après cela un tour inattendu. Au moment de la naissance de son dernier enfant, l'année suivante, il avait quitté la marine et vivait loin de la mer, dans la ville thermale de Vichy ; il y était « médecin consultant[72] ». Il avait alors trente ans. Un an plus tard, en 1868, il publia un livre de 351 pages : le *Guide médical des eaux minérales de Vichy*, par « Le docteur Lavigerie, chevalier de la Légion d'honneur, médecin consultant aux eaux de Vichy, membre de plusieurs sociétés médicales[73] ».

L'ouvrage fait, d'une part, l'apologie de la « vieille réputation de Vichy, basée sur une expérience de près de vingt siècles, [et de] l'installation grandiose et irréprochable de son établissement thermal », et déplore, d'autre part, le nouvel univers de la publicité médicale : « la facilité toujours croissante des communications, et aussi, pourquoi ne pas l'avouer[,] la mode » et la « spéculation », écrit Léon Bernard en 1868, avaient conduit à la multiplication des stations thermales :

> Des sources, parfaitement inconnues jusqu'à ce jour, ont été tirées de leur obscurité par des réclames, des prospectus de tout genre, dont la France entière a été inondée. Pas le moindre filet d'eau plus ou moins minéralisée, qui ne passe pour guérir toutes les infirmités humaines[74] !

Ce qu'il fallait, concluait-il, ce n'était pas dire que les eaux de Vichy guérissaient, mais expliquer « comment ». Mû par le même esprit de recherche qu'il avait déployé pour étudier les plantes de Tahiti, il s'était mis à examiner les causes occasionnelles, morales et prédisposantes des maladies digestives en s'appuyant sur les récentes études de Charcot et Claude Bernard, et en se fondant sur l'expérience de ses propres patients : « une dame qui ne pouvait se permettre le plus petit fragment de pomme de terre », « une jeune demoiselle qui ne pouvait, sans éprouver une violente indigestion, manger une seule cerise », et plusieurs « jeunes filles étiolées et languissantes [ayant repris] auprès des sources leurs couleurs, leurs forces et leur gaieté »[75].

Léon Bernard Lavigerie est mort à Vichy en octobre 1871, à l'âge de trente-quatre ans[76]. Dora Hort, l'intrépide amie de Tahiti, rapporte dans son livre qu'elle a appris quelques années plus tard à Alger « tous les détails de sa mort prématurée » de la bouche du frère aîné de Léon, le cardinal. Selon ce dernier, Léon Bernard était « à juste titre, [un médecin] populaire et prospère ». Mais « malheureusement, il ne prêtait pas suffisamment attention à sa propre santé, et [il avait] succombé à un violent rhume contracté à la chasse »[77].

La jeune veuve de Léon Bernard était revenue à Rochefort et à la société de l'économie navale. Sa fille, la petite fille dont Léon Bernard avait tant parlé à Tahiti, y a épousé dix ans plus tard un officier militaire « aide médecin de la marine ». Les témoins du mariage étaient des figures du milieu de l'administration maritime : un pharmacien en chef de la marine, cousin de la mariée ; un ancien médecin en chef de la marine, également cousin de la mariée ; un médecin en chef de la marine, cousin du marié ; un capitaine de frégate, oncle de la mariée[78]. La famille vivait toujours rue de l'Arsenal, sur l'estuaire de la Charente[79].

Chapitre 9
Capital familial

Histoires de la vie économique : La banque et l'emballage

En 1848, les Allemand Lavigerie étaient établis dans le secteur bancaire : ils faisaient désormais partie de « la population active de caractère économique » de Simiand dans la branche « transport, crédit[1] », etc. Les bouleversements financiers survenus durant les décennies révolutionnaires et napoléoniennes, au cours desquelles Jeanne *ainée* est devenue propriétaire d'une boutique et les cinq sœurs ont accumulé suffisamment de capital, ou emprunté, pour acheter la maison des remparts, a été une période fondatrice pour le secteur bancaire du XIXe siècle[2]. La crise du crédit qui avait suscité tant d'inquiétude à Angoulême au XVIIIe siècle a été identifiée rétrospectivement comme un moment charnière dans l'histoire de la finance française. Le mémoire de Turgot sur l'affaire et l'ouverture des marchés financiers qu'il prônait – qui fut finalement décrétée, comme beaucoup d'autres choses dans l'histoire de la libéralisation économique en France, durant les premiers mois de la Révolution française – ont eu, selon un ministre des Finances autrichien, « une influence victorieuse » sur l'époque[3]. C'est de fait dans cette nouvelle économie du laisser-faire financier que la famille de Marie Aymard ou du moins certains de ses membres sont devenus propriétaires et rentiers.

De prime abord, l'entrée dans la banque était une réussite pour la famille élargie. Partant de l'économie militaire, c'était une évolution pour ainsi dire naturelle. Pierre Allemand Lavigerie, le deuxième fils du couple du contrat de mariage de 1764, était passé de l'armée à l'administration des dépenses militaires, et il s'est consacré ensuite à la comptabilité commerciale. Une fois la prospérité des années de guerre terminée à Bayonne, il était revenu au Mans auprès de la famille sarthoise de sa femme ; un de ses beaux-frères était alors « contrôleur des contributions indirectes » de la ville, et l'autre, « Décadi Montagnard Maslin », négociant[4]. Pierre a trouvé au Mans un emploi de caissier au sein de la Maison Thoré frères, établissement sarthois dédié au commerce et à la banque. Il vivait rue Dorée, dans le centre-ville, et ses deux fils, Scipion et Camille, se sont eux aussi engagés dans la voie commerciale en tant que commis et commis voyageurs (c'est-à-dire représentants de commerce)[5]. Pierre Allemand Lavigerie est mort au Mans en 1834, à soixante-quatre ans, alors qu'il était toujours caissier de la Maison Thoré[6].

Ce fut Scipion Lavigerie, le fils aîné de Pierre, qui commença l'activité bancaire de la famille. Le Mans, dans les années 1830, entrait dans une importante phase d'expansion commerciale et industrielle. En 1841, année où Scipion apparaît pour la première fois dans l'annuaire du commerce de Firmin-Didot dans les pages consacrées à la ville du Mans, les frères Thoré se voulaient banquiers, marchands de graines avec un intérêt tout particulier pour le trèfle, fabricants de toiles et spécialistes de la blanchisserie des tissus semi-finis[7]. Scipion, qui a épousé en 1832, à l'âge de trente-cinq ans, la fille orpheline d'un drapier local (elle-même avait seize ans et est morte seulement trois ans plus tard), s'est lancé dans l'emballage et le recouvrement de créances au Mans et dans les campagnes environnantes[8].

En 1841, Scipion et son associé Allard sont répertoriés dans l'annuaire de Firmin-Didot en tant que « banquiers » ; Allard était fabricant de « toiles d'emballage ». C'est dans ces sacs et sachets d'emballage, ces « enveloppes de commerce » que Scipion en vint à se spécialiser[9]. En 1842, la compagnie était connue sous le nom « Allard, Lavigerie et Demorieux », spécialiste des « toiles en gros [et de la] confection de sacs en tout genre », puis des « toiles à sacs de toutes espèces » ; les trois associés étaient également banquiers, courtiers en « escompte et recouvrement ». En 1849, « Lavigerie et Demorieux » étaient banquiers au Mans, marchands de tissus en gros et fabricants de sacs[10]. Leur partenariat avait pris de l'envergure ; en 1850, ils engagèrent une action en justice (mais furent déboutés) contre le receveur des Postes du Mans en raison de la perte de « trois lettres chargées et recommandées, contenant des valeurs pour une somme de 14 000 Frs., à l'adresse de maisons de commerce de Nantes[11] ».

Scipion Lavigerie était alors une personnalité publique reconnue au Mans. En 1840, « M. Scipion Lavigerie, fabricant au Mans » avait fourni à la *Revue du progrès* fondée par le socialiste utopique Louis Blanc les tableaux statistiques des droits exorbitants perçus sur les fibres de lin et de chanvre[12]. En 1842, il avait signé avec ses associés une pétition en faveur du libre-échange avec la Belgique, reprise par la chambre de commerce de Bordeaux dans l'une de ses innombrables apologies du commerce sans frontières dénonçant les « industriels prohibitionnistes » et leur « armée de douaniers »[13]. Scipion vivait avec sa mère, veuve, place des Halles (aujourd'hui place de la République). Il était juge au tribunal de commerce du Mans (institution dont le président était l'ancien employeur de son père, Thoré), et, en 1849, il était maire-adjoint de la ville[14].

Le fils cadet de Pierre Allemand Lavigerie, Camille, a quant à lui suivi un parcours plus sinueux avant de devenir banquier. Au moment de son mariage (aux portes de la prison de l'Aube) en 1830, il était commis auprès d'un négociant en textiles de Lille nommé Fauchille. À cette époque, les industries textiles du nord de la France connaissaient une expansion prodigieuse, et les Fauchille, fabricants de textiles à Lille, ont été l'une des rares familles à entretenir des liens d'amitié ou de patronage durables avec les Allemand Lavigerie du XIXe siècle ; ils ont signé les actes des cérémonies domestiques des Allemand Lavigerie sur trois générations[15]. En 1833, au moment de la naissance de ses jumelles à Angoulême, Camille était commis voyageur[16]. Son épouse Françoise Méloé et lui ont de fait voyagé entre Angoulême et Le Mans pendant quelque cinquante ans. En 1833, il se trouvait au Mans pour le mariage de Scipion, et en 1836, il était à la pension du Rempart du Midi pour le mariage de sa cousine germaine Charlotte Ursule ; toutefois, en 1840, il est présenté comme un négociant résidant à Angoulême au moment où il signe l'acte de décès de Charlotte Ursule, et en 1844, il commence à négocier l'achat de la maison voisine de celle de ses grands-tantes sur les remparts[17].

C'est la révolution de 1848 qui a propulsé Camille dans la vie publique. Après avoir déclaré qu'il ne devait y avoir aucun esclave sur le territoire français, ce qui a conduit à l'abolition de l'esclavage en avril 1848, et avant de créer les caisses d'épargne (« de toutes les propriétés, la plus inviolable et la plus sacrée, c'est l'épargne du pauvre »), le nouveau gouvernement provisoire décida d'ouvrir des comptoirs nationaux d'escompte à Paris et dans toutes « les villes industrielles et commerciales ». Le décret concernant les comptoirs d'escompte, vu le « trouble considérable exist[ant] aujourd'hui dans les moyens du crédit privé » à cause de la crise financière des premiers mois de 1848, appelait à la mise en place d'une série de partenariats public-privé[18]. Un mois plus tard, « M. *Camille-Alexandre-Allemand Lavigerie*, propriétaire, demeurant en la ville d'Angoulême » fut nommé « directeur du comptoir national d'escompte de la ville d'Angoulême [...] par arrêté de M. le ministre des Finances membre du Gouvernement provisoire, du 7 avril dernier »[19].

Si l'on en croit l'un des chroniqueurs de la vie municipale (celui-là même qui s'est montré si désobligeant à l'égard de la jeune fille qui avait incarné la Raison sur l'autel de la cathédrale en 1793), Angoulême a chaleureusement accueilli la promotion de Camille. D'après sa chronique, il y avait un arbre de la liberté dans la ville au début de l'année 1848, mais la révolution n'était plus à l'ordre du jour. En avril 1848, le nouveau comptoir national d'escompte d'Angoulême comptait 547 actionnaires, et ceux-ci confirmèrent la nomination de Camille au poste de directeur : « M. de Lavigerie, représentant de commerce, jouissant d'une très honorable réputation et ayant des aptitudes commerciales reconnues, est nommé par deux cent soixante-dix-huit voix [...,] cette nomination inspire une grande confiance pour la réussite du comptoir[20]. » Le bureau du comptoir fut établi sur la place du Petit-Saint-Cybard, à quelques pas de l'endroit où les signataires du contrat de mariage des grands-parents de Camille s'étaient réunis en décembre 1764. Camille était devenu un homme riche, ou du moins quelqu'un qui avait accès à la richesse ; d'après les statuts, le directeur du comptoir devait posséder au moins cent actions, chacune d'elles étant estimée à cent francs[21].

Le contrat de mariage de Marie Louise

En 1851, le Rempart du Midi d'Angoulême accueillit une nouvelle cérémonie familiale impliquant des signatures. Mais le cortège d'oncles, de cousins et d'écolières à l'écriture appliquée, comme les fées du baptême de *La Belle au bois dormant*, scella alors sans le savoir une destinée compliquée. Tous se réunissaient pour le mariage de Marie Louise Allemand Lavigerie, l'unique enfant de Camille Allemand Lavigerie et Françoise Méloé Topin à avoir survécu à la petite enfance, et Jean Henri Portet, commis au greffe du tribunal commercial d'Angoulême. Portet, né dans un village situé à l'ouest d'Angoulême, est décrit à cette occasion comme le fils d'un « propriétaire ». De tous les membres de la famille élargie du XIXe siècle, il est le plus proche de l'économie rurale : un de ses grands-pères était cultivateur, et l'autre tailleur de pierre[22]. Le contrat de mariage a été signé à l'hôtel du comptoir national d'escompte, présenté comme la « demeure de M. & Mme Lavigerie[23] ».

La famille de la pension des remparts avait perdu plusieurs de ses membres depuis le mariage de Charlotte Ursule en 1836. Jeanne Julie Allemand Lavigerie, la deuxième des cinq sœurs propriétaires de la pension, est décédée à Angoulême en 1838, laissant sa part de la propriété à ses trois nièces, Charlotte Ursule et Adélaïde, filles de Martial, et Françoise Méloé, fille de Jeanne. C'est par sa succession que la pension a été divisée en quinze parts, toutes détenues par les petites-filles et arrière-petites-filles de Marie Aymard[24]. Puis Adélaïde est morte en 1839, à trente-cinq ans, et Charlotte Ursule en 1840, à vingt-neuf ans, dans la propriété de son mari, à la Courade[25]. Françoise Méloé, la dernière nièce encore en vie, est alors devenue l'héritière de la pension[26]. En 1850, l'aînée de ses tantes, Jeanne *ainée*, l'avait désignée « légataire universelle », et précisé que son héritage devrait par la suite revenir à « [s]a petite-nièce », la mariée de 1851, Marie Louise Allemand Lavigerie[27].

Lors du cérémonial de signature du contrat de mariage, les parents de la future mariée étaient présents, ainsi que sa grand-mère maternelle, Jeanne Lavigerie Topin, qui vivait à l'angle de la rue de Beaulieu. Son riche oncle Scipion Allemand Lavigerie était venu du Mans. Les quatre sœurs Lavigerie encore en vie, grands-tantes de la future mariée, étaient également là, ainsi que leur grand-oncle Martial Allemand Lavigerie, accompagné de son gendre, le papetier, et de quatre de ses petits-enfants dont Louise Lavigerie et Charles Martial – qui était à l'époque l'abbé Lavigerie et enseignait la théologie à Paris après avoir achevé deux thèses de doctorat sur l'histoire des débuts du christianisme. Il y avait aussi des cousins de la Sarthe, des cousins Topin de la famille des architectes, et encore dix-sept écolières dévouées, comme pour le contrat de mariage de Charlotte Ursule signé quinze ans plus tôt. En tout : soixante-deux signataires[28].

Marie Louise était de toute évidence une riche héritière. Elle apportait au mariage ses possessions personnelles, estimées à 6 000 francs, et ses parents versaient une dot de 30 000 francs à titre d'avance « sur leur succession future ». Les perspectives du futur marié étaient très différentes. Ses biens personnels étaient estimés à 6 000 francs (« meubles, effets mobiliers, tableaux, gravures, bibliothèque et autres objets »), et il détenait une assurance sur la vie d'une valeur de 1 278 francs. Il déclarait aussi des dettes pour un montant de 20 000 francs. Il évaluait sa charge de greffier au tribunal commercial à 55 000 francs, « ce qui port[ait] le montant de la constitution à un chiffre net de quarante-deux mille deux cent soixante-dix-huit francs »[29].

C'était une union d'obligations et d'espérances, et les articles du contrat anticipent sur les dettes présentes et futures. Le mariage était noué sous le régime de la communauté de biens à l'exception de toutes les « dettes antérieures à [l']union », qui restaient à la charge des époux respectifs. La communauté était établie sur les « bénéfices et économies » que les époux feraient à l'avenir « sur les revenus de leurs biens et le produit de leur industrie ». En outre, Marie Louise et ses futurs héritiers étaient réputés « garantis et indemnisés » contre les dettes futures[30]. Le contrat de mariage fut invoqué plus de cinquante ans plus tard, ainsi que la maison du Rempart du Midi, pour régler la succession du marié à Paris, en 1902[31].

Le contrat de mariage de Louise

Louise Lavigerie, la petite-fille de Martial Allemand Lavigerie, s'est mariée à Angoulême quatre ans plus tard, en 1855, et son mariage a été l'occasion du dernier grand rassemblement familial. Le contrat de mariage a été signé, cette fois encore, dans la maison de « M. et Mme Camille Allemand Lavigerie » ; sur l'acte officiel du mariage, Camille est alors réputé résider au Mans. Trois des petits-enfants de Marie Aymard étaient présents : Martial Allemand Lavigerie, grand-père de la mariée, quatre-vingt-huit ans, Jeanne *ainée*, quatre-vingt-sept ans, et la sœur cadette de ces derniers, Louise Mélanie, soixante-douze ans. Le père de Louise était venu de Rochefort, et son frère, l'abbé Lavigerie était également présent. Trente et une des obligeantes écolières de la pension ont signé. En tout, on compte cinquante-cinq signatures[32].

Louise avait alors vingt-deux ans et elle était institutrice à Angoulême. Elle avait passé la majeure partie de son enfance à Marseille, dans un foyer sis non loin du Vieux-Port, décrit par un ami de ses parents, collègue érudit de l'administration des douanes, comme un endroit où l'on échangeait sur la littérature, où l'on donnait des soirées et où la mère de Louise composait des poèmes[33]. L'époux de Louise, Gabriel Kiener, avait grandi à Paris au Jardin des Plantes, où son père dirigeait l'atelier de peinture ; son oncle était le célèbre malacologue (spécialiste des mollusques) Louis Charles Kiener, auteur d'un ouvrage en douze volumes intitulé *Spécies général et iconographie des coquilles vivantes*[34]. Gabriel avait vingt-quatre ans au moment du mariage, et il s'était installé à Angoulême en tant qu'inspecteur de comptabilité de la Compagnie du chemin de fer de Paris à Orléans, dont le vaste siège social se trouvait à Paris en face du Jardin des Plantes. À Angoulême, la Compagnie du chemin de fer de Paris à Orléans était installée dans les locaux néoclassiques de l'ancien collège de la marine ; la gare avait été inaugurée en octobre 1852 lors d'une visite du futur empereur, le « Prince-Président » Louis-Napoléon ; à cette occasion « la Fontaine de la place du Mûrier étincel[ait] de feux qui se mari[ai]ent avec ses eaux jaillissantes »[35].

Le contrat de mariage de Louise et Gabriel était beaucoup plus simple que l'accord signé par Marie Louise et Jean Henri Portet en 1851. Louise disposait d'une dot de 10 000 francs comptant ; Gabriel « déclar[ait] n'avoir en ce moment aucun apport à faire constater, mais il se constitu[ait] en dot, tous les biens meubles et immeubles qu'il pourra[it] recueillir dans l'avenir à quelque titre que ce soit[36] ». Cinq ans plus tard, le jeune couple était loin d'Angoulême, toujours au service de la Compagnie du chemin de fer de Paris à Orléans. Lorsque le frère cadet de Louise, aspirant pharmacien de la marine, s'est marié à Rochefort en 1860, Gabriel était témoin ; il est alors identifié comme le chef de gare de Villefranche, dans l'Aveyron[37].

De toute la famille des Allemand Lavigerie, Gabriel fut le seul à être employé dans les nouvelles industries – les chemins de fer, le textile, les mines et les machines – qui furent au cœur de la croissance économique du XIXe siècle. La gare qu'il dirigeait en 1860 était l'une des merveilles de la Compagnie du chemin de fer de Paris à Orléans, ultime destination d'une ligne qui avait vu l'ingénierie ferroviaire triompher au milieu des anciennes mines creusées dans les collines environnantes[38]. Mais quelques années plus tard, Gabriel avait quitté les chemins de fer et regagné Angoulême pour travailler dans la papeterie de ses parents par alliance, les Henry-Lacourade. En 1872, il y avait un nouveau ménage au moulin de la Courade : celui de Gabriel

Kiener, « négociant et fabricant de papier », Louise et « Augustin Abdelkader », décrit comme un domestique né en Algérie, âgé de dix-neuf ans[39].

Le contrat de mariage de Marie Françoise

Le dernier contrat de mariage impliquant le Rempart du Midi fut signé en septembre 1858 lors d'une cérémonie teintée de mélancolie. Seuls deux des petits-enfants de Marie Aymard étaient encore là : l'aînée des sœurs de la pension, Jeanne *ainée*, et la plus jeune, Louise Mélanie. Martial Allemand Lavigerie, le grand-père de la mariée, était mort deux ans auparavant[40]. L'abbé Lavigerie était présent, ainsi que la famille Lavigerie-Portet du Mans ; il y avait aussi deux cousins Topin / Silvestre, mais aucune écolière, et très peu d'amis. En tout, on compte quarante signataires, ce qui constitue dans l'histoire de la famille élargie une assemblée somme toute modeste[41].

La future mariée était Marie Françoise Henry Lacourade, fille de feu Charlotte Ursule Allemand Lavigerie et de son mari, le fabricant de papier ; le futur marié était un homme d'affaires d'Angoulême de vingt-quatre ans nommé Alexis-Henry-Évariste Brinbœuf-Dulary. Le contrat présente pour l'essentiel une liste de biens. Alexis-Henry-Évariste déclarait « la somme de quarante mille francs qu'il poss[édait] dans son actif commercial, ainsi qu'il en a[vait] justifié à Mademoiselle Henry-Lacourade et à son père ». La déclaration de Marie Françoise était quant à elle d'une étonnante complexité. Elle déclarait des biens d'une valeur totale de 56 000 francs comprenant une hypothèque sur une propriété sise rue d'Assas à Paris, une autre propriété sise avenue du Maine, également à Paris, et un don en numéraire de 5 000 francs provenant de son père, pour lequel elle produisait un reçu[42].

Le document fait aussi une vague allusion, comme les contrats de mariage de la mère de Marie Françoise en 1836, de sa grand-mère en 1801, et de son arrière-grand-mère en 1764, à une hypothétique fortune dans les îles américaines : « les biens et droits mobiliers et immobiliers qui lui reviennent du chef de Madame sa mère, déterminés qu'ils seront par la liquidation à intervenir[43]. » Le futur marié, Alexis-Henry-Évariste, était lui-même l'héritier d'une famille de négociants et de marchands d'esclaves de Saint-Domingue, et l'ayant droit de deux des successions contestées les plus célèbres des dernières années de la colonie, impliquant les familles de son grand-père paternel (dont les biens faisaient partie de la cargaison d'un négrier saisi par les Britanniques en 1780) et de sa grand-mère paternelle (dont la famille avait été poursuivie en 1807 au sujet d'une plantation de Saint-Domingue qu'elle avait achetée à crédit en 1786 pour un million de livres sans jamais payer)[44].

Par la suite, Marie Françoise et son époux ont eu deux enfants et ont vécu sur le Rempart du Midi chez le père de Marie Françoise. Alexis-Henry-Évariste y est mort en 1870, à trente-six ans ; son décès a été enregistré par son beau-frère et son cousin par alliance, Gabriel Kiener[45]. Marie Françoise ne s'est jamais remariée ; elle s'est retirée au bord de l'océan Atlantique, dans la station balnéaire d'Arcachon ; son fils est devenu lieutenant dans l'infanterie, et sa fille a épousé un lieutenant de cavalerie[46].

Angoulême dans les années 1860

L'année 1860 a marqué la fin d'une époque pour les Allemand Lavigerie. Jeanne *ainée*, la doyenne des sœurs du Rempart du Midi, est morte à Angoulême en juillet 1860 ; Silvestre Topin, le veuf de Jeanne Mariette, en mars de la même année. Parmi les autres sœurs, Jeanne Henriette et Jeanne Mariette sont mortes à Angoulême en 1852, et Françoise en 1853 ; Joséphine est morte à Bayonne en 1855 ; Martial à Angoulême en 1856[47]. À la fin de l'été 1860, Louise Mélanie, la benjamine des sœurs, dernier enfant du couple du contrat de mariage de 1764, s'est donc retrouvée seule dans la maison du Rempart du Midi[48]. Quelques semaines plus tard, les voies de chemins de fer furent le théâtre d'une nouvelle tragédie familiale. Peu après le mariage de son plus jeune fils, célébré à Rochefort en juin 1860, Léon Philippe, fils aîné de Martial né à Angoulême en 1795, se retira de l'administration des douanes pour ses vieux jours après y avoir passé quarante-trois ans[49]. Au cours de l'été, il partit s'installer dans la pittoresque ville de Saumur, sur la Loire, et le 14 septembre 1860, un peu avant minuit, il décéda à la gare. Il avait soixante-cinq ans. Deux témoins sont mentionnés sur son acte de décès, tous les deux employés des chemins de fer et dans l'incapacité d'écrire leur nom pour signer[50].

Dans les années 1860, Angoulême était, comme à l'époque du mariage de Françoise Ferrand et Étienne Allemand un siècle plus tôt, dominée par l'Église et l'État. En 1869, quand l'évêque d'Angoulême consacra par une bénédiction la nouvelle ligne de chemin de fer reliant Angoulême à Rochefort, il fit l'éloge des trois mêmes industries locales que Turgot avait identifiées du temps de la crise bancaire un siècle auparavant : la fabrication de papier (« livré blanc et immaculé à tous les caprices de la pensée humaine »), le commerce de l'eau-de-vie (« cette précieuse liqueur »), et l'industrie de la forge servant à approvisionner la marine, à laquelle s'était ajoutée, depuis 1819, la Poudrerie nationale, usine royale fabriquant les explosifs militaires dans laquelle Balzac logeait lorsqu'il séjournait à Angoulême[51]. Il y avait aussi « cette grande entreprise » de construction, avec son « indestructible ciment », « l'embellissement [des] rues et [des] places publiques », les nouvelles églises Saint-Jacques, Saint-Martial et Saint-Ausone, et le renouveau de l'« autorité municipale »[52].

Le déploiement du nouvel ordre architectural – à travers les « entrepreneurs », les entreprises de construction et de démolition qui rénovaient et bâtissaient des églises et perçaient de « larges rues », ou encore les architectes qui concevaient des prisons – était toujours, comme pendant les premières années de la Restauration, au centre de la prospérité de la ville[53]. En 1860, l'architecte Paul Abadie était toujours à Angoulême, et toujours « inspecteur des édifices diocésains ». Son fils, également prénommé Paul, était devenu l'« architecte diocésain » des départements de la Charente, de la Dordogne et du Lot, et l'imprésario de la municipalité d'Angoulême[54]. L'industrie locale du bâtiment était déjà florissante en 1753, quand Louis Ferrand et son associé, menuisier et charpentier, ont quitté Bordeaux pour bâtir une nouvelle plantation sur l'île de la Grenade. Même les « dépenses et ouvrages faits au temple de la Raison » en 1793 avaient donné lieu à l'établissement d'un important contrat pour les menuisiers, les tailleurs de pierre et les plâtriers[55]. Mais le boom de la construction dans l'Angoulême du XIXe siècle était d'une tout autre ampleur.

La « magnificence des choses publiques » était la marque la plus durable de la prospérité des villes, avait précédemment déclaré l'évêque d'Angoulême alors qu'il consacrait la première pierre du nouvel hôtel de ville – ouvrage néogothique mêlant « noblesse », « antiquité », « autorité » et « souvenirs » – conçu par Abadie fils et devant être construit sur le site de l'ancien château. Cela relevait d'« un certain luxe grave » qui convenait bien à la société restaurée de l'époque[56].

L'hôtel de ville, qui devait surplomber l'ancienne Isle de la Cloche Verte et l'ancienne paroisse de Saint-Antonin, scellait le triomphe de l'industrie locale. L'« entrepreneur des travaux publics » partenaire d'Abadie pour la construction de l'hôtel de ville était le petit-fils d'un tailleur de pierre, un des 4 089 individus figurant dans les registres paroissiaux de 1764 ; il avait signé le registre de la paroisse de Saint-Antonin à l'occasion du mariage de sa sœur avec un soldat invalide, fils d'un « entrepreneur des bâtiments[57] ».

La vie économique d'Angoulême au milieu du XIXe siècle offre un exemple spectaculaire de ce que David Todd a appelé la « modernité contre-révolutionnaire[58] ». Car c'est de fait aussi un exemple de l'heureuse collaboration entre l'Église, l'État et l'entreprise commerciale. Angoulême était une ville néo-impériale. Lors de la première élection présidentielle de décembre 1848, Louis-Napoléon y a reçu 90 % des voix, contre 74 % à l'échelle du pays[59]. Pendant la consécration du futur hôtel de ville en 1858, l'évêque adressa d'abord une bénédiction à « notre glorieux empereur », puis au maire et à « l'éminent architecte, enfant chéri de cette ville » ; la première pierre de l'église néogothique Saint-Ausone, financée par un emprunt municipal d'un million et demi de francs, fut quant à elle posée sur « une pièce d'or à l'effigie de Napoléon III, empereur des Français, et au millésime de 1864[60] ». Diverses festivités entourèrent alors la consécration de l'hôtel de ville, et pour la plus étrange d'entre elles, le bibliothécaire municipal d'Angoulême composa une ode de cent cinquante-six vers louant la « lumineuse atmosphère » et la « blonde aurore » de la ville avant d'évoquer les cérémonies à venir dans l'empire millénaire de « Napoléon le trentième »[61].

Dans ces cérémonies, la nouvelle économie impériale laissait aussi entrevoir ses liens avec l'étranger, notamment militaires. L'influence du monde extérieur sur la société provinciale était toujours diffuse, comme elle l'était en 1764 et comme elle l'a été de manière plus générale dans la vie des Allemand et des Ferrand au fil des cinq générations. La paix universelle est « une illusion de l'orgueil », dit l'évêque d'Angoulême dans l'oraison funèbre qu'il prononça pour les soldats tués à Sébastopol pendant la guerre de Crimée et les enfants du pays morts en Algérie et à Paris « pour la défense de l'ordre social » – référence au neveu par alliance d'Étienne Ferrand, Jacques Martin de Bourgon, disparu lors de la révolution de 1848[62]. Même le bibliothécaire municipal avait inclus dans son ode quelques vers sur « le flot d'airain » transformé en

« masse durcie » dans les fonderies locales pour être acheminé « sur les mers de Russie [et] démanteler Sébastopol »[63].

Les jeunes hommes, de fait, quittaient encore la ville d'Angoulême pour aller chercher fortune loin de chez eux. Les registres de l'état civil de la ville comprennent des transcriptions d'actes de décès concernant des individus originaires d'Angoulême morts à d'autres endroits. En 1852, année durant laquelle Jeanne Henriette et Jeanne Mariette sont mortes, un matelot est mort à Calcutta, et un autre à Fort-de-France en Martinique ; un soldat est également mort en Corse, et un étameur à Oran. Un tailleur de pierre ou « entrepreneur » en bâtiment a quant à lui perdu la vie à San Francisco à l'âge de trente-huit ans, et un autre homme d'Angoulême (dont le frère est quant à lui mort en Guadeloupe) est décédé à San Francisco cette année-là ; le témoin de son décès à San Francisco, lui-même né à Angoulême, était le petit-fils d'un commerçant de la ville rentré de Guadeloupe après avoir fait fortune[64]. En 1864, un siècle après la signature du contrat de mariage des parents des sœurs de la pension des remparts, un soldat de l'« infanterie légère d'Afrique » succombait à la dysenterie à l'hôpital maritime de Shanghai, un fusilier de l'« armée d'Amérique » était emporté par la fièvre jaune à Vera Cruz au Mexique, et un « matelot de troisième classe », prisonnier de guerre à la forteresse d'Ulúa, mourait à l'hôpital maritime de Vera Cruz[65].

Martial Allemand Lavigerie, décédé à Angoulême en 1856, s'était préoccupé toute sa vie des nouvelles en provenance de l'outre-mer, et la famille en guettait toujours après sa mort. Un de ses petits-fils servait dans l'armée au Mexique, et un autre dans la marine à Tahiti. Sa fille mourut sans avoir hérité de la fortune disparue de Saint-Domingue ; en 1858, sa petite-fille Marie Françoise se lia par mariage à une dynastie de marchands d'esclaves elle aussi associée à Saint-Domingue. Le seul de ses petits-fils resté à Angoulême, le frère de Marie Françoise, héritier de la papeterie de la Courade, épousa lui aussi une femme issue d'une famille de soldats et de propriétaires de plantations. Le beau-père de Georges Henry Lacourade était un ancien colonel ; sa femme était l'arrière-petite-fille d'Elizabeth Stubbs et Abraham François Robin, les propriétaires d'esclaves qui avaient pris la fuite et quitté l'île de Saint-Vincent pour rentrer à Angoulême dans les années 1780[66].

Maria Alida

Même Paul Abadie fils, architecte de très nombreuses structures à Angoulême au XIXe siècle, était lié aux îles de l'Empire français. Pendant trois générations, la vie des Abadie a été contiguë à celle des Allemand Lavigerie, et leur existence a été comme celle des petits-enfants de Marie Aymard bouleversée par l'effervescence des décennies révolutionnaires. Silvestre Topin aspirait au poste d'architecte du département qu'Abadie père a occupé pendant trente-cinq ans ; les Abadie possédaient une maison dans la même rue que Camille Alexandre Lavigerie et Pierre Auguste Henry Lacourade[67]. De nombreuses années plus tard, Paul Abadie fils fut témoin au mariage du fils de Marie Louise Allemand Lavigerie et Jean Henri Portet, les époux du funeste contrat de mariage de 1851[68]. Pour l'évêque d'Angoulême, il était l'« enfant chéri de cette ville », et sa vie offre aussi une illustration frappante de l'évolution des mœurs à cette époque.

Paul Abadie fils est né à Paris en 1812 ; ses parents n'étaient pas mariés et ils ne se marièrent jamais[69]. En 1846, alors qu'il était « second inspecteur de l'agence des travaux de restauration de Notre-Dame de Paris », il a épousé à Angoulême une jeune Guadeloupéenne de seize ans du nom de Maria Alida Camia. Maria Alida vivait à Angoulême sur le Rempart du Midi, dans la demeure d'un ancien professeur ; la maison se trouvait à trois portes de la pension des sœurs Allemand Lavigerie. Dans l'acte du mariage, elle est réputée née à Pointe-à-Pitre et « fille mineure de père et mère inconnus »[70]. L'ancien professeur, inventeur d'instruments cosmographiques, est identifié comme le tuteur légal de Maria Alida ; l'épouse de ce professeur, par une de ces coïncidences étranges dont l'histoire d'Angoulême regorge, était la nièce du révolutionnaire Léonard Robin, fille du plus rapace des frères qui a présidé à l'inventaire des biens meubles de ce dernier, ainsi qu'à la dépossession de son fils « naturel[71] ».

Maria Alida Camia, elle, est née esclave en Guadeloupe, en ou vers 1830. Elle apparaît pour la première fois dans l'état civil de l'île en 1834, âgée de quatre ans, au moment où le gérant d'une plantation de Sainte-Rose fait enregistrer son affranchissement[72]. Toutefois, Maria Alida pouvait aussi prétendre à un héritage. Dans un testament manuscrit de 1843, le propriétaire de la plantation de Sainte-Rose, qui vivait alors en Gironde, l'avait en effet reconnue comme son enfant – « en des termes qui n'[avaient] rien d'équivoque » d'après une décision de justice ultérieure[73]. L'administrateur de la plantation qui avait déclaré son affranchissement en Guadeloupe et vivait désormais lui aussi en Gironde, fut l'un des témoins de son mariage à Angoulême[74].

Comme beaucoup d'autres couples de cette histoire, Paul Abadie et Maria Alida Camia ont signé un contrat de mariage dans une maison du Rempart du Midi d'Angoulême : celle du professeur chez qui la future mariée vivait. Paul apportait au mariage de l'argent et des biens d'une valeur de 10 000 francs ; son père lui faisait don d'une maison sise à Angoulême. Maria Alida apportait 80 000 francs dont 10 000 étaient « présentement » versés à Paul ; des intérêts annuels étaient prévus, et le solde devait être acquitté à la mort du propriétaire de la plantation, père de Maria Alida. Le contrat fut signé par un nombre impressionnant de personnalités locales venues s'ajouter au gérant de la plantation, aux parents de Paul et au tuteur cosmographe de Maria Alida ; on compte parmi elles un ancien capitaine du corps d'ingénieurs de Napoléon, fils de l'un des signataires du contrat de mariage de 1764, un marchand de meubles, et le secrétaire de la mairie en charge du *Journal des maires d'Angoulême* de l'époque révolutionnaire[75].

Après le mariage, Paul Abadie est rentré avec Maria Alida à Paris et a repris son travail de restauration à la cathédrale Notre-Dame. Maria Alida a donné naissance à leur fils à Paris en 1847, et en 1849, Paul a été nommé architecte diocésain d'Angoulême, Périgueux et Cahors[76]. Le père de Maria Alida est mort en 1860, et en 1862, Paul et Maria Alida ont perdu le procès qu'ils avaient intenté pour faire valoir son testament : selon la Cour de cassation, la reconnaissance d'un enfant naturel ne pouvait pas être établie sur la seule base d'un testament manuscrit non certifié par les autorités publiques. Toutefois, en 1869, les sommes dues selon les termes du contrat de mariage étaient acquittées, et en 1870, le couple recevait 40 000 francs supplémentaires via un autre legs reçu par Maria Alida en vertu d'un autre testament manuscrit[77]. En 1874, Paul Abadie fut sélectionné pour être l'architecte de la nouvelle basilique du Sacré-Cœur ; à cette occasion, il est décrit comme « un catholique convaincu » dont les précédents ouvrages – les cathédrales qu'il a restaurées et les quatorze églises qu'il a construites – laissent augurer de futurs succès[78].

Paul et Maria Alida vivaient à la fois à Paris, rue de Berlin, et dans une maison de campagne de la banlieue idyllique de Chatou, au bord de la Seine, au nord-ouest de Paris. C'est à Chatou que Paul Abadie est mort en 1884, dans une nouvelle tragédie familiale de l'ère ferroviaire. Un soir d'été, alors qu'il se trouvait à la gare, attendant des amis qui devaient arriver de Paris, il fut terrassé par une crise d'« apoplexie foudroyante[79] ». L'inventaire réalisé après sa mort donne à voir une famille bien établie et prospère. Paul Abadie devait 1 095 francs au nouveau grand magasin Au Bon Marché ; il y avait deux mille pots de fleurs dans la serre de sa maison de campagne[80]. Maria Alida Camia est morte en 1903 à Neuilly-sur-Seine. Son acte de décès stipule qu'elle était née en Guadeloupe, « fille de père et mère décédés dont les noms sont ignorés des déclarants[81] ».

Histoires de la vie économique : Banque et inexactitude

La suite de l'histoire des Allemand Lavigerie dans la banque, pour en revenir à la vie économique des membres de la famille et au jeune marié de 1851, fut un succès mitigé. Scipion Allemand Lavigerie, fondateur de la banque « Lavigerie et Demorieux », est mort dans son hôtel particulier du centre du Mans en 1853, à cinquante-six ans. Il était veuf, il n'avait pas d'enfant, et son héritage est revenu à son frère d'Angoulême, Camille Allemand Lavigerie. Scipion était un homme riche, propriétaire de biens immobiliers au Mans et dans la commune voisine de Saint-Pavace ; ses meubles et possessions immédiates furent estimés à 154 356 francs[82].

Camille partit pour Le Mans avec sa femme, sa fille, son gendre et son jeune petit-fils ; ils s'installèrent avec sa mère veuve dans la maison que Scipion avait achetée sur la place des Halles[83]. C'est Henri Portet, le gendre de Camille, qui fut le protagoniste de la dernière période, pour le moins agitée, de l'histoire de la famille dans la banque. Lorsque la famille était arrivée au Mans en 1854, l'ancien partenariat « Banquiers : Lavigerie et Demorieux » était toujours là[84]. Mais en 1855, tout avait changé. Dans l'annuaire du commerce de Firmin-Didot, il était désormais fait mention de « Lemarchand, successeur de Lavigerie et Demorieux » (toujours spécialiste de la fabrication de sacs), et l'année suivante, dans la liste des banquiers, on trouvait « Portet-Lavigerie et Cie »[85].

C'était une époque de « production [...] illimitée », avaient écrit les négociants en lin du Mans dans la pétition de 1842 que Scipion avait signée pour s'opposer aux « droits prétendus protecteurs » et à une

« condition digne de la barbarie industrielle et commerciale du Moyen Âge »[86]. Dans les années 1850, la ville du Mans était elle-même un centre industriel pourvu de « scieries mécaniques », de fonderies de zinc et de « moulins hydrauliques » où l'on produisait aussi « amidonnerie et féculerie par machine à vapeur ». (On y voyait également des « voitures », des appareils pour peser les « voitures » et des « voitures en tout genre » qui finirent par sceller de manière durable le destin de la ville – notamment avec *L'Obéissante*, la première automobile produite en France pour les particuliers, conçue par un inventeur dont le père était fondeur de cloches d'église dans un faubourg du Mans[87].)

La banque Portet-Lavigerie connut en ces temps propices un succès immédiat. La « Maison Portet-Lavigerie » fut au Mans la correspondante de quelques-uns des plus grandioses projets d'investissement du Second Empire : pour les carrières de marbre en 1856, la ligne de chemin de fer reliant Galveston à Houston en 1857, et le canal de Panama[88]. Comme le montrent les documents d'un procès qu'elle a intenté contre un client pour un défaut de paiement de commissions s'élevant à 85 679 francs, la compagnie s'est spécialisée dans l'arbitrage sur les marchés londoniens. (Elle a fini par perdre ce procès en appel, et le jugement lui a valu une petite place dans la jurisprudence commerciale naissante en matière de change des devises étrangères ; selon l'arrêt de la cour : « le banquier qui reçoit en compte courant des traites en livres sterling tirées sur l'Angleterre, doit tenir compte au remettant du bénéfice provenant du change des livres sterling en valeurs françaises selon le cours de Londres ; il n'a pas le droit de substituer au prix exact du change une moyenne établie arbitrairement par lui pour la masse des opérations[89]. »)

Henri Portet utilisait alors le nom de son épouse et de son oncle déjà auréolé de succès : dans la vie publique, il se faisait appeler « Portet-Lavigerie ». Il rendait des avis d'expert sur les exportations agricoles du département de la Sarthe « à l'aide [disait-il] de ses connaissances personnelles et de quelques renseignements [...] recueillis auprès de négociants reconnus et sérieux »[90]. Il fut à titre honorifique « administrateur » puis « censeur » de la succursale locale de la jeune Banque centrale baptisée Banque de France ; un rapport envoyé au secrétariat général de la Banque centrale en 1871 le décrit comme « le principal banquier de la ville[91] ». La maison familiale, ancienne résidence de Scipion sur la place des Halles, est identifiée dans un guide de voyage comme « le bel hôtel qu'occupe aujourd'hui M. Portet-Lavigerie[92] ».

Henri prit également pour associé un homme plus jeune issu d'une famille de colons nantais, lui-même ancien directeur de la succursale de la Banque de France au Mans. La nouvelle banque se fit ainsi appeler « Portet-Lavigerie et Talvande[93] ».

La maison de campagne des Portet-Lavigerie à Bougeance, Saint-Pavace, devint un lieu de résidence secondaire pour la famille élargie d'Angoulême[94]. Louise Mélanie Allemand Lavigerie, dernière des cinq sœurs de la pension du Rempart du Midi et benjamine des treize enfants du couple du contrat de mariage de 1764, y est morte en 1865 ; elle avait alors quatre-vingt-trois ans, et était, dit-on, en visite chez son neveu lorsqu'elle décéda dans « la maison de campagne de M. Allemand Lavigerie[95] ». Sa nièce, Marie Théonie Topin, fille de l'architecte révolutionnaire Silvestre, est, elle aussi, morte à Saint-Pavace, à l'âge de soixante-sept ans, en 1868 ; sur son acte de décès, elle est réputée « domiciliée au Mans, place des Halles », « décédée en sa maison de campagne sise à Bougeance[96] ».

Les Allemand Lavigerie sont parvenus au faîte de la réussite sociale en 1876, avec le mariage d'une autre fille. Julie Marie Valentine Portet se trouve être la descendante directe – dans la lignée maternelle, fil rouge de la vie de cette famille – de Marie Aymard, la veuve illettrée d'Angoulême en quête d'informations concernant l'héritage de son défunt mari en 1764. Françoise Ferrand (qui a épousé Étienne Allemand en 1764) était la fille de Marie Aymard ; Jeanne Allemand Lavigerie (qui a épousé Silvestre Topin en 1801) était la fille de Françoise ; Françoise Méloé Topin (qui a épousé Camille Allemand Lavigerie en 1830) était la fille de Jeanne ; Marie Louise Allemand Lavigerie (qui a épousé Henri Portet en 1851) était la fille de Françoise Méloé ; Valentine Portet était la fille de Marie Louise, et au moment de son mariage au Mans en 1876, elle gravitait dans un univers très différent de celui de son arrière-arrière-arrière-grand-mère.

Valentine, comme sa mère Marie Louise en 1851, était une riche héritière, et son promis Olivier Boittelle appartenait à l'élite politique du Second Empire récemment renversé. Dans l'acte de mariage, Olivier Boittelle est dit chef du mouvement d'un embranchement ferroviaire sis dans la Sarthe. Il était aussi le fils de l'une des figures les plus puissantes et les plus craintes des années 1860, Symphorien Casimir Joseph Boittelle, préfet de police de Paris et sénateur de Napoléon III. La mère d'Olivier, Amélie Caroline Guillaumine Haussmann, était décédée quelques années auparavant. Olivier se trouve avec son père sur l'une des premières photographies de la vie de famille, aujourd'hui conservée au musée d'Orsay avec les portraits des notables de l'Empire : sur cette photographie intitulée « M. Boittelle et son fils Olivier », un homme aux cheveux gris regarde affectueusement un jeune garçon mal à son aise[97].

L'acte de mariage de Valentine est signé par ses parents et ses grands-parents, Camille Alexandre Allemand Lavigerie et Françoise Méloé Topin, le couple du mariage consanguin de 1830. Aucun autre Lavigerie n'était présent. Plusieurs Boittelle ont signé, ainsi que le nouvel associé de Portet-Lavigerie, Talvande. Le témoin de la mariée était son cousin Georges Henry Lacourade, de la papeterie de La Couronne. Le témoin du marié était également un cousin : « Georges Eugène baron Haussmann », parent éloigné de la défunte mère d'Olivier, préfet de la Seine, sénateur et démolisseur visionnaire du Paris de l'époque moderne[98].

Les deux jeunes époux sont vite devenus la coqueluche de la société provinciale de la Sarthe. Ils se sont installés près du Mans dans une autre propriété, le « Château de Mortrie », et ont adopté le mode de vie de l'aristocratie terrienne ; Olivier Boittelle s'est lancé dans l'élevage des chevaux et des taureaux, il a créé un haras et il s'est fait connaître en tant que « *sportsman*[99] ». Le frère de Valentine, René, né à Angoulême en 1852, suivait des études de droit et a écrit deux thèses de doctorat qu'il a dédiées à ses grands-parents. L'une de ces thèses, en droit romain, porte sur la condition juridique des esclaves affranchis non citoyens (les « Latins Juniens ») ; l'autre, en droit français, s'intéresse à la naturalisation et à la condition juridique des étrangers en France[100]. René Portet s'est marié à Paris en 1883 (Paul Abadie, qui concevait alors la basilique néobyzantine et néo-ottomane du Sacré-Cœur de Paris, a assisté au mariage en tant que témoin). Quelques années plus tard, sous la IIIe République, il est revenu à Angoulême en tant que procureur au sein du palais de justice de la place du Mûrier[101].

Toutefois, des signes laissaient aussi présager que l'activité bancaire des Portet-Allemand-Lavigerie ne se portait pas bien et que l'histoire économique de la famille allait prendre un mauvais tour. En 1872, un rapport d'inspection de la Banque de France indique que la maison Henri Portet-Lavigerie et Talvande est « un peu lancée mais très bien dirigée par M. Portet qui est très capable – [et précise :] Talvande, très ardent mais considéré comme peu sérieux ». En 1874, un compte rendu fait état de « la manière un peu aventurière dont elle travaille ». En

1876, le rapport est plus positif – « en définitive, est en bonne situation » –, et en 1877, la banque « inspire confiance ». En 1880, les associés « font des prêts assez nombreux, mais pour des sommes qui ne peuvent pas les compromettre[102] ».

La « Banque Portet-Lavigerie et Talvande » cessa ses activités en 1881 et fut remplacée par une nouvelle compagnie, « Talvande et Cie », dotée d'un capital de six millions de francs et dirigée par le seul Félix Talvande ; l'inspection de la Banque de France considérait alors qu'ellc était dans une « position exceptionnellement bonne ». D'après les circulaires rassurantes adressées à la clientèle, « M. Portet Lavigerie [continuait d'apporter] le concours de ses capitaux et l'appui de son expérience[103]. » Camille Allemand Lavigerie, le dernier petit-enfant encore en vie du couple du contrat de mariage de 1764, est décédé en novembre 1881 à l'âge de quatre-vingt-un ans[104]. La liquidation officielle de la Banque Portet-Lavigerie eut lieu la semaine suivante ; Henri Portet-Lavigerie devint alors président du conseil de surveillance de Talvande et Cie[105].

Quelques années plus tard, un drame personnel et économique se déroula au Mans, suscitant, selon un journal local, une vive « émotion[106] ». En 1884, le rédacteur du rapport d'inspection de la Banque de France nota – à l'encre rouge – que les opérations de Talvande et Cie devaient être « suiv[ies] avec soin », et en 1885, qu'elles étaient « critiquable[s] ». Le capital de la banque fut dit-on porté à dix millions de francs en 1887, et en 1888, elle accorda des prêts pour une valeur de vingt-deux millions de francs[107]. En mars 1889, « Talvande et Cie » fut mise en liquidation judiciaire, et Félix Talvande se déclara lui-même en faillite. Il fut arrêté et emmené au palais de justice, puis en prison, à bord d'une calèche qui l'attendait dans la cour de sa résidence. Sa femme renonça à « sa fortune personnelle ». Un fabricant de chaussures de la ville qui devait un million de francs à Talvande et Cie et employait deux cents ouvriers fut arrêté le même jour ; « on s'attend[ait] à d'autres sinistres[108]. »

Le procès qui s'ensuivit, entre jugements et appels, dura plus de cinq ans et fut implacable pour Henri Portet-Lavigerie. Les actionnaires de la banque de Talvande avaient perdu six millions de francs ; avec les créanciers de la banque, ils poursuivirent Henri et d'autres membres du conseil de surveillance devant le tribunal de commerce du Mans (celui-là même où Scipion Allemand Lavigerie, oncle d'Henri par alliance et fondateur de la banque familiale, avait été juge) ; le procès qui se tint en 1890 fut très suivi. Le tribunal condamna Henri à payer 55 000 francs de dommages, plus les intérêts accumulés et les frais de justice, pour fautes graves. En 1891, une cour d'Angers réduisit le montant des dommages et intérêts dus par les autres prévenus, mais confirma le jugement prononcé à l'encontre d'Henri[109].

Les détails étaient accablants. Selon le jugement rendu par le tribunal, le conseil de surveillance n'avait « jamais fait les vérifications prescrites par les statuts de cette société et par la loi » ; s'il l'avait fait, il aurait « facilement reconnu ou constaté les inexactitudes des comptes et des relevés de situation présentés par Talvande, et les crédits excessifs par lui consentis à certains clients » ; au lieu de cela, il avait « continué à se fonder sur la réputation de prospérité de la banque [...] jusqu'à la catastrophe finale ». En tant que président, Henri Portet-Lavigerie était en particulier chargé de fournir des rapports aux actionnaires ; il connaissait personnellement la situation financière des clients de l'ancienne et de la nouvelle banque, il avait l'expérience des opérations bancaires, et s'il avait ne serait-ce que regardé les portefeuilles et les inventaires, il aurait « facilement découvert le caractère frauduleux et mensonger de ces états et de ces comptes » ; or il avait reçu « des sommes importantes à titre de part dans les bénéfices » de la banque[110].

L'ultime jugement rendu par la Cour de cassation, plus haute juridiction civile, fut impitoyable. L'arrêt de 1894 fit date dans la jurisprudence relative aux responsabilités fiduciaires des directeurs de sociétés financières et concernant la répartition des dommages et intérêts entre les créanciers et les actionnaires. Le tribunal de première instance s'était trouvé dans l'obligation de répartir les responsabilités des membres du conseil de surveillance « selon la gravité des fautes commises », écrivait la cour ; quant à Portet-Lavigerie, il était président de ce conseil, il avait une responsabilité propre eu égard aux rapports, il jouissait d'une connaissance particulière des clients de la compagnie, et « à l'époque où cette société avait été créée dans le but de continuer ses affaires de banque, il lui avait promis le concours de son expérience et de ses aptitudes spéciales ». C'était là des faits, non des questions pouvant être révisées par la juridiction supérieure ; le jugement des instances inférieures était donc maintenu[111].

Henri s'était retiré à Paris avant que l'affaire fût portée devant le tribunal de grande instance et que les ressorts complexes de son implication dans la « Banque Talvande » commencent à se faire jour. D'autres procédures judiciaires s'ensuivirent. Il s'avéra que Félix Talvande, la banque et lui étaient copropriétaires d'une manufacture d'ardoises implantée sur les collines boisées des Ardennes ; au Mans, même la société horticole de la préfecture fut obligée de réduire ses dépenses pour « les travaux d'embellissement » des jardins publics « par suite de la faillite de la banque Talvande[112] ».

Néanmoins, les Portet étaient toujours une famille riche et respectable. Ils possédaient une villa à Arcachon, à laquelle ils avaient donné le nom de leur fille, Valentine[113]. À Paris, ils ont d'abord vécu rue Gluck, juste derrière l'Opéra, au cœur de la métropole conçue par Georges Eugène Haussmann, puis rue Mogador, derrière le boulevard Haussmann[114]. La famille restait ancrée dans l'univers du Second Empire. Valentine vivait à proximité, sur le faubourg Saint-Honoré et séjournait aussi dans le château (et haras) de la Sarthe[115]. Son mari, fils de l'ancien préfet de police, était un fidèle de la famille Napoléon ; en juillet 1891, *Le Figaro* rapporte que « M. Boittelle, fils de l'ancien préfet de police de l'Empire, part aujourd'hui sur *Le Tigre*, des Messageries maritimes. Il emmène trois magnifiques chevaux qu'il va remettre au prince Louis-Napoléon à Tiflis [Tbilissi] ». (Louis-Napoléon était le frère cadet du prétendant au trône « Napoléon V » ; il était à l'époque colonel de la Garde impériale russe[116]).

D'autres membres de la famille provinciale des Allemand-Lavigerie avaient eux aussi fini par s'établir à Paris. Ils étaient même presque voisins – entre mobilité et immobilité, tel un conte de deux villes à la Dickens – de leurs lointains cousins d'Angoulême, issus de l'autre Françoise Ferrand. Les cinq sœurs célibataires du Rempart du Midi, qui ont présidé à tant de mariages au sein de la famille, étaient les cousines germaines de Françoise Ferrand, fille de Jean-Baptiste venue s'installer à Paris au cours des premières années du XIXe siècle et morte dans la misère en 1860 à Montmartre, rue Myrha. Les cousins se connaissaient comme les cousins germains se connaissent : ils avaient été voisins durant l'enfance, avant que Françoise ne parte à Saint-Domingue avec ses parents, et de nouveau lorsqu'elle était revenue à Angoulême en tant que réfugiée ; la mère des sœurs était la marraine de la jeune Françoise Ferrand.

Mais si les deux familles vivaient à un peu plus de deux kilomètres de distance dans les années 1890, elles évoluaient dans deux univers très différents. Rosalie et Louise Collet, les deux petites-filles de Françoise Ferrand Brébion, respectivement couturière et marchande ambulante à Montmartre, étaient les cousines au troisième degré de Marie

Louise Portet-Lavigerie. Or, qui connaît, aujourd'hui comme à l'époque, l'adresse de ses cousins au troisième degré ? À Montmartre, Rosalie et Louise vivaient dans l'ombre de l'immense chantier de construction de la basilique du Sacré-Cœur, symbole de renaissance morale après la dernière bataille du Second Empire (et la Commune de Paris, à laquelle les sœurs survécurent en 1871) ; le Sacré-Cœur était toujours en cours de construction quand son architecte Paul Abadie a assisté en tant que témoin au mariage de Marie Louise, en 1883. L'histoire de ces deux branches familiales permet d'apprécier, sur trois générations, la divergence des destinées, et les inégalités des trajectoires économiques dans la France du XIXe siècle. L'époux de Louise Collet, menuisier, est mort à l'hôpital public du Kremlin-Bicêtre en 1901 ; celui de Marie Louise Portet-Lavigerie en 1902, dans sa résidence de la rue Mogador, réputé « ancien banquier[117] ». La succession de ce dernier était constituée de toute une gamme d'obligations publiques et privées dans le « crédit foncier égyptien », la « rente chinoise », les « chemins de fer ottomans » et les « hypothécaires » de l'île de Cuba, plus des actions dans le journal *Le Figaro* et The Channel Tunnel Company Ltd (mais « les actions [étaient] sans valeur »). En tout, sa fortune fut estimée à 1 202 818 francs, mais comme une note le précisait au verso, elle se caractérisait aussi par une « insuffisance de revenus ». Marie Louise et lui étaient toujours propriétaires de la maison sur le Rempart du Midi d'Angoulême[118].

Vies économiques et non économiques

Cette enquête sur l'histoire de la vie économique au XIXe siècle a suivi le cheminement d'un petit nombre d'individus – la famille du couple du contrat de mariage de 1764 – dans l'espace, le temps et la condition économique. Elle a conduit aux registres des hypothèques, aux registres de l'emploi, à la jurisprudence des opérations de change de devises étrangères, à Tahiti, au Mexique et à un village désolé des Landes. Elle a aussi amené à appréhender des secteurs de l'économie restés pour la plupart périphériques dans l'histoire économique de la France du XIXe siècle. Les Allemand Lavigerie ont cherché fortune dans l'administration subalterne des recettes publiques et de l'armée, dans des entreprises qui se sont révélées infructueuses dans le secteur bancaire, y compris eu égard aux normes (évolutives) de la régulation financière, et dans la vaste économie de l'Église, qui fera l'objet de la dernière partie de ce livre. Le point d'attache de tous ces individus était une petite ville peu industrialisée où cinq institutrices célibataires avaient investi dans une propriété qui avait autrefois appartenu au chapitre des chanoines du diocèse d'Angoulême, devenue le fondement des trajectoires des membres de la famille.

L'enquête a aussi amené à aborder de grandes questions relatives à la mutation et à la modernité économiques. L'approche consistant à se pencher sur l'histoire économique en s'intéressant surtout à la production et à la consommation de biens matériels – comme chez Simiand, avec la notion de « caractère économique » –, est aujourd'hui dépassée. Dans cette optique, prendre en compte le « chiffre singulier » ou le destin de l'individu était exclu, si ce n'est tout bonnement déplacé, pour envisager l'histoire de l'évolution économique[119]. Cette enquête, elle, s'intéresse au contraire à la vie économique d'individus inscrits dans de multiples contextes. Elle est économique, et même hyperéconomique (ou microéconomique) dans la mesure où elle se préoccupe d'individus, comme Jeanne *ainée* et son petit-neveu du Mans, qui optimisaient les opportunités, déduisaient des loyers de leurs impôts et cherchaient à progresser dans la société.

Les historiens de l'économie ont montré que les campagnes françaises ont été un lieu de progrès porté par le crédit, où les « paysans [étaient] très impliqués sur les marchés ». Ils ont établi que le passage à l'industrialisation ne s'est pas fait par une voie unique, et qu'il n'y avait pas de dualité entre la vie « économique » de l'industrie moderne et les conditions « non économiques » de l'existence agricole[120]. Dans les années 1870, environ la moitié de la population française travaillait dans le secteur agricole. En ajoutant à ce chiffre les personnes employées dans le secteur de la construction, il se trouve que moins d'un tiers de la population travaillait dans l'industrie, et les autres – comme la plupart des membres de la famille de Marie Aymard – étaient employés dans les « services[121] ».

Au cours du siècle suivant, la part des services a augmenté jusqu'à représenter plus de la moitié de l'ensemble des emplois[122]. Mais on considère toujours les individus qui travaillent dans les différentes branches de ce secteur comme des acteurs pas tout à fait économiques. On les envisage – comme les paysans autrefois – comme des êtres préoccupés avant tout de leur propre sécurité et prisonniers d'« institutions rigides » ; ils sont en tout improductifs, ou ne produisent que des obstacles à l'évolution (comme les « soldats et les collecteurs d'impôts »)[123]. Il y a ainsi une asymétrie dans l'histoire de l'économie contemporaine, divisée de manière conventionnelle entre secteurs primaire (ou agricole), industriel et tertiaire (incluant les services publics). Le secteur primaire, de moins en moins important au fil du temps, apparaît aujourd'hui comme inventif et moderne ; le secteur tertiaire, celui des services, de plus en plus important et omniprésent, est très diversifié, difficile à appréhender, et constitue une anomalie dans l'histoire du changement économique vu sur le long terme.

Or, l'histoire des Allemand Lavigerie conduit justement, en deux siècles, à ce continent inexploré de l'« économie des services » mi-publique mi-privée en pleine expansion : le secteur économique dans lequel la plupart d'entre nous, et la grande majorité des individus vivant dans les pays les plus riches, travaillent aujourd'hui[124]. Le pari de l'histoire de la vie économique, dans sa forme la plus générale, est de penser avec l'histoire : il s'agit de poser des questions nouvelles aux sources historiques, tant sur le présent que sur le passé[125]. Plus que tout autre type d'histoire, l'histoire économique a tendance à produire de grandes histoires causales permettant de mieux nous orienter aujourd'hui (par exemple en considérant la manière dont les nations s'enrichissent). Mais il existe d'autres histoires, d'autres façons de penser avec les données et d'autres manières de réfléchir à partir des sources historiques – y compris sur la vie ici et maintenant.

Les Allemand Lavigerie ont travaillé, ou cherché à travailler, dans les services les plus « publics » de l'époque. Des lieux d'échanges incessants, au-delà des frontières entre le marché et l'État, entre le privé et le public. La pension des cinq sœurs était une école privée encadrée par l'inspection publique. L'État passait contrat pour les cierges et les uniformes, les prisons, les abreuvoirs et les églises néogothiques. L'armée et la marine étaient des marchés d'emplois dotés de leurs propres réseaux de contacts et d'information, comme les fonctionnaires des impôts et des douanes parmi lesquels Martial vivait à Bayonne, ou la vaste belle-famille de son petit-fils pharmacien de la marine : les officiers et capitaines de la marine de Rochefort. Il est même difficile de distinguer le « politique » de l'« économique » dans cette histoire d'aspirations. Dans l'histoire des biens nationaux du centre d'Angoulême, il est évident que les relations politiques étaient une source d'opportunités économiques ; Étienne Lavigerie en a bénéficié en 1791. Les Abadie père et fils et le beau-frère d'Étienne, Silvestre Topin, avec son fils et sa petite-fille prénommée « Marie Antoinette », ont cheminé dans la société en tant qu'architectes publics dans le contexte mouvant de la Restauration, de la monarchie de Juillet et de l'Empire.

Les services publics ou publics-privés étaient archaïques dans la mesure où l'Église, l'armée et le système de collecte des impôts étaient déjà des sources très importantes d'emplois – et de volatilité – dans l'Angoulême du XVIIIe siècle. Mais ils étaient en même temps modernes de par leur relation aux nouvelles technologies. Les Allemand Lavigerie n'ont jamais produit de nouvelles techniques, ni même, en tant qu'employés, de marchandises issues de nouvelles techniques comme le tisseur de toiles métalliques qui s'est marié à Angoulême en 1864. Mais ils consommaient les innovations de l'époque, et ils étaient entourés de nouveaux modes d'information et de transport – en témoignent les tragédies survenues dans les gares de chemin fer. L'armée – comme l'Église, on le verra avec l'histoire de Charles Martial en Algérie – utilisait les technologies les plus récentes. Avant d'être promu lieutenant en novembre 1870, Henri Silvestre Topin était ingénieur militaire, « détaché au service du génie militaire » pour les travaux télégraphiques de la défense de Paris. Léon Bernard, qui a quitté la marine (et la pharmacie) pour exercer en tant que médecin à Vichy, était, de tous les membres de la famille, le plus proche de la science moderne des années 1860.

L'« économie des services » du XIXe siècle est un objet d'étude historique à la fois vaste et nébuleux, et à l'époque, on n'a pas fait grand cas des différents secteurs (improductifs) qui la composaient. Les entrepreneurs et employés de ces secteurs n'étaient pas exactement des hommes et des femmes « économiques », ou alors seulement de manière sournoise, dans la mesure où ils étaient à la recherche de gains et ne cessaient de jauger les normes et les règles. Mais l'histoire de cette économie est importante, et elle peut être étudiée « d'en bas », ou de l'intérieur, tout comme on a étudié celle de l'agriculture et de la production paysanne, à partir des documents juridiques, des transactions de crédit et des archives de la vie familiale. L'histoire par contiguïté des Allemand Lavigerie indique à ce sujet quelques pistes intéressantes.

Sonder ces histoires familiales permet aussi par ailleurs d'étayer un autre aspect de l'histoire économique de la France. Il est désormais établi grâce à des avancées importantes dans la recherche historique que la croissance économique a été, à de multiples égards, une conséquence des échanges avec l'étranger[126]. Cette histoire, comme celle des Allemand Lavigerie – qui commence dans la société provinciale d'Angoulême et va désormais se déployer avec Charles Martial et sa sœur Louise dans les colonies françaises – est une histoire d'influence autant qu'une histoire d'échanges. Elle débute au milieu du XVIIIe siècle avec l'expansion du commerce et l'accroissement des profits de l'économie négrière dans l'océan l'Atlantique et se poursuit avec la très forte hausse des exportations et des investissements à l'étranger sous le Second Empire et la IIIe République. C'est une histoire qui reste obscure, en partie à cause de la nature insaisissable de la distinction entre échanges « nationaux » et « internationaux » dans le contexte d'un État multiterritorial, d'entreprises commerciales multicontinentales, et d'une domination à la fois formelle et informelle. Mais il s'agit d'une histoire – comme celle de la famille de Marie Aymard sur cinq générations – de réseaux d'information, et même d'une espèce de contagion (sociale) de l'outre-mer, loin dans l'intérieur des terres françaises.

Il y a d'autres liens économiques à considérer : d'autres manières d'aborder l'histoire d'un petit nombre d'individus et de resituer leurs vies dans des histoires plus vastes ou plus notables. Les réseaux de propriétaires de biens nationaux urbains dans l'Angoulême du début du XIXe siècle, et en particulier les réseaux de relations marchandes (estimations, crédits, enregistrements, réparations) impliquées par l'acquisition du nouveau bien, soulèvent des questions intéressantes quant à l'héritage de la Révolution dans la consolidation des institutions du marché en France. Même chose pour les registres de l'emploi, qui varient beaucoup en ce qui concerne les femmes, et dans leurs relations avec d'autres sources d'information.

Enfin, l'histoire de la famille de Marie Aymard au XIXe siècle fait aussi écho à l'histoire des inégalités. L'inégalité est une condition qui peut être mesurée à partir des statistiques sur la richesse, les revenus ou la qualité de vie, et qui est aussi une donnée politique dans la mesure où elle affecte la vie des gens. Il est concevable, même au sein d'une famille aussi repliée sur elle-même, que les cousines au troisième degré vivant à Paris à la fin du siècle – la marchande ambulante Louise Collet et Marie Louise Portet-Lavigerie – ne se connaissaient pas et ne savaient même pas que l'autre existait. Mais qu'en était-il de Jeanne *ainée* à la pension du Rempart du Midi et de sa cousine germaine Françoise Ferrand, qui vivait dans la pauvreté avec ses deux petites-filles rue Myrha à Montmartre ? Jeanne *ainée* et Françoise sont mortes à quelques semaines d'intervalle, au cours des premiers mois de l'année 1860. Cela fait aussi partie de l'histoire de l'inégalité et de ce qu'elle implique, au fil de la vie des individus.

Chapitre 10

Charles Martial et Louise

Histoires de la vie économique : L'Église

La dernière entreprise familiale a été de loin la plus réussie. Avec elle, les Allemand Lavigerie sont entrés dans l'histoire mondiale. Elle fut le fait d'un seul individu, Charles Martial Allemand Lavigerie, l'« abbé Lavigerie » de tant d'événements familiaux. Elle constitue une histoire économique, et aussi une histoire importante sur le plan politique car elle a eu des répercussions sur la vie de centaines de milliers de personnes en Afrique, en Asie et en Europe, sur l'histoire financière et institutionnelle de l'Église catholique et celle de la philanthropie internationale, et encore sur la vie matérielle de l'Afrique du Nord, où Charles Martial Allemand Lavigerie a été à l'époque un « bâtisseur d'églises, d'écoles, d'hôpitaux, de monastères, de collèges, de cathédrales » ; elle a été déterminante pour l'avenir du christianisme au XXe siècle[1]. Elle a aussi changé la vie de la famille de Charles Martial.

Jusqu'ici, le Charles Martial rencontré en suivant l'histoire de cette famille et de ses réseaux sociaux est un individu comme les autres. Il faisait partie des cousins sur lesquels on pouvait compter ; dans les années 1850, il se déplaçait jusqu'à Angoulême et à la pension du Rempart du Midi pour les cérémonies familiales. Il était le premier petit-fils du premier petit-fils de Marie Aymard, et il était présent à Angoulême aux côtés de son grand-père Martial Allemand Lavigerie tout comme Martial l'avait été auprès de sa propre grand-mère, Marie Aymard, bien des années auparavant. Sous la plume de l'ami de sa mère, le douanier cultivé de Marseille, Charles Martial, « notre cher abbé », est alors dépeint comme un hôte convivial, le premier à rire en entendant réciter des vers humoristiques au cours des dîners[2].

Charles Martial Allemand Lavigerie est en même temps une figure trop imposante, ou trop éblouissante, comparé aux autres membres de la famille. Comme le résume son biographe Louis Baunard, hagiographe et historien (du « doute ») lillois : « Il remplit le monde de sa parole, de ses écrits, de sa personne », et pour ses adversaires de la presse républicaine, c'est « un homme universel » qui « usurpe sur tout et s'impose partout »[3]. Dans une histoire qui débute avec une veuve illettrée dont l'existence est à peine documentée et dont la plupart des autres personnages sont d'obscurs inconnus, Charles Martial est plus grand que nature. Il repousse les limites du récit et le transforme en un tout autre type d'histoire. Il s'agit d'une figure historique : il a fait l'objet d'histoires et de biographies, et même d'une véritable historiographie mêlant récits historiques, biographies, iconographie et commémorations[4].

L'inégalité documentaire est criante entre Charles Martial et tous les autres personnages de cette histoire. Elle est manifeste dans l'univers des textes imprimés. Dans le catalogue de la Bibliothèque nationale de France, on compte 129 ouvrages de Charles Martial et presque aucun pour les autres. Il y a certes le livre consacré aux propriétés curatives des eaux thermales de Vichy écrit par le frère cadet de Charles Martial, Léon Bernard, de même que la thèse que ce dernier a rédigée plus tôt sur l'hépatite, et puis un arrêté municipal datant de la courte période, en 1849, durant laquelle Scipion Lavigerie, le cousin germain de leur père, a été l'adjoint au maire du Mans, mais c'est tout[5]. Martial l'aîné, grand-père de Charles Martial, a quant à lui dirigé pendant quelques semaines au cours de l'année 1829 le journal libéral *Le Courrier de Bayonne*. Mais pour l'essentiel, les membres de la famille n'ont jamais été mentionnés dans les journaux autrement que dans la rubrique des « faits divers », exception faite du gendre du banquier du Mans qui a connu une courte période de notoriété – encore qu'à sa mort en 1902, il était simplement identifié comme un ancien banquier, et on insistait surtout sur son lien avec l'époux de sa fille, l'amateur de chevaux[6].

La disparité, ou l'inégalité en matière de traces historiques est encore plus frappante en ce qui concerne les archives. Les Allemand Lavigerie de la génération des enfants de Marie Aymard, nés à Angoulême dans les années 1730 et 1740, savaient pour la plupart lire et écrire, et ceux de la génération de ses petits-enfants étaient tous instruits. Lire et écrire étaient même pour eux une sorte d'obsession puisqu'ils en ont fait profession en tant qu'institutrices, commis dans les bureaux du gouvernement et archiviste du département de la Charente. Mais ils n'étaient pas « paperassier[s] » comme l'ancien négociant Abraham. François Robin pouvait l'être avec ses cahiers, ses feuilles volantes et ses piles de lettres familiales, comme l'a rapporté un instituteur d'Angoulême au XIXe siècle[7]. Les Allemand Lavigerie n'étaient visiblement pas assez riches pour pouvoir conserver leurs papiers de famille, ou alors ils déménageaient trop souvent, ou encore, dans le cas des cinq sœurs du Rempart du Midi, ils n'avaient pas d'enfants à qui léguer les archives de la mémoire familiale. Tout ce que nous savons de leur histoire jusqu'ici a été consigné par un tiers, ou dans l'idiome stylisé des échanges officiels, comme on peut le voir avec les lettres d'Étienne Allemand pour obtenir une augmentation de salaire et les navrantes et récurrentes demandes d'aide de Jean-Baptiste Ferrand, de sa fille de la rue Myrha puis de sa petite-fille en 1873[8].

Les papiers du cardinal, eux, sont d'un tout autre ordre – à l'image de sa « popularité immense, universelle » dans les années qui ont précédé sa mort en 1892[9]. Les « Archives Lavigerie » conservées *Via Aurelia* à Rome, en face du Vatican, au sein des Archives de la Société des missionnaires d'Afrique ou Pères blancs – société de vie apostolique fondée par Charles Martial en 1868 – contiennent « la correspondance, les rapports, les documents divers, les publications émanant de leur fondateur[10] ». On y trouve des ébauches de conférences, des lettres de membres de la famille, des réflexions sur l'indifférence, des descriptions de maladies familiales, des télégrammes, des lettres dictées à des secrétaires, et 103 volumes reliés de transcriptions dactylographiées de la correspondance de Charles Martial. On y trouve aussi des portraits de Charles Martial, des dessins et des photographies, les notes détaillées de ses biographes successifs, et encore des itinéraires de promenades à faire à pied dans Rome pour découvrir l'hôtel dans lequel le fondateur résidait et les églises dans lesquelles il prêchait[11]. Par ailleurs, cette histoire est jusqu'ici, pour une bonne part, une histoire de femmes, et il se trouve que les seules lettres personnelles écrites par une femme de la famille sont celles de Louise, la sœur de Charles Martial, conservées dans les archives de son frère, à Rome.

L'inégalité documentaire la plus déconcertante entre Charles Martial et le reste de sa famille touche justement à l'intime : hormis pour ce qui le concerne lui, il est impossible de savoir quoi que ce soit sur la vie intérieure de ces individus du passé. Au début de sa grande série de romans intitulée *Les Rougon-Macquart. Histoire naturelle et sociale d'une famille sous le Second Empire*, Émile Zola écrit à propos de la matriarche de la dynastie, fille d'un marchand d'huile dans une petite ville de province, qu'« elle regardait au loin dans l'avenir » et « s'apprêtait à lutter contre la destinée, comme on lutte contre une personne en chair et en os qui chercherait à vous étrangler ». Dans *L'Assommoir*, Nana vit comme la famille de Françoise Ferrand Brébion rue de la Goutte-d'Or, à Paris, et Zola la décrit, alors qu'elle porte « un ruban rose noué autour de ses cheveux blonds », qui s'arrête dans la rue, « toute pâle de désir », aspirant à « avoir une chambre à elle »[12].

Il n'y a rien de cela dans l'histoire des Allemand Lavigerie. Elle se situe aux antipodes de l'imagination historique : il s'agit de personnages en noir et blanc, ou en une dimension, dont il n'existe que la plus mince trace historique. On ne sait rien de leurs visions de l'avenir ou des désirs qui les font pâlir, de leurs rubans roses ou de leurs rencontres fortuites dans les rues de Paris. Mais Charles Martial présente un cas différent, quelque part entre la preuve et l'imagination. Ses biographes n'ont pas résisté à décrire sa vie intérieure. Selon un de ses contemporains, c'était un homme aux « conceptions gigantesques », et selon un autre, « une sorte de *conquistador*, un Napoléon de la prière et de l'évangélisation » ; de par « sa grande taille [un] athlète » qui écrase et séduit ; un « ouragan de pensée et de volonté », « autoritaire, absolu, dominateur, impérieux jusqu'au despotisme » ; « de belle prestance et de belle avenance »[13].

Jusqu'ici, on ne sait pas grand-chose de l'apparence des Allemand Lavigerie. Un des cousins (le benjamin des petits-fils de Marie Aymard, qui a épousé une limonadière à Montereau) mesurait « un mètre soixante-treize centimètres » ; il avait un « visage ovale long » et les « cheveux & sourcils châtain foncé ». La romancière que Léon Bernard a rencontrée à Tahiti indique que ce dernier était un homme grand et beau. En 1910, un portrait à l'aquarelle de Gabriel Ferrand, premier archiviste de la Charente, était exposé dans les locaux de la Société historique d'Angoulême, mais il a disparu depuis longtemps[14]. À cet égard aussi, il en va tout autrement pour Charles Martial. Des photographies le montrent jeune prêtre en Syrie en 1860, les yeux sombres et enfoncés, vêtu d'une djellabah, et à Rome, en habit de juge ecclésiastique, cheveux noirs désordonnés, doigts extraordinairement longs. Il existe aussi des tableaux réalisés alors qu'il était évêque de Nancy, puis missionnaire, revêtu de la robe des Pères blancs (on note sur le premier une forte ressemblance avec Napoléon Ier). Des statues de lui ont également été érigées à Biskra, à Bayonne, à Alger, à Tunis et au pavillon africain du Vatican, et pour marquer sa tombe, un sépulcre de marbre blanc a été réalisé, devant lequel se trouvent « une femme arabe avec son enfant », « un groupe de nègres convertis présent[a]nt des palmes » et « deux Pères blancs [...] agenouillés »[15].

Un gigantesque portrait de 1888 le représente non pas grandeur nature mais plus de deux fois plus grand encore. Charles Martial est habillé de satin pourpre et tient une plume ; son chapeau de cardinal est posé sur une carte de l'Afrique. Il a l'air amusé et semble énorme : « comme un Rabelais devenu cardinal », note le journal *La Lanterne*[16]. Charles Martial a lui-même dit au gouverneur général d'Algérie à propos de ce portrait aujourd'hui conservé à Versailles : « Bonnat m'a peint assis et plume à la main. J'aurais préféré qu'il me représentât debout et prêt à combattre le bon combat[17]. »

Charles Martial Allemand Lavigerie

L'histoire de Charles Martial participe à la fois de l'histoire familiale des Allemand Lavigerie et de l'histoire de la vie économique dans la France du XIXe siècle. L'enquête a consisté à s'intéresser pour commencer aux individus et à leurs relations, à leurs familles, à leurs voisins et à leurs amis, avant de les suivre dans leurs diverses entreprises. Passant ainsi du micro au macro, cette histoire vue d'en bas a mis au jour des interstices de la vie économique qui pour la plupart demeurent inexplorés dans les grandes histoires de la croissance économique. Les Allemand Lavigerie du XIXe siècle ont cherché à faire fortune dans l'administration des impôts et des droits de douane, dans l'armée et dans le secteur intermédiaire des banques de province. Charles Martial, lui, a trouvé la renommée (et la fortune) dans le secteur le moins moderne de tous, qui était aussi – du moins aux yeux de ses détracteurs du XIXe siècle – au cœur du pouvoir économique.

D'après la chronologie établie par ses premiers biographes, tout a commencé pour Charles Martial par un acte de rébellion adolescente contre l'influence de sa famille. Selon ces récits, le futur cardinal a grandi au sein d'un foyer où la religion était loin d'occuper une place importante, imprégné du « scepticisme un peu frondeur de la fin de la Restauration » et du « facile libéralisme de la monarchie de Juillet ». Ses parents, Léon Philippe, contrôleur des douanes, et Louise Latrilhe, qui se piquait de poésie, évoluaient dans « une société non seulement très nuancée d'opinions, mais même, à ce qu'il paraît, assez diverse de croyances, puisque certaines familles juives, réputées d'ailleurs fort honnêtes, n'en étaient pas exclues[18] ». Devenir prêtre impliquait donc pour Charles Martial de rejeter l'influence persistante des Lumières et de la Révolution française, et de la même manière, la mainmise de l'État sur les rituels de la naissance, du mariage et de la mort.

En 1841, à seize ans, Charles Martial s'installa à Paris. Il étudia à l'École des Carmes, collège dédié à l'instruction religieuse établi en 1845 dans les bâtiments de l'ancienne prison où Léonard Robin avait été détenu avec la future impératrice Joséphine pendant la Révolution française, et où Noël Virol, le chirurgien contre-révolutionnaire originaire d'Angoulême, s'était défenestré en 1794[19]. Charles Martial fut ordonné sous-diacre en 1847, puis diacre en 1848, et prêtre en 1849[20].

À Paris, Charles Martial est devenu historien. La première de ses deux thèses de doctorat, soutenue en 1850, porte sur l'un des premiers historiens du christianisme, Hégésippe, une figure presque inconnue de Palestine écrivant en grec ; elle se propose entre autres choses de réfléchir au processus d'écriture de l'histoire à partir de fragments[21]. (Un de ces fragments concerne la dévotion de saint Jacques, qui s'agenouillait tant et si bien que ses genoux ressemblaient à ceux des chameaux : « *instar cameli occaluerint* », dans la traduction de Charles Martial[22].) L'autre thèse retrace quant à elle l'histoire de l'école d'Édesse, au nord de la Mésopotamie, ville qui correspond aujourd'hui à Urfa, capitale provinciale dans le sud-est de la Turquie. Elle fait le portrait d'une cité disparue nichée sur une colline, et évoque la vie économique de cette ancienne métropole située « sur la route de l'Inde et de la Perse », où « les richesses de l'Orient [se trouvaient] unies à celles du monde romain ». Il existait alors une ville haute et une ville basse, ainsi qu'un port sur le Scirtus, affluent de l'Euphrate ; l'endroit rassemblait des « artisans », des « marchands » grecs et syriens et des bureaux de change ; « des hommes de toutes les nations, dans les costumes de leur patrie, s['y] crois[ai]ent, s'abord[ai]ent [et] se sépar[ai]ent tour à tour », rapportant du cuivre de Perse et chargeant de tissus « les barques sur lesquelles ils [allaient] affronter les flots du golfe Persique et de la mer d'Érythrée »[23].

On sent une sorte de mélancolie et de nostalgie dans cette thèse. Édesse était autrefois une ville d'archives ; elle abritait douze églises chrétiennes et une importante bibliothèque, « l'une des plus riches de l'Orient ». Le grand poète syriaque saint Éphrem, chantre « du néant des choses humaines », y a vécu durant trente ans. L'école d'Édesse était elle-même « tout historique » et croyait à « la vérité historique de la Bible » ; elle avait transformé « les destinées religieuses de l'Orient » en faisant pénétrer la doctrine chrétienne « jusque dans l'Inde et dans la Chine » et en introduisant « la philosophie d'Aristote chez les Arabes ». Mais par une terrible nuit, les eaux du Scirtus étaient montées soudainement et avaient détruit la ville basse. Édesse avait été ravagée par la famine ; en 489, l'école chrétienne avait été expulsée par l'empereur byzantin Zénon[24].

Après ses investigations historiques, Charles Martial se tourna vers l'étude de la théologie ; en 1854, à vingt-huit ans, il fut nommé à la chaire d'histoire ecclésiastique de la Sorbonne[25]. Durant ces années-là, il rendit visite à sa famille à de nombreuses reprises malgré les divergences de vues politiques. D'après le vieil ami de sa mère, l'officier des douanes amateur de livres, qui a même publié deux versiculets en l'honneur de Charles Martial (*Stances à Monsieur l'Abbé L.**** et *Épître à Monsieur l'abbé L****[26]), pendant ses vacances, il séjournait chez ses parents à Marseille. Par ailleurs, il est venu à Angoulême pour chacun des contrats de mariage établis dans les années 1850 : celui de sa petite-cousine Marie Louise, au moment de son union avec le futur banquier Henri Portet-Lavigerie, celui de sa sœur Louise pour son union avec Gabriel Kiener et celui de Marie Françoise, sa cousine au deuxième degré. Il faisait partie intégrante du milieu des vieilles sœurs de la pension du Rempart du Midi, dépositaires de la mémoire familiale, ou du moins garantes de la continuité entre la famille du XVIIIe siècle sise à Angoulême et celle du XIXe, éparpillée dans toute la France et dans le monde.

À la Sorbonne, Charles Martial enseignait l'histoire du protestantisme et du jansénisme en France. Il a aussi publié à cette époque une édition bilingue de l'*Œdipe* de Sophocle, ainsi qu'une édition « expurgée » du troisième livre du *De officiis* de Cicéron, sur le service public et l'État[27]. Il a été dénoncé pour son « enseignement rationaliste et hérétique » parce qu'il soutenait la doctrine de l'infaillibilité papale, et il a alors aussi subvenu à ses besoins en collaborant à une série de petits volumes (in-18°) destinés aux écoles pour l'instruction de la géographie et de l'histoire « depuis les Gaulois jusqu'à nos jours[28] ». Mais sa vie à Paris ne le satisfaisait pas. Comme il le dit plus tard à l'un de ses biographes : « Je racontais, il m'en souvient, à mes vingt-cinq auditeurs l'histoire du jansénisme. Rien ne me faisait prévoir que je dusse quitter la vie paisible du professorat, [mais] j'étouffais pourtant[29]. »

La crise syrienne

En 1856, le destin de Charles Martial a pris un nouveau tournant. Il fut invité à se rendre dans le saint des saints de la puissance française d'outre-mer – le Dépôt des Cartes et Plans de la marine, alors situé rue de l'Université – et informé qu'il était nommé directeur de la nouvelle Œuvre des Écoles d'Orient, fondée au lendemain de la guerre de Crimée afin de lever des fonds pour les communautés catholiques de l'Empire ottoman. Il s'agissait d'une association catholique, un *opus* ; une « organisation de la société civile » ou « organisation non gouvernementale » soutenue par les dignitaires du nouvel État du Second Empire. Le premier président d'honneur de l'Œuvre était le général en charge de l'armée française en Crimée. Le deuxième, qui avait choisi Charles Martial, était un amiral, à l'époque directeur du Dépôt des Cartes maritimes, et par ailleurs dernier gouverneur général de la Martinique avant l'abolition de l'esclavage en 1848 ; en 1847, il avait annoncé lors d'un discours : « J'ai parcouru les communs ; j'ai visité les habitations ; j'ai entendu les maîtres et parlé aux esclaves ; j'ai soigneusement examiné les rapports des maîtres-inspecteurs, et je viens attester ici que les esclaves jouissent des améliorations que la loi leur accorde, tout en conservant les adoucissements qu'ils tenaient de la volonté des maîtres[30]. »

Pour Charles Martial, l'Œuvre des Écoles d'Orient représentait un retour au monde perdu du christianisme oriental, et ce projet lui a permis de poser les bases d'une entreprise inédite dans laquelle il allait rester engagé jusqu'à la fin de sa vie en contribuant à l'étendre en France et partout dans le monde : la philanthropie internationale. Au cours des trois années suivantes, il prêcha et leva des fonds dans toutes les régions de France, depuis Nantes et Nancy jusqu'à Marseille, Bordeaux et Bayonne, bientôt soutenu par des comités, un nouveau *Bulletin* et des lettres du pape Pie IX. L'Œuvre put ainsi financer les écoles chrétiennes de Smyrne, Damas et Jérusalem, fournir des subsides à une imprimerie arabe qui publiait des ouvrages chrétiens à Ghazir, et acheter « une presse lithographique pour les Dominicains de Mossoul[31] ».

Les « massacres de Damas » perpétrés en 1860 contre les chrétiens maronites – l'une des premières crises humanitaires de l'âge de la lithographie et du télégraphe – changèrent une fois de plus la vie de Charles Martial. La nouvelle de ces massacres de villageois chrétiens par les milices druzes du Mont-Liban, alors que le Liban connaissait une période de guerre civile, parvint en Europe en juin 1860, et au mois de juillet, la tragédie s'était étendue à Damas. « Les ruines sanglantes [de plusieurs villes] couvraient les cadavres de près de vingt mille victimes », écrit plus tard Charles Martial à propos des événements de l'été 1860 ; « près de deux cent mille chrétiens, appartenant à toutes les communions, à tous les rites, se trouvaient errants, sans asile, sans vêtements, sans pain. Trois cent mille autres attendaient, avec anxiété, un sort semblable à celui de leurs frères[32]. »

Au cours de l'année 1860, l'Œuvre des Écoles d'Orient devint un organisme essentiel en matière de secours pour faire face à la crise. Elle prit l'initiative de la « centralisation des secours destinés aux chrétiens de Syrie » et recueillit l'ensemble des fonds collectés grâce aux campagnes organisées par seize journaux français. Elle assura la liaison avec le corps expéditionnaire français envoyé en « mission d'humanité » dans la Méditerranée orientale, ainsi qu'avec les officiers consulaires de l'Empire français, protecteurs des chrétiens d'Orient selon le traité de Paris ayant mis fin à la guerre de Crimée[33]. L'organisation reçut des dons de France, de Belgique, du Brésil et du Sénégal, d'Édimbourg, de Bologne et de Buffalo dans l'État de New York. Certains dons étaient en nature et comprenaient des vêtements et des ornements liturgiques ; on estimait que 360 villages et 560 églises avaient été détruits. L'Œuvre avait récolté 16 000 francs en 1857 et 60 391 francs en 1859. En 1860-1861, au cours des neuf mois qu'a duré la crise syrienne, ses recettes ont été multipliées par plus de trente pour atteindre un montant de 2 136 701 francs[34].

L'année 1860 fut par ailleurs un tournant, sorte de période de bilan dans la vie des Allemand Lavigerie. Charles Martial lui-même avait arrêté ses activités pour cause de maladie au début de l'année ; l'aînée de ses grands-tantes, Jeanne *ainée*, décéda à Angoulême au mois de juillet ; son père se retira du service de l'administration des douanes[35]. Toutefois, lorsque les nouvelles d'Orient commencèrent à arriver en juin 1860, Charles Martial reprit une activité intense. Au début du mois de septembre, il se préparait à partir pour le Liban et pensait y mourir. Comme il l'a écrit dans son rapport aux donateurs de l'Œuvre :

« J'étais convaincu que je ne reviendrais pas de ce voyage, que je mourrais sur cette terre d'Orient que j'allais secourir. [...] Je disais donc intérieurement adieu à mon pays, à ma famille, à mes études, à tout ce que j'avais aimé jusque-là. Et cependant [...] j'éprouvais [...] une secrète joie de penser que j'allais mourir, si Dieu le voulait, en secourant mes frères[36]. »

Le père de Charles Martial, Léon Philippe, décéda le 14 septembre à la gare de Saumur, juste avant minuit ; son décès a été signalé par deux employés de la ligne de chemin de fer[37]. D'après Baunard, qui cite une lettre dans laquelle Charles Martial indique qu'il prévoit de passer par Tours pour aller rendre visite à son père à Saumur, Charles Martial était alors en chemin pour Saumur. Baunard présume qu'il a trouvé son père mourant : « M. Allemand Lavigerie expira chrétiennement, le 15 septembre 1860, entre les bras et sous la bénédiction de son fils[38]. » D'après cette biographie donc, Charles Martial était présent à la gare de Saumur ; il est aussi possible qu'il soit arrivé trop tard ; dans les deux cas, il vivait là des jours tumultueux. Quoi qu'il en soit, il rentra à Paris et en repartit le 27 septembre ; le 30 septembre, à Marseille, il s'embarqua à bord de l'*Indus*, petit navire à vapeur des Messageries impériales, à destination d'Alexandrie[39].

Une fois en Orient, Charles Martial constata que « tout présent[ait] le spectacle de la désolation et de la barbarie ». Beyrouth était une ville d'horreur, envahie de réfugiés errant dans les rues comme des fantômes ; « le sang y [était] partout », et les cendres étaient « pleines d'ossements humains calcinés ». Il se rendit dans les villages du Mont-Liban où le massacre avait commencé et s'y vit accueilli par 350 enfants qui chantaient : « Vive la France ! Vive le directeur de l'Œuvre des Écoles d'Orient ! » Il se blessa en tombant de cheval sur un chemin de montagne caillouteux près de Hammana, sur la route de Damas[40]. Il visita aussi Bethléem, Jérusalem et Nazareth. À Damas, il rencontra l'émir Abdelkader, ancien leader de la résistance à l'occupation française en Algérie, fait prisonnier par les Français et désormais, comme on peut le voir dans la peinture orientaliste, protecteur des chrétiens du Liban[41]. En décembre 1860, Charles Martial repartit pour la France ; il s'arrêta en chemin à Rome pour rendre visite au pape Pie IX[42].

Charles Martial a laissé un récit des mois qu'il a passés en Orient ; celui-ci présente à la fois un rapport à l'intention des donateurs de l'Œuvre et une réflexion sur l'avenir de la puissance française à l'étranger. Pour Napoléon III, l'expédition de la marine française en Syrie à l'été 1860 était une « mission d'humanité » : « L'humanité exige une prompte intervention et des dispositions urgentes[43]. » Charles Martial est alors plein d'éloges pour les officiers et les diplomates français, et de même pour les fabricants de soie français du Mont-Liban[44]. Mais il ne voyait pas d'issue favorable sans un « gouvernement chrétien vigoureusement constitué » au Liban sous le « protectorat officiel » de la France. Les miliciens druzes n'étaient pour lui rien de plus que des « instruments », et non les « vrais coupables ». De nombreuses forces maléfiques étaient à l'œuvre, dont l'administration ottomane mais aussi les Anglais qui n'agissaient que pour leurs propres intérêts, défendant les Druzes et avides pour les âmes des orphelins catholiques, tout comme les « Prussiens » et les « émissaires anglo-américains ». Toutefois, le véritable ennemi était plus absolu : pour Charles Martial, le « fanatisme musulman » était inhérent à une disposition générale des esprits au sein de l'islam[45].

L'évêque de Nancy

À son retour en France, Charles Martial fut décoré de la Légion d'honneur pour le travail accompli afin de lever des fonds pour la Syrie et pour sa conduite au Liban ; il fut immédiatement accueilli au sein de l'élite religieuse du Second Empire[46]. Au mois d'août 1861, sur proposition de l'empereur, il fut nommé juge au tribunal de la Rote romaine[47], instance supérieure d'appel auprès du Siège apostolique. Il vécut à Rome durant moins de deux ans, dans un « modeste » *palazzo* de la Piazza degli Santi Apostoli ; c'est à cette époque qu'il fut photographié en habit de juge ecclésiastique[48]. Il tenait salon le lundi soir, recevant à cette occasion « les Français ; officiers généraux, personnel de l'ambassade[49] ». En mars 1863, il fut une nouvelle fois promu et devint ainsi à trente-sept ans évêque de Nancy, en Lorraine[50]. Pour sa consécration épiscopale, il choisit l'église San Luigi dei Francesi à Rome – où Frédéric Bastiat, voisin de son grand-père à Bayonne, avait été inhumé en 1850 ; durant cette cérémonie de consécration, il portait une imposante mitre néogothique commandée spécialement pour l'occasion[51].

Nancy était alors une riche ville industrielle regroupant de petites entreprises manufacturières ; elle était au tout début du boom minier et métallurgique[52]. En tant qu'évêque de Nancy, Charles Martial s'attacha à offrir à la cathédrale bâtie au XVIIIe siècle une rénovation spectaculaire. Il assista à des « fêtes littéraires et intellectuelles », et notamment une représentation de l'*Électre* de Sophocle donnée en grec par des écoliers[53]. Charles Martial reçut du pape Pie IX la permission de porter une sorte d'ornement spécial appelé un « surhuméral » ou « rational » : « une étole large, ornée de franges, qui tourne autour des épaules », « chargé[e] de pierres précieuses »[54]. Il avait son propre blason, dont il subsiste un projet à l'aquarelle dans les Archives Lavigerie à Rome. Le blason se compose d'un écu bleu éclatant sur lequel est représenté un pélican qui se perce la poitrine pour nourrir trois oisillons, et de la devise *Caritas* (« charité »), le tout surmonté de la croix de Lorraine et de l'étole ornée de franges[55].

Au mois de juillet 1866, Charles Martial reçut l'impératrice Eugénie et son fils âgé de dix ans, qui devint par la suite le malheureux prétendant au trône « Napoléon IV » et mourut durant la guerre opposant les Anglais aux Zoulous. Les festivités organisées pour la visite impériale ont fait l'objet d'une brochure de 178 pages publiée à Nancy ; elles nécessitèrent de nouveaux aménagements dans la cathédrale qui fut pour l'occasion ornée d'« un splendide dôme doré » et « d'amples draperies en velours cramoisi, frangées de crépines d'or » ; tout un cortège d'écoliers comprenant un groupe de garçons d'une école locale portant « la bannière bleu de ciel [avec] les armes de Mgr Lavigerie » était aussi présent[56]. Avant de repartir pour Paris, Eugénie remit à Charles Martial une nouvelle décoration impériale pour l'élever à un rang supérieur dans la Légion d'honneur[57]. En novembre 1866, il fut nommé archevêque d'Alger et quitta bientôt Nancy pour toujours[58].

« Ma chère Afrique ! »

À quarante et un ans, Charles Martial était donc arrivé sur le continent qu'il envisageait comme sa destinée. En mai 1867, il s'installa à Alger dans le palais épiscopal situé sur la place du Gouvernement, ancienne résidence du *bey* ou gouverneur ottoman – plus tard cette année-là, il le qualifia de « sordide », « manquant absolument d'air et d'espace », « inhabitable pour un Européen », ajoutant que le mobilier était dans un « état de vétusté, de délabrement et de désordre » avancé[59]. L'année suivante, ses responsabilités furent étendues à un

« vaste territoire compre[nant] une très grande partie de l'Afrique centrale, le Sahara et le Soudan ». Pour la première fois, une « délégation apostolique » était dédiée à l'Afrique saharienne et subsaharienne, délimitée à l'ouest par l'océan Atlantique, à l'est par « le désert égyptien », et au sud par « le Sénégal et la Guinée », et Charles Martial en était le premier délégué[60]. Il est devenu administrateur apostolique de Tunis en 1881, cardinal en 1882, et « primat d'Afrique » en 1884. Il est mort dans un autre palais d'Alger en 1892 après avoir écrit « une sorte de testament spirituel » : « C'est à toi que je viens maintenant, ô ma chère Afrique[61] ! »

Au moment de l'arrivée de Charles Martial à Alger, la colonie française d'Afrique du Nord était depuis plusieurs mois en proie à diverses calamités qui allaient déboucher sur la grande famine algérienne de 1868, au cours de laquelle on estime que quelque 150 000 personnes, soit près de 10 % de la population, ont trouvé la mort[62]. Sa période africaine a donc débuté, comme en Syrie avec la crise de 1860, par une urgence humanitaire. Tout comme Abdelkader avait été représenté en sauveur des enfants chrétiens du Liban, Charles Martial a alors été peint en sauveur des enfants musulmans, accueillant dans son étreinte les petits que lui tendaient leurs mères. Il commença par mobiliser ses solides compétences littéraires – et sa capacité à lever des fonds – en livrant des descriptions déchirantes de la famine : « Je les vois encore, ces pauvres petits », « leurs grands yeux brillants [...] de la fièvre sinistre de la faim[63]. » Il fit du palais de la place du Gouvernement un refuge pour les victimes de la famine ; une lithographie publiée dans *L'Illustration* représente l'archevêque recevant des enfants décharnés[64]. Charles Martial demanda aux évêques de France de l'aider à organiser une campagne nationale en faveur des « orphelins arabes », et ouvrit trois orphelinats distincts sur un domaine loué aux Jésuites, puis huit autres à proximité : « J'ai recueilli en huit mois dix-sept cent cinquante-trois orphelins », écrit-il[65].

La Société des missionnaires d'Afrique fondée par Charles Martial en 1868 fut dès lors connue sous le nom de « Société des Pères blancs » en raison de la couleur de la robe que portaient ses membres ; de fait, ceux-ci portaient « l'habit arabe », mangeaient la même nourriture que les « indigènes », parlaient uniquement arabe et dispensaient des soins médicaux à tous[66]. Les Pères blancs voyagèrent dans la région des Grands Lacs de l'Afrique subsaharienne et firent la promotion des entreprises agricoles dans toutes les colonies françaises d'Afrique du

Nord ; ils possédaient une résidence monumentale en pierre blanche dans l'ancienne caserne ottomane d'El-Harrach, aujourd'hui dans la banlieue nord d'Alger. Charles Martial avait visité cette propriété pour la première fois par « une de nos belles soirées de printemps ». Elle s'étendait sur 600 hectares au sud d'El-Harrach et était alors inexploitée ; les Français l'appelaient « la Maison-Carrée ». Elle offrait un « merveilleux panorama », « l'un des plus beaux du monde », et Charles Martial avait décidé, en bon potentat rural, que ce serait là l'endroit que « [s]es petits enfants » allaient débroussailler afin de bâtir une Afrique nouvelle pour eux-mêmes et pour les générations futures[67].

Charles Martial a été entouré d'enfants jusqu'à la fin de sa vie ; il les considérait comme « [s]a famille adoptive ». Il emmenait des enfants dans ses voyages pour collecter des fonds destinés à l'aide humanitaire et en faisait poser à ses pieds pour les photographies et la réalisation de statues. Il leur a même consacré un livret intitulé de manière retentissante *Les Orphelins arabes d'Alger, leur passé, leur avenir, leur adoption*. À Rome, il se fit amener deux « jeunes Arabes » qu'il présenta au pape Pie IX. Ceux-ci récitèrent les Dix Commandements et furent baptisés dans l'église de la Trinité des Monts par le « Cardinal Bonaparte » (un petit-neveu de Napoléon Ier). Comme le relate le journal *L'Univers*, « ces deux pauvres enfants [...] de l'Afrique musulmane » étaient « encore presque sauvages il y a quelques années » ; « ils avaient été recueillis, sauvés de la mort par l'archevêque d'Alger », et « ils venaient en Europe pour y demeurer » ; ils s'appelaient « Abd el-Kader ben Mohamed et Hamed ben Aïcha[68] ».

Où est l'Afrique ?

Dans la première lettre pastorale qu'il a rédigée en tant qu'archevêque en 1867, avant même de quitter la France, Charles Martial esquissait un vaste projet de restauration de l'« Afrique chrétienne », précisant qu'il souhaitait amener l'Église « jusqu'au centre de cet immense continent ». Comme sa première étude teintée de mélancolie sur l'histoire du christianisme oriental, sa lettre évoque l'antique passé chrétien de l'Afrique, l'évêque de Carthage saint Cyprien, et saint Augustin, évêque d'Hippone[69]. Elle décrit un « monde chrétien primitif » qui était peu connu à l'époque (et l'est toujours aujourd'hui) : une société qui, selon les termes de Peter Brown, « flott[ait] sur la carte de l'Europe, de l'Afrique et du Moyen-Orient comme un gigantesque nuage, relief d'une galaxie autrefois éclatante », « hésitante » en Europe de l'Ouest et « florissante dans toute l'Afrique du Nord jusqu'en Éthiopie au sud, et au Moyen-Orient jusqu'en Iran et en Asie centrale à l'est »[70].

« Où est l'Afrique, qui fut pour le monde entier comme un jardin des délices ? » s'était demandé Quodvultdeus (en latin « ce que Dieu veut »), le dernier évêque de Carthage, à l'époque de la conquête vandale de 439 ; Charles Martial invoqua son prédécesseur en accueillant une délégation de religieuses venues en visite en 1872[71]. Selon lui, l'Afrique ancienne avait abrité des « villes opulentes » et de « fertiles plaines », et il était possible de les voir renaître[72]. L'époque était à l'optimisme en ce qui concernait l'environnement en Afrique du Nord française. On envisageait la construction d'une ligne de chemin de fer transsaharienne et la création d'une « mer intérieure en Algérie », dans l'oasis de Biskra, comme le proposaient un cartographe de l'armée et le promoteur du canal de Suez[73]. Ce que Charles Martial projetait avait une portée historique immense. Il s'agissait de retrouver l'Afrique du temps jadis – de remonter le cours du temps, d'inverser les processus du changement climatique et du déclin de l'Empire romain.

En 1867, dans sa première lettre pastorale, Charles Martial avait cité son patron Napoléon III et souligné son aspiration à voir « la gloire de la France retenti[r] depuis Tunis jusqu'à l'Euphrate » en « s'appu[yant] non sur la conquête, mais sur l'amour de l'humanité et du progrès[74] ». Pourtant, l'Église, l'État et la conquête – ou l'humanité, le commerce et l'Empire – étaient consubstantiels dans ses projets. Dans l'oasis de Biskra, des missionnaires armés étaient chargés de protéger les colonies des Pères blancs : on les appelait les « frères armés[75] ». Charles Martial était en fait un visionnaire en matière de domination militaire, et un puissant auxiliaire du nouvel impérialisme de l'époque, perpétué sous la IIIe République. Un de ses premiers biographes voyait en lui « une sorte de *conquistador*, un Napoléon de la prière et de l'évangélisation[76] » ; le journal néorévolutionnaire *La Lanterne* le décrivait pour sa part comme un « autocrate militaire, le Fernand Cortez du Sahara[77] ».

À Alger, entre son arrivée en 1867 et sa mort en 1892, Charles Martial n'a eu de cesse, au gré des changements vertigineux survenus dans la vie publique française et dans ses propres positions politiques, de promouvoir l'expansion armée en Afrique. Durant toute cette période recoupant de fait les dernières années du Second Empire, la guerre franco-prussienne qui mit fin à l'Empire, la Commune de Paris de 1871, les gouvernements républicains et monarchistes de la IIIe République entre 1871 et 1880, Charles Martial était présent et actif, allant et venant en bateau à vapeur entre l'Afrique du Nord, la France et Rome. Il l'était encore au moment de la conquête impériale qui débuta en 1881 avec l'invasion de Tunis et la mise en œuvre de l'impérialisme républicain de Léon Gambetta (président du Conseil en 1881-1882) et de Jules Ferry, « véritables créateurs de la politique coloniale » selon un contemporain[78]. Gambetta a dit alors à l'un des émissaires de Charles Martial que Lavigerie et ses missionnaires « rend[aient] plus de services à la France en Tunisie qu'un corps d'armée », et que « l'anticléricalisme n'[était] pas un article d'exportation »[79].

Pour Charles Martial, en Afrique comme en Syrie, l'ennemi ultime était la religion musulmane. D'après un courrier personnel cité par son biographe Baunard, il avait accepté de prendre ses fonctions à Alger parce qu'il « sentai[t] vivement la honte pour la nation française, d'être restée près de quarante ans en présence d'un peuple musulman qui lui était soumis, non seulement sans chercher à le convertir à la foi, mais en empêchant même de parti pris qu'aucune tentative fût faite dans ce sens par le clergé catholique[80] ». « Comment l'erreur de l'Islamisme a-t-elle pu éteindre le brillant flambeau de la foi [?] », demandait-il déjà en 1861 dans son rapport aux donateurs de l'Œuvre des Écoles d'Orient (en attribuant ces mots à une « Élégie sur les ruines de Damas » rédigée par des étudiants du collège chrétien de Ghazir)[81]. Huit ans plus tard, la nouvelle Société des missionnaires d'Afrique faisait de ce vaste conflit avec l'Islam sa raison d'être immuable. « Depuis le commencement de ce siècle, près de cinquante millions d'hommes ont embrassé l'Islamisme » en Afrique subsaharienne, écrivait Charles Martial en 1869 ; l'objectif ultime de sa « petite société » était « de travailler à la conversion de tous les peuples musulmans [...] dans l'Afrique entière »[82].

Aux portes d'Angoulême

Dans les années 1870, Charles Martial était une célébrité mondiale. Un article de la chroniqueuse de voyage anglaise Lady Elizabeth Herbert dédié à « Son grand ouvrage surhumain » et reproduit dans la presse américaine le décrit revêtu de « tous ses ornements pontificaux », recevant une procession de généraux sous un « dais porté par des indigènes en bournous blancs et écharpes pourpres » ; il était, écrit-elle, « “le grand marabout” », et « le consul anglais [lui-même s'était exclamé à cette occasion] : “nous avons vu un nouveau saint Augustin”[83] ! ». La presse républicaine, quant à elle, s'en donnait à cœur joie en en faisant un objet de satire. D'après le journal *La Justice*, Charles Martial était toujours à Rome ou à Paris, jamais en Afrique[84]. Pour *Le Rappel*, son accession à la barrette cardinalice, célébrée en 1882 au palais présidentiel de l'Élysée à Paris au son de la chanson « Partant pour la Syrie / Le bon Lavigerie… », évoquait le rituel d'ébouillantement du homard[85]. *La Justice* qualifiait le même événement de « fête burlesque » de robes et de calottes rouges agglutinées autour d'un chapeau écarlate posé sur un coussin cramoisi, durant laquelle Charles Martial, arrivé en habit violet, s'était retiré dans une pièce du palais pour en ressortir en robe pourpre : ce n'était là qu'une parodie de la séparation de l'Église et de l'État[86].

Durant le quart de siècle où il était établi en Afrique du Nord, Charles Martial revint fréquemment en France. Il passait ses vacances estivales à Biarritz, et fut aussi envoyé par ses médecins à la station thermale de Cambo-les-Bains, près de la frontière espagnole. Il songea même à acquérir une maison au pied des Pyrénées pour y passer ses vieux jours. L'évêque d'Angoulême (ami de Paul Abadie fils) confia la lettre de démission qu'il adressait au pape Pie IX à « [s]on vénérable ami, l'archevêque d'Alger[87] ». Charles Martial se rendait souvent à Angoulême, ou du moins, il passait par la ville pour aller rendre visite à sa sœur Louise, établie avec son mari Gabriel Kiener dans une maison sur le domaine de la papeterie de la Courade, non loin d'Angoulême, au bout d'une rangée de maisons ouvrières et en face de l'entrée de l'élégante résidence de la famille Henry-Lacourade.

La Courade fut même le lieu d'un décès que Baunard décrit encore une fois de manière caractéristique : c'est à cet endroit que Charles Martial a « reçu le dernier souffle de M. Keiner [*sic*], son beau-frère[88] ». Gabriel Kiener, « fabricant de papier, domicilié à la propriété de la Courade », est mort en juillet 1875, à quarante-cinq ans. Le décès a été certifié par son cousin par alliance George Henry-Lacourade et un autre employé qualifié du moulin, « fabricant de colle végétale »[89]. « Augustin Abd el-Kader », qui figure dans le recensement de 1872 en tant que domestique de Louise Lavigerie et Gabriel Kiener, était l'homonyme du « jeune Arabe » baptisé à Rome en 1870 : « Abd el-Kader ben Mohamed » (qui « venai[t] en Europe pour y demeurer »)[90]. En 1876, Augustin Abd el-Kader n'était plus à la Courade : « Augustin Charles Abd el-Kader », présenté comme un domestique résidant dans le 14e arrondissement de Paris, est mort à l'hôpital du Kremlin-Bicêtre en 1898[91].

Tout au long des années qu'il a passées en Afrique, Charles Martial a entretenu une correspondance avec sa sœur Louise. Celle-ci lui a rendu visite en Algérie et a voyagé jusqu'à l'oasis de Biskra, où vivaient les missionnaires armés ; il l'a vue aussi à Paris, où elle s'est alors arrangée pour lui trouver une chambre d'hôtel donnant sur la rue de Rivoli ou sur l'Opéra, qui ne serait pas trop bruyante (et, autre écho à la série d'histoires familiales de Zola, pas trop exposée aux nouveaux grands magasins qui « absorb[aient] » de plus en plus d'espace)[92]. Dans certaines des lettres adressées à son frère, Louise adopte un ton protocolaire : elle s'adresse à Charles Martial en le vouvoyant pour lui recommander le fils d'un vieil ami, officier d'artillerie de Tunis, ou un pâtissier de Bona (Annaba), fils d'un postier de La Couronne[93]. Dans d'autres, on a le sentiment d'un dialogue intime continu sur la politique, l'argent et les relations familiales.

« La vie est si triste quand on est malade », écrit Louise depuis les Pyrénées : « vous n'êtes vraiment pas excusable de vous surmener comme vous le faites » ; « j'ai donné l'ordre à Angoulême de vous expédier 12 bouteilles d'eau de vie »[94]. Elle lui parle des maux dont elle souffre elle-même et lui envoie des conseils concernant les siens. Elle lui décrit des villas qu'il pourrait louer pour ses vacances d'été ; elle évoque un malentendu avec une cousine du côté maternel au sujet de l'une des propriétés, ainsi qu'un personnage douteux appelé « M. L— », à propos duquel la cousine assure Louise qu'« il est républicain comme mon père, comme mon mari, comme notre oncle Félix et de plus que ces hommes-là, il est parfaitement catholique[95] ». Louise s'inquiète aussi de sa sécurité financière et de la vie économique d'Angoulême. Elle demande conseil à Charles Martial pour savoir si elle peut se permettre d'acheter une maison dont le prix a récemment baissé pour investir « [s]on capital » (le petit héritage de leur famille maternelle) dans une rente viagère. Alors qu'elle écrit de la Courade, elle parle d'« une catastrophe financière locale » ; elle s'émeut du prix du papier, de « la concurrence étrangère » dans l'industrie papetière, et craint de ne peut-être plus pouvoir vivre à la papeterie. Elle indique à propos du fils de Charlotte Ursule, leur cousin germain héritier de la Courade, que la situation est « impossible, il a un tel caractère qu'on ne peut avoir une explication raisonnable avec lui[96] ».

Les nouvelles concernant la famille laissent de temps à autre entrevoir certaines difficultés. « As-tu vu les Portet ? » demande Louise, sans doute un brin ironique, à propos des petits-cousins du Mans. « Ils remuent ciel et terre depuis 10 jours, pour arriver jusqu'à toi, afin de te demander de vouloir bien bénir le mariage de leur fils et [d']en fixer la date. » Il s'agissait là du mariage de René, l'étudiant en droit qui s'intéressait à la loi romaine en matière d'esclavage, fiancé à « une jeune fille sans fortune mais charmante ». Une jeune fille que « tout le monde [aime et apprécie] » dans la famille, précise Louise, à l'exception de « cette malheureuse Berthe » (une des cousines Topin qui avait vécu un temps à la pension du Rempart du Midi). Berthe « a[vait] encore eu la maladresse de [...] prendre en grippe » la nouvelle belle-fille, et elle n'en serait sans doute jamais pardonnée : « Après les affaires avec Valentine, il ne lui manquait plus que cela pour se mettre bien dans leurs papiers ! La jalousie lui fait perdre la cervelle[97] ! »

L'architecture Lavigerie

Louise faisait le lien entre le foyer et l'Empire, et ce, même en ce qui concernait les plus « grandes conceptions » de Charles Martial. Comme celui-ci l'avait écrit dans sa première lettre pastorale, l'Église africaine, « avec ses sept cents évêques », possédait des « temples innombrables », et il était primordial de se soucier assidument de l'infrastructure de la religion : de construire des églises, des monastères et des cathédrales, « provisoires » et pérennes. « Les restes sacrés des vieilles basiliques », écrivait-il en 1867, se trouvaient encore sous les décombres des villes africaines modernes, « au-dessous des temples de l'islamisme », et c'était au milieu de ces ruines que la nouvelle Église allait renaître[98]. Il fut lui-même évêque de Carthage à partir de 1884, et il se voyait de plus en plus explicitement comme le successeur non seulement de Cyprien de Carthage et de Quodvultdeus, mais aussi d'Augustin, « plus grand génie de notre Afrique », « écrivain, philosophe, théologien, tout ensemble » et « immortel prédécesseur »[99].

Après la Révolution, les Allemand Lavigerie étaient restés un peu en marge de l'économie de la restauration matérielle : si les

Abadie avaient prospéré en tant qu'architectes diocésains, Charles-Silvestre Topin n'avait trouvé du travail que par intermittence en tant qu'architecte des prisons et des petites églises de la Champagne et des Ardennes[100]. Mais en Afrique du Nord, Charles Martial fut un véritable maître d'œuvre, une figure colossale, comme une pyramide selon l'image employée par un autre de ses biographes de l'époque[101]. D'après les premiers courriers administratifs rédigés après son arrivée à Alger en 1867, il veillait de fait aux moindres détails pouvant améliorer la situation. « Le prélat paraît devoir demander la construction d'un nouveau palais », a noté un fonctionnaire de Paris sur la lettre informant les autorités concernées de l'« état de délabrement » du vieux palais archiépiscopal ; quelques semaines plus tard, Charles Martial exigeait que le terrain de la « caserne de cavalerie » fût vendu et utilisé pour ériger un palais. « Nos créanciers réclament le paiement des meubles fournis », écrit-il encore l'année suivante, ajoutant que « cette situation est embarrassante et pénible » : « l'entrepreneur est fort riche et peut attendre. Mais il n'en est pas de même du fabricant de cloches[102]. »

Le centre d'Alger était déjà pourvu d'une cathédrale à l'arrivée de Charles Martial ; l'édifice était précédemment connu sous le nom de mosquée Ketchaoua, et c'est de nouveau le cas aujourd'hui. En l'espace de deux générations, on lui avait ajouté une chaire romane, des mosaïques néoromaines et une « voûte, couverte d'arabesques[103] ». Mais ce n'était pas suffisant, écrivait Charles Martial aux autorités de Paris, car « en présence de nos mosquées, de nos temples et de nos synagogues, elle reste encore dans un état blessant d'infériorité » ; « demande d'un crédit de 100 000 – pour ornements et objets mobiliaires [*sic*] », note alors un autre fonctionnaire sur la lettre[104]. Plus tard, il fit construire la nouvelle basilique « romano-byzantine » Notre-Dame d'Afrique, et puis des chapelles, des couvents et de nouveaux bâtiments dans la propriété qui se déployait au sud d'El-Harrach[105]. Mais ce fut avec l'élargissement de la domination française à l'est, en direction de Carthage, que l'idiome distinctif de l'« architecture Lavigerie », selon l'expression d'un historien de l'architecture, devint manifeste, révélant un style éclectique et impétueux, « gothique primitif », « néogothique », « héraldique », « punique » et « gallique »[106].

À Paris, la construction de la basilique du Sacré-Cœur dont Paul Abadie fils fut le principal architecte (ses détracteurs l'avaient baptisée « la mosquée Abadie ») avait commencé en 1875 et dura en tout et pour tout trente-sept ans[107]. En Afrique du Nord, les troupes françaises occupèrent Tunis au mois d'octobre 1881, et en novembre de la même année Charles Martial posait la première pierre d'« une cathédrale provisoire[108] ». La construction fut achevée en quatre-vingt-deux jours ; l'édifice pouvait accueillir de « douze à quinze cents personnes » et fut inauguré le jour de Pâques 1882, par un sermon rendant hommage à la reine Victoria[109].

Charles Martial se mit alors aussitôt à collecter des fonds pour construire une cathédrale pérenne à Tunis et une plus grande cathédrale encore à Carthage ; cette dernière devait être bâtie parmi les ruines de l'acropole punique, au-dessus d'un ancien temple d'Esculape et sur le site d'une chapelle dédiée à Saint Louis, mort en 1270 en Afrique du Nord alors qu'il s'était arrêté pour (essayer de) prendre Carthage en partant pour la huitième croisade[110]. Cette nouvelle campagne s'adressait de manière explicite à « la noblesse française ». Les donateurs, parmi lesquels se trouvait le prétendant légitimiste au trône de France, devaient jouir d'une juste reconnaissance ; les descendants des croisés pourraient voir leurs armoiries gravées dans le marbre sur les murs de l'édifice pour des dons d'un millier de livres ou plus[111].

En tant qu'archevêque d'Alger, Charles Martial patronna aussi avec enthousiasme les prospections archéologiques, soucieux des vestiges antiques qui l'entouraient. « Interrogez les ruines qui couvrent votre sol », dit-il à ses nouveaux paroissiens en 1867[112]. À Rome, lorsqu'il rendait visite au pape, il séjournait à l'hôtel Minerva, près de l'église qui inspira à Sigmund Freud sa célèbre comparaison entre les strates historiques et les strates de l'esprit humain[113]. En Afrique du Nord, Charles Martial posa la première pierre de la cathédrale Saint-Louis de Carthage, une pierre claire de style roman, un remploi qu'il aurait sur d'autres terres (en l'occurrence à Jérusalem) dénoncé comme un « acte de vandalisme » : la pierre venait des ruines d'une antique basilique chrétienne de Damous El Karita, où Augustin prêchait lorsqu'il venait en visite à Carthage[114].

Dans l'une de ses lettres, Louise s'intéresse de près à l'entreprise de son frère en matière d'architecture religieuse. « S'il est réellement question de nommer un architecte diocésain à Tunis », lui écrit-elle depuis la Courade en juillet 1884, « je crois que tu ferais une excellente acquisition [en la personne de] M. Lambert », une de ses connaissances de Dordogne. M. Lambert était l'oncle de « la femme de René » (la jeune femme sans fortune mais charmante au mariage de laquelle

Paul Abadie avait été témoin en 1883). C'était un homme d'un « talent incontesté » ; il avait, précise-t-elle, travaillé avec Abadie pour la « restauration de St-Front » (la cathédrale de Périgueux bâtie au XIe siècle, agrémentée de huit dômes rappelant le Kremlin), et l'ouvrage était « bien plus son œuvre que celle de M. Abadie[115] ».

M. Lambert n'était pas marié et vivait chez sa vieille maman ; même ses antécédents familiaux étaient honorables. Son père avait acquis des biens « à vil prix, comme biens nationaux », écrivait Louise, et il les avait rendus à ses propriétaires légitimes une fois « la tourmente [...] passée ». (Leurs propres grands-grands, eux, n'avaient pas rendu les biens ecclésiastiques qu'ils avaient acquis à la même époque, devenus l'assise de la fortune de leurs grands-tantes du Rempart du Midi.) L'architecte de la Dordogne était « excessivement intelligent » et « fort érudit » ; « il n'a[vait] qu'un défaut si défaut il y a[vait] » : il n'était « pas l'esclave des usages mondains. Il lui arriv[ait] de mettre une redingote quand la civilité [aurait voulu] qu'il eût un habit, de garder un béret de laine sur la tête, en société ». Cela mis « à part », concluait Louise, personne n'était plus droit et plus loyal, et : « Je serais très heureuse s'il pouvait te convenir de prendre près de toi un homme de cette trempe qui pourrait seconder à merveille tes grandes conceptions[116]. » M. Lambert, au bout du compte, resta en Dordogne ; en 1905, il était encore architecte diocésain de Périgueux et s'y occupait d'« un certain nombre de débris de monuments du Moyen Âge » enfouis sous le porche de la cathédrale[117].

Un millionnaire, un archimillionnaire

D'après les innombrables témoignages et souvenirs qui nous sont parvenus, Charles Martial était une figure mondaine. « C'était un faiseur, un homme d'audace et de toupet, mais trop amateur du bruit et du fracas » ; il avait une « large face de lutteur, [un] œil d'enquête et de défi », et « il était toujours en armes »[118]. Selon le journal *La Lanterne*, c'était aussi « un commerçant merveilleusement adroit », et ses activités économiques en Afrique du Nord le rendait en particulier fascinant pour la presse républicaine française. *La Lanterne* indique en 1886 : « Il a fait, en Tunisie, de superbes spéculations, une magnifique fortune », et en 1888, il est « le plus puissant personnage de l'Algérie et de la Tunisie »[119].

Le succès prodigieux des campagnes de Charles Martial en faveur des réfugiés de Syrie et du Liban, des orphelins d'Algérie, des victimes de la famine, pour mener à bien les projets de ses missionnaires et pour construire la cathédrale Saint-Louis de Carthage n'était qu'un début. Il avait chaque année besoin de 500 000 francs de dons pour soutenir la Société des missionnaires d'Afrique (les Pères blancs), et comme il le dit à son ordre en 1874, il ne s'endettait jamais[120]. Il disposait d'un imposant réseau de bienfaiteurs destinataires des lettres d'information et des rapports annuels, et des correspondants étaient présents dans le monde entier. Il recevait aussi des subventions officielles du gouvernement de Paris. Pour la presse anticléricale, Charles Martial était « un mendiant millionnaire » qui parvenait encore et toujours à ses fins grâce aux commissions parlementaires et à la politique de dotation budgétaire[121].

« L'évêque de Carthage a le goût de la bâtisse, de la bâtisse moderne », écrivait *La Justice* en 1886, et la construction de cathédrales et de villages – ses « grandes conceptions » selon l'expression de Louise – était en soi une vaste entreprise économique[122]. En 1889, la Société d'économie sociale de Paris a répertorié quelques-unes de ses réalisations pour rendre hommage à « la vie la plus pleine, de l'apostolat le plus actif et du cœur le plus français de notre temps » : rien qu'en Algérie, il avait alors fait bâtir « 69 églises », deux collèges, un séminaire et trois hôpitaux[123]. À Tunis, au cours des premiers mois de l'occupation française, Charles Martial « a[vait] reçu et dépensé » 1 913 000 francs[124]. Les institutions étaient même financièrement indépendantes : « le collège Saint-Charles, comme l'hôpital, est une entreprise privée. M. le cardinal de Lavigerie est marchand de soupe à Saint-Charles et marchand de tisane à l'hôpital. On n'entre pas chez lui gratis : l'hôpital coûte deux francs par jour, même aux pauvres[125]. »

Les entreprises agricoles de Charles Martial furent elles aussi considérables. Le nouveau domaine d'El-Harrach possédait des vignobles dotés de fossés d'irrigation et de haies de roseaux[126]. Dans l'oasis de Biskra, il avait, comme il l'a écrit, « commencé par acheter une terre aride [...] [et] cherché des eaux sous sa surface », qu'on avait trouvées. Le plus « merveilleux » était que même les légumes des potagers français – « pommes de terre, choux, laitues, petits pois, fèves, artichauts » – pouvaient y pousser[127]. Avec les nouvelles possibilités d'exportation, les artichauts furent en particulier un succès. D'après *La Justice*, Charles Martial possédait « d'immenses champs d'artichauts » : « il paraît qu'une bonne partie des artichauts que nous mangeons à Paris, en hiver, viennent des exploitations de M. Lavigerie[128]. » Le célèbre muscat doux produit dans ses vignobles de Tunis se vit récompensé d'un Grand Prix à l'Exposition universelle de 1889 ; ledit prix fut décerné à « S. Ém. le cardinal Lavigerie, propriétaire des vignobles fameux plantés sur les ruines mêmes de l'antique Carthage[129] ».

« Ce Lavigerie, paraît-il, est le plus habile et le plus heureux brasseur d'affaires qu'on rencontre en Tunisie et même en Algérie », écrivait *La Lanterne* en 1885[130]. Il possédait « de vastes propriétés » ; il avait acheté des terres le long de la future ligne de chemin de fer, et un bien en bord de mer près de la base navale ; il y avait fait construire des villas pour les louer durant l'hiver. Il vivait comme un homme riche dans les palais épiscopaux, dans « un luxe tout oriental[131] ». « On m'accusait [...] d'être millionnaire, archimillionnaire », a écrit Charles Martial dans la seule biographie autorisée de son vivant (et semi-autobiographique). Un jour, son frère Félix s'était arrêté pour acheter du tabac dans une échoppe d'Alger ; à ce moment-là, Charles Martial était passé en calèche, et le boutiquier l'avait désigné comme « l'homme le plus riche de l'Algérie », ajoutant : « il est aussi propriétaire de tous les bateaux à vapeur, qui sont dans le port[132]. »

« Ces millions-là [...] je ne les ai pas, ou je ne les ai plus », finit par écrire Charles Martial, « je suis pauvre ». Il refusait « cette calomnie d'argent et de richesses », et en réponse, il autorisa son biographe à écrire que « l'envie [était] partout naturelle, mais plus particulièrement dans une colonie où chacun est venu par le désir de faire fortune[133] ». Un de ses vieux amis, rencontré à l'époque de ses années universitaires à Paris et devenu gouverneur général d'Algérie, a écrit plus tard que Charles Martial « avait aimé la magnificence dans les cérémonies de culte et dans le décor d'une vie extérieure », mais que l'« homme avait personnellement vécu comme un pauvre » ; « il est difficile d'imaginer quelque chose de plus nu et de plus triste que sa maison et la chambre où il vivait »[134]. Son empire économique, comme ses « richesses immenses, en Afrique », était voué à la philanthropie, à l'humanitaire : il s'agissait d'une fortune faite et dépensée chaque année, un moyen et non une fin[135].

L'esclavage universel

La dernière cause de Charles Martial est celle pour laquelle il était le plus célèbre à l'époque, et pour laquelle il est le plus longtemps resté commémoré. Il l'avait identifiée dès son arrivée en Afrique du Nord, et il l'évoque dans une lettre de 1868 à propos des orphelins de la famine : « l'esclavage régn[ait] encore » au centre de l'Afrique. En 1875, il invita l'armée française d'Algérie à « monte[r] en esprit avec [lui], sur ces cimes inaccessibles qui bornent [l']horizon » afin de voir « l'esclavage universel » qui régissait « ce continent immense »[136]. Dans les années 1880, à la faveur des récits d'« explorateurs belges, anglais, américains » qui se multipliaient – et surtout des rapports des missionnaires de son propre ordre qui prospectèrent dans la région des Grands Lacs à partir de 1878 –, la traite transsaharienne des esclaves devint une cause dévorante[137]. Une nouvelle Œuvre fut fondée, notamment financée par le pape Léon XIII : l'« Œuvre antiesclavagiste[138] ».

En juillet 1888, pour le lancement de la nouvelle mission parrainée par la Société antiesclavagiste, « cette Ligue contre l'esclavage », Charles Martial prononça à Londres un discours retentissant, faisant état de l'histoire de l'esclavage dans les colonies américaines et appelant à un sursaut en Afrique pour entreprendre avec lui une « croisade ». Des auteurs français et anglais avaient « déclaré la guerre à l'esclavage des Indes occidentales [qui] opprimait, depuis trois siècles, des millions de créatures humaines » ; l'esclavage déclinait. Il avait pris fin à Cuba et au Brésil (en mai 1888). Mais « après avoir aboli l'esclavage en Amérique, après avoir établi dans la mer Rouge et dans l'océan Indien les croisières qui devaient empêcher le transport des esclaves en Asie, le zèle des nations chrétiennes s'était refroidi. L'indignation généreuse [...] était tombée. On ne semblait plus se souvenir que l'esclavage existât encore sur la terre ». Pourtant, « l'esclavage musulman [...] régnait, avec des fureurs sans nom, dans le centre, à peu près inconnu jusque-là, de notre Afrique ». Et il était « cent fois plus horrible » que l'esclavage colonial. Le cardinal Manning, lui, estimait que « l'esclavage africain [était] mille fois pire que tout ce que l'on connaissait en Occident[139] ».

En janvier 1889, Charles Martial rapporta qu'il « n'a[vait] ni couché un jour sous [s]on propre toit, ni pris place à [s]a propre table » depuis le début de la mission. La « croisade contre cette exploitation hideuse de l'homme par l'homme » se poursuivit à un rythme effréné jusqu'en 1891, conduisant en 1890 à la signature de la convention de Bruxelles, qui entendait « mettre un terme aux crimes et aux dévastations qu'engendre la traite des esclaves africains[140] ». Comme dans ses premiers écrits africains, Charles Martial invoquait son « immortel prédécesseur, saint Augustin » ; il était lui-même, selon les mots qu'il employa lors d'une allocution dans la cathédrale de Milan, un « vieil évêque africain », le « pauvre successeur de saint Augustin »[141]. Comme en Syrie en 1860 et en Algérie en 1868, la mission antiesclavagiste participait d'une lutte universelle contre le « mahométisme » qui avait désormais envahi « la moitié de l'Afrique » ; cet « esclavagisme », pour Charles Martial, n'était cautionné que par l'Islam, il fallait donc lutter contre l'« islamisme esclavagiste »[142].

Le succès de la nouvelle campagne fut surtout dû à l'inventivité de Charles Martial en matière d'organisation « non gouvernementale » ou « humanitaire ». Il prononça des discours et donna des conférences de presse à Londres, à Rome, à Naples et à Bruxelles ; il correspondait avec Bismarck, le roi Léopold de Belgique et la reine Wilhelmine des Pays-Bas, âgée alors de dix ans ; des sociétés sœurs étaient établies à Haïti et au Brésil ; il était présenté comme « le grand libérateur de l'Afrique ». « La cause de l'abolition de l'esclavage colonial » était un modèle explicite : « le récit des scènes infâmes », l'intensité avec laquelle « les moindres nouvelles se rapportant aux négriers, aux croisières, à la situation des esclaves et des planteurs étaient rapportées, commentées, discutées », les traités, les apologies et les romans, tout cela avait pour objectif de modifier « l'opinion européenne »[143]. Dès l'époque de la famine algérienne de 1868, comme l'a dit un historien récent, Charles Martial s'était révélé « un maître dans la mobilisation de plusieurs formes de médias » ; il « utilis[ait] les nouveaux espaces politiques ouverts par les médias internationaux » pour alimenter la « culture populaire de l'horreur »[144]. Avec les nouveaux médias des années 1880 et une cause d'horreur cosmique, la culture de l'humanité était désormais littéralement mondiale[145].

En plus d'être éloquent, Charles Martial était un virtuose de la communication visuelle. Le « Pèlerinage à Rome » de mai 1888, au cours duquel il se vit confier la nouvelle Œuvre, a été décrit comme la plus grandiose cérémonie depuis l'Adoration des Mages : pour l'occasion, le futur libérateur était entouré de « douze nègres chrétiens de l'intérieur de l'Afrique, douze Arabes ou Kabyles de l'Algérie, douze missionnaires [ou Pères blancs] d'Alger [et] douze prêtres de chacun des diocèses algériens[146] ». La cérémonie fit l'objet de photographies, de gravures, de tableaux et de lithographies. Ce sont bel et bien ces campagnes qui ont permis à l'un de ses premiers biographes de dire en 1905 que « son image [était] familière à tous[147] ». Même dans les lettres que ses partisans lui adressaient, ces derniers confondaient ce qui avait été représenté et ce dont ils se souvenaient ; en 1889, un ancien général retiré dans la Marne lui écrit ainsi en souvenir de son service dans les troupes militaires françaises d'Algérie en 1853 : « un de nos vitraux représente la messe en Kabylie d'Horace Vernet à laquelle j'ai assisté étant officier d'ordonnance[148]. »

Les 724 pages de documents relatifs à l'Œuvre antiesclavagiste que Charles Martial a publiées en 1889 présentent la liste des dons reçus et, comme au lendemain de la crise syrienne, un rapport à l'intention des donateurs. Il avait levé des fonds et en avait distribué à l'Afrikaverein Deutscher Katholiken et à la British Anti-Slavery Society[149]. L'argent collecté provenait entre autres de Léon XIII et de particuliers hollandais qui entendaient financer la campagne belge ; on comptait aussi 2 500 francs pour « les frais d'impression et d'expédition » du discours de Charles Martial sur le Congo belge, et 20 000 francs avaient été octroyés à un prix qui devait récompenser « l'ouvrage le plus capable d'émouvoir l'Europe sur la question de l'esclavage africain ». On mentionnait aussi la somme de « sept francs » que les missionnaires d'Algérie avaient dépensée pour acheter « onze enfants [...] réduits à l'état de squelettes » près d'Udjiji, dans l'actuelle Tanzanie[150].

La correspondance de Charles Martial avec les partisans de la cause fait elle aussi état de souvenirs éprouvants. « Il avait en horreur l'esclavage », écrit en 1890 la veuve d'un explorateur français à propos de son défunt mari (par ailleurs promoteur de la ligne de chemin de fer transsaharienne) ; en 1878, l'explorateur se trouvait dans un village du désert et il était tombé sur « une caravane d'esclaves qui l'avait rempli d'une émotion très grande, à la vue de ces pauvres malheureux[151] ». En 1889, depuis la place Vendôme à Paris, l'administrateur délégué d'une banque d'Haïti adressa quant à lui à Charles Martial une lettre accompagnée d'un chèque de 10 000 francs : « cet argent était une dîme sur des bénéfices réalisés rapidement, en pays étranger et peuplé exclusivement de Noirs, c'est aux œuvres concernant les individus de cette race qu'il me semblerait devoir naturellement revenir[152]. »

La conférence de Bruxelles de 1889-1890 a permis d'adopter des mesures importantes pour lutter contre l'esclavage en Afrique. On vit en elle un présage de bon augure pour de futures « ligues internationales » ; l'esclavage fut aboli en Égypte en 1895, à Madagascar en 1896 et à Zanzibar en 1897[153]. Charles Martial n'y était pas (il avait organisé une conférence concurrente rassemblant des organisations antiesclavagistes qui se tint finalement à Paris)[154]. Mais sa présence n'en planait pas moins sur l'événement. Le ministre belge des Affaires étrangères souligna que la conférence était née de l'« éloquence touchante et persévérante du cardinal Lavigerie, [qui] émouvait le monde depuis plusieurs années » ; le délégué britannique parla des « terribles ravages [...] si puissamment dépeints par le cardinal Lavigerie » ; un mémoire du ministre portugais de la Marine fait quant à lui référence à « un accord entre le gouvernement portugais et le cardinal Lavigerie » concernant les missionnaires du lac Nyassa[155].

L'humanité moderne

Charles Martial Allemand Lavigerie était un grand prosateur et un grand orateur ; il avait une conscience aiguë du mal, et la manière dont il a dénoncé l'esclavage émeut encore aujourd'hui. « C'est une figure imposante qui disparaît », écrivent ses détracteurs de *La Lanterne* après sa mort, saluant un personnage « très enclin à s'appuyer sur les réalités et quelque peu dédaigneux des abstractions », « un esprit plus brillant et plus complexe que vaste et profond »[156]. « M. Lavigerie, à lui tout seul, [était] un État dans l'État », et un théoricien de l'empire républicain français[157]. Lorsque Jules Ferry, promoteur anticlérical de l'enseignement laïc, s'était rendu en Algérie en 1892, on l'avait emmené rendre visite à Charles Martial dans son palais épiscopal de Saint-Eugène. La rencontre est restée gravée dans la mémoire du gouverneur général : « Je me souviendrai toujours de cette entrevue. Ces deux hommes ne s'étaient jamais rencontrés : ils n'avaient aucune idée commune ; tout semblait devoir les séparer, mais ils communiaient ensemble dans l'amour du pays et ils se [sont jetés] dans les bras l'un de l'autre[158]. »

Charles Martial avait identifié une force ennemie mal définie en parlant d'« islamisme », et il en fut l'un des premiers et des plus militants théoriciens, de sa première mission en Syrie jusqu'à la lutte contre les marchands d'esclaves de Zanzibar. Au secrétaire de la British Anti-Slavery Society, il dit en 1888 qu'« il n'avait aucune intention d'instituer une guerre contre les Arabes », et il « ni[a] avoir jamais attaqué d'une quelconque manière la religion mahométane, de nombreux musulmans d'Afrique étant depuis longtemps ses plus fidèles amis »[159]. Mais il percevait une association durable entre islam, « islamisme » et « fanatisme »[160]. Dans une lettre reproduite dans la biographie qu'il avait autorisée, il écrivait même : « la religion musulmane est vraiment le chef-d'œuvre de l'esprit du mal », et il se demandait « comment arracher les âmes à son empire »[161].

L'idée que Charles Martial se faisait d'une Église catholique africaine, devant s'étendre de plus en plus au sud par le biais d'une conquête pacifique, relève d'une certaine manière d'une vision de la religion propre au XXe siècle. Il fut le premier délégué apostolique pour « le Sahara et le Soudan », et aujourd'hui, deux cents millions d'Africains sont catholiques. Ses démarches pour développer la compassion humanitaire et l'agriculture durable, ou encore pour ouvrir les écoles à tous les enfants, étaient aussi en avance sur leur temps ; ces engagements sont devenus par la suite des fondamentaux de la charité religieuse.

Néanmoins, c'est surtout dans le domaine de l'information, dans l'utilisation visionnaire des réseaux d'information au niveau international que Charles Martial apparaît comme une figure du futur, ou de la modernité. Les organismes de secours qu'il a créés à partir de presque rien dès 1856 sont devenus des entreprises gigantesques et efficaces. Il a lui-même été un collecteur de fonds prodigieux, et réussi à attirer de manière pour ainsi dire irrésistible les subventions de l'État (impérial puis républicain) et du Vatican. Il disposait d'un réseau de correspondants, de donateurs et de journalistes qui s'étendait au monde entier. Il avait fait installer « un bureau de poste et de télégraphe » dans l'oasis de Biskra et dans la résidence des missionnaires à Carthage[162]. Il a œuvré parallèlement au développement et à la diffusion de la photographie et de la lithographie, et il a imaginé tout un éventail d'actions humanitaires en faveur des enfants africains.

Les admirateurs comme les détracteurs de Charles Martial voyaient en lui un virtuose des médias de l'époque. « Pendant vingt-cinq ans, il y eut peu de jours où les journaux de France, d'Europe même, ne nous apportassent le nom de Mgr Lavigerie, avec l'annonce de quelqu'une de ses initiatives. Le plus souvent lui-même en faisait part au public, dans une lettre, un mandement, un mémoire » ; « peu d'autres dans notre siècle se seront servis de la presse autant que lui, et l'auront maniée, exploitée comme lui »[163]. Pour ses détracteurs, il était « le plus grand entrepreneur de propagande chrétienne de l'époque[164] ».

Cette histoire a débuté dans une petite ville de province avec une femme illettrée, grand-mère du grand-père de Charles Martial, qui évoquait des sources d'information orales imprécises et impossibles à vérifier. Charles Martial, lui, a fait son entrée dans le monde alors que les nouvelles technologies de l'information caractéristiques de la modernité émergeaient. Le télégraphe était une nouveauté ; les correspondants étrangers étaient une nouveauté ; les journaux illustrés étaient une nouveauté ; l'impression lithographique était une nouveauté. Charles Martial, comme l'ont fait remarquer nombre de ses contemporains, a fait un usage brillant des nouvelles technologies, et il a par ailleurs inventé une nouvelle manière d'être, bien plus moderne : en s'exprimant de manière continue, il a établi une relation directe avec des centaines de milliers de personnes, et créé ainsi un réseau universel dédié à l'entreprise humanitaire.

La destinée républicaine

En 1885, pour Charles Martial, les choses étaient claires : il fallait « réfuter » « le rationalisme, le naturalisme, le panthéisme, l'athéisme », « ces erreurs-mères qui couvr[aient] en ce moment la face du monde[165] ». Toutefois, en trente ans de vie publique, ses engagements politiques avaient varié de manière extravagante. En 1874, il dit à l'un de ses plus vieux amis, rencontré au cours de ses études à Paris : « Est-il possible que nous ayons pu, à une certaine époque de notre vie, penser que le libéralisme avait du bon[166] ! » Dans les années 1860, il s'enthousiasmait pour le Second Empire, et il accueillit à Nancy l'impératrice Eugénie et son fils, vêtu d'un costume de velours noir : « l'héritier futur de tant de puissance et tant de gloire[167] ! » « C'est un abîme béant au bord duquel nous sommes portés », écrivait-il encore en 1870, « l'Empire seul nous sépare en ce moment de cet abîme »[168].

En 1871, Charles Martial fut dans le département des Landes candidat aux élections parlementaires organisées au lendemain de la guerre franco-prussienne. Il était alors affilié au parti dit libéral-conservateur, une formation éphémère prônant la « stabilité » qui, d'après ses partisans, avait des « nuances monarchistes » ; selon ses opposants, c'était un parti à l'« anonymat confus et suspect », sans autre programme que « sa haine de la République » et « sa dévotion aux volontés de Rome »[169]. La profession de foi de Charles Martial trouva elle-même très peu d'écho. Il voulait alléger la réglementation sur la chasse et la pêche ; il n'était favorable ni au rétablissement des dîmes (pour soutenir l'Église), ni à celui de la corvée pour construire les routes, ni à celui de l'Ancien Régime : « En un mot, déclarait-il, je pense que la loi doit diminuer vos charges et augmenter votre bien-être[170]. » Il arriva en sixième position, sur six candidats[171]. Dans les années 1870, Charles Martial se tourna vers la cause monarchiste des donateurs pressentis pour la construction de la cathédrale de Carthage. Durant l'été 1874, il rencontra le prétendant « Henri V » (le comte de Chambord) en Bohême (les deux hommes suivaient une cure dans les villes thermales voisines de Carlsbad et Marienbad) ; le journal algérien *Akhbar*, dont Charles Martial avait « réussi [...] à racheter la plupart des actions », promouvait les « idées conservatrices »[172]. Longtemps après que Chambord se fut lui-même retiré de la vie politique, Charles Martial restait conservateur. En 1891, une descendante de la famille Dereix d'Angoulême sollicita son aide pour son neveu, dont le père avait été « brusquement révoqué pour ses opinions conservatrices et religieuses » ; elle insistait sur les « liens de parenté uniss[a]nt [sa] famille à celle de [son] éminence »[173].

Toutefois, la dernière aventure politique de Charles Martial marqua un nouveau revirement. Le 12 novembre 1890, il donna dans sa résidence de Saint-Eugène un banquet en l'honneur de l'état-major de la flotte française de Méditerranée alors amarrée dans le port : un jour comme un autre dans la vie du « primat d'Afrique ». Il venait de rentrer d'une visite au nouveau pape Léon XIII, dont la politique chrétienne avait changé car il reconnaissait désormais que l'avenir de l'Église de France passait par la conciliation avec la forme républicaine du gouvernement. À la fin du banquet, en levant son verre à la marine, Charles Martial fit référence à « l'union » nouée entre l'Église et l'État dans les territoires d'outre-mer – entourés par l'« étranger » –, et il exprima l'espoir « autoris[é] » de voir cette union restaurée en France elle-même. « La volonté [du] peuple s'[était] nettement affirmée », et la République qui existait en France depuis 1870 n'était pas elle-même en contradiction avec la chrétienté ou la civilisation ; le moment était par conséquent venu pour « l'adhésion sans arrière-pensée à cette forme de gouvernement[174] ». Pour accompagner le départ des dignitaires, Charles Martial ordonna à la fanfare apostolique de jouer *La Marseillaise*[175].

Le « toast d'Alger » fit aussitôt sensation, et le banquet devint le premier événement protocolaire du processus politique de ralliement de l'Église de France à la République. Cela valut à Charles Martial la gratitude du pape, et des injures telles qu'il n'en avait jamais reçu auparavant ; son biographe décrit une sorte d'embrasement, un *trolling* de la nouvelle ère de l'information des années 1890. De fait, l'histoire du banquet fut diffusée par les agences télégraphiques en quelques heures, suscitant « des montagnes d'insolence », des lettres anonymes, des caricatures et, envoyé de Marseille, un pli reproduisant « son toast souillé d'ordures[176] ». Deux ans plus tard, Léon XIII publia l'encyclique sur l'Église et l'État intitulée *Au milieu des sollicitudes*, qui justifiait Charles Martial : « dans l'océan mobile des choses humaines », et au beau milieu de la longue période de violences qui agitait l'histoire française, les « pouvoirs constitués » étaient « une *nécessité sociale* »[177].

Une marée rouge

Charles Martial Allemand Lavigerie est mort le 25 novembre 1892 dans son palais de Saint-Eugène (l'actuelle commune de Bologhine dans la banlieue d'Alger, face à la mer). Il était souffrant depuis quelque temps. Il avait alors écrit à son valet de toujours, Jean-Baptiste, qui s'était retiré dans les Pyrénées : « Je ne puis me faire à l'idée de ne plus vous avoir auprès de moi. » Jean-Baptiste avait répondu qu'il allait revenir, et Charles Martial lui avait de nouveau écrit : « Je vais vous attendre avec impatience. Télégraphiez-moi [...] vous serez attendu au port comme à l'ordinaire[178]. » Après sa mort, le corps de Charles Martial fut transporté des salles d'apparat de son palais à la basilique Notre-Dame d'Afrique, et de là à la cathédrale d'Alger, où « les obsèques du cardinal furent un triomphe », rapporte, émerveillé, l'hagiographe Baunard. Ensuite, le cortège se dirigea vers la rampe de l'Amirauté au son des canons et de la musique militaire. Le cercueil de Charles Martial fut alors chargé sur un croiseur de la marine, entouré de baleinières pourvues chacune de douze rameurs, et envoyé à Tunis, dans la cathédrale (provisoire). Il poursuivit après cela sa route en train vers Carthage, et Charles Martial fut inhumé dans la cathédrale Saint-Louis de Carthage, qu'il avait consacrée deux ans plus tôt[179].

Louise, la sœur de Charles Martial, était présente avec ses deux neveux, le fils encore en vie de leur frère Léon Bernard, Louis Lavigerie, et le veuf de sa fille. Ils étaient placés parmi les dignitaires de l'Église sur la rampe de l'Amirauté ; deux des baleinières avaient été réservées à « la famille » et aux « autorités »[180]. Charles Martial avait légué ses papiers et effets personnels à Louise. Elle était l'héritière légale de la moitié de ses biens, et elle y renonça ; les exécuteurs testamentaires de son frère lui versèrent une pension de 150 000 francs (dont il restait 145 000 francs lorsqu'elle est morte à son tour)[181]. Il s'ensuivit pendant quelques années un conflit inopportun avec Louis Lavigerie, acteur et dramaturge. Celui-ci publia plus tard une description des exécuteurs testamentaires assemblés dans la bibliothèque personnelle de Charles Martial, estimant ses ornements religieux avec des « prunelles de feu », dans « une marée rouge » de « soies écarlates et de velours cramoisis » ; Louis finit lui aussi par parvenir à un accord concernant l'héritage de son oncle[182].

Louise

La dernière cérémonie familiale des Allemand Lavigerie n'impliqua donc pas la signature d'un contrat de mariage mais l'annonce d'un décès. « Madame Kiener-Lavigerie » figure en tant que principale parente du défunt sur le faire-part de décès de Charles Martial en 1892 ; on y trouve aussi mention du fils et des petits-enfants de Léon Bernard, des enfants et petits-enfants de Charlotte Ursule Lavigerie de la papeterie de la Courade, de l'envieuse mademoiselle Berthe Topin de la famille des architectes, et des Portet-Lavigerie du Mans. Les Latrilhe, parents de Charles Martial et Louise du côté de leur mère sont également mentionnés, ainsi que dix autres familles dites « cousines ». C'était là, comme toujours, une liste non exhaustive : un inventaire des respectables membres encore en vie d'une grande famille disparate[183].

Dans son testament, Charles Martial exprimait la « confiance » qu'il avait en Louise et indiquait qu'en cas de litige concernant sa succession, « tout bien ou valeur dépendant de [s]on héritage qui serait contesté ou disputé » lui reviendrait, afin qu'elle en dispose à sa guise ; elle devait en être « absolument libre et maîtresse »[184]. Il lui léguait tous ses papiers personnels, la charge de ces papiers, et de même la gestion des relations entre ses deux familles : sa famille religieuse en Algérie et sa famille en France. Cette tâche difficile occupa Louise pour le restant de ses jours. Son neveu Louis Lavigerie n'accepta le règlement de la succession qu'en 1907 ; un des exécuteurs testamentaires (dont Louis a décrit les « prunelles de feu ») a laissé dans les Archives Lavigerie une note portant la mention « Conclusion de l'affaire[185] ». Lorsque la sculpture de marbre blanc comprenant le « groupe de nègres convertis » a été exposée à Paris en 1898 (elle était destinée à orner la tombe de Charles Martial et était donc en route pour Carthage), *Le Figaro* a rapporté que les invités incluaient le banquier ou ancien banquier du Mans, « M. Portet-Lavigerie[186] ». À l'occasion du mariage des deux petits-fils de Charlotte Ursule avec les filles d'un notaire parisien, en 1901, les deux mariés furent présentés comme « les petits neveux du regretté cardinal », « dont la famille est des plus anciennes de la Charente »[187].

Cette histoire familiale a depuis le début tourné autour des femmes dans la vie des Ferrand, des Allemand et des Lavigerie. Le récit a commencé avec une veuve en quête d'informations à Angoulême, Marie Aymard ; quarante-trois des quatre-vingt-trois signataires du contrat de mariage de la fille de Marie Aymard établi en 1764 étaient des femmes ou des filles ; et les cinq sœurs célibataires de la pension du Rempart du Midi, petites-filles de Marie Aymard, se trouvent au cœur de l'histoire de la famille au XIXe siècle.

Pourtant, ces générations de sœurs et de filles demeurent pour ainsi dire invisibles dans la mesure où on ne trouve que très peu de traces émanant directement d'elles : on ne sait pas quels termes elles employaient elles-mêmes, on ne connaît pas leur écriture. Jeanne *ainée* a rempli avec assurance le registre fiscal de 1799 concernant la valeur locative de sa boutique ; la jeune Françoise Ferrand a adressé plusieurs pétitions pour obtenir de l'aide en tant que réfugiée de Saint-Domingue, et sa fille et sa petite-fille ont fait de même ; des centaines de femmes ont signé les contrats et les actes de mariage. Mais Louise Lavigerie Kiener est la seule, sur ces cinq générations de femmes, dont il subsiste des lettres (en tout cas d'après ce que j'ai pu trouver), et elles sont conservées à Rome dans les archives de l'ordre religieux fondé par son frère mondialement célèbre.

En fait, Louise est elle aussi invisible dans la mesure où on ne sait pas à quoi elle ressemblait. Une photographie des Archives Lavigerie sur laquelle on voit Charles Martial assis dans un jardin avec quatre jeunes prêtres et son serviteur Jean-Baptiste en 1890, dans l'oasis de

Biskra, au sud-est d'Alger, porte la mention « Photo prise par sa sœur, Vve Kiener[188] ». Mais aucune photographie d'elle ne subsiste (ou du moins aucune que j'ai pu trouver, encore une fois). Il n'en existe qu'une image floue sur le cliché panoramique des obsèques de Charles Martial, pris au moment où le cortège arrive à la rampe de l'Amirauté dans le port d'Alger, avec à droite « les évêques et officiants », et « au milieu d'eux », « Madame Kiener-Lavigerie »[189]. Il n'existe par ailleurs pas grand-chose non plus en matière de description – seulement quelques mots dans le texte que Louis Lavigerie a écrit à propos de la réunion post-mortem dans la bibliothèque de Charles Martial : « Je vois encore ma tante, au milieu du cercle, pâle et hautaine dans ses voiles de deuil[190]. »

En 1892, au moment du décès de Charles Martial, Louise vivait au pied des Pyrénées, et elle y resta jusqu'à la fin de sa vie. Elle finit par s'installer dans une maison baptisée « Monplaisir » dans le village de Bénéjacq, à cent quarante kilomètres à l'est de Bayonne, donnant au sud sur les sommets enneigés des Pyrénées. Elle vécut là avec sa nièce, Jeanne Suberbie Byasson, dite Julie ; les Suberbie et les Byasson figurent dans la liste des autres familles sur le faire-part de décès de Charles Martial. Julie Byasson, née à Pau en 1867 dans une famille du même milieu que les Allemand Lavigerie, c'est-à-dire une famille de collecteurs d'impôts, n'était la nièce de Louise qu'au sens large. Elle était la veuve d'un administrateur colonial de Madagascar, précédemment enseigne de vaisseau, avec lequel elle avait eu quatre enfants ; ces enfants étaient encore jeunes quand son mari, rentrant chez lui en permission, avait trouvé la mort alors qu'il effectuait une traversée de la mer Rouge, en septembre 1903 ; il avait été inhumé en mer[191].

Louise Lavigerie Kiener est morte le 21 août 1906 à la villa Monplaisir de Bénéjacq, à soixante-quatorze ans[192]. L'hiver précédent avait été terrible pour l'Église catholique de France après l'adoption de la « loi du 9 décembre 1905 organisant la séparation des Églises et de l'État ». La France était désormais un État laïc, et les premiers mois de l'année avaient vu éclater une série de violents conflits autour de l'estimation des biens de l'Église : la « querelle des inventaires ». « Enfin je vais mieux, c'est déjà quelque chose », écrit Louise aux exécuteurs testamentaires de Charles Martial en janvier 1906, mais « il n'est pas probable que nous nous arrêt[erons] au bord du gouffre » ; sa dernière lettre, au mois de juin, concernait une croix pectorale réputée avoir appartenu à son frère, qui avait été proposée à la vente à Bayonne[193]. Au mois de septembre, Julie Byasson annonça par lettre le décès de sa « seconde mère », « ma compagne intime et fidèle, mon unique appui », aux exécuteurs testamentaires[194]. Elle précisait : « des papiers, il en reste fort peu car ma pauvre tante avait voulu que nous consacrions nos longues soirées de cet hiver à les relire et les détruire en grande partie[195]. »

Chapitre 11

La fin de l'histoire

Au fil de deux siècles

Marie Aymard est née à Angoulême en 1713 ; Louise Lavigerie Kiener, son arrière-arrière-petite-fille, est morte au pied des Pyrénées en 1906. Les époques auxquelles elles ont vécu s'entrecroisent. Martial Allemand Lavigerie, petit-fils de Marie Aymard et grand-père de Louise Kiener, héraut de la « vérité » et de la « véracité », a grandi à Angoulême à quelques pas de chez sa grand-mère, et cette dernière était toujours là à l'époque de son mariage en 1790. Lui-même a vécu à quelques pas du domicile de sa petite-fille Louise, et il était présent lorsque celle-ci a épousé un employé des chemins de fer, en 1855. Ils se connaissaient : ils appartiennent à la même histoire.

L'histoire des Allemand et des Ferrand a débuté avec l'évocation des sources d'information de Marie Aymard, elle-même illettrée : les lettres qu'on avait écrites en son nom, et les choses que « quelques personnes de la ville d'Angoulême » lui avaient rapportées. Elle s'achève avec Louise Kiener, qui a voyagé en Algérie, a pris des photographies et a été elle-même photographiée (de loin), immortalisée sur une image diffusée alors dans le monde entier. Au cours de l'hiver 1906, elle a consacré ses soirées à lire et à détruire les archives de son frère, Charles Martial Allemand Lavigerie. Charles Martial, comme Louise, a vécu à l'époque qui a vu l'essor des premières technologies de l'information, et il a lui-même contribué à cet essor en utilisant de manière visionnaire les médias et réseaux d'information internationaux pour ses actions humanitaires ; il était « le plus grand entrepreneur de propagande chrétienne de l'époque ».

Le « roman moderne »

Les Allemand et les Ferrand, au fil des cinq générations qui constituent leur histoire, ont eux-mêmes été des conteurs. La procuration de Marie Aymard, établie en 1764, est un récit : elle raconte, en mentionnant des données probantes, un voyage dans l'espace, le temps et la condition économique. Son fils Gabriel raconte ensuite l'histoire de son mobilier, et fait état du projet qu'il avait formé de devenir enseignant pour instruire la jeunesse. L'époux de Françoise, fille de Marie Aymard, relate quant à lui l'histoire de son fils Pierre, tombé amoureux dans le département de la Sarthe et accusé d'avoir volé un uniforme qu'on a fini par retrouver dans une malle, quelque part entre Nantes et Angoulême. Comme nous l'avons vu avec la disparition du petit chien de Lydia Sterne en 1769, objet de multiples témoignages, avec l'histoire du commis du bureau de la taille en 1778, ou encore avec celle de l'émeute qui a éclaté devant le Café des Électeurs en 1797, tous les membres de la famille vivaient, au sein des rues qui bordaient la place du Mûrier et le Minage, dans une société saturée d'informations sur les affaires publiques.

Jean-Baptiste, le benjamin des enfants de Marie Aymard, a été pour sa part un virtuose de la mémoire historique avec ses pétitions pour requérir de l'aide en tant que réfugié démuni de Saint-Domingue. Ce fut aussi le cas de sa fille Françoise Ferrand Brébion en 1859, et de la fille de cette dernière, Clara Brébion Collet, en 1876 : « je ne puis vous dire tout ce que j'ai souffert cet hiver sans vêtements » et « manquant de tout ». Charles Martial, historien des débuts du christianisme, a retracé l'histoire de la terrible nuit durant laquelle les eaux du Scirtus ont subitement monté, détruisant la ville basse de la cité d'Édesse. Il a fait le récit des crises humanitaires de son temps et raconté des épisodes de sa propre vie : « j'étais convaincu que je ne reviendrais pas de ce voyage », a-t-il dit rétrospectivement à propos de son départ pour la Syrie, et lorsqu'il a évoqué la découverte du site qui allait abriter son futur orphelinat en Algérie, il l'a située par « une de nos belles soirées de printemps ». Pour sa part, sa sœur Louise lui a exposé dans les lettres qu'elle écrivait depuis la papeterie de la Courade, aux portes d'Angoulême, les histoires de la vie locale, comme celle de l'architecte diocésain qui, quoique d'honnête ascendance, portait une redingote au lieu d'un habit.

Dès le début, cette histoire composée d'histoires a aussi constitué une rencontre avec les premiers romans modernes et les grands romans réalistes et naturalistes du XIXe siècle. La place du Mûrier d'Angoulême, si triste dans *Illusions perdues*, était au centre de la vie de la famille de Marie Aymard. « Je voudrais savoir le nom de la rue par laquelle vous arriviez sur la place du Mûrier et où était votre ferblantier », écrit Balzac en 1836, s'enquérant auprès de son ami d'Angoulême au sujet de la rue de Beaulieu, où la petite-fille de Marie Aymard, Jeanne, vivait alors retirée avec son mari, le romantique architecte[1]. Le petit chien tacheté volé en 1769 appartenait quant à lui à la fille de Laurence Sterne, et celle-ci vivait aussi dans la rue de Beaulieu, alors appelée rue des Cordeliers, dans la maison de la tante de l'employeur du mari de Marie Aymard. Sur deux siècles, la seule description nous permettant de connaître le tempérament intime d'un membre de la famille se trouve dans les Mémoires d'une romancière de passage à Tahiti, Dora Hort, à propos de Léon Bernard Lavigerie.

Au XIXe siècle, la vie réelle des Allemand Lavigerie et des Ferrand ressemble aux vies imaginaires des romans de Zola sous le Second Empire. Pour Zola, chez Balzac, comme dans le « roman naturaliste, le roman d'observation et d'analyse », « tous les efforts de l'écrivain tendent à cacher l'imaginaire sous le réel »[2]. Dans cette histoire, le réel évoque l'imaginaire. Les petits-enfants et arrière-petits-enfants de Marie Aymard ont quitté une ville de province isolée, comme les enfants de la matriarche de *La Fortune des Rougon*, et ils se sont ensuite dispersés dans différentes régions de la France. Deux des arrière-petits-fils de Marie Aymard, Scipion et Camille Allemand Lavigerie, sont devenus banquiers au lendemain de la révolution de 1848, comme les personnages de *La Curée* et de *L'Argent*. La fille de Camille vivait dans un immeuble situé près de l'Opéra de Paris et était liée par mariage à la famille du baron Haussmann. Sa cousine au troisième degré, couturière nécessiteuse, vivait à Montmartre dans la rue Myrha, que l'on retrouve dans *L'Assommoir*. Le scandale financier de *L'Argent* est précipité par des opportunités d'investissement en Syrie et au Liban après la crise humanitaire des années 1860. Louise Kiener et Charles Martial Allemand Lavigerie sont affolés, lors de leurs visites à Paris, par l'expansion des grands magasins, phénomène que retrace *Au bonheur des dames* ; en 1885, année de parution de *Germinal*, Charles Martial dénonce le « rationalisme » et le « naturalisme ».

L'histoire des Allemand et des Ferrand est constituée d'une suite d'histoires ou d'épisodes de la vie ordinaire, et elle rappelle à cet égard la « *littérature idéée* » de Sterne et de Diderot (opposée, dans *Illusions perdues*, à la « *littérature imagée* » du « roman moderne » du XIXe siècle ou du roman historique de Sir Walter Scott[3]). Néanmoins, elle constitue aussi une rencontre avec le naturalisme de la fin du XIXe siècle, dont les romanciers du XVIIIe siècle sont les « véritable[s] a[ïeux] », et qui propose, selon Zola, une « étude exacte des faits et des choses », une collection de situations, ou un « positivisme de l'art ». En histoire, pour Zola, le naturalisme impliquait « l'étude raisonnée des faits et des hommes, la recherche des sources, la résurrection des sociétés et de leurs milieux » ; le roman naturaliste, lui, relevait de « la continuelle compilation des documents humains[4] ».

Mais l'histoire, ou cette histoire en particulier, est aussi l'inverse du roman : elle ne présente qu'une collection de situations et ne peut rien proposer d'autre. Les histoires sont exactes, c'est tout. Il n'y a pas de création : pas de « monde entier » ou de « société complète » qui sort de terre comme dans *La Comédie humaine* de Balzac selon la lecture de Zola. Il n'y a pas de mise en scène comme chez le romancier Sandoz dans *L'Œuvre* de Zola, qui annonce son procédé comme suit : « Je vais prendre une famille, et j'en étudierai les membres, un à un, d'où ils viennent, où ils vont, comment ils réagissent les uns sur les autres […] je mettrai mes bonshommes dans une période historique déterminée, ce qui me donnera le milieu et les circonstances, un morceau d'histoire[5]. »

Il n'y a même pas de personnalités : on ne sait rien de l'individualité des hommes, des femmes et des enfants qui composent cette histoire, de leurs « désespoirs [et de leurs] espérances[6] ». On ne sait pas qui ils sont et on sait à peine à quoi ils ressemblent. Dans *Les Rougon-Macquart* de Zola, les membres de la famille sont liés par d'obscurs maux médico-psychologiques, et dans cette histoire, on ne trouve rien sur les maladies des Allemand Lavigerie et des Ferrand – hormis quelques allusions aux rhumatismes de Louise (« enfin je vais mieux ») et aux problèmes digestifs de Charles Martial. Jean-Baptiste, sa fille et sa petite-fille avaient tous les trois mauvaise vue (ils souffraient d'une « faiblesse de la vue »). Les Allemand Lavigerie, ou certains d'entre eux, étaient beaux ; ils étaient aussi autoritaires, du moins d'après les biographes de Charles Martial : il n'y a aucune autre donnée.

L'histoire des Allemand Lavigerie et des Ferrand regorge aussi de tournants inattendus. C'est une histoire positiviste dans la mesure où tout est vrai – ou du moins fondé sur « la recherche des sources » – et aussi dans la mesure où tout est falsifiable. Elle s'ouvre sur une affirmation avérée : il s'agit de « quatre-vingt-dix-huit histoires », et s'achève par un simple : « Tout est vrai. » L'histoire se termine donc, par la force des choses, par un décompte des histoires (si tant est que l'on puisse dire ce qu'est une histoire et précisément ce qui la compose), et par une « revisitation » des sources (via les notes de l'ouvrage). Certaines de ces sources sont de fait plus fiables que d'autres ; certaines des personnes « disparues » des registres n'en jouent pas moins un rôle important dans l'histoire.

Il est possible que les frères et sœurs disparus réapparaissent un jour sur les sites de généalogie qui ne cessent d'évoluer (et nous permettent ainsi de replonger dans « la mauvaise infinité » de la recherche par itération). En 1906, dans les Pyrénées, Louise Kiener a détruit les papiers familiaux dont elle avait hérité. Les papiers de ses grands-tantes, quant à eux, si jamais ils ont existé, sont désormais introuvables (en tout cas je n'ai pas été en mesure de les trouver). Quand Jeanne *ainée* est morte à Angoulême en 1860, à l'âge de quatre-vingt-onze ans, Louise Mélanie était la seule survivante des douze frères et sœurs nés de l'union du couple du contrat de mariage de 1764 ; quand Louise Mélanie est morte en 1865, elle était loin de chez elle, en visite chez ses cousins de la Sarthe. À la fin du dernier roman de la grande saga de Zola, la matriarche réussit enfin à brûler toutes les chemises de papier bleu regroupant les documents familiaux sur cinq générations[7]. Toutefois, il est possible que les petites-filles de Marie Aymard aient conservé leurs propres papiers de famille dans des boîtes ou des malles, et que ces papiers n'aient pas été détruits ; que quelqu'un soit finalement en mesure de découvrir ce qui est arrivé aux cousins qui ont disparu sans laisser de traces – et de produire ainsi une tout autre sorte d'histoire.

Des possibilités infinies

Au bout du compte, il s'agit d'une histoire circonstancielle tirée d'une infinité de traces possibles. Selon l'expression du personnage qui représente Zola dans *L'Œuvre*, c'est une histoire « aplati[e] ». Il y a de plus en plus d'événements, de plus en plus d'épisodes, de plus en plus de situations. Le micro est lié au méso, et le méso au macro par les liens mêmes qui existent entre les individus. Les situations, qui sont exactes, composent le récit historique. Celui-ci débute au sein de la société de l'information de Marie Aymard et se mue en une enquête sur les multiples sources d'information relatives à des centaines d'autres personnes, loin dans l'intérieur des terres françaises. C'est une histoire par contiguïté – dans l'espace social des réseaux de voisinage du centre d'Angoulême et des générations successives de l'histoire familiale – qui devient une histoire politique vue d'en bas. C'est une histoire de la longue Révolution française du point de vue non pas de la Révolution, mais des vingt ou trente individus liés entre eux et liés à la ville d'Angoulême, qui ont traversé les années révolutionnaires.

L'histoire circonstancielle se mue aussi en une histoire de la nouvelle conjoncture économique du XIXe siècle. Il s'agit alors d'une histoire, non pas de l'économie, mais de la vie économique des petits-enfants de Marie Aymard, et des secteurs dans lesquels ils ont évolué, peu liés à la modernité. Suivre leur parcours singulier amène à reconstituer une série de micro-histoires au sein de l'administration publique, de l'armée et de l'Église, c'est-à-dire des secteurs dans lesquels le cadre économique n'a cessé de se modifier au fil du temps, et dans lesquels il est difficile de distinguer entre le marché et l'État, entre le « national » et l'« étranger », et entre l'intérêt personnel et les normes de la société publique. Les vies économiques des Allemand Lavigerie et des Ferrand donnent à voir d'emblée une grande inégalité. Charles Martial Allemand Lavigerie est le seul des descendants de Marie Aymard à avoir réussi et à avoir compris, de manière visionnaire, l'économie multinationale moderne.

L'influence de l'outre-mer était omniprésente. Marie Aymard était (plus ou moins bien) informée des événements qui s'y déroulaient, tout comme ses connaissances et ses voisins. Elle savait combien les esclaves rapportaient chaque jour sur l'île de la Grenade, et la question de l'esclavage est présente du début à la fin de cette histoire de la vie provinciale. L'employeur de son mari possédait cinquante esclaves ; le cousin par alliance de sa fille avait une esclave qui parlait français et espagnol et qui s'était évadée alors qu'elle était enceinte ; son fils horloger a connu une période d'opulence durant laquelle il possédait « quinze nègres », et sa fille et sa petite-fille ont reçu des secours de l'État de 1814 à 1873.

Louis Félix, « commissaire du Directoire près la municipalité d'Angoulême », est quant à lui né en esclavage à Saint-Domingue en 1765. Le petit-fils de Marie Aymard, Martial Allemand Lavigerie, a réclamé une indemnité pour compenser la perte d'un lot de plantation de cacao. La petite-fille de Martial a épousé le descendant d'une famille de négriers de Bordeaux. Paul Abadie a épousé Maria Alida Camia, née esclave en Guadeloupe. Un arrière-arrière-petit-fils de Marie Aymard a consacré une thèse à l'esclavage selon le droit romain, et Charles Martial, qui connaissait peut-être, ou peut-être pas, l'histoire de sa famille à la Grenade et à Saint-Domingue, a été le plus célèbre anti-esclavagiste de son temps.

Ces histoires sont toutes des histoires de quelque importance. Mais il y en a toujours davantage, il y a encore et toujours plus d'individus à trouver et à suivre. Elles ne permettent pas de dresser une carte du monde grandeur nature, ou d'écrire une histoire à l'échelle de l'humanité, mais elles permettent d'apprécier les possibilités infinies de l'écriture – et de la lecture – de l'histoire, même plate et positiviste. Martial Allemand Lavigerie, qui se trouve à mi-chemin entre Marie Aymard et Louise Lavigerie Kiener dans l'histoire familiale, a évoqué la vérité à Bayonne en 1826, afin de réclamer une indemnité à la nouvelle République d'Haïti pour la perte de la plantation de sa défunte épouse. Plus tard, en 1829, dans le *Courrier de Bayonne* il a aussi évoqué la véracité, « indispensable à l'époque où nous vivons » : « on a que la vérité à proclamer. »

Remerciements

Je suis profondément reconnaissante au personnel des Archives municipales d'Angoulême, en particulier à M. Florent Gaillard, Mme Stine Krause et Mme Catherine Portelli, ainsi qu'au personnel des Archives départementales de la Charente, en particulier à M. Dominique Guirignon et M. Jean-Philippe Pichardie, au personnel des Archives de la Société des missionnaires d'Afrique, via Aurelia à Rome, à M. David Richard des Archives diocésaines d'Angoulême, aux conservateurs du musée d'Angoulême, au personnel des Archives nationales de France à Paris et à Pierrefitte, et au personnel des Archives nationales d'outre-mer à Aix-en-Provence, à M. Fabrice Reuzé des Archives de la Banque de France, au personnel des Archives de Paris, de la Bibliothèque nationale et de la Bibliothèque historique de la Ville de Paris, au personnel de The National Archives, Kew, et à celui de la British Library, et encore à la mairie d'Angoulême qui m'a invitée à présenter l'histoire de Marie Aymard à l'hôtel de ville.

Victoria Gray, Ian Kumekawa, David Todd, Francesca Trivellato et Mary-Rose Cheadle ont lu le manuscrit, et je leur suis bien plus reconnaissante que je ne peux le dire ici pour leurs commentaires et les conversations que nous avons eues au cours de ce long voyage.

De nombreuses discussions ont nourri cet ouvrage, en particulier avec Amartya Sen, et aussi Indrani Sen, Sunil Amrith, Armando Antinori, Bernard Bailyn, Keith Baker, Abhijit Banerjee, Shane Bobrycki, Niko Bowie, Sidney Chalhoub, Arun Chandrasekhar, Robert Darnton, Rohit De, Tracy Dennison, Rowan Dorin, Esther Duflo, Dan Edelstein, Iris Goldsmith, Ben Golub, Tim Harper, Hendrik Hartog, Lynn Hunt, Penny Janeway, Maya Jasanoff, Mary Kaldor, Diana Kim, Claire Lemercier, Noah Millstone, Renaud Morieux, Julian Perry Robinson, Tatiana Petruzelli, Gilles Postel-Vinay, Amy Price, Jacques

Revel, Carol Richards, Daniel Roche, Paul-André Rosental, Éric de Rothschild, Rebecca Scott, Gareth Stedman Jones, Julia Stephens, Barry Supple, Melissa Teixeira, Brandon Terry, Fei-Hsien Wang, Paul Warde, Tony Wrigley et Alexia Yates.

Le projet « Visualizing Historical Networks » a débuté au Joint Center for History and Economics en 2012, et Ian Kumekawa, Amy Price et moi-même avons depuis œuvré avec Madeleine Schwartz, Jessica Crown, Paul Talma, Fanny Louvier, Nicolas Todd, Ye Seul Byeon, Lux Zhao et Oliver Riskin-Kutz.

Mary-Rose Cheadle et Hannah Weaver ont formulé des commentaires extrêmement utiles sur le manuscrit. Emily Gauthier, Jennifer Nickerson, Mary-Rose Cheadle, Inga Huld Markan et Amy Price ont créé un environnement stimulant au Joint Center for History and Economics, tout comme Asha Patel et Noala Skinner, avec qui je me suis rendue pour la première fois à Angoulême en 1995.

Brigitta van Rheinberg a été une éditrice remarquable, et ce dès le début du projet, et je tiens à exprimer ma gratitude à Lauren Lepow pour ses révisions perspicaces.

J'ai écrit ce livre entre Palo Alto, Cambridge (Angleterre), Angoulême, Santineketan, Cambridge (Massachusetts), Sabaudia et Rome. Je suis par-dessus tout pleine de gratitude pour la bienveillance et l'amitié rencontrées en chemin.

ANNEXES

I. Enfants et petits-enfants

Nom	Année de naissance	Année de décès	Père	Mère	Époux/Épouse
Aymard, Marie	1713	1790			*Louis Ferrand* (1735)
Ferrand, Gabriel	1738	1816	LF	MA	*Marie Adélaïde Devuailly* (1763)
Ferrand, Françoise	1740	1805	LF	MA	*Étienne Allemand Lavigerie* (1764)
Ferrand, François	1742	> 1766	LF	MA	
Ferrand, Mathurin	1743	> 1764	LF	MA	
Ferrand, Marguerite	1744	> 1768	LF	MA	
Ferrand, Jean-Baptiste	1749	1831	LF	MA	*Élisabeth Boutoute* (1774)
Ferrand, Gabriel	1764	1816	GF	MAV	*Florence Borgnet* (1796)
Ferrand, Étienne	1766	1844	GF	MAV	*Marie Chausse Lunesse* (1794)
Ferrand, Jean	1766	?	GF	MAV	
Allemand, Martial	1767	1856	EA	FF	*Louise Vaslin / Bonnite Raymond Saint-Germain* (1790/1801)
Ferrand, Jean François	1768	?	GF	MAV	
Allemand, Jeanne	1768	1860	EA	FF	
Allemand Lavigerie, Pierre	1769	1834	EA	FF	*Adélaïde Maslin* (1796)
Ferrand, Joseph Marie	1770	1793	GF	MAV	
Allemand, Jeanne	1770	1838	EA	FF	
Allemand, Jeanne Henriette	1771	1852	EA	FF	
Allemand, Jeanne	1773	1852	EA	FF	*Laurent Sylvestre Topin* (1801)
Allemand, Antoine	1774	> 1801 < 1811	EA	FF	
Ferrand, Pierre Alexandre	1775	1841	GF	MAV	*Auguste Siva de Villeneuve Solard* (?)
Ferrand, Martial	1775	1793	JBF	EB	

Ferrand, Françoise	1777	1860	JBF	EB	*Joseph Brébion* (1800)
Allemand, Marie Françoise	1778	1853	EA	FF	
Allemand, Josèphe	1779	1855	EA	FF	*Joseph Alexandre César Ponsard* (1807)
Allemand, Étienne	1781	> 1837	EA	FF	*Marie Montesquieu* (1807)
Allemand Lavigerie, Louise Mélanie	1783	1865	EA	FF	
Ferrand, Jean Baptiste	1796	1873	JBF	EB	*Élisa Collet / Anne Thiriot* (?/1839)
Allemand Lavigerie, Élisabeth	1791	1838	MAL	LV	
Allemand Lavigerie, Léon-Philippe	1795	1860	MAL	LV	*Louise Latrilhe* (1824)
Ferrand, Vincent Gabriel	1796	1825	GF	FB	*Susanne Coureaux* (1821)
Allemand Lavigerie, Jules Étienne Scipion	1797	1853	PA	AM	*Louise Marguerite Poirier* (1832)
Ferrand, Stéphanie	1799	1870	GF	FB	*Jean Dinochau* (1820)
Allemand Lavigerie, Alexandre Camille	1799	1881	PA	AM	*Françoise Méloé Topin* (1830)
Topin, Marie Théonie	1801	1868	LST	JA	
Topin, Françoise Méloé	1803	1878	LST	JA	*Alexandre Camille Allemand Lavigerie* (1830)
Lavigerie, Adélaïde	1803	1839	MAL	BR	
Topin, François	1804	?	LST	JA	
Brébion, Clara	1804	1889	JB	FF	*Pierre Rose Collet* (1826)
Brébion, Jean Baptiste Adolphe	1805	> 1829	JB	FF	*Monique Vicaire* (1829)
Topin, Jean Adam Pierre	1806		LST	JA	
Lavigerie, Pierre Jules Édouard	1806	1851	MAL	BR	*Eugénie Cassan* (1838)
Topin, Charles	1807	1886	LST	JA	*Aglaée Doré / Pauline Élisa Mairet* (1833/1862)
Lavigerie, Mamert Victor	1808	1885	MAL	BR	

Ponsard, Alexandre Étienne	1809	?	JACP	JA	
Brébion, Joséphine Louisa	1809	> 1814	JB	FF	
Lavigerie, Charlotte Ursule	1810	1840	MAL	BR	*Pierre Auguste Henry Lacourade* (1836)
Ferrand, Rose Calista	1833	1891	JBF	EC	*Ferdinand Amédée Esnault* (1864)
Dinochau, Mélanie	1822	1893	JD	SF	*Eugène Célestin Rabier* (1842)
Ferrand, Pierre Lucien Eugène	1823	1881	VGF	SC	*Eugénie Clémentine Lormeau* (1852)
Dinochau, Édouard	1823	1871	JD	SF	
Lavigerie, Charles Martial Allemand	1825	1892	LPAL	LL	
Dinochau, Alfred Charles	1827	1901	JD	SF	
Lavigerie, Pierre Félix	1828	1882	LPAL	LL	
Lavigerie, Louise	1832	1906	LPAL	LL	*Charles Gabriel Kiener* (1855)
Allemand Lavigerie, Marie Louise	1833	1909	ACAL	FMT	*Jean Henri Portet* (1851)
Topin, Louis Sylvestre	1834	1870	CT	AD	
Topin, Louise Marie Antoinette	1835	1925	CT	AD	
Lavigerie, Léon Bernard	1837	1871	LPAL	LL	*Amélie Chesse* (1860)
Henry Lacourade, Marie	1837	1907	PAHL	CUL	*Alexis-Henry-Évariste Brinbœuf-Dulary* (1858)
Collet, Rosalie Marie	1837	1890	PRC	CB	*Raphael Victor Bossard* (1861)
Lavigerie, Joseph Victor	1839	?	PJEL	EC	
Henry Lacourade, Georges	1839	1907	PAHL	CUL	*Jeanne Angélique Adèle Daniel de Colhoe* (1868)
Collet, Louise Jeanne	1840	1889	PRC	CB	*Jérôme Lerouge* (1887)
Topin, Henri Sylvestre	1846	1902	CST	AD	*Marie Lucie Levaux* (1893)
Esnault, Isabelle Marthe Calista	1865	1891	FAE	RCF	

II. Arbre généalogique de la famille Aymard

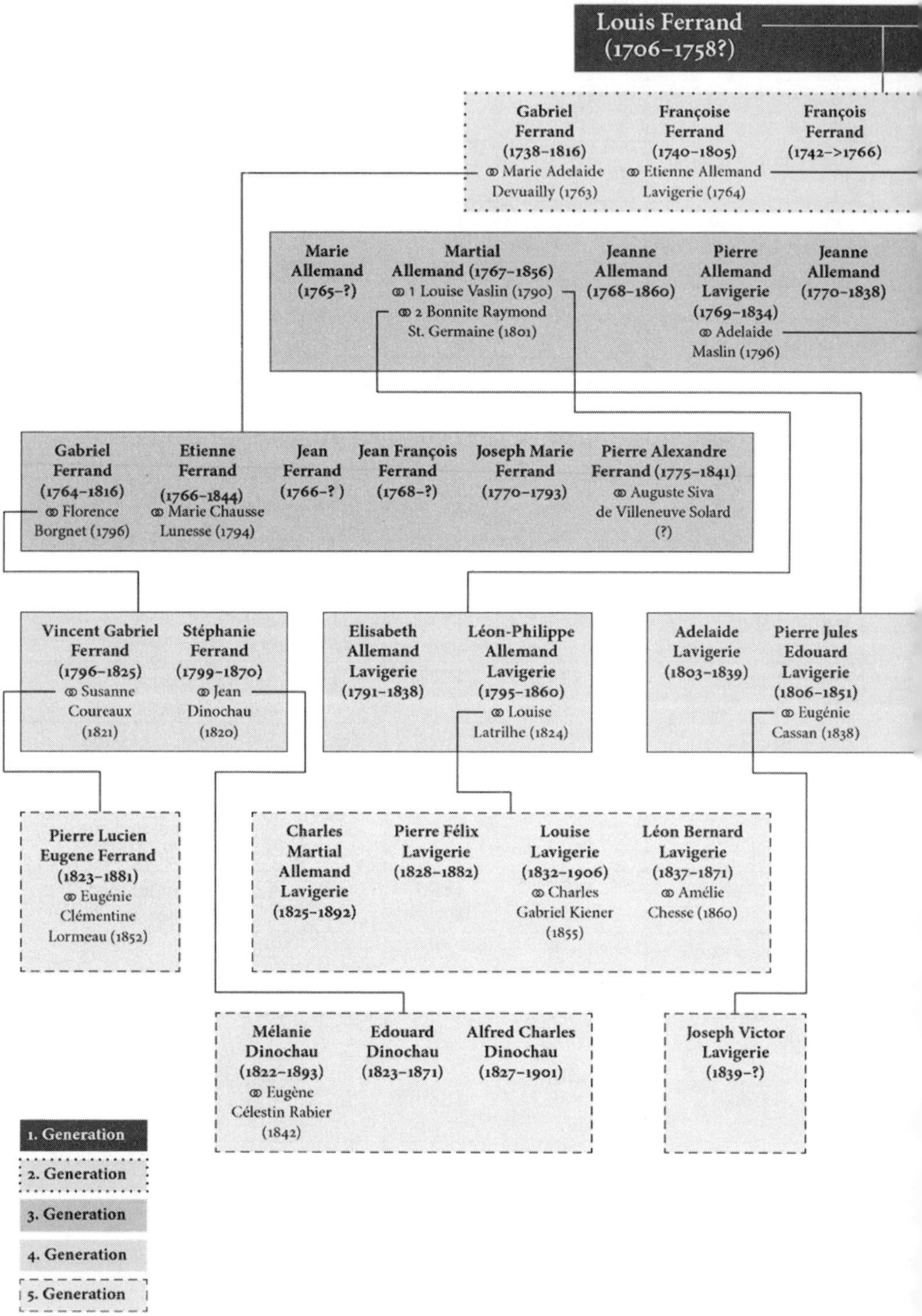

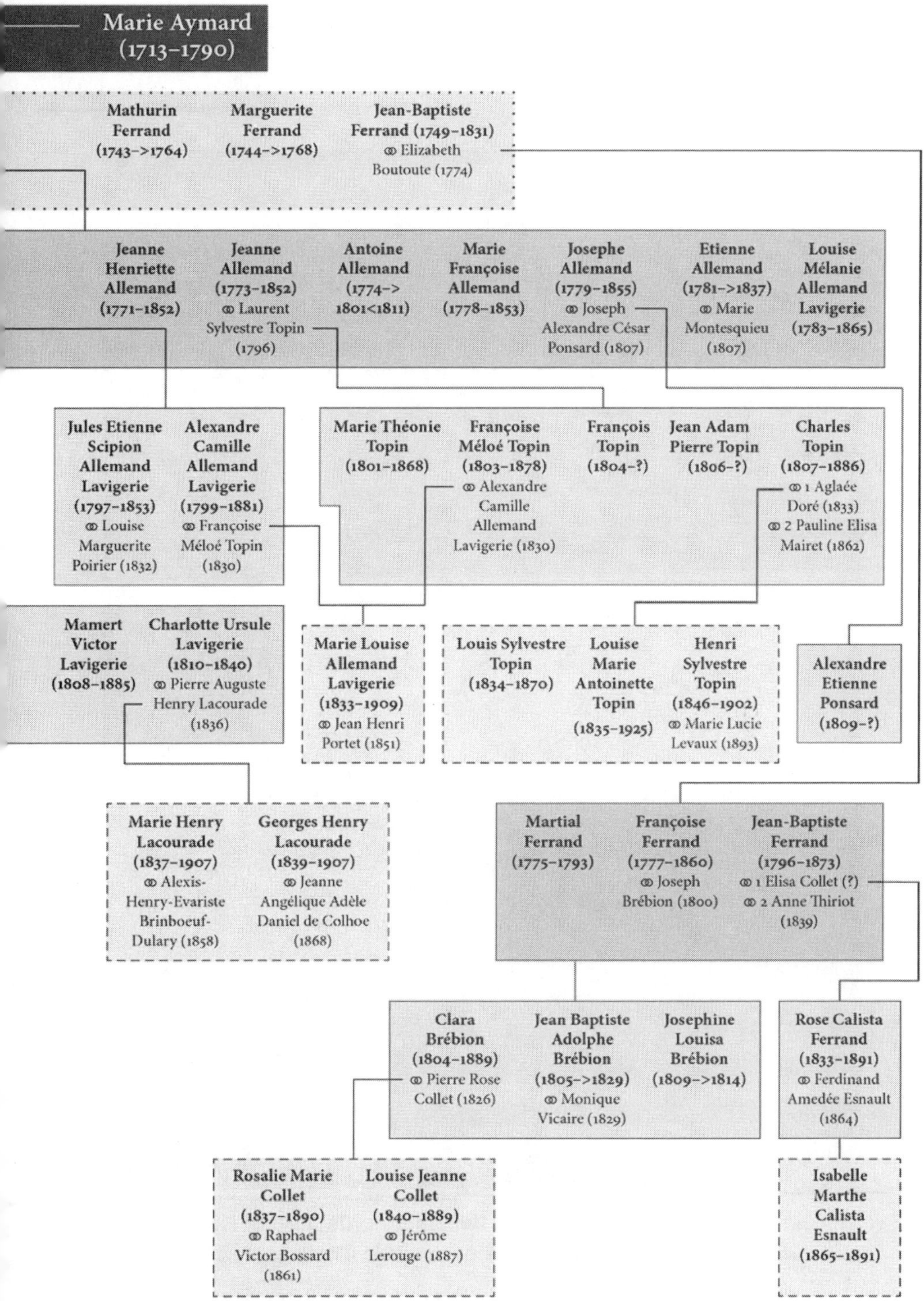
Marie Aymard (1713–1790)
Mathurin Ferrand (1743–>1764)
Marguerite Ferrand (1744–>1768)
Jean-Baptiste Ferrand (1749–1831) ⚭ Elizabeth Boutoute (1774)
Jeanne Henriette Allemand (1771–1852)
Jeanne Allemand (1773–1852) ⚭ Laurent Sylvestre Topin (1796)
Antoine Allemand (1774–> 1801<1811)
Marie Françoise Allemand (1778–1853)
Josephe Allemand (1779–1855) ⚭ Joseph Alexandre César Ponsard (1807)
Etienne Allemand (1781–>1837) ⚭ Marie Montesquieu (1807)
Louise Mélanie Allemand Lavigerie (1783–1865)
Jules Etienne Scipion Allemand Lavigerie (1797–1853) ⚭ Louise Marguerite Poirier (1832)
Alexandre Camille Allemand Lavigerie (1799–1881) ⚭ Françoise Méloé Topin (1830)
Marie Théonie Topin (1801–1868)
Françoise Méloé Topin (1803–1878) ⚭ Alexandre Camille Allemand Lavigerie (1830)
François Topin (1804–?)
Jean Adam Pierre Topin (1806–?)
Charles Topin (1807–1886) ⚭ 1 Aglaée Doré (1833) ⚭ 2 Pauline Elisa Mairet (1862)
Mamert Victor Lavigerie (1808–1885)
Charlotte Ursule Lavigerie (1810–1840) ⚭ Pierre Auguste Henry Lacourade (1836)
Marie Louise Allemand Lavigerie (1833–1909) ⚭ Jean Henri Portet (1851)
Louis Sylvestre Topin (1834–1870)
Louise Marie Antoinette Topin (1835–1925)
Henri Sylvestre Topin (1846–1902) ⚭ Marie Lucie Levaux (1893)
Alexandre Etienne Ponsard (1809–?)
Marie Henry Lacourade (1837–1907) ⚭ Alexis-Henry-Evariste Brinboeuf-Dulary (1858)
Georges Henry Lacourade (1839–1907) ⚭ Jeanne Angélique Adèle Daniel de Colhoe (1868)
Martial Ferrand (1775–1793)
Françoise Ferrand (1777–1860) ⚭ Joseph Brébion (1800)
Jean-Baptiste Ferrand (1796–1873) ⚭ 1 Elisa Collet (?) ⚭ 2 Anne Thiriot (1839)
Clara Brébion (1804–1889) ⚭ Pierre Rose Collet (1826)
Jean Baptiste Adolphe Brébion (1805–>1829) ⚭ Monique Vicaire (1829)
Josephine Louisa Brébion (1809–>1814)
Rose Calista Ferrand (1833–1891) ⚭ Ferdinand Amedée Esnault (1864)
Rosalie Marie Collet (1837–1890) ⚭ Raphael Victor Bossard (1861)
Louise Jeanne Collet (1840–1889) ⚭ Jérôme Lerouge (1887)
Isabelle Marthe Calista Esnault (1865–1891)

III. Photographie des signatures

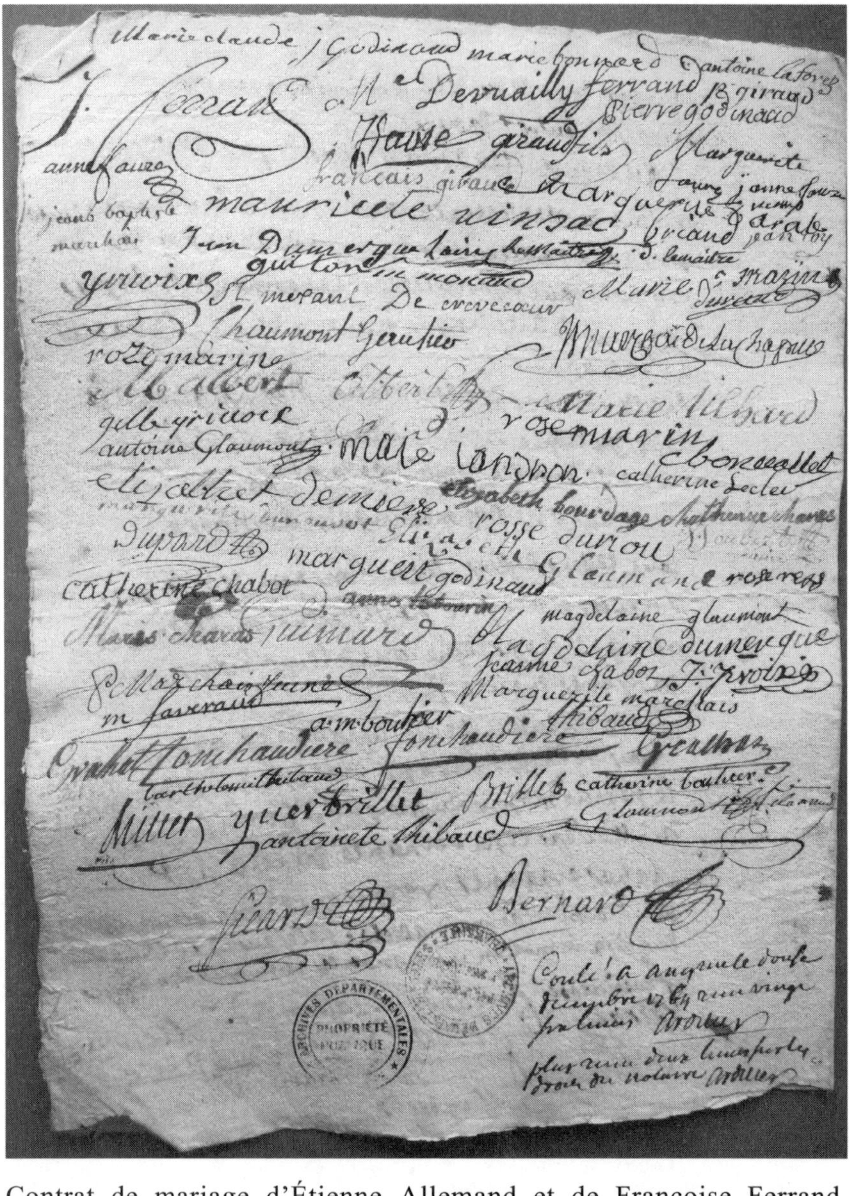

Contrat de mariage d'Étienne Allemand et de Françoise Ferrand, 9 décembre 1764, Archives départementales de la Charente, 2E153, fol. 2v.

IV. Les quatre-vingt-trois signataires

Albert pour *Michel Albert.* Né en 1732 à Saint-Ausone, Angoulême, fils de *M. Albert.* Il était chapelier. Il a épousé *Marie Tilhard* en 1751. Archives municipales d'Angoulême (désormais AM-A), GG59/41, GG61/9.

M. Albert pour *Michel Albert*, père de *Michel Albert* fils. Il était lui aussi chapelier. Il est né vers 1704 et mort en 1768. Il était marié à Françoise Bellet, cousine germaine de la mère de Marie Aymard. Il vivait dans l'Isle Saint-Pierre/Quartier des Bacheliers. AM-A, GG59/34, GG61/132 ; CC42/3/3, CC62/49/1909.

Étienne Allemand, le futur marié. Né en 1698 dans la paroisse de Saint-Antonin, à Angoulême, et mort en 1821. Il était enseignant. Il a épousé *Françoise Ferrand* en 1765 ; il était le fils de *Marc Allemand.* AM-A, GG53/12, GG14/36, 1E63/64.

Allemand Père pour *Marc Allemand.* Né en 1698 dans la paroisse de Saint-Paul, à Angoulême, et mort en 1781. Il était le père d'*Étienne Allemand* et de *Marie Allemand.* Il était tailleur. Il a épousé Élisabeth Lecler, morte en 1731, puis Marie Giraux, morte en 1745. Il vivait dans l'Isle Chabrefy/Cloche Verte. AM-A, GG88/79, GG39/158, GG73/50, GG53/45, GG14/61 ; CC42/1/11, CC62/9/328.

Marie Allemand, demi-sœur d'*Étienne Allemand* et fille de *Marc Allemand.* Née en 1730 dans la paroisse de Saint-André, à Angoulême, et morte en 1797. Elle ne s'est pas mariée. AM-A, GG39/133, 1E12/67.

Marguerite Barathe, grand-mère par alliance d'*Étienne Allemand.* Née en 1699 dans la paroisse de Saint-Jean, à Angoulême, et morte en 1766. Son père était tailleur. Elle a épousé *Jean Giraud* en 1721. AM-A, GG72/128–129, GG72/223, GG9/9.

Marie Bonnard, née dans la paroisse de Saint-André, Angoulême, en 1743, et morte en 1770. Sa mère et son père étaient boulangers. Elle a épousé *Jean Godinaud*, boulanger et petit-cousin du marié, à treize ans, en 1756. Elle vivait dans l'Isle du Presbytère Saint-André. AM-A, GG40/139, GG42/63, GG45/5 ; CC42/1/23, CC62/20/767.

Catherine Bonvallet, née dans la paroisse de Saint-Paul, à Angoulême, en 1710, et morte en 1781. Elle était marchande de tabac. Elle était veuve de Martial Hay, et voisine de *Gabriel Ferrand*. AM-A, GG88/119, GG90/123 ; CC42/2/12.

A.-M. Bouhier pour *Anne-Marguerite Bouhier*. Née dans la paroisse de Saint-Antonin, à Augoulême, en 1702 ; sœur de *Catherine Bouhier* et tante de *Marguerite Faveraud*. Son père était commissaire de police. Elle était voisine de *Marc Allemand*. AM-A, GG52/62 ; CC42/1/11 ; CC62/9/330.

Catherine Bouhier, sœur d'*Anne-Marguerite Bouhier*. Née dans la paroisse de Saint-Antonin, à Angoulême, en 1717, et morte en 1795 à La Rochefoucauld. Elle était l'épouse de Jean Joseph Faveraud, marchand de La Rochefoucauld, et la mère de *Maguerite Faveraud*. AM-A, GG52/109, GG53/16 ; AD Charente, La Rochefoucauld, 1793-1794, 3E304/10, 212/224.

Élisabeth Bourdage, née dans la paroisse de Saint-André, à Angoulême, en 1705, et morte en 1785. Elle était l'épouse de Jean Tabourin, dit Charas, cordonnier au moment de leur mariage, puis marchand de draps. Elle était la mère de *Catherine Charas*, *Marie Charas* et *Anne Tabourin*. Elle était la voisine immédiate de *Marc Allemand* dans l'Isle Chabrefy/Cloche Verte. AM-A, GG38/27, GG39/25, GG55/43 ; CC42/1/11, CC62/9/327.

Philippe Briand était un écolier. Il a également signé l'acte de mariage d'*Étienne Allemand* et *Françoise Ferrand*, ainsi que l'acte de baptême du fils de *Gabriel Ferrand* et *Marie Adélaïde Devuailly*. AM-A, GG14/36.

Brillet pour *Marie Brillet*. Elle vivait dans l'Isle du Maître École. AM-A, GG42/2/9, GG62/30/1166. [Degré de fiabilité faible.]

Brillet pour *Jean-Baptiste Brillet*. Né vers 1717 à Compiègne et mort à Angoulême en 1799. Il était receveur des aides. Il a épousé *Élisabeth Yver Brillet* en 1751. Il vivait dans l'Isle de la Grande Maison des Carmélites. AM-A, GG54/3 ; AD Charente, Angoulême, 1798-1799, 3E16/67, 89/176 ; AM-A, CC42/1/7, CC62/6/219.

Yver Brillet pour *Élisabeth Yver Brillet*. Née dans la paroisse de Saint-Paul, à Angoulême, en 1707, et morte en 1780. Son père était horloger. Elle a épousé *Jean-Baptiste Brillet* en 1751. Elle vivait dans l'Isle de la Grande Maison des Carmélites. AM-A, GG88/112, GG54/3, GG90/117 ; CC42/1/7, CC62/6/219.

Catherine Chabot, née dans la paroisse de Notre-Dame-de-Beaulieu à Angoulême, en 1724, et morte en 1803. Elle était marchande et vivait dans l'Isle des Carmélites. Elle était la sœur de *Jeanne Chabot*. AM-A, GG7/120, 1E34/96 ; CC42/2/4, CC62/25/950.

Jeanne Chabot, née dans la paroisse de Notre-Dame-de-Beaulieu à Angoulême, en 1725, et morte en 1800. Elle était marchande de graisserie et de poterie ; elle vivait dans l'Isle des Carmélites. Elle était la sœur de *Catherine Chabot*. En 1756, elle a épousé *Jean Yrvoix*, petit-cousin du marié. AM-A, GG7/125, GG8/114, 1E21/181 ; CC42/2/4, CC62/25/950.

Chaterine (Catherine) *Charas* pour *Catherine Tabourin dite Charas*. Née dans la paroisse de Saint-Antonin, à Angoulême, en 1743 et morte en 1801. Elle était une voisine de *Marc Allemand*. Elle était la fille d'*Élisabeth Bourdage* et Jean Tabourin, et la sœur de *Marie Charas* et *Anne Tabourin*. Elle a épousé Barthélemy Rullier, chirurgien, en 1777. AM-A, GG53/32, GG55/19, 1E24/144 ; CC42/1/11, CC62/9/327.

Marie Charas pour *Marie Tabourin dit Charas*. Née dans la paroisse de Saint-Antonin, à Angoulême, en 1737 et morte en 1812. Elle était une voisine de *Marc Allemand*. Elle était la fille d'*Élisabeth Bourdage* et de Jean Tabourin, et la sœur de *Catherine Charas* et *Anne Tabourin*. Elle a épousé François Nadaud, horloger, en 1772. AM-A, GG52/184, GG54/72 ; CC42/1/11, CC62/9/327 ; AD Charente, Roullet Saint-Estèphe, 1802-1812, 3E311/5, 310/323.

Marie Anne Josèphe Geneviève Chaumont veuve Gautier, née dans la paroisse de Notre-Dame-de-Beaulieu, à Angoulême, en 1732, et morte à Gurat, en Charente, en 1805. Elle était la voisine immédiate de Gabriel Ferrand dans l'Isle de Marvaud/Place du Collège. Elle a épousé Jean Gautier, avocat, en 1747. AM-A, GG7/166, GG41/52 ; AD Charente, Gurat, 1802-1812, 3E171/5, 51/190 ; AM-A, CC42/2/11, CC62/32/1233.

Marie Claude, cousine germaine du marié. *Marc Allemand* était son oncle, et *Daufinete* son frère. Elle est née dans la paroisse de Saint-André, à Angoulême, en 1745, et morte en 1814. Elle ne s'est pas mariée. Son père était tailleur. AM-A, GG41/7, 1E50/77.

St. Mexant De Crevecœur pour François St. Mexant De Crevecœur Boisnier. Né autour de 1752 à Aigre, en Charente, et mort au même endroit en 1839. Il était l'époux d'Augustine Chedaneau, et était collecteur des impôts à Aigre et à Civray, Vienne. AD Charente, Aigre, 1763-1792, 3E5/1, 63/322, 1828-1842, 3E5/5, 260/341 ; AD Vienne, Civray, 1780-1782, 9E92/3, 29/102.

Daufinete pour *Pierre Claude*. Il était le cousin germain du marié. *Marc Allemand* était son oncle et *Marie Claude* sa sœur. Il est né dans la paroisse de Saint-André, à Angoulême, en 1743. Son père était tailleur. AM-A, GG40/114.

Élisabeth Demière, blanchisseuse. Née dans la paroisse de Saint-Martial, à Angoulême, en 1725, et morte en 1779. Elle était la fille d'un forgeron. Elle ne s'est pas mariée. Elle vivait dans l'Isle des Bouchers près de celle de Genève. AM-A, GG104/6, GG90/111 ; CC62/12/447.

M. Devuailly Ferrand pour *Marie Adélaïde Devuailly*. Elle a épousé Gabriel Ferrand en 1763. Elle est née autour de 1741, et morte à Angoulême en 1819. Elle était la sœur de *Dorothée Devuailly* et la belle-sœur de *Françoise Ferrand*, *Jean-Baptiste Ferrand* et *Gabriel Lemaitre*. AM-A, GG8/143, 1E57/92.

Jean Dumergue, petit-cousin du marié. Né dans la paroisse de Saint-André, à Angoulême, en 1725 et mort en 1792. Il était sellier et a épousé *Marguerite Monnaud* en 1754. Son frère, François Dumergue, était un négociant de Saint-Domingue, et sa fille, Marthe, était mariée à Louis Félix, né esclave à Saint-Domingue. Il vivait dans l'Isle Cheval Blanc/Prieuré de Navarre. AM-A, GG39/54, GG39/186, GG42/24, GG25/25, 1E14/114-115 ; CC42/1/19, CC62/16/622.

Magdelaine Dumergue a épousé *Pierre Marchais*, aubergiste et pâtissier, en 1728. Elle vivait dans l'Isle Cheval Blanc/Prieuré de Navarre. Elle était la belle-sœur de *Jean-Baptiste Marchais de la Chapelle*. AM-A, GG66/28 ; CC42/1/19, CC62/ 16/622.

Louis Dupard, cousin au deuxième degré du marié. Né en 1729 et mort à Angoulême en 1782. Il était boutonnier, et marié à Marie Guimard, fripière. Il était le beau-frère de *Guillaume Guimard*, et vivait dans l'Isle M. Arnaud/Point du Jour. AM-A, GG41/96, GG42/89, GG46/70 ; CC42/1/18, GG62/15/587.

Marie Durand a épousé Jean-Baptiste Marchais, négociant en eau-de-vie, en 1752. Elle était la belle-fille de *Jean-Baptiste Marchais de la Chapelle* et la mère de *Jean-Baptiste Marchais*. AD Charente, Saint-Simon, 1737-1798, 3E387/1 178/298.

Rose Duriou pour *Françoise Rose Duriou*. Née dans la paroisse de Saint-André, à Angoulême, en 1750. Elle a épousé un soldat de Dijon, Claude Mathey, en 1794. AM-A, GG41/124, 1E2/141.

Marguerite Durousot, née à Montbron, en Charente, vers 1726, et morte à Angoulême en 1809. Elle a épousé Jean Joubert, petit-cousin du marié, en

1753. Elle était la fille d'un perruquier, et son mari était drapier. Sa petite-fille et filleule, Marguerite Aubert, a incarné la Raison en 1793. Elle vivait dans l'Isle M. Arnaud/Point du Jour. AM-A, GG74/56, 1E42/208 ; CC42/1/17, CC62/15/557.

Faure pour *Jean Faure*. Né autour de 1690 et mort dans la paroisse de Saint-André, à Angoulême, en 1765. Il était musicien. Il a épousé Anne Allemand en 1718 ; il était le beau-frère de *Marc Allemand*. Il était le père de *Jeanne Faure* et *Marguerite Faure*, le beau-père d'*Anne Faure* et l'oncle d'*Étienne Allemand* et *Marie Allemand*. Il vivait dans l'Isle des Tiercelettes. AM-A, GG38/186, GG42/109, GG43/12 ; CC42/1/24.

Anne Faure, née dans la paroisse de Saint-André, à Angoulême, en 1739. Elle a épousé Antoine Faure, cousin germain du marié, en 1757. Elle était la fille d'un cordonnier, la belle-fille de *Jean Faure*, et la belle-sœur de *Jeanne Faure* et *Marguerite Faure*. En 1775, elle a signé l'acte de baptême de « Jean l'Accajou », âgé de quinze ans et amené en France à bord du négrier *La Cicogne* (pour *Cigogne*). AM-A, GG39/246, GG42/90, GG68/58.

Jeanne Faure, cousine germaine du marié. Lingère. Née dans la paroisse de Saint-André, à Angoulême, en 1729, et morte en 1797. Elle était la fille de *Jean Faure*, la sœur de *Marguerite Faure* et la belle-sœur d'*Anne Faure*. Elle vivait dans l'Isle des Tiercelettes. AM-A, GG39/117, 1E12/108 ; CC42/1/24, CC62/821.

Marguerite Faure, cousine germaine du marié. Lingère. Née dans la paroisse de Saint-André, à Angoulême, en 1721, et morte en 1809. Elle était la fille de *Jean Faure*, la sœur de *Jeanne Faure* et la belle-sœur d'*Anne Faure*. Elle vivait dans l'Isle des Tiercelettes. AM-A, GG39/1, 1E42/350 ; CC42/1/24, CC62/821.

M. Faveraud pour *Marguerite Faveraud*. Née à La Rochefoucauld en 1742 et morte au même endroit en 1819. Elle était la fille de *Catherine Bouhier* et la nièce d'*Anne-Marguerite Bouhier*. Elle a épousé un chirurgien, Louis Fouchier, en 1771. AD Charente, La Rochefoucauld-Saint Cybard, 1737-1756, 3E304/4, 64-65/ 188, 1757-1785, 3E304/5, 193/438 ; La Rochefoucauld, 1818-1822, 3E304/15, 157/425.

Françoise Ferrand, la future mariée. Née dans la paroisse de Saint-Martial, à Angoulême, en 1740, et morte en 1805. Elle était la sœur de *Gabriel Ferrand* et *Jean-Baptiste Ferrand*, et la belle-sœur de *Marie Adélaïde Devuailly*. AM-A, GG106/151, GG14/36, 1E38/212.

Ferrand pour *Gabriel Ferrand*, frère de la mariée. Né dans la paroisse de Saint-Paul, à Angoulême, en 1738, et mort en 1816. Il a épousé Marie Adélaïde Devuailly en 1763. Il a été maître-écrivain, enseignant et archiviste. Il était le frère de *Jean-Baptiste Ferrand*, et le beau-frère de *Dorothée Devuailly Lemaitre* et *Gabriel Lemaitre*. Il vivait dans l'Isle de Marvaud/Place du Collège. AM-A, GG89/36r (non numérisé) ; GG8/143, 1E52/426 ; CC42/2/11, CC62/32/1234.

J. Ferrand pour *Jean-Baptiste Ferrand*, frère de la mariée. Né dans la paroisse de Saint-Paul, à Angoulême, en 1749, et mort à Paris en 1831. Il était le frère de *Gabriel Ferrand*. En 1774, il a épousé Élisabeth Boutoute, et tous les deux sont partis pour Saint-Domingue. Il était horloger. AM-A, GG41/108, GG45/64 ; Archives de Paris, V3E/D552, 10/37.

Fonchaudière pour *Jean-Baptiste Chaigneau Fonchaudière*. Né dans la paroisse de Saint-Paul, à Angoulême, en 1732, et mort en 1774. Il était avocat et directeur des Postes à Angoulême. Il était l'époux d'*Anne Magdeleine Gralhat Fonchaudière*. Il vivait près de chez *Gabriel Ferrand* dans l'Isle du Collège. AM-A, GG89/2, GG14/20, GG45/61 ; CC42/2/12, CC62/32/1264.

Gralhat Fonchaudière pour *Anne Magdeleine Gralhat Fonchaudière*. Née autour de 1736, et morte en 1779. Elle était directrice des Postes à Angoulême après 1774. Elle était l'épouse de *Jean-Baptiste Chaigneau Fonchaudière* et la fille de *Jacques Gralhat*. Elle vivait près de chez *Gabriel Ferrand* dans l'Isle du Collège. AM-A, GG14/20, GG45/178 ; CC42/2/12, CC62/32/1264.

Marie Iandron pour *Marie Gendron*. Née dans la paroisse de Saint-Jacques, à Angoulême, en 1712, et morte en 1792. Elle était la fille d'un tonnelier. Elle était l'épouse de *Jean Glaumont*, cousin au deuxième degré de la mariée. Elle était la mère de *Magdelaine Glaumont*, *Jean Glaumont fils aîné* et *Antoine Glaumont*, et la belle-mère de *Catherine Lecler*. AM-A, GG123/65, GG125/91, GG39/215, GG39/234, GG126/2, GG129/5-6, GG134/150.

Giraud pour *Jean Giraud*, grand-père du marié. Né dans la paroisse de Saint-André, à Angoulême, en 1685, et mort en 1766. Il a épousé Susanne Dufort en 1708 puis *Marguerite Barathe* en 1721. Il était tailleur. Il a eu seize enfants et était le père de *Françoise Giraud*, *Pierre Giraud* et *Pierre André Giraud*. AM-A, GG35/231, GG72/174, GG72/223, GG9/10.

François[e] Giraud, tante du marié. Née dans la paroisse de Saint-Jean, à Angoulême, en 1724, et morte en 1798. Elle était la fille de *Jean Giraud* et *Marguerite Barathe*, et la sœur de *Pierre Giraud* et *Pierre André Giraud*. AM-A, GG72/238, 1E15/140-141.

P. Giraud pour *Pierre André Giraud*, oncle du marié. Né dans la paroisse de Saint-Jean, à Angoulême, en 1727, et mort en 1816. Il était maître-écrivain. Il a épousé Louise Grelier en 1767. Il était le fils de *Jean Giraud* et *Marguerite Barathe*, et le frère de *Françoise Giraud* et *Pierre Giraud*. AM-A, GG73/10, GG90/19, 1E52/310.

Giraud fils pour *Pierre Giraud*, également connu sous le nom de Pierre André Giraud, oncle du marié. Né dans la paroisse de Saint-Jean, à Angoulême, en 1739. Il était tailleur. Il a épousé Magdelaine Richin en 1756 et Françoise Fétis en 1761. Il était le fils de *Jean Giraud* et *Marguerite Barathe*, et le frère de *Françoise Giraud* et *Pierre André Giraud*. Il vivait dans l'Isle Saint-François. AM-A, GG73/59, GG74/69, GG74/94 ; CC62/2/904.

Antoine Glaumont, petit-cousin du marié. Né dans la paroisse de Saint-Jacques, à Angoulême, en 1742, et mort sans s'être marié en 1817. Il était négociant. Il était le fils de *Jean Glaumont* et *Marie Gendron*, le neveu d'*Élisabeth Glaumont*, le frère de *Jean Glaumont fils* et *Magdelaine Glaumont*, et le beau-frère de *Catherine Lecler*. AM-A, GG126/2, 1E53/361.

Élisabeth Glaumont, cousine au deuxième degré du marié. Née dans la paroisse de Saint-André, à Angoulême, en 1715, et morte dans la paroisse de Saint-Paul, à Angoulême, en 1777. Elle a épousé Louis Merceron, boucher, en 1746. Elle était la sœur de *Jean Glaumont*, la belle-sœur de *Marie Gendron* et *Gilles Yrvoix*, et la tante d'*Antoine Glaumont*, *Jean Glaumont fils*, *Magdelaine Glaumont* et *Jean Yrvoix*. Elle vivait dans l'Isle Cambois de Chenausac/Place des Bouchers. AM-A, GG38/139, GG89/55, GG90/39 ; CC42/1/9, CC62/7/267.

Glaumont pour *Jean Glaumont*, cousin au deuxième degré du marié. Né dans la paroisse de Saint-André, à Angoulême, en 1713. Il était sellier. Il a épousé *Marie Gendron* en 1733. Il était le frère d'*Élisabeth Glaumont*, le père d'*Antoine Glaumont*, *Jean Glaumont fils* et *Magdelaine Glaumont*, le beau-père de *Catherine Lecler*, le beau-frère de *Gilles Yrvoix* et l'oncle de *Jean Yrvoix*. AM-A, GG38/96, GG125/91.

Glaumont fils aîné pour *Jean Glaumont fils*, petit-cousin du marié. Né dans la paroisse de Saint-André, à Angoulême, en 1735, et mort en 1810. Il a été commis au greffe puis négociant. Il a épousé Catherine Lecler en 1770. Il était le fils de *Jean Glaumont* et *Marie Gendron*, le neveu d'*Élisabeth Glaumont* et le frère d'*Antoine Glaumont* et *Magdelaine Glaumont*. AM-A, GG39/234, GG129/5-6, 1E43/24.

Magdelaine Glaumont, petite-cousine du marié. Née dans la paroisse de Saint-André, à Angoulême, en 1734. Elle était la fille de *Jean Glaumont* et *Marie Gendron*, la nièce d'*Élisabeth Glaumont*, la sœur d'*Antoine Glaumont* et *Jean Glaumont fils*, et la belle-sœur de *Catherine Lecler*. AM-A, GG39/215.

J. Godinaud pour *Jean Godinaud*, petit-cousin du marié. Né dans la paroisse de Saint-André, à Angoulême, en 1731, et mort en 1818. Il était boulanger. Il a épousé *Marie Bonnard* en 1756 et Jeanne Élisabeth Nouveau en 1781. Il était le frère de *Marguerite Godinaud* et *Pierre Godinaud*. Il vivait dans l'Isle du Presbytère Saint-André. AM-A, GG39/163, GG42/63, GG46/48, 1E54/95 ; CC42/1/23, CC62/20/767.

Marguerite Godinaud, petite-cousine du marié. Née dans la paroisse de Saint-André, à Angoulême, en 1740, et morte des suites d'un accouchement en 1769. Elle a épousé Joseph Farbos, négociant des Landes, en 1764. Elle était la sœur de *Jean Godinaud* et *Pierre Godinaud*, et la belle-sœur de *Marie Bonnard*. Elle vivait dans l'Isle du Point du Jour. AM-A, GG40/72, GG42/226, GG44/28 ; CC62/15/589.

Pierre Godinaud, petit-cousin du marié. Né dans la paroisse de Saint-André, à Angoulême, en 1727, et mort en 1801. Il était boulanger. Il a épousé Jeanne Saint-Amant en 1751 et Élisabeth Grelier en 1758. Il était le frère de *Jean Godinaud* et *Marguerite Godinaud*. Il vivait dans l'Isle des Tiercelettes. AM-A, GG39/93, GG41/146, GG82/178, 1E24/89 ; CC42/1/23, CC62/22/831.

Gralhat pour *Jacques Gralhat*, directeur des Postes. Il était le père d'*Anne Magdeleine Gralhat Fonchaudière* et le beau-père de *Jean-Baptiste Chaigneau Fonchaudière*. Il vivait près de chez Gabriel Ferrand dans l'Isle du Collège. AM-A, GG14/20 ; CC42/2/12, CC62/32/1264.

Guimard pour *Guillaume Guimard*. Né dans la paroisse de Saint-André, à Angoulême, en 1719, et marié à Marie Garnier en 1749. Il était boutiquier et était le beau-frère de *Louis Dupard*. AM-A, GG38/206, GG41/113.

Jean Guiton, pensionnaire. Il a également signé l'acte de mariage d'Étienne Allemand et Françoise Ferrand. AM-A, GG14/36.

J. Joubert pour *Jean Joubert*, petit-cousin du marié. Né dans la paroisse de Saint-André, à Angoulême, en 1725, et mort en 1768. Il a épousé *Marguerite Durousot* en 1753. Il était drapier et vivait dans l'Isle de M. Arnaud/Point du Jour. AM-A, GG39/51, GG74/56, GG44/13 ; CC42/1/17, CC62/15/557.

Antoine Laforet, épicier et marchand de graisserie. Il était un voisin de *Marc Allemand* dans l'Isle Chabrefy/Cloche Verte. AM-A, CC42/1/10, CC62/8/323.

Catherine Lecler, née dans la paroisse de Saint-André, à Angoulême, en 1743, et morte en 1803. Elle était la fille d'un tanneur. Elle a épousé *Jean Glaumont fils*, petit-cousin du marié, en 1759. Elle était la belle-fille de *Jean Glaumont* et *Marie Gendron*, et la belle-sœur d'*Antoine Glaumont* et *Magdelaine Glaumont*. Elle était la tante et la marraine de l'officier révolutionnaire Jean Lecler-Raby. AM-A, GG40/131, GG129/5-6, GG43/29-30, 1E34/54.

D. Lemaitre était *Dorothée Devuailly Lemaitre*, sœur de *Marie Adélaïde Devuailly* et belle-sœur de *Gabriel Ferrand*. Elle a épousé Gabriel Lemaitre en 1764. AM-A, GG8/147-148.

Gabriel Lemaitre, né en 1741 dans la paroisse de Notre-Dame-de-Beaulieu, à Angoulême. Peintre. Il a épousé *Dorothée Devuailly* en 1764. Il était le beau-frère de *Marie Adélaïde Devuailly* et *Gabriel Ferrand*. AM-A, GG8/38, GG8/147-148.

Marchais de la Chapelle pour *Jean-Baptiste Marchais de la Chapelle*. Né dans la paroisse de Saint-André, à Angoulême, en 1695, et mort en 1765. Il était orfèvre et négociant. Il a épousé Rose Jussé en 1723. Il était le frère de *Pierre Marchais*, le beau-frère de *Magdelaine Dumergue*, l'oncle de *Marguerite Marchais*, le beau-père de *Marie Durand* et le grand-père de *Jean-Baptiste Marchais*. Il vivait dans l'Isle de M. Péchillon. AM-A, GG37/58, GG58/149, G43/6 ; CC42/1/13.

Jean-Baptiste Marchais, né vers 1754 et mort à Saint-Simon, en Charente, en 1824. Devenu négociant, il a épousé Marie David en 1792. Il était le fils de *Marie Durand* et le petit-fils de *Jean-Baptiste Marchais de la Chapelle*. AM-A, GG109/187 ; AD Charente, Angoulême, Saint-Martial, 3E16/21, 350/522 ; AD Charente, Saint-Simon, 1737-1798, 178/298 ; Saint-Simon, 1821-1836, 48/308. [Degré de fiabilité moyen.]

Marguerite Marchais, née dans la paroisse de Saint-Antonin, à Angoulême, en 1729. Son père était perruquier. Elle était la nièce de *Jean-Baptiste Marchais de la Chapelle*, *Pierre Marchais* et *Magdelaine Dumergue*. AM-A, GG52/155.

P. Marchais jeune pour *Pierre Marchais*. Né dans la paroisse de Saint-André, à Angoulême, en 1700, et mort en 1776. Il était chef pâtissier, traiteur et aubergiste. Il a épousé *Magdelaine Dumergue* en 1728. Il était le frère de *Jean-Baptiste Marchais de la Chapelle* et l'oncle de *Marguerite Marchais*. Il vivait dans l'Isle Cheval Blanc/Prieuré de Navarre. AM-A, GG37/138, GG66/28, GG45/100 ; CC42/1/19, CC62/16/619.

Marin pour *François Marin*. Né dans la paroisse de Saint-André, à Angoulême, en 1718, et mort en 1794. Il était quincaillier. Il a épousé Marguerite Boilevin en 1741 et Rose Rezé en 1744. Il était le père de *Rose Marin* et *Rosemarin*, et le beau-frère de la *Rose Rezé* l'aînée. Il était un voisin de *Marc Allemand* dans l'Isle Chabrefy/Cloche Verte. AM-A, GG38/189, GG40/90, GG53/38, 1E6/19 ; CC42/1/11, CC62/9/332.

Rose Marin, née dans la paroisse de Saint-Antonin, à Angoulême, en 1748, et morte en 1824. Elle a épousé Claude Rezé en 1767 et Pierre Corliet Coursac en 1793. Elle était la fille de *François Marin* et la sœur de *Rosemarin*. Elle était une voisine de *Marc Allemand* dans l'Isle Chabrefy/Cloche Verte. AM-A, GG53/66, GG54/54-55, 1E2/2, 1E74/43 ; CC42/1/11, CC62/9/332.

Rosemarin, née dans la paroisse de Saint-Antonin, à Angoulême, en 1754. Elle était la fille de *François Marin* et la sœur de *Rose Marin*. Elle était une voisine de *Marc Allemand* dans l'Isle Chabrefy/Cloche Verte. AM-A, GG54/14 ; CC42/1/11, CC62/9/332.

Mazaud, enseignant et maître ès arts. Voisin de *Marc Allemand* dans l'Isle Chabrefy/Cloche Verte. AM-A, CC42/1/11, CC62/9/333.

M. Monaud pour *Marguerite Monnaud*. Née dans la paroisse de Saint-André, à Angoulême, en 1732, et morte en 1812. Son père était tailleur. Elle a épousé *Jean Dumergue*, petit-cousin du marié, en 1754. En 1798, elle a signé l'acte de mariage de sa fille Marthe avec le révolutionnaire Louis Félix, né esclave à Saint-Domingue. Elle vivait dans l'Isle Cheval Blanc/Prieuré de Navarre. AM-A, GG39/175, GG42/24, 1E14/114-115, 1E45/395 ; CC42/1/19, CC62/16/622.

Racom est inconnu.

Rose Rezé, née dans la paroisse de Saint-Antonin, à Angoulême, en 1703, et morte en 1781. Elle était quincaillière. Elle ne s'est pas mariée. Elle était la belle-sœur de *François Marin*, et la tante de *Rose Marin* et *Rosemarin*. Elle était la voisine immédiate de *Marc Allemand* dans l'Isle Chabrefy/Cloche Verte. AM-A, GG52/67, GG55/29 ; CC62/9/329.

Jean Roy est inconnu.

Anne Tabourin, née dans la paroisse de Saint-Antonin, à Angoulême, en 1741, et morte en 1793. Elle ne s'est pas mariée. Elle était la fille d'*Élisabeth Bourdage* et Jean Tabourin, et la sœur de *Marie Charas* et *Catherine Tabourin*. Elle était une voisine de *Marc Allemand* dans l'Isle Chabrefy/Cloche Verte. AM-A, GG53/17, 1E6/9 ; CC42/1/11, CC62/9/327.

Antoinette Thibaud, née dans la paroisse de Saint-Antonin, à Angoulême, en 1716, et morte en 1773. Son père était menuisier. Elle ne s'est pas mariée. Elle était la sœur de *Mathieu Thibaud* et la tante de *Barthélemi Thibaud*. AM-A, GG52/108, GG54/74.

Barthélemi Thibaud, né dans la paroisse de Saint-Antonin, à Angoulême, en 1753, et mort en 1832. Il est devenu avocat. Il était le fils de *Mathieu Thibaud* et le neveu d'*Antoinette Thibaud*. Il était un voisin de *Marc Allemand* dans l'Isle Chabrefy/Cloche Verte. AM-A, GG54/9, 1E98/75 ; CC42/1/10, CC62/8/322.

Thibaud pour *Mathieu Thibaud*. Né dans la paroisse de Saint-Antonin, à Angoulême, en 1709, et mort en 1796. Il était le père de *Bathélemi Thibaud* et le frère d'*Antoinette Thibaud*. Il était un voisin de *Marc Allemand* dans l'Isle Chabrefy/Cloche Verte. AM-A, GG52/87, GG107/114, 1E9/71 ; CC42/1/10, CC62/8/322.

Marie Tilhard, née dans la paroisse de Saint-Ausone, à Angoulême, en 1728. Son père était chapelier. Elle a épousé *Michel Albert* en 1751 ; elle était la belle-fille de *Michel Albert* père. AM-A, GG59/13, GG61/9.

Mauricette Vinsac, née dans la paroisse de Notre-Dame de la Peine, à Angoulême, en 1732. Son père était imprimeur et relieur. Elle était une voisine de *Gabriel Ferrand* dans l'Isle du Collège. AM-A, GG13/113 ; CC42/2/12, CC62/33/1269.

Yrvoix pour *Philippe Yrvoix*. Né dans la paroisse de Saint-André, à Angoulême, en 1737, et mort en 1818. Il était juriste et négociant. Il était marié à Anne Mercier. AM-A, GG40/20, 1E54/307-308.

Gilles Yrvoix, né en 1700 dans la paroisse de Saint-Paul, à Angoulême, et mort en 1766. Il était le cousin germain de *Marc Allemand* et le père de *Jean Yrvoix*. Il était boucher. Il a épousé Magdelaine Glaumont en 1731. Il était le beau-frère d'*Élisabeth Glaumont* et *Jean Glaumont*. Il vivait dans l'Isle Cambois de Chenausac. AM-A, GG88/86, GG39/150, GG90/7 ; CC42/1/9.

J. Yrvoix pour *Jean Yrvoix*. Né en 1734 dans la paroisse de Saint-Paul, à Angoulême. Il était le petit-cousin du marié, et le fils de *Gilles Yrvoix*. Il était chandelier. Il a épousé *Jeanne Chabot* en 1756. Il était le beau-frère de *Catherine Chabot* et le neveu d'*Élisabeth Glaumont* et *Jean Glaumont*. Il vivait dans l'Isle des Carmélites. AM-A, GG89/13, GG8/114 ; CC42/2/4, CC62/25/950.

V. La ville d’Angoulême en 1791

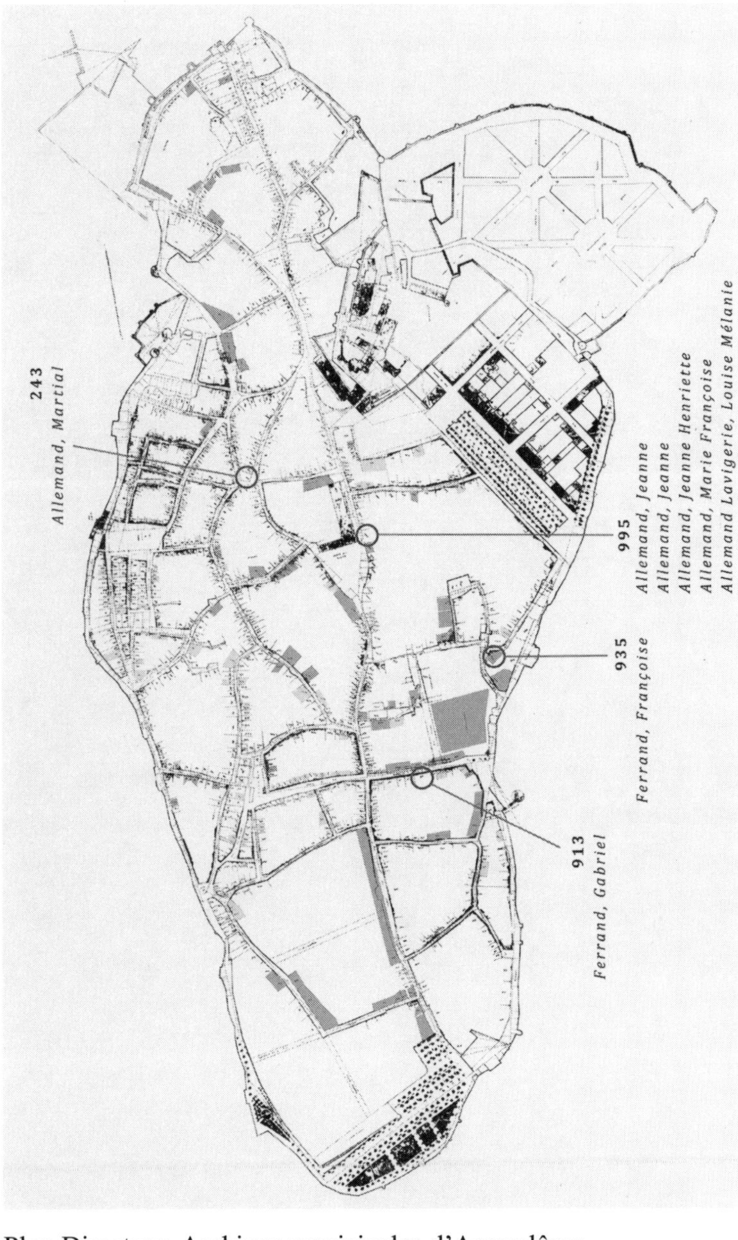

Plan Directeur, Archives municipales d’Angoulême

VI. Visualisation du réseau familial

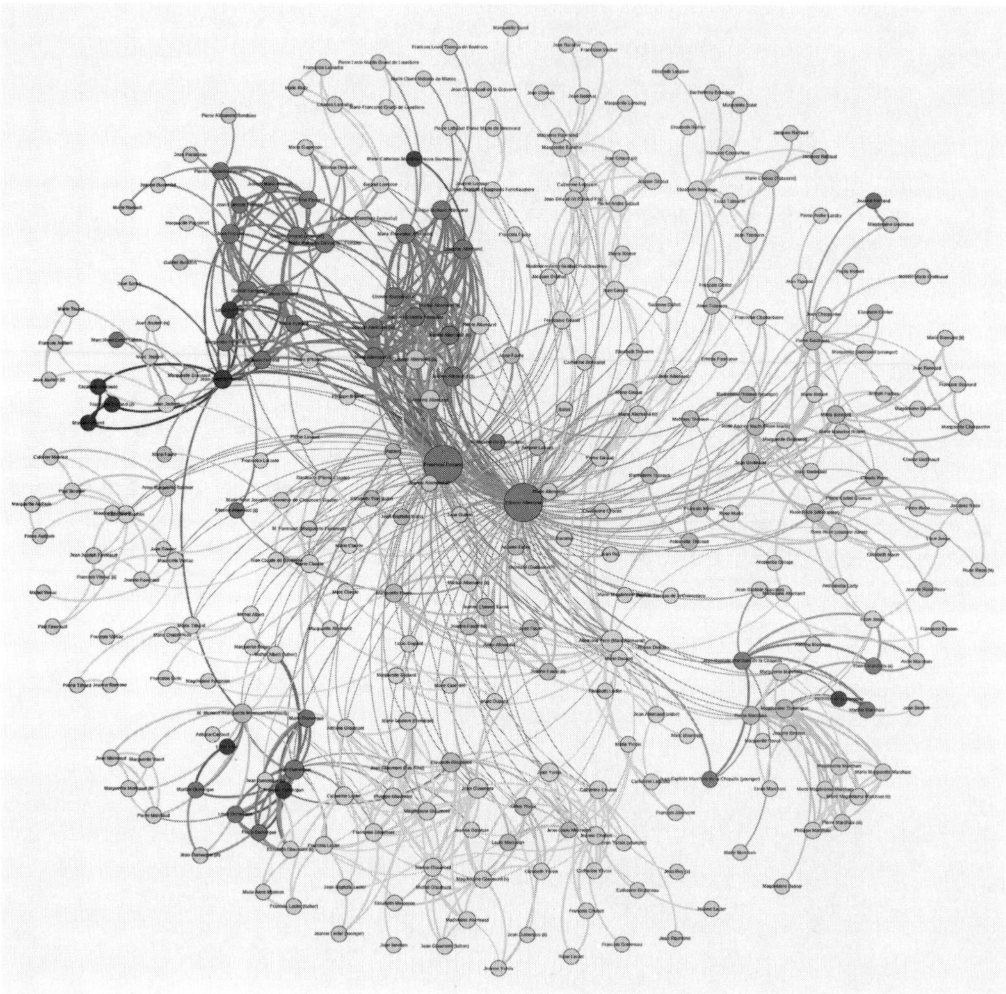

Notes

La différence de graphies ou l'orthographe « fautive » de certains prénoms et noms s'expliquent par l'absence d'uniformisation des archives et autres documents, que l'autrice a choisi de conserver. Par ailleurs, l'orthographe et parfois le français des citations ont été modernisés pour en faciliter la lecture. (*N.d.É.*)

Introduction. Flux et reflux de l'existence

1. D'après la description de Turgot, administrateur royal de la province entre 1761 et 1774 ; Anne Robert Jacques Turgot, « Mémoire sur les prêts d'argent » (1770), in *Œuvres de Turgot et documents le concernant*, éd. Gustave Schelle, 5 vol., Paris, Félix Alcan, 1913-1923, vol. 3, p. 155-157. Sur les affaires des années 1760 et 1770, voir le chapitre 4.

2. Honoré de Balzac, *Illusions perdues*, Paris, Gallimard, « Folio », 1974 [1837-1843], p. 56, 176 ; Honoré de Balzac, « Avant-propos », in *Œuvres complètes de M. de Balzac*, 17 vol., Paris, Furne, 1842-1848, vol. 1, p. 7-32, 12.

3. « Procuration par Marie Aymard », 16 octobre 1764, Archives départementales de la Charente (désormais ADC), Bernard, notaire, 2E153 ; « Contrat de mariage d[']Estienne Allemand et Françoize Ferrand », 9 décembre 1764, Bernard, 2E153.

4. Les dates de naissance et de décès des enfants, petits-enfants, arrière-petits-enfants et arrière-arrière-petits-enfants de Marie Aymard, ainsi que les noms de leurs époux et épouses, sont indiqués dans l'Annexe I.

5. Gioachino Rossini, *La Gazza ladra* (1817), opéra italien d'après la pièce de théâtre de Théodore Baudouin d'Aubigny et Louis-Charles Caigniez, *La Pie voleuse ou la servante de Palaiseau* (Paris, 1815).

6. Carlo Ginzburg et Carlo Poni, « Il nome e i come : scambio ineguale e mercato storio-grafico », *Quaderni Storici*, vol. 40, 1979, p. 181-190.

7. Giacomo Leopardi, « L'infinito » (1819) : *[...] Così tra questa/ immensità s'annega il pensier moi :/ e il naufragar m'è dolce in questo mare*. Soit, dans la traduction française d'Auguste Lacaussade : « Dans cette immensité s'abîme ma pensée :/ Et doux m'est le naufrage en une telle mer. » *La Poésie de G. Leopardi en vers français, avec une introduction d'Auguste Lacaussade*, Paris, Alphonse Lemerre, 1889, p. 72-73.

8. Voir le chapitre 3.

9. Émile Zola, *L'Œuvre*, Paris, Gallimard, « Folio », 1983 [1886], p. 403 ; voir également « Les réalistes du salon », in *Œuvres complètes illustrées d'Émile Zola,* vol. 32, *Œuvres critiques*, Paris, Eugène Fasquelle, 1906, p. 86, et plus loin, le chapitre 11.

10. Voir Marc Bloch, *L'Étrange défaite : témoignage écrit en 1940*, Paris, Albin Michel, 1957, p. 22.

11. Adam Smith, *Théorie des sentiments moraux*, trad. par Mme S. de Grouchy, marquise de Condorcet, tome II, Paris, Barois l'aîné, 1830 [1790 en langue originale anglaise], p. 46. Comme Edmund Burke l'a écrit à propos des économistes des « hommes en général » : « Ils réduisent les hommes à autant de jetons rien que pour pouvoir les compter plus facilement, au lieu d'y voir des éléments dont la valeur respective dépend de la place qu'ils occupent dans le tableau. » Edmund Burke, *Réflexions sur la Révolution de France,* trad. fr. P. Andler, Paris, Hachette-Pluriel, 1989 [1790 en langue originale anglaise], p. 237.

12. Comme dans le célèbre générique d'ouverture de la série télévisée *Peyton Place*, où la caméra survole une petite ville tranquille avant de zoomer sur les maisons et les familles qui se trouvent à l'intérieur. Ou, dans un registre un peu différent, comme dans les premières pages du roman de Wang Anyi, *Le Chant des regrets éternels*, où l'on « domin[e] Shanghai [de nuit, telle] un fond d'ombres », et où à l'aube « le linge qui sèche […] révèle l'intimité des êtres ». Wang Anyi, *Le Chant des regrets éternels*, trad. fr. Yvonne André et Stéphane Lévêque, Arles, Philippe Picquier, 2006, réédition en format poche en 2008.

13. Retranscription du jugement du tribunal civil de première instance de Bayonne sur la requête de Martial Allemand Lavigerie, Archives départementales des Pyrénées atlantiques (désormais ADPA), Bayonne, Naissances, 1826-1837, n° 351, 7 septembre 1826, 52-53/904. Voir le chapitre 7.

14. Sur le caractère formel des actes de l'état civil, et précédemment des registres paroissiaux – ou des « données pauvres » – voir Paul-André Rosental, *Les Sentiers invisibles : espaces, familles et migrations dans la France du XIXe siècle*, Paris, Éditions de l'École des hautes études en sciences sociales, 1999, p. 22-23. Les registres sont aussi « structurellement numériques », au sens où ils peuvent être « dépouillés » et réduits à des chiffres. François Furet, « Quantitative History », Daedalus, vol. 100, n° 1, hiver 1971, p. 151-167, 158. Pour les historiens démographes, les noms des individus ont été dans l'histoire familiale une sorte de ressource intermédiaire servant à établir une histoire statistique qui « ne s'intéresse qu'à des groupes ; les éléments qui les constituent ne l'intéressent pas par eux-mêmes ». Louis Henry, « Problèmes de la recherche démographique moderne », *Population*, vol. 21, n° 6, 1966, p. 1093-1114, citation p. 1096-1097 ; Michel Fleury, *Nouveau Manuel de dépouillement et d'exploitation de l'état civil ancien*, Paris, Institut national d'études démographiques, 1985.

15. Sur les notes, voir Anthony Grafton, *Les Origines tragiques de l'érudition : une histoire de la note en bas de page*, trad. fr. Pierre-Antoine Fabre, Paris, Seuil, 1998.

16. Voir « Historique des fonds de la série B », in *Répertoires numériques de la série A et la série B*, Léo Imbert et Léon Burias (éds.), Angoulême, ADC, 1925, vol. I-III, p. 1. Pour la définition des *isles de maisons* dans l'urbanisme du XVIIIe siècle – « un espace isolé des rues, lequel est occupé par des bâtiments » – qui étaient l'unité utilisée dans les registres fiscaux d'Angoulême, voir M. Buchotte, *Les Règles du dessin et du lavis, pour les plans particuliers des ouvrages et des bâtiments*, Paris, Claude Jombert, 1754, p. 36-37. En France, le cadastre a été établi à l'échelle nationale en 1807. Voir Marcel Marion, *Dictionnaire des institutions de la France XVIIe et XVIIIe s.*, Paris, Picard, 1923, p. 64-65 (réimpr. de l'édition originale, Picard, 1989, mêmes pages), et sur le « cadastre napoléonien » en Charente, voir en ligne : https://archives.lacharente.fr/s/1/cadastre-napoleonien/ ?

17. C'est ainsi que Mark Zuckerberg a présenté le « principe » de Facebook le 11 janvier 2018. https://www.facebook.com/zuck/posts/10104413015393571.

18. Sur la sociologie de l'influence, voir Elihu Katz, « Lazarsfeld's Legacy : The Power of Limited Effects », *in* Elihu Katz et Paul F. Lazarsfeld (éds.), *Personal Influence : The Part Played by People in the Flow of Mass Communications*, Piscataway, NJ, Routledge, 2006, p. XV-XXVII. Sur les réseaux sociaux d'information, voir Ronald S. Burt, « Social Contagion and Innovation : Cohesion versus Structural Equivalence », *American Journal of Sociology*, vol. 92, n° 6, mai 1987, p. 1287-1335, et sur « le développement de l'articulation micro-macro à l'aide de l'analyse de réseau », voir Mark S. Granovetter, « The Strength of Weak Ties », *American Journal of Sociology*, vol. 78, n° 6, mai 1973, p. 1360-1380, en particulier p. 1378.

19. Abhijit Banerjee, Arun G. Chandrasekhar, Esther Duflo et Matthew O. Jackson, « Gossip : Identifying Central Individuals in a Social Network », février 2016, https://economics.mit.edu/faculty/banerjee/papers, *NBER Working Paper* n° 20422, National Bureau of Economic Research, août 2014, p. 2. Sur les données à extraire de 90 118 entretiens menés avec des adolescents américains en 1994-1995, voir Ben Golub et Matthew O. Jackson, « Does Homophily Predict Consensus Times ? Testing a Model of Network Structure via a Dynamic Process », *Review of Network Economics*, vol. 11, n° 3, 2012, p. 1-28. Matthew Jackson a expliqué en 2014 l'essor récent des études sur les réseaux en économie : « dans la mesure où les économistes s'efforcent de bâtir des modèles plus précis concernant les comportements humains, ils ne peuvent pas ignorer que l'être humain appartient à une espèce foncièrement sociale dotée de modèles d'interaction qui façonnent son comportement. Les opinions des gens, les produits qu'ils achètent, le fait qu'ils investissent dans l'éducation ou qu'ils deviennent des criminels, etc., tous leurs choix sont influencés par leurs amis et leurs connaissances. En fin de compte, l'ensemble du réseau de relations – sa densité, la ségrégation de certains groupes, l'identité de ceux qui y occupent les positions centrales – a une incidence sur la manière dont l'information se diffuse et sur le comportement des gens. » Matthew O. Jackson, « Networks in the Understanding of Economic Behaviors », *Journal of Economic Perspectives*, vol. 28, n° 4, automne 2014, p. 3-22, citation p. 3.

20. L'unique libraire identifié dans les registres fiscaux de la ville en 1763-1766, Rezé, vivait près de l'ancien collège jésuite ; Isle du Collège, *in* « Cahiers de l'état

des classes faites pour la faction du rôle pour 1763 », AM-A, CC42/2/12, « Répartition de la taille », 1766, CC62/32/1260, et voir plus loin, les chapitres 2 et 3. Sur Paris en tant que société de l'information, voir Robert Darnton, « An Early Information Society : News and the Media in Eighteenth-Century Paris », *American Historical Review*, vol. 105, n° 1, février 2000, p. 1-35.

21. Sur le restaurant, voir Firmin Maillard, « Les derniers bohèmes », *La Renaissance littéraire et artistique*, vol. 1, n° 31, 23 novembre 1872, p. 245-246, et le chapitre 8 de ce livre.

22. Louis Henry, « La fécondité naturelle. Observation, théorie, résultats », *Population*, vol. 16, n° 4, 1961, p. 625-636, citation p. 626.

23. « Our Story », https://www.ancestry.com/corporate/about-ancestry/our-story (consulté le 7 janvier 2020).

24. L'historique des entreprises ancestry.com et geneanet.com identifie l'année 1996 comme le début de l'histoire ; voir : https://www.familysearch.org/wiki/en/Geneanet et : https://www.ancestry.com/corporate/about-ancestry/our-story. En France, cette industrie est au moins aussi ancienne que « les archives générales du monde entier » proposées par Napoléon en 1812, avec un tarif à appliquer pour les demandes « de titres et papiers [...] qui pourraient intéresser, soit des familles, soit des particuliers ». Henri Bordier, *Les Archives de la France*, Paris, Dumoulin, 1855, p. 19, et « Arrêté du 6 mai 1812 », p. 393. Sur la construction de l'archive, qui n'était alors pas achevée, voir Emma Rothschild, « The Archives of Universal History », *Journal of World History*, vol. 19, n° 3, septembre 2008, p. 375-401.

25. Archives départementales de Seine-et-Marne (désormais ADSM), Montereau-Fault-Yonne, 1839-1841, mariage de Jean-Baptiste Ferrand et Anne Nicolas Thiriot, 23 janvier 1839, 47-48/356 ; voir également les chapitres 7 et 8.

26. Baptême de Gabriel Ferrand, 13 avril 1738, AM-A, Saint-Paul, GG89/36r ; page omise dans le registre en ligne, entre les vues 89/32 (34v-35r) et 89/33 (36v-37r). Elle est aussi absente, par conséquent, dans la transcription du registre publiée par un historien local à l'esprit civique, Hubert Marchadier : https://en.geneanet.org/archives/releves/publi/hmarchadier/ (page consultée le 9 janvier 2020).

27. Mariage de Gabriel Ferrand et Marie Adélaïde Devuailly, 30 octobre 1763, AM-A, Notre-Dame-de-Beaulieu (désormais NDB), GG8/143.

28. « Table alphabétique des successions collatérales payées », ADC, 2C2/39, p. 30 ; voir également le chapitre 5. Je suis très reconnaissante à Dominique Guignon, des Archives départementales de la Charente, de m'avoir procuré une photocopie de cette page.

29. « Séance du mercredi 8 décembre 1909 », *Bulletins et mémoires de la Société archéologique et historique de la Charente* (désormais *BSAHC*), série 8, vol. 1, 1910, p. XLIV, et plus loin, le chapitre 7.

30. Sur la tentation du « regard oblique » et du « transnationalisme échevelé », voir Lara Putnam, « The Transnational and the Text-Searchable : Digitized Sources and the Shadows They Cast », *American Historical Review*, vol. 121, n° 2, avril 2016, p. 377-402. Sur les historiens de la culture (ou les historiens de la pensée intellectuelle) et l'« élargissement brutal des corpus », voir Antoine Lilti,

« Le pouvoir du crédit au XVIIIe siècle : histoire intellectuelle et sciences sociales », *Annales. Histoire, Sciences Sociales*, vol. 70, n° 4, 2015, p. 957-978, citation p. 968.

31. William Wordsworth, *Le Prélude*, livre 4, vers 62-63.

32. Georges Lefebvre, « L'œuvre historique d'Albert Mathiez », *Annales historiques de la Révolution française* (*AHRF*), n° 9, janvier-décembre 1932, p. 193-217.

33. « Prologue », *in* Luis González y González, *San José de Gracia : Mexican Village in Transition*, trad. John Upton (Austin, TX, 1974), p. XV-XXVIII, en particulier XVIII, XXII, XXV. En français, voir Luis González, *Les Barrières de la solitude : histoire universelle de San José de Gracia, village mexicain*, trad. fr. Anny Meyer, Paris, Plon, « Terre Humaine », 1977, édition revue et augmentée, 1983.

34. Sur le réalisme et le Paris du XIXe siècle, voir plus loin, les chapitres 7 et 11, et sur la vie des femmes qui travaillaient dans le Shanghai du XXe siècle, voir Wang Anyi, *Le Chant des regrets éternels*, *op. cit.*

35. « J'ai donc décidé qu'aucuns papiers ou registres, provenant soit des bureaux soit des archives, ne pourraient être supprimés ou mis en vente qu'après mon autorisation », écrivit un autre ministre dix ans plus tard. Circulaires du 17 juillet 1829 et du 8 août 1839, *in* ADC, Archives, 1 TPROV 1. Les registres paroissiaux et les actes notariés étaient déjà très abondants en France en 1789, et, avec la Révolution française, un effort soutenu et prodigieux a commencé afin de produire, de classer et de conserver les archives, effort qui se poursuit depuis. Sur l'histoire des archives françaises et britanniques, voir François-Joseph Ruggiu, « Autres sources, autre histoire ? Faire l'histoire des individus des XVIIe et XVIIIe siècles en Angleterre et en France », *Revue de synthèse*, vol. 125, n° 1, 2004, p. 111-152, en particulier p. 116, 139 ; sur les archives notariales et l'histoire sociale, voir Scarlett Beauvalet-Boutouyrie, Vincent Gourdon et François-Joseph Ruggiu, « L'acte notarié d'Ancien Régime au service d'une histoire sociale des individus », *in* Scarlett Beauvalet-Boutouyrie, Vincent Gourdon et François-Joseph Ruggiu (éds.), *Liens sociaux et actes notariés dans le monde urbain en France et en Europe*, Paris, Presses de l'université de Paris-Sorbonne, 2004, p. 7-13. Sur les notaires en exercice à Angoulême en 1764, voir la liste dactylographiée de notaires, classés par résidence et par nom, ADC, 6 février 2015. Il y a plus d'un kilomètre linéaire d'actes notariés, débutant en 1395, dans les Archives départementales de la Charente ; Francine Ducluzeau, *Guide des Archives de la Charente*, Angoulême, Archives départementales de la Charente, 1983, p. 66-68. Sur l'édit royal de 1765, voir « Les notaires de l'Angoumois et le dépôt général de leurs minutes », *in* ADC, *Répertoire numérique de minutes notariales (série E) dressé par MM. de la Martinière et Imbert*, Angoulême, non daté, p. IV–LXIII, en particulier p. XVI-XXXV.

36. Alain Corbin, *Le Monde retrouvé de Louis-François Pinagot. Sur les traces d'un inconnu (1798-1876)*, Paris, Flammarion, « Champs histoire », 2016 [1998], p. 7, 9. Louis-François Pinagot, homme quelconque et sans destin, est né en 1798 à Origny-le-Butin (basse Normandie) et est devenu sabotier, comme le beau-père de Marie Aymard deux générations plus tôt.

37. Paul-André Rosental, *Les Sentiers invisibles*, *op. cit.*, et le même, « Pour une analyse mésoscopique des migrations », *Annales de démographie historique*, vol. 104, n° 2, 2002, p. 145-160. Sur les échelles spatiales et temporelles, voir

l'éditorial « Tentons l'expérience », in *Annales : Économies, Sociétés, Civilisations*, vol. 44, n° 6, 1989, p. 1317-1323 ; Bernard Lepetit (éd.), *Les Formes de l'expérience : une autre histoire sociale*, Paris, Albin Michel, 1995 ; et Jacques Revel (éd.), *Jeux d'échelles : la micro-analyse à l'expérience*, Paris, Seuil, 1996. Sur les histoires qui « cherchent à employer l'analyse micro-échelle afin de tester la validité des paradigmes explicatifs de l'échelle macro », voir Francesca Trivellato, « Is There a Future for Italian Microhistory in the Age of Global History ? », *California Italian Studies*, vol. 2, n° 1, 2011, texte en ligne : http://escholarship.org/uc/item/0z94n9hq.

38. Sur l'histoire sociale des individus, et sur la possibilité d'une « histoire nominale » procédant par « accumulation des informations, souvent de nature très diverse », voir François-Joseph Ruggiu, *L'Individu et la famille dans les sociétés urbaines anglaise et française (1720-1780)*, Paris, Presses universitaires Paris-Sorbonne, 2007, et le même, « Autres sources, autre histoire ? », *op. cit.*, p. 139.

39. Sur les réseaux sociaux et le « rapprochement micro-macro », voir Claire Lemercier, « Formal Network Methods in History : Why and How ? », https://halshs.archives-ouvertes.fr /halshs-00521527v2, et « Formal Network Methods in History : Why and How ? », *in* George Fertig (éd.), *Social Networks, Political Institutions, and Rural Societies*, Turnhout, Brepols, 2015, p. 281-310. En histoire comme dans les autres domaines, la métaphore des réseaux sociaux a explosé dans les années 2000. « Le mot "réseau" est partout aujourd'hui, y compris en histoire », écrit Claire Lemercier en 2005. Voir Claire Lemercier, « Analyse de réseaux et histoire », *Revue d'histoire moderne et contemporaine*, vol. 52, n° 2, avril-juin 2005, p. 88-112 ; la même, « Analyse de réseaux et histoire de la famille : une rencontre encore à venir ? », *Annales de démographie historique*, vol. 109, n° 1, 2005, p. 7-31 ; Michel Bertrand, Sandro Guzzi-Heeb et Claire Lemercier, « Introduction : où en est l'analyse de réseaux en histoire ? », *Revista hispana para el análisis de redes sociales*, vol. 21, n° 1, décembre 2011, p. 1-12, texte en ligne : http://revista-redes.rediris.es/html-vol21/vol21_1f.htm. Sur le fait de « lier les histoires micro et macro par l'histoire des relations des individus eux-mêmes », voir Emma Rothschild, *The Inner Life of Empires : An Eighteenth-Century History*, Princeton, NJ, Princeton University Press, 2011.

40. Marc Bloch, *Apologie pour l'histoire, ou métier d'historien*, Paris, Armand Colin, 2007 [1949], p. 73-74, 131-132 ; et sur l'intérêt de Marc Bloch pour « les réactions de l'homme en présence des faits économiques, ses sentiments d'insécurité ou de confiance, de colère ou de satisfaction », voir Georges Lefebvre, « Le mouvement des prix et les origines de la Révolution française », *Annales d'histoire économique et sociale*, vol. 9, n° 4, 1937, p. 138-170, citation p. 153, qui reprend la démonstration de Bloch concernant les documents sur lesquels l'historien de l'économie François Simiand a fait l'impasse.

41. Marc Bloch, *Apologie pour l'histoire*..., *op. cit.*, p. 79. Sur la microéconomie du développement, qui commence par « la vie économique des pauvres », et est ouverte à « [toutes] sortes de preuves », à la fois qualitatives et quantitatives, voir Abhijit Banerjee et Esther Duflo, *Poor Economics : A Radical Rethinking of the Way to Fight Global Poverty*, New York, PublicAffairs, 2011, p. x, 15. Parmi les

histoires de l'économie et les histoires de vie récentes s'appuyant sur diverses sortes de preuves eu égard à différentes périodes et différents lieux, voir Sheilagh Ogilvie, « Servage et marchés : l'univers économique des serfs de Bohême dans le domaine de Friedland (1583-1692) », *Histoire & Sociétés rurales*, vol. 14, 2000, p. 90-125 ; Hans-Joachim Voth, *Time and Work in England 1750-1830*, Oxford, Oxford University Press, 2000 ; Claire Zalc, *Melting Shops : une histoire des commerçants étrangers en France*, Paris, Perrin, 2010 ; Tracy Dennison, *The Institutional Framework of Russian Serfdom*, Cambridge, Cambridge University Press, 2011 ; Janet Y. Chen, *Guilty of Indigence : The Urban Poor in China, 1900-1953*, Princeton, NJ, Princeton University Press, 2012 ; Francesca Trivellato, *The Familiarity of Strangers : The Sephardic Diaspora, Livorno, and Cross-cultural Trade in the Early Modern Period*, New Haven, CT, Yale University Press, 2012 ; Sunil Amrith, *Crossing the Bay of Bengal : The Furies of Nature and the Fortunes of Migrants*, Cambridge, MA, Harvard University Press, 2013 ; Rohit De, *A People's Constitution : The Everyday Life of Law in the Indian Republic*, Princeton, NJ, Princeton University Press, 2018 ; Philip T. Hoffman, Gilles Postel-Vinay et Jean-Laurent Rosenthal, *Dark Matter Credit : The Development of Peer-to-Peer Lending and Banking in France*, Princeton, NJ, Princeton University Press, 2019.

42. Comme Christopher Clark l'a écrit dans son étude sur les origines de la Première Guerre mondiale, l'effet de distorsion de l'approche explicative est dû au fait qu'« elle crée l'illusion d'une causalité dont la pression augmente inexorablement, les facteurs s'empilant les uns sur les autres et pesant sur les événements. Les acteurs du jeu politique deviennent [ainsi] les simples exécutants de forces établies depuis longtemps qui échappent à leur contrôle ». Christopher Clark, *Les Somnambules : été 1914, comment l'Europe a marché vers la guerre*, trad. fr. Marie-Anne de Béru, Paris, Flammarion, 2015, p. 17.

43. Marc Bloch, *Apologie pour l'histoire*..., *op. cit.*, p. 131.

44. Sur la présomption d'inquiétude économique avant la Révolution française, voir les chapitres 4 et 6. Sur l'évolution des mentalités que Tocqueville a observée au milieu du XVIIIe siècle et a qualifiée de « révolution culturelle (intellectuelle et morale, si l'on préfère) », voir Alexis de Tocqueville, *L'Ancien Régime et la Révolution*, éd. J.-P. Mayer, Paris, Gallimard, 1967, et François Furet, *Penser la Révolution française*, Paris, Gallimard, 1978, p. 248. Sur les débats concernant les explications culturelles de la croissance économique, voir François Crouzet, « The Historiography of French Economic Growth in the Nineteenth Century », *Economic History Review*, vol. 56, n° 2, 2003, p. 215-242, et pour un point de vue récent sur les origines culturelles, voir Joel Mokyr, *A Culture of Growth : The Origins of the Modern Economy*, Princeton, NJ, Princeton University Press, 2016.

45. Sur les significations multiples et contestées de la modernité industrielle dans la France du XIXe siècle, voir Emmanuel Fureix et François Jarrige, *La Modernité désenchantée : relire l'histoire du XIXe siècle français*, Paris, La Découverte, 2015.

46. A. C. Grussenmeyer, *Documents biographiques sur Son Éminence le cardinal Lavigerie, archevêque de Carthage et d'Alger*, 2 vol., Alger, Librairie Adolphe Jourdan, 1888, vol. 2, p. 305-308 ; *La Lanterne*, 29 septembre 1886 et 21 août 1888.

47. Voir Claire Lemercier et Claire Zalc, *Méthodes quantitatives pour l'historien*, Paris, La Découverte, 2008, en particulier p. 17-18 sur le traitement quantitatif des sources, p. 24-28 sur la tentation de l'exhaustivité, et p. 34-36 sur les joies de la saisie et du codage des données.

Chapitre 1. Le monde de Marie Aymard

1. Baptême de Marie Aymard, 8 février 1713, AM-A, Saint-Antonin, GG52/97 ; sépulture de Marie Aymard, 22 avril 1790, Petit Saint-Cybard (désormais PSC), GG68/117.

2. Le mot « marchand » est fréquemment utilisé dans les registres paroissiaux d'Angoulême au XVIIIe siècle ; il peut tout aussi bien désigner un commerçant, un boutiquier. Voir Edmond Huguet, *L'Évolution du sens des mots depuis le XVIe siècle*, Genève, Droz, 1967, p. 63-64, et Francesca Trivellato, *The Promise and Peril of Credit : What a Forgotten Legend about Jews and Finance Tells Us about the Making of European Commercial Society*, Princeton, NJ, Princeton University Press, 2019, p. 100 ; voir également Michael B. Katz, « Occupational Classification in History », *Journal of Interdisciplinary History*, vol. 3, n° 1, été 1972, p. 63-88. Mariage de Pierre Aymard et Anne Queil, 11 novembre 1711, AM-A, Saint-Antonin, GG52/94. Sur les parents d'Anne Queil, voir l'acte de baptême de Françoise Dorbe, 8 février 1661, l'acte de mariage de Pierre Cueil et Françoise Dorbe, 6 avril 1676, l'acte de baptême de Claude Queil, 4 janvier 1682, et l'acte de baptême d'Anne Queil, 8 août 1689, Saint-Antonin, GG51/6, 97, 113, GG52/28.

3. Mariage de Gabriel Boisdon et Anne Queil, 22 juin 1718, AM-A, Saint-Antonin, GG52/111.

4. Mariage de Marie Aymard et Louis Ferrand, 21 novembre 1735, Saint-Paul GG 89/20. Louis Ferrand est né à « Toussigny » (Tauxigny) dans la Loire, un bourg regroupant alors deux cent soixante-dix foyers d'après l'estimation. Baptême de Louis Ferrand, fils de Claude Ferrand et Louise Douard, 3 janvier 1706, AD Indre-et-Loire, Tauxigny, 1706-1707, 2/23. Abbé Expilly, *Dictionnaire géographique, historique et politique des Gaules et de la France*, 6 vol., Paris, Desaint & Saillant, 1762-1770, vol. 4, p. 340. Claude Ferrand est identifié comme un sabotier lors du baptême de son fils aîné, Claude, en 1696. AD Indre-et-Loire, Tauxigny, 1696, 7/13.

5. Baptême d'Anne Ferrand, 17 août 1736, AM-A, Saint-Paul, GG89/25 ; sépulture d'Anne Ferrand, 28 mars 1738, Saint-Paul, GG89, 36r (cette page est absente du registre en ligne) ; baptême de Gabriel Ferrand, 13 avril 1738, Saint-Paul, GG89, 36r ; baptême de Léonard Ferrand, 27 août 1739, Saint-Martial, GG106/116 ; baptême de Françoise Ferrand, 1er novembre 1740, Saint-Martial, GG106/151 ; sépulture de Léonard Ferrand, 24 septembre 1741, PSC, GG67/14 ; baptême de François Ferrand, 6 mai 1742, PSC, GG67/18 ; baptême de Mathurin Ferrand, 23 septembre 1743, Saint-André, GG40/150 ; baptême de Marguerite Ferrand, 27 décembre 1744, Saint-André, GG40/176 ; baptême de Jean Ferrand, 13 juin 1749, Saint-André, GG41/108.

6. Baptême de Jean Ferrand, 13 juin 1749, AM-A, Saint-André, GG41/108.

7. Communautés, Menuisiers, AM-A, HH5, 1744-1745. Le beau-père de Louis Ferrand, Gabriel Boisdon, identifié comme « maître-charpentier », a lui aussi été « sindic » de la communauté de menuisiers. Le rang au sein de ces petites corporations n'est indiqué que de manière approximative dans les registres paroissiaux. Sur son acte de mariage, en 1735, Louis Ferrand est présenté comme un « garçon menuisier », et le mot « garçon » (apprenti) est barré. Au moment du baptême de leur premier enfant en 1736, Anne, qui est morte en bas âge, il est « maître menuisier », et au baptême de Gabriel, en 1738, il est de nouveau « garçon menuisier » ; en 1739, au baptême de Léonard, également mort en bas âge, il est « maître menuisier ». AM-A, Saint-Paul GG 89/20, 25, 36, Saint-Martial, GG106/116. Sur les métiers de menuisier et charpentier, voir Prosper Boissonnade, *Essai sur l'organisation du travail en Poitou depuis le XIe siècle jusqu'à la Révolution*, 2 vol., Paris, Honoré Champion, 1900, vol. 1, p. 343-346.

8. AM-A, Saint-Paul, GG89/25 ; Saint-Paul, GG89, 36r ; Saint-Martial, GG106/116 ; Saint-Martial, GG106/151 ; PSC, GG67/18 ; Saint-André, GG40/150 ; Saint-André, GG40/176 ; Saint-André, GG41/108 ; et sur la profession de Léonard Maréchal, parrain de Léonard, Saint-Jean, GG74/98.

9. « Registre des ordinations remis aux archives de l'Évêché en septembre 1912 », 24 juin 1753, Archives diocésaines d'Angoulême. Sur le registre, le nom de Marie Aymard est écrit « Amard », et corrigé dans la marge en « Aimard ». Concernant l'instruction dispensée gratuitement par le collège jésuite, voir Prosper Boissonnade et Jean Marie Jules Bernard, *Histoire du collège et du lycée d'Angoulême (1516-1895)*, Angoulême, L. Coquemard & Trillaud, 1895, p. 126-127, 210.

10. « Marché d'engagement de Ferrand et Delorière à M. Cazeau de Roumillac », 15 décembre 1753, ADC, Caillaud, notaire, 2E259. Sur la « révolution » de 1769, voir le chapitre 4.

11. Au moment de son mariage en septembre 1757, le fils de Delorière est décrit comme le fils de feu Hugues Delorière. Mariage de Jacques Delorière et Marie Boilevin, 6 septembre 1757, AM-A, Saint-Martial, GG108/185.

12. « Acte entre Aymard Ve Ferrand et Ferrand son fils », 6 mai 1760, ADC, Jeheu, notaire, 2E850. Le nombre de notaires à Angoulême était d'après le décret royal de 1765 « si excessif » que cela avait conduit à des abus, à l'indolence et à la réalisation de « travaux incompatibles avec leurs fonctions ». *Édit du roi, contenant règlement pour les Notaires de la ville, faubourgs et banlieue d'Angoulême*, Compiègne, 1763, Paris, Imprimerie royale, 1765, p. 1 ; voir également « Les notaires de l'Angoumois et le dépôt général de leurs minutes », *op. cit.*, p. XVI-XXXV, qui identifie le « mauvais caractère » de Guillaume Jeheu comme une des causes de la crise de l'offre notariale, jugée excessive (p. XII).

13. « Acte entre Aymard Ve Ferrand et Ferrand son fils », 6 mai 1760, ADC, 2E850.

14. « Acte entre Aymard Ve Ferrand et Ferrand son fils », 6 mai 1760, ADC, 2E850. Les honoraires du notaire pour cet acte étaient de 2 livres et 10 sols, et l'acte était si peu important qu'il ne fut pas inclus dans l'inventaire des actes notariés rédigé à la fin du XIXe siècle par les archivistes de la Charente ; voir l'inventaire des actes passés par Guillaume Jeheu en 1760, in *Inventaire sommaire des*

archives départementales antérieures à 1789, Charente, Archives civiles – série E (967-1385), éd. M. P. de Fleury, Angoulême, L. Coquemard, 1887, p. 185-186.

15. « Mariage de Sr. Gabriel Ferrand avec Dlle. Marie Adélaïde Devuailly », 15 octobre 1763, ADC, Sicard, notaire, 2E6662. Le grand-père, deux oncles et un cousin de Marie Adélaïde étaient teinturiers à Amiens. Voir « Depost d'actes et jugement par les Srs. Lemaitre et Ferrand », 10 octobre 1769, ADC, Caillaud, 2E290. En 1760, son père et sa mère avaient pris à bail pour neuf ans une maison d'Angoulême auprès de « la dame abbesse de St-Ausone », principale propriétaire du quartier où vivait Gabriel. « Contrôle des actes des notaires et actes sous seings privés », 24 avril-4 octobre 1760, ADC, 2C2/162, 20/153.

16. « Vente de meubles par Marie Aymard à Gabriel Ferrand son fils », 10 janvier 1764, ADC, 2E153. La signature de Gabriel, qui était grande et assurée en 1757 sur le registre d'une assemblée paroissiale et ressemblait à un gribouillis dans la triste déclaration ayant suivi la mort de son père, présente maintenant des fioritures extraordinaires révélant bien la main d'un écrivain public. AM-A, « Assemblée de paroisse », 1er avril 1757, NDP, GG14/23-24 ; « Acte entre Aymard Ve Ferrand et Ferrand son fils », 6 mai 1760, ADC, 2E850.

17. « Vente de meubles par Marie Aymard à Gabriel Ferrand son fils », 10 janvier 1764, ADC, 2E153.

18. *Ibid.*

19. « Quittance par Marie Aimard à M. Cazaud », 11 janvier 1764, ADC, Sicard, 2E6663.

20. « Quittance par Marie Aimard à M. Cazaud », 11 janvier 1764, ADC, Sicard, 2E6663.

21. « Procuration par Marie Aymard », 16 octobre 1764, ADC, 2E153.

22. *Ibid.* Le vocable « personnes publiques » était une expression idiomatique des notaires, tout comme la formule engageant obligation et hypothèque de « tous et chacun [de] ses biens ». Voir par exemple « Chetel pour Marguerite Labonne et Pierre Bruchier son fils à Mr. François Laforet », 9 décembre 1770, ADC, Bernard, 2E164 ; « Procuration pour agir donnée par Coignet à Blanlœil sa femme », 29 mars 1768, ADC, Caillaud, 2E287 ; et voir également Claude-Joseph de Ferrière, *La Science parfaite des notaires ou le Moyen de faire un parfait notaire*, éd. rév., Paris, Saugrain père, 1752, 2 vols.

23. « Procuration par Marie Aymard », 16 octobre 1764, ADC, 2E153.

24. Mémoire pour Jean-Alexandre James, nègre, Intimé : Contre le Sieur Cazeau, Appellant de la Sentence de l'Amirauté, Paris, P. de Lormel, [1779], p. 3-4, 11.

25. Sépulture de Marie Aymard, 22 avril 1790, AM-A, PSC, GG68/117.

26. Baptême d'Anne Ferrand, 17 août 1736, AM-A, Saint-Paul, GG89/25 ; sépulture d'Anne Ferrand, 28 mars 1738, Saint-Paul, GG89/36r.

27. Baptême de Gabriel Ferrand, 13 avril 1738, AM-A, Saint-Paul, GG89/36r, faisant suite à une bénédiction préliminaire, « attendu le danger de mort », le 10 avril 1738 ; page manquante en ligne.

28. Baptême de Pierre Alexandre Ferrand, 16 mars 1775, AM-A, NDP, GG14/53 ; décès de Gabriel Ferrand, 19 décembre 1816, 1E52/426-427.

29. Baptême de Léonard Ferrand, 27 août 1739, AM-A, Saint-Martial, GG106/116 ; sépulture de Léonard Ferrand, 24 septembre, 1741, PSC, GG67/14.

30. Baptême de Françoise Ferrand, 1er novembre 1740, AM-A, Saint-Martial, GG106/151.

31. Baptême de Françoise Lafont, 16 février 1756, AM-A, Saint-Martial, GG108/143.

32. Mariage de Martial Allemand Lavigerie et Louise Vaslin, 13 avril 1790, AM-A, Saint-André, GG47/64-65 ; divorce de Martial Allemand Lavigerie et Louise Vaslin, 2 brumaire an V (23 octobre 1796), 1E11/4 ; mariage de Martial Allemand Lavigerie et Marie Louise Bonnite Raymond Saint-Germain, 28 prairial an IX (17 juin 1801), 1E23/69-70 ; contrat de mariage de Martial Allemand Lavigerie et Marie Louise Bonnite Raymond Saint-Germain, 20 prairial an IX (9 juin 1801), ADC, Duval, notaire, 2E6272.

33. Baptême de François Ferrand, 6 mai 1742, AM-A, PSC, GG67/18 ; « Mariage de Gabriel Ferrand avec Marie Adélaïde Devuailly », 15 octobre 1763, ADC, 2E6662.

34. Baptême de Jean Ferrand, 26 décembre 1766, AM-A, NDP, GG 14/38.

35. Isle des Jacobins, *in* « Cahiers de l'état des classes faites pour la faction du rôle pour 1763 », AM-A, CC42/1/11, et Isle des Jacobins, « Répartition de la taille pour la classe au-dessus de 10s. de subsistance », 1766, CC62/9/346. En 1765, le François Ferrand qui était domestique deux ans plus tôt est répertorié comme journalier, et marié ; il n'y a aucune trace de son mariage dans les registres des douze paroisses d'Angoulême en 1763-1765.

36. www.geneanet.com, www.filae.com, et www.ancestry.com (sites consultés le 20 octobre 2019).

37. Baptême de Mathurin Ferrand, 23 septembre 1743, AM-A, Saint-André, GG40/150.

38. Baptême de François Ferrand, AM-A, 6 mai 1742, PSC, GG67/18 ; « Mariage de Gabriel Ferrand avec Marie Adélaïde Devuailly », 15 octobre 1763, ADC, 2E6662.

39. « État des garsons [*sic*] fugitifs de la milice », 4 octobre 1758, AM-A, EE5. « Tourangeau garson [*sic*] de Raby » est dit dans l'une des listes venir de la paroisse de Saint-Martial, et dans l'autre de « Beaulieu », à la même date. Sur le caractère déroutant des listes établies pour le tirage au sort de la milice, voir le chapitre 2.

40. Baptême de Marguerite Ferrand, 27 décembre 1744, AM-A, Saint-André, GG40/176 ; « Procuration par Marie Aymard », 16 octobre 1764, ADC, 2E153.

41. Sépulture de Jeanne Allemand, 20 septembre 1767, AM-A, Saint-Martial, GG110/87 ; baptême de Martial Allemand, 22 octobre 1767, Saint-Antonin, GG54/56 ; baptême de Jean-François Ferrand, 28 février 1768, NDP, GG 14/41 ; ADC, Saint-Martial, 3E16/21, 438/522.

42. Marc Bloch, *Apologie pour l'histoire…*, *op. cit.*, p. 74.

43. Baptême de Jean Ferrand, 13 juin 1749, AM-A, Saint-André, GG41/108.

44. Mariage de Jean Ferrand et Élisabeth Boutoute, 14 mai 1774, AM-A, Saint-André, GG45/64.

45. Baptême de Martial Ferrand, 30 mars 1775, d'Étienne Ferrand, 3 juin 1776, de Françoise Ferrand, 12 juin 1777, décès d'Étienne Ferrand, 19 novembre 1777, naissance de Jean-Baptiste Ferrand, 8 pluviôse an IV (28 janvier 1796), AM-A, PSC, GG68/56, Saint-André, GG45/100, GG45/124, GG45/133, 1E7/40. Jean-Baptiste est appelé « Jean » sur les actes de baptême de ses trois enfants aînés, comme sur son propre acte de baptême, et « Jean-Baptiste » sur l'acte de naissance de son dernier enfant.

46. *Supplément aux Affiches américaines*, n° 90, 19 décembre 1789, p. 1100 ; dossiers « Ferrand » et « Ferrand (Jn. Bte.) », Archives nationales (désormais AN), Secours aux réfugiés et colons spoliés, F/12/2795.

47. « État des Réfugiés, Déportés, et Propriétaires Colons », ADC, L152. Pétition adressée au ministère de l'Intérieur, reçue le 24 février 1831, *in* dossier « Ferrand », AN, Secours aux réfugiés et colons spoliés, F/12/2795. Décès de Jean-Baptiste Ferrand, 9e arrondissement, 16 novembre 1831, Archives de Paris (désormais AdP), Fichiers de l'état civil reconstitué, V3E/D552, 10/37.

48. La question est même embarrassante et intrusive, car il est possible que Louis Ferrand ait été en vie en 1764 ; il aurait pu, par exemple, fonder un nouveau foyer avec une nouvelle compagne et ses esclaves à la Grenade, passée sous domination britannique.

49. Baptême de Jean-François Cazaud, 21 avril 1756, AM-A, Saint-Jean, GG74/70.

50. « Recensement général de l'isle de la Grenade », 25 mai 1755, Archives nationales d'outre-mer (désormais ANOM), Dépôt des papiers publics des colonies, G/1/498. Les autres catégories d'habitants de sexe masculin blancs étaient « garçons en dessous de douze ans » et « hommes surâgés et infirmes ».

51. « État général, année 1742 », Grenade, ANOM, C/10a/2/2 ; « Recensement général de l'isle de la Grenade », 1755, ANOM, G/1/498 ; « Isle de la Grenade et dépendances, résultats des états dressés pour l'année 1782 », ANOM, C/10a/4. Le nombre de Blancs a diminué entre 1742 et 1755, passant de 1 187 à 1 077, puis augmenté entre 1755 et 1782, passant alors à 1 189 individus.

52. Lettre du 7 juillet 1758 de M. de Rochemore, *in* ANOM, Grenade, Correspondance à l'arrivée, C/10a/2 ; lettre du 20 mars 1758 à Antoine Lefebvre de Givry, *in* ANOM, Colonies B107/43r-44v, duplicata, fonds ministériels, Isles du Vent 1758.

53. Recensement de la Grenade, 1763, *in* The National Archives, Kew (désormais TNA), CO 101/1/ part 1/22v, 25r.

54. Adélaïde Herbert du Jardin est née en Martinique en janvier 1763, durant le vide légal de la courte domination britannique, entre la signature des versions préliminaire et définitive du traité de Paris mettant fin à la guerre de Sept Ans. L'affaire portait sur son droit à hériter des biens de son oncle, Joseph Herbert, mort célibataire à la Grenade, sans avoir laissé de testament, au cours d'un autre bref vide juridique, à savoir la période de dix-huit mois ayant suivi la signature définitive du traité de Paris, le 10 février 1763, durant laquelle les sujets français conservèrent le droit de quitter – de « se retirer en toute sécurité et liberté » – les nouveaux dominions britanniques du Canada et de la Grenade. Au moment de sa

mort en janvier 1765, Joseph était en train d'essayer de vendre deux grandes plantations de la Grenade pour 2 400 000 livres. L'héritage d'Adélaïde faisait l'objet d'un conflit entre sa tante de Martinique et sa mère, la veuve de la « connaissance » (c'est-à-dire Herbert du Jardin) de Louis Ferrand, qui s'était établie à la Grenade, y avait épousé un juriste praticien anglais et avait renvoyé Adélaïde à Londres « pour y être élevée dans la Religion Anglicanne ». « Herbert Du Jardin, Léon Marie, négociant à la Martinique », 1781, ANOM, COL E 220.

55. ANOM, Martinique, Saint-Pierre le Mouillage, registre paroissial pour 1771, décès de Marie Chambert, épouse de Pierre Vanda, 5/37 ; 1772, mariage de Pierre Vanda et Marie Macary, 12/29 ; 1774, naissance d'Anne Marie Vanda, 15/18 ; 1775, sépulture de Pierre Vanda, âgé de soixante-six ans, 6/23 ; 1776, sépulture de Bernard Vanda, âgé d'« environ soixante-dix ans », 6/7. Registres de la paroisse de La Madeleine, Mont-de-Marsan, disponibles aux Archives départementales des Landes (désormais AD Landes) ; 1707, E192/GG24, 4/26 ; 1709, E192/GG26, 13/29. Pierre Vanda était l'un des principaux créanciers des pères jésuites de la Martinique. *Ordre général et définitif de tous les créanciers des ci-devant soi-disans jésuites, soit en France que dans les colonies*, Paris, Simon, 1772, p. 118.

56. Baptême de Jean Pascal Yrvoix Chauvin, fils de Philippe Yrvoix Chauvin et Françoise Durand, 6 avril 1738, AM-A, Saint-André, GG40/30. Gabriel Ferrand a été baptisé dans la paroisse de Saint-Paul la semaine suivante.

57. « Chauvin, Jean Yrvoix, négociant, lieutenant d'artillerie et capitaine de milice bourgeoise à Sainte-Lucie, sa succession 1786 », ANOM, COL E 77.

58. « Missions religieuses, administration des hôpitaux » (1771), ANOM, COL F5a/16/3 ; « Hôpitaux de la Martinique », « Hôpitaux des frères de la charité ».

59. Sur la « conduite punique » des Britanniques en 1759, l'incendie de 1759 et l'ouragan de 1780, voir Sidney Daney de Marcillac, *Histoire de la Martinique, depuis la colonisation jusqu'en 1815*, 6 vol., Fort Royal, E. Ruelle, 1846, vol. 3, p. 255-274, et F.-R. Roux, « Guide des ouragans », *Revue maritime et coloniale*, vol. 31, 1871, p. 619-754, p. 729-730. Sur l'éruption de la montagne Pelée en 1902, voir Philippe Deschamps, *Deuil national : les cataclysmes de la Martinique, Saint-Pierre et Saint-Vincent, 8 mai-30 août 1902*, Paris, A. Lemerre, 1903.

60. Baptême de Jean Alexandre, fils de Jean-François Cazeau du Brueil et Marthe de Bologne, 19 septembre 1727, ANOM, registre paroissial de Basse-Terre, Guadeloupe, 1727, 4/15.

61. Lettre du 27 septembre 1729, de Champigny de Noroy de Pannier d'Orgeville, ANOM, Martinique, Correspondance à l'arrivée, C8a/40/97v-98r.

62. Baptême de Jean-François-Auguste, 19 juillet 1733, AM-A, Saint-André, GG39/205.

63. Baptême de Georges Alexandre de Bologne, 16 mars 1748, AM-A, Saint-Jean, GG74/4 ; baptême de Jean François Cazaud, 21 avril 1752, Saint-Jean, GG74/70 ; baptême de Marie Marthe Cazaud, 16 juin 1757, GG74/76 ; « Scellé après le décès de madame la marquise de Cazot » (désormais « Scellé Cazot »), 22 mai 1781, AN, Y//13802. Cazaud déclarait qu'il avait fait partie du régiment du marquis de Surgère, qui avait contribué à lever le siège de Prague en 1742, pendant la guerre de Succession d'Autriche (1740-1748) ; GG74/4. Jean-François

Cazaud, le père de Jean-Alexandre, a été inhumé à Angoulême en 1734, et son épouse Marthe de Bologne y est morte en 1744. Sépulture de Jean-François Cazaud, 16 janvier 1734, AM-A, Saint-Jean, GG73/32 ; sépulture de Marthe de Bologne, 26 octobre 1744, ADC, NDB, 3E16/1, 55/176.

64. Baptême de Silvie Calixte Benoit, 7 mai 1735, AM-A, Saint-André, GG39/231 ; mariage de Jean Alexandre Cazaud et Silvie Calixte Benoit des Essarts, 19 septembre 1752, Saint-André, GG41/181. Le mariage a eu lieu cinq mois après le baptême de leur « enfant naturel et légitime », Jean François, comme indiqué dans la marge du registre paroissial de Saint-Jean ; baptême de Jean François Cazaud, 21 avril 1752, Saint-Jean, GG74/70. Précédemment, Cazaud se trouvait à Angoulême en 1743, 1744, 1745, et 1748 ; GG73/80, 86, 93, GG74/4.

65. « Marché d'engagement de Ferrand et Delorière à M. Cazeau de Roumillac », 15 décembre 1753, ADC, Caillaud, 2E259.

66. Baptême de Jean François Cazaud, 21 avril 1752, AM-A, Saint-Jean, GG74/70.

67. « Cause entre le sieur de Cazeaux, Français, naturalisé Anglais, domicilié à l'Isle de la Grenade ; M. Delpech de Montreau, Et la Dlle. Lucie », *Gazette des Tribunaux*, vol. 18, n° 50, 1784, p. 369-373, citation p. 370.

68. Recensement de la Grenade, 1763, TNA, CO 101/1/part 1/22v, 25r.

69. Baptême de Mélanie Gabrièle Sophie Cazaud, 20 septembre 1764, AM-A, Saint-André, GG42/230.

70. « Cause entre le sieur de Cazeaux et la Dlle. Lucie », *op. cit.*, p. 370, 373.

71. Lettre de Dugout de Casaud, jointe à une lettre du 9 juillet 1811 adressée par Mr. W. Manning à Mr. Richard Ryder, TNA, HO/1/6/6.

72. « Cazaud de Roumillac habitant de la Grenade 1780-1782 », ANOM, Secrétariat d'État à la marine – Personnel colonial ancien, COL E 66 ; lettre de Cazaud de Roumillac au comte de Durat, 12 novembre 1781, « Rapport, Le Sieur de Cazaud, François, habitant de la Grenade », non daté.

73. « Copy of a Memorial of the Proprietors of Land in the Island of Grenada », jointe à la plainte du colonel Alexander Johnstone du 1er décembre 1769, TNA, Privy Council Papers, PC1/60/7, et Emma Rothschild, *The Inner Life of Empires*, *op. cit.* Un an plus tard, Cazaud se trouvait parmi les cinq propriétaires qui inspectèrent la plantation du colonel Johnstone, appelée « Bacaye », et estimèrent sa valeur à 95 017 livres, 1 shilling et 8 pence, dont 266 esclaves listés selon leurs noms et leur catégorie – « 31 enfants @ £30 », « 16 infirmes et pensionnés @£10 » – dont la valeur était estimée à 18 372 livres. « Inventory & Valuation of Bacaye Estate », 1er décembre 1770, University of Bristol, *West Indies Papers*, Westerhall Estate, DM41/32/1.

74. « Report presented to the Committee on February 20 1770 », TNA, PC1/60/7 ; [Anonyme], *A Narrative of the Proceedings upon the Complaint against Governor Melvill*, Londres, T. Becket & P. A. De Hondt, 1770, p. 105-116.

75. *Ibid.*, p. 2, 92, 116.

76. « Cause entre le sieur de Cazeaux et la Dlle. Lucie », *op. cit.*, p. 370.

77. *Mémoire pour Jean-Alexandre James*, *op. cit.*, p. 2-3 ; pétition de Jean-Alexandre Gintz, 9 juin 1779, *in* AN, Amirauté, Minutes, 1779, Z/1d/135. Dans

la brochure imprimée, le « Royaume de Timor » est localisé sur la Côte de l'Or en Afrique ; Jean-Alexandre est nommé « Gintz » dans la première pétition, et « James » dans les pétitions suivantes.

78. *Mémoire pour Jean-Alexandre James*, *op. cit.*, p. 2-3. Pétition de Jean-Alexandre Gintz, 9 juin 1779, jugement par défaut Jean-Alexandre James demandeur versus Decazeaux défendeur, 7 juillet 1779 ; pétition de Jean-Alexandre James demandeur versus Decazeaux défendeur, 6 septembre 1779, *in* AN, Amirauté, Minutes, 1779, Z/1d/135.

79. Selon l'argumentation des avocats de Jean-Alexandre, l'esclavage avait été aboli en premier lieu en France puis en Angleterre. Il ne subsistait dans les colonies européennes que comme « un usage soutenu par la seule autorité des Magistrats [autrefois] établis dans ces pays conquis ». Selon la « jurisprudence sur les Nègres » de l'Angleterre, tous les Africains qui réclamaient leur liberté en Grande-Bretagne étaient déclarés libres, et selon la jurisprudence en vigueur en France, « les Arrêts connus de Francisque & de Pampy & Juliette en font les preuves », l'esclavage n'était plus « un usage maintenu par l'autorité publique dans les Colonies » ; Jean-Alexandre, qui avait été amené à la Grenade quand l'île se trouvait sous la loi britannique, et qui avait vécu en Angleterre et en France, ne pouvait pas être considéré comme un esclave en vertu de la loi ou de l'usage des colonies françaises. *Mémoire pour Jean-Alexandre James*, *op. cit.*, p. 4-8.

80. *Ibid.*, p. 3-4, 9, 12.

81. Mr Cazaud, *Account of a New Method of Cultivating the Sugar Cane. Read at the Royal Society, Feb. 25, 1779*, Londres, J. Nichols, 1779, p. 70.

82. Élection de M. Cazaud, https://royalsociety.org/about-us/fellowship/fellows/.

83. Marquis de Casaux, *Considérations sur quelques parties du méchanisme des sociétés*, Londres, Spilbury & Elmsley, 1785, p. 207.

84. « Cause entre le sieur de Cazeaux et la Dlle. Lucie », *op. cit.*, p. 372.

85. Dans le rôle d'imposition de 1763, le ménage de « M. Casaud, à la Guadeloupe en Amérique », était répertorié dans l'Isle de M. de Chabrefy, plus tard Isle de la Cloche Verte ; « Cahiers pour 1763 », AM-A, CC42/1/10. Dans le rôle d'imposition de 1766, « La Dame Cazaud, fille du Sr. Benoist, son mari aux Isles » est domiciliée dans l'Isle des Tiercelettes ; « Répartition de la taille », 1766, AM-A, CC62/22/815.

Chapitre 2. Le contrat de mariage

1. « Contrat de mariage de Estienne Allemand et Françoize Ferrand », 9 décembre 1764, ADC, 2E153. Emma Rothschild, « Isolation and Economic Life in Eighteenth-Century France », *American Historical Review*, vol. 119, n° 4, octobre 2014, p. 1055-1082.

2. Le coût de construction d'une maison bourgeoise dans la ville était de 12 000 à 15 000 livres, et le prix d'une maison était inférieur d'environ un tiers au coût de sa construction. Étienne Munier, *Essai d'une méthode générale propre à étendre les connoissances des voyageurs*, 2 vol., Paris, Moutard, 1779, vol. 1, p. 93 ; le fils d'Étienne Munier a été baptisé dans la paroisse de Saint-Antonin

en septembre 1766, et la fille d'Étienne Allemand et Françoise Ferrand quelques semaines plus tard ; baptême de Jean Munier, 14 septembre 1766, baptême de Jeanne Allemand, 22 octobre 1766, AM-A, GG54/52.

3. « Contrat de mariage de Estienne Allemand et Françoize Ferrand », 9 décembre 1764, ADC, 2E153. Françoise parlait au sujet de cet argent de « *son péculle* », terme dérivé de *peculium*, lui-même utilisé dans le droit romain pour désigner les petites économies d'un esclave (ou d'un fils) dépendant du pouvoir d'un maître. À l'époque, le terme était défini ainsi : « ce que celui qui est en puissance d'autrui, [...] acquis par son industrie, par son travail & par son épargne, & dont il lui est permis de disposer. » *Le Grand Vocabulaire françois, par une société de gens de lettres*, 30 vol., 1767-1774, Paris, C. Panckoucke, 1772, vol. 21, p. 323.

4. Le contrat de mariage de la belle-sœur de Gabriel Ferrand, à la fin de l'été 1764, a été signé par vingt-cinq personnes. Le contrat de mariage de Gabriel, en octobre 1763, par vingt-neuf personnes, et celui de Jean-Baptiste Ferrand, en 1774, par onze personnes. « Mariage du sieur Lemaitre et demoiselle Vuailly », 26 août 1764, Caillaud notaire, ADC, 2E280 ; « Mariage de Gabriel Ferrand avec Marie Adélaïde Devuailly », 15 octobre 1763, ADC, 2E6662 ; « Mariage de Jean Ferrand avec Élisabeth Boutoute », 1er mai 1774, ADC, Sicard, 2E6673. Les soixante-dix contrats de mariage étudiés par François-Joseph Ruggiu à Amiens et Charleville – parmi les familles les plus prospères – ne présentent pas plus de neuf signataires chacun ; François-Joseph Ruggiu, *L'Individu et la famille*, *op. cit.*, p. 130-136.

5. Voir le mariage de Marie Aymard et Louis Ferrand, 21 novembre 1735, AM-A, Saint-Paul GG 89/20 ; « Acte entre Aymard Ve Ferrand et Ferrand son fils », 6 mai 1760, ADC, 2E850 ; « Vente de meubles par Marie Aymard à Gabriel Ferrand son fils », 10 janvier 1764, ADC, 2E153 ; « Procuration par Marie Aymard », 16 octobre 1764, ADC, 2E153 ; baptême de Gabriel Ferrand, 7 novembre 1764, NDP, GG14/36.

6. Voir Claire Lemercier, « Analyse de réseaux et histoire de la famille », *op. cit.* Comme Vincent Gourdon l'a dit, le nombre de signatures sur un contrat de mariage rédigé par un notaire n'était pas limité, « ce qui pouss[ait] certaines familles à afficher lors de la signature l'ampleur de leur réseau social ». Vincent Gourdon, « Aux cœurs de la sociabilité villageoise : une analyse de réseau à partir du choix des conjoints et des témoins au mariage dans un village d'Île-de-France au XIXe siècle », *Annales de démographie historique*, vol. 109, 2005, p. 61-94, citation p. 62.

7. « Rosemarin », ou Rose Marin, fut baptisée le 3 juillet 1754, AM-A, Saint-Antonin, GG54/14 ; Jean Giraud fut baptisé le 17 juillet 1685, Saint-André, GG35/231.

8. Voir l'Annexe 4.

9. Sépulture de Jean-Baptiste Marchais, 9 avril 1765, AM-A, Saint-André, GG43/6 ; sépulture de François Boisnier, 10 avril 1839, ADC, Aigre 1828-1842, 260/341.

10. Décision du 2 nivôse an II (22 décembre 1793) et note marginale du « représentant du peuple » Guimberteau, lettre adressée au ministre de la Police le

10 floréal an VI (29 avril 1798), *in* « Marin, Rose », AN, « Police générale – Émigrés : demandes de radiation de la liste », Charente, F/7/4990, dossier 32, 10/56, 32/56. Sur les déboires de Rosemarin et sur Jean Guimberteau, un des représentants d'Angoulême à la Convention, voir le chapitre 5.

11. « Racom » est peut-être un nom, ou une partie d'un autre nom. Je suis très reconnaissante à l'équipe des Archives départementales de la Charente pour l'aide qu'elle m'a apportée pour déchiffrer ces caractères. On peut voir certaines signatures à l'annexe III et l'ensemble en ligne : URL : http://histecon.fas.harvard.edu/visualizing/angouleme/aymard-files/adc_19712_2E153_5.JPG et URL : http://histecon.fas.harvard.edu/visualizing/angouleme/aymard-files/adc_19712_2E153_6.JPG.

12. « Contrat de mariage de Estienne Allemand et Françoize Ferrand », p. [2r]. Le contrat est rédigé sur un seul folio plié de manière à former quatre pages (non numérotées). Les signatures commencent au bas de la troisième page [2r], et couvrent l'ensemble de la quatrième [2v].

13. Étienne Allemand a été baptisé le 29 février 1740 ; le 29 janvier 1752, il a signé l'acte de baptême de Jeanne Longeau, fille de Jean Longeau, maître serrurier, et Jeanne Giraud ; AM-A, GG53/12, GG54/5.

14. « Contrat de mariage de Estienne Allemand et Françoize Ferrand », p. [1r] ; mariage d'Étienne Allemand et Françoise Ferrand, 7 janvier 1765 ; baptême de Marie Allemand, 1er décembre 1765 ; AM-A, NDP, GG14/36, Saint-Antonin, GG54/50.

15. Sépulture de Guillaume Allemand dit « Lavigerie », âgé de cinquante-cinq ans, 6 novembre 1687, AM-A, Saint-Paul, GG88/42.

16. Décès de Marguerite Allemand, fille de Guillaume Allemand, 16 septembre 1808, ADC, Saint-Saturnin, décès, 1802-1812, 148/248 ; Pierre Allemand, vivant à Lavigerie, ADC, Saint-Saturnin, Recensement, 1841, 8/39 et 1846, 16/34.

17. « Cahiers pour 1763 », AM-A, CC42/1/11. Marc Allemand a signé les registres de la corporation des « tailleurs » pendant plusieurs années, parfois sous le nom « Lavigerie », parfois sous le nom « Allemand » ; AM-A, HH5, Tailleurs, 1745, 1747, 1748, 1752, 1753, 1755, 1760.

18. Marc Allemand a d'abord épousé Élisabeth Lecler, qui est morte en 1731, puis la mère d'Étienne, Marie Giraud, en 1736 ; AM-A, Saint-André, GG39/158, Saint-Jean, GG73/50. Ses enfants furent baptisés en 1727, 1730, 1731, 1739, 1740, 1741, 1743 et 1744 ; Saint-André, GG39/91, 133, 158, et Saint-Antonin, GG53/5-6, 12, 19, 31, 39.

19. Jean Giraud a épousé Susanne Dufort dans la paroisse de Saint-Jean le 1er décembre 1708, et Marguerite Barathe, également dans la paroisse de Saint-Jean, le 29 janvier 1721. Ses seize enfants ont été baptisés dans la même paroisse. AM-A, GG72/174, 177, 188, 206, 209, 218, 223, 233, 238 (le baptême de jumeaux) ; GG73/4, 10, 18, 24, 31, 47, 59, 67. Sur Guillaume Dufort et Jean Barathe, tailleurs, voir GG72/128-129, 177.

20. Mariage de Madeleine Allemand et Roch Godinaud, 21 janvier 1685, AM-A, Saint-Paul, GG88/26 ; mariage de Madeleine Allemand et Jean Glaumont, 30 octobre 1700, Saint-André, GG37/138 ; mariage d'Élisabeth Glaumont et Jean Dumergue, 1er juillet 1721, Saint-André, GG38/232 ; mariage de Madeleine

Glaumont et Gilles Yrvoix, 9 janvier 1731, Saint-André, GG39/150 ; baptême de Jeanne Joubert, fille de Marguerite Allemand et Pierre Joubert, 27 janvier 1681, Saint-Paul, GG88/2.

21. « Cahiers pour 1763 », AM-A, CC42, « Répartition de la taille », 1766, AM-A, CC62. Le rôle de 1763 se déploie sur soixante-quatre pages dans trois « cahiers », et celui de 1766 sur soixante-dix pages, concernant 2 548 foyers. Les deux dépassent les paroisses du centre d'Angoulême pour englober les zones suburbaines en grande partie rurales. Sur les réformes fiscales des années 1760, voir Mireille Touzery, *L'Invention de l'impôt sur le revenu*, Paris, Comité pour l'histoire économique et financière de la France, 1994, chapitre 4, disponible en ligne : https://books.openedition.org/igpde/2079. Turgot, en tant qu'intendant de la généralité de Limoges, s'est impliqué de manière surprenante dans le détail des rôles d'imposition : « Je crois qu'il conviendroit de destiner à chaque maison un quarré de papier », chaque « isle de maisons » devant être délimitée en en faisant le tour à pied, puis détaillée en assignant des numéros à toutes les maisons et en divisant les documents en au moins deux colonnes. Turgot a aussi diffusé « un modèle fictif du registre » pour une maison occupée en 1763 par un perruquier, et en 1766 par un marchand vivant avec ses sept enfants, un valet et une servante, dont la femme était morte au cours de l'année. « Lettre circulaire aux officiers municipaux sur les rôles des tailles dans les villes », 31 août 1762, in *Œuvres de Mr. Turgot, ministre d'État, Précédées et accompagnées de Mémoires et de Notes sur sa Vie, son Administration et ses Ouvrages*, 9 vol., éd. Pierre Samuel Dupont de Nemours, Paris, A. Belin, 1808-1811, vol. 9, p. 433-437.

22. « Contributions, matrices foncières » 1791, AM-A, non classé, 11B47, et voir plus loin, le chapitre 5.

23. Prosper Boissonnade et Jean-Marie-Jules Bernard, *Histoire du collège et du lycée d'Angoulême (1516-1895), op. cit.*

24. Émile Biais, « Notes sur les anciennes paroisses d'Angoulême », *BSAHC*, série 5, vol. 4, 1881, p. 171-215, et vol. 5, 1882, p. 247-284, p. 249-251.

25. Il s'agit respectivement de Marie Anne Chaumont Gautier, veuve d'un avocat, d'Anne Marie Gralhat Fonchaudière, fille du directeur des Postes, de son mari procureur, de son père, et de Mauricette Vinsac, fille d'un imprimeur. En 1763, Mme Chaumont veuve Gautier est répertoriée dans la même petite isle que Gabriel, composée de seulement neuf foyers (et appelée alors « Isle du Sr. Marvaud ») ; Anne Marie Gralhat Fonchaudière et son mari, ainsi que Mauricette Vinsac, vivaient pour leur part dans l'Isle du Collège de Saint-Louis, immédiatement adjacente ; AM-A, CC42/2/11-12. En 1765, Gabriel et Mme Chaumont Gautier sont des voisins immédiats dans l'Isle de la Place du Collège – leurs numéros dans le registre sont 1233 et 1234 –, et les Fonchaudière et Mauricette Vinsac vivent toujours dans l'Isle du Collège ; CC62/16-17/1233, 1234, 1264, 1269.

26. AM-A, CC42/1/10-11 ; CC62/8-9. L'isle était connue en 1763 comme l'« Isle de M. de Chabrefy ».

27. Il s'agit de Philippe Briand et Jean Guiton, identifiés comme « pensionnaires écoliers en cette paroisse » sur l'acte de mariage d'Étienne Allemand et Françoise Ferrand, le 7 janvier 1765 ; AM-A, NDP, GG14/36.

28. Les signataires sont Jean-Baptiste Marchais de la Chapelle, son frère cadet Pierre Marchais, aubergiste, Marguerite Dumergue (Marchais), la très sociable épouse de Pierre, sa belle-fille Marie Durand, son petit-fils, également nommé Jean-Baptiste Marchais, et sa nièce, Marguerite Marchais, fille d'un autre frère, perruquier de profession. Tous, hormis le petit-fils, ont signé quelques années plus tôt le contrat de mariage de Marie Durand et du jeune Jean-Baptiste Marchais ; Mariage du Sr. Marchais de la Chapelle et Dlle. Durand, Caillaud, 22 septembre 1752, ADC, 2E257. La signature de Jean-Baptiste Marchais, près de celles des écoliers Briand et Guiton, n'est pas celle de Jean-Baptiste, époux de Marie Durand. Au sein de la famille, elle ne ressemble qu'à celle du fils aîné de Jean-Baptiste et Marie Durand, également nommé Jean-Baptiste Marchais et petit-fils du patriarche ; voir baptême de Jean Clément Marchais, Jean-Baptiste Marchais de la Chapelle fils aîné, parrain, 23 novembre 1764, AM-A, Saint-Martial, GG109/187. Jean-Baptiste Marchais avait alors dix ans ; voir son acte de décès, ADC, Saint-Simon 1821-1836, 26 avril 1824, 48/308.

29. Catherine Bonvallet, fille du « concierge des prisons ro[y]ales », a été baptisée en 1710, ; AM-A, 29 octobre 1710, Saint-Paul, GG88/119. Le grand-père maternel de Marie Aymard, Pierre Queil, ainsi que son oncle maternel, Louis Queil, sont présentés comme « concierge des prisons du château » et « concierge du château » (entre autres occupations) ; AM-A, Saint-Antonin, GG52/20, 45, 62, 82, 86.

30. Soit Jean-Baptiste Brillet, sa femme Élisabeth Yver Brillet et « Brillet » (Marie Brillet). Les aides étaient un impôt ou « droit » perçu pour l'essentiel sur la vente de marchandises et de boissons, dont l'incidence était diverse et impopulaire. Voir Marcel Marion, *Dictionnaire des institutions de la France* XVIIe-XVIIIe *s.*, *op. cit.*, p. 8-12.

31. « Mariage de Gabriel Ferrand avec Marie Adélaïde Devuailly », 15 octobre 1763, ADC, 2E6662. Dans le contrat de mariage de 1764, la signature « St Mexant de Crevecœur » se trouve près des signatures des deux écoliers et du jeune Jean-Baptiste Marchais. Elle est très similaire à la signature « F. Crevecœur » sur le contrat de mariage de Gabriel en 1763. Ces deux signatures ressemblent par ailleurs aussi à celle de « François St Mexant De Crevecœur Boisnier » sur le registre paroissial d'Aigre en 1770 ; ADC, Aigre 1763-1792, 63/322. En 1780, celui-ci était contrôleur de l'impôt du « vingtième » à Civray, et signait « François Boisnier de St Maixent ». AD Vienne, Civray 1780-1782, 28/95. Son père, Jean-César Boisnier, était le directeur de la Poste d'Aigre, et se présentait comme le « Sieur de Crèvecœur » ; la famille de sa mère avait acheté la propriété de Saint-Maixent. Le frère aîné de François Boisnier, Louis Boisnier de Crevecœur de la Richardière, était un officier de l'armée en Guadeloupe ; il est mort à Aigre en 1830 ; Aigre 1828-1842, 52-53/341 ; « Boisnier de Crevecœur, Louis, 1753-1786 », ANOM, COL E 36.

32. Voir respectivement, pour les parents et amis, AM-A, Saint-André, GG45/128, et sur les réseaux sociaux, Benjamin Golub et Matthew O. Jackson, « Naïve Learning in Social Networks and the Wisdom of Crowds », *American Economic Journal : Microeconomics*, vol. 2, n° 1, 2010, p. 112-149, 112.

33. La proximité est définie ici de manière restreinte par la relation de parenté : père ou mère, fils ou fille, frère ou sœur, conjoint(e), parrain et marraine, filleul(e) de. Les familles d'Angoulême avaient tendance à suivre la pratique traditionnelle selon laquelle, au XVIIIe siècle, on nommait parrain et marraine du premier enfant l'un des grands-parents maternels et l'un des grands-parents paternels. Les parrains et marraines des enfants suivants, nommés parmi les relations sociales, correspondaient davantage à des « relations de parrainage » : il s'agissait d'amis ou de potentiels bienfaiteurs. Sur les parrains/marraines et les témoins, voir Guido Alfani, Vincent Gourdon, Cyril Grange et Marion Trévisi, « La mesure du lien familial : développement et diversification d'un champ de recherches », *Annales de démographie historique*, vol. 129, 2015, p. 277-320 ; Vincent Gourdon, « Aux cœurs de la sociabilité villageoise… », art. cité. Sur les réseaux amicaux et familiaux au XIXe siècle, voir Alain Corbin, *Le Monde retrouvé de Louis-François Pinagot. Sur les traces d'un inconnu (1798-1876)*, *op. cit.*, p. 87-91.

34. Sur le « nombre d'Erdös », voir Mark E. J. Newman, « The Structure of Scientific Collaboration Networks », *Proceedings of the National Academy of Sciences of the United States of America*, vol. 98, n° 2, 16 janvier 2001, p. 404-409.

35. Les réseaux sociaux ne sont pas « un paradigme qui, par une vertu mystique, réhabiliterait l'individu dans des sciences sociales encore traumatisées par deux décennies d'engouement structuraliste excessif ». Claire Lemercier et Paul-André Rosental, « "Pays" ruraux et découpage de l'espace : les réseaux migratoires dans la région lilloise au milieu du XIXe siècle », *Population*, vol. 55, n° 4, 2000, p. 691-726, p. 707 ; Claire Lemercier, « Formal Network Methods in History : Why and How ? », art. cité, en ligne : https://halshs.archives-ouvertes.fr/halshs-00521527v2.

36. Voir Mark S. Granovetter, « The Strength of Weak Ties », art. cité, p. 1378.

37. Marc Bloch, *Apologie pour l'histoire…*, *op. cit.*, p. 131.

38. Adam Smith, *Recherche sur la nature et les causes de la richesse des nations*, livre V, chap. I, trad. fr. Germain Garnier et Adolphe Blanqui, Paris, Guillaumin, 1776, rééd. 1843, tome II, p. 430.

39. Abhijit Banerjee *et al.*, « Gossip : Identifying Central Individuals in a Social Network », art. cité, p. 3.

40. Plainte de Rose Rezé contre Bussac, [17 mars 1769], ADC, 1B1090/2.

41. Il s'agit des paroisses de Notre-Dame-de-Beaulieu, Notre-Dame de la Peine, du Petit-Saint-Cybard, de Saint-André, Saint-Antonin, Saint-Jacques, Saint-Jean, Saint-Martin, et Saint-Paul. Voir GG38/138 (5 septembre 1715) ; GG39/1 ; GG39/85 ; GG66/27 ; GG39/91 ; GG39/97 ; GG39/102 ; GG39/117 ; GG39/130 ; GG39/133 ; GG39/158 ; GG39/163 ; GG39/165 ; GG125/91 ; GG39/191 ; GG81/205 ; GG39/196 ; GG7/173 ; GG73/31 ; GG89/28 ; GG8/3 ; GG8/12 ; GG73/50 ; GG53/5-6 ; GG53/16 ; GG53/31 ; GG53/38 ; GG53/39 ; GG53/48 ; GG89/55 ; GG8/51 ; GG42/31 ; GG42/38 ; GG74/67 ; GG74/69 ; GG8/114 ; GG42/89 ; GG74/87 ; GG74/95 ; GG14/36 ; GG54/50 ; GG43/49 ; GG44/8 ; GG14/44 (11 septembre 1770). Marc Allemand était le parrain de l'une des signataires, Marguerite Faure, et des enfants de quatre autres signataires ; il a signé

les actes de baptême de quatre des signataires, et les actes de mariage de douze signataires.

42. Étienne avait un demi-frère et une demi-sœur toujours vivants, Marie ou Émerie, qui a signé le contrat de mariage, et Martial, qui ne l'a pas signé. Il avait aussi deux sœurs et un frère à part entière, Marguerite, Jeanne et Jean, qui n'ont pas signé. Voir AM-A, GG39/133, 158, GG53/5-6, 19, 39, GG43/49, 1E3/140. Des cinq frères et sœurs vivants de Françoise, seuls Gabriel et Jean (plus tard Jean-Baptiste) ont signé.

43. Voir AM-A, « Faure musicien ses filles et sa belle-sœur lingères », « Cahiers pour 1763 », « Répartition de la taille », 1766, AM-A, CC42/1/24, CC62/22/821 ; « Rose Rezé fille marchande clincaillerie », CC42/2/13, et « Rose Rezé fille majeure », CC62/9/329. La taille était un impôt collecté sur les personnes et les biens dont le clergé et la noblesse étaient exemptés. Voir Marcel Marion, *Dictionnaire des institutions de la France XVIIe-XVIIIe s.*, *op. cit.*, p. 526-532, et plus loin les chapitres 4 et 5.

44. « Répartition de la taille », 1766, AM-A, CC62/8-9.

45. « Cahiers pour 1763 », « Répartition de la taille », 1766, AM-A, CC42/1/7 ; CC62/33.

46. Sépulture de Jean-Baptiste Marchais de la Chapelle, 9 avril 1765, AM-A, Saint-André, GG43/6. Sur l'achat de la charge de maire, voir Jean Jézéquel, *La Révolution française à Angoulême 1789-1799*, Poitiers, Projets Éditions, 1988, p. 13 ; M. J. Dupin, « Notices sur Abraham François Robin, premier échevin de la ville d'Angoulême et Léonard Robin son fils, membre du Tribunat », *BSAHC*, série 4, vol. 6, partie 2, 1868-1869, p. 825-906, p. 847-848.

47. Sépulture de Marie Bonnard, âgée de vingt-neuf ans, 12 mai 1770, AM-A, Saint-André, GG 45/5 ; sépulture de Marguerite Godinaud, âgée de vingt-neuf ans, 23 décembre 1769, Saint-André, GG 44/28. Les autres jeunes femmes mariées parmi les signataires étaient Marie Adélaïde Devuailly, la belle-sœur de Françoise, qui est morte en 1819 à l'âge de soixante-dix-sept ans, sa sœur Dorothée Devuailly Lemaitre, et Catherine Lecler, qui est morte en 1803 à l'âge de soixante ans. AM-A, 1E34/54 ; 1E57/92.

48. Entre 1719 et 1768, elle a signé des registres dans cinq paroisses différentes : Saint-Jean, le Petit-Saint-Cybard, Saint-André, Saint-Martial et Saint-Jacques ; voir AM-A, GG72/216 ; GG66/13 ; GG72/237 ; GG66/23 ; GG66/27 ; GG66/32 ; GG73/20 ; GG39/228 ; GG67/31-32 ; GG42/197 ; GG109/132 ; GG130/71 ; GG43/39-40 ; GG44/8.

49. Pierre Marchais et Marguerite Dumergue se sont mariés le 27 janvier 1728, AM-A, PSC, GG66/28. Pour les baptêmes et les sépultures de leurs enfants, voir AM-A, GG7/139, 149 ; GG7/144, GG41/37 ; GG7/156 ; GG39/182, 199, GG41/15 ; GG39/203, 242 ; GG39/236 ; GG39/256 ; GG40/25, 79 ; GG40/53 ; GG40/92, 123 ; GG40/120 ; GG40/149, GG41/21 ; GG41/124.

50. Sépultures de Marie Godinaud et Philippe Dumergue, 6 août 1740, de Jean-Louis Dumergue, 22 août 1740, et de Pierre Marchais, 29 août 1740 ; AM-A, Saint-André, GG 40/76-79.

51. « Inventaire reqt. le Sr. Ferrand », 27 octobre 1763, « Mariage de Gabriel Ferrand avec Marie Adélaïde Devuailly », 15 octobre 1763, ADC, 2E6662.

52. Les « généralités » étaient les divisions territoriales, c'est-à-dire les provinces de France ; chacune était administrée par un « intendant » royal. Voir Marcel Marion, *Dictionnaire des institutions de la France XVIIe-XVIIIe s.*, *op. cit.*, p. 257. Angoulême faisait à l'époque partie de la généralité de Limoges, dont Turgot était l'intendant. Anne Robert Jacques Turgot, « Édit de suppression » (1776), in *Œuvres de Mr. Turgot...*, *op. cit.*, vol. 5, p. 238-255. Marc Allemand a signé les procès-verbaux de l'assemblée des « Tailleurs » pendant plusieurs années ; Louis Ferrand a encore signé le procès-verbal de l'assemblée des « Menuisiers » (pour une « contravention », ce qui est courant) en 1752, l'année précédant son départ pour la Grenade ; Pierre Godinaud, un des signataires du contrat de mariage, a signé le procès-verbal de l'assemblée des Boulangers en 1762. AM-A, HH5, Tailleurs, 1745-1760 ; Menuisiers, 1745, 1752 ; Boulangers, 1762.

53. « Mémoire en forme d'observations pour servir à toutes fins de doléances et plaintes de la ville d'Angoulême », *in* Prosper Boissonnade, *Cahiers de doléances de la sénéchaussée d'Angoulême et du siège royal de Cognac pour les États généraux de 1789*, Paris, Imprimerie nationale, 1907 (désormais Prosper Boissonnade, *Doléances*), p. 96-153, citation p. 120.

54. Sur Anne Magdelaine Gralhat Fonchaudière, directrice des Postes entre le décès de son mari en 1774 et sa propre mort en 1779, voir la communication de M. Dujarric-Descombes, « Séance du mercredi 9 mai 1917 », *BSAHC*, série 8, vol. 8, 1917, p. l.

55. Sur les patrons et autres « supérieurs hiérarchiques » faisant office de témoins aux mariages au cours du XIXe siècle, voir Vincent Gourdon, « Réseaux des femmes, réseaux de femmes. Le cas du témoignage au mariage civil au XIXe siècle dans les pays héritiers du Code Napoléon (France, Pays-Bas, Belgique) », *Annales de démographie historique*, vol. 112, 2006, p. 33-55, p. 37.

56. Hormis deux d'entre elles, ces soixante-deux personnes ont toutes été baptisées dans les paroisses centrales de Notre-Dame-de-Beaulieu, Notre-Dame de la Peine, Saint-André, Saint-Antonin, Saint-Jean, Saint-Martial et Saint-Paul ; Michel Albert, le chapelier, et sa femme Marie Tilhard sont pour leur part nés dans la paroisse de Saint-Ausone. Voir l'Annexe IV. Sur la mobilité en France, et sur « le *commerce* dans son sens ancien – commerce des hommes, commerce des idées », voir Daniel Roche, *Humeurs vagabondes : de la circulation des hommes et de l'utilité des voyages*, Paris, Fayard, 2003, p. 10, ainsi que deux numéros spéciaux de la revue *French Historical Studies*, l'un dédié à la mobilité (vol. 29, n° 3, été 2006), l'autre aux travaux de Daniel Roche (vol. 27, n° 4, automne 2004).

57. Je suis profondément reconnaissante à M. David Richard, archiviste du diocèse d'Angoulême, qui a fait preuve d'une grande gentillesse en m'aidant à examiner les registres d'ordinations et en me présentant les archives du diocèse.

58. On trouve dans les registres d'ordinations de l'époque deux Albert (la famille de chapeliers), Gabriel lui-même, un Dexmier, un Giraud (Jacques, l'oncle d'Étienne, neuvième enfant de son grand-père maternel), un Glaumont, un Godinaud, un Guimard, un Laforêt, un Lemaitre, un Jean-Baptiste Marchais, un Rezé, un

Jean Roy, un Vinsac, deux Yrvoix et un Yver. Voir J. Nanglard (éd.), *Deux registres d'ordinations du diocèse d'Angoulême, 1587-1603 et 1741-1769*, Angoulême, G. Chasseignac, 1912.

59. Baptême de Matthieu Thibaud, 19 septembre 1709, AM-A, Saint-Antonin, GG52/87 ; baptême de Françoise Chabaribeire, 18 juillet 1728, Saint-Martial, GG104/67 ; mariage de Françoise Chabaribeire, 24 avril 1746, Saint-Martial, GG107/114.

60. Baptême de Françoise Dorbe, 8 février 1661, mariage de Pierre Cueil et Françoise Dorbe, 6 avril 1676, AM-A, Saint-Antonin, GG51/6, 97 ; sur les identifications successives de Pierre Queil, voir GG51/113, GG52/20, 25, 45, 47, 50, 55.

61. AM-A, Saint-Antonin, GG52/61-63.

62. AM-A, Saint-Antonin, GG52/82, 86, 92, 95, 108, 112.

63. Baptême de Rose Marthe Jussé, 2 juin 1695, mariage de Jean Marchais et Rose Jussé, 16 novembre 1723, AM-A, Saint-Ausone, GG58/24, 149 ; sur Jacques Jussé, voir Paul Mourier, « Recherches sur la fabrication des cartes à jouer à Angoulême », *BSAHC*, série 7, vol. 3, 1902-1903, p. 179-232, p. 189, 212.

64. Abraham François Robin, « Recueil Secret des pièces utiles et intéressantes concernant la Révolution Arrivée dans le Commerce de Banque de la Ville d'Angoulême, et les Persécutions Suscitées aux Banquiers en 1769 », ADC, Fonds Mazière, J607. Une transcription de ce « Recueil secret » a été publiée en 1918, et toutes les références, sauf signalement, se rapportent à cette version publiée : [Abraham François Robin], « Recueil secret de pièces... concernant la révolution dans le commerce de la banque de la ville d'Angoulême..., en 1769 », éd. de M. l'abbé Mazière, *Bulletin de la Société archéologique et historique de la Charente* (*BSAHC*), série 8, vol. 9, 1918 (séance du 12 novembre 1918), p. 3-76, p. 42. Jean-Baptiste Marchais est parvenu à un accord provisoire avec ses créanciers en juillet 1765 ; « Concordat entre le Sr. Marchais de la Chapelle et ses créanciers », 27 juillet 1765, Caillaud, ADC, 2E282.

65. Selon l'historien des paroisses d'Angoulême écrivant au XIXe siècle ; Émile Biais, « Notes sur les anciennes paroisses d'Angoulême », art. cité, partie 2, p. 251.

66. Paul de Fleury, *Recherches sur les origines et le développement de l'imprimerie à Angoulême*, Angoulême, G. Chasseignac, 1901, p. 44-50 ; voir Bibliothèque nationale de France (désormais BNF), références catalogue FRBNF30479086, FRBNF33251218, FRBNF33986736. L'ode 1, dans le volume, a pour sujet la tempête tropicale de 1738 en Guadeloupe : « Temples, Palais, réduits en poudre », sur le « Rivage heureux ! chère Contrée ! » dans laquelle « Presque sans frais & sans culture/ Nous voyons deux fois la Nature/ Prodiguer ses dons tous les ans » ; « Là, sur les bords d'une Onde pure », règne la « Liberté ». Pierre de Bologne, *Odes sacrées, Dédiées à Monseigneur le Dauphin, Par M. de Bologne de l'Amérique*, éd. révisée, Paris, Veuve Thiboust, Imprimeur du Roi, 1758, p. 1-5.

67. Voir les archives de Simon Rezé, marchand cartier (c.-à-d. marchand et fabricant de cartes à jouer), 1725, Saint-André, GG39/69. Pierre Rezé l'aîné est présenté comme un pâtissier au moment de son mariage en 1747 ; AM-A, GG73/99. L'autre Pierre Rezé est présenté comme un musicien au baptême de sa fille Rosc en 1735, et à l'occasion de son second mariage en 1745 ; au baptême du premier

enfant de Rose, en 1762, il est décrit comme un « marchand de draps ». AM-A, GG73/38, GG41/16, GG42/188.

68. Mémorandum non daté de Rezé, AM-A, Milice, carton EE5.

69. Rose Rezé (1), la signataire du contrat de mariage, a été baptisée le 18 mai 1703, et [Luce] Rose Rezé (2) le 10 janvier 1715 ; elles étaient toutes les deux les filles de Simon Rezé et Luce Jussé ; AM-A, Saint-Antonin, GG52/67, 103. Rose Rezé (2) était mariée au signataire François Marin ; Saint-Antonin, GG53/38. Rose Rezé (3), fille de Jacques Rezé et Marguerite Desbœufs, a été baptisée le 13 mars 1730, Saint-André, GG39/134 ; [Jeanne] Rose Rezé (4), fille de Pierre Rezé et Françoise Barraud, a été baptisée le 24 février 1735, Saint-Jean, GG73/38. Rose Rezé (4), nièce et filleule de la signataire Rose Rezé, a épousé Louis Bignon, diversement présenté comme « contrôleur de l'intendance de la marine de Rochefort », « écrivain de la marine » et « commissaire des classes de la marine » AM-A, Saint-André, GG42/188, 207 ; décès de Louis Bignon, AD Gironde, La Teste de Buch, 1783-1791, 26 avril 1786, 101/252. Rose Rezé (1) est morte célibataire à Angoulême le 24 mai 1781, et Rose Rezé (2) le 19 germinal an III (4 avril 1795), AM-A, GG55/29, 1E6/79 ; Rose Rezé (3) est morte célibataire à Angoulême le 30 fructidor an XIII (17 septembre 1805), 1E38/344-345 ; Rose Rezé (4) est morte à Angoulême le 15 juillet 1816, 1E52/232-233.

70. Voir les archives de Simon Rezé, « cy-devant maréchal des logis du régiment de la Reine », 1769, Saint-Jacques, GG130/159 ; Simon Rezé, marchand de modes, 1780, PSC, GG68/125.

71. « Sommation respectueuse à la requête de Claude Rezé à Jacques Rezé et Marguerite Desbœufs son épouse », 6 août 1767, ADC, Bernard, 2E158 ; « Contrat de mariage de Claude Rezé, et de Rose Marin », 9 août 1767, ADC, Bernard, 2E158 ; mariage de Claude Rezé et Rose Marin, AM-A, 11 août 1767, GG54/54-55.

72. Plainte d'André de Bussac contre Claude Rezé, 25 mars 1769, ADC, 1B1090/1.

73. Il s'agit de Rose Rezé (3). Plainte de Rose Rezé contre Bussac, [17 mars 1769], ADC, 1B1090/2 ; plainte de Claude Rezé et Rose Marin contre Bussac, 25 mars 1769, ADC, 1B1090/1 ; témoignage de Pierre Naudon, 1er avril 1769, ADC, 1B1090/1.

74. Sur l'influence du commerce extérieur dans la France du XVIIIe siècle, voir François Crouzet, « Angleterre et France au XVIIIe siècle : essai d'analyse comparée de deux croissances économiques », in *Annales : Économies, Sociétés, Civilisations*, vol. 21, n° 2, mars-avril 1966, p. 254-291 ; Guillaume Daudin, *Commerce et prospérité : la France au XVIIIe siècle*, Paris, Presses de l'université Paris Sorbonne, 2005. Sur les origines de la nouvelle histoire globale, voir Caroline Douki et Philippe Minard, « Histoire globale, histoires connectées : un changement d'échelle historiographique ? Introduction », *Revue d'histoire moderne et contemporaine*, vol. 54, n° 4*bis*, 2007, p. 7-22, ainsi que Suzanne Desan, Lynn Hunt et William Max Nelson (éds.), *The French Revolution in Global Perspective*, Ithaca, NY, Cornell University Press, 2013 ; voir également Emma Rothschild, « A Horrible Tragedy in the French Atlantic », *Past and Present*, vol. 192, août 2006, p. 67-108.

75. « Patrik Cremen », capturé sur le *Roi de Prusse*, est mort à Saint-Antonin en 1757, et « Cornoille Mollony », « confesseur des prisonniers anglais, prêtre irlandais », a été inhumé dans le caveau de l'église paroissiale. Sépulture de Patrik Cremen, 11 septembre 1757, sépulture de Cornoille Mollony, 24 novembre 1757, AM-A, Saint-Antonin, GG54/24.

76. « Procès-verbal et visite du pain », 26 octobre 1757, ADC, Caillaud, 2E266.

77. Un expert du stockage de marchandises sur les navires, affaire maritime essentielle, se trouvait dans la paroisse de Saint-Antonin : un personnage improbable décrit comme un « arimeur de navire natif de la ville de chatel en angleterre qui demeuroit cy devant en la ville de Bourdeaux [Bordeaux] et depuis 4 mois en cette ville dangouleme ». Sépulture de Thomas Pressis, 27 juillet 1762 ; AM-A, Saint-Antonin, GG54/39.

78. « Acte contenant déclarations et protestations » 16 janvier 1765, ADC, Caillaud, 2E281. Louis Marchais, frère cadet du signataire Jean-Baptiste Marchais de la Chapelle, était l'ancien perruquier devenu négociant en eau-de-vie.

79. ADC, « Procès-verbal de deux cabriolets », 22 juillet 1766, Bernard, 2E156.

80. Turgot supervisa lui-même le tirage au sort en tant qu'intendant de la généralité de Limoges quelques années plus tard. Voir « Lettre au ministre de la Guerre », 8 janvier 1773, et « Lettre au Chancelier », 30 janvier 1774, in *Œuvres de Mr. Turgot...*, *op. cit.*, vol. 3, p. 597-612, p. 655-660.

81. Mémorandum non daté de Claude Rezé demandant au maire une augmentation de gages en raison de l'augmentation des coûts en lien avec les « cérémonies publiques ». AM-A, Milice, carton EE5.

82. Mémorandums de Claude Trémeau, maire, 24 février 1758, et 4 octobre 1758. « État des miliciens », « État des garçons fugitifs », 24 février, 26 février, 4 octobre, 9 octobre 1758, AM-A, EE5.

83. « Se faire donner main-forte. » Mémorandum de Claude Trémeau, 24 février 1758, AM- A, EE5 ; Turgot, « Lettre au ministre de la Guerre », 8 janvier 1773, *op. cit.*, p. 611.

84. *Ibid.*, p. 605.

85. André Corvisier, *L'Armée française de la fin du* XVII*e* *siècle au ministère de Choiseul : le soldat*, 2 vol., Paris, Presses universitaires de France, 1964, vol. 1, p. 197-258 ; Prosper Boissonnade et Jean-Marie-Jules Bernard, *Histoire du collège et du lycée d'Angoulême (1516-1895)*, *op. cit.*, p. 185.

86. « Relevé des états fournis à M. l'Intendant des garçons sujets à la milice dans la ville d'Angoulême », 4 octobre 1758 ; « Milice 4 : 8re 1758 », mémorandum de Claude Trémeau. AM-A, EE5.

87. « Relevé des états fournis », 4 octobre 1758 ; « État des garçons fugitifs de la milice », 4 octobre 1758 ; « État des habitants de la paroisse de St-Paul qui doivent contribuer à la conduite des miliciens d'Angoulême à Limoges », 4 octobre 1758. AM-A, EE5. Une note dans la marge gauche de l'entrée concernant « Lavigerie » indique : « À vérifier – savoir depuis quel temps l'un sert, et si l'autre n'a pas interrompu ses études depuis plus de six mois. » La note dans la marge de droite indique quant à elle : « vu le certificat du régent, exempt. » Étienne Allemand (Lavigerie) avait dix-huit ans à l'époque.

88. « Milice 4 : 8re 1758 », AM-A, EE5. Gabriel Merceron, boucher, était le neveu du mari d'Élisabeth Glaumont, Louis Merceron, également boucher ; GG7/169, GG7/175, GG89/55.

89. « Nom des presens sur qui le sort a été tiré, Nom des absens » ; « Généralité de Limoges, Milice 175 – », AM-A, EE5.

90. « État des garçons fugitifs de la milice », 4 octobre 1758, « État des garçons fugitifs de la milice de la ville d'Angoulême », 4 octobre 1758. AM-A, EE5.

91. « Procuration par Marie Aymard », 16 octobre 1764, ADC, 2E153 ; « Marché d'engagement de Ferrand et Delorière à M. Cazeau de Roumillac », 15 décembre 1753, 2E259.

92. « Relevé des états fournis à M. l'Intendant des garçons sujets à la milice dans la ville d'Angoulême », 4 octobre 1758, « Milice d'octobre 1758 ». AM-A, EE5. Gabriel, l'aîné des quatre fils de Marie Aymard avait vingt ans en 1758 ; François avait seize ans, Mathurin, quinze ans, et Jean ou Jean-Baptiste, neuf ans. Dans l'une des listes de février 1758, une note indique que « le fils de la veuve Ferrand » est « trop court ». « État des garsons [*sic*] qui doivent tirer au sort pour la milice le 24 février 1758 », AM-A, EE5.

93. Voir Jan de Vries, *The Industrious Revolution : Consumer Demand and the Household Economy, 1650 to the Present*, Cambridge, Cambridge University Press, 2008 ; Michael Kwass, *Contraband : Louis Mandrin and the Making of a Global Underground*, Cambridge, MA, Harvard University Press, 2014 ; et Pierre Force, *Wealth and Disaster : Atlantic Migrations from a Pyrenean Town in the Eighteenth and Nineteenth Centuries*, Baltimore, MD, Johns Hopkins University Press, 2016. L'étude de Pierre Léon sur deux familles de l'arrière-pays français et leurs exportations « d'indiennes, de mouchoirs, de "limoges", de mousselines, de siamoises », rend compte de manière très vivante des liens entre l'intérieur des terres et l'économie coloniale ; Pierre Léon, *Les Dolle et les Raby. Marchands et spéculateurs dauphinois dans le monde antillais du XVIII*[e] *siècle*, Paris, Les Belles Lettres, 1963.

94. « Acte en forme de déclaration requérant Nevers », 30 décembre 1768, ADC, Caillaud, 2E288.

95. « Cahiers pour 1763 », AM-A, CC42/2/12.

96. Paul Faveraud, né à La Rochefoucauld en 1743, épousa Marie Hypolite Delafond en 1775. Il était le fils de Catherine Bouhier et le neveu de A. M. Bouhier et M. Faveraud. Baptême de Paul Faveraud, 11 mars 1743, ADC, La Rochefoucauld-Saint-Cybard, 1737-1756, 3E304/4, 74/188 ; mariage de Paul Faveraud et Marie Hypolite Delafond, 28 février 1775, AM-A, NDP, GG14/52. Sur l'inventaire inclus dans le contrat de mariage, voir Albertine Cadet, « Les apothicaires du temps passé à Angoulême », *BSAHC*, 1981-1982, p. 47-60, p. 57.

97. Sur les représentants africains des producteurs français de textiles indiens et anglais contrefaits, voir Edgard Depitre, *La Toile peinte en France au XVII*[e] *et au XVIII*[e] *siècle : industrie, commerce, prohibitions*, Paris, Librairie des sciences politiques et sociales M. Rivière et Cie, 1912, p. 242-258 ; et Pierre H. Boulle, « Marchandises de traite et développement industriel dans la France et l'Angleterre du XVIIIe siècle », *Revue française d'histoire d'outre-mer*, vol. 62, 1975, p. 309-330.

98. « Procès-verbal contenant depost reqt. les Dlles. Roger et Desbrandes », 31 mai 1760, ADC, Jeheu, 2E850.

99. « La grande et capitale révolution a été l'indienne [...] Tout ce peuple de femmes qui présente sur nos promenades une éblouissante iris de mille couleurs, naguère était en deuil. Ces changements, qu'on croit futiles, ont une portée immense. Ce ne sont pas là de simples améliorations matérielles, c'est un progrès du peuple dans l'extérieur et l'apparence, sur lesquels les hommes se jugent entre eux ; c'est, pour ainsi parler, *l'égalité visible.* » Jules Michelet, *Le Peuple*, Paris, Hachette, 1846, p. 80-81.

100. « Recollement de l'inventaire des meubles et effets de feues M. et Mme. Robuste de Frédilly », 24 mai 1745, ADC, Bernard, 2E134 ; « Inventaire des meubles, effets, titres et papiers de la communauté de M. Trémeau et de déffunte dame Gonnet son épouse », 5-7 décembre 1768, ADC, Caillaud, 2E288. Les demoiselles Robuste étaient les voisines du signataire Jean-Baptiste Brillet ; « Déclaration par M. Brillet », 5 septembre 1764, ADC, Bernard, 2E153.

101. « Acte entre Aymard Ve Ferrand et Ferrand son fils », 6 mai 1760, ADC, 2E850. « Mariage de Jean Ferrand avec Élisabeth Boutoute », 1er mai 1774, ADC, 2E6673.

102. « Inventaire reqt. le Sr. Ferrand », 27 octobre 1763, ADC, 2E6662. La valeur des huit lits et cinquante-huit draps était estimée à 1 598 livres, et celle de l'ensemble de ses biens à 2 268 livres ; 300 livres lui étaient en outre dues « par ses pensionnaires et autres ». À deux reprises au cours de la procédure, le libraire chargé de l'inventaire ouvrit une armoire et trouva des sous-vêtements, ou *hardes*, appartenant à la « Dlle Ferrand, sa sœur ».

103. En 1763, selon le rôle d'imposition, il ne paie pas d'impôts car il se trouve en Guadeloupe ; en 1766, Silvie, l'épouse dont il était alors séparé, ne possédait « rien » et vivait dans l'Isle des Tiercelettes. « Cahiers pour 1763 », AM-A, CC42/1/10 ; « Répartition de la taille », 1766, CC62/22/815.

104. Baptême de Claude, 3 septembre 1758, AM-A, Saint-André, GG42/113.

105. « Cahiers pour 1763 », AM-A, CC42/1/23-24-2/1 ; « Répartition de la taille », 1766, CC62/20-22. Mariage de Claude Benoit des Essarts et Marguerite Trémeau, 18 octobre 1757, AM-A, PSC, GG67/84.

106. Baptême de François Martin Aliquain, AM-A, Saint-Jean, 1er octobre 1775, GG75/46 ; sur la famille Martin de Bourgon, voir le chapitre 6.

107. Baptêmes de Catherine Bracher Toussaint, 10 novembre 1773, AM-A, PSC, GG68/47, et de Yves Louis Thomas Toussaint Brachier (ou Bracher), 2 février 1775, PSC, GG68/54. La marraine de Catherine, qui ne put signer, était « Catherine Dauphinet », et son parrain était Jean Letourneau.

108. Baptême de Jean l'Accajou, 3 septembre 1775, AM-A, PSC, GG68/58. L'acte précise qu'il avait été déclaré à l'Amirauté de La Rochelle le 26 janvier 1773.

109. Le voyage qui s'est achevé en 1772 est le voyage n° 32267 dans la base de données sur la traite transatlantique des esclaves (*Trans-Atlantic Slave Trade Database*), voir à l'adresse http://www.slavevoyages.org/voyage/32267/variables) ; le voyage au cours duquel Michel Delage est mort est le voyage n° 32279. Voir Jean Mettas, *Répertoire des expéditions négrières françaises au XVIIIe siècle : ports*

autres que Nantes, Paris, Société française d'histoire des outre-mers, 1984, p. 322. Delage avait débuté sa carrière de capitaine de négrier en 1754. *La Cigogne* était la propriété de Daniel Garesché, un riche marchand d'esclaves et propriétaire de Saint-Domingue qui fut plus tard le maire de La Rochelle à l'époque révolutionnaire. Le vaisseau ne portait chance ni à son équipage ni à ses captifs : un précédant capitaine est lui aussi mort alors qu'il voyageait sur la côte occidentale de l'Afrique en 1769, et le navire a été pris par les Anglais en 1778. Daniel Garesché a ensuite équipé deux autres navires également baptisés *La Cigogne*, qui ont commercé jusqu'en septembre 1792 ; entre 1769 et 1793, il a organisé en tant que propriétaire trente-trois expéditions négrières, sur dix-huit navires différents.

110. Baptême d'Élisabeth Boutoute, 16 septembre 1755, AM-A, Saint-André, GG42/54 ; mariage d'Élisabeth Boutoute et Jean Ferrand, 14 mai 1774, AM-A, Saint-André, GG45/64.

111. Sur l'expédition de Cayenne, durant laquelle neuf mille des quatorze mille émigrés sont morts, voir Emma Rothschild, « A Horrible Tragedy in the French Atlantic », art. cité.

112. « Ferme de privilège de perruquier », 16 juin 1772, ADC, Caillaud, 2E295.

113. Jean Dumergue et ses onze frères et deux sœurs étaient les enfants de Jean Dumergue père et d'Élisabeth Glaumont ; Élisabeth Glaumont était la fille de Jean Glaumont et Madeleine Allemand, la grand-tante d'Étienne Allemand. AM-A, Saint-Paul, GG87/52, GG88/5, GG88/79 ; Saint-André, GG37/138, GG38/232, GG39/54 ; Saint-Antonin, GG53/12.

114. Baptême de François Dumergue, 27 novembre 1732, AM-A, Saint-André, GG39/186.

115. Lettre du 2 février 1769, de François Dumergue, à Fort-Dauphin, « Depost d'une lettre missive par le Sr. Dumergue aîné », 31 mai 1770, ADC, Caillaud, 2E291. Sur la « révolution américaine » des colons français de Saint-Domingue en 1768-1769, mouvement pour l'indépendance aux yeux des rebelles, et sédition anti-monarchiste pour l'administration, voir Charles Frostin, *Les Révoltes blanches à Saint-Domingue aux* XVII*e et* XVIII*e siècles (Haïti avant 1789)*, Paris, Éditions de L'École, 1975, p. 297-388.

116. *Supplément aux Affiches américaines*, n° 35, 4 septembre 1769, p. 316.

117. *Supplément aux Affiches américaines*, n° 17, 28 avril 1770, non paginé. Nannette était âgée de « 25 à 27 ans », et « on présum[ait] qu'elle se [trouvait] au Cap[-Français], auprès d'un Nègre libre ».

118. *Supplément aux Affiches américaines*, n° 29, 11 juillet 1770, p. 299 ; d'autres annonces concernant la procédure se trouvent dans les n° 34, 15 août 1770, p. 336-337, n° 35, 22 août 1770, p. 347, et n° 36, 29 août 1770, p. 353.

119. Jean Joubert était le petit-cousin d'Étienne Allemand ; sa grand-mère, Marguerite Allemand, était la grand-tante d'Étienne. Jean Joubert a épousé Marguerite Durousot ou Durousseau le 21 novembre 1753. Marc-René Lefort Latour était le parrain du fils de Jean Joubert et Marguerite Durousot, Marc-René Joubert, ainsi que celui du frère de Jean Joubert, également nommé Marc-René Joubert. AM-A, Saint-André, GG39/51, 124–125, GG42/199 ; Saint-Jean, GG72/149, GG74/56.

120. Procurations du 5 août 1771, Berlin, et du 23 août 1771, ADC, Caillaud, 2E296.

121. Lettre de Louis Gabriel Latour, à Saint-Domingue, adressée à Marc-René Lefort Latour, à Angoulême, 8 août 1772, ADC, Caillaud, 2E296.

122. Lettre de Louis Gabriel Latour, 8 août 1772.

123. « Quittance de 150 livres donnée par le sieur Lefort de la Tour pour ses enfants », 18 septembre 1772, ADC, Caillaud, 2E296.

124. Voir François Crouzet, « Angleterre et France au XVIIIe siècle : essai d'analyse comparée de deux croissances économiques », art. cité ; Guillaume Daudin, *Commerce et prospérité : la France au XVIIIe siècle*, *op. cit.*

Chapitre 3. Une vue d'ensemble

1. Le projet qui a conduit à la mise en image, et donc à la visualisation du réseau des individus présents dans les registres paroissiaux d'Angoulême a débuté en 2012 et a été tout du long coordonné par Ian Kumekawa. À lire à l'adresse : http://histecon.fas.harvard.edu/visualizing/angouleme/index.html. Ian Kumekawa et moi sommes en particulier reconnaissants à Amy Price, notre *web designer*, à Jessica Crown pour les transcriptions, et à Madeleine Schwartz, Paul Talma, Nicolas Todd, Fanny Louvier, Ye Seul Byeon, Lux Zhao et Oliver Riskin-Kutz.

2. Nous avons utilisé les registres paroissiaux disponibles sur le site internet des Archives municipales pour les douze paroisses composant Angoulême en 1764, plus ceux de la paroisse de l'hôpital de l'Hôtel-Dieu. Les registres les plus anciens datent de 1583, et les registres de l'état civil couvrent la période 1793-1900 ; des archives complémentaires concernant la ville se trouvent également sur le site internet des Archives départementales de la Charente. Comme l'auteur de l'unique étude approfondie dédiée aux registres paroissiaux d'Angoulême l'a écrit en 1992 : « nous sommes devant une source prodigieuse et immense qui reste malheureusement inexploitée. » Laurent Raynaud, « La population d'Angoulême au XVIIIe siècle (1700-1791) : essai démographique », mémoire de master, université de Poitiers, 1992, chapitre 1, non paginé.

3. L'abbé Expilly a estimé qu'Angoulême regroupait 2 240 foyers et environ 11 200 personnes en 1763. Abbé Expilly, *Dictionnaire géographique, historique et politique des Gaules et de la France*, *op. cit.*, vol. 1, p. 188. Une étude sur Angoulême publiée à Limoges en 1765, fondée sur un « Dénombrement fait dans cette Ville au commencement de Juin 1764 » dont on ne trouve plus trace aujourd'hui, dénombre une population de 12 174 personnes ; *Éphémérides de la généralité de Limoges pour l'année 1765*, Limoges, Martial Barbou, Imprimeur du Roi & du Collège, 1765, p. 103. Jacques Necker a estimé la population à environ 13 000 âmes quelques années plus tard ; Jacques Necker, *De l'administration des finances de la France* (1784), in *Œuvres complètes de M. Necker*, éd. A. L. de Staël-Holstein, 15 vol., Paris, Treuttel et Würst, 1820-1821, vol. 4, p. 327.

4. AM-A, GG52/164-165, 178-179. Avant de s'installer à Genève, Jean Calvin a lui-même vécu à Angoulême au début des années 1530 – dans une maison de la rue de Genève, dans le centre de la vieille ville. Sur la période que Jean Calvin

a passée à Angoulême à écrire et réécrire sa *Psychopannychia*, « sur le sommeil des âmes », voir Bruce Gordon, *Calvin*, New Haven, CT, Yale University Press, 2011, p. 38-40. On trouve aussi des anecdotes concernant la visite de l'« hérétique » dans l'ouvrage de l'abbé Louis Fourgeaud, *Origine et introduction du protestantisme en Angoumois : séjour de Calvin à Angoulême, son influence et ses résultats, ravages des protestants*, Angoulême, M. Despujols, 1909.

5. Sépulture de Dame Marie Jullie de Vassoigne, 18 août 1764, AM-A, Saint-Antonin, GG54/46.

6. Alain Corbin, *Le Monde retrouvé de Louis-François Pinagot. Sur les traces d'un inconnu (1798-1876)*, *op. cit.*, p. 7-9.

7. Transcription du jugement du tribunal civil de première instance de Bayonne à la requête de Martial Allemand Lavigerie, ADPA, Bayonne, Naissances, 1826-1837, n° 351, 7 septembre 1826, 52-53/904.

8. Paul-André Rosental, *Les Sentiers invisibles*, *op. cit.*, p. 22-23.

9. Une page du rôle d'impôts de 1763 concernant la très populeuse isle fiscale de Saint-André, où est répertorié l'ancien musicien et marchand de draps Pierre Rezé, présente à elle seule, à la fin du premier « cahier », sur trente-neuf entrées, vingt-trois corrections effectuées, d'après l'écriture et l'encre, par trois commis différents. AM-A, CC42/1/22.

10. Un parent de l'un des signataires est ainsi décrit : « taille de cinq pieds deux pouces, cheveux chât[a]ins, les yeux bleu[s], le nez gros » ; un fugitif qui a été arrêté a « une cicatri[c]e au-dessus l'œil gauche, les yeux bleus un peu chassieux, bouche bien faite, un peu de travers, menton rond ». AM-A, « Milice », EE5, Mémorandum de Claude Trémeau, 24 février 1758 ; Mémorandum de Trémeau, 4 octobre 1758.

11. *Esquisse d'un tableau historique des progrès de l'esprit humain* (1793-1794), *in* Marie Jean Antoine Nicolas de Caritat, marquis de Condorcet dit « Condorcet », *Œuvres de Condorcet*, éd. A. Condorcet O'Connor et M. F. Arago, 12 vol., Paris, Firmin Didot frères, 1847-1849, vol. 6, p. 233-234.

12. Pierre Goubert, « Une richesse historique en cours d'exploitation : les registres paroissiaux », *Annales. Histoire, Sciences Sociales*, vol. 9, n° 1, 1954, p. 83-93, citation p. 85.

13. L'estimation de Necker, publiée en 1784, se fondait sur un taux de natalité de 1,27, ce qui donnerait pour une population d'environ 13 000 habitants environ 491 naissances. Jacques Necker, *De l'administration des finances de la France*, *op. cit.*, p. 327.

14. Baptême de Marie [Charpentier], 18 juillet 1764, AM-A, Saint-Martin, GG83/58.

15. Baptême de Pierre, fils de Jean Epagnon Desisles et Marie Yrvoix Chauvin, 6 janvier 1764, AM-A, Saint-André, GG42/218 ; baptême de Pierre, fils de Jean Epagnon Desisles et Marie Yrvoix Chauvin, 6 décembre 1764, GG42/234 ; baptêmes de Jean Pascal Yrvoix Chauvin et Marie Yrvoix Chauvin, GG40/30, GG40/142 ; mariage de Jean Epagnon Desisles et Marie Yrvoix Chauvin, 13 janvier 1761, GG42/162.

16. Il est probable que ce chiffre relève d'une sous-estimation du nombre de morts, car les curés des différentes paroisses suivaient des usages différents eu égard à l'enregistrement des décès de nourrissons et de jeunes enfants. Voir Pierre Goubert, « Une richesse historique en cours d'exploitation : les registres paroissiaux », art. cité, p. 86.

17. Ce taux inclut les enfants nés en 1764 et morts en 1765 alors qu'ils avaient moins d'un an : 6 filles et 9 garçons. Le taux de mortalité infantile correspond au nombre de décès d'enfants de moins d'un an par rapport au nombre de naissances, il représente la « probabilité de mourir entre la naissance et l'âge d'un an, pour mille naissances ». Voir : https://data.unicef.org/topic/child-survival/under-five-mortality/. Le taux de mortalité infantile global de 121 ‰ pour les enfants nés en 1764 à Angoulême est très inférieur au taux estimé de 164 ‰ pour le sud-ouest (rural) de la France au XVIIIe siècle, et à celui de plus de 200 ‰ ailleurs en France ; voir Jacques Houdaille, « La mortalité des enfants dans la France rurale de 1690 à 1779 », *Population*, vol. 30, n° 1, 1984, p. 77-106, et Pierre Goubert, « Legitimate Fecundity and Infant Mortality in France during the Eighteenth Century : A Comparison », *Daedalus*, vol. 97, n° 2, printemps 1968, p. 593-603.

18. D'après l'étude de Laurent Raynaud, il y a eu en 1764 263 enterrements, contre 351 par an au cours de la décennie des années 1760, et 288 par an entre 1700 et 1791. « Table annuelle », *in* Laurent Raynaud, « La population d'Angoulême au XVIIIe siècle (1700-1791) : essai démographique », mémoire précité, conclusion. Les chiffres de notre enquête diffèrent légèrement de ceux de Raynaud pour 1764. En incluant les 63 sépultures répertoriées dans deux registres de l'hôpital ou « paroisse » de l'Hôtel-Dieu, AM-A, GG22 et GG23, nous estimons en effet qu'il y a eu 326 enterrements. Nous estimons aussi le nombre de naissances à 505 et non 502, et nous comptons 122 mariages au lieu de 119.

19. « Chetel pour Marguerite Labonne et Pierre Bruchier son fils à Mr. François Laforet », 9 décembre 1770, ADC, Bernard, 2E164.

20. Vingt enfants sont morts dans la paroisse de Saint-Martial au cours de ces mois-là en 1764, contre 68 l'année suivante ; AM-A, GG109/176-185, GG110/18-30. Sur l'ensemble du siècle, un quart de tous les enterrements ont eu lieu durant les seuls mois de septembre et octobre. Voir « Des mouvements saisonniers 1700-1791 », *in* Laurent Raynaud, « La population d'Angoulême... », mémoire précité, chapitre 2.

21. Mariage de Joseph La Chapelle et Anne Alary, 30 novembre 1764, AM-A, Saint-Antonin, GG54/47 ; mariage de Louis Roy et Anne Bergeasson, 6 mars 1764, Saint-Jacques, GG130/7 ; baptême de Louis Roy, 8 septembre 1751, Saint-Jacques, GG127/93. À sa mort en 1816, Louis Roy, veuf d'Anne Bergeasson, est dit âgé de soixante-cinq ans ; décès de Louis Roy, 10 mars 1816, 1E52/102.

22. Sépulture de Marguerite Cassaud, AM-A, NDB, 6 octobre 1764, GG8/149.

23. Mariage de Jacques Hazard et Jeanne Nouel, 16 janvier 1764, funérailles de Louis Hazard, 15 février 1764, baptême de Gabrielle Hazard, 20 octobre 1764 ; AM-A, Saint-Martin, GG83/54, 55, 60.

24. « Acte de delliberation des habitants de la parroisse St. Martial de la ville d'Angoulême », 1er septembre 1782, ADC, Bernard, 2E188. Raynaud estime que

plus de 30 % de la population de la paroisse de Saint-Martial, en dehors des personnes qui vivaient dans l'enceinte de la ville, appartenaient au monde rural et gagnaient pour l'essentiel leur vie en tant que journaliers. Laurent Raynaud, « La population d'Angoulême... », mémoire précité, chapitre 4.

25. Sur « cette prospérité sycophante » et « le fonds stérile », voir Victor Riquetti, marquis de Mirabeau et François Quesnay, *Philosophie rurale, ou Économie générale et politique de l'agriculture*, Amsterdam, 1763, p. 277. Sur le point de vue d'Adam Smith quant aux activités productives et improductives, voir Adam Smith, *Recherche sur la nature et les causes de la richesse des nations*, livre II, chap. III, *op. cit.*, p. 410-437.

26. AM-A, GG68/2, GG14/35, GG130/17, GG89/107, GG42/230.

27. AM-A, CC42/1/24 ; CC62/20/803.

28. AM-A, CC42/1/4.

29. « Vente de meubles par Marie Aymard à Gabriel Ferrand son fils », 10 janvier 1764, ADC, 2E153.

30. AM-A, CC42/1/12, CC62/10/386, CC42/1/21, CC62/18/690 ; CC42/1/10 ; CC42/1/24.

31. AM-A, CC42/1/4.

32. AM-A, CC42/1/14-15.

33. Jeanne Mercier et son mari, dont le fils est né en septembre 1764 dans la paroisse de Notre-Dame de la Peine, sont les mêmes personnes que « Maingaud perruquier et sa femme lingère » dans le rôle d'impôt établi pour l'année 1766 ; AM-A, CC62/32/1257 ; GG14/35. Quatre personnes différentes portent le nom de « Marguerite Sibilotte » dans les registres paroissiaux, et l'on trouve deux personnes également appelées « Marguerite Sibilotte » dans les registres fiscaux, l'une tailleuse et l'autre marchande de peaux. Geneviève Tardat, qui est devenue la marraine de trois enfants nés dans la paroisse de Saint-André au cours de l'année 1764, est « Geneviève Tardat boulangère ». CC42/1/20, CC42/1/21 ; CC62/17/648, CC62/20/749 ; GG42/221, 223, 224, 230, 232, GG68/3. Anne Rezé, qui a signé un registre de baptême dans la paroisse de Saint-Martial au mois d'août, est « Anne Rezé veuve Merceron marchande ». CC42/1/17 ; baptême de Rose L'Homme, 19 août 1764, GG109/178 ; mariage d'Anne Rezé et Pierre Merceron, 5 juin 1721, GG52/119. Rose Rezé, qui est devenue la marraine d'un bébé né dans la paroisse de Saint-Jean au mois de novembre, était la nièce du quincaillier et signataire du contrat de mariage. Baptême de Rose Chataignon, 3 novembre 1764, GG74/122. Il s'agit de Rose Rezé (3) ; voir à ce sujet le chapitre 2.

34. Mariage de Gabriel Lemaitre et Dorothée Devuailly, 4 septembre 1764, AM-A, NDB, GG8/147-148.

35. Mariage de Joseph Farbos et Marguerite Godinaud, 27 juin 1764, AM-A, Saint-André, GG42/226.

36. Sépulture de Marguerite Godinaud, 23 décembre 1769, AM-A, Saint-André, GG44/28 ; mariage de Joseph Farbos et Madeleine Courteau, 24 juillet 1770, Saint-Paul, GG90/43 ; sépulture de Joseph Farbos, 23 juillet 1771, Saint-André, GG45/19 ; baptême de Jean Abraham Rodriguez Sarzedas, 9 juin 1773, Saint-Jean, GG75/25-26 ; mariage de Jean Marie Abraham Sarzedas et Madeleine Courteau,

21 décembre 1774, Saint-André, GG45/73 ; sépulture de Madeleine Courteau, 11 juin 1776, GG45/100 ; mariage de Jean Marie Abraham Sarzedas et Cécile Labrue, 8 avril 1777, PSC, GG68/66 ; funérailles de Cécile Labrue, 4 janvier 1778, GG45/136 ; sépulture de Jean Marie Abraham Sarzedas, 22 octobre 1783, Saint-André, GG46/102.

37. Baptême de Gabriel Ferrand, 7 novembre 1764, AM-A, NDP, GG14/36.

38. Mariage d'Antoine Duvignaud et Marguerite David, 10 janvier 1764 ; mariage de Jacques Forgeron et Marguerite Rougnac, 5 mars 1764 ; baptême de Magdelaine Forgeron, 31 octobre 1764, AM-A, Saint-André, GG42/219, 222, 231.

39. Baptême de François Joseph Varache, 7 juillet 1764, AM-A, NDP, GG14/35.

40. Baptême de Rose Campot, 17 novembre 1764, AM-A, Saint-André, GG42/233. Le père de Rose Marin, François Marin, ainsi que le voisin de Rose Marin, le fils du commis au greffe, sont eux aussi signataires au baptême.

41. La famille Dupard vivait dans l'Isle de M. Arnaud/ Point du Jour, CC42/1/18, CC62/15/587 ; la famille Faure dans l'Isle des Tiercelettes, CC42/1/24, CC62/22/821 ; la famille Yrvoix dans l'Isle des Carmélites, CC42/2/4, CC62/25/950.

42. Mariage de Magdelaine Faure et Jean Roy, AM-A, 29 octobre 1764, Saint-Jacques, GG130/25 ; « Mariage de Jean Roy et Magdeleine Faure », 28 octobre 1764, ADC, Mallat, notaire, 2E908.

43. Signatures de Magdelaine Faure, 21 septembre 1764, Saint-Jacques, GG130/22, 23 octobre 1764, Saint-Paul, GG89/108, 18 novembre 1764, Saint-Martial, GG109/186.

44. Baptême de Magdelaine Faure, AM-A, 21 août 1743, Saint-Jacques, GG126/48 ; signatures de Magdelaine Faure, GG129/9, 109, 158, GG130/22, 39, GG89/90, 108, GG109/186 ; signatures de Luce Faure, GG129/9, 52, 109, 158, GG130/22, 39, 44, GG89/90. Sur les professions exercées par son beau-frère, voir GG89/90, GG129/109, 157-158, GG130/9, 44.

45. « Faubourg de l'Houmeau, Platte forme du Palet », « Isle du Château-Gaillard », AM-A, CC42/2/14, 42/2/17 ; « Faubourg de l'Houmeau », « Isle du Château-Gaillard », CC62/34/1332, 62/37/1461.

46. « J'avois envoyé quelques livres chez mon relieur, entre autres, le *Système de la Nature* », écrit madame la baronne au début du roman antiphilosophique de l'abbé Barruel, *Les Helviennes*, publié peu avant la Révolution. L'apprenti du relieur « passa la nuit à feuilleter ces livres, et prit le lendemain quelques libertés avec la fille de son maître », affirmant à ladite fille « qu'il n'y avoit point d'enfer, et qu'il venoit de le lire dans un livre de madame la baronne ». [Abbé Barruel], *Les Helviennes, ou Lettres Provinciales Philosophiques*, 4e éd., 3 vol., Paris, Briand, 1789 [1781], vol. 1, p. 5.

47. Mariage de Jean Roy et Marie Doraud, 13 janvier 1767, AM-A, GG43/39 ; mariages de Jean-Jacques Roy (fils de Jean Roy) et Jean-Baptiste Durand (petit-fils de Jean Roy), 1E33/36, 1E76/69-70, voir : http://elec.enc.sorbonne.fr/imprimeurs/node/23542 et http://elec.enc.sorbonne.fr/imprimeurs/node/23543.

48. Soixante-quatorze des 122 couples mariés en 1764 ont fait rédiger un contrat de mariage par un des notaires répertoriés à Angoulême ; il est probable

que les autres ont fait rédiger des contrats ailleurs. Enregistrement des actes notariés, Table des contrats de mariages, 1760-1767, ADC, 2C2/29.

49. Répertoire des actes de Jean Bernard, ADC, 2E130 ; mariages célébrés les 4 février 1764, 17 juillet 1764, 30 octobre 1764, Saint-Martial, AM-A, GG109/164, 175, 185 ; 28 février 1764, 1er octobre 1764, Saint-Martin, GG83/55, 59. Sur Jean Bernard, voir J. de la Martinière, « Avant-Propos », in *Inventaire sommaire des archives départementales antérieures à 1789, Charente, Archives civiles – série E (1736-3040)*, P. de Fleury et J. de la Martinière (éds.), Angoulême, L. Coquemard et Cie, 1906, p. I-III, en particulier p. II. Bernard avait des affinités particulières avec les gens de passage. Quelques années plus tard, il a rédigé un contrat de mariage pour un colporteur du diocèse d'Albi, qui « fréquentait depuis deux ans le cabaret » d'un aubergiste de la paroisse de Saint-Martial à Angoulême, et la fille d'un autre colporteur du diocèse de Cahors, qui fréquentait le même établissement. Les témoins étaient l'aubergiste, qui « certifi[ait] connoitre les dites parties – pour les avoir vues très souv[e]nt et presque habituellement dans son dit cabaret depuis deux ans ». Le couple convenait de partager tous ses biens « par moitié sans avoir égard acquérir ou avoir plus que l'autre ». Mariage de Jean Bourgnol et Françoise Delbreil, Saint-Martial, 21 janvier 1772, GG111/31 ; « Contrat de mariage de Jean Bougnol et Françoise Delbrel », 19 novembre 1771, ADC, Bernard, 2E166.

50. Mariage de Jacques Thinon et Marie Léger, 17 juillet 1764, AM-A, Saint-Martial, GG109/175 ; « Contrat de mariage de Jacques Thinon et de Marie Léger », 21 mai 1764, ADC, Bernard, 2E153.

51. Abbé Expilly, *Dictionnaire géographique, historique et politique des Gaules et de la France*, *op. cit.*, vol. 2, p. 494.

52. « Contrat de mariage de Jacques Thinon et de Marie Léger », 21 mai 1764, ADC, 2E153.

53. Baptêmes de Jean Thinon, 4 juin 1767, de Marie Thinon, 4 août 1768, de Guillaume et Antoine Thinon, 24 octobre 1771, de Simon Thinon, 16 mai 1774, de François Thinon, 7 mai 1777, et de Marie Thinon, 23 août 1780 ; AM-A, Saint-Jacques, GG130/92, 126, GG131/25, 110, 231, GG132/93.

54. Abbé Expilly, *Dictionnaire géographique, historique et politique des Gaules et de la France*, *op. cit.*, vol. 1, p. 440.

55. « Vente par Jacques Thinon, Marie Léger son épouse, Marie et autre Marie Godinaud à Jean Marchesson », 3 février 1776, ADC, Bernard, 2E175.

56. « Vente par Jacques Thinon », 3 février 1776, ADC, 2E175.

57. Baptême de Marie Thinon, 23 août 1780 ; sépulture de Marie Léger, 29 novembre 1780 ; mariage de Jean Thinon et Françoise Brunet, 20 février 1781 ; baptême de Cécile Thinon, 21 avril 1783 ; AM-A, Saint-Jacques, GG132/93, 107, 120-121 ; GG133/8.

58. Mariage de Nicholas Gendron et Marie Thinon, 6 juillet 1790, Saint-Jacques, AM-A, GG134/101 ; décès de Nicholas Gendron, 17 novembre 1848, 1E142/97, et de Marie Thinon, 8 mai 1850, 1E154/39.

59. Sépulture de Marie Jarton, 14 mai 1764, AM-A, Saint-Jean, GG74/119 ; baptême de Françoise Durand, fille de Cybard Durand et Marie Jarton, 1er juin

1717, mariage de Philippe Yrvoix Chauvin et Françoise Durand, 20 janvier 1734, Saint-Jean, GG72/208, GG73/37.

60. « La veuve Yrvoix Chauvin, marchande de graisserie et Jean Desisles son gendre », AM-A, CC42/1/14.

61. Voir GG42/162, 218, 234 ; GG43/20, 50, et sur les dettes de Desisles, voir le chapitre 4.

62. « Chauvin, Jean Yrvoix, négociant, lieutenant d'artillerie et capitaine de milice bourgeoise à Sainte-Lucie, sa succession 1786 », ANOM, COL E 77. Un autre Jean Chauvin, qui ne lui était apparemment pas apparenté, s'établit en Martinique et devint un pilote « pratique » ou « côtier » ; c'était « un sujet supérieur » d'après la description des officiers de la marine dont il avait sollicité la protection. Il provoqua même une crise mineure au cours du conflit naval anglo-américain de 1776-1778, en déclarant qu'il était « prêt à aller chercher fortune ailleurs » si le gouvernement ne lui accordait pas une aide. Il n'estimait pas « son pain quotidien » assuré « au service du ro[i] », rapportaient les officiers de la marine, et malgré « toutes sortes de moyens [déployés] pour le retenir » par le commandant du fort local – qui était le père de la future impératrice Joséphine – « il alloit se mettre au service des marchands ». Lettres du chevalier de Beausset du 28 mars 1777 et du 6 avril 1777 ; lettre du chevalier d'Orves du 28 décembre [1776]. Le chevalier d'Orves était un intermédiaire sur les navires des « New Englanders » (les habitants de la Nouvelle-Angleterre), chose qu'il envisageait comme « un métier de chien ». Voir « Chauvin, Jean, pilote côtier à la Martinique 1777/1778 », ANOM, COL E 77. Jean Chauvin se vit finalement offrir un salaire royal en janvier 1778 ; « Chauvin, Jean », et lettre du 29 juin 1777 du marquis de Bouillé, gouverneur de Martinique, *in* ANOM, Martinique, Correspondance à l'arrivée, C8a/76/65.

63. Baptême de Nicolas Picard, 25 août 1764, AM-A, Saint-Martial, GG109/178.

64. Baptême de Jeanne Boutoute, 6 janvier 1764, AM-A, Saint-André, GG42/218.

65. Signature de Rose Civadier, 1er mai 1764, AM-A, GG89/106 ; contrat de mariage d'Antoine Pissiez et Rose Civadier, 12 décembre 1765, ADC, Caillaud, 2E283 ; mariage d'Antoine Pissiez et Rose Civadier, 28 janvier 1766, ADC, Balzac 1737-1792, 201/461.

66. Supplément au baptême de Radegonde Françoise Bareau, 10 avril 1764, AM-A, NDP, GG14/34.

67. Voir la Trans-Atlantic Slave Trade Database : http://www.slavevoyages.org/voyage /32242/variables.

68. Baptême de Marc Bodet, 4 novembre 1764, AM-A, Saint-Yrieix, GG117/24 ; contrat de mariage de Marc Gestraud et Mathurine Rippe, 16 septembre 1764, ADC, Caillaud, 2E27185.

69. « Opposition par Thérèze Grellier au mariage de Marc Gestraud son fils », 22 septembre 1764, ADC, Bernard, 2E153.

70. Consentement du 28 août 1764, Coulomb, notaire, Toulon, *in* « Mariage de Gestraud et Rippe », 16 septembre 1764, ADC, Caillaud, 2E27185 ; [M. Choquet], « Bagne », *Nouveau Dictionnaire pour servir de supplément aux dictionnaires des*

sciences, des arts et des métiers, éd. Jean d'Alembert et Denis Diderot, 4 vol., Paris, Panckoucke, 1776, vol. 1 p. 744-747.

71. Mariage de Marc Gestraud et Mathurine Rippe, 11 février 1765, AM-A, Saint-Yrieix, GG117/27. L'année suivante, la famille était réconciliée, comme on le constate au moment du baptême de la fille de Marc et Mathurine, prénommée « Thérèse » comme sa grand-mère paternelle Thérèse Grellier, qui, elle, en devint la marraine ; baptême de Thérèse Gestraud, 22 novembre 1766, AM-A, Saint-Yrieix, GG117/48.

72. Mariage de Guillaume Nouel et Jeanne Tabuteau, 13 juin 1764, AM-A, Saint-Jean, GG74/120 ; mariage de Gabriel Lemaitre et Dorothée Devuailly, 4 septembre 1764, NDB, GG8/148.

73. Baptême de Gabriel Lemaitre, fils de Charles Lemaitre et Marie Anne Klotz, 20 août 1741, AM-A, NDB, GG8/38 ; sépulture de Marie Anne Klotz, 4 novembre 1748, NDB, GG8/76.

74. Mariage de Johann Georg Klotz et Moricette Bourdage, 3 novembre 1717, AM-A, NDB, GG7/91 ; baptême de Marie Anne Klotz, 29 mars 1718, NDB, GG7/94.

75. Sur Abraham Janssen et l'industrie papetière, voir Jules Mathorez, *Les Étrangers en France sous l'Ancien Régime : histoire de la formation de la population française*, 2 vol., Paris, Édouard Champion, 1919-1921, vol. 2, p. 243-245 ; sur Theodore Janssen, voir : http://www.historyofparliamentonline.org/volume/1715-1754/member/janssen-sir-Theodore-1654-1748

76. Voir AM-A, NDB, GG7/91, 94, GG8/2, 38, 76 ; Saint-Jean, GG72/216, 221, 229, 234, 237, 239.

77. Décès de Marie Rose Klotz, 6 janvier 1813, âgée d'environ quatre-vingt-un ans, née à Larochebeaucourt, Dordogne, AM-A, 1E49/8-9 ; NDB, GG8/147-148, Saint-Jean, GG74/120. La belle-sœur de Marie Anne Janssen, Marie Rose de la Place, était mariée à Charles Galard de Béarn, de Larochebeaucourt.

78. Mariage de Marie Anne Klotz et Charles Lemaitre, 7 mai 1737, AM-A, GG8/2 ; mariage de Marie Anne Klotz et Jean Louis Nouel, 15 juin 1751, GG8/89-90.

79. Mariage de Jacques Klotz et Edmée Victoire Dupuis, 6 novembre 1755, Dampierre-en-Yvelines, Saint-Pierre, AD Yvelines, 1751-1775, 82-84/379 ; baptême de Rose Aglaée Klotz, 2 juillet 1756, 95-96/379.

80. http://www2.assemblee-nationale.fr/sycomore/fiche/(num_dept)/13631. Enregistrement de la maison numéro 706, Section A, Beaulieu, *in* « Contributions, matrices foncières », 1791, AM-A.

81. Baptême de Mélanie Gabrielle Sophie Cazaud, 20 septembre 1764, AM-A, Saint-André, GG42/230.

82. « Scellé Cazot », 22 mai 1781, AN, Y//13802.

83. Madeleine Very, « Scellés Cazot », AN, Y//13802.

84. « Scellés Cazot », AN, Y//13802. Clément Tiffon était le frère de Catherine Tiffon, la mère de « Rosse » ou Françoise Rose Duriou, baptisée dans la paroisse de Saint-André en 1750 ; AM-A, Saint-André, GG41/32-35, 124, GG42/21.

85. Me François, « Scellés Cazot », AN, Y//13802.

86. Pierre Aubry, « Scellés Cazot », AN, Y//13802.

87. Le testament a été rédigé le 28 août 1780 et enregistré auprès d'un notaire de Paris, Pierre Collet. Il est mentionné dans l'affaire des scellés, dans l'action en justice intentée par Cazaud, et dans le répertoire des actes de Collet pour l'année 1780 ; Me Delamotte, 28 novembre 1781, « Scellés Cazot », AN, Y//13802 ; « Cause entre le sieur de Cazeaux et la Dlle. Lucie », *op. cit.*, p. 371 ; répertoire, MC/RE/X/14.

88. « Cause entre le sieur de Cazeaux et la Dlle. Lucie », *op. cit.*, p. 370.

89. « Cause entre le sieur de Cazeaux et la Dlle. Lucie », *op. cit.*, p. 369, 372 ; Article IV du traité de Paris du 10 février 1763 : https://mjp.univ-perp.fr/traites/1763paris.htm

90. « Cause entre le sieur de Cazeaux et la Dlle. Lucie », *op. cit.*, p. 372-373.

91. Baptême de Marie Marthe Cazaud, 16 juin 1757, AM-A, Saint-Jean, GG74/76.

92. *Mémoire justificatif du Marquis de Casaux, de la Société Royale de Londres*, Londres, T. Spilsbury, 1784, p. 18-22, 37, 104.

93. Mariage d'Élisabeth Bénédictine de Bologne et Étienne Clairefontaine, 13 mars 1776, AD Lot-et-Garonne, Agen, Saint-Étienne, mariages, 1771-1781, 106-107/199 ; Élisabeth Bénédictine était la fille de Georges de Bologne, le frère cadet de la mère de Cazaud.

94. *Mémoire justificatif*, *op. cit.*, p. 208.

95. *Ibid.*, p. 41.

96. *Ibid.*, p. 89, « Pièces justificatives », p. XXII, XXIV ; Adam Smith, *Recherche sur la nature et les causes de la richesse des nations*, livre IV, chap. VII, *op. cit.*, p. 257.

97. « Thoughts on the Mechanism of Societies », *Critical Review*, vol. 62, 1786, p. 42-47, citation p. 42-43.

98. « Observations sur la lettre monarchique de M. Casaux, imprimée dans la *Gazette universelle*, du 5 juillet 1791 », *in* J.-P. Brissot, *Recueil de quelques écrits, principalement extraits du « Patriote françois »*, Paris, Bureau du *Patriote françois*, 1791, p. 24-28, citation p. 25.

99. « Sur la grande question du veto », 1er septembre 1789, in *Œuvres de Mirabeau*, éd. Mérilhou, 9 vol., Paris, Brissot-Thivars, 1825-1827, vol. 7, p. 244n1.

100. Malouet était un ancien intendant de la Guyane française ; il fut ministre de la Marine et des Colonies en 1814. « Malouet a écrit à Mons[eigneur] [...] qu'il a vu fréquemment le Sr. de Cazaud depuis 2 ans, et qu'il lui a toujours trouvé le ton et la conduite d'un homme d'honneur et beaucoup de lumières sur la culture et la police des colonies. » « Cazaud de Roumillac habitant de la Grenade 1780-1782 », ANOM, COL E 66 ; note non datée de 1781 ou 1782, « Rapport, Le Sieur de Cazaud, François, habitant de la Grenade ».

101. « Détournent de l'idée d'une lanterne » M. de Cazaux, *Argumens pour et contre le commerce des colonies*, Paris, Demonville, 1791, p. 1, 6.

102. Acte de sépulture du 20 janvier 1796, St. Mary the Virgin, Woodford ; *Woodford Register of Burials*, 1766-1812, p. 57, disponible en ligne sur le site des Archives de l'Essex : www.seax.essexcc.gov.uk

103. « Cause entre le sieur de Cazeaux et la Dlle. Lucie », *op. cit.*, p. 371. Le testament lui-même ne se trouve plus parmi les actes du notaire qui l'a rédigé ; AN, Collet, notaire, MC/ET/X/688 (juillet-août 1780).

104. *Mémoire justificatif, op. cit.*, p. 193-194, citation p. 197.

105. Baptême de Jean-François Cazaud, 21 avril 1756, AM-A, Saint-Jean, GG74/70 ; lettre du 9 juillet 1811 de Dugout de Casaud, jointe à une lettre du 9 juillet 1811 de Mr W. Manning à Mr Richard Ryder, TNA, HO/1/6/6.

106. Testament de John Francis Dugout, marquis de Casaux, révélé le 10 mars 1832, TNA, PROB 11/1796 ; lettre du 9 juillet 1811 de Dugout de Casaud.

107. Testament de Henriette Dugout de Casaux, enregistré à Nantes le 23 janvier 1852 et lu à Londres le 22 mars 1852, TNA, PROB 11/2148.

108. Contrat de mariage de Mr. de Bologne et Mlle. Husson, 2 janvier 1738, ADC, Caillaud, 2E27163 ; mariage de Pierre de Bologne et Bénédictine Husson, 16 janvier 1738, AM-A, Saint-Jean, GG73/52.

109. Abraham François Robin, « Recueil », *op. cit.*, p. 59.

110. Plainte d'Elizabeth Sterne, information des 9-11 octobre 1769, ADC, 1B1090/2. « J'aimerais avoir un chien – ma fille va m'en apporter un », écrit Laurence Sterne à un ami en 1767 ; une fois satisfait, il écrit à sa fille : « Ton frétillant chien français aura sa place de l'autre côté de mon feu. » Lettres du 11 août 1767 à J–H–S, et du 24 août 1767 à Lydia Sterne, in *Letters of the late Lawrence Sterne*, Londres, A. Miller, W. Law & R. Cater, 1794, p. 211, 215.

111. Plainte d'Elizabeth Sterne, ADC, 1B1090/2.

112. *Ibid.*

113. Témoignage de François Veillon, fournier, et Jean Gimon, maître perruquier, Information, 11 octobre 1769, ADC, 1B1090/2.

114. Témoignage de François Foucaud, maître coutelier, Nicolas Boissard, et Jacques Matard, marchand, Information, 11 octobre 1769, ADC, 1B1090/2.

115. Mariage d'Alexandre Prévaut et Liberalle Langlade, Saint-André, 13 juin 1769, AM-A, GG44/20 ; baptême de Jeanne Prévaut, Saint-Jean, 28 octobre 1769, AM-A, GG74/161.

116. La dernière page de la plainte d'Elizabeth Sterne est estampillée au verso « envoyé à Paris le 9 [décembre] 1769 ». ADC, 1B1090/2.

117. Laurence Sterne, *Voyage sentimental*, trad. fr Léon de Wailly, éd. Alain Montandon, Paris, Classiques Garnier, 2017 [1768 en langue originale anglaise], p. 247.

118. Lettre du 2 mars 1770 de Lydia Sterne à Elizabeth Montagu, in *Letters of Laurence Sterne*, éd. Lewis Perry Curtis, Oxford, Clarendon Press, 1935, p. 454-455.

Chapitre 4. La première Révolution

1. Tocqueville situe successivement le début de cette période de changements intérieurs en 1749-1759 (« environ trente ou quarante ans avant que la révolution éclate »), 1769 (le gouvernement étant plus actif « depuis vingt ans »), 1774 (« le règne de Louis XVI ») et 1774-1779 (« durant les dix ou quinze ans qui ont précédé la Révolution française »). Alexis de Tocqueville, *L'Ancien Régime et la*

Révolution, *op. cit.*, p. 47, 238, 269, 270, 280 ; *L'Ancien Régime et la Révolution : fragments et notes inédites sur la Révolution*, éd. André Jardin, *in* Alexis de Tocqueville, *Œuvres complètes*, éd. J.-P. Mayer, Paris, Gallimard, 1952, vol. 2, partie 2, p. 33, 37. Au sujet de l'influence des écrits de Turgot concernant la province sur Tocqueville, voir Robert T. Gannett Jr., *Tocqueville Unveiled : The Historian and His Sources for The Old Regime and the Revolution*, Chicago, University of Chicago Press, 2003, p. 70, 87-107, et Robert M. Schwartz, « Tocqueville and Rural Politics in Eighteenth-Century France », *in* Robert M. Schwartz et Robert A. Schneider (éds.), *Tocqueville and Beyond : Essays on the Old Regime in Honor of David D. Bien*, Newark, DE, University of Delaware Press, 2003, p. 172-191.

2. http://www.charente.gouv.fr/Services-de-l-Etat/Organisation-administrative-de-La-Charente/Presentation-du-departement/Son-histoire (consulté le 14 juillet 2019).

3. J.-P.-G. Blanchet, *Le Clergé charentais pendant la Révolution*, Angoulême, M. Despujols, 1898, p. 450 ; voir également plus loin, le chapitre 6.

4. Alexis de Tocqueville, *L'Ancien Régime et la Révolution*, *op. cit.*, p. 270-271.

5. AM-A, mariage de Martial Allemand Lavigerie et Louise Vaslin, 13 avril 1790, Saint-André, GG47/64-65. Louise Vaslin était la fille de feu Jean Vaslin, apothicaire, et Élisabeth Bouchet, fille d'un maître perruquier ; mariage de Jean Vaslin et Élisabeth Bouchet, AM-A, 5 juillet 1768, PSC, GG68/21. Élisabeth Bouchet vivait rue de Genève dans le centre d'Angoulême, près du coin de la rue conduisant chez Marc Allemand, petite rue du Palais. Enregistrement de la maison numéro 403, Section A, Beaulieu, *in* AM-A, « Contributions, matrices foncières », 1791.

6. Actes de baptême, AM-A, Saint-Antonin, GG54/50, 52, 56, 60 ; NDP, GG14/36, 37, 38, 41, 43, 44, 45, 46, 48, 49, 53, 56, 58, 61, 65.

7. Baptêmes de Marie Françoise Allemand, 7 août 1778, NDP, GG14/56, et de Josèphe Allemand, 12 septembre 1779, NDP, GG14/58. Marie Mandrou était la veuve de Guillaume Berthoumieu, « habitant à la ravine de la cartier de la paroisse de notre dame de l'assomption des cayes du fonds isle avache cote St Domingue ».

8. Parmi les professions des parrains et marraines des enfants de Marie Aymard et Louis Ferrand ; AM-A, Saint-Paul GG 89/25, 36, Saint-Martial, GG106/116, 151, PSC, GG67/18, Saint-André, GG40/150, 176, GG41/108. Les parrains et marraines des cinq enfants de Marc Allemand et Marie Giraud comprenaient une blanchisseuse, un cordonnier et un tailleur ; Saint-Antonin, GG53/5-6, 12, 19, 31, 39.

9. Baptême de Jeanne Henriette Allemand Lavigerie, 16 décembre 1771, AM-A, NDP, GG14/46.

10. Parmi les enfants de Gabriel, Joseph est décédé en 1793, Gabriel en 1816 et Pierre en 1841 ; Étienne (Ferrand) s'est marié en 1794, et soit Jean, soit Jean François, a reçu un certificat de civisme en 1793 ; « Certificats de civisme » ADC, L146, et voir plus loin, le chapitre 6. Six des enfants de Françoise sont morts à Angoulême entre 1838 et 1860 ; Pierre est mort au Mans en 1834, Josèphe à Bayonne en 1855 et Louise Mélanie à Saint-Pavace en 1865. Étienne s'est marié à Pau en 1807, et Antoine a signé l'acte du second mariage de Martial en 1801. Sa deuxième fille, Jeanne l'aînée, est morte en bas âge et a été inhumée dans la paroisse de Saint-Martial ; baptême de Jeanne Allemand, 22 octobre 1766, GG54/52,

sépulture de Jeanne Allemand, 9 septembre 1767, GG110/87. Nous n'avons (à ce stade) aucune autre trace d'existence que l'acte de baptême initial pour un des enfants de Gabriel et un des enfants de Françoise : Marie Allemand, née en 1765, et soit Jean Ferrand, né en 1766, soit Jean François Ferrand, né en 1768. La paroisse de Notre-Dame de la Peine, où vivaient les familles, fait partie des paroisses où les sépultures de nourrissons étaient consignées ; entre 1764, année de naissance du premier enfant de Gabriel, et 1783, année de naissance du dernier enfant de Françoise, 103 nourrissons y ont été baptisés et 23 nourrissons ou jeunes enfants y ont été inhumés ; voir AM-A, NDP, GG14/36-65. Il est possible que Marie Allemand, comme Jeanne, ait été envoyée en bas âge dans une paroisse rurale voisine. Sur la diversité des pratiques paroissiales, voir Pierre Goubert, « Une richesse historique en cours d'exploitation : les registres paroissiaux », art. cité.

11. Décès de Jeanne Allemand Lavigerie, AM-A, 3 juillet 1860, 1E185/57 ; décès de Martial Allemand Lavigerie, 18 août 1856, 1E173/83-84 ; décès de Louise Mélanie Allemand Lavigerie, 10 octobre 1865, AD Sarthe (désormais ADSa), décès, Saint-Pavace, 1853-1882, 182/275.

12. Décès de Jean-Baptiste Ferrand, AD Orne, Vimoutiers, décès, 1863-1873, 12 août 1873, 527-528/543.

13. Turgot, « Mémoire sur les prêts d'argent », *op. cit.*, p. 156.

14. Voir *Ibid.*, p. 157 ; Abraham François Robin, « Recueil », *op. cit.*, p. 27, 31 ; et Emma Rothschild, « An Alarming Commercial Crisis in 18th Century Angoulême : Sentiments in Economic History », *Economic History Review*, vol. 51, n° 2, mai 1998, p. 268-293. Les comptes rendus contemporains sur l'« affaire d'Angoulême » comprennent : [Mathieu François Pidanzat de Mairobert], *L'Observateur Anglois, ou Correspondance secrète entre Milord All'Eye et Milord Alle'Ar*, 4 vol., Londres, John Adamson, 1777-1778, vol. 3, p. 307-311 ; [M. de Bachaumont], *Mémoires secrets pour servir à l'histoire de la république des lettres en France, depuis MDCCLXII jusqu'à nos jours*, 36 vol., Londres, John Adamson, 1777-1789, vol. 9, p. 143-144, 244-246.

15. Turgot, « Mémoire sur les prêts d'argent », *op. cit.*, p. 155, 159-161 ; Abraham François Robin, « Recueil », *op. cit.*, p. 27, 31.

16. Turgot, « Mémoire sur les prêts d'argent », *op. cit.*, p. 156 ; M. Turgot, *Mémoires sur le prêt à intérêt et sur le commerce des fers*, Paris, Froullé, 1789, p. 2. Pour l'économiste et ministre des Finances Léon Say, qui a consacré une biographie à Turgot en 1887, il s'agissait de « l'ouvrage le plus complet et le plus parfait qui ait jamais été écrit sur la question du prêt à intérêt » ; Léon Say, *Turgot*, chapitre IV – Intendance de Limoges, édition numérique de l'Institut Coppet, 2014 (1887), p. 61 (https://www.institutcoppet.org/leon-say-turgot-1887/).

17. « J'exhorte beaucoup mes enfants de le tenir secret », écrit Robin, parce qu'il y nomme des personnes « qu'il est toujours très dangereux d'offenser ». Abraham François Robin, « Recueil », *op. cit.*, p. 18, 23.

18. *P.-J.-L. Nouel, l'ainé & fils, & Drou, Au roi, et à nosseigneurs de son conseil*, Paris, 1776, p. 2, 54 ; *Arrest du Conseil d'État du Roi, Qui ordonne la suppression d'une Requête imprimée, signée P.J.L. Nouel père & fils, & Drou Avocat. Du 9 Septembre 1776*, Paris, Imprimerie royale, 1776, p. 3.

19. Abraham François Robin, « Recueil », *op. cit.*, p. 19-20. M. Turgot, « Mémoire sur les prêts d'argent », *op. cit.*, p. 160, 197, 199. « Capitalistes », terme utilisé bien avant l'apparition du mot « capitalisme », désignait alors des propriétaires de liquidités ou de biens « mobiles » – par opposition aux biens fonciers. Voir Marc Bloch, Lucien Febvre et Henri Hauser, « Capitalisme et capitaliste », *Annales d'histoire sociale*, vol. 1, n° 4, octobre 1939, p. 401-406, en particulier p. 406n1.

20. Abraham François Robin, « Recueil », *op. cit.*, p. 45-46 ; M. J. Dupin, « Notices sur Abraham François Robin et Léonard Robin... », art. cité, p. 828.

21. Baptême de Mélanie Gabrièle Sophie Cazaud, 20 septembre 1764, AM-A, Saint-André, GG42/230.

22. Turgot, « Mémoire sur les prêts d'argent », *op. cit.*, p. 159-166 ; Abraham François Robin, « Recueil », *op. cit.*, p. 21, 26, 31-34.

23. Turgot, « Mémoire sur les prêts d'argent », *op. cit.*, p. 158.

24. Abraham François Robin, « Recueil », *op. cit.*, p. 20-27, 49.

25. Pierre Nouel l'aîné a signé l'acte de mariage de son fils Guillaume Nouel avec Jeanne Tabuteau, le 13 juin 1764, AM-A, Saint-Jean, GG74/120 ; son petit-fils Pierre Nouel, fils de Jean-Louis Nouel et Marie Anne Klotz, a été baptisé le 15 février 1764, NDB, GG8/145.

26. Abraham François Robin, « Recueil », *op. cit.*, p. 26.

27. *P.-J.-L. Nouel, l'ainé & fils, & Drou, Au roi, et à nosseigneurs de son conseil, op. cit.*, p. 11, 25, 31, 45 ; Conseil d'État, *in* Abraham François Robin, « Recueil », *op. cit.*, p. 49.

28. Baptême de Rose Chatagnon, 5 novembre 1764, AM-A, Saint-Jean, GG74/122 ; baptême de Pierre et Marie David, AM-A, Saint-Antonin, GG54/67, 73 ; enregistrement de la maison n° 999, Section C, Château, « Contributions, matrices foncières », AM-A, 1791 ; *P.-J.-L. Nouel, l'ainé & fils, & Drou, Au roi, et à nosseigneurs de son conseil, op. cit.*, p. 19.

29. Turgot, « Mémoire sur les prêts d'argent », *op. cit.*, p. 155.

30. Abraham François Robin, « Recueil », *op. cit.*, p. 26 ; « Sommation faite par M. Marot, receveur des tailles », 23 novembre 1771, ADC, Caillaud, 2E294.

31. Abraham François Robin, « Recueil », *op. cit.*, p. 25-26.

32. Baptême de Pierre Joseph Audry, 26 novembre 1764, AM-A, Saint-André, GG42/233 ; Abraham François Robin, « Recueil », *op. cit.*, p. 24.

33. Marie Aymard devait 72 livres et 19 sols à un cordonnier qui avait repris les droits d'un autre cordonnier et était représenté par un avocat ; elle devait aussi 74 livres à un faiseur de lessive, 94 livres à un marchand graisseur, et 49 livres et 11 sols à un sergier et sa femme, eux aussi représentés par un avocat. « Vente de meubles par Marie Aymard à Gabriel Ferrand son fils », 10 janvier 1764, ADC, 2E153. Aucun de ces huit individus, quelle que fût la complexité de leurs arrangements, ne figure dans les listes concurrentes établies pendant la crise. *P.-J.-L. Nouel, l'ainé & fils, & Drou, Au roi, et à nosseigneurs de son conseil, op. cit.*, p. 10-12, 25-26, 31, 45-48 ; Abraham François Robin, « Recueil », *op. cit.*, p. 41-44.

34. *Ibid.*, p. 42.

35. Lors d'une précédente faillite, ses créanciers comprenaient son frère, son cousin germain, les Nouel (père et fils) et le beau-frère de Pascal Chauvin, le navigateur au long cours. *Ibid.* ; « Concordat entre le Sr. Marchais de la Chapelle et ses créanciers », 27 juillet 1765, ADC, 2E282.

36. AM-A, CC42/1/9, 42/1/23, 42/2/1 ; CC62/9/324, 62/20/776, 62/22/835.

37. Dans le rôle d'impôt de 1766, le foyer de Gabriel Ferrand est référencé sous le numéro 1234, Isle de la Place du Collège, et celui de Faunier Duplessis, le beau-frère du maître de forge Lapouge, sous le numéro 1240, Isle du Collège ; AM-A, CC62,/32/1234, 32/1240.

38. Abraham François Robin, « Recueil », *op. cit.*, p. 29.

39. Plainte de Lapouge, 28 octobre 1769, « Information faite en la chambre criminelle », 28 octobre 1769, ADC, 1B1090/2.

40. « Acte entre Aymard Ve Ferrand et Ferrand son fils », 6 mai 1760, ADC, 2E850.

41. Prosper Boissonnade et Jean-Marie-Jules Bernard, *Histoire du collège d'Angoulême (1516-1895), op. cit.*, p. 97-120 ; voir également Albert de Massougnes, *Les Jésuites à Angoulême, leur expulsion et ses conséquences (1516-1792) : étude historique*, Angoulême, G. Chasseignac, 1880.

42. Prosper Boissonnade et Jean-Marie-Jules Bernard, *Histoire du collège d'Angoulême (1516-1895), op. cit.*, p. 97-120.

43. En 1764, « Dorliet étudiant » et « Viger étudiant » furent témoins de la sépulture de Jeanne Sauvet, une femme célibataire âgée d'environ quatre-vingt-quatre ans, dans la paroisse de Notre-Dame de la Peine ; 9 septembre 1764, AM-A, NDP, GG14/35. Quelques années plus tard, « Charles Menut étudiant » fut témoin pour la sépulture de Jean Naigrier, mort à vingt-deux ans dans sa chambre de pensionnaire, dans la demeure du Sieur Matard, cirier ; 22 août 1776, AM-A, NDB, GG9/111.

44. Prosper Boissonnade et Jean-Marie-Jules Bernard, *Histoire du collège d'Angoulême (1516-1895), op. cit.*, p. 142, 153, 167, 169, 177, 180 ; les pétitions des 14 février et 15 février 1766 sont citées p. 179.

45. Jean Rollet, « me de pention », AM-A, CC42/1/24 ; Jean Rolet, « cy devt homme d'affaires », CC62/21/813 ; voir également Prosper Boissonnade et Jean-Marie-Jules Bernard, *Histoire du collège d'Angoulême (1516-1895), op. cit.*, p. 150, 159. D'après les rôles d'impôt, les enseignants sont répartis comme suit : CC62/4, 62/6, 62/9, 62/12, 62/20, 62/21, 62/24, 62/31, 62/32 (trois), 62/35, 62/44, 62/57 ; CC42/1/10, 1/11, 1/14, 1/22, 1/24, 2/11 (deux), 2/12.

46. Collège d'Angoulême, délibérations du bureau, entrées pour les 21 janvier, 3 juin, 2 septembre et 25 novembre 1774, ADC, D29, p. 153-154 ; décès de Roch Letourneau, 11 novembre, 1774, AM-A, Saint-Paul, GG90/82.

47. Prosper Boissonnade et Jean-Marie-Jules Bernard, *Histoire du collège d'Angoulême (1516-1895), op. cit.*, p. 223.

48. « Registre des ordinations remis aux archives de l'Évêché en septembre 1912 », Archives diocésaines d'Angoulême.

49. Lettre de Coulon et Lavigerie à l'administration du collège d'Angoulême, datée « Angoulême 26 – de l'an 1786 », ADC, D30.

50. Lettre de Lavigerie à l'administration du collège d'Angoulême, 23 avril 1790, ADC, D30.

51. Prosper Boissonnade et Jean-Marie-Jules Bernard, *Histoire du collège d'Angoulême (1516-1895)*, *op. cit.*, p. 212.

52. « Mémoire historique sur le séminaire d'Angoulême par un prêtre de la mission », *BSAHC*, série 4, vol. 6, 1868-1869, p. 293-387, p. 307.

53. Prosper Boissonnade et Jean-Marie-Jules Bernard, *Histoire du collège d'Angoulême (1516-1895)*, *op. cit.*, p. 145, 200, 409 ; Collège d'Angoulême, délibérations du bureau, ADC, D29.

54. Abraham François Robin, « Recueil », *op. cit.*, p. 20-23, 27 ; Prosper Boissonnade et Jean-Marie-Jules Bernard, *Histoire du collège d'Angoulême (1516-1895)*, *op. cit.*, p. 408.

55. *Ibid.*, p. 163, 200-203 ; Bernard Destutt de Tracy, *Remarques sur l'établissement des Théatins en France*, 1755, p. 137-138.

56. Sur l'édit de mars 1768 concernant les établissements religieux, décrit comme le « modèle » des réformes révolutionnaires d'octobre 1790, voir Edme Champion, « La première atteinte à l'empire du catholicisme en France », *La Révolution française : revue historique*, vol. 45, 1903, p. 97-104 ; « Établissements religieux », *in* Désiré Dalloz (éd.), *Jurisprudence générale du royaume en matière civile, commerciale et criminelle*, Paris, Bureau de la jurisprudence générale, 1849, Cour de cassation, p. 161-162.

57. « Mémoire historique sur le séminaire d'Angoulême… », art. cité, p. 329-330, 350.

58. *Ibid.*, p. 332-336 ; abbé A. Mazière, *L'Affaire Mioulle et le séminaire d'Angoulême en 1779*, Angoulême, M. Despujols, 1916.

59. Jean-Baptiste Mioulle avait été baptisé le 30 juillet 1757 ; AM-A, Saint-Antonin, GG54/23.

60. Abbé A. Mazière, *L'Affaire Mioulle…*, *op. cit.*, p. 7-12, ainsi que la carte en face de la p. 4.

61. *Ibid.*, p. 10, 16, 20-26, 30-31, 34, 37.

62. « Mémoire historique sur le séminaire d'Angoulême… », art. cité, p. 336.

63. Prosper Boissonnade et Jean-Marie-Jules Bernard, *Histoire du collège d'Angoulême (1516-1895)*, *op. cit.*, p. 195-196 ; « Mémoire historique sur le séminaire d'Angoulême… », art. cité, p. 336 ; abbé A. Mazière, *L'Affaire Mioulle*, *op. cit.*, p. 24.

64. AM-A, EE1, Affaires militaires, « Expédition de délibération pour l'établissement provisoire d'un guet de nuit », 13 août 1779, approuvé par l'intendant le 11 novembre 1779.

65. AM-A, EE1, Affaires militaires, « Procès-verbal des capitaine et premier sergent », 4 décembre 1779.

66. *Ibid.* ; « Procès-verbal des blessures reçues par M. le maire », 4 décembre 1779.

67. AM-A, EE1, Affaires militaires, « Procès-verbal des capitaine et premier sergent », 4 décembre 1779. Sépulture de Jean Yrvoix, mort le 3 décembre, 4 décembre 1779, AM-A, Saint-André, GG45/181. Ses parents étaient Jean Yrvoix

et Thérèse Tabuteau. Il était le neveu de Philippe Yrvoix, signataire du contrat de mariage de 1764. Baptême de Jean Yrvoix, fils de Jean Yrvoix et Thérèse Tabuteau, 28 novembre 1749, NDB, GG8/83 ; baptêmes de Jean Yrvoix et Philippe Yrvoix, fils de Jean Yrvoix et Marie Mesnard, 6 novembre 1733 et 7 novembre 1737, Saint-André, GG39/206, GG40/20.

68. Jean Tarrade, « De l'apogée économique à l'effondrement du domaine colonial (1763-1830) », *in* Jean Meyer *et al.* (éds.), *Histoire de la France coloniale : Des origines à 1914*, Paris, Armand Colin, 1991, p. 199.

69. Victor Malouet, « Les quatre parties du jour à la mer » (1785), *in* Jean-Baptiste-Antoine Suard (éd.), *Mélanges de littérature*, 3 vol., Paris, Dentu, 1806, vol. 2, p. 341-383, 370.

70. D'après la Trans-Atlantic Slave Trade Database, voir http://www.slavevoyages.org/assessment/estimates (consulté le 31 décembre 2018). La population totale de Saint-Domingue du temps de la Révolution française est estimée à 520 000 âmes, dont (au moins) 452 000 Africains réduits en esclavage. Louis Élie Moreau de Saint-Méry, *Description topographique, physique, civile, politique et historique de la partie française de l'isle Saint-Domingue*, 2 vol., Philadelphie, chez l'auteur, 1797, vol. 1, p. 5.

71. Mariage de Jean Ferrand et Élisabeth Boutoute, 14 mai 1774, AM-A, Saint-André, GG45/64.

72. Dossier « Ferrand (Jn. Bte.) », AN, Secours aux réfugiés et colons spoliés, F/12/2795, pétition du 16 octobre 1824 ; dossier « Ferrand », AN, F/12/2795, pétition du 18 décembre 1822. Jean-Baptiste et Élisabeth se trouvaient encore à Angoulême en 1777 ; baptême de Françoise Ferrand, 12 juin 1777, sépulture d'Étienne Ferrand, 19 novembre 1777, AM-A, Saint-André, GG45/124, 133. La famille a vécu à Cap-Français durant « quinze ans », jusqu'en 1793 ou 1794 ; dossier « Ferrand (Jn. Bte.) », pétition du 16 octobre 1824.

73. *Supplément aux Affiches Américaines*, n° 91, 23 décembre 1789, p. 1101 ; *Supplément aux Affiches Américaines*, n° 4, 26 janvier 1788, p. 710 ; *Supplément aux Affiches Américaines*, n° 10, 17 mai 1788, p. 822. Le magasin se trouvait à l'angle de la rue Vaudreuil et de la rue Saint-Joseph, près de la place de Clugny et des quais. C'était un point de repère dans la ville : en 1789, une fabricante de « corsets baleinés de la plus grande souplesse » et du « dernier goût » mit peu après son arrivée une petite annonce indiquant qu'elle était logée « à côté de M. Ferrand horloger », et un musicien proposant ses services d'instructeur pour les arias d'opéras indiqua de la même manière qu'il vivait entre « M. Ferrand, horloger » et les « marchands chapeliers ». *Supplément aux Affiches Américaines*, n° 52 et 64, 8 août 1789 et 19 septembre 1789, p. 969, et p. 1017. Sur les rues jouxtant la rue de Vaudreuil, voir Louis Élie Moreau de Saint-Méry, *Description topographique, physique, civile, politique et historique de la partie française de l'isle Saint-Domingue*, *op. cit.*, vol. 1, p. 383, 410-412.

74. *Supplément aux Affiches Américaines*, n° 24, 2 mai 1789, p. 850. L'imprésario, Daniel Bowen, a par la suite présenté son exposition à Boston sous le nom de « Columbian Museum ». Samuel Adams Drake, *Old Landmarks and Historic Personages of Boston*, Boston, James R. Osgood & Cie, 1873, p. 41.

75. Abraham François Robin, « Recueil », *op. cit.*, p. 26, 42, 54.

76. *Ibid.*, p. 42 ; « Procuration donnée par le sieur Pechillon de la Bordrie », 1er mai 1773, « Vente faite à la demoiselle Marchais, épouse dudit Sr Pechillon », 13 juin 1773, ADC, Caillaud, 2E297.

77. Lettre du 22 octobre 1770 de Blanchard de Sainte-Catherine, ADC, J563.

78. AM-A, CC42/2/11-12, CC62/32-33.

79. Baptême de Marie Bellat, 19 janvier 1662, mariage de Pierre Trémeau et Marie Bellat, 4 février 1674 ; AM-A, Saint-Ausone, GG56/224, 257.

80. « Acte de notoriété justificatif du nombre des héritiers du sieur Trémeau du Pignon », 24 août 1769, ADC, Caillaud, 2E290.

81. « Depost de testament de M. Trémeau », 14 mars 1761, ADC, Caillaud, 2E273.

82. « Règlements et partage de partie des biens de la succession de feu Monsieur Trémeau Dupignon fait entre ses héritiers », 10 mai 1768, p. [7]. ADC, Caillaud, 2E287.

83. Baptême de Noël Virol, fils de Guillaume Virol, perruquier, et Marie Brandt, 22 novembre 1736, AM-A, NDP, GG13/119 ; « Brevet d'apprentissage du Sr. Virol chez le Sr. Sirier maître chirurgien », 26 janvier 1760, ADC, Caillaud, 2E271. Dans la liste préparée pour le tirage au sort de la milice en 1758, Virol perruquier est réputé avoir deux enfants (mâles), « un dans la marine et l'autre en Amérique ». AM-A, EE5, « Relevé des états fournis à M. l'Intendant des garçons sujets à la milice dans la ville d'Angoulême », 4 octobre 1758.

84. « Règlements et partage », 10 mai 1768, p. [17, 18, 19, 24, 25, 26-27, 35, 41, 42, 47] ; ADC, Caillaud, 2E287. « Depost de testament de M. Trémeau », 14 mars 1761, ADC, Caillaud, 2E273.

85. Lettres d'Aretas Akers des 17 et 19 août 1783, *in* « Akers, Aretas, habitant de l'isle Saint-Vincent, et Robins, chirurgien Français, 1783 », ANOM, COL E 2. Abraham François Robin le jeune est né le 23 mars 1750 et mort le 13 janvier 1833. Il est décrit comme un ancien chirurgien-major de l'île de Saint-Vincent sur l'acte de baptême de sa fille, le 21 juillet 1788. Sa fille aînée a été baptisée le 19 mars 1785, et il est indiqué qu'elle a reçu un baptême préliminaire à Saint-Vincent le 21 décembre 1782. AM-A, Saint-André, GG41/125, GG46/149 ; PSC, GG68/95 ; 1E102/7. En 1791, Robin est réputé vivre dans la maison numéro 1014, près de l'(ancienne) église de Notre-Dame de la Peine. Section C, Château, « Contributions, matrices foncières », AM-A, 1791. Il était le cousin au deuxième degré de l'auteur du recueil secret. Abraham François Robin l'historien (fils de Félix Robin), et son cousin, un chirurgien nommé Félix Robin (fils de François Abraham Robin), ont eu à eux deux cinq fils baptisés « Abraham François » ou « François Abraham » entre 1740 et 1757 à Angoulême ; Saint-André, GG40/79, 41/76, 41/125 ; PSC, 67/49, 67/79 ; 1E66/49, 1E89/8, 1E95/53, 1E102/7.

86. « Quittance de 4542 l. Donné par M. et Mad. Delaplace Delatourgarnier [de la Tourgarnier] à M. Delavallière », 6 septembre 1765, ADC, Caillaud, 2E282 ; « Avis des parents du fils mineur », 23 novembre 1766, Caillaud, 2E285.

87. Mariage de Charles Henri David de Lastour et Marie Louise Jeanne de Mons, AM-A, Saint-André, 1er avril 1765, GG43/5-6 ; mariage de François Dumontet et Françoise Abelard, NDB, 21 octobre 1765, GG8/159.

88. « Traité entre Dognon et M. Heritier », 29 avril 1766, ADC, Jeheu, 2E851.

89. « Procuration donnée par Madame Le Fleche de Grandpré à M. de Conan son mari », 7 mars 1772, ADC, Caillaud, 2E295.

90. *Affiches Américaines*, n° 7, 13 février 1771, p. 53.

91. « Quittance ou descharge donnée par madame Le Fleche de Grandpré au Sr. de Conan son mari », 16 août 1772, ADC, Caillaud, 2E296.

92. « Obligation de la somme de soixante-dix mille livres par dame Marie Magdelaine Veyrier de Montaugé à M. Emery Chaloupin », 4 novembre 1780, ADC, Bernard, 2E184. *Supplément aux Affiches Américaines*, n° 25, 25 mai 1779, p. 175. Dans le cadre des complexes relations sociales des exilés, Marie Magdelaine Veyrier et Emery Chaloupin sont devenus marraine et parrain du même enfant en 1781, dans paroisse de Saint-Jacques, à Angoulême ; en 1784, Marie Magdelaine Veyrier, dite « actuellement en la [...] paroisse de baptême », est devenue la marraine, à Fort-Dauphin, Saint-Domingue, de la fille de Jean-Baptiste Chaloupin ; en 1791, Emery Chaloupin est devenu le parrain du fils Jean-Baptiste Chaloupin, qui vivait désormais à Angoulême. AM-A, Saint-Jacques, GG132/151, Saint-Antonin, GG55/69 ; baptême de Marie Françoise Chaloupin, 29 mars 1784, ANOM, Fort-Dauphin, 4/25.

93. Sépulture de Thomas Sutton, Comte de Clonard, 15 septembre 1782, AM-A, Saint-Paul, GG90/131 ; Louis M. Cullen, « Irish Businessman and French Courtier : The Career of Thomas Sutton, Comte de Clonard, c. 1722-1782 », *in* John J. McCusker et Kenneth Morgan (éds.), *The Early Modern Atlantic Economy*, Cambridge, Cambridge University Press, 2000, p. 86-104.

94. Sépulture de Marie Lenoir, 12 octobre 1786, AM-A, Saint-Paul, GG90/155.

95. « Procuration donnée par la dlle Chauvineau au sr Civadier son fils », 11 avril 1772, ADC, Caillaud, 2E295 ; baptême de Louis Michel Civadier, 17 septembre 1741, AM-A, Saint-Paul, GG89/43. Sur les familles Civadier et Chauvineau, voir GG89/4, 38, 60.

96. *Affiches Américaines*, n° 6, 7 février 1776, p. 66 ; *Supplément aux Affiches Américaines*, n° 50, 25 novembre 1786, p. 585-586.

97. Mariage de Louis Michel Civadier et Marie Charlotte Pissiez, 9 février 1790, ADC, Balzac, 1737-1792, 427-428/461.

98. Sépulture de Marie Charlotte Pissiez, 25 juillet 1790, ANOM, Saint-Domingue, Jacmel 1790, 16/24 ; mariage de Louis Michel Civadier et Anne Rose Pissiez, 14 pluviôse an IV (3 février 1796), Jacmel 1796, 21-22/30. L'acte du second mariage invoque la loi révolutionnaire du 20 septembre 1792, en vertu de laquelle les futurs époux peuvent présenter « sept amis » en lieu et place de parents absents. Baptême de Louis Michel Civadier, 17 septembre 1741, AM-A, Saint-Paul, GG89/43 ; baptêmes de Marie Charlotte et Anne Rose Pissiez, 30 novembre 1766 et 23 mai 1777, ADC, Balzac, 1737-1792, 207, 291/461.

99. Ogerdias acheta cette charge, en avril 1773 et pour quarante mille livres, à l'un des protagonistes – le procureur général – de l'affaire des capitalistes et des

cabalistes. Il est présenté alors comme un « bourgeois de Paris ». « Vente de l'état et office de conseiller du roi maître particulier des eaux et forêts d'angoumois », 12 avril 1773, ADC, Caillaud, 2E297 ; voir également la pétition du 9 juillet 1773, AD Vienne, maîtrise des eaux et forêts de Poitiers, B68.

100. Rôle du *Duc de la Vrillière*, 1772, Rôle de l'*Hector*, 1771-1772, *in* Rôles d'équipages, disponibles en ligne : http://www.memoiredeshommes.sga.defense.gouv.fr/. Outre ses deux enfants et ses cinq « domestiques noirs » – Antoine Julie, cuisinier, Suzanne Marie, infirmière, Jean Poupe, Flore et Marine –, Michel Guesnois était accompagnée de sa mère, de sa sœur et de sa nièce.

101. « Contrat de mariage de Sr. Ogerdias et demoiselle Michel Guenois », 19 mai 1762, ANOM, INDE, série O, carton n° 26, 1762-1766 ; mariage d'Ogerdias et Guesnois, 12 juin 1762, ANOM, Chandernagor, 1762. La carrière de Claude au service de la Compagnie néerlandaise des Indes orientales est présentée dans Frank Lequin, *Het Personeel van de Verenigde Oost-Indische Compagnie in Azie in de Achttiende Eeuw*, Leyde, Université de Leyde, 1982, p. 105, 137, 283. Je tiens à remercier le professeur Diana Kim de m'avoir aidée à localiser les contrats de mariage établis à Chandernagor. La composition de la dot de Michel Guenois était complexe : celle-ci incluait 2 333 roupies « dont le paiement est hypothéqué sur celle d'une note du Conseil de Chandernagor en faveur de [la mère de la future mariée] en date du 1er février 1757 », ainsi que 10 000 roupies sous forme de « cadeaux » à la future mariée à l'occasion de son mariage, « dont les donateurs ont exprimé le désir de ne pas se faire connaître ».

102. Baptême de Jean-Baptiste Ogerdias, né en 1765, 10 avril 1768 ; ANOM, Chandernagor, 1768. Le parrain de l'enfant était Jean-Baptiste Chevalier, le gouverneur de la colonie ; voir Jean Deloche, *Jean-Baptiste Chevalier, 1729-1789 : le dernier champion de la cause française en Inde*, Paris, Les Indes Savantes, 2003.

103. « Complaint of Claude Ogerdias », répertoriant les « aventures » pour lesquelles Chevalier et lui étaient tous les deux « concernés » ; il accusait Chevalier de s'être par la suite « associé et confédéré » avec les officiers anglais, 16 juillet 1774, TNA, C 12/1041/9.

104. On peut lire la description des recherches effectuées par des officiers à cheval dans une lettre du 18 août 1772 placée dans le dossier personnel d'Ogerdias ; « Ogerdias, Habitant de Chandernagor 1772 », ANOM, COL E325. Ogerdias est décrit comme « très opulent, le seul homme de confiance [de] M. Chevalier » ; lettre du 27 juillet 1772.

105. « Vente de l'état et office », 12 avril 1773, ADC, 2E297 ; Registres des audiences de la maîtrise des eaux et forêts, ADC, B 140 58. Ogerdias a présidé à des causes telles qu'un litige concernant le paiement de 20 livres pour la vente et la livraison de quatre cents fagots de rameaux de chêne (19 juillet 1773). Le précédent détenteur de l'office était le beau-père du procureur, décrit dans le recueil secret de Robin comme un « homme insatiable » mort en laissant une fortune évaluée à 600 000 livres : « cette fortune immense est le fruit des vexations et des concussions qu'il a toujours pratiquées dans l'exercice de sa charge » et « des intérêts doublement usuraires qu'il percevoit dans ses différents prêts d'argent ». Voir Abraham François Robin, « Recueil », *op. cit.*, p. 31.

106. « Bail amphitéotique [*sic*] par les dames Carmélites à M. Ogerdias », 7 avril 1775, ADC, Crassac, notaire, 2E10145. Enregistrement de la maison n° 185, occupée par la veuve d'Ogerdias, Section B, Saint-Martial, *in* AM-A, « Contributions, matrices foncières », 1791. Rose Civadier, dont les deux filles ont épousé le frère à Saint-Domingue, était une proche voisine, le numéro de sa maison étant le 188.

107. Décès de Michel Beatrix Guesnoy, 3 janvier 1830, AM-A, 1E92/3 ; baptême de Michel Beatrix Guenois, 12 février 1744, ANOM, Chandernagor, 1744.

108. Mariage de Martial Allemand Lavigerie et Louise Vaslin, 13 avril 1790, Saint-André, AM-A, GG47/64-65 ; baptême d'Élisabeth Allemand Lavigerie, 5 février 1791, Saint-André, GG47/82.

109. Enregistrement de la maison n° 243, Section B, Saint-Martial, *in* AM-A, « Contributions, matrices foncières », 1791 ; baptême de Françoise Philippine Lavigerie, 27 mai 1792, Saint-Pierre, GG25/26. Sur les derniers mois de la taille, voir Mireille Touzery, « La dernière taille : abolition des privilèges et technique fiscale d'après le rôle de Janvry pour les derniers mois de 1789 et pour 1790 », *Histoire & Mesure*, vol. 12, n° 1-2, 1997, p. 93-142.

110. Naissance de Léon Philippe Allemand Lavigerie, 13 prairial an III (18 juin 1795), AM-A, 1E4/94.

111. Alexis de Tocqueville, *L'Ancien Régime et la Révolution*, *op. cit.*, p. 182.

112. Décrets du 1er avril 1776 et du 9 septembre 1776, *in* Abraham François Robin, « Recueil », *op. cit.*, p. 66-69 ; *P.-J.-L. Nouel, l'aîné & fils, & Drou, Au roi, et à nosseigneurs de son conseil*, *op. cit.*, p. 71.

113. Lettre de Léonard Robin à Abraham François Robin, 22 février 1777, ADC, J700.

114. Baptême de Claude, 3 septembre 1758, AM-A, Saint-André, GG42/113.

115. L'historien de la famille des Robin, Dupin, écrit que le troisième fils de Robin, Félix-Léonard, était juriste auprès du Conseil souverain de Port-au-Prince, à Saint-Domingue. M. J. Dupin, « Notices sur Abraham François Robin, et Léonard Robin… », art. cité, p. 901.

116. [Chupin], *Précis pour messire Elie-Joseph de Miomandre marquis de Châteauneuf... contre les sieurs Marot, père et fils*, Paris, imprimerie de la veuve Hérissant, 1785, p. 6 ; [Riffé de Caubray], *Mémoire pour un homme condamné deux fois à la mort*, Paris, imprimerie de la veuve Hérissant, 1788, p. 58.

117. Baptême de Jean-Pierre Marot, 29 novembre 1749, AM-A, Saint-Paul, GG89/62. Lors de son mariage à Cognac, deux ans auparavant, il avait déclaré être « caissier à la recette des tailles » du village de Guimps. Mariage de Pierre Marot et Marie Chabot, 4 novembre 1748, ADC, registre de Cognac, Saint-Léger, 1744-1751, 3E108/15, 115/182.

118. « Sommation faite par M. Marot, receveur des tailles », 23 novembre 1771, ADC, 2E294.

119. L'avocat auprès de qui il s'était plaint était le père de l'« abbé Mioulle ». « Sommation faite par M. Marot », 23 novembre 1771, ADC, 2E294.

120. [François Laplanche], *Doutes, réflexions et résultats sur l'accusation en crime de vol intentée par le sieur Marot*, Paris, imprimerie de la veuve Hérissant,

1785, p. 7 ; [Chupin], *Précis pour messire Élie-Joseph de Miomandre...*, *op. cit.*, p. 6-7.

121. [Riffé de Caubray], *Mémoire pour un homme condamné deux fois à la mort*, *op. cit.*, p. 58. *P.-J.-L. Nouel, l'ainé & fils, & Drou, Au roi, et à nosseigneurs de son conseil*, *op. cit.*, p. 10-15.

122. Mariage de François Laplanche et Susanne Basque, 24 janvier 1775, AM-A, Saint-Martial, GG111/139-140.

123. Baptême de François Laplanche, 15 août 1751, AM-A, Saint-Jacques, GG127/93.

124. Baptême d'Anne Tournier, 23 juillet 1764, AM-A, Saint-Jacques, GG130/15.

125. [Riffé de Caubray], *Mémoire pour un homme condamné deux fois à la mort*, *op. cit.*, p. 3n1.

126. *Mémoire à consulter et consultation pour les Sieurs Marot*, Paris, imprimerie de Quillau, 1784, p. 2 ; baptême de Marguerite Tardat, 22 novembre 1772, AM-A, Saint-Paul, GG90/65.

127. Mariage de François Laplanche et Susanne Basque, 21 janvier 1775, AM-A, Saint-Martial, GG111/139-140 ; baptême de Jeanne Julie Laplanche, 29 avril 1775, Saint-Martial, GG111/146 ; baptême de Susanne Basque, 20 février 1751, Saint-Martial, GG108/6.

128. *Mémoire à consulter et consultation pour les Sieurs Marot*, *op. cit.*, p. 2-5.

129. *Ibid.*, p. 5-12.

130. *Gazette des Tribunaux*, vol. 27, n° 8, 1789, p. 116 ; [François Laplanche], *Doutes, réflexions et résultats sur l'accusation en crime de vol intentée par le sieur Marot*, *op. cit.*, p. 5-6, 34, 47, 55-56 ; [Riffé de Caubray], *Mémoire pour un homme condamné deux fois à la mort*, *op. cit.*, p. 9-10.

131. *Mémoire à consulter et consultation pour les Sieurs Marot*, *op. cit.*, p. 54n1.

132. Selon le mémoire dédié à Laplanche, condamné deux fois à mort, « une marchande fripière d'Angoulême, nommée Dupart » avait fait une « estimation arbitraire » des meubles, vêtements et sous-vêtements de Laplanche et sa femme ; cette fripière était Marie Guimard, devenue l'épouse de Louis Dupard en 1749. Voir [Riffé de Caubray], *Mémoire pour un homme condamné deux fois à la mort*, *op. cit.*, p. 6 ; AM-A, CC42/1/18, CC62/15/587, GG41/96.

133. [Riffé de Caubray], *Mémoire pour un homme condamné deux fois à la mort*, *op. cit.*, p. 77. Le contenu de la maison fit quelques semaines plus tard l'objet d'une vente publique. [François Laplanche], *Doutes, réflexions et résultats sur l'accusation en crime de vol intentée par le sieur Marot*, *op. cit.*, p. 56, 94 ; *Points essentiels à saisir dans l'affaire des sieurs Marot, contre Laplanche*, Paris, Demonville, 1789, p. 16.

134. *Mémoire à consulter et consultation pour les Sieurs Marot*, *op. cit.*, p. 55 ; [François Laplanche], *Doutes, réflexions et résultats*, *op. cit.*, p. 38n1.

135. *Ibid.*, p. 19.

136. [Riffé de Caubray], *Mémoire pour un homme condamné deux fois à la mort, op. cit.*, p. 18 ; *Mémoire à consulter et consultation pour les Sieurs Marot, op. cit.*, p. 16.

137. Entrée du 3 février 1785, in *Correspondance secrète, politique & littéraire*, 18 vol., 1787-1790, Londres, John Adamson, 1789, vol. 17, p. 311-312, citation p. 312.

138. Cahiers Laplanche, 17 novembre 1778, ADC, 1B1099/2.

139. Entrées des 15 et 30 mai 1783, in *Mémoires historiques, politiques et littéraires*, vol. 6, 1783, p. 48-59, 65-78, citation p. 71 ; entrée du 8 février 1785, *in* [M. de Bachaumont], *Mémoires secrets pour servir à l'histoire de la république des lettres en France, depuis MDCCLXII jusqu'à nos jours, op. cit.*, vol. 28, p. 116-122, citation p. 116. Encore en 1789, le *Mercure de France* évoque « cette extraordinaire affaire » ; *Mercure de France*, n° 19, 9 mai 1789, p. 90-96, citation p. 91.

140. Jules Simon, *La Liberté politique*, 4e éd., Paris, Hachette et Cie, 1871, p. 131.

141. [François Laplanche], *Doutes, réflexions et résultats sur l'accusation en crime de vol intentée par le sieur Marot, op. cit.*, p. 41, 102.

142. *Mémoire à consulter et consultation pour les Sieurs Marot, op. cit.*, p. 4.

143. [François Laplanche], *Doutes, réflexions et résultats sur l'accusation en crime de vol intentée par le sieur Marot, op. cit.*, p. 65-71.

144. [Chupin], *Précis pour messire Élie-Joseph de Miomandre..., op. cit.*, p. 2-4 ; *Consultation pour messire Élie-Joseph de Miomandre marquis de Châteauneuf*, Paris, imprimerie de la veuve Hérissant, 1784, p. 1-2.

145. Entrée du 15 mai 1783, in *Mémoires historiques, politiques et littéraires*, vol. 6, p. 55-56 ; entrée pour le 8 février 1785, in *Mémoires secrets*, vol. 28, p. 101. À Paris, Laplanche trouva un ami puissant en la personne du cardinal de Rohan, qui lui rendit visite en prison, apprécia sa sérénité et fit observer chez lui un « sentiment intérieur que l'innocence seule peut produire ». Lettre du cardinal de Rohan du 17 août 1784, citée dans [François Laplanche], *Doutes, réflexions et résultats sur l'accusation en crime de vol intentée par le sieur Marot, op. cit.*, p. 84n1. L'exemplaire conservé à la Bibliothèque nationale de France de la publication de 1788 en faveur de Laplanche porte la mention « Monsieur Lenoir Conseiller d'État à la Bibliothèque du Roy de la part de madame La Princesse de Rochefort » ; la princesse de Rochefort était la filleule, et fut plus tard l'héritière du cardinal de Rohan. [Riffé de Caubray], *Mémoire pour un homme condamné deux fois à la mort, op. cit.*, p. 1 ; BNF 4-FM-17558.

146. [Riffé de Caubray], *Mémoire pour un homme condamné deux fois à la mort, op. cit.*, p. 6n1.

147. *Mémoire à consulter et consultation pour les Sieurs Marot, op. cit.*, p. 2, 4 ; [Chupin], *Précis pour messire Élie-Joseph de Miomandre marquis de Châteauneuf... contre les sieurs Marot, père et fils, op. cit.*, p. 6-7.

148. Le texte de 1788 écrit en sa faveur est intitulé « Mémoire pour François Laplanche, ci-devant commis aux écritures dans l'un des deux bureaux de la recette des tailles d'Angoulême. » [Riffé de Caubray], *Mémoire pour un homme condamné deux fois à la mort, op. cit.*, p. 1.

149. *Ibid.*, p. 48, 50, 52, 55 ; [François Laplanche], *Doutes, réflexions et résultats sur l'accusation en crime de vol intentée par le sieur Marot, op. cit.*, p. 74-77, 127.

150. [Riffé de Caubray], *Mémoire pour un homme condamné deux fois à la mort, op. cit.*, p. 31, 66 ; *Mémoire à consulter et consultation pour les Sieurs Marot, op. cit.*, p. 3, 24, 32, 40 ; [François Laplanche], *Doutes, réflexions et résultats sur l'accusation en crime de vol intentée par le sieur Marot, op. cit.*, p. 72-73, 105, 134.

151. [Riffé de Caubray], *Mémoire pour un homme condamné deux fois à la mort, op. cit.*, p. 31, 66 ; *Mémoire à consulter et consultation pour les Sieurs Marot, op. cit.*, p. 3, 24, 32, 40 ; [François Laplanche], *Doutes, réflexions et résultats sur l'accusation en crime de vol intentée par le sieur Marot, op. cit.*, p. 72-73, 105, 133.

152. [Riffé de Caubray], *Mémoire pour un homme condamné deux fois à la mort, op. cit.*, p. 29.

153. [François Laplanche], *Doutes, réflexions et résultats sur l'accusation en crime de vol intentée par le sieur Marot, op. cit.*, p. 90-91n1, 134.

154. *Ibid.*, p. 8 ; témoignage de Jean Gaudichaud, Information, 17 novembre 1778, ADC, 1B1099/2.

155. [Chupin], *Précis pour messire Élie-Joseph de Miomandre…, op. cit.*, p. 1 ; [François Laplanche], *Doutes, réflexions et résultats sur l'accusation en crime de vol intentée par le sieur Marot, op. cit.*, p. 90.

156. [Riffé de Caubray], *Mémoire pour un homme condamné deux fois à la mort, op. cit.*, p. 83-84.

157. Alexis de Tocqueville, *L'Ancien Régime et la Révolution, op. cit.*, p. 213, 290.

158. *P.-J.-L. Nouel, l'ainé & fils, & Drou, Au roi, et à nosseigneurs de son conseil, op. cit.*, p. 2, 54.

159. Voir François Furet, « Tocqueville est-il un historien de la Révolution française ? », *Annales. Économies, Sociétés, Civilisations*, vol. 25, n° 2, 1970, p. 434-451 ; François Furet, *Penser la Révolution française*, Paris, Gallimard, 1978, en particulier p. 36-37, 229-250 ; Keith Michael Baker, *Au tribunal de l'opinion : essais sur l'imaginaire politique au XVIIIe siècle*, trad. fr. Louis Évrard, Paris, Payot, 1993.

160. « C'est une dimension de la vie des hommes qui ne l'a jamais intéressé que par ses interférences sociales ou intellectuelles, et jamais pour elle-même ou comme mécanisme fondamental du changement » ; voir François Furet, *Penser la Révolution française, op. cit.*, p. 238-239.

161. Camille-Ernest Labrousse, *La Crise de l'économie française à la fin de l'Ancien Régime et au début de la Révolution*, Paris, Presses universitaires de France, 1944, « Plan de l'ouvrage », p. XXXII.

162. Alexis de Tocqueville, *L'Ancien Régime et la Révolution, op. cit.*, p. 270-271.

163. Philip T. Hoffman, Gilles Postel-Vinay et Jean-Laurent Rosenthal, *Dark Matter Credit : The Development of Peer-to-Peer Lending and Banking in France, op. cit.*, chapitre 2. Je suis très reconnaissante au professeur Postel-Vinay de m'avoir donné accès aux dossiers charentais.

164. Alexis de Tocqueville, *L'Ancien Régime et la Révolution*, *op. cit.*, p. 271, 273. Guillaume Daudin, *Commerce et prospérité : la France au XVIIIe siècle*, *op. cit.*, et voir également Jean Tarrade, *Le Commerce colonial de la France à la fin de l'Ancien Régime : l'évolution du régime de « l'Exclusif » de 1763 à 1789*, Paris, Presses universitaires de France, 1972, Jean-Pierre Poussou, « Le dynamisme de l'économie française sous Louis XVI », *Revue économique*, vol. 40, n° 6, novembre 1989, p. 965-984, et Loïc Charles et Guillaume Daudin, « La collecte du chiffre au XVIIIe siècle : le Bureau de la Balance du Commerce et la production de données sur le commerce extérieur de la France », *Revue d'Histoire Moderne et Contemporaine*, vol. 58, n° 1, 2011, p. 128-155.

165. Philip T. Hoffman et Jean-Laurent Rosenthal, « New Work in French Economic History », *French Historical Studies*, vol. 23, n° 3, 2000, p. 439-453, p. 442-443, et voir également Suzanne Desan, Lynn Hunt et William Max Nelson (éds.), *The French Revolution in Global Perspective*, *op. cit.*, en particulier la contribution de Lynn Hunt, « The Global Financial Origins of 1789 », et celle de Michael Kwass, « The Global Underground : Smuggling, Rebellion, and the Origins of the French Revolution ».

166. « Cahiers des doléances et remontrances de la communauté de Châlus », *in* Archives révolutionnaires de la Haute-Vienne, *Doléances paroissiales de 1789*, Limoges, Chatras, 1889, p. 3.

Chapitre 5. La Révolution française à Angoulême

1. Jean Jézéquel, *La Révolution française à Angoulême*, *op. cit.*, p. 7, 167 ; Jean Jézéquel, « Charente », *in* Louis Bergeron et Guy Chaussinand-Nogaret (éds.), *Grands notables du Premier Empire*, Paris, Éditions du CNRS, 1986, p. 1.

2. « L'histoire est faite de la vie quotidienne des hommes, et c'est dans les moments extraordinaires qu'il faut aussi observer le comportement des gens ordinaires » ; Jean Jézéquel, *La Révolution française à Angoulême*, *op. cit.*, p. 7.

3. Sur les cahiers de doléances, voir Pierre Goubert et Michel Denis (éds)., *1789, les Français ont la parole : cahiers de doléances des États généraux*, Paris, Julliard, coll. « Archives », 1964, réimpr. Paris, Gallimard, « Folio Histoire », 2013, et Timothy Tackett, « Use of the Cahiers de Doléances of 1789 for the Analysis of Regional Attitudes », *Mélanges de l'École française de Rome*, vol. 103, n° 1, 1991, p. 27-46.

4. Procès-verbal d'assemblée de la ville et commune d'Angoulême, 26 février 1789, ADC, 142B6 ; voir également Prosper Boissonnade, *Doléances*, *op. cit.*, p. 28-31.

5. Cahier de doléances, maîtres selliers et charrons d'Angoulême, 24 février 1789, ADC, 142B8 ; Prosper Boissonnade, *Doléances*, *op. cit.*, p. 50-52.

6. Cahier de doléances, maîtres serruriers, maréchaux, taillandiers et forgerons grossiers d'Angoulême, 24 février 1789, ADC, 142B8 ; Prosper Boissonnade, *Doléances*, *op. cit.*, p. 52-54.

7. Cahier de doléances, maîtres tailleurs d'Angoulême, 24 février 1789, ADC, 142B8 ; Prosper Boissonnade, *Doléances*, *op. cit.*, p. 41. Jean Chauvignon, signataire

du procès-verbal, était marié à Jeanne Allemand, fille de Marc Allemand et Marie Giraud ; AM-A, NDP, GG14/44.

8. Cahier de doléances, maîtres cordonniers d'Angoulême, 25 février 1789, ADC, 142B8 ; Prosper Boissonnade, *Doléances*, *op. cit.*, p. 44-45. Sur le cordonnier Pierre Basque, voir AM-A, Saint-Martial, GG110/106, 165, GG111/184, 221.

9. Prosper Boissonnade, *Doléances*, *op. cit.*, p. 72-74, 108-109 ; *Mémoire en forme d'observations pour servir à toutes fins de doléance et plaintes de la ville d'Angoulême, que les députés du Tiers-État de ladite ville adressent au ministre des finances*, non daté [1789], ADC, 142B6.

10. Prosper Boissonnade, *Doléances*, *op. cit.* : Angoulême, cordonniers, p. 43, serruriers, p. 53, communes, p. 62-63 ; Courlac, p. 197, Orival, p. 212, Ruffec, p. 368, Villegast, p. 457.

11. *Ibid.* : Angoulême, tailleurs, p. 42, cordonniers, p. 44-45, selliers, p. 52, ville d'Angoulême, p. 145, 152-153 ; Bon-de-Montmoreau, p. 193, Palluaud, p. 215, La Valette, p. 347.

12. « Cahier des doléances et réclamations des femmes du département de la Charente », *in* Léonce Grasilier, « Le féminisme en 1790 », *Nouvelle revue rétrospective*, vol. 11, juillet-décembre 1899, p. 87-102, p. 89, 91, 94, 102 ; Léon Burias, « Un cahier des doléances des femmes en 1790 », *BSAHC*, 1957, p. 37-46 ; *Cahier des doléances et réclamations des femmes par Madame B*** B****, pays de Caux, 1789, p. 1, 5, 8. Sur les cahiers rédigés par des femmes, voir Christine Fauré, « Doléances, déclarations et pétitions, trois formes de la parole publique des femmes sous la Révolution », *Annales historiques de la Révolution française*, vol. 344, 2006, p. 5-25. Marie Sauvo est née en Dordogne et a épousé à dix-huit ans un homme beaucoup plus vieux qu'elle, avocat à Angoulême, Pierre Decescaud, plus tard connu sous le nom de Decescaud de Vignerias. Tous deux ont vécu à Angoulême et à Vignerias, dans le canton de Marthon, près de Charras, à l'ouest d'Angoulême. Voir AD Dordogne, Bussière-Badil, baptême d'Anne Marie Sauvo, 3 octobre 1757, 275/771, et mariage de Marie Sauvo et Pierre Decescaud, 15 février 1776, 515-516/771. Pierre Decescaud a été inhumé à Charras le 21 janvier 1790 ; ADC, Charras, 3E88/3, 82/127.

13. « Cahier des doléances et réclamations des femmes du département de la Charente », *op. cit.*, p. 90 (les italiques soulignant la différence de temps ne sont pas dans le texte original) ; *Cahier des doléances et réclamations des femmes par Madame B****, *op. cit.*, p. 3. Robin vivait dans la maison n° 1012 située rue de l'Évêché, section du Château ; la famille Sauvo vivait dans la maison n° 1013, et Marie Sauvo Vignerias dans la maison n° 1014 ; ses voisins, de l'autre côté, appartenaient à la famille Sazerac, impliquée dans l'affaire des petits-enfants du chapelier et de l'héritage en Martinique. Enregistrements des maisons n° 1012, 1013, 1014, 1011, 1010, Section C, Château, *in* AM-A, « Contributions, matrices foncières », 1791.

14. « Cahier des doléances et réclamations des femmes du département de la Charente », *op cit.*, p. 101-102 ; *Cahier des doléances et réclamations des femmes par Madame B****, *op. cit.*, p. 18. Marie Sauvo s'est remariée en 1792 avec Léonard Bargeiron, et tous deux ont eu un fils l'année suivante ; mariage de Marie

Sauvo et Léonard Bargeiron, 22 octobre 1792, AM-A, GG25/44, naissance de Jean Bargeiron, 28 avril 1793, ADC, Charras, 1793-1801, 4/196. Elle est morte à Souffrignac, près de Charras, à quatre-vingt-deux ans ; 7 juillet 1840, ADC, Souffrignac, 1823-1842, 240-241/268.

15. Lettre du 11 mai 1788, de Léonard Robin à Abraham François Robin, et auparavant, lettre du 22 février 1777, ADC, J700.

16. Daniel Massiou, *Histoire politique, civile et religieuse de la Saintonge et de l'Aunis*, 2e éd., 6 vol., Saintes, A. Charrier, 1846, vol. 6, p. 43-44. Le département de la Charente, dont Angoulême était le chef-lieu, était aussi appelé la « haute Charente » ; Saintes était alors le chef-lieu du département de la Charente-Inférieure, aujourd'hui Charente-Maritime.

17. Les numéros des registres correspondent de fait au système de numérotation des maisons établi en 1769, ainsi qu'au « Plan Directeur » de 1792, aujourd'hui accroché au mur des Archives municipales d'Angoulême. Voir Jean George, *Topographie historique d'Angoulême*, Angoulême, Chasseignac, 1899, p. 2, 4.

18. « Contributions, matrices foncières », 1791, AM-A. Sur le procès-verbal des rues et maisons de 1792, voir Jean George, *Topographie historique d'Angoulême*, *op. cit.*, p. 2.

19. Ce recensement est décrit dans l'une des sources les plus intrigantes de l'histoire d'Angoulême durant la période révolutionnaire et le début de la période impériale, le « Journal » des maires successifs de la ville, retranscrit par le secrétaire de mairie au milieu du XIXe siècle. Voir l'entrée du 9 brumaire an III, in *Journal des maires d'Angoulême, 1790-1808*, éd. Vincent Mercier, Angoulême, Germa, 1989, p. 45. Sur Mercier, voir plus loin, le chapitre 9.

20. Entrée du 11 ventôse an VIII, *ibid.*, p. 161.

21. « État sommaire des registres et papiers », *in* « Inventaire des papiers du district d'Angoulême au moment de sa suppression », 22 brumaire an IV, ADC, L238.

22. « Registre pour recevoir les déclarations des citoyens domiciliés dans cette commune », AM-A, Contributions/Contributions personnelles 1798/1799.

23. 3 mars 1793, *Archives parlementaires de 1787 à 1860 : recueil complet des débats législatifs et politiques des chambres françaises*, (éds). J. Mavidal et E. Laurent, Paris, Paul Dupont, 1re série, t. 1, 1787-1799 [1862] – (désormais AP), vol. 60, p. 108.

24. Entrée du 26 ventôse an III, in *Journal des maires d'Angoulême, 1790-1808*, *op. cit.*, p. 51.

25. « Archives. Récépissés d'objets et de documents », ADC, L131. Les corrections et annotations concernent en particulier le rôle du « secrétaire général » : « les lettres et paquets adressés au Dre seront déposés sur le bureau, ouverts par le Président, lus au Dre assemblé, enregistrés *par le secrétaire-général* et distribués *par lui* sans délai entre les Baux en raison de leur attribution respective. »

26. « Registre destiné à constater la présence des employés », du 12 germinal an VII au 21 messidor an VII, ADC, L121.

27. 8 septembre 1793, *AP*, vol. 73, p. 521. Sur les fêtes révolutionnaires, voir Mona Ozouf, *La Fête révolutionnaire 1789-1799*, Paris, Gallimard, 1976.

28. 20 décembre 1793, *AP*, vol. 82, p. 20-23.

29. Entrées des 19 ventôse an VII et 9-10 thermidor an VII, in *Journal des maires d'Angoulême, 1790-1808*, *op. cit.*, p. 121-122, 138.

30. Comme l'a dit son principal concepteur, le visionnaire Gilbert Romme, qui représentait aussi la Convention à Angoulême et était chargé de réquisitionner les fèves et les forges, le nouveau calendrier « ouvr[ait] un nouveau livre à l'histoire », et « [devait] graver d'un burin neuf les annales de la France régénérée ». Voir Michel Froeschlé, « À propos du calendrier républicain : Romme et l'astronomie », *Annales historiques de la Révolution française*, vol. 304, 1996, p. 303-325, citations p. 308. Sur Romme à Angoulême, décrit dans l'un des apartés de Mercier comme un « Proconsul sanguinaire », voir le *Journal des maires d'Angoulême, 1790-1808*, *op. cit.*, p. 29-41, citation p. 55.

31. « Baptême » de Marie Andrée Marguerite Tessier – l'ancienne expression est encore utilisée dans la marge du registre, AM-A, 1E1/106-107 ; baptême de Pierre Nouel, 15 février 1764, NDB, GG8/145. On commença à indiquer les dates en précisant le nom des nouveaux mois révolutionnaires quelques jours plus tard, le 27 brumaire an II (17 novembre 1793) ; 1E1/116.

32. Sur la construction de l'état civil, voir Gérard Noiriel, « L'identification des citoyens. Naissance de l'état civil républicain », *Genèses*, vol. 13, 1993, p. 3-28.

33. Il restait trois paroisses : une nouvelle paroisse de Saint-Pierre, dont l'église était la cathédrale de la ville, la paroisse de Saint-Jacques et celle de Saint-Martial. Le passage de l'enregistrement paroissial à l'enregistrement civil eut lieu dans la paroisse de Saint-Pierre le 5 novembre 1792, et dans celle de Saint-Martial le 15 novembre 1792 ; Saint-Pierre, AM-A, GG25/47, et Saint-Martial, ADC, 1791-1792, 3E16/23, 452/465. Dans la paroisse de Saint-Jacques, un volume s'achève le 27 octobre 1792, et un autre s'ouvre le 18 novembre 1792 selon la nouvelle forme républicaine ; AM-A, GG134/186 et GG135/1.

34. Le père du nouvel évêque, Pierre-Mathieu Joubert, était un médecin d'Angoulême, et sa mère était morte jeune ; alors qu'il avait sept ans, son père avait épousé la sœur du maître de danse. AM-A, baptême de Pierre-Matthieu Joubert, 18 novembre 1748, mariage de Roch Joubert et Jeanne Lefort Latour, 23 décembre 1755, Saint-André, GG41/93, GG42/60 ; voir également Jean Jézéquel, *La Charente révolutionnaire 1789-1799*, Poitiers, Société archéologique et historique de la Charente, 1992, p. 188-191. En décembre 1792, Pierre-Mathieu renonça à son évêché ; d'après l'historien du clergé de la Charente, sa démission fit suite à une dispute concernant ses frais de déplacement, le prolongement d'un congé exceptionnel, ou les deux. Il se maria à Versailles en 1793 et mourut à Paris en 1815, après une longue et paisible carrière au sein de l'administration impériale du département de la Seine. J.-P.-G. Blanchet, *Le Clergé charentais pendant la Révolution*, *op. cit.*, p. 134-140, 604-606. Sur les efforts de Joubert pour faire supprimer son nom de la liste des émigrés, les raisons de sa démission et la « foule d'ennemis » qui le cernait, voir « Joubert, Pierre-Mathieu », AN, Police générale, Charente, F/7/490, dossier 12, 56/56.

35. Baptême de Marie Anne Guimberteau, 5 novembre 1792, naissance de Pierre Tournier et décès de Magdeleine Brun, 6 novembre 1792 ; AM-A, Saint-Pierre, GG25/47.

36. AM-A, divorce de Catherine Dorisse et Nicholas Valteau, 14 novembre 1792, Saint-Pierre, GG25/51-52. Le témoin était Jacques Rezé, fils de Pierre Rezé qui fut d'abord musicien puis drapier ; voir Saint-Pierre GG45/3-4.

37. Les mois révolutionnaires apparaissent pour une naissance le 27 brumaire an II (17 novembre 1793), pour un mariage le 6 frimaire an II (26 novembre 1793), pour un divorce le 13 frimaire an II (3 décembre 1793) et pour un décès le 20 brumaire an II (10 novembre 1793). AM-A, 1E1/116, 1E2/52, 54, 1E3/105.

38. Voir AM-A, 1E3/102, 105.

39. Divorce de Jean Proullaud et Rose L'Homme, 14 février 1793, AM-A 1E2/10 ; arbitrage des 18-22 décembre 1792, ADC, Sentences arbitrales, L2158 ; baptême de Jean Proullaud, 24 janvier 1764, Saint-André, GG42/220 ; baptême de Rose L'Homme, 19 août 1764, Saint-Martial, GG109/178.

40. Le premier divorce enregistré dans les registres de l'état civil de la ville date du 14 novembre 1792, et le dernier – jusqu'en 1884 – du 23 avril 1814 (la loi du 20 septembre 1792 sur le divorce a été abrogée en 1816, sous la Restauration) ; AM-A, GG25/51, 1E50/130-131 ; 1E260/121. L'ensemble des vingt-quatre divorces demandés pour cause d'émigration ont été enregistrés entre novembre 1793 et juin 1794. Pour ce qui concerne les divorces qui n'étaient pas liés à l'émigration, trente ont été prononcés peu après l'entrée en vigueur de la loi, entre 1792 et 1795 ; treize demandeurs étaient des hommes, et seize des femmes. Quarante-deux divorces ont été prononcés alors que la loi et la pratique étaient plus restrictives, entre 1796 et 1814 ; cinq demandeurs étaient alors des hommes, et vingt-huit des femmes. Il y a eu aussi neuf divorces par consentement mutuel. Une étude dédiée à la vie « dissolue » des couples mariés vivant en Charente a estimé, en se fondant sur une prospection partielle, qu'environ 258 divorces avaient été prononcés dans le département au cours de la période ; Xavier Cottet, « La vie dissolue des époux charentais, de la Révolution au début de la Restauration : impact sociologique de l'introduction du divorce en Charente, 1792-1816 », *Revue de la Saintonge et de l'Aunis*, vol. 28, 2002, p. 77-110, p. 78n5.

41. Mariage de Marie Fougère et Pierre Michel Rigaud, 7 février 1780, AM-A, Saint-André, GG46/3 ; divorce de Marie Fougère et Pierre Michel Rigaud, 25 septembre 1793, 1E2/44 ; mariage de Marie Fougère et François Pasturaud, 14 octobre 1793, 1E2/48.

42. Mariage de Guillaume Roch Letourneau et Anne Morin, AM-A, 2 mai 1775, GG68/56 ; divorce, 29 juin 1793, 1E2/24-25.

43. Sur les deux sœurs, toutes deux nommées Françoise Coupeau, leurs premiers maris, Marc et François Andraud, et leurs seconds maris, tous deux nommés Jean Clochard, voir AM-A, GG109/167 ; 1E2/72, 73 ; 1E23/17-18, 19, 25-26, 60-61 ; 1E25/138.

44. Baptême de Jeanne David, 19 février 1761, AM-A, Saint-Ausone, GG62/65 ; mariage de Bartélemi Raimond et Jeanne David, 13 vendémiaire an IV (5 octobre 1796), 1E8/2.

45. Acte préliminaire du divorce de Jeanne David et Bartélemi Ramond, 10 nivôse an V (30 décembre 1796), 1E11/19-20 ; d'après une note ajoutée dans la marge (écrite, d'après l'écriture, par la personne qui a enregistré l'acte), « il

est par erreur que l'acte préliminaire du divorce [...] a été inscrit sur le présent registre ». Divorce de Jeanne David et Bartélemi Ra[i]mond, 23 prairial an V (11 juin 1797), 1E11/76 ; le registre mentionne trois actes préliminaires datant du 10 nivôse an V, du 10 ventôse an V, et du 10 prairial an V, plus une convocation, en date du 19 prairial an V.

46. Décès de Jeanne David, 6 vendémiaire an VI (27 septembre 1797), 1E15/4.

47. Voir par exemple AM-A, 1E3/121.

48. « Baptême » de Catherine, fille illégitime, 1er mars 1793, AM-A, 1E1/23-24.

49. Baptême de Guillaume Verliac, 16 mai 1789, mariage de Guillaume Verliac et Catherine Mesnard, 19 mai 1789, pétition de Guillaume Verliac, AM-A, Saint-Martin, GG84/139-143. À Angoulême, Guillaume Verliac a donné naissance à une lignée de charpentiers, menuisiers et ébénistes ; son petit-fils, mort en 1900, est devenu « chef de division à la préfecture » de la ville. Décès de Laurent Verliac, 22 mars 1900, AM-A, 1E310/34.

50. Selon les calculs effectués à partir de AM-A, 1E31, tableau décennal des décès.

51. AM-A, registre de l'état civil pour l'an XIII, 1E38/9-22. Les descriptions de ruban sont quelquefois extraordinairement précises. « Denis [était] marqué d'un morceau d'étoffe de soÿe mordorée à petites raÿs jaulnes bordé par bout d'un morceau de milleret de même couleur, ledit morceau d'étoffe de quinze centimètres de long, sur quatre de large, attaché au poignet droit dudit enfant. »

52. AM-A, 1E45/405, 407, 409 (1812), 1E49/413 (1813), 1E50/350 (1814), 1E51/384 (1815), 1E52/448, 449 (1816).

53. Jean George, *Topographie historique d'Angoulême...*, *op. cit.*, p. 84, 112-116 ; James Forgeaud, « La place du Mûrier et ses environs », *BSAHC*, vol. 143, 1987, p. 37-70 ; James Forgeaud, « L'ouest de la ville et le groupe épiscopal d'Angoulême », *BSAHC*, vol. 144, 1988, p. 98-112.

54. « Bail amphitéotique [*sic*] de 29 années par les dames religieuses du tiers ordre de St. François à Me Jean Bernard notaire royal », 5 août 1770, ADC, Caillaud, 2E292.

55. AM-A, CC42/1/23-24, CC42/2/1, CC62/20-22. Jean George, *Topographie historique d'Angoulême*, *op. cit.*, p. 76-77 ; James Forgeaud, « Le Château, le Chatelet, la Petite Halle et la Porte Chandos », *BSAHC*, vol. 143, 1987, p. 174-200.

56. « Titres et effets », 20 mai 1790, *in* ADC, 1QPROV 1/164-167 (Q VI 6). 94 des 96 sœurs d'Angoulême, dont la plupart vivaient au sein des communautés religieuses de la ville depuis l'enfance, déclarèrent qu'elles souhaitaient rester. J.-P.-G. Blanchet, *Le Clergé charentais pendant la Révolution*, *op. cit.*, p. 38-39, 420-428.

57. « Chapelles », 6 juillet 1791, *in* ADC, 1QPROV 1/164-167 (Q VI 9).

58. J.-P.-G. Blanchet, *Le Clergé charentais pendant la Révolution*, *op. cit.*, p. 151-152, 194-200 ; Jean Jézéquel, *La Révolution française à Angoulême*, *op. cit.*, p. 59-69.

59. « Vente de mobilier d'église », 23 janvier-10 février 1793, *in* ADC, 1QPROV 2 24.

60. J.-P.-G. Blanchet, *Le Clergé charentais pendant la Révolution*, *op. cit.*, p. 151-152, 194-200 ; Jean Jézéquel, *La Révolution française à Angoulême*, *op. cit.*, p. 59-69.

61. « Procès-verbal des cy-devant Dominiquains », 13 janvier 1791, *in* ADC, 1QPROV 1/ 164-167 (Q VI 6).

62. James Forgeaud, « La place du Mûrier et ses environs », art. cité, p. 41 ; Jean Jézéquel, *La Révolution française à Angoulême*, *op. cit.*, p. 68.

63. Jean Théodore Henry, dit « Henry l'*ainé* », était le fils aîné de Jacques David Henry et Marie Lesueur ; son frère, Joseph Frédéric Henry, était marié à Marie Joubert, fille de Roch Joubert et sœur de Pierre-Matthieu Joubert. Mariage de Joseph Frédéric Henry et Marie Joubert, 8 septembre 1772, Saint-André, GG45/182. « Le séminaire d'Angoulême », 17 mars 1792, *in* « Décompte pour acquisition de domaines nationaux », n° 2062, *in* ADC, 1QPROV 2 41 (Q XVIII 40). Sur le registre, pour la parcelle n° 127 du « Plan Directeur », « le séminaire » est biffé et remplacé par « Henry l'*ainé* » ; Section B, Saint-Martial, *in* AM-A, « Contributions, matrices foncières », 1791.

64. Sur l'obligation de jurer fidélité au nouvel ordre, voir Timothy Tackett, *Religion, Revolution, and Regional Culture in Eighteenth-Century France : The Ecclesiastical Oath of 1791*, Princeton, NJ, Princeton University Press, 1986.

65. Rapport des citoyens Mignot, Menault et Gerbaud, cité dans J.-P.-G. Blanchet, *Le Clergé charentais pendant la Révolution*, *op. cit.*, p. 218n2 ; James Forgeaud, « La place du Mûrier et ses environs », art. cité, p. 41.

66. L'ouvrage de Bernard Bodinier et Éric Teyssier, *L'Événement le plus important de la Révolution : la vente des biens nationaux (1789-1867) en France et dans les territoires annexés*, Paris, Société des études robespierristes, 2000, présente une synthèse de la très abondante littérature concernant les biens nationaux. Les circonstances propres à la vente des biens ecclésiastiques de Bordeaux, qui incluaient comme à Angoulême d'importantes propriétés urbaines, ont été étudiées par Marcel Marion, et celles concernant le district de Caen par Alain Corbin. Marcel Marion, *La Vente des biens nationaux pendant la Révolution : étude spéciale des ventes dans les départements de la Gironde et du Cher*, Paris, Honoré Champion, 1908 ; Alain Corbin, « Les biens nationaux de première origine dans le district de Caen », *Annales de Normandie*, vol. 39, n° 1, 1989, p. 91-119.

67. AM-A, « Contributions, matrices foncières », 1791. Pour une démonstration remarquable du potentiel des cartes et des plans pour la compréhension historique – dans ce cas précis en ce qui concerne le marché aux esclaves de Rio de Janeiro au XIXe siècle –, voir Zephyr Frank et Whitney Berry, « The Slave Market in Rio de Janeiro *circa* 1869 : Context, Movement and Social Experience », *Journal of Latin American Geography*, vol. 9, n° 3, 2010, p. 85-110.

68. « Décompte », n° 2020, *in* ADC, 1QPROV 2 41 (Q XVIII 40).

69. « Décompte », n° 2152, *in* ADC, 1QPROV 2 41 (Q XVIII 40).

70. « Vente de biens nationaux », 25 thermidor an III, in ADC, 1QPROV 2 1 (Q XVIII 1).

71. *Ibid.* ; enregistrement de la maison n° 8C, Section C, Château, *in* « Contributions, matrices foncières », 1791, AM-A ; tenance viagère de Catherine de

Saint-Mesmy, 31 mai 1785, ADC, 2C2/239, 70/102 ; décès de Catherine Saint-Mesmy, 1er janvier 1827, AM-A, 1E83/8.

72. Enregistrement de la maison n° 988, acquise par Thibaud, Section C, Château, *in* « Contributions, matrices foncières », 1791, AM-A ; « Décompte », n° 2259, *in* ADC, 1QPROV 2 41 (Q XVIII 40).

73. « Décompte », adjudications des 5 mars 1791 et 9 nivôse an II (n° 2169), *in* ADC, 1QPROV 2 41 (Q XVIII 40). La maison de la rue de Genève était la propriété de l'« émigré Viville » ; voir également « Information faite en la chambre criminelle », Louis Arnauld de Viville, 17 novembre 1778, ADC, 1B1099/2.

74. « Décompte », n° 349, *in* ADC, 1QPROV 2 41 (Q XVIII 40).

75. Enregistrement de la maison n° 1014, Section C, Château, *in* « Contributions, matrices foncières » 1791, AM-A ; « Décompte », n° 315, *in* ADC, 1QPROV 2 41 (Q XVIII 40).

76. Soumission n° 1, 1er juillet 1790, *in* Enregistrement des soumissions, ADC, 1QPROV 1 27.

77. Soumission n° 158, 2 août 1790, *in* Enregistrement des soumissions, ADC, 1QPROV 1 27.

78. « Vente de biens nationaux », 21 fructidor an III, *in* ADC, 1QPROV 2 1 (Q XVIII 1) ; « Table alphabétique des successions collatérales payées », 1765-an VII, ADC, 2C2/39, 6/29.

79. « Tableau des baux des biens et revenus nationaux », ADC, 1QPROV 1/343 (Q XIV 1) ; et pour le troisième bail, en 1794 (10 ventôse an II), « Table alphabétique des successions collatérales payées », ADC, 2C2/39, 2/29.

80. « Table alphabétique des successions collatérales payées », ADC, 2C2/39. Il s'agit d'une liste des transactions de l'époque révolutionnaire, établie sur un ancien formulaire, sur laquelle les noms des « ci-devant propriétaires » remplacent les noms des défunts, et les noms des « fermiers » ceux des héritiers. Les pages répertoriant les propriétés immobilières des Tiercelettes – dont l'église de Gabriel – ne se trouvent pas sur la version du document en ligne, et je tiens à remercier tout particulièrement Dominique Guirignon, des Archives départementales de la Charente, qui m'a procuré des copies des pages manquantes (p. 29-32, entre les images 27/29 et 28/29 sur le document en ligne).

81. Baptême de Marguerite Aubert, 27 décembre 1774, AM-A, Saint-André, GG45/73-74 ; sa grand-mère et marraine était Marguerite Durousot, et son grand-père Jean Joubert ; 20 décembre 1793, *AP*, vol. 82, p. 20-23.

82. 20 décembre 1793, *AP*, vol. 82, p. 20-23.

83. Mariage de Marguerite Aubert et Jean Noël Bonniceau, 5 avril 1807, AM-A, 1E40/80-81. J.-B. Quignon, « Notices historiques et anecdotiques », 8 vol., vol. 8, p. 334, ADC, J75.

84. « Fête de la Raison », ADC, L144, (19)-(40) ; voir également Mona Ozouf, *La Fête révolutionnaire, op. cit.*

85. Jean Glaumont était l'oncle maternel de Lecler-Raby, et Catherine Lecler sa tante paternelle ; ses grands-parents maternels étaient Jean Glaumont et Marie Gendron. Mariage de François Lecler et Françoise Glaumont, 30 avril 1759, AM-A, Saint-Jacques, GG129/5-6 ; baptême de Jean Lecler, 29 juin 1766, Saint-André,

GG43/29-30 ; mariage de Jean Lecler et Catherine Raby, 12 mai 1789, NDB, GG10/72.

86. Voir AM-A, 1E1/166, 1E2/97, 1E3/148.

87. Rapport des citoyens Chancel, Blandeau et Lecler-Raby, 5 prairial an VII, cité dans le *Journal des maires d'Angoulême, 1790-1808*, *op. cit.*, p. 128-130.

88. *Ibid.*, p. 168, 199 ; décès de Jean Lecler, 22 août 1848, AM-A, 1E148/69.

89. Acte de sépulture du 20 janvier 1796, St. Mary the Virgin, Woodford ; voir plus haut, le chapitre 3.

90. Bénédictine Bologne a été baptisée le 3 septembre 1753, et elle est morte le 13 mars 1841 ; elle était réputée vivre rue de la Cloche Verte. AM-A, Saint-Jean, GG74/55, 1E126/25. Elle a découvert que la maison était délabrée lorsqu'on lui en a donné les clefs, et elle est revenue avec un notaire afin de faire dresser l'inventaire de son état. « Procès-verbal de maison pour Bénédictine Bologne », 13 floréal an III (2 mai 1795), ADC, Bourguet, notaire, 2E10192 ; déclaration 86, « Registre pour recevoir les déclarations des citoyens domiciliés dans cette commune », AM-A, Contributions/Contributions personnelles 1798/1799 ; AM-A, 1F1, Recensement [1801], p. 15.

91. Mariage de Jean-Baptiste Marchais et Marie David, 8 mai 1792, ADC, Saint-Simon, 1737-1798, 3E387/1, 178/298. L'emplacement de la maison est indiqué dans l'acte de baptême du frère de Marie David ; 10 mars 1771, Saint-Antonin, GG54/67.

92. Décès de Marie Billard, 24 germinal an III (13 avril 1795), AM-A, 1E6/82.

93. Cette note relative aux événements du 29 juillet 1789 est citée dans un recueil publié en 1902 : A. Lecler, « La Grande Peur en Limousin », *Bulletin de la société archéologique et historique du Limousin*, vol. 51, 1902, p. 17-62, citation p. 39. Dans la grande étude de Georges Lefebvre intitulée *La Grande Peur de 1789*, celle-ci se répand depuis Ruffec vers le sud jusqu'à Angoulême et vers l'est jusqu'à Limoges, véhiculée entre autres par un officier du Trésor à la recherche des brigands, un architecte spécialisé dans la réparation des églises et quatre ou cinq hommes disant collecter de l'argent pour les prisonniers chrétiens. Il est intéressant de noter que la description de Lecler concernant le Limousin, qui est la principale source de Lefebvre sur la généralité, contient davantage de références aux ennemis extérieurs. L'architecte rapporte quant à lui que la personne chez qui il séjournait avait reçu une lettre annonçant que « *quarante mille Espagnols* avaient ravagé le Languedoc » ; un « canonnier [était] entouré de braves qui [avaient] fait avec lui la guerre de Sept Ans » ; « À Brive, c'étaient les Anglais qui venaient par Bordeaux. À Tulle c'étaient les Autrichiens qui descendaient par la route de Lyon » ; « deux canons […] avaient été donnés [à Aubusson] par un souverain du Maroc ». Georges Lefebvre, *La Grande Peur de 1789*, Paris, Armand Colin, 1988 [1932], p. 171-179, 168, 189, 213-215, 227, « Notes bibliographiques », p. 237 ; A. Lecler, « La grande peur en Limousin », art. cité, p. 27, 37, 39, 43, 47, 50, 59.

94. Jérôme Bujeaud, « Le conventionnel Jean-Antoine Dubois de Bellegarde », *Bulletin de la Société charentaise des études locales*, vol. 41, mai 1924, p. 118-179, p. 120-124.

95. *Ibid.*, p. 124-126, 138-140, 150.

96. Lettre du 31 octobre 1791, de Mte Allemand, à Angoulême, à « Monsieur Baignoux l'ainé » à Bordeaux ; AD Gironde, Fonds des négociants, Baignoux et Quesnel, Correspondance commerciale, 7B1007. À propos du « Jeune Créole » appartenant à Baignoux et Quesnel, qui quitta Bordeaux pour l'Île de France en 1789, voir Éric Saugera, *Bordeaux, port négrier : chronologie, économie, idéologie, XVIIIe-XIXe siècles*, Paris, Karthala, 2002 [1995], p. 360.

97. Il s'agissait de Dubois de Bellegarde, Jean Guimberteau, Pierre Maulde de l'Oisellerie et Jean Brun ; voir http://www2.assemblee-nationale.fr/sycomore/recherche.

98. Entrées pour Dubois de Bellegarde, Guimberteau et Maulde, *AP*, vol. 51, p. 310, 421, 560 ; « Dons patriotiques », 25 avril 1792, *AP*, vol. 51, p. 380-381. En 1763, d'après le rôle d'imposition, Dubois de Bellegarde vivait au sein de la même isle fiscale, à savoir l'Isle de la Grande Maison des Carmélites, que le percepteur Marot et que Brillet, signataire du contrat de mariage ; AM-A, CC42/1/7, CC62/6/221. En 1791-1792, ses voisins immédiats, Guimberteau et l'imprimeur Rézé, étaient aussi ses collègues au Parlement ; enregistrement des maisons n° 327-330, Section B, Saint-Martial, *in* AM-A, « Contributions, matrices foncières », 1791.

99. Opinion de Dubois de Bellegarde, 7 janvier 1793, *AP*, vol. 56, p. 383-384 ; « Je ne parlerai que d'après mon cœur [...] hâtez-vous donc de faire sauter cette tête criminelle. » Guimberteau, le voisin de Dubois, s'est également prononcé pour la mort, tout comme Jean Brun, avocat à Angoulême et nouveau membre de la Convention dont Réveillaud, qui a étudié l'histoire parlementaire de la région, a écrit qu'« il ne joua [...] qu'un rôle des plus effacés ». Le quatrième membre, Maulde de l'Oisellerie, a d'abord voté pour la mort puis pour l'emprisonnement à vie. Voir http://www2.assemblee-nationale.fr/sycomore/recherche, et Eugène Réveillaud, *Histoire politique et parlementaire des départements de la Charente et de la Charente-Inférieure : de 1789 à 1830*, Saint-Jean-d'Angély, A. Rogé, 1911, p. 275-276, citation p. 292n2.

100. Lettre de Jean Guimberteau, 27 brumaire an II (17 novembre 1793), lue à la Convention le 21 novembre 1793 ; *AP*, vol. 79, p. 566.

101. Prosper Boissonnade, *Histoire des volontaires de la Charente pendant la Révolution (1791-1794)*, Angoulême, L. Coquemard, 1890 ; entrées pour les 14 brumaire an II, 8 ventôse an II, 13 germinal an II, 26 prairial an II et 14 floréal an III, in *Journal des maires d'Angoulême, 1790-1808*, *op. cit.*, p. 26, 30, 31, 35, 54.

102. « An de J.C. 1795 », *in* Louis Desbrandes, « Chronique de la province d'Angoumois », AM-A, fol. 380 : « Après être restée près d'un an sur ce port, l'administration jugea plus convenable, de la faire voiturer en ville & de la faire replacer dans le clocher de St André, ce qui fut fait à grands frais & avec beaucoup de peine. »

103. « An de J.C. 1794 », *in* Desbrandes, « Chronique d'Angoumois », fol. 379.

104. Entrée du 19 juillet 1792, in *Journal des maires d'Angoulême, 1790-1808*, *op. cit.*, p. 18.

105. Jean Jézéquel, *La Révolution française à Angoulême*, *op. cit.*, p. 107.

106. AM-A, 28 pluviôse an III, 1E6/59.

107. Entrées des 14 floréal an III, 10 nivôse an XIV, et 22 mai 1807, in *Journal des maires d'Angoulême, 1790-1808, op. cit.*, p. 54, 203-204, 209.

108. Lettres des 17 messidor, 19 thermidor, 5 fructidor et 7 fructidor an II, *in* « Prisonniers de guerre », ADC, L745.

109. Lettre du 7 fructidor an II, *in* ADC, L745.

110. Rapport de Blandeau et Lecler-Raby, 1er germinal an VIII, cité dans le *Journal des maires d'Angoulême, 1790-1808, op. cit.*, p. 162-163.

111. Prosper Boissonnade, *Histoire des volontaires de la Charente pendant la Révolution (1791-1794), op. cit.*, p. 148.

112. « Observations impartiales sur une procédure instruite dans la commune d'Angoulême relativement aux troubles qui y ont éclaté dans les journées des 13 et 14 mess. an 5 », « Copie du cahier de l'information », AN, Correspondance générale de la Division criminelle du ministère de la Justice (An IV-1816), BB/18/218.

113. Déclaration de Catherine Callaud, femme Labonne, 28 messidor an V, « Copie du cahier de l'information », AN, BB/18/218.

114. « Copie du cahier de l'information », AN, BB/18/218.

115. Maison n° S, Section D, Saint-Pierre, *in* AM-A, « Contributions, matrices foncières », 1791 ; voir également « Extrait du registre des certificats de résidence », 25 brumaire an VI, *in* « Marin, Rose », AN, Charente, F/7/4990, dossier 32, 15/56. Le nouveau quartier était constitué de maisons construites après l'adoption du système de numérotation de 1769 ; la maison de Rosemarin était toute proche de la « salle de spectacle », maison n° U – où sa cousine Rose Rezé vivait à l'époque –, près de l'actuel théâtre de la place de New York. L'officier militaire, et plus tard général de gendarmerie, qui fit l'acquisition de la maison de Rosemarin était (Cybard) Florimond Gouguet.

116. Lettre du « 15 vantos lan 5 » de Rose Marin à Guimberteau, *in* « Marin, Rose », AN, Police générale, Charente, F/7/4990, dossier 32, 53/56.

117. Décision du 2 nivôse an II (22 décembre 1793) et note marginale du « représentant du peuple » Guimberteau, lettre envoyée au ministre de la Police le 10 floréal an VI (29 avril 1798), *in* « Marin, Rose », AN, F/7/4990, dossier 32, 10/56, 32/56 ; signatures, 10, 17, 45, 51/56.

118. « Marin, Rose », AN, F/7/4990, dossier 32, 10, 11, 12, 27, 28, 33, 36, 43/56.

119. Lettre du « 15 vantos lan 5 », *in* « Marin, Rose », AN, F/7/4990, dossier 32, 2/56.

120. Note marginale du 10 floréal an VI, *in* « Marin, Rose », AN, F/7/4990, dossier 32, 10/56.

121. Lettres des « 15 nivos lan 5 » et « 15 vantos lan 5 », *in* « Marin, Rose », AN, F/7/4990, dossier 32, 50-51/56, 53/56.

122. Lettres écrites par Guimberteau à Tours le 3 pluviôse an II (22 janvier 1794) et le 16 pluviôse an II (4 février 1794), *in* « Conseil provisoire et Convention : comité de Salut public », AN, AF/II/172.

123. Lettre de Guimberteau du 24 frimaire an II (14 décembre 1793), à Tours, note marginale du 10 floréal an VI, *in* « Marin, Rose », AN, Charente, F/7/4990, dossier 32, 10/56, 46/56.

124. Décision du bureau municipal d'Angoulême, 2 nivôse an II (22 décembre 1793), « Radiation », 2 thermidor an VI, lettre du 10 floréal an VI, *in* « Marin, Rose », AN, Charente, F/7/4990, dossier 32, 5/56, 10/56, 32/56. Le commentaire de Guimberteau dans la lettre de 1793 était plus circonspect que ne le laisse entendre le récapitulatif ; il écrivait : « Je me suis fait assurer par des citoyens dont le patriotisme est connu » que Rose Marin n'avait pas quitté Tours et n'avait pas émigré ; 46/56.

125. Baptême de « Louis Mulâtre fils naturel d'un père inconnu et d'Elizabeth négresse esclave », 1er novembre 1765, ANOM, registre paroissial de Saint-Marc, Saint-Domingue, 13/15, disponible en ligne : http://anom.archivesnationales.culture.gouv.fr/caomec2. Sur Louis Félix au cours de la Révolution, voir Jean Jézéquel, *La Charente révolutionnaire 1789-1799*, *op. cit.*, p. 173-174.

126. Confirmation de Louis Félix, 16 avril 1780, AM-A, PSC, GG68/81.

127. Baptême de Françoise-Louise Javotte, fille naturelle d'Anne Mathieu et Louis Félix, 2 octobre 1785, AM-A, NDB, GG10/42.

128. Mariage de Louis Félix et Anne Mathieu, 17 novembre 1789, AM-A, Saint-Martial, GG113/153-154.

129. Décès d'Anne Mathieu, 15 pluviôse an VI (1er février 1798), AM-A, 1E15/41 ; mariage de Louis Félix et Marthe Dumergue, 29 fructidor an VI (15 septembre 1798), AM-A, 1E14/114-115.

130. Voir, par exemple, AM-A, 1E7/29, 1E8/11-12, 1E9/35.

131. Témoignage de Jean Rippe, « Copie du cahier de l'information », AN, BB/18/218. Blandeau, apothicaire et plus tard maire de la ville, et Latreille, libraire et ancien prêtre, ont été deux des grandes figures de la Terreur en 1793 ; voir Jean Jézéquel, *La Charente révolutionnaire 1789-1799*, *op. cit.*, p. 141-143, 194-195.

132. Entrée du 25 fructidor an V, in *Journal des maires d'Angoulême, 1790-1808*, *op. cit.*, p. 83. Le président de la nouvelle administration était Blandeau, l'apothicaire.

133. Entrées des 14 nivôse an VI, 16 pluviôse an VI et 8 germinal an VIII, *Ibid.*, p. 93, 97, 165.

134. Jean Jézéquel, *La Révolution française à Angoulême*, *op. cit.*, p. 152-154, 167 ; entrée du 4 vendémiaire an VIII, in *Journal des maires d'Angoulême, 1790-1808*, *op. cit.*, p. 147-148.

135. Mariage de Pierre Félix et Françoise Mallat, 27 juillet 1820, AM-A, 1E59/79-80.

136. Décès de Louis Félix, 3 octobre 1851, AM-A, 1E157/89-90 ; l'acte indique de manière erronée qu'il avait quatre-vingt-deux ans. Il est par ailleurs présenté comme le veuf de « Jeanne Chasteigner » alors qu'il était veuf d'Anne Mathieu, sa première épouse, et de Marthe Dumergue, sa seconde épouse. Jeanne et Anne Chatainer étaient ses belles-sœurs, les épouses des frères de Marthe, Pierre et Jean. Mariages de Pierre Dumergue et Jeanne Chatainer, 1er février 1790, et de Jean Dumergue et Anne Chatainer, 3 octobre 1791, AD Puy-de-Dôme, Clermont-Ferrand, Saint-Pierre, 1787-1791, 98-99/223 et 157-158/223.

137. Léonard Robin a été baptisé le 23 juin 1745 ; AM-A, PSC, GG67/31. Selon Dupin, Abraham François Robin et Anne Puisnege ont eu quatre filles et

neuf fils dont trois filles et sept fils ont survécu à la petite enfance ; M. J. Dupin, « Notices sur Abraham François Robin et Léonard Robin... », art. cité, p. 900-901. Six de ces fils s'appelaient « Léonard ». Sur l'histoire politique et l'histoire vue d'en haut, voir Georges Lefebvre, « L'œuvre historique d'Albert Mathiez », art. cité, p. 196, 209.

138. Abraham François Robin, « Notes historiques », ADC, J700 ; il s'agit d'une nécrologie longue de 11 pages, écrite par Robin après la mort de son fils en 1802.

139. Sur l'« affaire d'Angoulême », voir les lettres des 22 février 1777 et 28 mars 1778, adressées depuis Paris par Léonard Robin à Abraham François Robin, à Angoulême, ADC, J700. Sur la jurisprudence des « terrains vains et vagues », voir M. Baudrillart, *Traité général des eaux et forêts, chasses et pêches*, 5 vol., Paris, Arthus Bertrand, 1825, vol. 2, p. 871 ; sur les mémoires de Léonard dans l'affaire des communes de Marquenterre – un grand terrain marécageux de Picardie, près de l'embouchure de la Somme –, durant laquelle il a plaidé avec succès en faveur du futur roi Charles X contre les communautés locales, voir « Jugemens relatifs à la propriété des communes », *in* Jean Baptiste Denisart, *Collection de décisions nouvelles et de notions relatives à la jurisprudence*, 9 vol., Paris, Desaint, 1786, vol. 4, p. 754-755.

140. Lettres des 3 janvier 1788 [1787], 11 mai 1788 et 29 décembre 1788, de Léonard Robin à Abraham François Robin, ADC, J700.

141. Lettres des 11 mai 1788 et 9 août 1788, de Léonard Robin à Abraham François Robin, ADC, J700 ; sur Méhémet-Aly, converti au christianisme en 1751 sous le nom de Jean-Marie-Alix de Boullon-Morange, voir *Réclamations pour le sieur Charles-Marie Canalès-Oglous seul héritier de feu Sr de Boullon-Morange*, Paris, 1806, p. 11-12, 21-22, 49-60, 66.

142. Lettre du 3 janvier 1788, de Léonard Robin à Abraham François Robin, ADC, J700.

143. Lettres des 3 janvier 1788, 29 décembre 1788 et 24 janvier 1789, de Léonard Robin à Abraham François Robin, ADC, J700.

144. Lettre du 30 août 1789, de Léonard Robin à Abraham François Robin, ADC, J700.

145. *Ibid.*

146. Lettre du 15 septembre 1789, de Léonard Robin à Abraham François Robin, ADC, J700.

147. *Ibid.*, Léonard Robin vivait rue Beaubourg, Hôtel de Fer ou Hôtel de la Fere ; voir la liste des noms et adresses personnelles des trois cents « députés » de la commune élus le 18 septembre 1789, in *Exposé des travaux de l'Assemblée-Générale des Représentans de la Commune de Paris*, éd. Jacques Godard, Paris, Lottin, 1790, p. 244 ; *Almanach général du département de Paris pour l'année 1791*, Paris, Devaux, 1791, p. 19. Sur la fabrique de plaques de cuivre établie en 1770 à la même adresse, voir *Dictionnaire raisonné universel des arts et métiers*, nouvelle édition par l'abbé Jaubert, 5 vol., Paris, P. Fr. Didot le jeune, 1793, vol. 3, p. 475. Les banquiers Féline, clients de Léonard dans l'affaire de fraude à Rouen, étaient eux aussi locataires dans le même immeuble ; *Almanach du voyageur à Paris*, Paris, Hardouin & Gattey, 1787, p. 115.

148. *Actes de la Commune de Paris pendant la Révolution*, éd. Sigismond Lacroix, 19 vol., Paris, 1894-1955, 1re série, vol. 1, 1894, p. 383-384 ; la plus célèbre *Déclaration des droits des communes* rédigée par J.-P. Brissot fut annoncée deux semaines plus tard.

149. Déclaration du 30 janvier 1790, in *Actes de la Commune de Paris pendant la Révolution, op. cit.*, 1re série, vol. 3, 1895, p. 645-647 ; *AP*, vol. 10, p. 761.

150. Lettre du 3 novembre 1789, de Léonard Robin à Anne Puisnege (Robin), ADC, J700.

151. Sigismond Lacroix, « Ce qu'on pensait des juifs à Paris en 1790 », *Revue Bleue*, 4e série, vol. 9, n° 14, 2 avril 1898, p. 417-424, citation p. 424 ; *Actes de la Commune de Paris pendant la Révolution, op. cit.*, 1re série, vol. 5, 1897, p. 498, 593-596 ; Robert Badinter, *Libres et égaux... L'émancipation des juifs sous la Révolution française (1789-1791)*, Paris, Fayard, 1989, p. 203, et sur la déclaration précédente, p. 186-190.

152. Léonard Robin, *Rapport fait au nom des commissaires nommés pour l'examen du Mémoire de M. de Vauvilliers, sur l'administration et la juridiction pour les transports par eau des approvisionnemens de Paris*, Paris, imprimerie Lottin, 1790, p. 11. Léonard Robin, *Rapport et projet de règlement général sur les concours, pour tous les monumens et ouvrages publics de la Ville de Paris*, Paris, imprimerie Lottin, 1791, p. 5.

153. Jacques Godard et Léonard Robin, *Rapport de messieurs J. Godard et L. Robin, commissaires civils, envoyés par le roi, dans le département du Lot, en exécution du décret de l'Assemblée nationale, du 13 décembre 1790*, Paris, Imprimerie nationale, 1791.

154. Léonard prononça des discours publics à Nîmes et à Alès, puis les émissaires rentrèrent à Paris ; mais les camps de Jalès demeurèrent. Robin, Mulot prêtre, Bigot, Robin jeune, Durouzeau, *Proclamation des commissaires civils, envoyés par le roi dans le département du Gard, et autres départemens voisins*, Nîmes, C. Belle, 1791. L'abbé Mulot était membre de la Commune de Paris à l'époque des pétitions de Godard et Robin en faveur des juifs de Paris. « Tous, et partout, ont été irréprochables dans leur conduite », déclara-t-il en lisant un discours rédigé par Godard, qui faisait état des « qualités sociales des juifs, de leurs vertus patriotiques [et] de leur vif amour de la liberté ». Discours du 25 février 1790, cité dans Sigismond Lacroix, « Ce qu'on pensait des juifs en 1790 », *op. cit.*, p. 423. Bigot de Préameneu, avocat de Rennes, était membre, avec Mulot et Robin, du conseil général de la Commune de Paris en 1791 ; il fut plus tard, en 1808, ministre des Cultes. François Rouvière, *Histoire de la Révolution française dans le département du Gard. La Constituante, 1788-1791*, 4 vol., Nîmes, A. Catélan, 1887, vol. 1, p. 323-324 ; François de Jouvenel, « Les camps de Jalès (1790-1792), épisodes contre-révolutionnaires ? », *Annales historiques de la Révolution française*, vol. 337, 2004, p. 1-20.

155. *Actes de la Commune de Paris pendant la Révolution, op. cit.*, 2e série, vol. 5, 1897 p. 10, 127-128.

156. *Ibid.*, p. 127-137, 161-177.

157. P.-J.-B. Buchez et P.-C. Roux, *Histoire parlementaire de la Révolution française*, 40 vol., Paris, Paulin, 1834-1838, vol. 12, p. 481-482. Bigot, Mulot et Godard, les co-commissaires de Léonard lors de ses déplacements dans le Lot et le Gard, étaient respectivement cinquième, seizième et dix-septième sur la liste. Pour Condorcet et ses amis, Léonard devint la pure expression du règne de l'obscurité et de l'autopromotion. Le vote parisien suscita une vive ironie, comme on peut le voir dans les réflexions publiées dans la *Chronique du mois*, en mai 1792, sur les mérites tout relatifs des élections par tirage au sort et des élections par scrutin : « Si toutefois vous ne désirez des places que pour ceux qui ont besoin de ne rien faire ou de s'en servir pour atteindre à quelque supériorité, à quelque degré de tyrannie, tout est merveilleusement arrangé pour cela ; j'avoue que dans l'ordre actuel des choses il seroit encore possible, ce que je croirois difficile cependant, qu'on pensât à un Rousseau, à un Mably, à un Bernadin de St-Pierre[.] Que sait-on ? le hasard ! Qui pensoit, je vous prie, à Monsieur Léonard ? à Robin Léonard, ou Léonard Robin, député de Paris ! balloté avec Condorcet, et qui l'a emporté ! Heureusement que dans un troisième ballotage Condorcet l'a enfin emporté sur d'autres intrigues, comme J. P. Brissot, balloté 14 fois. » La *Chronique du mois*, mai 1792, p. 30n1.

158. AP, vol. 34, 10 octobre 1791, p. 163-164, 28 octobre 1791, p. 461 ; vol. 43, 11 mai 1792, p. 250 ; vol. 44, 25 mai 1792, p. 99-100, 1er juin 1792, p. 443-444. Les prêtres dits « insermentés » ou « réfractaires » avaient refusé de prêter serment d'allégeance à la loi établissant la Constitution civile du clergé entrée en vigueur le 26 décembre 1790. Concernant l'enregistrement des étrangers, voir le rapport de la session du 18 mai 1792, *Gazette nationale ou le Moniteur universel*, n° 141, 20 mai 1792, p. 582.

159. Abraham François Robin, « Notes historiques », ADC, J700. Léonard Robin est mort en 1802 à cinquante-sept ans, peu avant le quatre-vingt-sixième anniversaire de son père.

160. Discours de Léonard Robin du 7 septembre 1792, AP, vol. 49, p. 432-433, réimprimé sous le titre *Rapport et projet de décret sur le divorce, par M. Robin*, Paris, Imprimerie nationale, non daté [1792] ; discours des 6 septembre, 7 septembre, 13 septembre, 14 septembre et 15 septembre, *ibid.*, p. 400, 432-436, 608-613, 643-644, 678 ; discours des 18 septembre, 19 septembre et 20 septembre, AP, vol. 50, p. 112-113, 149, 188-191.

161. *Ibid.*, 20 septembre 1792, p. 179-184 (état civil), p. 188-191 (divorce).

162. *Ibid.*, p. 194. Le texte réunissant rapport et projet de loi a été publié : Léonard Robin, *Opinion et projet de décret sur les enfants naturels*, Paris, Imprimerie nationale, non daté [1792] ; voir également *AP*, vol. 50, p. 194-199. À la fin de la session du matin du 21 septembre 1792, les députés de l'Assemblée nationale législative se sont rendus aux Tuileries pour accueillir la Convention nationale ; *Ibid.*, p. 201.

163. Léonard Robin, *Instruction sur la loi, qui détermine les causes, le mode et les effets du divorce*, Paris, Veuve Delaguette, 1793, p. 3-4, 25. Les questions en suspens portaient sur la possibilité de se remarier : les deux époux qui venaient de divorcer pouvaient-ils ou non se remarier immédiatement l'un à l'autre ? Une

disposition de la loi que « plusieurs personnes » avaient prise pour « une erreur typographique dans les imprimés de la loi », écrivait Léonard, était en réalité une révision de dernière minute de la version initiale, introduite à l'Assemblée.

164. Liste imprimée des membres, datée du 21 décembre 1790, *in* F.-A. Aulard, *La Société des Jacobins : recueil de documents pour l'histoire du club des Jacobins de Paris*, tome 1 : *1789-1790*, Paris, Librairie Jouaust/ Librairie Noblet/ Maison Quentin, 1889, p. LXXI ; Abraham François Robin, « Notes historiques », ADC, J700.

165. Abraham François Robin, « Notes historiques », ADC, J700 ; Théodore-François Huguet, *Discours prononcé par Huguet, sur la mort du citoyen Robin, membre du Tribunat, séance extraordinaire du 26 Thermidor an 10*, Paris, Imprimerie nationale, 1802, p. 5 (*in* ADC, J700) ; abbé Mulot, *À la mémoire de Léonard Robin, tribun et membre de l'Académie de législation, discours prononcé à la séance publique du 1er Germinal an XI par le cit. Mulot, ex-législateur*, Paris, Imprimerie nationale, 1802, p. 14.

166. Récit de l'acteur Coittant, *in* [Riouffe], *Mémoires sur les prisons*, 2 vol., Paris, Baudouin Frères, 1823, vol. 2, p. 30 ; Abraham François Robin, « Recueil », *op. cit.*, p. 37. Malesherbes, qui avait alors soixante-deux ans, dut quitter Port-Libre pour être enfermé dans la prison beaucoup plus inquiétante de la Conciergerie, et il est mort guillotiné le 22 avril 1794 ; sa petite-fille, Louise Le Peletier de Rosanbo, et le mari de cette dernière, Hervé Clérel de Tocqueville, futurs parents d'Alexis de Tocqueville, furent eux aussi emprisonnés mais échappèrent à l'exécution.

167. Lettre du 9 août 1788, de Léonard Robin à Abraham François Robin, ADC, J700.

168. Lettre du 30 août 1789, de Léonard Robin à Abraham François Robin, ADC, J700.

169. Lettre du 24 septembre 1788, de Léonard Robin à Abraham François Robin, ADC, J700.

170. Sur la confiscation et la vente des biens de Guillaume-Alexandre de Polignac entre le 16 décembre 1792 et le 26 octobre 1795, voir H. Monceaux, « La révolution dans le département de l'Yonne : essai bibliographique 1788-1800 », *Bulletin de la Société des sciences historiques et naturelles de l'Yonne*, vol. 43, 1889, p. 45-586, 390-392, 460-470, 530-533, 539, 578.

171. Lettre du 20 nivôse an IX (10 janvier 1801) de Léonard Robin à Canalès-Oglou, citée dans *Réclamations pour le sieur Charles-Marie Canalès-Oglou*..., *op. cit.*, p. 98.

172. Maurice Roy, « Léonard Robin », *Bulletin de la société archéologique de Sens*, vol. 29, 1915, p. 95-119, en particulier p. 96-98, 101n1 ; mariage de Léonard Robin et Marie Élisabeth Émilie Aubourg, 2 nivôse an V (22 décembre 1796), ADSM, Fontainebleau, 1796-1797, 97/199 ; sur la nouvelle vie de Léonard « dans un pays charmant, un peu éloigné de Paris avec un fort joli château pour logement, et des servitudes très convenables », voir Abraham François Robin, « Notes historiques », p. 7, ADC, J700.

173. Sur la fonction de conservateur des hypothèques, voir Honoré de Balzac, *La Vieille Fille*, Paris, Gallimard, 1978 [1836], p. 111-112.

174. Abraham François Robin, « Notes historiques », p. 8-10.

175. Lettre du 19 thermidor an IX (7 août 1801) de Léonard Robin à « la citoyenne Robin », Bibliothèque historique de la Ville de Paris, Révolution française, collection Étienne Charavay, ms. 814, fol. 479.

176. Décès de Léonard Robin, 18 messidor an X (7 juillet 1802), AD Yonne, 2E288/9, Paron, an X-1825, 6/134.

177. La période comprise entre 1792 et 1816, durant laquelle il était légalement possible de divorcer en France, a suscité peu d'intérêt dans l'historiographie de la Révolution, et le rôle de Léonard Robin dans les événements de 1792 a été après coup occulté, tout comme il l'a été par sa famille à Angoulême, au moment de la Restauration. Comme l'a écrit un siècle plus tard, en 1897, l'auteur de la première étude approfondie sur cette période, il s'agit d'« une phase peu connue de l'histoire du divorce en France ». Pierre Damas, *Les Origines du divorce en France, étude historique sur la loi du 20 septembre 1792*, Bordeaux, G. Gounouilhou, 1897, p. 7 ; le rôle de Léonard y est discuté p. 106-117.

178. Baptême de Marie Madeleine Virol, 25 octobre 1768, AM-A, Saint-Martial, GG110/116.

179. Baptême de Noël Virol, 22 novembre 1736, AM-A, NDP, GG13/119 ; « Brevet d'apprentissage du Sr. Virol chez le Sr. Sirier maître chirurgien », 26 janvier 1760, ADC, Caillaud, 2E271. François Trémeau, négociant sur l'île de la Martinique se trouvant alors à Angoulême, a accepté de le prendre « sous sa protection, en lui procurant un état avantageux et convenable pour gagner sa vie ».

180. Guillaume Virol a été inhumé le 22 décembre 1763 ; AM-A, Saint-Antonin, GG54/44. Dans le rôle d'impôt de 1763, il est réputé habiter l'Isle des Jacobins et se trouve dans la classe de revenu la plus basse ; son voisin immédiat était François Ferrand, domestique de Pierre Marchais. AM-A, CC42/1/11. À sa mort, son fils Antoine, père de Marie Madeleine, a demandé un inventaire de ses possessions, qui ont été estimées à 60 livres ; elles comprenaient deux chemises, une mauvaise paire de chaussures, son enseigne de perruquier, un chapeau et une « mauvaise perruque ». « Inventaire des meubles de Guillaume Virol », 28 décembre 1763, ADC, Bernard, 2E152. Antoine Virol a lui-même pris à bail les droits du perruquier Louis Deschamps lorsque ce dernier est parti pour son funeste voyage vers Cayenne, et les droits lui ont été vendus par la famille de l'épouse de Jean-Baptiste Ferrand, Élisabeth Boutoute. ADC, 2C2/172, 175/203.

181. Noël Virol s'est marié à Paris, et sa femme et lui sont devenus les marraine et parrain de la sœur cadette de Marie Madeleine. Baptême de Marie Brigitte Scholastique Virol, 8 mai 1774, AM-A, Saint-Paul, GG90/81.

182. Interrogatoire de Marie Madeleine Virolle, 14 floréal an II, « Comité révolutionnaire de la section des Tuileries, contre Félicité Mélanie Ennouf et Marie Madeleine Virolle », *in* « Affaire filles Virolle, Eunouf, Loisieller et autres », AN, W//359/759. Dans son récit, Marie Madeleine indique qu'elle a travaillé pour le « Comte de Culla » pendant « deux ans », puis pour la « Marquise Cheverlai ». Claude Gigon, qui inclut Marie Madeleine dans l'étude qu'il a réalisée au milieu du XIXe siècle sur les victimes de la Terreur en Charente, présume que « Comte de Culla » était le comte de Culant, un officier de l'armée fils d'un ancien officier militaire de Martinique, qui fut l'un des représentants de la noblesse de la Charente

lors des États généraux de 1789 ; la « Marquise Cheverlai » était l'épouse du marquis de Chauveron, ancien gouverneur du château d'Angoulême. Voir Claude Gigon, *Les Victimes de la Terreur du département de la Charente : récits historiques*, 2e éd., Angoulême, A. Nadaud et Cie, 1866, p. 197 ; et sur le comte de Culant : http://www2.assemblee-nationale.fr/sycomore/fiche / % 28num_dept % 29/11708.

183. Interrogatoire de Marie Madeleine Virolle, 14 floréal an II, AN, W//359/759 ; Audience du 16 floréal, *Bulletin du tribunal révolutionnaire*, n° 71, 1794, p. 283.

184. « Voisi ma carte de citoiyen », *in* « Affaire filles Virolle, Eunouf, Loisieller et autres », AN, W//359/759. *Bulletin du tribunal révolutionnaire*, n° 71, p. 283-284 ; Henri Wallon, *Histoire du tribunal révolutionnaire de Paris avec le journal de ses actes*, 6 vol., Paris, Hachette et Cie, 1880-1882, vol. 3, p. 382-392. Sur l'expression *pla bougre*, voir « Curiositez françoises », *in* La Curne de Sainte-Palaye, *Dictionnaire historique de l'ancien langage françois*, 10 vol., Paris, L. Favre, 1875-1882, vol. 10, p. 333.

185. « Voisi ma carte de citoiyen », AN, W//359/759.

186. « Félicité Mélanie », *in* « Affaire filles Virolle, Eunouf, Loisieller et autres », AN, W//359/759.

187. Henri Wallon, *Histoire du tribunal révolutionnaire de Paris avec le journal de ses actes*, *op. cit.*, p. 385.

188. « Mandat d'arrêt », *in* « Affaire filles Virolle, Eunouf, Loisieller et autres », AN, W//359/759.

189. « Mandat d'arrêt », *in* Interrogatoire de Félicité Mélanie Ennouf, « Affaire filles Virolle, Eunouf, Loisieller et autres », AN, W//359/759.

190. Interrogatoire de Marie Madeleine Virolle, 14 floréal an II, AN, W//359/759.

191. Il s'agit de l'expression utilisée en en-tête du compte rendu d'audience : voir *Bulletin du tribunal révolutionnaire, établi au Palais, à Paris, par la Loi du 10 Mars 1793, pour juger sans appel les* CONSPIRATEURS, n° 72, p. 284.

192. *Ibid.*, p. 284-285.

193. *Ibid.*, p. 285.

194. « Liste des guillotinés », in *Liste générale et très-exacte des noms, âges, qualités et demeures de tous les Conspirateurs qui ont été condamnés à mort par le tribunal révolutionnaire*, n° 4, an II, p. 22.

195. Charbonnier, commissaire de police, *in* « Affaire filles Virolle, Eunouf, Loisieller et autres », AN, W//359/759.

196. Alexandre Sorel, *Le Couvent des Carmes et le séminaire de Saint-Sulpice pendant la Terreur*, Paris, Didier et Cie, 1863, p. 436-437.

197. Interrogatoire de Noël Virol ou Virolle, 30 messidor an II, « Sur la prétendue conspiration des Carmes », *in* Jean-Baptiste-Michel Saladin, *Rapport au nom de la commission des vingt-un*, Paris, Rondonneau, an III, p. 173-184.

198. *Ibid.*, p. 178-179.

199. *Ibid.*, p. 173-174, et sur les deux cordes, p. 175, 180-182.

200. Témoignage de Belavoine, *ibid.*, p. 174.

201. Témoignage de Jean-Baptiste Cacaut, in *Ibid.*, p. 174-175. Jean-Baptiste Cacaut fut emprisonné aux Carmes le 11 nivôse an II (31 décembre 1793) sur simple suspicion, et relâché le 1er fructidor an II (18 août 1794). Voir Alexandre

Sorel, *Le Couvent des Carmes…*, *op. cit.*, p. 380-381. Un Jean-Baptiste Cacaud vivant dans la banlieue de Saint-Denis avait précédemment reçu une carte de police à Paris ; il était réputé avoir trente-huit ans et être arrivé à Paris d'Angoulême en 1777. AN, Police générale, F/7/4787.

http://www.geneanet.org/archives/registres/view/?idcollection=19949&-page=336. Jean Cacaud, fils d'Antoine Cacaud et Jeanne Bonnin, a été baptisé à Saint-Martial le 13 janvier 1754 ; AM-A, Saint-Martial, GG108/85. Ses parents et son frère cadet font partie des 4 089 individus figurant dans les registres paroissiaux de 1764.

202. Témoignage de Claude-Gabriel Chavard et Jean-Anne-Michel Manuel, *in* Jean-Baptiste-Michel Saladin, *Rapport au nom de la commission des vingt-un*, *op. cit.*, p. 178-180. Chavard et Manuel, comme Cacaut/Cacaud ont été libérés au mois d'août 1794 ; Alexandre Sorel, *Le Couvent des Carmes*, *op. cit.*, p. 384-385, 416-417.

203. Témoignage de Noël Virolle, *in* Jean-Baptiste-Michel Saladin, *Rapport au nom de la commission des vingt-un*, *op. cit.*, p. 176-177. Le député d'Angoulême était Dubois de Bellegarde, l'intempérant officier de l'armée dont les fils étaient patriotes.

204. « Virol s'est jeté par la fenêtre au moment où nous venions de l'interroger. » *Ibid.*, p. 173.

205. « Liste des guillotinés », in *Liste générale et très-exacte des noms, âges, qualités et demeures de tous les Conspirateurs qui ont été condamnés à mort par le tribunal révolutionnaire*, n° 9, p. 26-29 ; liste des prisonniers, *in* Alexandre Sorel, *Le Couvent des Carmes*, *op. cit.*, p. 371-437.

Chapitre 6. Une famille dans un monde en mutation

1. « Certificats de civisme », ADC, L146 ; Gabriel Ferrand, 28 brumaire an II (18 novembre 1793), Ferrand père, Pierre Alexandre Ferrand et Étienne Ferrand, 1er nivôse an II (21 décembre 1793), et « Ferrand jeune instituteur », 26 prairial an II (14 juin 1794). Décès de Joseph Marie Ferrand, dans sa maison près de la place Beaulieu, à l'âge de vingt-trois ans, AM-A, 17 août 1793, 1E3/61.

2. Enregistrement de la maison n° 913, Section C, Château, *in* « Contributions, matrices foncières », 1791, AM-A. Des annotations ajoutées sur le registre, que l'on peut dater grâce aux références faites aux transactions de l'an VI et de l'an VII, indiquent que la maison a été « rebâtie » et « reconstruite ».

3. Voir le chapitre 5.

4. « Actes civils », 1792-an II, *in* « Tribunal de paix », Angoulême, intramuros, ADC, L2780.

5. Entrées des 25 brumaire et 19 frimaire an VII, in *Journal des maires d'Angoulême 1790-1808*, *op. cit.*, p. 116-118. L'administrateur en charge de la procédure était Lecler-Raby, petit-cousin d'Étienne Allemand.

6. Projet non daté pour l'organisation de la correspondance dans le département de la Charente, ADC, L131 ; voir également le chapitre 5.

7. Voir la note du 22 frimaire an V, *in* « Archives. Correspondance passive », ADC, L2026 : « Je prie le citoyen Ducluseau de vouloir faire voir à la citoyenne Dubousquet la cloche qui est déposée dans les archives du département. »

8. Notes des 2 nivôse an VI, 27 germinal an VI, 8 frimaire an VIII et 28 brumaire an VIII, ADC, L131.

9. Note du 7 fructidor an II, ADC, L745.

10. Notes des 2 nivôse an VI, 27 germinal an VI, 8 frimaire an VIII et 28 brumaire an VIII, ADC, L131.

11. « Registre destiné à constater la présence des employés », 12 germinal an VII- 21 messidor an VII, ADC, L121. L'autre employé du bureau des archives signait « Dupuy » ; « Ducluzeau » est également présenté comme un archiviste en 1796 et en 1797. Reçu du 9 prairial an IV, note du 22 frimaire an V, ADC, L2026 ; note du 22 fructidor an V, ADC, L131.

12. Déclaration de Gabriel Ferrand, entrée 309, 21 messidor an VII (9 juillet 1799), « Registre pour recevoir les déclarations des citoyens domiciliés dans cette commune », AM-A, Contributions/ Contributions personnelles 1798/1799.

13. Décès de Gabriel Ferrand, 20 décembre 1816, AM-A, 1E52/426.

14. Entrées pour le mois de juillet 1790 au mois d'avril 1791 ; registre paroissial de Jauldes, 1737-1792, ADC, 3E178/1, 357-364/376. D'après les archives du diocèse d'Angoulême « Ferrand Gabriel dit Étienne » (avec la date de naissance d'Étienne, le 2 janvier 1766) est devenu vicaire de Jauldes en 1789 ; sa signature apparaît pour la première fois dans le registre paroissial de Jauldes le 11 juillet 1790. « Registre des ordinations remis aux archives de l'Évêché en septembre 1912 », Archives diocésaines d'Angoulême.

15. Le pourcentage de prêtres assermentés a été calculé à partir des données fournies par J.-P.-G. Blanchet, *Le Clergé charentais pendant la Révolution*, *op. cit.*, p. 449-464 ; Timothy Tackett, *Religion, Revolution, and Regional Culture in Eighteenth-Century France*, *op. cit.*, p. 367.

16. Par un décret adopté par l'Assemblée nationale le 29 avril 1791, la paroisse cathédrale (Saint-Pierre) fut délimitée selon un plan extrêmement minutieux – « suivant ledit mur à gauche passant sur la porte du Palais, prenant les deux maisons qui y sont construites » –, et Saint-Martial se vit assigner « le surplus de la ville, laissé par les confrontations de celles de St. Pierre ». *Procès-verbal de l'Assemblée nationale, imprimé par son ordre*, vol. 54, Paris, Baudouin, [1791], p. 8-9. Sur les événements des mois de mars et avril 1791 à Angoulême, voir J.-P.-G. Blanchet, *Le Clergé charentais pendant la Révolution*, *op. cit.*, p. 64-92.

17. Plusieurs autres se sont rétractés par la suite, ou ont posé des conditions et des restrictions à leur serment, et quatre ont été déportés. *Ibid.*, p. 449-453 ; « Mémoire historique sur le séminaire d'Angoulême », *op. cit.*, p. 342-344.

18. Baptême de Marguerite Rouhier, 12 juin 1791, Saint-Martial, AM-A, GG113/209 ; ADC, registre de Saint-Martial, 1781-1792, 391/465.

19. « Mémoire historique sur le séminaire d'Angoulême », *op. cit.*, p. 344 ; J.-P.-G. Blanchet, *Le Clergé charentais pendant la Révolution*, *op. cit.*, p. 450.

20. Étienne a signé toutes les entrées du registre paroissial du 12 juin 1791 au 13 août 1791 ; ADC, Saint-Martial, 1781-1792, 391-398/465.

21. ADC, Saint-Martial, 1781-1792, 452/465.

22. Dossier « Ferrand (Jn. Bte.) », AN, F/12/2795 ; pétition du 16 octobre 1824.

23. Plan de la ville de Cap-Français sur lequel sont marqués en teinte noire les ravages du premier incendie, et en rouge les *islets, parties d'islets, édifices, etc. qui existent encore le 21 juin 1793*, BNF, document consultable en ligne : http://gallica.bnf.fr/ark:/12148/btv1b55005281x/f1.item.zoom. Sur l'incendie, voir Convention nationale, *Relation détaillée des événements malheureux qui se sont passés au Cap depuis l'arrivée du ci-devant général Galbaud jusqu'au moment où il a fait brûler cette ville et a pris la fuite*, Paris, Imprimerie nationale, an II, p. 52-62.

24. Dossier « Ferrand (Jn. Bte.) », AN, F/12/2795 ; pétition du 16 octobre 1824 ; Dossier « Ferrand », AN, F/12/2795, pétition du 18 décembre 1822 ; « [J'ai] perdu un fils de 18 ans dans la défense de la colonie ». Martial Ferrand a été baptisé à Angoulême le 30 mars 1775. Son parrain était son cousin ; Martial Allemand, âgé alors de sept ans ; AM-A, PSC, GG 68/56.

25. « État des Réfugiés, Déportés, et Propriétaires Colons », ADC, L152.

26. « État des Réfugiés », ADC, L152 ; naissance de Jean-Baptiste Ferrand, 8 pluviôse an IV (28 janvier 1796), AM-A, 1E7/40. Sur les prisonniers anglais, espagnols, portugais et autrichiens du collège, voir Prosper Boissonnade et Jean-Marie-Jules Bernard, *Histoire du collège et du lycée d'Angoulême (1516-1895)*, *op. cit.*, p. 257.

27. « État des Réfugiés », ADC, L152. Les réfugiés ont été admis à l'assistance entre janvier et décembre 1795 ; les certificats d'indigence ont été délivrés à l'été et à l'automne 1798.

28. « Registre destiné à constater la présence des employés », ADC, L121. La signature de « Ferrand jeune » du 19 messidor an VII (7 juillet 1799) est la même que la signature de Jean-Baptiste Ferrand sur l'acte de naissance de son fils Jean-Baptiste Ferrand le 8 pluviôse an IV, AM-A, 1E7/40. Sur les responsabilités du troisième Bureau, voir Jules de la Martinière et Léo Imbert, *Répertoire numérique de la série L administration de 1789 à l'an VIII*, Angoulême, Archives départementales de la Charente, 1911, p. L3.

29. Entrée 308, 21 messidor an VII, « Registre pour recevoir les déclarations des citoyens domiciliés dans cette commune », AM-A, Contributions/Contributions personnelles 1798/1799.

30. Dossier « Ferrand (Jn. Bte.) », AN, F/12/2795 ; certification du 4 vendémiaire an XIV (26 septembre 1805). Antoine-Guillaume Chéreau, signataire de la certification, a fait paraître l'année suivante deux ouvrages vraisemblablement insensés sur les carrés, les croix, la vengeance et la métempsychose (*Explication de la croix philosophique*, Paris, 1806, et *Explication de la pierre cubique*, Paris, 1806).

31. AM-A, 1E12/67, 1E23/70, 1E25/31. Dans les registres civils d'Angoulême, les témoins sont beaucoup plus souvent des hommes que des femmes, et ce même avant la législation nationale de 1803 exigeant quatre témoins masculins pour l'enregistrement des mariages civils ; voir Vincent Gourdon, « Réseaux des femmes, réseaux de femmes », *op. cit.*, p. 35 et n2.

32. Déclarations 704, 714, 750, « Offrandes volontaires : dons patriotiques pour la contribution des habitants d'Angoulême », 1790, AM-A, CC58 ; déclaration

375, « Déclarations à fournir pour ceux dont le revenu est inférieur à 400 livres », 1790, AM-A, CC59.

33. « Certificats de civisme », Allemand Lavigerie, 31 mai 1793 et 26 prairial an II (14 juin 1794) ; Martial Allemand Lavigerie, 8 octobre 1793 et 21 fructidor an II (7 septembre 1794) ; Antoine Allemand Lavigerie, 15 juin 1793 ; « Lavigerie fils volontaire », 26 prairial an II (14 juin 1794.) ADC, L146.

34. Enregistrement de la maison n° 935, Section C, Château, *in* AM-A, « Contributions, matrices foncières », 1791, voir également « Par devant Duval notaire », accord entre Étienne Allemand et ses enfants, 16 mars 1811, ADC, Duval, notaire, 2E8751.

35. Lettre non datée de Coulon, Lavigerie, et Richein, *in* « Collège d'Angoulême », an II-an V, ADC, L422.

36. Lettre du 16 germinal an III (5 avril1795) du « Comité exécutif de l'instruction publique » aux administrateurs du département de la Charente, s'opposant à l'ordre du mois précédent par lequel ils autorisaient une augmentation de la pension accordée aux « boursiers confiés au c^en^ [citoyen] Lavigerie ». Instruction publique, « Réponse des municipalités cantonales », ADC, L420. Sur les élèves d'Étienne, voir Prosper Boissonnade et Jean-Marie-Jules Bernard, *Histoire du collège et du lycée d'Angoulême (1516-1895), op. cit.*, p. 212n2.

37. L'un des professeurs auteurs de la lettre concernant les ordres contradictoires qu'ils recevaient est mort peu de temps après, et un autre quelques années plus tard, « dans un complet dénuement ». Étienne « Lavigerie qui avait à sa charge douze enfants, obtint jusqu'en 1797 le paiement de sa pension » ; pour survivre, « quoique sexagénaire, [il] dut accepter l'emploi de copiste dans les bureaux du département ». *Ibid.*, p. 220.

38. « Paiement des traitements », *in* « Comptabilité générale du département », ADC, L206, et « Personnel », « Pièces diverses relatives au traitement du personnel des bureaux », ADC, L120.

39. « Indemnité aux employés du bureau des domaines », an III-an IV, ADC, 1QPROV 1/234-236.

40. Pétition des citoyens Rullier, Henry et Lavigerie, 12 pluviôse an IV (1er février 1796), ADC, Personnel, L120.

41. Extrait des registres des délibérations du Directoire, 3 brumaire an IV (25 octobre 1795) et 15 nivôse an IV (5 janvier 1796), ADC, Personnel, L120.

42. Lettre du 26 frimaire an IV (17 décembre 1795) d'Étienne Allemand Lavigerie à Aubert-Dubayet, transcrite dans les Archives Lavigerie, Archives de la Société des Missionnaires d'Afrique, Via Aurelia, Rome (désormais AL-R), A2-216 (51), fol. 1. Étienne et Françoise ont eu treize enfants dont l'aînée des filles, prénommée Jeanne et baptisée en 1766, est morte en bas âge, tout comme, vraisemblablement, leur tout premier enfant, Marie, car celle-ci n'apparaît dans aucun des nombreux registres paroissiaux d'Angoulême après son baptême.

43. Voir le chapitre 2.

44. Lettre du 26 frimaire an IV d'Étienne Allemand Lavigerie à Aubert-Dubayet, AL-R, A2-216 (51), fol. 3 ; Jules Pelisson, « Fondation de l'église de Gondeville

1683-1703 », *Archives historiques de la Saintonge et de l'Aunis*, vol. 8, 1880, p. 17-27, citation p. 25.

45. Mariage de Pierre Allemand Lavigerie et Adélaïde Charlotte Maslin, Sillé-le-Guillaume, 12 pluviôse an IV (1er février 1796), ADSa, 1793-an X, 58-59/398.

46. Déclaration d'Étienne Allemand, entrée 372, non datée (23 ou 24 messidor an VII), AM-A, « Registre pour recevoir les déclarations des citoyens domiciliés dans cette commune ».

47. Déclarations d'Abraham François Robin, entrée 114, de Louis Félix, entrée 160, de Pierre Marchais Delaberge, entrée 371, et de Michel Guenois, veuve Ogerdias, entrée 383, AM-A, « Registre pour recevoir les déclarations des citoyens domiciliés dans cette commune ». Dans une précédente déclaration, Michel Guenois indiquait qu'elle louait désormais une partie de la maison parce qu'elle n'avait plus les moyens de payer le loyer stipulé dans l'accord initial. « Contribution personnelle », n° 332, 17 brumaire an VI ; AM-A, « Contributions/Contributions personnelles », 1798-1799.

48. Enregistrement de la maison n° 995, Section C, Château, *in* AM-A, « Contributions, matrices foncières », 1791.

49. Déclaration de Jeanne Lavigerie aînée, entrée 493, 29 messidor an VII, AM-A, « Registre pour recevoir les déclarations des citoyens domiciliés dans cette commune ». Jeanne Lavigerie avait alors trente ans ; elle a été baptisée le 10 novembre 1768 dans la paroisse de Saint-Antonin. AM-A, GG54/60.

50. Jean-Baptiste et Élisabeth ont été admis aux « secours déterminés » d'Angoulême le 3 floréal an III, soit le 27 avril 1795 ; leur fils Jean-Baptiste Ferrand est né le 8 pluviôse an IV, ou 28 janvier 1796. « État des Réfugiés, Déportés, et Propriétaires Colons », ADC, L152 ; AM-A, 1E7/40.

51. Honoré de Balzac, *La Vieille Fille*, *op. cit.*, p. 84-86 : « de 1789 à 1799, les circonstances furent très défavorables à ses prétentions. »

52. Mariage de Martial Allemand Lavigerie et Louise Vaslin, 13 avril 1790, AM-A, Saint-André, GG47/64-65 ; sépulture de Marie Aymard, 22 avril 1790, PSC, GG 68/117.

53. Baptême de Martial Allemand, 22 octobre 1767, AM-A, Saint-Antonin, GG54/56 ; baptême de Louise Vaslin, 5 mai 1769, Saint-Jean, GG74/159.

54. La mère de Françoise, Marie Aymard, vivait dans l'Isle de la Place du Collège, où elle s'était mariée en 1765, et le père d'Étienne dans l'Isle de la Cloche Verte, à quelques pas de là ; les parents de l'épouse de Gabriel, Marie Adélaïde, vivaient quelques pas plus loin dans la rue des Cordeliers (l'actuelle rue de Beaulieu) dans l'Isle des Dames de Beaulieu, et la mère de l'épouse de Jean-Baptiste, Élisabeth Boutoute, dans la paroisse de Saint-André. AM-A, CC42/1/11, 42/2/7, 42/2/11 ; GG45/64.

55. La mère de Louise Vaslin, Élisabeth Boucher, vivait avec son autre fille et son gendre dans la rue de Genève, à quelques pas de la maison de Martial et Louise à l'angle de la petite rue du Palais, où le père et le grand-père de Martial vivaient en 1764 ; enregistrements de la maison n° 403, Section A, Beaulieu, et de la maison n° 243, Section B, Saint-Martial, *in* AM-A, « Contributions, matrices foncières », 1791. La grand-mère de Louise, « la veuve de Louis Bouché et Gimon

son gendre perruquier », vivait auparavant avec sa fille et son gendre dans l'Isle des Tiercelettes, AM-A, CC42/1/24 et CC62/21/809 ; baptême de Louis Deschamps, AM-A, Saint-Martial, 1er septembre 1738, GG106/73.

56. « Mariage de Sr Lavigerie et Dlle Vaslin », 19 mars 1790, ADC, Callandreau notaire, 2E9754. Martial est présenté comme le commis de « M. Barbier », qui a signé le contrat avec son épouse.

57. « Mariage de Sr Lavigerie et Dlle Vaslin », 19 mars 1790, ADC, Callandreau notaire, 2E9754.

58. Administration générale des domaines, Contrôle des actes des notaires et sous signatures privées, bureau d'Angoulême, n° 1, 19 mars 1790, ADC, 3QPROV 12608.

59. Mariage d'Étienne Ferrand et Marie Chausse Lunesse, 4 messidor an II (22 juin 1794), AM-A, 1E2/124. Marie Chausse Lunesse est née à Marsac, chez sa mère, le 1er juillet 1764 ; ADC, Marsac, 1737-1787, 117/275. Quatre de ses frères et sœurs ont été baptisés dans la paroisse de Saint-Martial, et sa sœur Françoise y a été mariée par le prédécesseur immédiat d'Étienne le 25 janvier 1790. AM-A, 25 janvier 1790, GG113/159-160 ; GG110/100, 133, GG111/47, 196.

60. Mariage d'Étienne Ferrand et Marie Chausse Lunesse, 4 messidor an II (22 juin 1794), AM-A, 1E2/124. Sur Guillaume Roch Letourneau, « officier municipal révolutionnaire », voir AM-A, 1E2/91, et sur sa carrière antérieure, voir J.-P.-G. Blanchet, *Le Clergé charentais pendant la Révolution*, *op. cit.*, p. 107-108.

61. Mariage de Françoise Chausse Lunesse et Joseph Martin de Bourgon, 25 janvier 1790. AM-A, GG113/159.

62. Henri Beauchet-Filleau et Paul Beauchet-Filleau, *Dictionnaire historique et généalogique des familles du Poitou*, 4 vol., Poitiers, Oudin et Cie, 1895, vol. 2, p. 332-333. Alcide Gauguié, *La Charente communale illustrée : histoire et géographie pittoresque de la Charente*, Angoulême, M. A. Gauguié, 1868, p. 104-105.

63. « Décompte », n° 302, ADC, 1QPROV 2 34 (Q XVIII 33).

64. Lettre reçue le 24 germinal an IX, « certificat de résidence », 25 brumaire an XIII, résumé de la pétition du 4 pluviôse an IV, pétition pour un visa au citoyen Fouché, 14 frimaire an IX, *in* « Chausse Lunesse, Jean », AN, Charente, F/7/4988, dossier 8, 6-7, 14, 16, 18/25.

65. Mariage de Françoise Chausse Lunesse et Joseph Martin de Bourgon, 25 janvier 1790. AM-A, Saint-Martial, GG113/159-160.

66. AM-A, Saint-André, 3 septembre 1758, GG42/113 ; baptême de François Martin Aliquain, Saint-Jean, 1er octobre 1775, GG75/46.

67. Lettres des 18 février 1790, 8 avril 1790, 8 août 1790 et 16 août 1791, *in* « Bourgon, Jacques Martin de, maréchal de camp, gouverneur de la Guyane », ANOM, COL E 48. Jacques Martin de Bourgon s'était ensuite retiré à Angoulême, où il louait un logement près du marché aux poissons (et de la place du Mûrier) ; enregistrement de la maison n° 692, Section A, Beaulieu, *in* AM-A, « Contributions, matrices foncières », 1791. Ses certificats de résidence, de non-émigration et de non-détention sont signés par Louis Félix et Lecler-Raby. En 1802, il écrivit au ministère et à Napoléon, demandant à être exempté, en qualité de soixantenaire, de l'obligation de retourner dans sa propriété de Guadeloupe, administrée

alors par le « citoyen Salager, négotiant blanc en laditte île » (le terme « blanc » est souligné dans l'original) ; il est mort à Angoulême en 1820. Lettres des 30 vendémiaire an XI et 17 brumaire an XI, certificats des 29 pluviôse an IV, 4e jour compl. V, 9 frimaire an VI, 14 floréal an VII et 2 floréal an VIII, *in* « Bourgon, Jacques Martin de... » ; décès de Jacques Martin de Bourgon, 23 octobre 1820, AM-A, 1E60/121-122.

68. La sentence avait été signée par onze juges, et présentée par l'un des signataires du contrat de mariage d'Étienne Allemand et Françoise Ferrand, Thibaud, commis du greffe. Baptême de Jacques de Bourgon, 30 octobre 1787, AM-A, GG90/159.

69. L'enfant « est de leurs faits et œuvres ». Mariage de Françoise Chausse Lunesse et Joseph Martin de Bourgon, AM-A, GG113/159-160.

70. Jacques de Bourgon, né en 1787, est devenu officier de marine ; François, né 1792, est devenu général et a servi en Algérie ; Jacques Alfred, né en 1794, est devenu général et a été tué sur les barricades de Paris en juin 1848. AM-A, GG90/159, GG25/50, 1E4/26 ; AN, Légion d'honneur, LEONORE, LH/1766/43 ; Léonard Gallois, *Histoire de la révolution de 1848*, 4 vol., Paris, Naud et Gourju, 1849-1850, vol. 3, p. 52-54.

71. Lettre du 26 frimaire an IV d'Étienne Allemand Lavigerie à Aubert-Dubayet, AL-R, A2-216 (51), fol. 1.

72. Naissance de Décadi Montagnard Maslin, 21 ventôse an II (11 mars 1794), ADSa, Sillé-le-Guillaume, naissances, 1793-1802, 29/273.

73. Mariage de Pierre Allemand Lavigerie et Adélaïde Charlotte Maslin, 12 pluviôse an IV (1er février 1796), ADSa, Sillé-le-Guillaume, mariages et divorces, 1793-an X, 58-59/398. Étienne avait joint à la missive adressée à Aubert-Dubayet une copie de la lettre de Charlotte Sevin, la mère de Charlotte, écrite à Lille le 28 brumaire an IV (19 novembre 1795).

74. Pierre Auguste Henry « fils aine », qui a signé l'acte de registre de mariage de Pierre Allemand Lavigerie dans la Sarthe, était le fils de Jean Théodore Henry, propriétaire du séminaire ; il était le neveu du frère de Jean Théodore, également nommé Pierre Auguste Henry. Baptême de Pierre Auguste Henry, 11 mars 1770, AM-A, Saint-Jacques, GG130/173-174 ; voir également Jean Jézéquel, *La Révolution française à Angoulême*, *op. cit.*, p. 90, 127, 162-163, et le même, « Charente », art. cité, p. 58-59.

75. Mariage de Pierre Allemand Lavigerie et Adélaïde Charlotte Maslin, 12 pluviôse an IV, ADSa, Sillé-le-Guillaume, 58-59/398 ; mariage d'Étienne Ferrand et Marie Chausse Lunesse, 4 messidor an II (22 juin 1794), AM-A, 1E2/124. Le témoin s'appelait Antoine Brun.

76. « Registre tenu pour le service des gardes nationales », 13 septembre 1790, AM-A, EE11 ; ADC, « Certificats de civisme », L146.

77. Voir Prosper Boissonnade, *Histoire des volontaires de la Charente*, *op. cit.*, p. 159-160, 210, 221-224 ; p. 167 pour l'horrible boucherie décrite par le commissaire Pierrat. Boissonnade fait incidemment mention p. 188 d'« une autre compagnie Charentaise sous les ordres du capitaine Ferrand ».

78. Abbé Expilly, *Dictionnaire géographique, historique et politique des Gaules et de la France, op. cit.*, vol. 5, p. 299.

79. AD Vendée, Les Sables d'Olonne, AC194, Table alphabétique des sépultures et des décès, 1701-1802. 18 individus dont les noms commencent par un B sont morts dans la ville en 1789, et 213 en l'an II (1793-1794) : 101 parmi la population et 112 « militaires et réfugiés ». Voir 17-19/118, 18/118.

80. AD Vendée, Les Sables d'Olonne, AC194, naissance et mariages, an IV, 24 floréal (4 mai 1796), 182-183/216. Le défunt père de l'épouse de Gabriel, Florence Scholastique Borgnet, était poulieur ; sur ses autres parents, voir AD Vendée, Les Sables d'Olonne, 6M309, liste nominative 1799, 20/121. Les témoins de Gabriel étaient des figures du milieu militaire de la ville : un adjudant-major de la « place » des Sables, et un fonctionnaire attaché à la « subsistance » de l'armée.

81. AD Vendée, Les Sables d'Olonne, AC194, naissance de Vincent Gabriel Ferrand, 11 fructidor an IV (28 août 1796), naissances et mariages, an IV, 54-55/216 ; naissance de Stéphanie Ferrand, 24 nivôse an VII (13 janvier 1799).

82. Décès de Gabriel Ferrand, 19 septembre 1816, AD Loiret, Beaugency, décès, 1811-1820, 180/284.

83. Divorce de Martial Allemand Lavigerie et Louise Vaslin, 2 brumaire an V (23 octobre 1796), AM-A, 1E11/4.

84. Discours de Léonard Robin du 7 septembre 1792, *AP*, vol. 49, p. 432-433.

85. Sur les quatre-vingt-seize divorces prononcés à Angoulême entre 1792 et 1814, voir le chapitre 5.

86. Naissance de Léon-Philippe Allemand Lavigerie, 13 prairial an III (18 juin 1795), AM-A, 1E4/94.

87. Mariage de Martial Allemand Lavigerie et Marie Louise Bonnite Raymond Saint-Germain, 28 prairial an IX (17 juin 1801), AM-A, 1E23/69-70.

88. Mariage de Martial Allemand Lavigerie et Bonnite Saint-Germain, AM-A, 1E23/69-70.

89. Contrat de mariage de Martial Allemand Lavigerie et Marie Louise Bonnite Raymond Saint-Germain, Duval, 20 prairial an IX (19 juin 1801), ADC, 2E6272.

90. Contrat de mariage de Martial Allemand Lavigerie et Bonnite Saint-Germain, ADC, 2E6272. « Marchais de Laberge fils aîné », qui a signé le contrat de mariage, était le « Jean-Baptiste Marchais de Laberge » qui, avec son père, l'ancien maire Pierre Marchais de Laberge, employait Étienne Allemand en tant que chef d'exploitation de leur domaine à la campagne, et logeait les « citoyennes Lavigerie » place du Mûrier ; mariage de Jean-Baptiste Marchais de Laberge et Catherine Brun, 27 juillet 1784, AM-A, GG46/128.

91. Naissance de Françoise Sylvia Allemand Lavigerie, 12 frimaire an X (3 décembre 1801), AM-A, 1E25/31.

92. Naissances d'Adélaïde Allemand Lavigerie, 19 messidor an XI (8 juillet 1803), de Pierre Jules Édouard Allemand Lavigerie, 30 décembre 1806, de Mamert Victor Allemand Lavigerie, 11 mai 1808, de Charlotte Ursule Allemand Lavigerie, 23 octobre 1810, et d'Adélaïde Théonie Allemand Lavigerie, 8 mars 1813 ; ADPA, Bayonne, naissances, an VI-an XI, 775/875 ; naissances, an XII-1813, 224, 336, 548, 754/820.

93. Baptême de Françoise Ferrand, 12 juin 1777, AM-A, Saint-André, GG45/124 ; « État des Réfugiés », ADC, L152.

94. Mariage de Joseph Brébion et Françoise Ferrand, Paris, 4e arrondissement, 10 floréal an VIII (30 avril 1800), Table des mariages et des divorces célébrés à Paris de 1793 à 1802, AdP, V10E/2, disponible en ligne : https://www.geneanet.org/archives/registres/view/32378/235 ; Dossier « Ferrand, Françoise, Ve. Brébion », AN, F/12/2795. En 1872, la fille de Françoise, Clara, a produit un certificat attestant qu'elle était née à New York le 29 janvier 1804 ; « Certificat de vie », 11 mars 1873, *in* « Brébion Collet (veuve) », AN, F/12/2757.

95. Témoignage du maire du 7e arrondissement de Paris, 24 août 1814, *in* dossier « Ferrand, Françoise, Ve. Brébion », AN, F/12/2795. Le témoignage, établi sur attestation de deux voisins, Gunther, organiste, et Garnier, boulanger, indique que les enfants de Françoise avaient respectivement neuf ans et demi, sept ans et demi et cinq ans, ce qui laisse entendre qu'ils étaient respectivement nés au début de l'année 1805, au début de l'année 1807 et en 1809. Françoise vivait rue du Grenier-Saint-Lazare, dans l'actuel 3e arrondissement.

96. Lettre du 19 août 1814, de Lareintz, Bureau de secours, ministère de la Marine et des Colonies, *in* « Ferrand, Françoise, Ve. Brébion », AN, Secours aux réfugiés et colons spoliés, F/12/2795.

97. Lettre du 10 août 1860, du directeur du commerce étranger au ministre de l'Agriculture, *in* « Ferrand, Françoise, Ve. Brébion », AN, F/12/2795.

98. C. M. F. Puthod, *Coup d'œil sur les moyens les plus praticables de procéder à la liquidation de l'indemnité affectée aux colons français*, Paris, Dentu, 1825, p. 4, 15.

99. Décès d'Auguste Siva de Villeneuve Solard, 4 juin 1839, AM-A, 1E120/36. La défunte est alors réputée vivre rue François Ier, dans le centre-ville, non loin de la place du Mûrier.

100. « Certificats de civisme », ADC, L146 ; entrée pour Pierre Alexandre Ferrand, 1er nivôse an II (21 décembre1793).

101. Stéphane Calvet, *Dictionnaire biographique des officiers charentais de la Grande Armée*, Paris, Les Indes savantes, 2010, p. 116-117.

102. *Ibid.*

103. Décès de Pierre Alexandre Ferrand, 4 décembre 1841, AM-A, 1E126/97. Il était réputé vivre rue de Périgueux.

104. Décès d'Auguste Siva de Villeneuve Solard, 4 juin 1839, AM-A, 1E120/36.

105. Cour de la Chancellerie, Londres, Plainte de Clara Sophia Augusta de Cève de Villeneuve Solar, 23 janvier 1786, Réponse de Sir Richard Worsley, 8 décembre 1786, TNA, C/12/149/6. Sur Sir Richard Worsley et le contentieux qu'il avait eu plus tôt avec sa femme, voir Hallie Rubenhold, *The Lady in Red : An Eighteenth-Century Tale of Sex, Scandal, and Divorce*, New York, St Martins Press, 2009.

106. Séance du 13 août 1792, *in* Henry Lemonnier, *L'Académie royale d'architecture 1671-1793*, 10 vol., Paris, Édouard Champion, 1911-1929, vol. 9, p. 330.

107. *Ibid.*, p. 332, 348-350. « Salon de 1795 », in *Collection des livrets des anciennes expositions depuis 1673 jusqu'en 1800*, Paris, Liepmannssohn et Dufour,

1871, p. 80. Sur Silvestre Topin, « élève remarquable » et protégé de Jacques Louis David, voir Prosper Boissonnade et Jean-Marie-Jules Bernard, *Histoire du collège et du lycée d'Angoulême (1516-1895)*, *op. cit.*, p. 250.

108. Lettre du ministre de l'Intérieur, 21 pluviôse an V (9 février 1797), « Collège d'Angoulême », ADC, L422 ; paiement pour les frais de voyage, « État des dépenses de l'an 5 de l'école centrale », non daté, « École centrale d'Angoulême », ADC, L423 ; Prosper Boissonnade et Jean-Marie-Jules Bernard, *Histoire du collège et du lycée d'Angoulême (1516-1895)*, *op. cit.*, p. 243-250.

109. « État des dépenses », ADC, L423 ; Prosper Boissonnade et Jean-Marie-Jules Bernard, *Histoire du collège et du lycée d'Angoulême (1516-1895)*, *op. cit.*, p. 266, 290-291.

110. Lettre du ministre de l'Intérieur aux administrateurs du département de la Charente, 23 prairial an VI (11 juin 1798), ADC, L422. Le général Leclerc, beau-frère de Napoléon Bonaparte, est mort à Saint-Domingue en 1802.

111. Lettre de Silvestre du 26 floréal an VII (15 mai 1799), annonçant qu'il est rentré à Angoulême, qu'il souhaite reprendre ses fonctions le 1er prairial (20 mai), et que son remplaçant à titre temporaire doit arrêter le travail « demain » ; lettres des 18 frimaire an VI et 2 nivôse an IV décrivant Silvestre comme un « ex professeur de dessin et réquisitionnaire » et proposant un nouveau concours pour trouver son remplaçant permanent, ADC L423 ; lettres adressées aux administrateurs du département par le ministre de la Guerre, 3 messidor an VII (21 juin 1799), et 10 messidor an VII (28 juin 1799), ADC, L422.

112. Lettre de Silvestre du 7 germinal an VII (27 mars 1799), à Lyon, ADC L423.

113. Silvestre Topin, Reçu pour le remboursement du coût des « objets » commandés à Paris « pour la distribution des prix », 28 fructidor an VII, ADC L423.

114. Paiement à Valleteau, menuisier, « État des dépenses de l'an 5 de l'École centrale », non daté, ADC, L423 ; Prosper Boissonnade et Jean-Marie-Jules Bernard, *Histoire du collège et du lycée d'Angoulême (1516-1895)*, *op. cit.*, p. 266, 290-291. Nicolas Valleteau ou Valteau, le menuisier, fut avant cela le premier homme à divorcer à Angoulême ; AM-A, 14 novembre 1792, Saint-Pierre, GG25/51.

115. Mariage de Laurent Silvestre Topin et Jeanne Lavigerie, 4 thermidor an IX (23 juillet 1801), AM-A, 1E23/82-83. Sur l'imprimeur et ancien prêtre François Trémeau, voir Prosper Boissonnade et Jean-Marie-Jules Bernard, *Histoire du collège et du lycée d'Angoulême (1516-1895)*, *op. cit.*, p. 235 ; baptême de François Trémeau, 19 janvier 1765, AM-A, NDP, GG14/36. François Trémeau était le petit-neveu du marchand qui avait fait fortune en Martinique, et le neveu de Jean Brun, membre de la Convention. Son petit-cousin, qui portait lui aussi le nom de François Trémeau, est mort en Martinique en 1802 ; voir Jean Jézéquel, *La Charente révolutionnaire*, *op. cit.*, p. 224-226.

116. Accord entre Nicolas Topin et Jeanne Lorin eu égard à la fabrication et à la vente de casques (calottes), 3 décembre 1756, AN, MC/ET/XLI/537 ; David Harris Cohen, « The "Chambre des Portraits" Designed by Victor Louis for the King of Poland », *The J. Paul Getty Museum Journal*, vol. 19, 1991, p. 75-98, en particulier p. 83, 91-92, 96. Silvestre Topin est né à Paris le 22 juin 1771, comme indiqué sur

son acte de mariage ; AM-A, 1E23/83. D'après ce qu'avait déclaré Marie Catherine Lacorne en 1790, Nicolas Topin avait quitté Paris en 1773, et elle n'avait plus reçu de ses nouvelles depuis lors. « Mariage de Topin », 11 décembre 1790, concernant le mariage du frère aîné de Silvestre ; AN, Y//5197/A, disponible en ligne : https://en.geneanet.org/archival-registers/view/3914/408?individu_filter=2618269.

117. Le défunt père de Marie Catherine, Jacques Lacorne, est décrit en 1762, dans le contrat de mariage de sa fille, comme « maître d'académie pour la danse des pages de S.A.S. le duc d'Orléans ». Contrat de mariage du 7 mai 1762, AN, Denis, notaire, MC/ET/LX/345. *Déclaration de la citoyenne Topin, sous-gouvernante de Louise-Eugénie-Adélaïde d'Orléans*, Paris, imprimerie du Républicain, chez R. Vatar et ass., 1793 ; Stéphanie Félicité de Genlis, *Mémoires inédits de Madame la comtesse de Genlis*, 10 vol., Paris, Ladvocat, 1825, vol. 4, p. 74.

118. *Déclaration de la citoyenne Topin*, *op. cit.*, p. 1-4. *Vie politique de Louis-Philippe-Joseph, dernier duc d'Orléans*, Paris, Barba, 1802, p. 164-172.

119. « Madame Topin a volontairement précipité cette exécrable inquisition de la Commune de Paris, et dénoncé l'émigration de ses bienfaiteurs, [elle] s'est évertuée à rendre leur conduite encore plus odieuse en ajoutant malignement » qu'elle avait entendu Madame de Genlis proférer des propos impies. « Personal History of Louis Philippe », *Quarterly Review*, vol. 52, 1834, p. 519-572, citation p. 534.

120. Naissances de Marie Théonie Topin, 15 octobre 1801 (23 vendémiaire an X), de Françoise Méloé Topin, 14 janvier 1803 (29 nivôse an XI), et de François Topin, 12 août 1804 (24 thermidor an XII), AM-A, 1E25/12, 1E32/50, 1E35/133.

121. Prosper Boissonnade et Jean-Marie-Jules Bernard, *Histoire du collège et du lycée d'Angoulême (1516-1895)*, *op. cit.*, p. 313-316.

122. AdP, état civil reconstitué, naissances de Charles Silvestre Topin, 16 juin 1807, 9e arrondissement, et de Marie Louise Topin, 17 septembre 1813.

123. « Inventaire Veuve Topin », 14 novembre 1810, AN, Trubert, notaire, MC/ET/XLII/748. La déclaration a été faite par Silvestre Merys, peintre. Le « musée des Artistes » était une création du Consulat ; c'était à la fois une maison de retraite et un espace de vente pour les artistes plasticiens. Elle avait été aménagée dans une partie de l'ancienne Sorbonne pour loger la foule des artistes qui, vivant au Louvre, avaient dû être déplacés quand le gouvernement avait décidé en 1801 que les livres de la Bibliothèque nationale devaient être transférés au Louvre. Louis-Pierre Baltard, *Paris et ses monuments, mesurés, dessinés et gravés par Baltard*, Paris, imprimerie de Crapelet, 1803, p. 40.

124. AM-A, mariage de Martial Allemand Lavigerie et Louise Vaslin, 13 avril 1790, Saint-André, GG47/65.

125. ADPA, mariage d'Étienne Allemand Lavigerie et Marie Montesquieu, 1er janvier 1807, Pau, mariages, 1807-1812, 2/272. Le père de Marie, Jean Montesquieu, est décrit comme un commerçant ; sa mère, Marie Barrère, est identifiée à sa mort comme « marchande épicière ». Décès de Marie Barrère, 22 mai 1832, Pau, décès, 1823-1832, 621/654.

126. Déclaration du 16 novembre 1810, Duhalde, notaire à Bayonne, jointe à « Pardevant Duval notaire », 16 mars 1811, ADC, 2E8751.

127. ADPA, décès de Marie Montesquieu, épouse d'Étienne Allemand Lavigerie, 3 mars 1837, Pau, décès, 1833-1842, 311/667.

128. Les dates de naissance, de mariage et de décès des petits-enfants sont indiquées dans l'Annexe I. Les deux petits-fils pour lesquels nous avons si peu de données sont Jean et Jean François Ferrand, deux des six fils de Gabriel Ferrand et Marie Adélaïde Devuailly. Antoine Allemand Lavigerie, l'ancien commis, a été témoin aux mariages de son frère et de sa sœur à Angoulême au cours de l'été 1801 ; en mars 1811, quand son père a signé un accord avec ses enfants encore vivants pour sa subsistance, il n'était plus en vie. Mariages de Martial Allemand Lavigerie et de Jeanne Lavigerie, AM-A, 1E23/69-70 et 82-83 ; « Pardevant Duval notaire », 16 mars 1811, ADC, 2E8751, voir également plus loin, le chapitre 7.

129. Baptême de Josèphe Allemand Lavigerie, 12 septembre 1779, AMA, NDP, GG14/58.

130. ADPA, Bayonne, mariage de Joséphine Allemand Lavigerie et Joseph Alexandre César Ponsard, 23 septembre 1807, mariages, 1807-1823, 28/857 ; naissance d'Alexandre Étienne Marcellin Ponsard, 20 avril 1809, naissances, an XII-1813, 427/820 ; voir également la naissance de Camille Alexandre Allemand Lavigerie, 21 frimaire an VIII (12 décembre 1799), ADSa, Le Mans, naissances, an VIII, 59/122.

131. En 1813, ils furent tous deux témoins de la naissance d'une autre fille ; à cette occasion, Alexandre est de nouveau identifié comme « instituteur », et Pierre est dit « adjoint du payeur de la guerre ». ADPA, Bayonne, naissances de Charlotte Ursule Allemand Lavigerie, 23 octobre 1810, et d'Adélaïde Théonie Allemand Lavigerie, 8 mars 1813, naissances, an XII-1813, 548/820 et 754/820.

132. ADPA, Bayonne-Saint Esprit (Landes), mariage de Léon Philippe Allemand Lavigerie et Hermine Louise Laure Latrilhe, 3 novembre 1824, mariages, 1814-1831, 248/1460.

133. ADPA, Bayonne, décès de Joseph Alexandre César Ponsard, 24 février 1847, et de Joséphine Allemand Lavigerie, 29 avril 1855, décès, 1842-1857, 237/884 et 646/884.

134. « Registres matricules des sous-officiers et hommes de troupe de l'infanterie de ligne (1802-1815) » ; « Vélites placés à la suite du 2e régiment de chevau-légers lanciers de la garde impériale, 21 août 1811-29 mars 1814 ». SHD/GR YC 163/94/114, voir : http://www.memoiredeshommes.sga.defense.gouv.fr/.

135. Naissance de Rose Calista Ferrand, 5e arrondissement, 12 septembre 1833, décès d'Élisa Collet, 9e arrondissement, 5 avril 1836, AdP. ADSM, Montereau-Fault-Yonne, 1839-1841, mariage de Jean-Baptiste Ferrand et Anne Nicolas Thiriot, 23 janvier 1839, 47-48/356. Jean-Baptiste se décrit lui-même comme le veuf d'Élisa Collet ; l'acte de décès de cette dernière, établi à l'hôpital de l'Hôtel-Dieu, indique qu'elle était célibataire. AdP, DQ8, 785/2225, troisième bureau.

136. Décès d'Anne Nicolas Thiriot, 21 octobre 1861, ADSM, Montereau-Fault-Yonne, 1860-1862, 274/422 ; mariage de Rose Calista Ferrand et Ferdinand Amédée Esnault, ferblantier, 7 juin 1864, Montereau-Fault-Yonne, 1863-1865, 185-186/380. Jean-Baptiste est alors réputé artiste peintre ; les témoins de Rose Calista sont un libraire-typographe et un graveur.

137. AD Orne, Vimoutiers, décès, 1863-1873, 12 août 1873, 527-528/543. Rose Calista Ferrand a eu une fille, Isabelle Marthe Calista Esnault. Celle-ci est morte à l'âge de vingt-cinq ans, en avril 1891 ; elle était alors modiste et vivait chez ses parents. Sa mère, dernière des arrière-petits-enfants de Marie Aymard, est morte six jours plus tard. Vimoutiers, naissances, 1864-1873, 24 avril 1865, 56/325 ; décès, 1885-1892, 14 avril 1891, 277/480, et 20 avril 1891, 278/480. Vimoutiers, Table de successions et absences, 1882-1893, 58/176.

138. La trajectoire d'Étienne Ferrand n'était pas inhabituelle ; sur les 169 prêtres du diocèse qui ont prêté allégeance, 60 ont fini par se marier. J.-P.-G. Blanchet, *Le Clergé charentais pendant la Révolution*, *op. cit.*, p. 510, 555.

139. Enregistrement de la maison n° 935, Section C, Château, *in* AM-A, « Contributions, matrices foncières », 1791.

140. Voir Jean Jézéquel, *La Révolution française à Angoulême*, *op. cit.*, p. 90, 127, 162-163, et le même, « Charente », art. cité, p. 58-59.

141. Lettre du 30 août 1789, de Léonard Robin à Abraham François Robin, ADC, J700.

142. Christopher Clark, *Les Somnambules : été 1914, comment l'Europe a marché vers la guerre*, *op. cit.*, p. 17.

143. Alexis de Tocqueville, *L'Ancien Régime et la Révolution*, *op. cit.*, p. 107, 291.

144. Louis de Bonald, chapitre « Sur les éloges historiques de MM. Séguier et de Malesherbes », in *Mélanges littéraires, politiques et philosophiques ; par M. de Bonald*, 2 vol., Paris, Adrien Le Clere, 1819, vol. 1, p. 217-241, citations p. 225 ; Jean-Étienne-Marie Portalis, *Éloge d'Antoine-Louis Séguier, Avocat-Général au Parlement de Paris*, Paris, H. Nicolle et Cie, 1806, p. 66-67, 80, 82. Voir également Félicité de Lamennais, *Réflexions sur l'état de l'Église en France pendant le dix-huitième siècle, et sur sa situation actuelle*, Paris, Société typographique, 1814, p. 45-46, 78, ainsi qu'Emma Rothschild, *Economic Sentiments : Smith, Condorcet, and the Enlightenment*, Cambridge, MA, Harvard University Press, 2001.

145. Louis de Bonald, chapitre « Sur les éloges historiques de MM. Séguier et de Malesherbes », in *Mélanges littéraires, politiques et philosophiques…*, *op. cit.*, p. 224.

146. Alexis de Tocqueville, *L'Ancien Régime et la Révolution*, *op. cit.*, p. 182.

147. Georges Lefebvre, « Introduction », *in* Alexis de Tocqueville, *Œuvres complètes* vol. II, *L'Ancien Régime et la Révolution*, Paris, Gallimard, 1952, p. 9-30, citations p. 21.

148. Voir Georges Lefebvre, « Les foules révolutionnaires » (1934), réimpr. *in* Georges Lefebvre, *La Grande Peur*, *op. cit.*, p. 241-264, p. 245-246, et Jacques Revel, « Présentation », in *Ibid.*, p. 7-23. Sur l'intérêt de Marc Bloch pour les représentations collectives des groupes sociaux et la relation entre la conscience individuelle et collective, voir Charles-Edmond Perrin, « L'œuvre historique de Marc Bloch », *Revue historique*, vol. 199, n° 2, 1948, p. 161-188, 184-187. Sur la manière dont les « mécanismes » du changement à venir peuvent être identifiés dans les « configurations » d'une époque historique donnée, voir l'éditorial « Tentons l'expérience », in *Annales : Économies, Sociétés, Civilisations*, *op. cit.*,

p. 1318 ; Jean-Yves Grenier et Bernard Lepetit, « L'expérience historique : à propos de C.-E. Labrousse », *Annales : Économies, Sociétés, Civilisations*, vol. 44, n° 6, 1989, p. 1337-1360 ; Jacques Revel, « Présentation », *in* Jacques Revel, *Un parcours critique : douze exercices d'histoire sociale*, Paris, Galaade, 2006, p. 9-27, en particulier p. 23-24, 26 ; et le même, « L'institution et le social », *in* Bernard Lepetit (éd.), *Les Formes de l'expérience : une autre histoire sociale*, *op. cit.*, p. 63-84.

149. La boutique de l'apothicaire de la place du Mûrier, si riche en produits coloniaux, a changé de propriétaire à trois reprises entre 1769 et 1775. Elle est revenue à Marguerite Delafond, fille d'un maître chirurgien, à la mort de son premier mari maître apothicaire, est échue ensuite à son second mari, également maître apothicaire, lui est de nouveau revenue à la mort de ce dernier, et est échue à son troisième mari – Paul Favereau, fils, neveu et frère de signataires du contrat de mariage de 1764 – lui-même reconnu maître apothicaire de la ville après le mariage. Paul Faveraud était le fils de Catherine Bouhier, le neveu d'A. M. Bouhier et le frère de M. Faveraud. Baptême de Marguerite Favereau, 19 mars 1742, baptême de Paul Favereau, 12 mars 1743, ADC, Larochefoucauld-Saint Cybard, 1737-1756, 64-65, 74/188. Marguerite Delafond avait vingt-trois ans au moment de son premier mariage, trente-huit lorsqu'elle s'est liée à son deuxième mari (ancien apprenti de son premier mari âgé alors de vingt ans), et quarante-trois lorsqu'elle a épousé Paul Faveraud. ADC, Montmoreau-Saint Cybard 1651-1792, 3E247/1, 103/244 ; AM-A, NDP, GG14/42, 43, 48, 52 ; « Réceptions d'apothicaires de 1765 à 1787 », BSAHC, séries 2, vol. 3, 1861, p. 174-175 ; voir également Albertine Cadet, « Les apothicaires du temps passé à Angoulême », art. cité, p. 55.

150. Giacomo Leopardi, « Dialogo di Tristano e di un amico » (1832), *in* Giacomo Leopardi, *Tutte le opere*, éd. Walter Binni, 2 vol., Milan, 1993, vol. 1, p. 184.

151. Alexis de Tocqueville, *L'Ancien Régime et la Révolution*, *op. cit.*, p. 43.

152. Lettre du 11 mai 1788, de Léonard Robin à Abraham François Robin, ADC, J700.

153. Voir le chapitre 5.

154. Sur l'expérience historique, le choix des indicateurs économiques et la causalité historique, voir Jean-Yves Grenier et Bernard Lepetit, « L'expérience historique : à propos de C.-E. Labrousse », art. cité.

155. Honoré de Balzac, *Illusions perdues*, *op. cit.*, p. 30, 34. Le père, dans le roman, est un ouvrier imprimeur qui s'est trouvé en mesure d'acheter la presse typographique à la veuve du précédent propriétaire. Il reçoit le contrat d'impression des décrets du gouvernement révolutionnaire et, comme il est lui-même illettré, il recrute pour la composition d'abord un noble de Marseille qui se cachait dans la ville – « il composa, lut et corrigea lui-même les décrets qui portaient la peine de mort contre les citoyens qui cachaient des nobles » – puis un ecclésiastique réfractaire. En 1802, Séchard père est devenu un homme riche ; en 1819, il possède le seul journal publiant les annonces judiciaires et, comme Abraham François Robin avant la Révolution, il règne sur toute l'activité d'impression du diocèse.

156. Enregistrements des maisons n° 632-639 (Beaulieu) sur le côté nord de la place du Mûrier, et enregistrements des maisons n° 1002-995 (Château) sur le côté sud, *in* « Contributions, matrices foncières », 1791, AM-A.

157. Entrée du 10 thermidor an IV, in *Journal des maires d'Angoulême 1790-1808*, *op. cit.*, p. 73-74.

158. Lettre écrite à Angoulême par le représentant Roux-Fazillac, 18 octobre 1793, *AP*, vol. 76, p. 691. À propos des exécutions pratiquées sur la place du Mûrier, voir Jean George, *Topographie historique d'Angoulême*, *op. cit.*, p. 111.

159. Rapport des citoyens Mignot, Menault et Gerbaud, cité dans J.-P.-G. Blanchet, *Le Clergé charentais pendant la Révolution*, *op. cit.*, p. 218n2 ; James Forgeaud, « La place du Mûrier et ses environs », art. cité, p. 41.

160. D'après la matrice de 1791, six grandes propriétés situées dans le voisinage immédiat de la place du Mûrier appartenaient aux Tiercelettes, et quinze aux Jacobins ou Dominicains, dont le « couvent » formait l'extrémité orientale de la place. Les Jacobins étaient aussi propriétaires d'une grande partie de l'Isle de la Cloche Verte, où tant des signataires du contrat de mariage vivaient en 1764. Une de leurs propriétés situées sur la place figure dans un registre annoté en tant que bien appartenant à la nation (biffé) ayant été acheté (également biffé) et finalement acquis par l'historien de la crise du crédit de 1769, le père de Léonard Robin : « M. Robin ancien imprimeur est devenu propriétaire. » Enregistrement des maisons n° 614, 615, 629, 630, 635 (Beaulieu) et 276-290 (Saint-Martial), *in* « Contributions, matrices foncières », 1791, AM-A.

161. Enregistrement de la maison n° 1000 (Château), *in* « Contributions, matrices foncières », 1791, AM-A.

162. « La propriété étant un droit inviolable et sacré, nul ne peut en être privé si ce n'est lorsque la nécessité publique, légalement constatée, l'exige évidemment. » « Procès-verbal fixatif des alignements des rues de la ville d'Angoulême », 11 juillet 1792 (copie manuscrite), p. 1, 12, 20, 25, 26, références aux maisons n° 632, 761 et 1014 ; ADC, J112.

163. Déclaration n° 332 de la Citoyenne Veuve Ogerdias, 17 brumaire an VI, AM-A, Contributions personnelles, 1798-1799. Baptême de Jeanne Françoise Ogerdias, née le 2 avril 1767, ANOM, Chandernagor, 1768, 10 avril 1768 ; J.-P.-G. Blanchet, *Le Clergé charentais pendant la révolution*, *op. cit.*, p. 425.

Chapitre 7. Vies modernes

1. « Brillat-Savarin », in *Œuvres complètes de H. de Balzac*, 22 vol., Paris, 1870-1879, vol. 22, p. 231-238, citation p. 238. Brillat-Savarin est né à Belley dans l'Ain en 1755 et mort à Paris en 1826.

2. Maurice Lévy-Leboyer, « La croissance économique en France au XIXe siècle », *Annales : Économies, Sociétés, Civilisations*, vol. 23, n° 4, 1968, p. 788-807. À propos de la continuité de l'histoire économique de la France du XIXe siècle, voir Patrick Verley, *Nouvelle histoire économique de la France contemporaine : l'industrialisation 1830-1914*, Paris, La Découverte, 2003 ; Emmanuel Fureix et François Jarrige, *La Modernité désenchantée : relire l'histoire du XIXe siècle français*, *op. cit.*, chapitre 2 ; et David Todd, *Un empire de velours : l'impérialisme informel français au XIXe siècle*, trad. fr. Joseph Félix, Paris, La Découverte, 2022.

3. À propos de l'« effort constant, uniforme et jamais interrompu » ou « universel, constant et non interrompu de chacun [...] pour améliorer [son] sort individuel », voir Adam Smith, *Recherche sur la nature et les causes de la richesse des nations*, livre II, chap. III, *op. cit.*, p. 429-433.

4. Sur la « mauvaise infinité », où l'« infinité demeure affectée de l'au-delà comme d'un inatteignable, dans la mesure où elle demeure le simple *progrès* à l'infini » (de fait, l'information disponible sur les sites de généalogie progresse tout le temps), voir Georg Wilhelm Friedrich Hegel, *Science de la logique.* Deuxième tome : *La Logique subjective ou Doctrine du concret*, trad. fr., présentation et notes par Pierre-Jean Labarrière et Gwendoline Jarczyk, Paris, Aubier-Montaigne, 1981, p. 130-131, et Emma Rothschild, *The Inner Life of Empires*, *op. cit.*

5. Sur la « juxtaposition des générations dans un espace resserré » et l'« évocation des souvenirs lointains », voir Alain Corbin, *Le Monde retrouvé de Louis-François Pinagot. Sur les traces d'un inconnu (1798-1876)*, *op. cit.*, p. 87. La pension des cinq sœurs sur le Rempart du Midi était en ce sens un lieu de juxtaposition : les sœurs y ont vécu, à un moment ou à un autre, avec trois nièces, un neveu, quatre petites-nièces, un petit-neveu et un arrière-petit-neveu. En s'arrêtant à la génération des arrière-arrière-petits-enfants, l'enquête se termine bien avant la naissance de la génération dont les enfants pourraient être encore vivants au XXIe siècle. Sur le respect de la vie privée des défunts et de leurs descendants, voir Julia Stephens, « Picking the Pockets of the Dead : A Reflection on the Ethical Dilemmas of Writing Legal Lives », Writing Legal Lives workshop, Harvard University, 21 septembre 2019.

6. Guyot de Fère, *Annuaire des artistes français*, Paris, M. Goyot de Fère, Audot, Gosselin, 1832, p. 377 ; Firmin-Didot, *Annuaire général du commerce et de l'industrie, de la magistrature et l'administration, ou Almanach des 500 000 adresses*, Paris, Firmin Didot Frères, 1842, p. 1229-1230 ; Firmin-Didot, *Annuaire général du commerce*, 1857, p. 1483.

7. *Almanach-Bottin du commerce de Paris*, 1854, p. 193, 459, 1008.

8. Condorcet, *Esquisse d'un tableau historique des progrès de l'esprit humain*, *op. cit.*, p. 233-234, voir également plus haut, le chapitre 2.

9. Louis Baunard, *Le Cardinal Lavigerie*, 2 vol., Paris, Librairie Ch. Poussielgue, 1896, vol. 1, p. XII ; vicomte de Colleville, *Le Cardinal Lavigerie*, Paris, Librairie des Saints-Pères, 1905, p. 203.

10. Comme l'historien Alphonse Aulard l'a écrit à propos de l'action des premiers préfets de la Charente pour la période 1800-1814, le préfet était « un exécuteur prudent et exact des ordres ministériels, mais sans zèle d'obéissance. Il ne [prenait] guère d'initiative, sauf contre la liberté individuelle ». Alphonse Aulard, « La centralisation napoléonienne : les préfets », *La Révolution française*, vol. 61, juillet-décembre 1911, p. 322-342, citation p. 324-325. Sur le bâtiment abritant la préfecture, et le nouvel édifice dans l'actuelle rue de la Préfecture, voir « La préfecture au fil des siècles », 2015, texte en ligne : http://www.charente.gouv.fr/Services-de-l-Etat/Prefecture-et-sous-prefectures/Prefecture-de-la-Charente/La-prefecture-au-fil-des-siecles.

11. Sur la reconstruction du collège, voir « Le lycée Guez de Balzac d'hier et d'aujourd'hui : quelques repères historiques », 2009, texte en ligne : http://etab.ac-poitiers.fr/lycee-guez-de-balzac/.

12. « Délibérations du conseil général de la commune, 1804-1815 », AM-A, fols. 84v-85r. Sur l'« effacement » des « profanations » des XVIe et XVIIIe siècles, voir « Discours sur l'église cathédrale d'Angoulême » (17 janvier 1869), *in* Antoine-Charles Cousseau, *Œuvres historiques et archéologiques de Mgr Cousseau, ancien évêque d'Angoulême*, 2 vol. 1 et 3], Angoulême, Mallat, 1891-1892, vol. 3, p. 87, voir également plus loin, le chapitre 9.

13. Le monument est décrit sur le site du ministère de la Culture, voir à l'adresse : http://www.culture.gouv.fr/public/mistral/merimee_fr?ACTION=CHERCHER&FIELD_1=REF&VALUE_1=PA00104206 ; Odette Hamard, « Autour d'une visite de Madame Royale, duchesse d'Angoulême », *BSAHC*, 1970, p. 131-138.

14. Voir le chapitre 9, et sur les Abadie, Claude Laroche (éd.), *Entre archéologie et modernité : Paul Abadie architecte 1812-1884*, Angoulême, musée d'Angoulême, 1984, ainsi que le *Répertoire des architectes diocésains du XIXe siècle*, Jean-Michel Leniaud (éd.), voir : http://elec.enc.sorbonne.fr/architectes/.

15. « Abadie (Paul) », *in* Alexandre Du Bois et Charles Lucas, *Biographie universelle des architectes célèbres*, Paris, imprimerie générale de Ch. Lahure, 1868, p. 14-21, citations p. 17.

16. AN, Prisons-Charente, F/16/997.

17. AM-A, « Prisons ». Dessin daté de 1816, n° 43 ; rapports sur les projets successifs d'Abadie datés des 22 avril 1822, 20 mai 1828 et 7 février 1832, n° 43, 50, 55, et non numérotés. Au moins onze bâtiments distincts avaient servi de prisons à Angoulême durant la période révolutionnaire. La première proposition d'Abadie pour rénover la prison sise sur le site de l'actuelle halle alimentaire fut formulée en juin 1819 ; les travaux furent entrepris en 1821-1823 et suivis de multiples réparations au cours des années suivantes. Voir Monique Bussac, « Brève histoire des prisons d'Angoulême », *in* Jean-François Buisson *et al.*, *Châtelet-Les Halles : 1 000 ans d'histoire urbaine à Angoulême (Charente)*, Angoulême, mairie d'Angoulême, Service patrimoine, 1998, réimpr. 2005, p. 34-39.

18. Claude Laroche (éd.), *Entre archéologie et modernité : Paul Abadie architecte 1812-1884*, *op. cit.*, p. 36-37 ; sur le modeste coût du (grandiose) palais de justice, voir « Abadie (Paul) », *in* Alexandre Du Bois et Charles Lucas, *Biographie universelle des architectes célèbres*, *op. cit.*, p. 18-19n5.

19. Sur la nouvelle préfecture, voir : http://www2.culture.gouv.fr/public/mistral/mersri_fr?ACTION=CHERCHER&FIELD_1=REF&VALUE_1=PA00104226.

20. « Chronique », *L'Écho du soir*, n° 128, 22 octobre 1826, p. 4. *Ordonnance du roi portant création d'un collège royal de marine*, Brest, Lefournier et Deperiers, 1816 ; le nouveau collège était placé sous la protection de l'« amiral de France » qui était alors le duc d'Angoulême.

21. « Procès-verbal de prise de possession de l'apanage du comte d'Artois à Angoulême » (1774), éd. Léon Burias, *BSAHC*, série 8, vol. 15, 1924, p. 133-146, citation p. 137 ; AM-A, Plan Directeur.

22. Pierre Dubourg-Noves (éd.), *Histoire d'Angoulême et de ses alentours*, Toulouse, Privat, 1989, p. 292.

23. « Discours de M. L'évêque », 4 juillet 1852, *in* Antoine-Charles Cousseau, *Œuvres*, *op. cit.*, vol. 3, p. 150.

24. Notice n° PA16000017, base Mérimée ; voir également : http://www2.culture.gouv.fr/public/mistral/mersri_fr?ACTION=CHERCHER&FIELD_1=REF&VALUE_1=PA16000017.

25. « Église St Martial », www.culture.gouv.fr/Wave/image/merimee/PROT/PA16000018_DOC.pdf. Sur la façade blanche de la nouvelle église, voir Louis-Edouard May, *Consécration de l'église St-Martial, 1853,* musée d'Angoulême.

26. « Quand Dieu efface, c'est pour écrire de nouveau. » « Discours pour la bénédiction de la première pierre de l'église de St-Ausone », 4 décembre 1864, *in* Antoine-Charles Cousseau, *Œuvres*, *op. cit.*, vol. 3, p. 184.

27. « Discours sur l'église cathédrale d'Angoulême », 17 janvier 1869, lettre au Prince Louis-Napoléon, 1852, in *ibid.*, vol. 3, p. 87, 417.

28. La date de décès de François Laplanche, le 3 prairial an X (23 mai 1802), à Paris, est indiquée dans l'acte de mariage de sa fille ; mariage d'Aristide Louis Marthe Soulas et Jeanne Julie Laplanche, 16 frimaire an XI (7 décembre 1802), AD Val-de-Marne, Villeneuve-Saint-Georges, 1802-1803, 32-33/75. Enregistrement de la maison n° 51, Section D, Saint-Pierre, *in* « Contributions, matrices foncières », 1791, AM-A. Aristide Soulas, mort en 1850 dans le village d'Arnouville, est décrit comme un ancien contrôleur des contributions directes ; AD Val-d'Oise, Arnouville, 1844-1853, 52/83. Jeanne Julie, « pensionnée de l'État » « âgée de cinquante-neuf ans », y vivait encore en 1851 ; elle avait soixante-seize ans. AD Val-d'Oise, Arnouville, recensement de population, 1851 : 2/14. A. L. Soulas, « contrôleur des contributions directes », est l'auteur d'un ouvrage publié à Paris en 1820 intitulé *La levée des plans et l'arpentage rendus faciles ; précédés de notions élémentaires de trigonométrie rectiligne, à l'usage des employés au cadastre de la France*. Leur fils, Achille Élie Joseph Soulas, né en 1800 et reconnu à l'occasion de leur mariage en 1802, était un inventeur ; il a reçu une patente à Londres en 1841 pour « des améliorations dans l'appareil servant à réguler l'écoulement des fluides » : un dispositif de contrôle rétroactif. AD Val-de-Marne, Villeneuve-Saint-Georges, 1799-1801, 36/140 ; *The Repertory of Patent Inventions*, vol. 15, janvier-juin 1841, p. 256.

29. Naissance d'Adélaïde Henriette Robin, 16 février 1793, AM-A, 1E1/19 ; Robin est alors présenté comme un « agriculteur », et signe « Robin Américain ».

30. Décès d'Elizabeth Stubbs, 28 décembre 1824, ADC, Dirac, 1823-1832, 3E128/6, 35/260.

31. Angoulême, États des sections, 1827, ADC, 3 PPROV 16 3, propriétés 1094 et1095, 297-298/336.

32. Décès de François Abraham-Robin, 13 janvier 1833, AM-A, 1E102/7.

33. Mariage de Pierre Félix et Françoise Mallat, 27 juillet 1820, AM-A, 1E59/79-80 ; Matrice des propriétés bâties et non bâties, Angoulême-ville, 1835-1911, ADC, 3 PPROV 16 5, 66/183.

34. Mariages de Françoise Louise Javote Félix et Louis Emery, 13 septembre 1821 ; de Louise Charlotte Léontine Emery et Michel Guichard, 30 juin 1841 ; de Marie Marthe Dumergue et Joseph Bargeas, 16 décembre 1820 ; et de Thérèse Dumergue et Jean-Baptiste Bargeas, 16 décembre 1820 ; AM-A, 1E62/99-100, 1E125/62, 1E59/128-130.

35. Dénombrement de la population, État nominatif, Angoulême 1846, ADC, 6M84, 283/646 ; décès de Louis Félix, 3 octobre 1851, AM-A, 1E157/89 ; on indique alors qu'il a quatre-vingt-deux ans, ce qui est une erreur.

36. Décès de Catherine Raby, 1er juin 1812, AM-A, 1E45/156 ; États des sections, Angoulême, 1827, ADC, 3 PPROV 16 3, propriétés 17, 20, 80, 85, 86, 87, 219, et 306 ; 185, 262, 264, 265, 269, 272/336.

37. Décès de Jean Lecler, 21 août 1848, AM-A, 1E148/69.

38. Mariage de Marguerite Aubert et Jean Noël Bonniceau, 5 avril 1807, AM-A, 1E40/80-81.

39. Décès de Marguerite Durousseau, veuve de Jean Joubert, 6 juillet 1809, AM-A, 1E42/208.

40. Blanchet, historien de l'Église dans la Charente révolutionnaire, indique que la maison qu'occupait Marguerite était « sise rue du Palais », ce qui correspond à l'adresse d'une maison appartenant au frère de Marguerite, Théodore Aubert, alors négociant à Paris. J.-P.-G. Blanchet, *Le Clergé charentais pendant la Révolution*, *op. cit.*, p. 157n1 ; ADC, États des sections, Angoulême, 1827, 3 PPROV 16 3, 288/336 ; Matrice des propriétés bâties et non bâties, 1835-1911, 3 PPROV 16 5, 73/183 ; J.-B. Quignon, « Notices historiques et anecdotiques », vol. 8, p. 334, ADC, J75.

41. Décès de Marguerite Aubert, 1er avril 1842, ADC, Rouillac 1833-1845, 3E310/8, 413/541.

42. Léonard Robin est mort en Bourgogne le 17 messidor an X (6 juillet 1802) ; AD Yonne, Paron, 2E288/9, an X-1825, 6/134. « Inventaire après le décès du citoyen Robin, 21 thermidor an 10 », Jean Petit, notaire, AN, MC/ET/CX/586.

43. Les frères déclarèrent que « l'état des droits des enfants nés hors le mariage don[t] le père existait encore à l'époque de la promulgation de la loy du 11 brumaire an II, espèce à laquelle appartient led. Citoyen Louis Léonard Robin, étant indéterminé, ils s'oppos[ai]ent à la prétention élevée par ce dernier ». « Inventaire après le décès du citoyen Robin », AN, MC/ET/CX/586. Sur l'héritage des enfants naturels, voir Jean-Louis Halpérin, « Le droit privé de la Révolution : héritage législatif et héritage idéologique », *Annales historiques de la Révolution française*, n° 328, 2002, p. 135-151.

44. « Inventaire après le décès du citoyen Robin », AN, MC/ET/CX/586.

45. *Réclamations pour le sieur Charles-Marie Canalès-Oglou*, *op. cit.*, p. 11-12, 42-43.

46. J.-B. Sirey, *Jurisprudence de la Cour de cassation, an XIV-1806*, Paris, Laporte, non daté [1806 ?], p. 307-312, citation p. 308.

47. *Ibid.*, p. 311-312.

48. Décès de Louis Léonard Robin, 18 janvier 1825, AD Yonne, Paron, 2E288/9, an X-1825, 129-130/134 ; Maurice Roy, « Léonard Robin », *op. cit.*, p. 104-105.

Décès de Marie Élisabeth Émelie Aubourg, 24 mai 1843, 12e arrondissement ; AdP, état civil reconstitué. Décès de Marie Robin, Angoulême, 27 mars 1837 ; AM-A, 1E114/31. Baptême de Jean Abraham François Robin, Saint-André, 19 mars 1785, GG46/149-150 ; Marie Robin est alors identifiée comme une cousine paternelle.

49. Lettre du 17 floréal an II (6 mai 1794) du citoyen Muron au procureur Fouquier-Tinville, AN, Tribunaux révolutionnaires et hautes cours du XIXe siècle, W//132, n° 70 ; Neil Schaeffer, *The Marquis de Sade : A Life*, Cambridge, MA, Harvard University Press, 2000, p. 447-450.

50. Lettres des 17 floréal an II (6 mai 1794) et 3 prairial an II (22 mai 1794) de Muron à Fouquier-Tinville, AN, W//132, n° 70, W//152, n° 157.

51. Marie-Brigitte-Scholastique Virol, Acte de notoriété, 18 octobre et 25 octobre 1810, et « Inventaire », 22 octobre 1810, Louis Athanaze Rendu, notaire, AN, MC/ET/CVIII/731.

52. « Inventaire », 22 octobre 1810, AN, MC/ET/CVIII/731.

53. AM-A, baptêmes d'Antoine, Noël et Marie Marguerite Virol, 15 janvier 1732, 22 novembre 1736 et 24 mai 1740, NDP, GG13/111, 119, 125, et de Thibault Hypolite Virol, 23 août 1775, Saint-Paul, GG90/89.

54. Décès de Gabriel Ferrand, 20 décembre 1816, AM-A, 1E52/426.

55. « Séance du mercredi 8 décembre 1909 », *BSAHC*, série 8, vol. 1, 1910, p. XLIV.

56. Je suis très reconnaissante à M. Florent Gaillard d'avoir recherché le portrait dans les fonds de la Société archéologique et historique de la Charente. Gustave Paillé a été l'un des successeurs de Silvestre Topin au poste de professeur de dessin au collège d'Angoulême, et son fils Maurice était « un jeune et très distingué artiste » ; dans le catalogue du musée d'Angoulême, Émile Biais ajoute alors qu'« il est regrettable que la galerie angoumoisine n'ait pas en souvenir d'eux, quelque ouvrage de ces peintres intelligents et bien appris ». Émile Biais, *Catalogue du musée d'Angoulême : peintures, sculptures, estampes*, Angoulême, F. Lugeol & Cie, 1884, p. 20n1.

57. Voir le chapitre 6.

58. Décès de Vincent Gabriel Ferrand, 14 février 1825, AD Loiret, Beaugency, décès, 1821-1832, 131/414 ; naissance de Pierre Lucien Eugène Ferrand, 6 janvier 1823, AD Loiret, Beaugency, naissances, 1821-1826, 88/252 ; mariage de Pierre Lucien Eugène Ferrand et Eugénie Clémentine Lormeau, 22 mai 1852, AD Hauts-de-Seine, Montrouge, mariages, 1852, 19-20/57 ; décès de Pierre Lucien Eugène Ferrand, 28 mai 1881, AdP, 3e arrondissement, acte n° 838 ; et sur le « cabinet de lecture » de « Mme Veuve Ferrand », *La Presse*, n° 5057, 9 mai 1850.

59. Naissance d'Eugène Gabriel Ferrand, 24 août 1884, AdP, 4e arrondissement, acte n° 2183 ; naissance de Juliette Marie Ferrand, 25 février 1886, 10e arrondissement, acte n° 980 ; mariage de Louis Gabriel Ferrand et Marie Emma Mélanie Manchuette, 2 juin 1888, 3e arrondissement, acte n° 413 ; décès de Louis Gabriel Ferrand, 23 avril 1907, 10e arrondissement, acte n° 2169.

60. Mort pour la France, Eugène Gabriel Ferrand, 5 mai 1916 ; voir : https://www.memoiredeshommes.sga.defense.gouv.fr.

61. Mariage de Jean Dinochau et Stéphanie Ferrand, 9 décembre 1820, AD Loiret, Beaugency, mariages, 1810-1820, 290-291/302.

62. *Almanach-Bottin du commerce de Paris*, Paris, Bureau de l'*Almanach du commerce*, 1854, p. 193, 459, 1008. Aujourd'hui, la rue Bréda porte le nom de rue Henry Monnier.

63. En 1863, le critique Louis Étienne décrit le *Déjeuner sur l'herbe* de Manet en ces termes : « Une bréda quelconque, aussi nue que possible, se prélasse effrontément entre deux gandins habillés et cravatés le plus possible aussi. » Louis Étienne, *Le Jury et les exposants : Salon des refusés*, Paris, E. Dentu, 1863, p. 30 ; voir également Pierre Bourdieu, *Manet : une révolution symbolique*, Paris, Seuil, 2013, p. 629.

64. Edmond de Goncourt, *Journal des Goncourt : mémoires de la vie littéraire*, 9 vol., Paris, G. Charpentier et Cie, 1851-1896, vol. 1, p. 126, vol. 7, p. 256.

65. Le restaurant situé à l'angle de la rue Bréda et de la rue Navarin a été l'objet de très nombreux récits. Voir notamment Étienne Carjat, « Le Saint-Charles, ou une soirée chez Dinochau », *Le Figaro*, n° 423, 6 mars 1859, p. 3-5 ; « Un dîner chez Dinochau », *in* Louis Lemercier de Neuville, *Les Tourniquets : revue de l'année 1861*, Paris, Poulet Malassis, 1862, p. 41-50 ; Alfred Delvau, « Le cabaret Dinochau », *in* A. Delvau, *Histoire anecdotique des cafés et cabarets de Paris*, Paris, E. Dentu, 1862, p. 15-21 ; « Courrier de Paris », *Le Monde illustré*, n° 766, 16 décembre 1871, p. 37 ; « Chronique de Paris », *Le Voleur illustré : cabinet de lecture universel*, 22 décembre 1871, p. 1069-1070 ; Firmin Maillard, « Les derniers bohèmes, I », *La Renaissance littéraire et artistique*, année 1, n° 31, 23 novembre 1872, p. 245-246 ; Firmin Maillard, *La Cité des intellectuels : scènes cruelles et plaisantes de la vie littéraire des gens de lettres au XIXe siècle*, Paris, H. Daragon, 1905, p. 286-289 ; « L'entresol de Dinochau : La Bohème en 1860 », *in* Louis Lemercier de Neuville, *Souvenirs d'un montreur de marionnettes*, Paris, Maurice Bauche, 1911, p. 119-169 ; Pierre Dufay, « Jean-Édouard Dinochau restaurateur des lettres », *Mercure de France*, vol. 281, n° 951, 1er février 1938, p. 489-514. Sur les cabarets littéraires de Paris, voir Joëlle Bonnin-Ponnier, « Les lieux de sociabilité de la bohème », *Cahiers Edmond et Jules de Goncourt*, n° 14, 2007, p. 103-124, Gilbert Beaugé, « L'autopsie d'un acte manqué : l'hommage à Delacroix d'Henri Fantin-Latour », texte en ligne : https://halshs.archives-ouvertes.fr/halshs-00356960, et Pierre Bourdieu, *Manet : une révolution symbolique*, *op. cit.*, p. 669.

66. Firmin Maillard, « Les derniers bohèmes », *op. cit.*, p. 246.

67. « Dinochau », *in* Pierre Larousse, *Grand dictionnaire universel du XIXe siècle*, vol. 6, Paris, Administration du *Grand dictionnaire universel*, 1870, p. 870.

68. Sur Édouard Dinochau « restaurateur des lettres », voir Alfred Delvau, *Histoire anecdotique des cafés et cabarets de Paris*, *op. cit.*, p. 20 ; sur Stéphanie « austère marchande de vin », voir le *Journal des Goncourt*, vol. 7, p. 257 ; sur sa cuisine, voir « Chronique de Paris », *Le Voleur illustré*, 22 décembre 1871, p. 1069 ; et sur les livres de comptes, Lemercier de Neuville, *Souvenirs*, *op. cit.*, p. 122.

69. *Journal des Goncourt*, vol. 7, p. 256, 257.

70. Lemercier de Neuville, *Souvenirs*, *op. cit.*, p. 124, Pierre Dufay, « Jean-Édouard Dinochau restaurateur des lettres », *op. cit.*, p. 494, « J.-É. Dinochau », *in* Lemercier de Neuville, *Souvenirs*, *op. cit.*, p. [121]. Une autre caricature le représente dans une chemise blanche à manches bouffantes et un gilet noir, portant une bouteille de champagne au premier plan d'une salle de restaurant remplie à craquer dans le « Dîner chez Dinochau » de 1862 ; Lemercier de Neuville, *Les Tourniquets*, *op. cit.*, p. 48.

71. Décès de Stéphanie Ferrand, 14 août 1870, AdP, 9e arrondissement, acte n° 1250.

72. *La Liberté*, 9 juin 1871.

73. Tribunal de commerce de la Seine, « Dissolutions », *Journal officiel de la République française*, 7 novembre 1871, p. 4344.

74. Décès d'Édouard Dinochau, 9 décembre 1871, AdP, 10e arrondissement, acte n° 8530.

75. Tribunal de commerce de la Seine, « Qualifications de faillite », *La Liberté*, 16 juillet 1872.

76. Cahier de charges, requête de M. Normand, syndic de la faillite Dinochau, 19 octobre 1872, Paul Rigault, notaire, AN, MC/ET/LXXXVI/1220.

77. *La Liberté*, 21 octobre 1872 ; *Le Figaro*, 20 octobre 1872.

78. « État des créances », *in* Cahier de charges, Rigault, AN, MC/ET/LXXXVI/1220.

79. *Le Figaro*, 21 octobre 1872 ; « Adjudication au profit de M. de Villemessant », *in* Cahier de charges, AN, MC/ET/LXXXVI/1220.

80. Décès d'Alfred Charles Dinochau, AD Val-de-Marne, Le Kremlin-Bicêtre, 22 février 1901, 32/179.

81. Décès d'Élisabeth Boutoute, 5e arrondissement, 13 juin 1830 ; décès de Jean-Baptiste Ferrand, 9e arrondissement, 16 novembre 1831 ; AdP, état civil reconstitué. L'ancien 5e arrondissement correspond aux 2e et 10e arrondissements actuels, et l'ancien 9e aux 4e et 1er arrondissements d'aujourd'hui. La date et le lieu de décès de Jean-Baptiste sont confirmés dans l'acte du deuxième mariage de son plus jeune fils ; ADSM, Montereau-Fault-Yonne, 1839-1841, mariage de Jean-Baptiste Ferrand et Anne Nicolas Thiriot, 23 janvier 1839, 47-48/356.

82. Dossier « Ferrand (Jn. Bte.) », AN, F/12/2795 ; certification du 4 vendémiaire an XIV (26 septembre 1805) ; lettres des 12 décembre 1822 et 10 octobre 1824, et pétition reçue le 24 février 1831.

83. Dossier « Ferrand, Françoise, Ve. Brébion », AN, F/12/2795 ; lettre de Françoise Ferrand du 26 septembre 1848 ; lettre de Françoise Ferrand du 9 novembre 1859 ; lettre de C. Brébion Ve. Collet du 5 avril 1860 ; lettre du 10 août 1860 accordant une aide de 500 livres à Mme. Ve. Collet. Dans le dossier, il n'y a plus aucune trace des deux autres enfants de Françoise, Jean-Baptiste Adolphe et Joséphine Louisa, après 1814.

84. Décès de Françoise Ferrand, âgée de quatre-vingt-trois ans, vivant rue Myrha 17, 26 mars 1860, AdP, 18e arrondissement, acte n° 594.

85. Dossier « Ferrand, Françoise, Ve. Brébion », AN, F/12/2795 ; lettre du 5 avril 1860, de C. Brébion Ve. Collet.

86. Dossier « Brébion Collet (veuve) », AN, F/12/2757 ; lettre des 12 mars 1866, 12 mars 1870, 16 janvier 1873, 17 septembre 1774, 9 mars 1875, 8 mars 1876 et 23 décembre 1876.

87. AdP, décès de Marie Thérèse Clara Brébion, résidant 49, rue Labat, 23 avril 1889, 18e arrondissement, acte n° 1454. Dans le dossier, sa naissance est datée du 29 janvier 1804 ; dossier « Brébion Collet (veuve) », AN, F/12/2757. L'époux de Clara Brébion, Pierre Rose Collet, est décédé le 25 octobre 1843 dans le 7e arrondissement (aujourd'hui les 3e et 4e arrondissements). AdP, état civil reconstitué, notice 1220.

88. Mariage de Rosalie Marie Collet, couturière, et Raphael Victor Bossard, métreur, 21 septembre 1861, AdP, 18e arrondissement, acte n° 678.

89. Cela constitue un taux de mortalité infantile extraordinairement élevé : à Paris, à l'époque, environ un nourrisson sur cinq mourait ; Étienne van der Walle et Samuel H. Preston, « Mortalité de l'enfance au XIXe siècle à Paris et dans le département de la Seine », *Population*, vol. 29, n° 1, 1974, p. 89-102. Les Bossard étaient une famille du centre de Paris, et toutes les naissances et tous les décès ont eu lieu dans la ville. Naissance de Louis Victor Bossard, 3 mars 1861, AdP, 18e arrondissement, acte n° 650 ; décès de Louis Victor Bossard, 22 avril 1861, AdP, 18e arrondissement, acte n° 802 ; naissance de Jeanne Bossard, 25 janvier 1862, 18e arrondissement, acte n° 198 ; décès de Jeanne Bossard, 13 mai 1866, 18e arrondissement, acte n° 1131 ; naissance d'Augustine Clara Bossard, 11 octobre 1865, 18e arrondissement, acte n° 3275 ; décès d'Augustine Clara Bossard, 13 novembre 1865, 18e arrondissement, acte n° 3390 ; naissance de Francisque Joseph Victor Bossard, 23 mai 1868, 18e arrondissement, acte n° 1727 ; naissance de Jeanne Bossard, 29 octobre 1869, 18e arrondissement, acte n° 3638 ; décès de Jeanne Bossard, 19 décembre 1869, 18e arrondissement, acte n° 3005 ; naissance de Joséphine Fernande Bossard, 1er juillet 1871, 18e arrondissement, acte n° 2184 ; décès de Joséphine Bossard, 16 mai 1878, 7e arrondissement, acte n° 1071 ; naissance de Berthe et Charles Bossard, 10 janvier 1876, 18e arrondissement, actes n° 103 et 104 ; décès de Berthe Bossard, 15 janvier 1876, 18e arrondissement, acte n° 138 ; décès de Charles Bossard, 2 février 1876, 18e arrondissement, acte n° 286 ; naissance de Henri Léon Bossard, 31 août 1877, 7e arrondissement, acte n° 1203 ; décès de Henri Léon Bossard, 1er août 1885, 18e arrondissement, acte n° 2710 ; naissance de Charles Albert Bossard, 27 juillet 1880, 18e arrondissement, acte n° 2658 ; décès de Charles Albert Bossard, 24 août 1880, 18e arrondissement, acte n° 2891 ; décès de Rosalie Marie Collet, 8 octobre 1890, 18e arrondissement, acte n° 3617. Francisque Joseph Victor Bossard, le quatrième enfant de Rosalie et le seul à avoir survécu à la petite enfance, est mort dans le 9e arrondissement de Paris le 15 avril 1925 ; 9e arrondissement, acte n° 520.

90. Mariage de Francisque Joseph Victor Bossard, lithographe, et Marie Madeleine Andres, blanchisseuse, 25 avril 1891, AdP, 18e arrondissement, acte n° 578 ; à la naissance de leur fille Germaine Marguerite en 1894, la famille était réputée vivre au 42 de la rue de la Goutte-d'Or, et à la naissance de leur fils Louis Roger Henri en 1904, au 50 de la rue de la Goutte-d'Or ; AdP, 18e arrondissement, 1894, acte n° 5098 ; 1904, acte n° 3368.

91. Mariage de Louise Jeanne Collet et Jérôme Lerouge, 12 février 1887, AdP, 11e arrondissement, acte n° 221 ; décès de Louise Jeanne Collet, 3 août 1899, 13e arrondissement, acte n° 1850 ; décès de Françoise Marie Rosalie Collet, 8 octobre 1890, 18e arrondissement, acte n° 3617. Louise Jeanne Collet est morte à l'hôpital Broca ; Jérôme Lerouge, réputé veuf de Jeanne Louise Collet, est mort en 1901 à l'hôpital Bicêtre ; AD Val-de-Marne, Le Kremlin-Bicêtre, 20 novembre 1901, 153/179. Sur la règlementation encadrant l'activité des marchands ambulants au cours de la période précédant et suivant la mort de Louise, voir Claire Zalc, *Melting Shops : une histoire des commerçants étrangers en France*, Paris, Perrin, 2010, p. 42-47.

92. Propriété n° 1314, Rempart du Midi, ADC, États des sections, Angoulême, 1827-1961, 3 PPROV 16 3, 305/336.

93. Accord entre Étienne Allemand Lavigerie, Jeanne, Jeanne Julie, Jeanne Henriette, Françoise et Louise Allemand Lavigerie, Jean Théodore Henry l'aîné et Isaac Damade, « Pardevant Duval notaire », 16 mars 1811, ADC, 2E8751.

94. « État estimatif des meubles et effets », 16 mars 1811, joint à l'accord entre Étienne Allemand Lavigerie et ses enfants, 16 mars 1811, ADC, 2E8751 ; Enregistrement de la maison n° 935, Section C, Château, *in* AM-A, « Contributions, matrices foncières », 1791.

95. Procuration à Jean-Théodore Henry l'aîné, 16 novembre 1810, Duhalde notaire, Bayonne ; procuration à Isaac Damade, 15 décembre 1810, Jean Louis Pierre, notaire, Bar-sur-Ornain. Les deux procurations sont jointes à l'accord entre Étienne Allemand Lavigerie et ses enfants signé le 16 mars 1811, ADC, Duval notaire, 2E8751. Jean-Théodore Henry avait alors soixante-seize ans ; il s'agit du père de Pierre Auguste Henry, témoin aux mariages respectifs de Pierre et Martial Allemand Lavigerie. Baptême de Pierre Auguste Henry, 11 mars 1770, Saint-Jacques, AM-A, GG130/173-174 ; décès de Jean-Théodore Henry, 2 novembre 1818, 1E54/354-355. Isaac Damade, décrit comme propriétaire, avait quant à lui soixante-dix ans. Décès d'Isaac Damade, 16 janvier 1823, 1E71/5.

96. Accord entre Étienne Allemand Lavigerie et ses enfants, 16 mars 1811, ADC, 2E8751.

97. Déclaration de Jeanne Lavigerie *ainée*, entrée 493, 29 messidor an VII, AM-A, « Registre pour recevoir les déclarations des citoyens domiciliés dans cette commune ».

98. Enregistrement de la maison n° 856, Section C, Château, *in* AM-A, « Contributions, matrices foncières », 1791. La valeur imposable de la maison était estimée à 450 francs, et la surface de la propriété à 266 « toises carrées », soit 1 010 mètres carrés. La maison de famille située dans la même section était en revanche estimée à 100 francs et 25 toises carrées. Maison n° 935, Section C, Château.

99. Contrat pour la vente d'une maison sur le Rempart du Midi par Philippe Pierre Lambert à Jeanne, Jeanne Julie, Jeanne Henriette, Françoise et Louise Mélanie Lavigerie, 26 mars 1811, Duval, ADC, 2E8751. Lambert figure comme Jeanne *ainée* dans le registre fiscal de 1799, et déclare alors une servante, après avoir été « sans domestique depuis la [R]évolution » ; entrée 387, 26 messidor an VII, AM-A, « Registre pour recevoir les déclarations des citoyens domiciliés dans cette

commune ». Sur les périodes durant lesquelles Lambert a été maire d'Angoulême, voir : https://maam.angouleme.fr/archives-municipales/histoire-dangouleme/les-maires-dangouleme/. Lambert avait acquis la maison par un « acte d'échange » signé le 10 pluviôse an XIII (13 janvier 1805) avec Alexandre René Gabriel Terrasson Montleau. Sur Terrasson, député sous la Restauration, voir : http://www2.assemblee-nationale.fr/sycomore/fiche/(num_dept)/17218, et sur ses efforts pour être retiré de la liste des émigrés, car il n'avait, disait-il, quitté la France qu'afin de poursuivre ses études de commerce dans une maison de Hambourg, voir son vaste dossier dans les archives de la « Police générale : les émigrés de la Révolution », AN, F/7/4991/2/dossier 20.

100. ADC, Archives de l'enregistrement, dossier n° 390, « Allemand Lavigerie, Jeanne, institutrice à Angoulême », 28 mars 1811, 4QPROV 1/7777.

101. ADC, dossier n° 390, « Allemand Lavigerie, Jeanne, institutrice à Angoulême », 24 septembre 1817, 4QPROV 1/7777 ; contrat de vente du 26 mars 1811, Duval, ADC, 8751.

102. ADC, dossier n° 320, « Allemand Lavigerie, Étienne et Françoise Ferrand », 4QPROV 1/7705.

103. Philip T. Hoffman, Gilles Postel-Vinay et Jean-Laurent, *Dark Matter Credit : The Development of Peer-to-Peer Lending and Banking in France*, *op. cit.*, chapitre 3. La Révolution a entraîné une reprise du volume du crédit et un changement dans sa composition qui ont favorisé de nouveaux instruments financiers et de nouveaux emprunteurs, en particulier ceux qui, comme le père des cinq sœurs, achetaient les biens urbains de propriétaires expropriés.

104. Transcription de l'accord entre Jeanne, Jeanne Henriette, Françoise et Louise Mélanie Allemand Lavigerie, Charlotte-Ursule Allemand Lavigerie et Françoise Méloé Silvestre Topin, 13 novembre 1839, *in* ADC, 4QPROV 1/2932.

105. Testament de Jeanne Allemand Lavigerie daté du 12 juin 1850 et enregistré le 9 juillet 1860, ADC, Goyaud, notaire, 2E10292.

106. Propriétés n° 1 311 et 1 315, Rempart du Midi, ADC, États des sections, Angoulême, 1827-1961, 3 PPROV 16 3, 305/336.

107. Propriété n° 1 311, ADC, Matrice des propriétés bâties et non bâties, 1835-1911, 3 PPROV 16 5, 81/183.

108. Propriété n° 1 315, ADC, Matrice des propriétés bâties et non bâties, 1835-1911, 3 PPROV 16 5, 87/183. Camille possédait aussi une maison rue de l'Arsenal, la propriété n° 837, 124/183.

109. Propriété n° 1 347, ADC, Matrice des propriétés bâties et non bâties, 1874-1892, 3 PPROV 16 8, fol. 1165, 14/314. Pierre Auguste Henry-Lacourade est répertorié parmi les habitants du Rempart du Midi en 1861 ; ADC, État nominatif, Angoulême, 1861, 194/765.

110. AM-A, « Écoles Privées », 1849.

111. Au moment de son mariage en 1836, Charlotte-Ursule Lavigerie était réputée vivre à Angoulême ; Françoise Méloé Allemand Lavigerie, présentée comme une native de Bayonne, vivait au Rempart du Midi à sa mort en 1839 ; Françoise Topin était elle aussi réputée vivre à Angoulême lorsqu'elle s'est mariée dans l'Aube en 1830. Louise Lavigerie, fille du fils de Martial, Léon Philippe, vivait avec ses

grands-tantes au Rempart du Midi lorsqu'elle s'est mariée en 1855 ; Marie Lacourade, fille de Charlotte-Ursule, vivait chez son père, dans la maison que celui-ci possédait sur les remparts (propriété n° 1 347) lorsqu'elle s'est mariée en 1858 ; Marie Françoise, fille de Camille et Françoise, vivait chez ses parents près de la pension (propriété n° 1 315) lorsqu'elle s'est mariée en 1851. D'après le recensement de 1861, Berthe Louise Topin/ Taupin vivait à la pension du Rempart du Midi. AM-A, 1E110/73-74, 1E120/26, 1E156/16, 1E169/31-32, 1E178/109 ; mariage de Camille Alexandre Allemand Lavigerie et Françoise Méloé Topin, 4 octobre 1830, AD Aube (désormais ADAu), Ville-sous-la-Ferté, mariages, 1825-1860, 4E426/10, 53-54/289 ; ADC, État nominatif, Angoulême, 1861, 192/765.

112. Décès de Laurent Silvestre Topin, 29 mars 1860, AM-A, 1E185/28.

113. La répétition des prénoms et les variations déconcertaient aussi les préposés à l'état civil d'Angoulême. AM-A, GG25/26, 1E25/31, et voir plus loin les actes successifs au nom de (Françoise) Adélaïde (Méloé) Allemand Lavigerie et Charlotte (Alida) Ursule (Adélaïde) Allemand Lavigerie.

114. Entrée du 21 pluviôse an XIII, *Journal des maires d'Angoulême 1790-1808*, *op. cit.*, p. 197-198.

115. « Procuration », 15 décembre 1810, Jean Louis Pierre, Bar-sur-Ornain, jointe à l'accord entre Étienne Allemand Lavigerie et ses enfants, 16 mars 1811, ADC, 2E8751.

116. « D. sur l'extirpation de la mendicité », 5 juillet 1808, in *Corps du droit français, ou Recueil complet des lois, décrets, ordonnances*, éd. C.-M. Galisset, 14 vol., Paris, Beauvais aîné, 1828-1853, vol. 2, p. 819-820.

117. ADAu, Fonds de la maison centrale de Clairvaux, 2Y1-2Y10. Silvestre a préparé une estimation du coût des travaux de construction dès le mois de janvier 1817, et ses dépenses pour venir s'installer à Clairvaux ont été couvertes plus tard cette année-là ; mémoires du 26 juillet 1817 et du mois de décembre 1817, 2Y3, 289/475, 310/275. Charles-Silvestre Topin a été nommé étudiant pensionnaire du collège royal de marine d'Angoulême le 6 mars 1822 ; Louis-Marie Bajot, *Annales maritimes et coloniales*, Paris, Imprimerie royale, 1822, partie 1, p. 294. « Silvestre fils » apparaît dans les registres de la prison de Clairvaux à partir d'avril 1833 ; 2Y10, 575, 578/642. Au moment de son mariage, également en avril 1833, ses parents étaient réputés vivre à Angoulême ; ADAu, Brienne-le-Château, 4E06420, 3-5/227.

118. Mémoires du 16 août 1823 à propos des « bains des entrants », et du 5 juin 1831 à propos de la « prison des turbulents » ADAu, Fonds Clairvaux, 2Y5, 149/764, 2Y9, 488-490/527.

119. Lettre de Jean-Baptiste Gaide, directeur de la prison, au préfet de l'Aube, 17 août 1820, ADAu, Fonds Clairvaux, 2Y4, 88-91/764, voir également Laurent Veyssière, « La tombe découverte à l'abbaye de Clairvaux 1820 est-elle celle de Guillaume de Joinville archevêque de Reims († 1226) ? », *Bibliothèque de l'École des chartes*, vol. 164, n° 1, 2006, p. 5-41, en particulier p. 15-17.

120. ADAu, Ville-sous-la-Ferté, décès, 1830-1837, 4E42614, 2-32/248. Sur les 173 décès enregistrés dans le village en 1830, 143 concernent des prisonniers : 24 femmes et 119 hommes.

121. Victor Hugo, *Claude Gueux*, première publication dans la *Revue de Paris*, 1834, et en volume à Paris, la même année, chez Évréat, http://www.victorhugo2002.culture.fr/culture/celebrations/hugo/fr/index1.html.

122. Dans le roman de Victor Hugo, c'est le directeur qui est tué. Lettre de Jean-Baptiste Gaide au préfet de l'Aube, 16 avril 1830, ADAu, Fonds Clairvaux, 2Y8, 623-628/698 ; décès de Pierre Étienne Delaselle, 9 novembre 1831, ADAu, Ville-sous-la-Ferté, décès, 1830-1837, 4E426/14, 59/248.

123. Mariage de Camille Alexandre Allemand Lavigerie et Françoise Méloé Topin, 4 octobre 1830, ADAu, Ville-sous-la-Ferté, mariages, 1825-1860, 4E426/10, 53-54/289. Les témoins étaient Jean-Baptiste Gaide, le directeur de la prison et signataire des actes de décès de prisonniers ; Ferdinand Jolain, l'entrepreneur ; Marc-Antoine Ragon, le greffier ; et Nicholas Thevenin, l'inspecteur.

Chapitre 8. Histoires de la vie économique

1. Sur les fluctuations généralement laissées de côté dans l'histoire de la croissance économique à long terme, et sur l'impossibilité pour les individus d'appréhender le long terme et la moyenne statistique, voir Yves Grenier et Bernard Lepetit, « L'expérience historique : à propos de C.-E. Labrousse », *op. cit.*

2. François Simiand, *Le Salaire, l'évolution sociale et la monnaie*, 3 vol., Paris, Félix Alcan, 1932, vol. 2, p. 117.

3. Les « professions libérales » – qui comprenaient les soldats, les marins, les fonctionnaires, les enseignants, les médecins, les pharmaciens et les ecclésiastiques – regroupaient selon les estimations de l'époque environ un million de personnes au milieu du XIXe siècle, et les emplois domestiques environ deux millions. Voir Maurice Block, *Statistique de la France comparée aux autres États de l'Europe*, 2e éd., 2 vol., Paris, Guillaumin et Cie, 1875, vol. 1, p. 5-57. Comme Block l'a signalé, la classification des métiers a changé d'un recensement à l'autre, et le recensement de 1872 laisse en particulier beaucoup à désirer ; selon lui, « les professions diverses (savoir : hôteliers, fossoyeurs, acrobates) auraient pu être réunies à l'industrie », et les portiers n'avaient pas à être regroupés avec les rentiers et les propriétaires dans la catégorie des « personnes vivant exclusivement de leurs revenus » (p. 57).

4. Il s'agit en particulier des registres publics des manufactures de fabrication de textiles. Adam Smith, *Recherche sur la nature et les causes de la richesse des nations*, livre I, chap. 8, *op. cit.*, p. 117.

5. Sur les échelles spatiales et temporelles, voir Jacques Revel (éd.), *Jeux d'échelles*, *op. cit.* Parmi les études d'histoire micro-macro réalisées depuis les années 1990, l'ouvrage de Paul-André Rosental intitulé *Les Sentiers invisibles* constitue, même s'il ne se limite pas à cela, une contribution à l'histoire économique du XIXe siècle ; *The Institutional Framework of Russian Serfdom* de Tracy Dennison combine quant à lui échelle individuelle (vies économiques) et échelle méso (un domaine de serfs) afin de mettre en lumière le fondement institutionnel du servage en Russie et son évolution au fil du temps ; enfin, les *Melting Shops* de Claire Zalc allient (micro)histoire à l'échelle des individus commerçants, (méso)

histoire à l'échelle du métier, et histoire à grande échelle des citoyens et non-citoyens de la France du XXe siècle.

6. Mariage de Martial Allemand Lavigerie et Louise Vaslin, 13 avril 1790, Saint-André, AM-A, GG47/64-65 ; baptême de Françoise Philippine Lavigerie, 27 mai 1792, Saint-Pierre, GG25/26.

7. ADPA, Bayonne, naissances, ans VI-XII, 775/875 ; an XII-1813, 224/820 ; 1826-1837, 52-53/904.

8. Décès d'Élisabeth Allemand Lavigerie, 4 mai 1838, ADPA, Bayonne, 1826-1841, 620/818 ; décès de Joseph Alexandre César Ponsard, 24 février 1847, Bayonne, 1842-1857, 237/883.

9. Naissance d'Alexandre Étienne Marcellin Ponsard, 20 avril 1809, ADPA, Bayonne, an XII-1813, 427/820 ; naissances de Charlotte Ursule Allemand Lavigerie, 23 octobre 1810, et d'Adélaïde Théonie Allemand Lavigerie, 8 mars 1813, 548/820 et 754/820.

10. Naissance de Claude Frédéric Bastiat, 11 messidor an IX (30 juin 1801), ADPA, Bayonne, an IV-an XII, 518/875 ; décès de Marie Julie Frechou, la mère de Bastiat, 27 mai 1808, an IX-1810, 592/854. La famille Bastiat vivait 27, rue du Pont-Majour, et la famille Allemand Lavigerie 16, rue du Pont-Majour. Naissances de Pierre Jules, Victor Mamert, Charlotte Ursule et Adélaïde Théonie Allemand Lavigerie, an XII-1813, 224, 336, 548, 754/820.

11. Décès de Pierre Jean Audouin, 11 mai 1808 ; ADPA, Bayonne, an IX-1810, 589/854 ; « Je persiste à croire que je mériterais moi-même la mort, si je ne la demandais pour le tyran. Je vote pour la mort », 16-17 janvier 1793, *AP*, vol. 57, p. 374 ; texte en ligne : http://www2.assemblee-nationale.fr/sycomore/fiche/(num_dept)/12891. Naissance de Pierre Jules Édouard, 11 novembre 1806, an XII-1813, 224/820 ; mariage de Joséphine Allemand Lavigerie et Joseph Alexandre César Ponsard, 23 septembre 1807, 1807-1823, 28/857.

12. Josette Pontet, « La Société des Amis de la Constitution de Bayonne (juillet 1790-juillet 1793) », *Annales du Midi*, vol. 106, n° 208, 1994, p. 425-449. Les trois rues où la société était particulièrement bien représentée étaient la rue des Basques, la rue du Pont-Majour (où Martial a vécu la plupart du temps à Bayonne) et la rue Bourgneuf, où il vivait avec sa fille Élisabeth quand celle-ci est morte en 1838 (p. 431). Pierre Jean Audouin vivait lui aussi rue du Pont-Majour, tout comme les deux signataires de son acte de décès en 1808, Jean Duverdier et Louis Peche, également signataires de l'acte de naissance de Victor, le fils de Martial, au cours de la même année ; ADPA, Bayonne, naissances, an XII-1813, 336/820, décès, an IX-1810, 589/854. On trouve le détail des activités d'Audouin en tant que vice-consul (il se réunissait à Rome avec ses homologues de Malte, Tripoli, Constantinople et Corfou), dans le *Journal politique de l'Europe*, n° 330, 22 novembre 1798, p. [3].

13. En 1806, Angoulême comptait environ 15 000 habitants, et Bayonne autour de 14 000. Voir URL : http://cassini.ehess.fr/cassini/fr/html/fiche.php?select_resultat=853 et URL : http://cassini.ehess.fr/cassini/fr/html/fiche.php?select_resultat=2448.

14. Comme l'a dit le petit-fils de Martial, Charles Martial Allemand Lavigerie, à un officier de la marine espagnole plusieurs années plus tard : « mon enfance

[...] s'est passée tout entière près des frontières de votre Espagne, à l'ombre des montagnes et sur le bord des flots qui séparent nos deux patries. » Louis Baunard, *Le Cardinal Lavigerie*, *op. cit.*, vol. 2, p. 467-468.

15. L'hôtel de ville de Bayonne, construit entre 1838 et 1843, porte une plaque identifiant ses fonctions d'origine : « mairie, hôtel de douanes et théâtre. »

16. *Courrier de Bayonne et de la péninsule : journal politique, commercial, littéraire et maritime*, n° 1, 8 octobre 1829, p. 1, facsimilé réimprimé dans Jean-Baptiste Daranatz, *Le Centenaire du « Courrier de Bayonne »*, Bayonne, imprimerie du *Courrier*, 1930, p. 33 ; voir également Jean Crouzet, *Bayonne entre l'équerre et le compas, 1815-1852*, Bayonne, Harriet, 1986, p. 92.

17. *Courrier de Bayonne et de la péninsule : journal politique, commercial, littéraire et maritime*, n° 48, 16 mars 1830, p. 3-4 ; BNF, FRBNF32750179.

18. Jean Crouzet, *Bayonne entre l'équerre et le compas*, *op. cit.*, p. 94.

19. Guyot de Fère, *Annuaire des artistes français*, *op. cit.*, p. 377 ; Guyot de Fère, *Annuaire des artistes français, statistique des beaux-arts en France*, Paris, M. Guyot de Fère, 1833, p. 295. Le département des Basses-Pyrénées correspond aujourd'hui à celui des Pyrénées-Atlantiques. En 1837, Élisabeth Allemand Lavigerie est répertoriée dans un répertoire de musiciens ; elle est morte à Bayonne le 4 mai 1838. Voir Planque, *Agenda musical ou indicateur des amateurs, artistes et commerçants en musique de Paris, de la province et de l'étranger*, Paris, Duverger, 1837, p. 231 ; ADPA, Bayonne, décès, 1826-1841, 620/818.

20. « Lavigerie (Léon-Philippe), Détails des services depuis l'entrée en fonctions », non daté, *in* AL-R, A2.216 ; mariage de Léon Bernard Lavigerie, 12 juin 1860, AD Charente-Maritime (désormais ADCM), Rochefort, mariages, 52/134.

21. Mariage de Léon-Philippe Lavigerie et Louise Latrilhe, 3 novembre 1824, ADPA, Bayonne-Saint-Esprit (Landes), 1814-1831, 248/1460 ; *Almanach royal et national pour l'an 1831*, Paris, A. Guyot et Scribe, 1831, p. 202. Le beau-père de Léon-Philippe est répertorié, comme sa sœur, en tant que figure locale du monde des arts ; Guyot de Fère, *Annuaire des artistes français*, *op. cit.*, p. 377.

22. Mariage de Pierre Jules Édouard Allemand Lavigerie et Eugénie Cassan, 6 mai 1838, AD Aude, Lézignan, 1837-1840, 81/253. Naissance de Joseph Victor Lavigerie, 9 février 1839, AD Aude, Narbonne ; 29/172. Sur son acte de mariage, Pierre Jules Édouard est réputé « employé aux contributions directes », et sur l'acte de naissance de son fils Joseph Victor « employé des contributions indirectes ». Décès de Pierre Jules Édouard Allemand Lavigerie, veuf d'Eugénie Cassan, demeurant à Mende en Lozère, 23 décembre 1851 ; ADCM, Rochefort, décès, 1851, 184/200.

23. Décès de Victor Lavigerie, 16 mai 1885, AD Landes, Pouillon, décès, 1880-1894, 439/595.

24. Émile Daru, « Un grand Landais : S. E. le cardinal Lavigerie (1825-1892) », *Bulletin de la Société de Borda*, vol. 50, 1926, p. 33-39, en particulier p. 35. Daru, qui, en 1926, n'était pas en mesure de déterminer « le lien de famille exact existant entre Victor et Charles Lavigerie », indique que Victor Lavigerie s'était installé

à Pouillon en 1870 et vivait « en vieux célibataire, d'une modeste pension et du produit d'un bureau de tabac qui lui avait été concédé ».

25. Lettre du 16 mai 1885 adressée depuis Pouillon par la veuve Dufor au cardinal Lavigerie, AL-R, A2.128.

26. AM-A, « Dénombrement 1851 », Rempart du Midi, non paginé.

27. Décès de Martial Allemand Lavigerie, 18 août 1856, AM-A, 1E173/83-84.

28. Décès de Marie Louise Aimée Philippine Bonne de Raymond Saint-Germain, âgée de trente-six ans, 9 avril 1813, ADPA, Bayonne, décès, 1811-1825, 203/861. La dernière enfant de Bonnite et Martial, Adélaïde Théonie, est née le 8 mars 1813 ; ADPA, Bayonne, naissances, an XII-1813, 754/820. Elle a été confiée à une nourrice, épouse d'un pêcheur, dans le village d'Urt, à quelques kilomètres à l'est de Bayonne, et y est morte à l'âge de quatre mois, en juillet 1813. Décès d'Adélaïde Théonie Lavigerie, 21 juillet 1813, ADPA, Urt, décès, 1813-1822, 5/83.

29. Contrat de mariage de Martial Allemand Lavigerie et Bonnite Raymond Saint-Germain, ADC, 2E6272.

30. *Loi et ordonnances relatives à la République d'Haïti et aux indemnités stipulées en faveur des anciens colons de Saint-Domingue*, Paris, veuve Agasse, 1826, p. [3] – 4.

31. *Le Télégraphe, gazette officielle* (Port-au-Prince), n° 29, 17 juillet 1825. Sur les conséquences de cette indemnité pour Haïti, voir Frédéric Marcelin, *Haïti et l'indemnité française*, Paris, imprimerie Kugelmann, 1897 ; François Blancpain, *Un siècle de relations financières entre Haïti et la France (1825-1922)*, Paris, L'Harmattan, 2001, p. 62-79.

32. Loi du 30 avril 1826, in *Loi et ordonnances relatives à la République d'Haïti*, *op. cit.*, p. 5.

33. « Liste des colons propriétaires à Saint-Domingue », assemblée du 15 octobre 1819, in *Droits de souveraineté de la France sur St-Domingue, contrat qui l'établit, violation de ce contrat, principes de compensations invoqués par les colons*, Paris, imprimerie Dondey-Dupré, 1821, p. 53. Il n'existe pas de colon connu portant le nom de « Lavigeris », et sur les onze occurrences apparaissant dans Gallica, le portail d'ouvrages numérisés de la BNF, le 14 septembre 2020, une seule figure dans le mémoire de 1821, et toutes les autres relèvent d'une mauvaise orthographe du nom du cardinal Lavigerie, le petit-fils de Martial.

34. *État détaillé des liquidations opérées par la commission chargée de répartir l'indemnité attribuée aux anciens colons de Saint-Domingue*, 6 vol., Paris, Imprimerie royale, 1828-1833, et sur les documents produits ou requis, voir Paul Roussier, « Le dépôt des papiers publics des colonies », *Revue d'histoire moderne*, vol. 4, n° 22, 1929, p. 241-262, en particulier p. 251-252.

35. Transcription du jugement du « tribunal civil de première instance » de Bayonne à la demande de Martial Allemand Lavigerie, ADPA, Bayonne, naissance, 1826-1837, n° 351, 7 septembre 1826, 52-53/904.

36. ADPA, Bayonne, naissance, 1826-1837, 7 septembre 1826, 52-53/904.

37. *État détaillé des liquidations*, *op. cit.*, vol. 6, réclamation n° 4506, paiements n° 8854 et 8857, p. 596-597. Le nom patronymique de Bonnite était mal orthographié : « Raymond Saint-Cermain. » Il y a en fait eu deux accords distincts :

un le 1er janvier 1832 en faveur de Pierre Jules Édouard, Victor Mamert et Charlotte Ursule (respectivement nés à Bayonne en 1806, 1808 et 1810), pour trois quarts de la plantation de cacao, et un le 22 mai 1832 en faveur d'Adélaïde (née à Bayonne en 1803), pour un quart de la plantation.

38. Lettre de Louis Gabriel Latour, Saint-Domingue, à Marc-René Lefort Latour, Angoulême, 8 1772, ADC, 2E296.

39. *État détaillé des liquidations*..., *op. cit.*, vol. 5, réclamation n° 6077, p. 240. Louis Gabriel Lefort Latour s'était marié à Saint-Domingue ; sa fille a été reconnue héritière de sa grand-mère maternelle et de son père, tous deux « anciens propriétaires ».

40. Pierre Auguste Henry Lacourade (iii) est né le 8 mars 1811 de l'union de Jean Théodore Henry Lacourade (ii) et Marie Françoise Lambert ; les témoins, à sa naissance, étaient Pierre Auguste Henry Lacourade (ii), « oncle breton » (cousin germain de son père et vieil ami de Martial, Pierre, et Jeanne Allemand Lavigerie), et Jean-Baptiste Georgeon, son oncle par alliance. AM-A, 1E44/102-103. Mariage de Pierre Allemand Lavigerie et Adélaïde Charlotte Maslin, 12 pluviôse an IV (1er février 1796), ADSa, Sillé-le-Guillaume, 1793-an X, 58-59/398 ; mariage de Martial Allemand Lavigerie et Bonnite Saint-Germain, AM-A, 1E23/69-70 ; mariage de Laurent Silvestre Topin et Jeanne Lavigerie, 4 thermidor an IX (23 juillet 1801), 1E23/82-83. Les pratiques de la famille Henry en matière d'attribution de noms sont aussi obscures que celles des Allemand Lavigerie. Jean Théodore Henry (i) – ou « Henry l'*ainé* », acheteur du séminaire et représentant de Martial, Pierre, Étienne et Joséphine dans l'affaire de la vente de la maison de leurs parents – avait deux frères, Pierre Auguste Henry (i), né en 1738, et Joseph Frédéric Henry, né en 1741. Il a eu un fils, Pierre Auguste Henry (ii), né en 1770. Joseph Frédéric Henry Lacourade, mort en 1790, avait un fils, Jean Théodore Henry Lacourade (ii), né en 1776, qui est devenu l'héritier de Pierre Auguste Henry (i) ; Pierre Auguste Henry Lacourade (iii) était le fils de Jean Théodore Henry Lacourade (ii). AM-A, Saint-Jacques, GG124/120, 187, GG130/173-174, GG131/187, GG134/112 ; Jean Jézéquel, « Charente », *op. cit.*, p. 29.

41. Le père de Pierre Auguste Henry (iii), Jean Théodore Henry (ii), était le fils de Joseph Frédéric Henry et de Marie Joubert, fille de Roch Joubert et sœur de Pierre-Matthieu Joubert. Mariage de Joseph Frédéric Henry et Marie Joubert, 8 septembre 1772, AM-A, Saint-André, GG45/35 ; baptême de Jean Théodore Henry, Saint-Jacques, 16 avril 1776, GG131/187.

42. Contrat de mariage de Pierre Auguste Henry Lacourade et Charlotte Ursule Allemand Lavigerie, 18 juin 1836, Siméon Mathé-Dumaine, notaire, ADC, 2E6622 ; mariage de Pierre Auguste Henry Lacourade et Charlotte Ursule Allemand Lavigerie, 22 juin 1836, AM-A, 1E110/73-74.

43. Contrat de mariage, 18 juin 1836, ADC, 2E6622.

44. *Ibid.*

45. Auguste Lacroix, *Historique de la papeterie d'Angoulême*, Paris, AD. Lainé et J. Havard, 1863, p. 60. La tirade de Séchard sur l'histoire scientifique du papier chinois, turc et hollandais court sur cinq pages, en « une de ces limpides conversations où le ménage de deux amants peut tout se dire » ; celle-ci est supposée

se dérouler à minuit, alors que Cointet, le concurrent sans scrupules, rôde devant l'imprimerie de la place du Mûrier « en examinant les ombres de la femme et du mari qui se dessin[ent] sur les rideaux de mousseline ». Honoré de Balzac, *Illusions perdues*, *op. cit.*, p. 507, 510.

46. Cour royale de Bordeaux, « Lacourade, c. Laroche-Lacour et autres », 6 janvier 1829, *in* MM. Roger, Garnier et Roger, *Annales universelles de la législation et de la jurisprudence commerciales*, 7 vol., Paris, Dufart, 1824-1830, vol. 6, p. 148-151.

47. ADC, État nominatif, La Couronne, 1841, 6M75, moulin de la Courade, 21-24/86.

48. ADC, État nominatif, La Couronne, 1846, 6M87, moulin de la Courade, 47-51/81 ; État nominatif, Angoulême, 1846, 37/646 ; Auguste Lacroix, *Historique de la papeterie d'Angoulême*, *op. cit.*, p. 78, 81.

49. ADC, État nominatif, Angoulême, 1861, 194/765.

50. Dénombrement de la population, État nominatif, Angoulême, 1846, ADC, 6M84, 92/646. Les statistiques récapitulatives relatives à l'emploi des femmes concernent le centre de la ville, 2-241/646.

51. Adam Smith, *Recherche sur la nature et les causes de la richesse des nations*, livre I, chap. 8, *op. cit.*, p. 116.

52. AM-A, 1E141/2-134 ; pour les mariées nées à Cap-Haïtien, à l'Île Maurice, à Vérone et à Pointe-à-Pitre, voir 1E141/11-12, 19, 115, 127.

53. AM-A, 1E197/2-94.

54. ADC, État nominatif, Angoulême, 1846, 54, 57, 61/646.

55. « Faits divers », *Le* XIX*e siècle*, n° 3526, 25 août 1881, p. [3].

56. Mariage de Pierre Allemand Lavigerie et Adélaïde Charlotte Maslin, 12 pluviôse an IV (1er février 1796), ADSa, Sillé-le-Guillaume, 58-59/398 ; naissance de Jules Étienne Scipion Allemand Lavigerie, 4 fructidor an V (21 août 1797), ADSa, Sillé-le-Guillaume, naissance, 1793-an X, 128-129/274 ; naissance de Camille Alexandre Allemand Lavigerie, 21 frimaire an VIII (12 décembre 1799), ADSa, Le Mans, naissance, an VIII, 59/122.

57. Naissances de Charlotte Ursule Allemand Lavigerie, 23 octobre 1810, et d'Adélaïde Théonie Allemand Lavigerie, 8 mars 1813, ADPA, Bayonne, naissances, an XII-1813, 548/820 et 754/820.

58. Abbé Boudet, « Jacques-Pierre Brissot », *Procès-verbaux de la Société archéologique d'Eure-et-Loir*, vol. 14, Chartres, Société archéologique d'Eure-et-Loir, 1936, p. 461-467, en particulier p. 465-466.

59. Capitaine Sicard, « Tableau statistique des armées mises sur pied par la France », *Journal des travaux de la Société française de statistique universelle*, vol. 12, 1842, p. 207-224, p. 217, 222.

60. Émile Biais, cité dans « Procès-verbaux, 9 janvier 1895 », *BSAHC*, série 6, vol. 5, 1895, p. XXIII-XXIV.

61. Charles a bâti un pont de pierre sur la Traire peu après avoir quitté le service de la prison ; il a été poursuivi en justice par la commune de Pérusse pour la construction défectueuse d'un abreuvoir et d'un lavoir, mais il a fini par gagner le procès en appel car l'expert qui avait examiné l'ouvrage n'avait pas témoigné sous

serment. « Travaux publics, experts, serment », 25 août 1849, *Journal du palais : jurisprudence administrative*, vol. 11, 1849-1851, p. 125-126 ; le pont est décrit sur le site du ministère de la Culture : http://www.culture.gouv.fr/public/mistral/merimee_fr?ACTION=CHERCHER&FIELD_1=REF&VALUE_1=PA52000011. Charles Silvestre Topin a épousé Aglaée Doré le 15 avril 1833 à Brienne-le-Château, à une quarantaine de kilomètres de la prison. Leur fils, Louis Silvestre, et leur fille, Louise Marie Antoinette, y sont respectivement nés en 1834 et 1835 ; ADAu, Brienne-le-Château, mariages, 1833-1846, 3-5/227, et naissances, 1834-1847, 12, 51/299.

62. Louis Silvestre a été témoin au second mariage de son père, avec Pauline Élisa Mairet, le 19 juin 1862 ; AdP, 10e arrondissement, acte n° 519. Décès de Louis Silvestre Topin, 9 mars 1870, ADAu, Brienne-le-Château, décès, 1861-1874, 180/298. D'après le registre des décès du 18 décembre 1849 au 31 décembre 1879, la commune de Brienne-le-Château a été, un temps, connue sous le nom de Brienne-Napoléon pour honorer la mémoire de Napoléon Ier qui avait étudié dans l'école militaire de la ville. ADAu, Brienne-le-Château, décès, 1847-1860, 52/251, décès, 1875-1889, 123/399.

63. Henri Silvestre Topin est né à Chaumont le 2 octobre 1846 ; AD Haute-Marne, Chaumont, naissances, 1843, 38-39/52. Son service dans l'armée de Versailles est décrit dans son dossier d'officier de la Légion d'honneur ; AN, LEONORE, LH/2613/24.

64. David Todd, *L'Identité économique de la France : libre-échange et protectionnisme, 1814-1851*, Paris, Grasset, 2008, chapitres 3 et 8 ; « Ordonnance du roi relative à l'uniforme des directeurs, inspecteurs, sous-inspecteurs et employés du service actif des douanes », 30 juin-6 juillet 1835, *in* M. Dalloz et Armand Dalloz jeune *et al.*, *Jurisprudence générale du royaume en matière civile, commerciale et criminelle*, Paris, Bureau de la jurisprudence générale ou Journal des audiences, 1835, p. 86.

65. Mariage de Léon-Philippe Lavigerie et Louise Latrilhe, ADPA, Bayonne-Saint-Esprit (Landes), 3 novembre 1824, mariages, 1814-1854, 248/1460.

66. AN, LEONORE, LH/1507/29.

67. Décès de Pierre Félix Allemand Lavigerie, 10 juillet 1882, ADPA, Bayonne, décès, 1880-1891, 166/806.

68. Mariage de Léon Bernard Lavigerie et Augustine Marie Joséphine Amélie Chesse, 12 juin 1860, ADCM, Rochefort, mariages, 52/134. Léon Philippe Allemand Lavigerie demeurait au 4 de la rue de l'Arsenal, et le jeune couple s'est établi au 44 de la rue de l'Arsenal ; Rochefort, 1854, décès, 80/236, et Rochefort, 1861, naissances, 66/157.

69. L. Lavigerie, « Étude sur deux plantes tinctoriales de Taïti », *in* A. Le Roy de Méricourt (éd.), *Archives de médecine navale*, vol. 3, Paris, J. B. Baillière et fils, 1865, p. 147-156.

70. Dora Hort, *Tahiti : The Garden of the Pacific*, Londres, T. Fisher Unwin, 1891, p. 141-142, 198, 203, 219, 229.

71. Naissance de Léon Louis Adolphe Gabriel Lavigerie, 17 janvier 1866, ADCM, Rochefort, naissances, 11/165.

72. Naissance d'Émile Léon Gabriel Lavigerie, 22 août 1867, AD Allier, Vichy, naissances, 1863-1871, 162/300.

73. Docteur Lavigerie, *Guide médical aux eaux minérales de Vichy*, Paris, L. Hachette & Cie, 1868.

74. *Ibid.*, p. III-IV.

75. *Ibid.*, p. IV, VI, 58, 149, 219-224, 239, 244, 248, 284. Sur la démarche scientifique, voir L. Lavigerie, « Étude sur deux plantes tinctoriales de Taïti », art. cité, p. 148 : « Avant de songer à fixer une matière colorante, il est indispensable de connaître ses propriétés : ici, comme dans les autres sciences, il faut aller du simple au composé et procéder par induction. »

76. Décès de Léon Bernard Lavigerie, 3 octobre 1871, AD Allier, Vichy, décès, 1863-1882, 2E311 14, 312/751.

77. Dora Hort, *Tahiti : The Garden of the Pacific*, *op. cit.*, p. 230.

78. Mariage de Paul Marie Emmanuel Pouvreau et Alice Laure Augustine Amélie Lavigerie, 19 octobre 1881, ADCM, Rochefort, mariages, 96/123.

79. Naissance d'Henri Marie Léon Pouvreau, 3 juillet 1884, ADCM, Rochefort, naissances, 2E311/389*, 107/220 ; la famille était domiciliée 46, rue de l'Arsenal, à quelques pas de la maison où le grand-père et l'arrière-grand-père de la mariée vivaient trente ans plus tôt.

Chapitre 9. Capital familial

1. Maurice Block, *Statistique de la France comparée aux autres États de l'Europe*, *op. cit.*, vol. 1, p. 56 ; François Simiand, *Le Salaire, l'évolution sociale et la monnaie*, *op. cit.*, vol. 2, p. 117.

2. Voir Alain Plessis, « La Révolution et les banques en France : de la Caisse d'escompte à la Banque de France », *Revue économique*, vol. 40, n° 6, 1989, p. 1001-1014 ; Bertrand Gille, *La Banque et le crédit en France de 1815 à 1848*, Paris, Presses universitaires de France, 1959. Sur la transformation des marchés immobiliers en lien avec les biens nationaux, voir Bernard Bodinier et Éric Teyssier, *L'Événement le plus important de la Révolution*, *op. cit.*, et pour une étude approfondie de ses conséquences durables dans l'est de l'Empire napoléonien, voir Gabriele B. Clemens, « Vieilles familles et propriété neuve – spéculations sur les biens nationaux dans les départements rhénans », 2018, texte en ligne : http://journals. openedition.org/lrf/2251.

3. Eugen von Böhm-Bawerk, ministre des Finances d'Autriche, *Histoire critique et théorie de l'intérêt du capital*, 2 vol., trad. fr. Joseph Bernard, Paris, V. Giard et E. Brière, 1902-1903 [1884 pour l'original], vol. 1, p. 66 ; M. Turgot, *Mémoires sur le prêt à intérêt et sur le commerce des fers*, *op. cit.*

4. Les beaux-frères ont été les témoins de la déclaration de décès de leur neveu, Jules Étienne Scipion Allemand Lavigerie, le 23 juillet 1853 ; ADSa, Le Mans, décès, 1853-1855, 60/463.

5. Voir mariage de Camille Alexandre Allemand Lavigerie, ADAu, Ville-sous-la-Ferté, 53-54/289 ; mariage de Jules Étienne Scipion Allemand Lavigerie, ADSa, Le Mans, 246/338.

6. Décès de Pierre Allemand Lavigerie, 26 avril 1834, ADSa, Le Mans, décès, 1833-1834, 461/524.

7. Firmin-Didot, *Annuaire général du commerce*, 1841, p. 1338-1339.

8. Mariage de Jules Étienne Scipion Allemand Lavigerie et Louise Marguerite Poirier, 26 décembre 1832, ADSa, Le Mans, mariages, 1831-1832, 246/338.

9. Sur les enveloppes de commerce, voir l'étude que Tariq Ali a consacrée à l'industrie de la toile de jute au Bengale : Tariq Ali, *A Local History of Global Capital : Jute and Peasant Life in the Bengal Delta*, Princeton, NJ, Princeton University Press, 2018.

10. Firmin-Didot, *Annuaire général du commerce*, 1842, p. 1299-1300 ; 1849, p. 1229-1230 ; 1850, p. 1710-1711.

11. « Lavigerie et Demorieux c. Fourché et l'administration des Postes », in *Recueil Dalloz Sirey de doctrine de jurisprudence et de législation*, 1850, partie 3, p. 66.

12. B. Houreau, « Question des fils de chanvre et de lin », in *Revue du progrès*, 2e série, vol. 4, août 1840, p. 38-52, en particulier p. 47-50. Sur la *Revue du progrès*, voir Cyrille Ferraton, « Organiser le travail. *La Revue du progrès* de Blanc », *in* Thomas Bouchet *et al.* (éds.), *Quand les socialistes inventaient l'avenir*, Paris, La Découverte, 2015, p. 151-157.

13. Chambre de commerce de Bordeaux, *De l'union douanière de la France avec la Belgique*, Bordeaux, chambre de commerce de Bordeaux, 1845, p. 108, 157 ; voir également David Todd, *L'Identité économique de la France*, *op. cit.*, chapitre 14.

14. Firmin-Didot, *Annuaire général du commerce*, 1849, p. 1229 ; 1852, p. 1710 ; Scipion Lavigerie, arrêté du 26 avril 1849 concernant le jour du marché de la ville du Mans, Signé : l'adjoint, Scipion Lavigerie, Le Mans, 1850.

15. « M. Fauchille » a signé l'acte de mariage de Camille aux portes de la prison en 1830 ; « Jean-Baptiste Fauchille » et « B. Fauchille » ont signé l'acte de mariage de la fille de Camille, Marie Louise, à Angoulême en 1851 ; et « Édouard Victor Fauchille » a signé l'acte de mariage du fils de Marie Louise, René, à Paris en 1883. Mariage de Camille Alexandre Allemand Lavigerie et Françoise Méloé Topin, ADAu, Ville-sous-la-Ferté, 53-54/289 ; contrat de mariage de Jean Henri Portet et Marie Louise Allemand Lavigerie, ADC, Raynal-Rouby, notaire, 2E10262 ; mariage de Jean Henri Portet et Marie Louise Allemand Lavigerie, AM-A, 1E156/16 ; mariage d'Étienne Henry Marie René Portet et Jeanne Anne Parot, AdP, 1er arrondissement, acte n° 385. Sur la longue histoire des Fauchille, voir Paule Danes-Fauchille, *Sayetterie et bourgetterie lilloises ou l'industrie drapière à Lille*, Nanterre, Académie européenne du livre, 1991.

16. Naissances de Silvestre Allemand Lavigerie, 27 juin 1831, et de Marie Louise et Françoise Julia Allemand Lavigerie, 9 janvier 1833, AM-A, 1E93/71, 1E100/4. Sur la figure du commis voyageur, voir Claire Lemercier, « Un litige entre un commis voyageur et sa maison de commerce en 1827 », *Entreprises et histoire*, n° 66, 2012, p. 228-231, et Arnaud Bartolomei, Claire Lemercier et Silvia Marzagalli, « Les commis voyageurs, acteurs et témoins de la grande transformation », *Entreprises et histoire*, n° 66, 2012, p. 7-21.

17. Mariage de Jules Étienne Scipion Allemand Lavigerie, ADSa, Le Mans, 246/338 ; décès de (Charlotte) Ursule (Adélaïde) Allemand Lavigerie, 5 août 1840, ADC, La Couronne, 1833-1842, 3E120/7, 425/561 ; propriété n° 1315, ADC, Matrice des propriétés bâties et non bâties, 1835-1911, 3 PPROV 16 5, 87/183.

18. *Recueil général des lois, décrets et arrêtés depuis le 24 février*, vol. 1, Paris, Administration du *Journal des notaires et des avocats*, 1848, articles 67 (6 mars, esclavage), 75 (7 mars, comptoir national), 77 (8 mars, caisses d'épargne) et 306 (27 avril, abolition de l'esclavage), p. 17-19, citation p. 107. Sur la courte histoire des comptoirs nationaux d'escompte créés pour le bénéfice du « petit commerce », voir Alphonse Courtois, *Histoire de la Banque de France et des principales institutions françaises de crédit depuis 1716*, Paris, Guillaumin et Cie, 1875, p. 172-179.

19. « Statuts du comptoir national d'escompte de la ville d'Angoulême, 5 mai 1848 », *Bulletin des lois de la République française*, série 10, supplément, partie 2, 1849, p. 228-233, citation p. 228.

20. J.-B. Quignon, « Notices historiques et anecdotiques », vol. 3, p. 194-199, ADC, J70.

21. « Statuts du comptoir national d'escompte de la ville d'Angoulême, 5 mai 1848 », *op. cit.*, p. 230, 232.

22. Naissance de Jean Henri Portet, 3 juin 1823, ADC Sireuil 1823-1832, 8/198 ; mariage de Jean Portet et Julie Besson, fille de Jean Besson, « tailleur de pierre », 8 juillet 1822, ADC Saint-Simon, 1821-1836, 20/308 ; naissance de Jean Portet, fils de Jean Portet, « cultivateur » du hameau de Patureau, 24 pluviôse an VII, ADC Sireuil 1793-1802, 101/170.

23. Contrat de mariage de Jean Henri Portet et Marie Louise Allemand Lavigerie, 3 février 1851, ADC, 2E10262 ; mariage de Jean Henri Portet et Marie Louise Allemand Lavigerie, 4 février 1851, AM-A, 1E156/16. Marie Louise était l'aînée des jumelles nées le 9 janvier 1833. Sa sœur Françoise Julia est décédée le lendemain de leur naissance, et leur frère aîné Silvestre Allemand Lavigerie quelques jours seulement après être venu au monde, en 1831 ; AM-A, 1E93/71, 1E95/65, 1E100/4, 1E102/4.

24. Décès de Jeanne Julie Allemand Lavigerie, 19 mai 1838, AM-A, 1E117/34 ; transcription de l'accord du 13 novembre 1839, *in* ADC, 4QPROV 1/2932.

25. Adélaïde Lavigerie est née à Bayonne le 19 messidor an XI (8 juillet 1803) ; ADPA, 775/875. Elle a signé de son nom, « Adélaïde Méloé Lavigerie », le contrat de mariage de sa sœur Charlotte Ursule, et est identifiée comme « Françoise Méloé Allemand Lavigerie » sur son acte de décès ; dans l'accord concernant la propriété des remparts faisant suite à sa mort, elle est identifiée comme « Françoise Adélaïde Méloé Allemand Lavigerie ». Charlotte Ursule a signé « Charlotte Ursule » dans son contrat de mariage, et « Alida Henry-Lacourade, née Allemand Lavigerie » dans l'accord de novembre 1839 ; sur son acte de décès, elle est nommée « Ursule Adélaïde Allemand Lavigerie ». Contrat de mariage, 18 juin 1836, ADC, 2E6622 ; AM-A, 1E120/26 ; ADC, La Couronne, 1833-1842, 425/561 ; transcription de l'accord du 13 novembre 1839, *in* ADC, 4QPROV 1/2932.

26. L'accord de novembre 1839, signé après le décès de (Françoise) Adélaïde mais avant celui de Charlotte Ursule, prévoyait que les quatre sœurs survivantes

lègueraient leurs lots respectifs de la propriété du Rempart du Midi à Charlotte Ursule et Françoise Méloé à parts égales, se réservant le droit de vivre dans la propriété jusqu'à la mort de la dernière sœur survivante. En fait, les sœurs détenaient treize quinzièmes de la propriété à cette époque, et leurs nièces chacune un quinzième selon les termes du testament de Jeanne Julie. La quinzième part, léguée à Adélaïde, fut rachetée par les sœurs à leur frère, Martial Allemand Lavigerie (le père d'Adélaïde), car les biens propres d'Adélaïde, en rupture avec la tradition familiale consistant à faire hériter les femmes, étaient revenus à son père et à ses trois frères, receveurs des impôts et des droits. Transcription de l'accord du 13 novembre 1839, *in* ADC, 4QPROV 1/2932.

27. Testament de Jeanne Allemand Lavigerie, signé le 12 juin 1850, déposé le 10 janvier 1851, et enregistré le 9 juillet 1860, ADC, 2E10292.

28. Contrat de mariage de Jean Henri Portet et Marie Louise Allemand Lavigerie, 3 février 1851, ADC, 2E10262.

29. Contrat de mariage, 3 février 1851, ADC, 2E10262.

30. *Ibid.*

31. Succession de Jean Henri Portet, AdP, 17 décembre 1902, DQ32554.

32. Contrat de mariage de Charles Gabriel Kiener et Louise Allemand Lavigerie, 21 mars 1855, ADC, De Jarnac, notaire, 2E14663 ; mariage de Charles Gabriel Kiener et Louise Allemand Lavigerie, 22 mars 1855, AM-A, 1E169/31-32.

33. Il s'agit de la description de Lambert Ferdinand Joseph Van Den Zande, officier des douanes, collectionneur de livres et voisin des Lavigerie à Marseille ; lettre du 28 septembre 1852, de Van Den Zande à François Grille, *in* François Grille, *Miettes littéraires, biographiques et morales*, 3 vol., Paris, Ledoyen, 1853, vol. 3, p. 63-66, dans laquelle il indique que Louise est devenue enseignante à Angoulême ; « Notice sur Van Den Zande », in *Catalogue de la bibliothèque de feu M. Van Den Zande*, Paris, J. Techener, 1854, p. v-x.

34. Décès d'Étienne Marie Kiener, 27 décembre 1871, AdP, 5e arrondissement, 25/31.

35. Mariage de Charles Gabriel Kiener et Louise Allemand Lavigerie, 21 mars 1855, AM-A, 1E169/31-32. Sur la visite de Louis-Napoléon à Angoulême, voir François Laurent, *Voyage de Sa Majesté Napoléon III, empereur des Français, dans les départements de l'est, du centre et du midi de la France*, Paris, Simon Raçon et Cie, 1853, p. 439-448.

36. Contrat de mariage de Charles Gabriel Kiener et Louise Allemand Lavigerie, 21 mars 1855, ADC, 2E14663.

37. Mariage de Léon Bernard Lavigerie, ADCM, Rochefort, mariages, 52/134.

38. *Notice historique et descriptive du chemin de fer de Montauban à Rodez*, Villefranche, Cestan, 1859.

39. ADC, État nominatif, La Couronne, 1872, moulin de la Courade, 10/85.

40. Décès de Martial Allemand Lavigerie, 18 août 1856, 1E173/83-84.

41. Contrat de mariage d'Alexis-Henry-Évariste Brinbœuf-Dulary et Marie Françoise Henry Lacourade, 25 septembre 1858, ADC, De Jarnac, 2E14677.

42. Mariage d'Alexis-Henry-Évariste Brinbœuf-Dulary et Marie Françoise Henry Lacourade, 29 septembre 1858, AM-A, 1E178/109 ; contrat de mariage, 25 septembre 1858.

43. Contrat de mariage, 25 septembre 1858, ADC.

44. Alexis-Henry-Évariste Brinbœuf-Dulary, fils d'Alexis-Eugène Brinbœuf-Dulary – lui-même fils d'Henri Brinbœuf-Dulary et Thérèse (Mimi) Demontis – et de Pauline Neuiller-Noguera, est né à Angoulême le 11 février 1834 ; AM-A, 1E103/17, 1E43/10-11. Son grand-père, Joseph Dulary, avait vécu à Artibonite, Saint-Domingue, et est mort à Cap-Français ; mariage d'Henri Brinbœuf-Dulary et Thérèse Demontis, ADC, Barbezieux-Saint-Hilaire, 1805-1809, 127/273. Sur le commerce négrier de la famille Brinbœuf-Dulary, voir TNA, HCA30/304, *Amitié de Nantes*, courriers et papiers interceptés. Sur les nombreux ennuis judiciaires de la famille Demontis, dont la dette contractée pour l'achat de la plantation, voir « Houdaigné c. les héritiers Demontis », 30 juillet 1811, *in* J.-B. Sirey (éd.), *Recueil général des lois. Jurisprudence de la Cour de cassation*, vol. 11, 1811, partie 1, p. 345-346, et « Réplique pour le sieur Frichou-Lamorine, contre le sieur Roy d'Angeac, tuteur de la veuve Demontis », in *Annales du barreau français*, vol. 11, 1841, p. 223-288.

45. Naissance de Marie Alexis Robert Brinbœuf-Dulary, 3 janvier 1863, naissance de Louise Marie Germaine Brinbœuf-Dulary, 18 juin 1869 ; décès d'Alexis-Henry-Évariste Brinbœuf-Dulary, 11 octobre 1870 ; AM-A, 1E193/2, 1E211/53, 1E216/178. Les hommes de la famille d'Alexis-Henry-Évariste mouraient jeunes ; son père est mort à Angoulême à vingt-cinq ans, et son grand-père à quarante et un ans. Décès d'Henri Brinbœuf-Dulary, 15 décembre 1830, AM-A, 1E92/126 ; décès d'Alexis-Eugène Brinbœuf-Dulary, 26 novembre 1835, 1E108/116.

46. Mariage de Marie Alexis Robert Brinbœuf-Dulary et Louise Anne Élisa Plantevigne, 21 octobre 1895, ADC, Marcillac-Lanville, 1893-1902, 72/273 ; mariage de Louise Marie Germaine Brinbœuf-Dulary et Marie Aimée Poute de Puybaudet, 16 mai 1889, AD Gironde, Arcachon, 23-24/63.

47. Décès de Jeanne Allemand Lavigerie, épouse de Laurent Silvestre Topin, 26 mars 1852, et de Jeanne Henriette Allemand Lavigerie, 27 juillet 1852, AM-A, 1E160/35, 79 ; de Joséphine Allemand Lavigerie, 29 avril 1855, ADPA, Bayonne, décès, 1842-1857, 646/884 ; de Laurent Silvestre Topin, 29 mars 1860, AM-A, 1E185/28 ; et de Jeanne Allemand Lavigerie, 3 juillet 1860, 1E185/57.

48. ADC, État nominatif, Angoulême, 1861, 192/765.

49. Mariage de Léon Bernard Lavigerie, ADCM, Rochefort, 52/134.

50. Décès de Léon Philippe Allemand Lavigerie, 15 septembre 1860, AD Maine-et-Loire, Saumur, décès, 1856-1860, 273/287 ; « État civil », *L'Écho saumurois*, n° 118, 2 octobre 1860, p. [3]. Les témoins étaient Stanislas Chantoiseau et Jean Bougron.

51. « Discours pour la bénédiction du chemin de fer de Cognac », 15 octobre 1867, *in* Antoine-Charles Cousseau, *Œuvres*, *op. cit.*, vol. 3, p. 365-367 ; texte en ligne : http://www.musee-du-papier.fr/projet-memoires-de-la-poudrerie/. Sur les séjours de Balzac à la poudrerie, dont son ami, époux de Zulma Carraud,

était le directeur, voir Honoré de Balzac, *Correspondance avec Zulma Carraud*, éd. Marcel Bouteron, Paris, Gallimard, 1951.

52. « Discours pour la bénédiction de la première pierre de l'église de St-Ausone », 4 décembre 1864, « Discours prononcé pour la bénédiction de la première pierre de l'hôtel de ville », 15 août 1858, *in* Antoine-Charles Cousseau, *Œuvres*, *op. cit.*, vol. 3, p. 184, 348-349. Sur les liens d'amitié entre Cousseau et Paul Abadie fils, voir leur correspondance dans le même ouvrage, vol. 3, p. 418-432, et pour les liens de Cousseau avec Charles Martial Allemand Lavigerie, la lettre du 12 août 1872, p. 393-394.

53. François Caron, *Histoire économique de la France, XIXe-XXe siècles*, Paris, Armand Colin, 1981, p. 50-64 ; sur les entrepreneurs, voir Hélène Vérin, *Entrepreneurs, entreprise. Histoire d'une idée*, Paris, Classiques Garnier, 2011.

54. « Abadie, Paul, père », texte en ligne : http://elec.enc.sorbonne.fr/architectes/0 ; « Abadie, Paul », texte en ligne : http://elec.enc.sorbonne.fr/architectes/1.

55. « Fête de la Raison », ADC, L144(19).

56. « Discours prononcé pour la bénédiction de la première pierre de l'hôtel de ville », 15 août 1858, *in* Antoine-Charles Cousseau, *Œuvres*, *op. cit.*, vol. 3, p. 348-349.

57. Signature d'Antoine Laurent, mariage d'Albert La Goutte dit La Feuillade et Antoinette Laurent, 8 mai 1764, AM-A, Saint-Antonin, GG54/46 ; baptême de Pierre Laurent (Lorant), fils d'Antoine Laurent, tailleur de pierre, et Catherine Piffre, 10 avril 1768, Saint-Martial, GG110/102 ; naissance d'Étienne Laurent, fils de Pierre Laurent, tailleur de pierre, et Anne Varache, 5 décembre 1811, 1E44/346 ; mariage d'Étienne Laurent, « entrepreneur des bâtiments », et Geneviève Tardieu, 9 novembre 1835, 1E107/124 ; naissance de Jeanne Marie Laurent, fille d'Étienne Victor Laurent, « entrepreneur », et Geneviève Tardieu, 20 janvier 1845, IE137/11. Sur le rôle de Laurent dans les projets d'Abadie, voir Claude Laroche (éd.), *Entre archéologie et modernité : Paul Abadie architecte 1812-1884*, *op. cit.*, p. 19, 156. Étienne Victor Laurent était présent lors de la pose de la première pierre de l'église Saint-Ausone en 1864, et la finesse de son travail pour la restauration de la cathédrale a été soulignée par l'évêque en 1869 ; « Discours sur l'église cathédrale d'Angoulême », 17 janvier 1869, Procès-verbal, 4 décembre 1864, in Antoine-Charles Cousseau, *Œuvres*, *op. cit.*, vol. 3, p. 87, 449.

58. Voir David Todd, *Un empire de velours : l'impérialisme informel français au XIXe siècle*, *op. cit.*

59. Pierre Dubourg-Noves (éd.), *Histoire d'Angoulême et de ses alentours*, *op. cit.*, p. 225.

60. Il y avait aussi une petite effigie de Pie IX en argent. « Discours prononcé pour la bénédiction de la première pierre de l'hôtel de ville », 15 août 1858, Procès-verbal, 4 décembre 1864, *in* Antoine-Charles Cousseau, *Œuvres*, *op. cit.*, vol. 3, p. 350, 447.

61. « Non ! – Il faut qu'après mille années,/ Orgueilleux de nos destinées,/ Un maire des âges futurs/ Présentant les clefs d'Angoulême/ À Napoléon le trentième,/ Lui dise : "Entrez, Sire, en nos murs !" » Jean-François Eusèbe Castaigne,

Ode lue à la pose de la première pierre de l'hôtel de ville d'Angoulême le 15 août 1858, Angoulême, J. Lefraise et Cie, 1858, p. 6, 9, 12.

62. « Oraison funèbre du général de Pontevès et des Français morts devant Sébastopol », *in* Antoine-Charles Cousseau, *Œuvres*, *op. cit.*, vol. 3, p. 305, 306, 326.

63. Jean-François Eusèbe Castaigne, *Ode… op. cit.*, p. 11.

64. Décès de Jean Thibaud à Calcutta, de Jean Viand à Fort-de-France, de Louis Mouchère à Bastia et de Noël Merceron à Oran ; décès de Louis Queille à San Francisco ; décès de Jean Juzeaud à San Francisco. AM-A, 1E160/143-145. Pierre Hector Juzeaud est né à Angoulême en 1810 ; son frère André, né en 1808, est mort à Basse-Terre en Guadeloupe en 1849. 1E41/60, 1E43/65, 1E154/103-104. Le témoin du décès de Juzeaud était Emmanuel Guiot Desvarennes, un ancien receveur des Postes d'Angoulême, petit-fils de Guillaume Guiot Desvarennes et Françoise Bresdon, mariés en Guadeloupe. AM-A, 1E50/132, 1E131/13, 1E198/95.

65. Décès d'André Fondrat à Shanghai, de Philippe Pingeon à Tejeria, Vera Cruz, et de Pierre Huchet à Vera Cruz ; AM-A, 1E198/6, 17, 107.

66. Mariage de Georges Henry Lacourade et Jeanne Angélique Adèle Daniel de Colhoe, 16 mai 1868, AM-A, 1E209/44. Sa femme était la petite-fille d'Adélaïde Henriette Robin, fille d'Abraham François Robin et Elizabeth Stubbs, et de Pierre Denis Robin, fils de Jean Abraham François Robin et Catherine Henriette Audouin. Mariage d'Adélaïde Henriette Robin et Pierre Denis Robin, autre union consanguine au quatrième degré, 7 juillet 1813, 1E49/236-237 ; décès d'Adélaïde Henriette Robin, 16 février 1873, AM-A, 1E226/18. Sur l'acte de mariage, Adélaïde Henriette est identifiée comme la fille d'Abraham François Robin, et Pierre Denis, son cousin germain, comme le fils de Jean Abraham François Robin, ce qui donne une idée de la complexe pratique d'attribution des noms chez les Robin ; le principal témoin du mariage est par ailleurs identifié comme Abraham François Robin, « oncle paternel desdits époux ». L'acte de naissance d'Adélaïde, le 16 février 1793, indique que « la citoyenne Adélaïde Henriette Robin sœur de la fille a donné le prénom d'Adélaïde Henriette ». Adélaïde avait deux sœurs, l'une prénommée Françoise Angélique Aimée, née le 11 novembre 1782 à Saint-Vincent et baptisée à Angoulême le 19 mars 1785, et l'autre prénommée Adélaïde Françoise Angélique, baptisée à Angoulême le 21 juillet 1788 ; AM-A, GG46/149, GG68/95.

67. Voir « Abadie, Paul, père », texte en ligne : http://elec.enc.sorbonne.fr/architectes/0. La maison de Camille Allemand Lavigerie se trouvait sur la parcelle n° 837 dans la rue de l'Arsenal, et celle de Paul Abadie sur la parcelle n° 854 ; ADC, Matrice, Angoulême, 1835-1911, 3 PPROV 16 5, 124/183 et 3 PPROV 16 6, 91/211. Le beau-fils veuf de Martial Allemand Lavigerie, Pierre Auguste Henry Lacourade, vivait rue de l'Arsenal avec ses deux enfants en 1846 ; ADC, État nominatif, 1846, 37/646. Abadie père a également acheté une propriété du quartier de Saint-Jacques-de-l'Houmeau à la famille de Henry Lacourade. ADC, Matrice, Angoulême, 1834-1887, 3 PPROV 16 6, 49/211.

68. Mariage d'Étienne Henry Marie René Portet et Jeanne Anne Parot, 18 juin 1883, AdP, 1er arrondissement, acte n° 385.

69. AdP, état civil reconstitué, naissance de Paul Mallard, 9 novembre 1812, (ancien) 4e arrondissement, 9/51. L'acte qui lui attribue le statut d'officier de la

Légion d'honneur, LH/1/36, n'indique que son lieu de naissance. Paul Abadie père figure dans le recensement de 1846 en tant qu'homme célibataire demeurant rue d'Austerlitz à Angoulême. ADC, État nominatif, 1846, 48/646. Il a aussi eu une fille, née à Angoulême en 1826, qu'il a reconnue en 1857 ; AM-A, 4 août 1826, 1E78/96, annotation, 4 mars 1857. Abadie père était alors « inspecteur des édifices diocésains », et la qualité d'enfant naturel était manifestement encore une marque indélébile plus d'un demi-siècle après le plaidoyer de Léonard Robin en faveur des droits de tous les enfants, comme on le voit, dans le même recensement de 1846, pour « Marguerite », marchande de tortillons de quarante ans, et « Jacques » et son épouse dite « femme Jacques », tous les deux âgés de soixante-dix ans. Marguerite, rue de Sully, et Jacques, rue à la Hart, *in* ADC, État nominatif, 1846, 173, 208/607.

70. 25 novembre 1846, AM-A, 1E141/127-128 ; contrat de mariage de Paul Abadie et Maria-Alida Camia, 25 novembre 1846, ADC, André Saint-Marc, notaire, 2E19907. Paul Abadie se marie sous son nom de naissance, « Paul Mallard », ou « Paul Mallard surnommé Abadie » ; il est réputé né dans le 5e arrondissement de Paris en 1812 ; ses deux parents ont signé l'acte de mariage.

71. Louis Tourneur, tuteur de Maria Alida, a épousé Anne Adélaïde Robin, fille de Félix-Michel Robin, en 1832. Le couple demeurait 15, Rempart du Midi ; AM-A, 7 juillet 1832, 1E97/65-66 ; ADC, État nominatif, Angoulême, 1846, 93/646. À propos du brevet d'invention délivré pour une durée de cinq ans en 1836 pour un instrument destiné à l'enseignement de la cosmographie – pour lequel Louis utilisait les termes « uranographique » et « amphéligéographe », voir le *Bulletin des lois du royaume de France*, 9e série, vol. 12, 1836, p. 326-327.

72. Déclaration de Simon Vieilh, « géreur de l'habitation de monsieur Martin Subercasaux », 16 avril 1834, ANOM, Sainte-Rose, Guadeloupe, état civil, 14/35, et Sainte-Rose, affranchissements, 8/15. L'inscription de l'affranchissement à l'état civil était « prescrite par l'article 5 de l'ordonnance royale du 12 juillet 1832 », une ordonnance de Louis-Philippe visant à faciliter la procédure pour affranchir des esclaves.

73. Abadie C. Subercaseaux, « Un enfant naturel ne peut être reconnu par testament olographe, un tel acte n'ayant pas le caractère d'un acte authentique », arrêt de la Cour de cassation, 18 mars 1862, *in Jurisprudence générale du royaume en matière civile, commerciale et criminelle, cour de cassation*, 1862, p. 284-285.

74. François Simon Vieilh, identifié comme un « rentier » résidant à La Sauve, Gironde, est l'un des signataires de l'acte de mariage de Maria Alida en 1846 ; AM-A, 1E141/127-128.

75. Contrat de mariage de Paul Abadie et Maria-Alida Camia, 25 novembre 1846, ADC, 2E19907. Jacques Nadaud, ingénieur à la retraite, est né à Angoulême en 1774 de François Nadaud et Marie Tabourin (Marie Charas) et y est mort en 1854 ; AM-A, NDP, GG 14/48, 1E167/104, voir également AN, Leonore, LH/1972/55. Nicolas Veillon ou Vellion, marchand de meubles, était le beau-père de Vincent Mercier, secrétaire de la mairie et éditeur du *Journal des maires d'Angoulême* de l'ère révolutionnaire. Mariage de Vincent Mercier et Marie Anne Veillon, 15 mars 1832, AM-A, 1E97/23-24 ; Paul Abadie père a signé l'acte. Paul Abadie vivait à l'époque

avec Vincent Mercier, son épouse et ses deux beaux-frères. Rue d'Austerlitz, ADC, État nominatif, 1846, 47-48/646.

76. « Abadie, Paul », texte en ligne : http://elec.enc.sorbonne.fr/architectes/1.

77. Abadie C. Subercaseaux, 18 mars 1862, in *Jurisprudence générale, op. cit.*, p. 284-288. Dans ce testament, la somme supplémentaire de 40 000 francs était garantie par le père de Maria Alida contre toute contestation de « mes héritiers » par « un motif quelconque ». « Déclaration et acceptation d'emploi par Madame Abadie », 20 août 1870, AN, Panhard, notaire, Paris, MC/ET/XIV/906.

78. Alfred Van den Brule, *Hubert Rohault de Fleury, secrétaire général du Vœu national : le Sacré-Cœur de Montmartre*, Paris, basilique du Sacré-Cœur et Percepied, 1928, p. 343, 366 ; voir également « Le Sacré-Cœur de Montmartre », *in* Claude Laroche (éd.), *Entre archéologie et modernité : Paul Abadie architecte 1812-1884*, *op. cit.*, p. 129-145.

79. Décès de Paul Abadie, 3 août 1884, AD Yvelines, Chatou, 1882-1884, 223-224/271 ; *Le Figaro*, 3 août 1884. La mère de Paul, Louise Joséphine Mallard, est morte à Chatou seize ans auparavant, à quatre-vingts ans ; 1er octobre 1868, Chatou, 1867-1872, 273/553.

80. « Inventaire après le décès de M. Abadie », 29 août 1884, AN, Georges Magne, notaire, Paris, MC/ET/LXXVI/1047.

81. Décès d'Alida Camia, veuve de Paul Abadie, 24 juin 1903. AD Hauts-de-Seine, Neuilly-sur-Seine, décès, 1903, 142/297. Son décès a été déclaré par son fils demeurant rue Saint-Honoré à Paris et par un employé local « à défaut d'autre parent et de voisin ».

82. Table des successions et absences, Le Mans, Jules Étienne Scipion Allemand Lavigerie, mort le 22 juillet 1853, succession déclarée le 19 janvier 1854 ; ADSa, 1853-1854, n° 21, 2/200. Décès de Jules Étienne Scipion Allemand Lavigerie, banquier, à son domicile de la place des Halles, ADSa, Le Mans, décès, 1853-1855, 60/463.

83. Marie Louise Allemand, son jeune fils, sa mère et son mari comptent parmi les victimes (relativement chanceuses) d'un terrible accident de chemin de fer survenu en septembre 1853 : ce mois-là, un train de nuit en provenance de Paris et à destination de Bordeaux entra en collision avec un train de marchandises reliant Angoulême à Paris ; il y eut six morts parmi les employés de la ligne de chemin de fer et plus de trente blessés parmi les passagers. Selon un article de presse, Marie Louise, dite « Mme Porté, d'Angoulême », avait une « fracture de la clavicule ». Dans un autre, elle est dépeinte sous les traits d'« une jeune mère [qui] se lamentait et demandait à grands cris son enfant » ; celui-ci avait été retrouvé saint et sauf, « jouant dans le sable sous les décombres ». « Mme Lavigerie » et Jean Henri Portet, « greffier du tribunal de commerce d'Angoulême », n'avaient été que légèrement blessés, et la famille avait pu continuer son voyage. *Journal des débats*, 21 septembre 1853, *La Presse*, 24 septembre 1853, *Le Pays*, 25 septembre 1853. Naissance d'Étienne Henry Marie René Portet, 2 février 1852, AM-A 1E158/16 ; à l'époque, la famille vivait sur le Rempart du Midi, et Martial Allemand Lavigerie, âgé de quatre-vingt-quatre ans et décrit comme le grand-père de l'enfant (c'était en réalité son arrière-grand-oncle), a été témoin de la naissance. Le

deuxième enfant du couple, une fille connue sous le nom de Valentine, est venue au monde au Mans. Naissance de Julie Marie Valentine Portet, 21 octobre 1856, ADSa, Le Mans, naissances, 1855-1857, 275/532. La famille habitait désormais 33, place des Halles, et Camille Alexandre, le grand-père, a été témoin de la naissance. Décès d'Adélaïde Charlotte Maslin, âgée de quatre-vingts ans, veuve de Pierre Allemand Lavigerie, demeurant place des Halles, 18 janvier 1858 ; ADSa, Le Mans, décès, 1856-1858, 437-438/647. René Maslin, le frère d'Adélaïde Charlotte, est mort deux jours plus tard, le 20 janvier 1858 ; ADSa, Le Mans, décès, 1856-1858, 438/647. Son nom figure dans les actes de la famille Allemand Lavigerie dans différents départements de la France : il a signé les actes du mariage d'Adélaïde Charlotte en 1796, de la naissance de Scipion en 1797 et de la naissance de Camille en 1799 ; ceux du mariage de Camille (dans l'Aube) en 1831 et du mariage de Scipion en 1832 ; ceux du décès de Pierre en 1833, du mariage de Marie Louise (à Angoulême) en 1851, et du décès de Scipion en1853.

84. Firmin-Didot, *Annuaire général du commerce*, 1854, p. 1934.

85. Firmin-Didot, *Annuaire général du commerce*, 1855, p. 1934, 1936 ; *Annuaire général du commerce*, 1856, p. 1937. En 1856, Lemarchand avait par ailleurs un nouvel associé : « Lemarchand et Ravase, successeurs de Lavigerie et Demorieux, *fabr. de sacs.* »

86. *De l'union douanière de la France avec la Belgique*, *op. cit.*, p. 93, 153-154.

87. Firmin-Didot, *Annuaire général du commerce*, 1852, p. 1710-1711 ; sur *L'Obéissante*, voir Pierre Souvestre, *Histoire de l'automobile*, Paris, H. Dunot et E. Pinat, 1907. Ernest Bollée, père du « père » de la première automobile française, Amédée Bollée, figure dans l'*Annuaire* de 1852 en tant que fondeur de cloches d'église dans le village de Sainte-Croix Le Mans (p. 1712).

88. *Le Canal des deux mers : journal du commerce universel*, vol. 1, n° 38, 21 septembre 1872, p. 655. *Bulletin du canal interocéanique*, vol. 2, n° 42, 15 mai 1881, p. 371. Sur l'expansion du secteur bancaire sous le Second Empire, voir Alain Plessis, *De la fête impériale au mur des fédérés, 1852-1871*, Paris, Seuil « Points/Histoire », 1979, p. 71-83

89. Cour de cassation, n° 8824, 15 novembre 1875, in *Journal des tribunaux de commerce*, vol. 25, 1876, p. 382-387 ; « Banquiers, comptes », *Jurisprudence générale du royaume en matière civile, commerciale et criminelle*, 1876, p. 212-214, résumé dans « Change », *Journal du droit international privé*, vol. 4, 1877, p. 143.

90. Témoignage oral de « M. Portet-Lavigerie, banquier au Mans », ministère de l'Agriculture, *Enquête agricole : enquêtes départementales. IIe série, 2e circonscription, Orne, Mayenne, Sarthe, Maine-et-Loire*, Paris, Imprimerie impériale, 1867, p. 206.

91. Rapport du 29 décembre 1871, *Archives de la Banque de France* (désormais ABF), Secrétariat du conseil général, MA. AO.15.B.5, correspondance et propositions, 1862-1959. Portet-Lavigerie a été administrateur et membre du conseil local des taux d'escompte entre 1856 et 1872, date à laquelle il a été promu au poste de censeur.

92. F. Legeay, *Le Guide du voyageur au Mans*, Le Mans, Du Temple et Vialat 1879, p. 85 ; la maison, construite par le négociant Le Prince, vers 1760, jouxtait

la prison ; elle abrite aujourd'hui une agence de la banque LCL (ex Crédit Lyonnais), place de la République.

93. Félix Talvande était par ailleurs le fils du directeur de la succursale nantaise de la Banque de France ; mariage de Félix Talvande et Marguerite Adélaïde Louise Froger de Mauny, 8 juin 1862, ADSa, mariages, 1861-1862, 260-261/518 ; *Journal officiel de la République française*, 16 septembre 1879, p. 9176.

94. Le domaine a été plus tard répertorié comme la propriété de « M. et Mme Henri Portet-Lavigerie ». *Annuaire des châteaux et des départements, 1897-1898 : 40 000 noms & adresses de tous les propriétaires des châteaux de France, manoirs, castels, villas, etc.*, Paris, A. La Fare, 1897, p. 688.

95. Décès de Louise Mélanie Allemand Lavigerie, 10 octobre 1865, ADSa, décès, Saint-Pavace, 1853-1882, 182/275.

96. Décès de Marie Théonie Topin, 3 septembre 1868, ADSa, décès, Saint-Pavace, 1853-1882, 193/275 ; Marie Théonie Topin est née à Angoulême le 23 vendémiaire an X (15 octobre 1801), AM-A, 1E25/12.

97. Eugène Adolphe Disdéri, « M. Boittelle et son fils Olivier », en ligne sur le site du musée d'Orsay : http://www.musee-orsay.fr/fr/collections/catalogue-des-oeuvres/notice.html?nnumid=69612.

98. Mariage d'Olivier Boittelle et Julie Marie Valentine Portet, 30 mai 1876, ADSa, Le Mans, mariages, 1875-1876, 316-317/446.

99. *Annuaire des châteaux et des départements, 1899-1900*, p. 95 ; *Touring-Club de France : revue mensuelle*, vol. 15, 1905, p. 396 ; *Le XIXe siècle : journal quotidien politique et littéraire*, 10 février 1890, p. 2 (relatif à la remise d'un prix pour un taureau roux et blanc).

100. René Portet, *Droit romain : Des Latins Juniens. Droit français : de la condition juridique des étrangers en France et de la naturalisation*, thèses pour le doctorat, faculté de droit de Caen, Évreux, imprimerie Charles Hérissey, 1882.

101. Mariage d'Étienne Henry Marie René Portet et Jeanne Anne Parot, 18 juin 1883, AdP, 1er arrondissement, acte n° 385. En vertu de la mobilité vertigineuse dont bénéficiaient alors les agents de l'administration judiciaire, René Portet a débuté sa carrière en 1885 en tant que juge suppléant à Clermont dite Clermont-en-Beauvaisis (Oise) puis au Havre (Seine-Inférieure, aujourd'hui Seine-Maritime) ; il est devenu substitut du procureur à Bernay (Eure) en 1886, puis à Libourne (Gironde) en 1887, et à Angoulême en 1889 ; il a été nommé procureur à Marmande (Lot-et-Garonne) en 1891, à Apt (Vaucluse) en avril 1894, et à nouveau à Clermont en août 1894. René Portet est mort à Clermont en décembre 1894, à quarante-deux ans. *Journal officiel de la République française*, 1885-1894 ; AD Oise, Clermont, 1894-1896, 21 décembre 1894, 121/417.

102. Rapports des 7 juillet 1872, 9 juin 1874, 10 octobre 1876, 24 mai 1877 et 8 novembre 1880, *in* ABF, Inspection générale, PA.K.6.B.3.

103. Rapport du 22 juin-7 juillet 1881, *in* ABF, Inspection générale, PA.K.6.B.3. « Liquidateurs judiciaires de la banque Talvande et Cie et consorts c. Porte-Lavigerie et consorts, Cass. civ. », 19 mars 1894, in *Journal des faillites et des liquidations judiciaires françaises et étrangères : revue de jurisprudence*, vol. 13, 1894, p. 193-214, citations p. 194, 199.

104. Décès de Camille Alexandre Allemand Lavigerie, 7 novembre 1881, ADSa, décès, 1880-1881, 400/436.

105. L'accord entre Talvande et Henri Portet-Lavigerie a été finalisé les 15-16 novembre 1881 ; « Liquidateurs judiciaires », *op. cit.*, p. 199 et « Soc. Talvande et Cie », in *Revue des sociétés*, 1894, p. 223-232, en particulier p. 229.

106. *Le Gaulois*, n° 2395, 20 mars 1889, p. 3.

107. Rapports des 6-13 octobre 1884, 4 juillet 1885, 24 juin 1887 et 1er juin 1889, *in* ABF, Inspection générale, PA.K.6.B.3.

108. *Le Gaulois*, n° 2395, 20 mars 1889, p. 3 ; « Liquidateurs judiciaires », *op. cit.*, p. 194.

109. *Ibid.*, p. 194, 196.

110. *Ibid.*, p. 197-201.

111. « Soc. Talvande et Cie », *op. cit.*, p. 231.

112. Vente par licitation, in *Le Petit Ardennais*, n° 3078, 13 juillet 1889, p. [4]. *Rapport du préfet, Conseil général de la Sarthe*, Le Mans, imprimerie Albert Drouin, 1889, p. 405. Henri ne quitta son poste de « censeur » de la Banque de France, responsable de la « surveillance » des banques locales, qu'en décembre 1890 ; le directeur de la branche du Mans a noté qu'en 1888 il avait assisté à trois des douze assemblées du conseil de la banque. Lettres des 1er janvier 1889, du directeur au gouverneur, et du 25 décembre 1890, d'Henri Portet au gouverneur, *in* ABF, Secrétariat du conseil général, MA. AO.15.B.5.

113. Propriétaires des villas, in *L'Avenir d'Arcachon*, n° 544, 7 mai 1887, non paginé.

114. L'adresse de la rue Gluck figure dans l'acte de mariage de René Portet, en 1883, et sur l'avis de liquidation de la fabrique d'ardoises, en 1889 ; Jean Henri Portet est mort le 18 juin 1902 dans sa résidence de la rue Mogador. AdP, 9e arrondissement, acte n° 898.

115. *Annuaire des châteaux et des départements, 1887-1888*, p. 688 et *1899*, p. 96, 1196 ; *Le Petit Ardennais*, 13 juillet 1889, p. [4].

116. *Le Figaro*, 26 juillet 1891.

117. Décès de Jérôme Lerouge, 20 novembre 1901, AD Val-de-Marne, décès, 1901, Le Kremlin-Bicêtre, 153/179 ; décès de Jean Henri Portet, AdP, 9e arrondissement, acte n° 898.

118. « Succession de M. Jean Henri Portet », AdP, DQ7/32554, 17 décembre 1902.

119. La science sociale moderne a très tôt aspiré à « écarter l'accidentel pour s'attacher au régulier ». Comme l'a encore dit Simiand dans son manifeste de 1902, il s'agissait, d'« éliminer l'individuel pour étudier le social ». François Simiand, « Méthode historique et science sociale », *Revue de synthèse historique*, vol. 5, n° 1, 1902, p. 1-22, et n° 2, p. 129-157, citations p. 17, 21, et p. 154-155. Pour Camille-Ernest Labrousse, à la suite de Simiand, le « chiffre singulier, considéré individuellement » – le prix d'un âne, « le nombre d'enfants trouvés dans une paroisse » – n'était rien de plus que le rebut d'une histoire « profane ». Camille-Ernest Labrousse, *La Crise de l'économie française…*, *op. cit.*, p. 122.

120. Philip T. Hoffman et Jean-Laurent Rosenthal, « New Work in French Economic History », *op. cit.*, p. 449. Sur la dualité tout aussi improbable entre la financiarisation mesurée à partir des statistiques bancaires publiées, vue comme condition du développement économique, et la multiplicité des instruments financiers dans les petites villes, voir Philip T. Hoffman, Gilles Postel-Vinay et Jean-Laurent Rosenthal, *Dark Matter Credit : The Development of Peer-to-Peer Lending and Banking in France*, *op. cit.* Sur les réseaux sociaux officiels et informels en tant que « source importante de crédit, d'assurance, d'information, de conseil et autres bénéfices économiques et non économiques », voir Abhijit Banerjee, Arun G. Chandrasekhar, Esther Duflo et Matthew O. Jackson, « Changes in Social Network Structure in Response to Exposure to Formal Credit Markets » (MIT, 2019).

121. Maurice Block, *Statistique de la France*..., *op. cit.*, vol. 1, p. 55 ; Olivier Marchand et Claude Thélot, *Deux siècles de travail en France : population active et structure sociale, durée et productivité du travail*, Paris, INSEE, 1991, table 3t, p. 175 ; sur certaines des difficultés que posent les estimations à long terme, voir Alain Blum, « Bibliographie critique », *Population*, vol. 4, 1991, p. 1009-1011.

122. Maurice Block, *Statistique de la France*..., *op. cit.*, vol. 1, p. 55 ; Olivier Marchand et Claude Thélot, *Deux siècles de travail en France*..., *op. cit.*, p. 175.

123. Dans l'histoire économique et sociale plus ancienne, ce sont les paysans qui sont prisonniers des institutions et de leurs propres désirs de sécurité, tout en étant entravés par les frais de transactions, y compris lorsqu'ils sont victimes des soldats et des collecteurs d'impôts. Philip T. Hoffman et Jean-Laurent Rosenthal, « New Work in French Economic History », art. cité, p. 446, 449-450. Sur les difficultés rencontrées pour appréhender la part des services dans la comptabilité nationale française, voir François Fourquet, *Histoire des services collectifs dans la comptabilité nationale*, Paris, CERFI, 1976.

124. Banque mondiale, « Employment in services (% of total employment) », texte en ligne : https://data.worldbank.org/indicator/sl.srv.empl.zs (consulté le 30 août 2019). Les données statistiques utilisées montrent une augmentation de l'emploi dans le secteur des services – dont les acteurs sont « définis comme les personnes en âge de travailler engagées dans toute activité [...] pour un salaire ou un bénéfice [... dans] le commerce de gros ou de détail, les restaurants ou les hôtels ; le transport, le stockage et les communications ; le financement, l'assurance, l'immobilier et les services aux entreprises ; et les services collectifs, sociaux et à la personne. De fait, il est passé d'environ 35 % de la population active en 1991 à environ 49 % en 2018. En ajoutant une estimation même restreinte du travail domestique non rémunéré, on peut considérer, à l'échelle mondiale, que la majorité des personnes travaillent dans les services. La valeur la plus récente donnée pour la France est de 77 %, pour l'Allemagne de 72 %, pour la Suède de 80 %, pour le Royaume-Uni de 81 % et pour les États-Unis de 79 %.

125. Carl E. Schorske, *Thinking with History : Explorations in the Passage to Modernism*, Princeton, NJ, Princeton University Press, 1998.

126. Voir Guillaume Daudin, *Commerce et prospérité : la France au* XVIII*e siècle*, *op. cit.* ; David Todd, *Un empire de velours : l'impérialisme informel français au* XIX*e siècle*, *op. cit.*

Chapitre 10. Charles Martial et Louise

1. Louis Baunard, *Le Cardinal Lavigerie*, *op. cit.*, vol. 1, p. VI.

2. Comme l'écrit l'ami de la mère de Charles Martial pour relater un dîner autour d'« un chapon monstre bourré de truffes » et de « Champagne Moët » : « Je me suis avisé de lire au dessert mes versiculets *faits en omnibus*. Tous les convives en ont ri, et M. l'abbé le premier. » Lettres des 28 septembre 1852 et 6 janvier 1853, de Joseph Van Den Zande à François Grille, *in* François Grille, *Miettes littéraires, biographiques et morales*, *op. cit.*, vol. 3, p. 63, 95.

3. Louis Baunard, *Le Cardinal Lavigerie*, *op. cit.*, vol. 1, p. VI, IX, XII, 19 ; *id.*, *Le Doute et ses victimes dans le siècle présent*, Paris, Poussielgue frères, 1866 ; *La Lanterne*, n° 2940, 9 mai 1885, n° 5098, 6 avril 1891.

4. Claude Thiébaut, « Les manifestations pour le centenaire de la naissance du cardinal Lavigerie (Rome, Alger, Tunis, et Paris, 1925) », *Revue historique*, vol. 291, n° 2, avril-juin 1994, p. 361-399.

5. Léon Lavigerie, *De l'hépatite et des abcès du foie (cand. Léon Lavigerie)*, Paris, imprimerie A. Parent, 1866 ; Scipion Lavigerie, *arrêté du 26 avril 1849.*

6. *La Presse*, 19 juin 1902, p. 2.

7. « M. Robin était paperassier » ; M. J. Dupin, « Notices sur Abraham François Robin, premier échevin de la ville d'Angoulême et Léonard Robin son fils, membre du Tribunat », art. cité, p. 829.

8. Lettre du 16 janvier 1873, de Clara Collet, rue des Quatre-Frères, Paris 18e, *in* « Brébion Collet (veuve) », AN, F/12/2757 ; c'est sur cette lettre que la mention « dans la plus grande détresse » a été écrite au crayon.

9. Vicomte de Colleville, *Le Cardinal Lavigerie*, *op. cit.*, p. 203.

10. Page d'accueil du site internet de la Société des missionnaires d'Afrique : http://www.mafrome-archivio.org /index_fr.html.

11. Voir « Rome : sur les traces de Lavigerie », texte en ligne : https://www.peresblancs.org/lavigerie_vie_rome.htm, et « Le cardinal Charles-Martial Lavigerie : Photos Archives », https://www.peresblancs.org/photoslavigeriegb.htm.

12. Émile Zola, *La Fortune des Rougon*, Paris, Gallimard /« Folio », 1981 [1871], p. 28, 99, 101 ; Émile Zola, *L'Assommoir*, Paris, Gallimard /« Folio », 1978 [1876], p. 159, 415, 434.

13. Vicomte de Colleville, *Le Cardinal Lavigerie*, *op. cit.*, p. 8, 18-19 ; Louis Baunard, *Le Cardinal Lavigerie*, *op. cit.*, vol. 1, p. V, XI.

14. Registres matricules des sous-officiers et hommes de troupe de l'infanterie de ligne (1802-1815), voir également plus haut, le chapitre 6 ; Dora Hort, *Tahiti : The Garden of the Pacific*, *op. cit.*, p. 241 ; « M. Biais communique une aquarelle représentant M. Ferrand, archiviste de la Charente, peinte d'après un portrait de M. Paille », *BSAHC*, série 8, vol. 1, 1910, p. XLIV.

15. Sculpture par Gustave Crauk du cardinal Lavigerie, *Le Figaro*, 11 février 1898 ; Claude Thiébaut, « Les manifestations pour le centenaire de la naissance du cardinal Lavigerie », *op. cit.*, p. 370-374, 396.

16. *La Lanterne*, n° 4140, 21 août 1888, p. 3 ; et en ligne : https://commons.wikimedia.org/wiki/File:Bonnat_Le_cardinal_Charles_Lavigerie,_archev % C3 %

AAque_d % 27Alger_(1825-1892). jpg. Le peintre, Léon Bonnat, est né à Bayonne en 1833 ; ses parents vivaient rue du Pont-Majour, comme Martial Allemand Lavigerie, Frédéric Bastiat et le révolutionnaire Pierre Jean Audouin. Naissance de Léon Bonnat, 22 juin 1833, ADPA, naissances, 1826-1837, 577/904.

17. Jules Cambon, « Souvenirs sur le cardinal Lavigerie », *Revue des Deux Mondes*, vol. 32, 1926, p. 277-289, citation p. 279.

18. Louis Baunard, *Le Cardinal Lavigerie, op. cit.*, vol. 1, p. 4.

19. *Ibid.* Sur l'École des Carmes, ou École ecclésiastique des hautes études, voir Brigitte Waché, « L'École des Carmes, 1845-1875 », *Revue d'histoire de l'Église de France*, vol. 81, n° 206, 1995, p. 237-253.

20. Louis Baunard, *Le Cardinal Lavigerie, op. cit.*, vol. 1, p. 24-26 ; Denys Auguste Affre, archevêque de Paris et fondateur de l'École des Carmes, par qui Charles Martial a été ordonné sous-diacre, a été tué par une balle perdue le 25 juin 1848, alors qu'il essayait d'intercéder sur les barricades du faubourg Saint-Antoine ; voir Louis Girard, *Nouvelle histoire de Paris : la Deuxième République et le Second Empire, 1848-1870*, Paris, Hachette, 1981, p. 34-43.

21. C. Allemand-Lavigerie, *De Hegesippo : disquisitionem proponebat Facultati litterarum Parisiensi*, Paris, librairie catholique de Périsse Frères, 1850, p. 2-12, 43-44.

22. *Ibid.*, p. 29.

23. Ch. Allemand-Lavigerie, *Essai historique sur l'école chrétienne d'Édesse : thèse présentée à la faculté des lettres de Paris*, Paris, Périsse frères, 1850, p. 7-8, 16.

24. *Ibid.*, p. 12, 14, 41, 68-69, 71, 112, 117.

25. Louis Baunard, *Le Cardinal Lavigerie, op. cit.*, vol. 1, p. 43.

26. J. R. [Ferdinand Van Den Zande], *Stances à Monsieur l'Abbé L.****, Paris, A. Guyot, 1852, et *Épître à Monsieur l'abbé L****, Paris, A. Guyot, 1852.

27. *Œdipe à Colone*, de Sophocle. Édition nouvelle, par l'abbé Lavigerie, Paris, Périsse, 1850 ; *M. T. Ciceronis ad M. filium de Officiis libri tres*. Édition classique, revue, expurgée et annotée par M. l'abbé Lavigerie, Paris, Périsse, 1853.

28. P. Clausolles et Charles-Martial Allemand Lavigerie, *Cours complet d'histoire et de géographie de M. l'abbé Lavigerie et de M. P. Clausolles : histoire de France élémentaire. Depuis les Gaulois jusqu'à nos jours*, Lyon, Périsse, 1853 ; voir http://ife.ens-lyon.fr/ife. La dénonciation pour rationalisme était le fait du journal gallican *L'Observateur catholique*, défenseur de l'idée d'une Église de France autonome ; Louis Baunard, *Le Cardinal Lavigerie, op. cit.*, vol. 1, p. 48.

29. *Ibid.*, p. 52.

30. « Discours prononcé par M. le contre-amiral Aimé Mathieu, gouverneur de la Martinique, à l'ouverture de la session coloniale de 1847, le 17 juin », Martinique, 1847, disponible sur le site internet de la Bibliothèque Schoelcher : http://www.patrimoines-martinique.org/ark:/35569/a011416928915afUxwv. Aimé Mathieu fut président de l'Œuvre des Écoles d'Orient de 1858 à 1861 ; son prédécesseur était Pierre François Joseph Bosquet, maréchal de France qui avait été un général particulièrement brutal en Algérie avant de diriger une division de « zouaves » (des soldats kabyles) de l'armée française lors de la bataille de l'Alma, pendant la

guerre de Crimée. Voir « Directeurs généraux et présidents successifs de l'Œuvre d'Orient », *Œuvre d'Orient*, n° 552, 1966, p. 350.

31. Louis Baunard, *Le Cardinal Lavigerie*, *op. cit.*, vol. 1, p. 55-57.

32. Œuvre des Écoles d'Orient, *Souscription recueillie en faveur des chrétiens de Syrie : rapport de M. l'abbé Lavigerie*, Paris, Bureau de l'Œuvre, 1861, p. 2. Sur la guerre civile au Liban, voir Leila Tarazi Fawaz, *An Occasion for War : Civil Conflict in Lebanon and Damascus in 1860*, Berkeley, University of California Press, 1994. Sur l'histoire de l'intervention humanitaire, voir Davide Rodogno, *Against Massacre : Humanitarian Interventions in the Ottoman Empire, 1815-1914*, Princeton, NJ, Princeton University Press, 2011, et Gary J. Bass, *Freedom's Battle : The Origins of Humanitarian Intervention*, New York, Knopf, 2008.

33. *Souscription recueillie*..., *op. cit.*, p. 1, 9 ; voir également Bernard Heyberger, « La France et la protection des chrétiens maronites : généalogie d'une représentation », *Relations internationales*, n° 173, 2018, p. 13-30.

34. *Souscription recueillie*..., *op. cit.*, p. 66, et sur les origines géographiques des dons, p. 10-11. L'estimation du nombre de villages et d'églises détruits a été publiée dans le *Bulletin* de l'Œuvre, cité dans Louis Baunard, *Le Cardinal Lavigerie*, *op. cit.*, vol. 1, p. 61.

35. Décès de Laurent Silvestre Topin, 29 mars 1850, AM-A, 1E185/28, décès de Jeanne Allemand Lavigerie, 3 juillet 1860, 1E185/57.

36. *Souscription recueillie*..., *op. cit.*, p. 18.

37. AD Maine-et-Loire, Saumur, décès, 1856-1860, 15 septembre 1860, 273/287.

38. Louis Baunard, *Le Cardinal Lavigerie*, *op. cit.*, vol. 1, p. 64.

39. *Souscription recueillie*..., *op. cit.*, p. 18-19 ; *Indicateur marseillais*, 1860, p. 98-99.

40. *Souscription recueillie*..., *op. cit.*, p. 30, 33. Les trois cent cinquante enfants « parmi lesquels se trouvaient une foule d'orphelins » ont été décrits par l'historien orientaliste français Baptistin Poujoulat qui se trouvait à l'époque au Liban ; Baptistin Poujoulat, *La Vérité sur la Syrie et l'expédition française*, Paris, Gaumes frères et J. Dufray, 1861, p. 297-300.

41. L'orientaliste flamand Huysmans l'a représenté dans son tableau de 1861 intitulé *Mon salut d'amitié et de respect à tous ceux qui vous parleront de moi* en référence au voyage de Charles Martial tel que rapporté par un chroniqueur. Sur ce tableau dont l'arrière-plan est empli de fumée et de scènes de combat, on aperçoit un drapeau français et, au premier plan, l'émir qui recueille des femmes et des enfants chrétiens. *Souscription recueillie*..., *op. cit.*, p. 41, 50-52 ; Baptistin Poujoulat, *La Vérité sur la Syrie et l'expédition française*, *op. cit.*, p. 445 ; https://en.wikipedia.org/wiki/Emir_Abdelkader#/media/File:Jean-Baptiste_Huysmans_1.jpg. Sur l'épisode impliquant 'Abd al-Kader, voir Leila Fawaz, « Amīr 'abd al-Qādir and the Damascus "Incident" in 1860 », *in* Brigitte Marino (éd.), *Études sur les villes du Proche-Orient* XVIe-XIXe *siècle : hommage à André Raymond*, Damas, Presse de l'Ifpo, 2001, disponible en ligne : http://books.openedition.org /ifpo/3351.

42. Louis Baunard, *Le Cardinal Lavigerie*, *op. cit.*, vol. 1, p. 89.

43. Décision de Napoléon III, citée dans une lettre adressée le 7 juillet 1860 par le ministre des Affaires étrangères Thouvenel au ministre de la Marine : « L'humanité exige une prompte intervention et des dispositions urgentes », avait aussi écrit Thouvenel à l'ambassadeur de France posté à Constantinople ; lettres des 6 juillet 1860 et 7 juillet 1860, *in* ministère des Affaires étrangères, *Documents diplomatiques, 1860*, Paris, Imprimerie impériale, 1861, p. 196, 197.

44. Sur le négociant et fabricant de soie Fortuné Portalis, président du comité local de Charles Martial dont la soierie de « Pteter » (pour Btater) a servi d'abri aux réfugiés chrétiens, voir *Souscription recueillie*..., *op. cit.*, p. 32-34.

45. *Ibid.*, p. 48, 56-57, 62, 71-78.

46. Charles Martial s'est « consacr[é] avec autant de zèle que de succès » à mobiliser le secours requis face aux nouvelles des « massacres de Syrie », et sa « conduite » dans « les contrées désolées du Liban » est « honorable pour notre pays ». *Le Constitutionnel*, 46e année, n° 44, 13 février 1861, p. [3].

47. *Le Constitutionnel*, n° 240, 28 août 1861, p. [1].

48. Voir « Rome : sur les traces de Lavigerie », texte en ligne : https://www.peresblancs.org/lavigerie_vie_rome.htm, et « Le cardinal Charles-Martial Lavigerie : Photos Archives », https://www.peresblancs.org/photoslavigeriegb.htm ; Louis Baunard, *Le Cardinal Lavigerie*, *op. cit.*, vol. 1, p. 101.

49. Victor de Maumigny, *Les Voix de Rome : impressions et souvenirs de 1862*, Paris, Victor Palmé, 1863, p. XVII-XVIII.

50. Décret du 5 mars 1863, in *Collection complète des lois, décrets, ordonnances, règlements et avis du conseil d'État*, vol. 63, 1863, p. 213.

51. Sur la controverse autour de la mitre, voir Bernard Berthod, « Retrouver la foi par la beauté : réalité et utopie du mouvement néogothique dans l'Europe du XIXe siècle », *Revue de l'histoire des religions*, n° 227, 2010, p. 75-92. Sur les funérailles de Bastiat, voir Pierre Ronce, *Frédéric Bastiat : sa vie, son œuvre*, Paris, Guillaumin, 1905, p. 266-267.

52. Sur l'histoire économique de la région, et l'expansion qui fit suite à l'annexion de l'Alsace par l'Allemagne en 1870, voir Louis Laffitte, « L'évolution économique de la Lorraine », *Annales de géographie*, vol. 21, n° 20, 1912, p. 393-417. Sur l'environnement déprimant de Nancy trente ans plus tôt, voir Stendhal, *Lucien Leuwen*, Paris, Gallimard/ « Folio classique », 2002 [1837], partie 1.

53. « L'évêque était ravi » de cet événement (inhabituel), écrit Baunard, et du « jeu ardent et passionné de ces jeunes acteurs en qui avait passé l'âme d'Électre, d'Oreste, d'Égyste et de Clytemnestre ». Louis Baunard, *Le Cardinal Lavigerie*, *op. cit.*, vol. 1, p. 139.

54. L'étole était associée au diocèse de Toul, dont Charles Martial était également évêque. Autorisation du 16 mars 1865, *in* Abbé Pierre-Étienne Guillaume, *Le Surhuméral : prérogative séculaire des seuls évêques de Toul, chez les Latins, en raison de l'antiquité de leur église*, Nancy, imprimerie Veuve Raybois, 1865, p. 5-6.

55. AL-R, Casier A2-280.

56. *Relation des fêtes qui ont eu lieu à Nancy les 14, 15, 16 et 17 juillet 1866*, Nancy, Nicolas Grosjean, 1866, p. 83-84, 117, 134. Le velours était omniprésent : de jeunes ouvriers portaient des chapeaux de velours bleu, le prince était vêtu de

velours noir, les draperies étaient en velours cramoisi et les bannières des municipalités en velours vert frangé d'or ; les bouquets offerts à l'impératrice étaient enveloppés de velours rouge, et ceux destinés au prince de velours vert ; même la chambre à coucher de l'impératrice était ornée d'un portrait représentant « un personnage habillé en velours rouge » ; p. 96-97, 100, 119, 128, 141, 168.

57. *Relation des fêtes…*, *op. cit.*, p. 133-134.

58. Baunard cite une lettre du 7 novembre 1866 adressée à Charles Martial par le gouverneur d'Algérie, lui offrant le poste, ainsi que la réponse de Charles Martial datée du 19 novembre ; Charles Martial quitta Nancy en avril 1867. Louis Baunard, *Le Cardinal Lavigerie*, *op. cit.*, vol. 1, p. 149-150, 156. La nomination fut reportée au mois de décembre 1866 ; *La Presse*, 31 décembre 1866, p. [2].

59. Lettres des 31 octobre, 6 novembre, 23 novembre et 22 décembre 1867, adressées depuis Alger par Charles Martial à l'« Administration des Cultes » à Paris ; AN, F/19/7595, dossier 15. Son prédécesseur avait abandonné le palais, écrivait-il, et « après quelques jours de lutte », lui-même avait été contraint de faire de même ; il ne l'utilisait plus que pour les « réceptions officielles », « le service de [s]on secrétariat » et comme « pied-à-terre ». Charles Martial avait le sentiment d'être emprisonné « sous le ciel africain », il manquait un jardin « où l'évêque puisse prendre l'exercice qui lui est nécessaire » ; « pour un évêque, en particulier, qui ne peut aller se promener dans les rues et sur les places ».

60. *Annales de la propagation de la foi*, vol. 40, 1868, p. 485-486 ; Louis Baunard, *Le Cardinal Lavigerie*, *op. cit.*, vol. 1, p. 266-269.

61. Louis Baunard, *Le Cardinal Lavigerie*, *op. cit.*, vol. 2, p. 672.

62. Bertrand Taithe, « La famine de 1866-1868 : anatomie d'une catastrophe et construction médiatique d'un événement », *Revue d'histoire du* XIXe *siècle*, n° 41, 2010, p. 113-127, en particulier p. 119.

63. *Les Orphelins arabes d'Alger, leur passé, leur avenir, leur adoption en France et en Belgique : lettre de Monseigneur l'archevêque d'Alger*, Paris, Bureaux de l'Œuvre des Écoles d'Orient, 1870, p. 6.

64. *L'Illustration*, journal universel, n° 1299, 18 janvier 1868 ; voir en ligne : https://www.gettyimages.com/detail/news-photo/starvation-inalgeria-in-1868-orphans-are-taken-in-by-chruch-news-photo/89866327?adppopup=true. Charles Martial évoque encore la famine quelques mois plus tard alors qu'il continue d'échanger avec l'administration de Paris au sujet des efforts qu'il déploie pour obtenir un jardin clos de murs : « le mur nous est indispensable à cause de la misère qui recommence et met sur les chemins des vagabonds arabes de la pire espèce. » Lettre du 19 décembre 1868, *in* AN, F/19/7595, dossier 15.

65. *Recueil de lettres publiées par Mgr l'archevêque d'Alger, délégué apostolique du Sahara et du Soudan, sur les œuvres et missions africaines*, Paris, Henri Plon, 1869, p. 29, 65 ; Louis Baunard, *Le Cardinal Lavigerie*, *op. cit.*, vol. 1, p. 211.

66. *Recueil de lettres…*, *op. cit.*, p. 5, 91.

67. Louis Baunard, *Le Cardinal Lavigerie*, *op. cit.*, vol. 1, p. 279-280, où il cite une lettre adressée à un ami dont le nom n'est pas précisé, et p. 462-463.

68. L'article est reproduit sous la forme d'une longue note dans *Les Orphelins arabes d'Alger*, en une auto-référence caractéristique des écrits publics de Charles

Martial à l'époque ; *Recueil de lettres…*, *op. cit.*, p. 65 ; *L'Univers*, n° 989, 19 janvier 1870, p. [2], reproduit dans *Les Orphelins arabes d'Alger*, note 1, p. 2-4. Les « deux nouveaux chrétiens » reçurent, comme à Angoulême bien des années auparavant, « les deux cierges symboliques ».

69. « Lettre pastorale pour la prise de possession du diocèse d'Alger », 5 mai 1867, in *Recueil de lettres…*, *op. cit.*, p. 7-25, citations p. 9, 13.

70. Peter Brown, « A World Winking with Messages », *New York Review of Books*, 20 décembre 2018, p. 52-54, citations p. 52.

71. Sur Quodvultdeus voir Peter Brown, *À travers un trou d'aiguille : la richesse, la chute de Rome et la formation du christianisme en Occident, 350-550*, trad. fr. Béatrice Bonne, Paris, Les Belles Lettres, 2016, p. 454. Sur les religieuses, venues d'Oloron dans les Pyrénées, voir Louis Baunard, *Le Cardinal Lavigerie*, *op. cit.*, vol. 1, p. 385-386.

72. *Recueil de lettres…*, *op. cit.*, p. 9.

73. Sur François Élie Roudaire en Algérie dans les années 1870, voir Philipp Lehmann, *Desert Edens : Colonial Climates Engineering in the Age of Anxiety*, Princeton, NJ, Princeton University Press, 2022 ; sur le chemin de fer transsaharien, voir T. W. Roberts, « The Trans-Saharan Railway and the Politics of Imperial Expansion, 1890-1900 », *Journal of Imperial and Commonwealth History*, vol. 43, 2015, p. 438-462.

74. *Recueil de lettres…*, *op. cit.*, p. 14, 15, 21.

75. Sur les « frères armés », voir Louis Baunard, *Le Cardinal Lavigerie*, *op. cit.*, vol. 2, p. 663-666 ; vicomte de Colleville, *Le Cardinal Lavigerie*, *op. cit.*, p. 178-179, 212-213.

76. *Ibid.*, p. 8.

77. *La Lanterne*, n° 5098, 6 avril 1891.

78. Eugène Étienne, né à Oran en 1844 et chef du parti colonial, cité dans Charles-Robert Ageron, « Gambetta et la reprise de l'expansion coloniale », *Revue française d'histoire d'outre-mer*, vol. 59, n° 215, 1972, p. 165-204, citation p. 165-166. Jules Ferry, partisan de l'enseignement laïc aussi bien que de la politique coloniale, a été président du Conseil en 1880-1881 puis entre 1883 et 1885.

79. Paul Deschanel, *Gambetta*, Paris, Hachette, 1919, p. 261.

80. Lettre non datée, citée dans Louis Baunard, *Le Cardinal Lavigerie*, *op. cit.*, vol. 1, p. 150-151. Sur le conflit entre Charles Martial et le gouverneur général d'Algérie autour de la conversion, voir Marcel Emerit, « Le problème de la conversion des musulmans d'Algérie sous le Second Empire : le conflit entre MacMahon et Lavigerie », *Revue historique*, vol. 223, 1960, p. 63-84.

81. *Souscription recueillie…*, *op. cit.*, p. 88.

82. Lettre du 10 mai 1869, in *Recueil de lettres…*, *op. cit.*, p. 89-90, 93.

83. Lady Herbert, « The Arab Christian Villages in Algeria », reproduit dans *Littell's Living Age*, n° 1693, 25 novembre 1876, p. 500-504.

84. *La Justice*, n° 256, 27 septembre 1880.

85. « Confection d'un cardinal », *Le Rappel*, n° 4454, 21 mai 1882.

86. « Gazette du jour », *La Justice*, n° 858, 22 mai 1882, « Mamamouchi », *La Justice*, n° 859, 23 mai 1882.

87. Lettre du 1er août 1872, *in* Antoine-Charles Cousseau, *Œuvres*, *op. cit.*, vol. 3, p. 393-394.

88. C'était en 1875, et Baunard situe également Charles Martial à la Courade lors de ses vacances estivales de 1873 ; Louis Baunard, *Le Cardinal Lavigerie*, *op. cit.*, vol. 1, p. 413, 494. Louise Lavigerie Kiener, que Baunard appelle tout au long de cet épisode « Keiner », n'apparaît autrement que de manière furtive dans la biographie.

89. Décès de Charles Gabriel Kiener, 10 juillet 1875, ADC, La Couronne, 1873-1877, 2E120/14, 205/394. L'officier de l'état civil a ajouté une note personnelle : Gabriel est mort « dans une maison qu'il occupait depuis quelques jours seulement ».

90. Après la cérémonie de baptême, Charles Martial s'était rendu à Paris ; il se trouvait à Lyon le mois suivant, et à Marseille en juillet. *La Presse*, 1er février 1870 ; *Le Gaulois*, n° 590, 15 février 1870 ; *L'Univers*, n° 1172, 24 juillet 1870.

91. ADC, État nominatif, La Couronne, 1876, la Courade (village, usine), 57-60/93. AD Val-de-Marne, Le Kremlin-Bicêtre, 31 janvier 1898, 17/172.

92. Lettre de Louise à Charles Martial, datée de « Dimanche », AL-R, A2/147. « L'hôtel du Louvre n'est plus habitable, depuis que les magasins en ont absorbé la place », écrit-elle à propos de l'immeuble qui se trouve au cœur de la spéculation immobilière décrite par Zola dans son roman sur les grands magasins, *Au bonheur des dames*, par ailleurs lieu d'un funeste banquet de mariage dans *Pot-bouille*.

93. Lettres datées des « 5 novembre » et 15 septembre 1882, de Louise à Charles Martial, AL-R, A2/148, A2/150.

94. Lettre de Louise à Charles Martial, écrite à « Nay, [le] 5 décembre », AL-R, A2/146.

95. Lettre de Louise à Charles Martial, écrite à « la Courade, [le] 8 juillet [1883] », AL-R, A2/154.

96. Lettre de Louise à Charles Martial, écrite à « la Courade, [le] 28 février », AL-R, A2/157.

97. Lettre de Louise à Charles Martial, écrite à « La Courade, [le] 28 mai [1883] », AL-R, A2/153. René et Jeanne Anne Parot se sont mariés à Paris le 18 juin 1883. AdP, 1er arrondissement, acte n° 385.

98. Lettre pastorale de 1867, in *Recueil de lettres…*, *op. cit.*, p. 8, 11.

99. *Documents sur la fondation de l'Œuvre antiesclavagiste, par S. Ém. le cardinal Lavigerie*, Saint-Cloud, Veuve Eugène Belin et fils, 1889, p. 388, 566.

100. À l'époque où Charles Martial était évêque de Nancy, il y avait dans la ville un « architecte diocésain » du nom de Charles-François Chatelain. Celui-ci était, comme Silvestre Topin, grand-oncle de Charles Martial, un ancien architecte de prison, et il a joué un rôle mineur, en 1866, dans les festivités organisées pour la visite de l'impératrice Eugénie. Sur Charles-François Chatelain, voir le *Répertoire des architectes diocésains du XIXe siècle*, en ligne : http://elec.enc.sorbonne.fr/architectes/.

101. Vicomte de Colleville, *Le Cardinal Lavigerie*, *op. cit.*, p. 1.

102. Lettres des 31 octobre et 6 novembre 1867, puis des 16 septembre et 19 décembre 1868, de Charles Martial à Alger à l'Administration des Cultes de

Paris ; AN, F/19/7595. Charles Martial s'était alors déjà fait une idée précise de la société dans laquelle il s'était installé : « Nous habitons, ici, un pays où tout se juge hiérarchiquement et à la militaire, et un archevêque perd nécessairement toute son autorité et tout son prestige lorsqu'on le voit moins bien installé qu'un lieutenant au Bureau arabe » (lettre du 31 octobre 1867).

103. Félix-Augustin Leclerc de Pulligny, *Six semaines en Algérie : notes de voyage d'un membre du congrès scientifique tenu à Alger (avril 1881)*, Paris, Canson, 1884, p. 159-163.

104. Lettre du 31 octobre 1867 ; AN, F/19/7595.

105. Louis Baunard, *Le Cardinal Lavigerie, op. cit.*, vol. 1, p. 379-381, 404, 462.

106. Daniel E. Coslett, « (Re)Creating a Christian Image Abroad : The Catholic Cathedrals of Protectorate-Era Tunis », *in* Mohammad Gharipour (éd.), *Sacred Precincts : The Religious Architecture of Non-Muslim Communities across the Islamic World*, Leyde, Brill, 2014, p. 353-375, citations p. 356-362.

107. Message de l'archevêque de Paris, 18 janvier 1872, in *Œuvre du vœu national au Sacré-Cœur de Jésus*, Paris, J. Albanel, 1872, p. 42, 44 ; en ligne : http://www.sacre-coeur-montmartre.com/francais/histoire-et-visite/article/histoire. Charles Martial fit une contribution personnelle d'un millier de francs ; voir Daniel E. Coslett, « (Re)Creating a Christian Image Abroad », art. cité, p. 368n61. Sur « la mosquée Abadie », voir *L'Église du Sacré-Cœur à Montmartre : sera-t-elle de notre style national, ou sera-t-elle d'un style étranger ? Par un comité d'archéologues*, Paris, J. Féchoz, 1875, p. 11, 12, 18, 44.

108. Charles Martial était alors l'administrateur apostolique de Tunis. Louis Baunard, *Le Cardinal Lavigerie, op. cit.*, vol. 2, p. 158, 166, 172, 209.

109. Victor Guérin, *La France catholique en Tunisie, à Malte et en Tripolitaine*, Tours, Alfred Mame et fils, 1892, p. 48-53. C'est Charles Martial lui-même qui a estimé que la cathédrale avait été édifiée en quatre-vingt-deux jours ; voir Daniel E. Coslett, « (Re)Creating a Christian Image Abroad », *op. cit.*, p. 358. Charles Martial rendait hommage à la reine Victoria – « Bénissez l'Angleterre pour avoir conservé les vertus sociales de ses anciens jours » – car elle avait échappé à un assassinat dans la gare de Windsor. *L'Univers*, n° 5270, 15 avril 1882, p. [2].

110. Jacques Le Goff, *Saint Louis*, Paris, Gallimard, 1996, p. 295-297.

111. La première année, 250 donateurs répondirent à l'appel ; le plus important était le prétendant légitimiste au trône, le comte de Chambord, petit-fils de Charles X, qui légua un millier de livres supplémentaire à sa mort en 1883. Louis Baunard, *Le Cardinal Lavigerie, op. cit.*, vol. 2, p. 236-237, 245-246.

112. *Recueil de lettres..., op. cit.*, p. 8 ; *De l'utilité d'une mission archéologique permanente à Carthage, par l'archevêque d'Alger*, Alger, Adolphe Jourdan, 1881.

113. D'après Freud, le passé continue d'exister, de même que le même sol continue de porter « l'église Maria sopra Minerva et l'ancien temple par-dessus lequel elle est construite ». Sigmund Freud, *Malaise dans la culture*, trad. fr. Pierre Cotet, René Lainé et Johanna Stute-Cadiot, Paris, Presses universitaires de France, 2e édition, 1997, p. 12. Le guide *Rome : Sur les traces de Lavigerie, établi par feu le père Jacques Casier* rapporte qu'en août 1872, Charles Martial se trouvait : « À Rome, Hôtel de la Minerve, Piazza della Minerva 69 : Bon hôtel, 300

lits ; repas à 6,22 et 27 lires ; clientèle ecclésiastique, dit le *Guide de Rome* du XIXe siècle. » Voir le site des Pères blancs en ligne : https://www.peresblancs.org/lavigerie_vie_rome.htm.

114. L'acte de vandalisme que Charles Martial a préalablement dénoncé à Jérusalem concernait une partie du mur de l'église Sainte-Anne, édifiée au XIIe siècle et déjà délabrée ; les pierres de ce mur avaient été réutilisées pour construire une caserne ottomane (sur le site de l'ancien palais de Ponce Pilate). L'église restaurée était alors administrée par les « Pères blancs ». *Sainte-Anne-de-Jérusalem et Sainte-Anne-d'Auray, lettre à Mgr l'évêque de Vannes par l'archevêque d'Alger*, Saint-Cloud, Veuve Eugène Belin, 1879, p. 74. La cathédrale, consacrée en mai 1890, abrite aujourd'hui une salle de concert, l'Acropolium. La cathédrale définitive de Tunis a fait l'objet d'un concours d'architecture et a été construite dans le style « romano-byzantin » sous la direction d'un architecte diocésain originaire de Smyrne, sur le site d'un ancien cimetière chrétien. Voir sa description sur le site internet « Halimede » dédié à l'architecture : http://halimede.huma-num.fr/node/1154, et Daniel E. Coslett, « (Re)Creating a Christian Image Abroad », *op. cit.*, p. 365.

115. Lettre du 11 juillet 1884 écrite à la Courade, de Louise à Charles Martial, AL-R, A2/159. Sur la cathédrale Saint-Front, voir Claude Laroche (éd.), *Entre archéologie et modernité : Paul Abadie architecte 1812-1884*, *op. cit.*, p. 87-101.

116. Lettre du 11 juillet 1884 écrite à la Courade, de Louise à Charles Martial, AL-R, A2/159.

117. Séance du 7 septembre 1905, in *Bulletin de la Société historique et archéologique du Périgord*, vol. 32, 1905, p. 374 ; *Annuaire du tout Sud-Ouest illustré*, Paris, L. Mulo, 1906, p. 1231 ; voir également : http://elec.enc.sorbonne.fr/architectes/305?q=Lambert.

118. *La Justice*, n° 4703, 29 novembre 1892.

119. *La Lanterne*, n° 3448, 29 septembre 1886, n° 4140, 21 août 1888.

120. Louis Baunard, *Le Cardinal Lavigerie*, *op. cit.*, vol. 1, p. 452.

121. *La Lanterne*, n° 2940, 9 mai 1885.

122. *La Justice*, n° 2443, 22 septembre 1886.

123. Georges Picot, *Le Cardinal Lavigerie et ses œuvres dans le bassin de la Méditerranée et en Afrique*, Paris, Société d'économie sociale, 1889, p. 1, 8.

124. *Ibid.*, p. 14.

125. *La Lanterne*, n° 3448, 29 septembre 1886.

126. Louis Baunard, *Le Cardinal Lavigerie*, *op. cit.*, vol. 1, p. 319.

127. « Extrait de la lettre de Son Éminence le cardinal Lavigerie à M. Keller, sur le Sahara et le Soudan », in *Allocution prononcée le 21 septembre 1890 par Son Éminence le cardinal Lavigerie*, Paris, Direction générale de l'Œuvre antiesclavagiste, 1890, p. 91-100, citations p. 95-96.

128. *La Justice*, n° 4703, 29 novembre 1892.

129. *Journal officiel de la République française*, vol. 264, 9 septembre 1889 ; *Tunis journal*, n° 624, 15-17 août 1889, n° 640, 1er octobre 1889.

130. *La Lanterne*, n° 2940, 9 mai 1885.

131. *Ibid.*, et n° 5700, 28 novembre 1892.

132. A. C. Grussenmeyer, *Documents biographiques sur Son Éminence le cardinal Lavigerie, archevêque de Carthage et d'Alger*, *op. cit.*, vol. 2, p. 305-308.

133. *Ibid.*, p. 292-315.

134. Jules Cambon, « Souvenirs sur le cardinal Lavigerie », art. cité, p. 288.

135. A.C. Grussenmeyer, *Documents biographiques sur Son Éminence le cardinal Lavigerie, archevêque de Carthage et d'Alger*, *op. cit.*, vol. 2, p. 301.

136. Lettre du 15 avril 1869, in *Recueil de lettres…*, *op. cit.*, p. 68 ; *L'Armée et la mission de la France en Afrique : discours prononcé dans le cathédrale d'Alger par Mgr l'archevêque d'Alger*, Alger, A. Jourdan, 1875, p. 63.

137. *L'Esclavage africain : conférence faite dans l'église de Saint-Sulpice à Paris par le cardinal Lavigerie*, Paris, Procure des missions d'Afrique, 1888, p. 5-6 ; *Documents sur la fondation de l'Œuvre antiesclavagiste, par S. Ém. le cardinal Lavigerie*, *op. cit.*, p. 50.

138. *Ibid.*, p. 49 ; Louis Baunard, *Le Cardinal Lavigerie*, *op. cit.*, vol. 2, p. 444-447.

139. « Discours prononcé par Son Éminence le cardinal Lavigerie », 31 juillet 1888, in *Documents sur la fondation de l'Œuvre antiesclavagiste, par S. Ém. le cardinal Lavigerie*, *op. cit.*, p. 83-117 ; *The Times*, n° 32451, 30 juillet 1888, n° 32453, 1er août 1888.

140. *Documents sur la fondation de l'Œuvre antiesclavagiste, par S. Ém. le cardinal Lavigerie*, *op. cit.*, p. 430, 623.

141. *Ibid.*, p. 427-428, 566.

142. *Ibid.*, p. 86, 161, 296-297.

143. *Ibid.*, p. 289, 308-309.

144. Bertrand Taithe, « La famine de 1866-1868 : anatomie d'une catastrophe et construction médiatique d'un événement », art. cité, p. 122, 125.

145. *Documents sur la fondation de l'Œuvre antiesclavagiste, par S. Ém. le cardinal Lavigerie*, *op. cit.*, p. 86.

146. Louis Baunard, *Le Cardinal Lavigerie*, *op. cit.*, vol. 2, p. 444.

147. Vicomte de Colleville, *Le Cardinal Lavigerie*, *op. cit.*, p. 203.

148. Lettre du 20 novembre 1889, adressée à Charles Martial par le général comte Dampierre, AL-R, D1/920. La *Première Messe en Kabylie* d'Horace Vernet, peinte en 1854, représente une messe célébrée dans l'est de l'Algérie durant la campagne militaire de 1853.

149. Le message suivant était adressé au cardinal Manning : « Remettez à la Société anti-esclavagiste mon ordre sur Paris pour cinquante mille francs (£1 975). » *The Times*, n° 32547, 11 novembre 1888, n° 32536, 6 novembre 1888.

150. *Documents sur la fondation de l'Œuvre antiesclavagiste…*, *op. cit.*, p. XL, XLI, 165, 170, 687.

151. Lettre du 10 août 1890, adressée à Charles Martial par la veuve de l'explorateur Paul Solleilet, AL-R, D1/923. Soleillet avait rédigé un projet pour la ligne de chemin de fer transsaharienne, qui fut publié en 1881 ; il s'était aussi associé à Arthur Rimbaud pour le trafic d'armes en Afrique ; il est mort à Aden en 1886. Jules Gros (éd.), *Les Voyages et découvertes de Paul Soleillet dans le Sahara et dans le Soudan en vue d'un projet d'un chemin de fer transsaharien*

racontés par lui-même, rédigés sur ses Mémoires, notes et carnets de voyage et sténographiés sur ses conversations, Paris, Maurice Dreyfous, 1881 ; Henri Dehérain, « La carrière africaine d'Arthur Rimbaud », *Revue de l'histoire des colonies françaises*, vol. 4, 1916, p. 419-450.

152. Lettre du 2 février 1889, adressée à Charles Martial par Charles de Montferrand, AL-R, D1/874. Montferrand est répertorié en 1894 en tant qu'« administrateur délégué » d'une banque commerciale, la Banque nationale d'Haïti, dont le bureau principal se trouvait à Port-au-Prince ; celle-ci détenait un capital de dix millions de francs. Voir la petite annonce dans Ottomar Haupt, *Traité des opérations de banque contenant les usages commerciaux*, 8e éd., Paris, C. Leroy, 1894, non paginé. Sur l'histoire de cette banque, voir Frédéric Marcelin, *La Banque nationale d'Haïti : une page d'histoire*, Paris, Joseph Kugelmann, 1890 ; François Blancpain, *Un siècle de relations financières entre Haïti et la France (1825-1922)*, *op. cit.*, p. 91-110.

153. Ministère des Affaires étrangères, *Conférence internationale de Bruxelles, 18 novembre 1889-2 juillet 1890, protocoles et acte final*, Paris, Imprimerie nationale, 1891 ; W. R. Bisschop, « International Leagues », in *British Institute of International and Comparative Law, Problems of the War*, 3 vol., Cambridge, Cambridge University Press, 1915-1917, vol. 2, 1916, p. 117-133.

154. Sur la conférence prévue à Lucerne, annulée au dernier moment par Charles Martial en raison des élections françaises, et finalement la conférence de Paris, voir Louis Baunard, *Le Cardinal Lavigerie*, *op. cit.*, vol. 2, p. 496-509, 544-550.

155. *Conférence internationale de Bruxelles*, *op. cit.*, p. 12, 16, 30 ; Alfred Le Ghait, « The Anti-Slavery Conference », *North American Review*, vol. 154, n° 424, mars 1892, p. 287-296, citations p. 288.

156. *La Lanterne*, n° 5700, 28 novembre 1892.

157. *La Lanterne*, n° 5098, 6 avril 1891.

158. Jules Cambon, « Souvenirs sur le cardinal Lavigerie », art. cité, p. 286 ; François Furet, *La Révolution de Turgot à Jules Ferry, 1770-1870*, Paris, Hachette, 1988.

159. *The Times*, n° 32507, 3 octobre 1888.

160. Sur le « mahométisme » l'« islamisme » et le « fanatisme », voir *Recueil de lettres*, *op. cit.*, p. 10-17, 76-90.

161. La foi musulmane, écrit Charles Martial en 1879, « donne aux plus profonds besoins du cœur de l'homme, aux besoins religieux, une sorte de satisfaction par la portion de vérité qu'elle conserve, et en même temps elle ouvre à ses passions toutes les barrières, elle légitime tous les désordres des sens, elle défie la force brutale » ; elle « ne peut périr que d'[elle]-même ». Rapport de Mgr Lavigerie à l'Œuvre de la propagation de la foi, in *Œuvre de saint Augustin et de sainte Monique*, vol. 29, janvier 1879, p. 370 ; cité dans A. C. Grussenmeyer, *Documents biographiques...*, *op. cit.*, vol. 1, p. 539.

162. Louis Baunard, *Le Cardinal Lavigerie*, *op. cit.*, vol. 2, p. 423, 532. Sur les nouveaux médias en Afrique du Nord à l'époque de Charles Martial, voir Arthur Asseraf, *Electric News in Colonial Algeria*, Oxford, Oxford University Press, 2019, en particulier l'introduction et le chapitre 1 concernant la diffusion des nouvelles

de l'invasion de la Tunisie sur la place du Gouvernement à Alger, où Charles Martial a passé ses premiers jours – déplaisants – en Afrique.

163. Louis Baunard, *Le Cardinal Lavigerie*, *op. cit.*, vol. 2, p. 627-628.

164. *La Lanterne*, n° 5700, 28 novembre 1892.

165. A. C. Grussenmeyer, *Documents biographiques*... *op. cit.*, vol. 2, p. 349.

166. Lettre du 3 janvier 1874, à Monseigneur de Rodez, cité dans Louis Baunard, *Le Cardinal Lavigerie*, *op. cit.*, vol. 1, p. 422.

167. *Relation des fêtes qui ont eu lieu à Nancy les 14, 15, 16 et 17 juillet 1866*, *op. cit.*, p. 82-83. On rapporte que le « Prince impérial » tenait sa mère par la main et portait un « costume de velours noir, avec des bas de soie rouge ».

168. Cette réflexion était liée aux résultats du plébiscite de mai 1870 sur la réforme constitutionnelle, bientôt relégué aux oubliettes par la guerre franco-prussienne. *Le Constitutionnel*, n° 128, 8 mai1870.

169. *Annales de l'Assemblée nationale*, vol. 4, 1871, séance du 12 juillet 1871, p. 7-8, et sur le parti libéral-conservateur, « La semaine politique », *La Revue politique et littéraire*, n° 53, juillet-décembre 1871, p. 1245-1247, citations p. 1246.

170. La déclaration électorale de Charles Martial est citée dans Émile Daru, « Un grand Landais », *op. cit.*, p. 37-38 ; voir également Jules Tournier, *Le Cardinal Lavigerie et son action politique (1863-1892)*, Paris, Perrin et Cie, 1913.

171. *Annales de l'Assemblée nationale*, séance du 12 juillet 1871, p. 7 ; Fernand Laudet, « Le cardinal Lavigerie et la Gascogne », *Revue de Gascogne*, n. s., vol. 21, 1926, p. 5-21.

172. Jules Tournier, *Le Cardinal Lavigerie et son action politique (1863-1892)*, *op. cit.*, p. 36-40. Sur la presse dans l'Algérie coloniale, voir Arthur Asseraf, *Electric News in Colonial Algeria*, *op. cit.*

173. Lettre du 13 février 1891, adressée à Charles Martial par Claire Boissart de Lagrave, née Dereix, AL-R, D1/927.

174. Sur Léon XIII et la France, voir Mgr de T'Serclaes, *Le Pape Léon XIII : sa vie, son action religieuse, politique et sociale*, 3 vol., Paris, Desclée De Brouwer et Cie, 1894-1906, vol. 2, p. 310-509 ; Louis Baunard, *Le Cardinal Lavigerie*, *op. cit.*, vol. 2, p. 557-567.

175. Xavier de Montclos, *Le Toast d'Alger : documents 1890-1891*, Paris, Éditions de Boccard, 1966 ; Louis Baunard, *Le Cardinal Lavigerie*, *op. cit.*, vol. 2, p. 564.

176. *Ibid.*, p. 563-567.

177. *Au milieu des sollicitudes*, 16 février 1892, texte en ligne : http://w2.vatican.va/content/leo-xiii/en/encyclicals/documents/hf_l-xiii_enc_16021892_au-milieu-des-sollicitudes.html ; Jules Tournier, *Le Cardinal Lavigerie et son action politique*, *op. cit.*, p. 390-401.

178. Copie d'une lettre non datée et lettre du 1er septembre 1890, de Charles Martial à Jean-Baptiste Etchevery, AL-R, D8/21, 23.

179. Félix Klein, « La mort et les funérailles du cardinal Lavigerie », *La Semaine des familles*, vol. 51, 18 mars 1893, p. 810-813, et vol. 52, 25 mars 1893, p. 820-822 ; Louis Baunard, *Le Cardinal Lavigerie*, *op. cit.*, vol. 2, p. 674-678, et https://www.peresblancs.org/lavigerie_deces1892.htm.

180. Félix Klein, « La mort et les funérailles du cardinal Lavigerie », art. cité, p. 813 ; A. Joseph Rance-Bourrey, *Les Obsèques du cardinal Lavigerie (Alger, Tunis, Carthage) : journal d'un témoin*, Paris, Lamulle et Poisson, 1893.

181. Testament de Charles Martial, AL-R, D-20-1 ; les 145 000 francs que Louise possédait à Tunis en 1906 sont mentionnés dans une lettre du 12 septembre 1906 de Mme Byasson, AL-R, D20/137.

182. Louis Lavigerie, « L'héritage du cardinal Lavigerie : Le Diamant », *Les Temps nouveaux : supplément littéraire*, vol. 4, n° 47, non daté, p. 486-488, citations p. 487.

183. « Faire-part », AL-R, A2-216. Les membres de la famille mentionnés en plus de Louise et de la veuve de Léon, accompagnée de son fils, de son gendre et de deux petits-enfants, étaient des cousins et des petits-cousins, à différents degrés, de Charles Martial, tous descendants de Françoise Ferrand et Étienne Allemand, le couple du contrat de mariage de 1764. On y trouve sa cousine germaine, veuve de Brinbœuf-Dulary, le négociant de la famille de négriers, son fils, officier militaire, sa fille et son gendre, également officier militaire, son frère, époux de l'arrière-petite-fille d'Elizabeth Stubbs et Abraham François Robin, propriétaires d'esclaves, qui avaient pris la fuite dans les années 1780, et Berthe Topin, « cette malheureuse Berthe » selon l'expression de Louise.

184. Testament de Charles Martial, AL-R, D-20-1.

185. Note du 27 février 1907, AL-R, D20/6(2) ; Louis Lavigerie, « L'héritage du cardinal Lavigerie : Le Diamant », art. cité, p. 487.

186. Sculpture du cardinal Lavigerie par Gustave Crauk, *Le Figaro*, 11 février 1898.

187. *Le Figaro*, 23 juillet 1901.

188. http://peresblancs.org/lavigerie_alger2.htm, Photos Archives, 1882-1892, 1890 à Biskra, « Photo prise par sa sœur, Vve Kiener » ; http://peresblancs.org/archives/2Cardinal_90Biskra2.jpg.

189. http://peresblancs.org/lavigerie_deces1892.htm ; http://peresblancs.org/archives /cardinal_deces11.jpg.

190. Louis Lavigerie, « L'héritage du cardinal Lavigerie », *op. cit.*, p. 487.

191. Naissance de Marie Amanda Dominica Jeanne Suberbie, fille de Jean Clotaire Suberbie, contrôleur des contributions indirectes, 6 novembre 1867, ADPA, Pau, Naissances, 1863-1872, 473/1078 ; mariage de Jeanne Suberbie et Jean Marcel Byasson, AdP, 2 juin 1891, 16e arrondissement, acte n° 366. Jean-Henri-Marcel Byasson est né à Paris en 1866 et a servi dans la marine (sur un navire baptisé *Sfax* d'après la ville de Tunisie, théâtre d'un violent bombardement infligé par les Français en 1881) jusqu'en 1894, date à laquelle il a rejoint l'administration coloniale de Madagascar. Il a été administrateur d'Ivongo puis de Farafangana ; « dans ses divers emplois, il a[vait] témoigné de beaucoup d'expérience, de tact et de zèle administratif ». « Nécrologie », *Journal officiel de Madagascar et dépendances*, n° 852, 11 novembre 1903, p. 10235-10236. Il est mort en mer alors qu'il rentrait chez lui à Bénéjacq pour un congé de six mois. *Journal officiel de Madagascar*, n° 824, 5 août 1903, p. 9812.

192. Décès de Madame Louise Allemand-Lavigerie, 21 août 1906, ADPA, Bénéjacq, décès, 1902-1908, 26/48.

193. Lettres des 3 janvier 1906 et 23 juin 1906, de Louise aux exécuteurs testamentaires de Charles Martial, AL-R, D20/133, 134. « Je suis un peu fatiguée et occupée par les travaux de ménage », écrit-elle en janvier, mais « l'entérite dont je souffre depuis si longtemps s'apaise un peu ».

194. Lettre du 12 septembre 1906, de Mme Byasson, AL-R, D20/137. Julie Byasson était selon les termes du testament de Louise sa « légataire universelle », et comme son frère, Louise avait décidé qu'en cas de conflit autour de sa succession, divisée en parts égales entre Louis Lavigerie et les deux enfants de feue sa sœur, les biens reviendraient à Julie. En ce qui concernait « le linge et l'argenterie qui [venaient] du cardinal », Julie pouvait conserver ce qu'elle voulait ; elle aussi devait être « absolument libre et maîtresse du choix de ses effets ». Elle devait « procéder seule à l'examen de ses armoires, tiroirs et papiers ». Julie était elle-même dans le besoin, ajoute-t-elle, avec « trois garçons à préparer à la lutte de la vie. [Qui] s'annonce difficile pour les catholiques, vu les temps présents ».

195. Lettre du 21 septembre 1906, de Mme Byasson, AL-R, D20/141. Tous les papiers de Louise lui étaient laissés, avait-elle écrit quatre jours auparavant, après avoir reçu une lettre de Louis Lavigerie : « pour qu'il ne les ait pas et pour que j'en détruise la plus grande partie. » Copie d'une lettre du 12 septembre 1906, de Louis Lavigerie à Mme Byasson, lettre du 17 septembre 1906, de Mme Byasson, AL-R, D20/138, 148. Louis Lavigerie vivait à l'époque rue Lepic dans le 18e arrondissement de Paris, dans l'ombre, comme ses cousines, petites-filles de Françoise Ferrand, du nouveau Sacré-Cœur.

Chapitre 11. La fin de l'histoire

1. Lettre du 26 juin 1836, de Balzac, et réponse du 28 juin 1836, *in* Honoré de Balzac, *Correspondance avec Zulma Carraud*, *op. cit.*, p. 224-227.

2. Émile Zola, « Le sens du réel », in *Le Roman expérimental*, 5e éd., Paris, G. Charpentier, 1881, p. 206.

3. À Paris, le critique Lousteau explique à Lucien Chardon de Rubempré comment faire la promotion des romans « si substantiels » et « si incisifs » de Diderot et Sterne en parlant de « *littérature idéée* » et en l'opposant à la « *littérature imagée* » du « roman moderne » de Walter Scott par trop accessible et « beaucoup trop *dramatisée* » ; de même, il fallait opposer la « *littérature imagée* » du XIXe siècle, pleine de passion et de style, au « positivisme » de la « *littérature idéée* » du XVIIIe siècle, « discussion froide et mathématique » qui « a tout mis en question ». Honoré de Balzac, *Illusions perdues*, *op. cit.*, p. 362, 378-379.

4. Sur « l'étude exacte des faits et des choses », voir Émile Zola, « Les réalistes du salon » et « Le naturalisme », in *Œuvres critiques*, *op. cit.*, p. 86, 540, et sur le naturalisme en histoire et dans le roman, « Le naturalisme au théâtre », in *Œuvres complètes illustrées d'Émile Zola. 31, Théâtre*, Paris, Eugène Fasquelle, 1906, p. 293. Sur « le positivisme de l'art », voir Émile Zola, *Le Ventre de Paris*,

Gallimard/ « Folio », 2002, p. [212], et sur Diderot positiviste, « Le naturalisme », in *Œuvres critiques*, *op. cit.*, p. 520.

5. Émile Zola, *L'Œuvre*, *op. cit.*, p. 192 ; *Mes haines*, in *Œuvres critiques*, *op. cit.*, p. 54.

6. *Ibid.*, p. 55.

7. Émile Zola, *Le Docteur Pascal*, Paris, Gallimard/« Folio classique », 1993.

Index des noms

Index des lieux

Table

DANS LA COLLECTION
L'UNIVERS HISTORIQUE

(derniers titres parus)

L'Âge global
L'Europe de 1950 à nos jours
par Ian Kershaw
2020

La Parisienne
Histoire d'un mythe. Du siècle des Lumières à nos jours
par Emmanuelle Retaillaud
2020

Tant de choses à savoir
Comment maîtriser l'information à l'époque moderne
par Ann Blair
avec une préface de Roger Chartier
2020

Histoire de la fatigue
Du Moyen Âge à nos jours
par Georges Vigarello
2020

Les Révoltes du ciel
Une histoire du changement climatique (XVe-XXe siècle)
par Jean-Baptiste Fressoz et Fabien Locher
2020

Commune(s), 1870-1871
Une traversée des mondes au XIXe siècle
par Quentin Deluermoz
2020

Organiser le monde
Une autre histoire de la guerre froide
par Sandrine Kott
2021

Cultures félines (XVIIIe-XXIe siècle)
Les chats créent leur histoire
par Éric Baratay
2021

Les Fixeurs au Moyen Âge
Histoire et littérature connectées
par Zrinka Stahuljak
2021

Les Mondes de l'esclavage
Une histoire comparée
sous la direction de Paulin Ismard
coordination : Benedetta Rossi et Cécile Vidal
2021

Amour, mariage et sexualité
Une histoire intime du nazisme (1930-1950)
par Elissa Maïlander
2021

Nouvelle histoire du Moyen Âge
sous la direction de Florian Mazel
2021

Au pied du Mur
Vie et mort du quartier maghrébin de Jérusalem (1187-1967)
par Vincent Lemire
2022

Le Siècle de Marie Du Bois
Écrire l'expérience au XVIIe siècle
par Christian Jouhaud
2022

Une armée noire
Fort Huachuca, Arizona (1941-1945)
par Pauline Peretz
2022

Savoir et pouvoir en al-Andalus au XIe siècle
par Emmanuelle Tixier du Mesnil
2022

Les Enfants du frêne et de l'orme
Une histoire des Vikings
par Neil Price
2022

Nostalgie
Histoire d'une émotion mortelle
par Thomas Dodman
2022

Un album d'Auschwitz
Comment les nazis ont photographié leurs crimes
par Tal Bruttmann, Stefan Hördler, Christoph Kreutzmüller
avec une préface de Serge Klarsfeld
2023

Le Long Combat de l'Afrique pour son art
Histoire d'une défaite postcoloniale
par Bénédicte Savoy
2023

Un esclave entre deux empires
Une histoire transimpériale du Maghreb
par M'hamed Oualdi
2023

Juifs et capitalisme
Aux origines d'une légende
par Francesca Trivellato
2023

Colonisations
Notre histoire
sous la direction de Pierre Singaravélou
coordination : Arthur Asseraf, Guillaume Blanc,
Nadia Yala Kisukidi, Mélanie Lamotte
2023

Ces grandes figures qui ont fait l'histoire
Charisme et politique au XXe siècle
par Ian Kershaw
2023

Les Convertis du pape
Une famille de banquiers juifs à Rome au XVIe siècle
par Isabelle Poutrin
2023

Le Miroir d'Œdipe
Penser l'esclavage
par Paulin Ismard
2023

Le Procès Pétain
Vichy face à ses juges
par Julian Jackson
2024

Les Grandes Déconvenues
La Renaissance, Sumatra, les frères Parmentier
par Romain Bertrand
2024

De la grêle et du tonnerre
Histoire médiévale des imaginaires paysans
par Jean-Pierre Devroey
2024

Vaccination
Histoire d'un consentement
par Gaëtan Thomas
2024

L'Élection interdite
Itinéraire de Joséphine Pencalet, ouvrière bretonne (1886-1972)
par Fanny Bugnon
avec une préface de Michelle Perrot
2024

Survivre
Une histoire des guerres de Religion
par Jérémie Foa
2024

Vies rebelles
Histoire intimes de filles noires en révolte,
de radicales queers et de femmes dangereuses
par Saidiya Hartman
avec une préface d'Audrey Célestine
2024

Vénitiens ! Vénitiennes !
La traversée d'une ville (Venise, 1520)
par Claire Judde de Larivière
2024

RÉALISATION : NORD COMPO À VILLENEUVE-D'ASCQ
IMPRESSION : NORMANDIE ROTO IMPRESSION S.A.S À LONRAI
DÉPÔT LÉGAL : DÉCEMBRE 2024. N° 151679 (2405472)
IMPRIMÉ EN FRANCE